中外历史纲要

学习精要与史学导读
（修订本）

周刘波 ◎主编

西南大学出版社

图书在版编目(CIP)数据

中外历史纲要：学习精要与史学导读 / 周刘波主编. -- 重庆：西南师范大学出版社，2020.8
ISBN 978-7-5697-0388-7

Ⅰ.①中… Ⅱ.①周… Ⅲ.①中学历史课—教学研究 Ⅳ.①G633.512

中国版本图书馆CIP数据核字(2020)第146662号

中外历史纲要：学习精要与史学导读（修订本）
ZHONGWAI LISHI GANGYAO: XUEXI JINGYAO YU SHIXUE DAODU

周刘波　主编

责任编辑：	段小佳　黄　璜
责任校对：	张昊越
装帧设计：	闰江文化
排　　版：	吴秀琴
出版发行：	西南大学出版社（原西南师范大学出版社）
网　　址：	www.xdcbs.com
地　　址：	重庆市北碚区天生路2号
邮　　编：	400715
电　　话：	023-68254353
经　　销：	全国新华书店
印　　刷：	重庆升光电力印务有限公司
幅面尺寸：	185mm×260mm
印　　张：	41.5
字　　数：	803千字
版　　次：	2020年8月　第1版
印　　次：	2025年7月　第4次印刷
书　　号：	ISBN 978-7-5697-0388-7
定　　价：	98.00元

特此鸣谢

参与本书编审的专家团队

（以姓氏拼音为序）

蔡敏慧　高级教师（云南省教科院）

邓晓鹏　正高级教师（西南大学附属中学）

郭玉军　特级教师（山东省淄博市高青县第一中学）

何成刚　研究员（教育部基础教育课程教材发展中心）

胡军哲　正高级教师、特级教师（湖南省长沙市雅礼中学）

黄开红　正高级教师（重庆市教育科学研究院）

林桂平　正高级教师、特级教师（安徽省滁州市第二中学）

刘同凡　正高级教师（重庆市巴蜀中学校）

刘　相　特级教师（贵州省清镇一中）

毛经文　正高级教师、特级教师（广东省东莞高级中学）

明道华　正高级教师、特级教师（武汉市汉铁高级中学）

庞友海　正高级教师、特级教师（重庆市黔江中学）

孙伟萍　正高级教师、特级教师（安徽省宿松中学）

谭方亮　正高级教师、特级教师（广东仲元中学）

杨书田　正高级教师、特级教师（北京市第十八中学）

余朝元　正高级教师（重庆市教育科学研究院）

张文英　高级教师（贵州省教育科学院）

赵剑锋　正高级教师、特级教师（广东省深圳外国语学校龙华学校）

钟　磊　正高级教师、特级教师（天津市渤海石油第一中学）

编委会

主 编
周刘波

副主编
张 勇　肖 岚　江 文　何南方　张 波　程 昱　姜嘉红　赵成梁　谭伟弘

编 委
（以姓氏拼音为序）

包鹏灿（西南大学附属中学）	季长征（安徽省蚌埠第五中学）
陈洁琼（重庆市暨华中学）	蒋经纬（重庆巴蜀常春藤学校）
段钰山（重庆市巴蜀中学校）	蒋小云（河北邢台市第一中学）
付心中（重庆市第四十二中学校）	李恩泉（重庆市大渡口区教师进修学校）
甘义岚（重庆市江津中学校）	李 光（澳门城市大学在读博士）
龚小易（重庆市巴蜀中学校）	李 进（长沙市麓山滨江实验学校）
龚育佳（重庆市巴蜀中学校）	李 信（陕西省安康市高新中学）
郭和跃（四川省毗河中学）	廖春庚（重庆市江津中学校）
洪俭良（湖南省衡阳县第二中学）	廖光平（重庆市江津中学校）
黄 彬（重庆市大足中学）	刘芳芳（首都师范大学附属中学）
黄 蓉（重庆市两江育才中学校）	刘宏法（安徽省芜湖市第二中学）
黄童超（重庆市江津中学校）	刘情敏（安徽省亳州市第一中学）
黄 伟（北京师范大学海口附属学校）	刘小芳（重庆市北新巴蜀中学）
黄晓莉（重庆市大足中学）	刘晓明（重庆市第一中学）

刘延广（重庆市第七中学校）　　　　　　杨　森（西南大学附属中学校）

柳　凡（江西省南昌市莲塘三中）　　　　尹爱华（河北省吴桥中学）

芦恩丹（辽宁省本溪市高级中学）　　　　于德沐（江西省瑞昌市第一中学）

罗建波（陕西汉中东辰外国语学校）　　　袁堂程（重庆市北新巴蜀中学校）

欧阳磊（湖北省鄂州高中）　　　　　　　张丹丹（重庆市巴蜀中学校）

蒲云芬（重庆市巴蜀中学校）　　　　　　张　娟（重庆市巴蜀中学校）

秦方红（重庆市巴蜀中学校）　　　　　　张丽琴（河北省衡水中学）

屈丙之（重庆市巴蜀中学校）　　　　　　张媛媛（重庆市巴蜀中学校）

冉　磊（重庆市巴蜀中学校）　　　　　　张　悦（重庆市巴蜀中学校）

涂　菁（重庆市第三十中学校）　　　　　张志辉（重庆市巴蜀中学校）

汪　雪（重庆市育才中学校）　　　　　　张志辉（重庆市巴蜀中学校）

王云峰（重庆市巴蜀中学校）　　　　　　周恒宇（重庆市巴蜀中学校）

吴广训（天津市滨海新区渤海石油第一中学）周劲松（重庆市大足田家炳中学校）

吴　键（重庆市北新巴蜀中学校）　　　　周　敏（重庆市南川中学校）

向文斌（重庆市万州高级中学）　　　　　周　泉（重庆市渝中区教师进修学院）

徐　斌（重庆市凤鸣山中学校）　　　　　祝炳利（山东省私立青岛海山学校）

杨庆歌（重庆市巴蜀中学校）

前言

QIANYAN

本书以《普通高中历史课程标准(2017年版2020年修订)》为指导,以统编高中历史教科书《中外历史纲要》为载体,紧扣中外历史发展的主要线索,对历史课程内容的关键问题进行精讲,并呈现相关史学问题的学术动态,同时精选历史材料开展历史阅读,推动历史学科核心素养的落实。

全书从"学习精要""学术动态""史学导读"三个维度,呈现了52个历史主题的教学思考和学习建议。具体而言:

学习精要:凸显中外历史发展进程中的重难点问题,注重历史问题讲解的拓展性、加深性和实用性,引导师生理解教科书的主旨。

学术动态:梳理相关历史主题的研究动态,了解前沿学术争鸣,凸显中学生所需要的"问题论证"思维逻辑。

史学导读:精选各类历史材料,突出"史料实证"素养,提升学生获取和解读历史信息的能力、分析历史问题的能力和探究历史的能力。

本书体现了研究性、针对性、实用性与指导性的结合,对于"3+1+2"选考模式和"一核""四层""四翼"高考评价体系之下的历史教学与学习有较大价值。它为广大教师提供了多样化的教学思路,拓宽了教学的广度,帮助他们提升教学效果。同时,本书也可以引导学生把握历史课程内容中的重难点问题,把握中外历史发展进程的主旨,切实提升学习效果和学业成绩。

本书是一线教师在历史课程实施过程中的研究成果,编审团队由来自重庆巴蜀中学、北京人大附中、重庆西大附中等全国一线历史学科名师构成,其中参与编审的正高级教师、特级教师20余名,还有教研机构教研员、知名高校在读博士生等参与。本书是他们实践经验、教学研究与教育智慧的结晶,也是一套对一线教师教学和学生学习具有指导意义的书籍。

目录 MULU

上篇

第一单元
从中华文明起源到秦汉统一多民族封建国家的建立与巩固 / 002

- **第1课** 中华文明的起源与早期国家 / 003
- **第2课** 诸侯纷争与变法运动 / 016
- **第3课** 秦统一多民族封建国家的建立 / 028
- **第4课** 西汉与东汉——统一多民族封建国家的巩固 / 039

第二单元
三国两晋南北朝的民族交融与隋唐统一多民族封建国家的发展 / 050

- **第5课** 三国两晋南北朝的政权更迭与民族交融 / 051
- **第6课** 从隋唐盛世到五代十国 / 063
- **第7课** 制度的变化与创新 / 076
- **第8课** 三国至隋唐的文化 / 088

第三单元
辽宋夏金多民族政权的并立与元朝的统一 / 099

- **第9课** 两宋的政治与军事 / 100
- **第10课** 辽夏金元的统治 / 112
- **第11课** 辽宋夏金元的经济与社会 / 123
- **第12课** 辽宋夏金元的文化 / 137

第四单元

明清中国版图的奠定与面临的挑战 / 149

- 第13课 从明朝建立到清军入关 / 150
- 第14课 清朝前中期的鼎盛与危机 / 162
- 第15课 明清经济与文化 / 171

第五单元

晚清时期的内忧外患与救亡图存 / 182

- 第16课 两次鸦片战争 / 183
- 第17课 寻求国家出路的探索和列强侵略的加剧 / 195
- 第18课 挽救民族危亡的斗争 / 208

第六单元

辛亥革命与中华民国的建立 / 219

- 第19课 辛亥革命 / 220
- 第20课 北洋军阀统治时期的政治、经济与文化 / 232

第七单元

中国共产党成立与新民主主义革命兴起 / 245

- 第21课 五四运动与中国共产党的诞生 / 246
- 第22课 南京国民政府的统治和中国共产党开辟革命新道路 / 259

第八单元

中华民族的抗日战争和人民解放战争 / 271

- 第23课 从局部抗战到全面抗战 / 273
- 第24课 全民族浴血奋战和抗日战争的胜利 / 284
- 第25课 人民解放战争 / 297

第九单元

中华人民共和国成立和社会主义革命与建设 / 310

- **第26课** 中华人民共和国成立和向社会主义过渡 / 312
- **第27课** 社会主义建设在探索中曲折发展 / 327

第十单元

改革开放与社会主义现代化建设新时期 / 339

- **第28课** 中国特色社会主义道路的开辟与发展 / 340
- **第29课** 改革开放以来的巨大成就 / 351

下篇

第一单元

古代文明的产生与发展 / 366

- **第1课** 文明的产生与早期发展 / 367
- **第2课** 古代世界的帝国与文明的交流 / 377

第二单元

中古时期的世界 / 388

- **第3课** 中古时期的欧洲 / 390
- **第4课** 中古时期的亚洲 / 403
- **第5课** 古代非洲与美洲 / 414

第三单元

走向整体的世界 / 421

- **第6课** 全球航路的开辟 / 422
- **第7课** 全球联系的初步建立与世界格局的演变 / 432

第四单元

资本主义制度的确立 / 444

- **第8课** 西欧的思想解放运动 / 445
- **第9课** 资产阶级革命与资本主义制度的建立 / 459

第五单元

工业革命与马克思主义的诞生 / 473

  第 10 课 影响世界的工业革命 / 475
  第 11 课 马克思主义的诞生与传播 / 486

第六单元

世界殖民体系与亚非拉民族独立运动 / 496

  第 12 课 资本主义世界殖民体系的形成 / 497
  第 13 课 亚非拉民族独立运动 / 510

第七单元

世界大战、十月革命与国际秩序的演变 / 524

  第 14 课 第一次世界大战与战后国际秩序 / 526
  第 15 课 十月革命的胜利与苏联的社会主义实践 / 540
  第 16 课 亚非拉民族民主运动的高涨 / 553
  第 17 课 第二次世界大战与战后国际秩序的形成 / 565

第八单元

20 世纪下半叶世界的新变化 / 578

  第 18 课 冷战与国际格局的演变 / 580
  第 19 课 资本主义国家的新变化 / 592
  第 20 课 社会主义国家的发展与变化 / 605
  第 21 课 世界殖民体系的瓦解与新兴国家的发展 / 617

第九单元

当代世界发展的特点与主要趋势 / 628

  第 22 课 世界多极化与经济全球化 / 630
  第 23 课 和平发展合作共赢的时代潮流 / 641

中外历史纲要:
学习精要与史学导读

上篇

SHANG PIAN

第一单元　从中华文明起源到秦汉统一多民族封建国家的建立与巩固

【单元学习精要】

一是认识中华文明起源的多元性特点。中华文明起源的多元性特点，要通过了解石器时代中国境内有代表性的文化遗存来认识。知道考古学家对中国新石器时代中晚期文化遗存所做的区系划分，以及主要区系各自的特点。

二是了解中国早期国家特征。中国早期国家特征是指夏、商、周（主要指西周）三个王朝的统治特征，知道商朝的"内外服"制度、西周的分封制及其相对于前朝的进步之处。

三是理解战国时期变法运动的必然性。从春秋到战国，政治变动十分剧烈，经济又有大幅度发展，促使西周以来的社会秩序逐渐解体，迫使统治者对传统治国方式进行调整。兼并战争的日益激化，更加推动各国努力提高统治效率，富国强兵。

四是了解老子、孔子学说和"百家争鸣"的局面及其意义，并将其置于春秋战国时期经济发展和政治变动的大背景下去认识。

五是认识大一统国家的建立及巩固在中国历史上的意义。与"早期国家"相比，"大一统国家"相当于中国古代国家的"升级版"。其"升级"的表现不仅在于版图覆盖范围更大，更在于建立了封建君主专制中央集权的官僚制统治，政权组织结构更加紧密，管理力度更为强化。

六是认识秦朝崩溃和两汉衰亡的原因。秦朝和两汉展现了中国古代大一统国家覆亡的主要模式，即亡于内部的社会矛盾，但具体又有不同，秦朝是危机急剧爆发，两汉则是危机逐渐积累。

【根据徐蓝、朱汉国：《普通高中历史课程标准（2017年版）解读》，北京：高等教育出版社，2018年版，第83～85页】

第1课　中华文明的起源与早期国家

第1讲　新石器时代的文化遗存

★ 学习精要

新石器时代是考古学家设定的一个时间区段,开始于一万多年前,结束时间从距今5000多年至2000多年。新石器时代在考古学上是指石器时代的最后一个阶段,以使用磨制石器为标志的人类物质文化发展阶段。

距今约7000—5000年,我国黄河流域出现了仰韶文化、大汶口文化,长江下游出现了河姆渡文化;距今约5000年,辽河上游出现了红山文化,黄河流域出现了龙山文化,长江下游出现了良渚文化。

具体而言:

仰韶文化因首次在河南省三门峡市渑池县仰韶村发现而得名,分布在整个黄河中游从今天的甘肃省到河南省之间。仰韶文化纵横两千里,绵延数千年,其诸多考古发现,如陶器制造、纺织做衣、绘画雕塑、文字、历法、宫室营建等,同文献记载中炎帝黄帝时代的创造发明相吻合。

大汶口文化因山东省泰安市大汶口遗址而得名,分布地区东至黄海之滨,西至鲁西平原东部,北达渤海北岸,南到江苏淮北一带。早期处于母系氏族社会的末期,但在早期的后一阶段,母系社会开始解体。中期则已经进入了父系社会阶段,财富的私有和贫富之间的分化有了进一步的发展。晚期生产力水平较中期有了较大的发展,生产关系发生变革,氏族制度走向了崩溃。

河姆渡文化因首次发现于浙江宁波余姚的河姆渡镇而得名,它是中国长江下游以南地区的新石器时代文化。黑陶是河姆渡陶器的一大特色。遗址中发现大量干栏式建筑的遗迹。骨器制作比较发达,有耜、鱼镖、镞、哨、匕、锥、锯形器等器物。最重要的是发现了大量人工栽培的稻谷,这是目前世界上最古老、最丰富的稻作文化遗址。稻作文化遗址的发现,改变了中国栽培水稻从印度引进的传说。

红山文化发源于内蒙古中南部至东北西部一带,分布范围在东北西部的热河地区,北起内蒙古中南部地区,南至河北北部,东达辽宁西部,辽河流域的西拉木伦河和老哈河、大凌河上游。红山文化是与中原仰韶文化同时期分布在西辽河流域的发达文明,在发展中同中原仰韶文化相交汇产生的多元文化。手工业发展方面,陶器装饰艺术和制玉工艺水平高。

龙山文化因首次发现于山东省济南市历城县龙山镇(今属济南市章丘区)而得名,分布于黄河中下游的河南、山东、山西、陕西等省。龙山镇城子崖遗址发掘,取得了一批以精美的磨光黑陶为显著特征的文化遗存。

良渚文化分布的中心地区在钱塘江流域和太湖流域,而遗址分布最密集的地区则在钱塘江流域的东北部、东部。良渚文化时期稻作农业已相当进步,并普遍使用石犁、石镰,手工业也有很高的成就,玉石制作、制陶、木作、竹器编织、丝麻纺织都达到较高水平。2019年7月6日,"良渚古城遗址"获准列入世界遗产名录。

★学术动态

学术观点1:仰韶文化是中国古代文明主根

仰韶文化是一个"文化群"。不同地区的仰韶文化,来源不同,去向也不一样。比如半坡文化、庙底沟文化、西王村文化等都属于此列。

但总体看,不同地区的仰韶文化,在距今5000年后,大致都演变成了龙山文化,而龙山文化则是夏商文明或者说华夏文明形成的基础。

当年安特生把仰韶文化称为"早期中国文化",虽然他的立论基础在技术上有点问题(他把龙山文化的地层与仰韶文化地层混为一谈,把龙山文化的遗物也当成仰韶文化的遗物),但他却看到了仰韶文化和历史时期中国文化的联系。

所以,说仰韶文化是中国古代文明的主根,应该是没有问题的,这也是仰韶文化的关键所在。相比较而言,仰韶文化是生命力最强、影响力最大的中国史前文化之一。

【根据陈星灿:《仰韶文化是中国古代文明主根》,《中国社会科学报》2015年7月31日】

学术观点2:中国古代礼制可能在大汶口文化时期已经萌生

在大汶口文化时期,从制度和器物层面已能见到礼制因素,中华礼制可能在大汶口文化时期已经萌生。大汶口文化的"礼"具有重丧葬、重饮食、重音乐的特征,这些方面正是商周礼制的主要表现形式。

诚然,大汶口文化的"礼"是不完善的,制度化的程度也较低,但是至少能够表明文明和礼制的曙光已经在东方的大汶口文化中出现。

当然,史前的红山文化、良渚文化也发现有与礼制相关的遗存,这进一步证明了礼制起源与中华文明起源是一致的,呈现多元性。

【根据张超华:《礼出东方:从大汶口文化看礼制起源》,《中国社会科学报》2019年2月28日】

★ 史学导读

原始文化中的神权与早期国家形成有什么关系?

在红山文化中,辽宁喀左县东山嘴祭祀遗址有大型的祭祀石社的方坛和祭天的圆形祭坛;辽宁西部凌源、寒平两县交界处的牛河梁遗址有女神庙、积石冢。女神庙和积石冢相互关联。女神庙里供奉的是久远的祖先,积石冢中埋葬的是部落中刚刚死去的酋长,随着时间的推移,这些死去的著名酋长,也会逐渐列入被崇拜的祖先行列。红山文化以其女神庙、积石冢、大型祭坛和精美的玉器而被学术界誉为文明的曙光。红山文化的先民们,在远离村落的地方专门营建独立的庙宇和祭坛,形成规模宏大的祭祀中心场,这绝非一个氏族部落所能拥有,而是一个部落群或部族崇拜共同祖先的圣地。由于这些大型原始宗教祭祀活动代表着当时全社会的公共利益,具有全民性的社会功能,所以,在原始社会末期,各地方酋长正是通过对祖先崇拜和对天地社稷祭祀的主持,才使得自己已掌握的权力进一步上升和扩大,使其等级地位更加巩固和发展,并且还使这种权力本身变得神圣起来,从而披上了一种神圣的合法外衣。

——摘编自王震中:《重建中国上古史的探索》,昆明:云南人民出版社,2015年版,第6~7页

○ 导读提示

红山文化中的女神庙、积石冢、大型祭坛遗址表明红山文化的先民们对天地神灵的敬畏和对祖先的崇拜,形成了原始文化中的神权。掌控神权的是部落酋长等首领人物,通过主持对祖先和对天地社稷的祭祀活动,这些首领人物的权力得到巩固和扩大,并使之具有神圣性,从而为自己的权力披上了一种神圣的合法外衣。

阅读材料时,应认识到:在原始社会末期,各地方酋长正是通过对祖先崇拜和对天地社稷祭祀的主持,才使得自己已掌握的权力进一步上升和扩大,使其等级、地位更加巩固和发展。这种权力的演变和扩大是早期国家形成的重要途径。

通过阅读本则材料,可以深刻理解原始文化中的神权与早期国家形成有着密切关系。甚至可以认为,辽西那个拥有"坛、庙、冢"祭祀中心场所的社会实体,应该已是凌驾于氏族公社之上的、高一级的社会组织形式了,可能已是原始的国家——"古国"了。

第2讲 中华文明起源的多元性

★学习精要

文明指人类脱离了野蛮状态的社会状况。在一定程度上,文明是在国家形态下创造出的物质的和精神的成果的总和。

新石器时代晚期,是中国跨入文明起源的阶段。在中国大地上,新石器文化遗存如同满天星斗,遍布辽河流域、黄河流域、长江流域和珠江流域,形成不同的文化区域。这些文化区域都是中华文明的发祥地,体现了中华文明起源的多元性。各个文化区域互相影响、交融、汇合,使中华文明的发展呈现出多元一体的特点。

★学术动态

学术观点1:多元一体格局是中华民族的显著特征

中华民族是包括中国境内56个民族的民族实体,并不是把56个民族加在一起的总称,因为这些加在一起的56个民族已结合成相互依存的、统一而不能分割的整体。

形成多元一体格局有一个从分散的多元结合成一体的过程,在这个过程中必须有一个起凝聚作用的核心。汉族就是多元基层中的一元,但它发挥凝聚作用把多元结合成一体。高层次的认同并不一定取代或排斥低层次的认同,不同层次可以并存不悖,甚至在不同层次的认同基础上可以各自发展原有的特点,形成多语言、多文化的整体。

多元一体格局中,56个民族是基层,中华民族是高层。在中华民族这个民族实体里所有归属的成分都已具有高一层次的民族认同意识,即共休戚、共存亡、共荣辱、共命运的感情和道义。

所以,高层次的民族可说实质上是一个既一体又多元的复合体,其间存在着相对立的内部矛盾,是差异的一致,通过消长变化以适应于多变不息的内外条件,而获得这共同体的生存和发展。

【根据费孝通:《中华民族多元一体格局》,北京:中央民族大学出版社,1999年版,第3~43页】

学术观点2：中华文明起源及其早期发展的基本特点

中华文明与中华民族起源，具有多元起源的特点。中国的农业从起源时期起南北不同，最近10余年的考古发现证明南北农业起源均可追溯至距今万年左右，与世界农业起源最早的各地区大体同步。

中华文明与中华民族起源，具有多区域不平衡发展的特点。这种不平衡性造成了不同区域间的互补关系，是中华文化产生汇聚和向一体发展的动力因素。

同时，中华文化的发展延绵不绝，连续而未有中断，与其他任何古老的文明相比都是不同的。中华文化是兼容并蓄的，是一种"和合"的文化，故其"内聚"和"外兼"是对立统一体。

中华文化的这些特性造就了中华文化的丰富与长久生命力，这也是中华民族结构形成为"你中有我，我中有你"的原因。

【根据陈连开：《论中华文明起源及其早期发展的基本特点》，《中央民族大学学报》2000年第5期】

★ 史学导读

1. 如何理解多元一体的中华文明起源进程？

之前一些学者根据传统文献持"中原中心论"，但大量的考古学资料则支持不一样的结论。学术界现在普遍承认中华早期文明呈现出"多元一体"格局。苏秉琦提出"满天星斗说"，认为在距今6000年左右，从辽西到良渚，中华大地的文明火花如满天星斗一样璀璨，这些文化系统各有其根源，分别创造出灿烂的文化。已有的考古研究成果，证实在公元前3500年前后，包括中原地区在内的许多地区的史前文化，出现了社会分层和分化的明确迹象，物质文化也有很大的发展，诸文化之间的互动和交流也越来越频繁，越来越密切，逐渐形成了一个"相互作用圈"，考古学家张光直把这个"相互作用圈"叫作"中国相互作用圈"，又叫作"最初的中国"。

——摘自张清俐：《探索多元一体的中华文明起源进程》，《中国社会科学报》2015年4月17日

○ **导读提示**

考古发现可以证明，中华早期文明呈现出"多元一体"格局。从辽西到良渚，中华大

地的各种文化系统各有其根源,分别创造出灿烂的文化。同时,诸文化之间的互动和交流也越来越频繁,越来越密切,逐渐形成了一个"相互作用圈",又叫作"最初的中国"。

阅读材料时,应认识到:结合史前考古领域一系列重大发现,可知中国古代文明不是从一个地方发源的。包括黄河、长江和西辽河在内的广大地区,都有自己渊源脉络的史前文化,且都对中国古代文明的起源和形成做出了自己独特的贡献。

通过阅读该则材料,可以深刻理解多元一体的中华文明起源进程。在中国大地上,新石器文化遗存如同满天星斗,遍布辽河流域、黄河流域、长江流域和珠江流域,形成不同的文化区域。这些文化区域都是中华文明的发祥地,体现了中华文明起源的多元性。各个文化区域互相影响、交融、汇合,使中华文明的发展呈现出多元一体的特点。

2.如何理解中华文明起源阶段的多元性、交融性?

从空间来看,中国大陆东部面向太平洋,西部面向欧亚大陆;又可大致以秦岭、淮河一线为界,分成南方和北方。南、北两半的面积和人口差不多。由于幅员辽阔,从很早就出现了地区性的差别和分化,至迟在旧石器时代晚期,南方和北方的东部和西部的文化面貌已露出明显的差异。同时,南、北、东、西的旧石器文化都分化出若干文化类型。至10000年以内,在原有四大部分文化差异的基础上,逐渐形成相对稳定的六大文化区系:(1)以燕山南北、长城地带为重心的北方;(2)以山东为中心的东方;(3)以关中(陕西)、晋南、豫西为中心的中原;(4)以环太湖为中心的东南部;(5)以环洞庭湖与四川盆地为中心的西南部;(6)以鄱阳湖——珠江三角洲一线为中轴的南方。

六大区系内,还可以划分出不同的地方类型。不同地区的文化,都特征明确,源远流长,但彼此的渊源、特征、发展道路存在差异,发展水平不平衡,阶段性也不尽等同。相对而言,南部的三大区,民族多、方言多、文化呈波浪式发展;从文化传统、民族融合、影响社会进程的重大历史事件诸方面考察,应当说,从旧石器时代以来,发展的重心常在北部。北部的前红山——红山文化、前仰韶——仰韶文化、北辛——大汶口文化三大文化系统,都得到充分发展,并在发展中交流,互相渗透、吸收与反馈,这种区系间的文化交互作用在公元前4000年以后进入高潮,文化面貌你中有我,我中有你。

——摘自苏秉琦:《关于重建中国史前史的思考》,《考古》1991年第12期

○ 导读提示

从空间来看,中国以秦岭、淮河一线为界,分成南方和北方。南北出现了地区性的差别和分化,至迟在旧石器时代晚期,南方和北方的东部和西部的文化面貌已露出明显的差异。至10000年以内,在原有四大部分文化差异的基础上,逐渐形成相对稳定的六大文化区系。六大区系内,还可以划分出不同的地方类型。不同地区的文化,都特征明确,源远流长,但彼此的渊源、特征、发展道路存在差异,发展水平不平衡,阶段性也不尽等同。三大文化系统,都得到充分发展,并在发展中交流,互相渗透、吸收与反馈。

阅读材料时,应认识到:一是中华文明起源阶段的多元性,南、北、东、西的旧石器文化的若干文化类型、六大文化区系、六大区系内不同的地方类型等都是多元性的体现。二是中华文明起源阶段的交融性,不同地区的文化的渊源、特征、发展道路存在差异,发展水平不平衡,阶段性也不尽等同,但是都在发展中交流,互相渗透、吸收与反馈。

通过阅读该则材料,可以深刻理解中华文明起源阶段的多元性、交融性。特别是要认识到,中华文明是兼容并蓄的,这也是中华民族结构形成"你中有我,我中有你"的原因。

第3讲 私有制、阶级与国家的产生

★ 学习精要

按照科学研究和唯物史观的解释,在原始社会里,先民们按照血缘关系组成氏族和部落,氏族和部落的首领,不会占有比其他社会成员更多的财产,不存在私有制,因此也不存在国家。

原始社会后期,由于生产力发展,一部分人开始有了少量剩余产品,从而产生了阶级分化的可能。剩余产品的增多和财富积累的扩大,导致氏族制度解体和生产资料私有制出现,阶级产生。

列宁说:"国家是阶级矛盾不可调和的产物和表现。"国家的产生是阶级斗争尖锐化的结果。掌握大量财富的剥削阶级为了维护自己的经济利益和社会特权,建立起强有力的国家机器,压迫被剥削阶级。

★学术动态

学术观点1：考古材料证明我国原始社会经历了三个阶段

从考古材料可知，我国的原始社会，经历了原始人群、母系氏族社会、父系氏族社会三个阶段。

原始人群时期，是人类脱离动物界后的初期阶段，体质形态还残留着一些猿类的特征，这一时期延续最长，大约经历了200万年。

母系氏族社会是原始社会的繁荣昌盛时期，所谓原始共产主义制度，主要是指这个时期，大约经历了数万年之久。

父系氏族社会则是原始社会的后期阶段，它是私有制、阶级产生和发展的时期，也是原始公社制度瓦解并向阶级社会过渡的时期，经历了1000余年。

【根据张景贤：《从我国的考古材料看私有制的产生和原始社会的解体》，《历史教学》1987年第10期】

学术观点2：五帝时期是中国上古国家的形成阶段

传说中的五帝时期经历了一系列国家制度的建设：第一，部落与部落的联合，并由此形成王国；第二，按地域划分部落，天子巡狩和方国朝觐是王国秩序的象征；第三，族卿族禄的官僚制度；第四，早期刑罚制度；第五，以上帝为核心的多神政治信仰体系。夏商周王国正是在此基础上发展演变的。

当然，传说中的五帝时期并不构成一个独立的具有特定属性的历史时代，而是中国从原始时代向上古时代的过渡阶段，犹如春秋战国时代一样，上古国家的基本框架和制度大都在此时创立。

因此，传说中的五帝时期是中国上古国家的形成阶段。

【根据张荣明：《中国上古国家的产生及特征》，《史学月刊》2001年第2期】

★史学导读

1.考古发现怎么证明夏朝的社会阶层分化？

根据学者结合墓圹面积、葬具和随葬品情况对二里头文化墓葬进行的四个等级划分结果，墓葬等级越高，数量越少，形成了金字塔式的等级结构。

其中第一等级的20余座墓葬仅发现于二里头都城，且分布于宫殿区周边。从数量和内涵看,这些第一等级墓葬很可能不是二里头文化中最高等级的墓葬,但也可窥见二里头文化墓葬等级制度的一斑。目前的第一等级墓葬的墓穴面积多在2平方米以上,墓圹长度一般在2米以上,宽度在1米左右,一般有木质葬具、铺朱砂,随葬铜器、玉器、绿松石器、漆器、陶礼器、子安贝和其他奢侈品等。这些墓葬中随葬的爵、斝、盉、觚、鼎、铜牌饰、铜铃、戚、戈、钺、刀、圆形器等组成了中国最早的青铜礼器群,爵是二里头文化青铜礼器的核心。象征军权或君权的玉璧戚、玉圭、玉牙璋、玉钺、玉戈、多孔玉刀等大型片状玉器,与可能用于祭祀的柄形器等,组成了二里头文化玉质礼器群。青铜器尤其是青铜礼器仅见于这一等级墓葬中,表明青铜礼器是金字塔式等级社会中顶层统治阶级身份地位的标志。3号墓在3号基址中院3座墓葬中最接近基址中轴线的位置,还随葬有鹰形玉柄形器、绿松石器、斗笠形白陶器、漆器、产自热带的子安贝等稀有、贵重的物品,都显示了墓主特殊而突出的地位。

——摘自赵海涛、许宏:《中华文明总进程的核心与引领者:二里头文化的历史位置》,《南方文物》2019年第2期

○ **导读提示**

二里头文化不同等级墓葬的死者身份尊卑有别、贵贱不一,随葬器物的使用有较大差别。随葬品中的贵重物品,如铜器、玉器、白陶器、漆器、海贝等,往往是较高身份等级的社会成员才能拥有,成为社会身份的象征。在二里头文化墓葬中已经形成依照等级的高低而等差有序地使用礼器、墓圹规模的严格制度,特别是青铜礼器的有无和数量多寡业已成为等级身份的核心象征物。

阅读材料时,应认识到:遗址作为人类活动的遗存,承载着重要的历史信息。墓葬等级是社会等级制度的反映,墓葬形制和规模,随葬品的数量、种类和精美程度,葬具的差别,说明了社会阶层分化的存在。

通过阅读该则材料,可以深刻理解墓葬等级是社会等级制度的反映,二里头文化时期社会阶层分化已经存在了。由于生产力发展,从而产生了阶级分化的可能,氏族制度逐步解体。

2.怎样理解从"天下为公"到"天下为家"?

大道之行也,天下为公,选贤与能,讲信修睦。故人不独亲其亲,不独子其子,使老有所终,壮有所用,幼有所长,矜、寡、孤、独、废疾者皆有所养,男有分,女有归。货恶其弃于地也,不必藏于己;力恶其不出于身也,不必为己。是故谋闭而不兴,盗窃乱贼而

不作,故外户而不闭,是谓大同。

——《礼记·礼运》

今大道既隐,天下为家,各亲其亲,各子其子,货力为己,大人世及以为礼,城郭沟池以为固,礼义以为纪,以正君臣,以笃父子,以睦兄弟,以和夫妇,以设制度,以立田里,以贤勇智,以功为己。……是谓小康。

——《礼记·礼运》

○ 导读提示

第一则材料反映了原始社会公有制的阶段特征,第二则材料反映了国家、私有制开始形成的阶段特征。

阅读材料时,应认识到:从"天下为公"到"天下为家"反映了社会从氏族社会开始向阶级社会、国家转化。这一变化是必然的,是生产力发展的必然结果。

通过阅读该则材料,可以深刻理解国家、私有制的形成。历史的发展是由生产力的发展决定的。从"天下为公"到"天下为家"是生产力的进步引起的社会变革。这一变化又促进了生产力的发展,是历史的进步。

第4讲 分封制与宗法制

★学习精要

分封制也称分封制度或"封建制",周天子把土地和人民分封给诸侯建立诸侯国,以拱卫王室。从纵向看,分封制明确周王权力和诸侯义务,形成严格的等级序列,加强了中央与地方的纵向联系。从横向看,分封制以血缘关系为纽带分配国家政治权力,加强了诸侯国之间的横向联系。分封制的实施逐渐改变了商朝那种相对松散的方国联盟式的政治体制,强化了周天子对诸侯的统属关系。

宗法制是用父系血缘关系的亲疏来维系政治等级、巩固国家统治的制度,其目的是巩固分封制形成的统治秩序,解决贵族之间在权力、财产和土地继承上的矛盾。该制度以嫡长子继承制为核心,确立大、小宗,按照血缘关系的亲疏来分配政治权力,将血缘纽带同政治关系结合起来,是"家"和"国"的统一。宗法制保证了各级贵族在政治上的垄断和特权地位,有利于统治集团内部的稳定和团结,有利于凝聚宗族,防止内部纷争,强化王权,同时也强化了以大宗为代表的贵族特权地位。

★ 学术动态

学术观点1：与宗法制紧密结合的分封制度

一是分封制以宗法的"亲亲"关系为基础和原则，从而使"分封"与"分宗"相一致。

二是分封的土地既是建国、立家的经济基础，也是宗子"立宗"的经济条件，这是西周春秋时代宗统与君统相结合的最深刻的经济原因。

三是不仅宗族组织与统治组织、宗法等级与政治等级是相一致的，而且其管理方法也是相一致的，这是宗法制与分封制相结合在组织系统和管理上的反映。

【根据梁颖：《试论西周春秋时代宗法制与分封制的结合》，《广西师范大学学报（哲学社会科学版）》1993年第2期】

学术观点2：中国的"封建社会"不同于欧洲

很多现代中国的作者，称之为"封建社会"，并且以此将它与欧洲的feudal system相比拟，其结果总是尴尬。

欧洲之feudal system被称为feudalism起源于法国大革命之后，当日作者以此名词综合叙述中世纪一般政治及社会特征，并未赋予历史上的意义。

征之中国传统文献，"封建"也与"郡县"相对，所以将汉唐宋明清的大帝国、中央集权、文人执政、土地可以买卖、社会流动性大的郡县制度称为"封建"，更比拟为欧洲的feudal system，就是把写历史的大前提弄错了。

【根据黄仁宇：《放宽历史的视界》，北京：生活·读书·新知三联书店，2007年版】

★ 史学导读

1.怎样理解分封制与宗法制的关系？

欲观周之所以定天下，必自其制度始矣。周之制度之大异于商者，一曰立子立嫡之制，由是而生宗法及丧服之制；并由是而有封建子弟之制，君天子臣诸侯之制。……其旨则在纳上下于道德，而合天子、诸侯、卿大夫、士、庶民以成一道德之团体。周公制作之本意，实在于此。

——摘自王国维：《殷周制度论》，石家庄：河北教育出版社，2001年版，第241~242页

○ 导读提示

"封建子弟之制"指的是分封制。该制度与宗法制互为表里（血缘关系与国家政治制度相结合），具有层层分封、等级森严等特征。

阅读材料时，应认识到：宗法制以嫡长子继承制为核心，确立大、小宗，按照血缘宗族关系的亲疏来分配政治权力，将血缘纽带同政治关系结合起来，是"家"和"国"的统一。

通过阅读该则材料，可以深刻理解分封制与宗法制的关系。分封制强化了周天子对诸侯的统属关系，同时，宗法制又保证了各级贵族在政治上的垄断和特权地位，强化了以大宗为代表的贵族特权地位。

2. 怎样理解中国古代社会长期存在的"家政统于家长"？

在"家政统于家长"的中国封建宗法制度下，不忠不孝是十恶之首。家长对子女不仅有主婚权，而且《大清律例》有关惩治"子孙违反教令"罪的条例中，已把处死权赋予封建家长了。直到新中国成立前，还有家族对"不贞"女子执行死刑的情况。家庭又把向国家交纳田税赋税以及服差役当作重要的责任，宗法制家庭成为维护封建国家的有力因素。随着一体化结构的强化，封建统治者也有意识地加强宗法制度。宋明以后，宗法制度的家族组织同构作用强化到这种地步，以至于在结构形态上也和国家社会组织一样由三个子系统组成。

——摘自金观涛、刘青峰：《兴盛与危机——论中国封建社会的超稳定结构》，长沙：湖南人民出版社，1984年版，第49~50页

○ 导读提示

"家政统于家长"是中国古代社会家族制的体现。古代中国社会的家族制呈现出的基本特点：以宗法制为依托；与封建等级制、伦理道德观紧密联系；宋明时期空前强化。宗法制家庭成为维护封建国家的有力因素。随着一体化结构的强化，封建统治者也有意识地加强宗法制度。

阅读材料时，应认识到：宗法制在周代完备而严格，继位的族长在宗族中有对宗族祖先的主祭权、对族人政治上的治理权、对宗族内经济的支配权。同一宗族内，"大宗能率小宗，小宗能率群弟，通其有无，所以纪理族人者也"。这种关系不断发展的结果是君统和宗统的合一，其特点是宗族组织和国家组织合而为一，宗法等级和政治等级完全一致。

通过阅读该则材料,可以深刻理解宗法制。宗法制是指调整家族关系的制度,起源于父系氏族社会对祖先的崇拜。宗法制度是由氏族社会父系家长制演变而来的,是王族贵族按血缘关系分配国家权力,以便建立世袭统治的一种制度。这种制度起着维护政治等级制度和稳定社会秩序的作用。随着西方民主、平等和自由思想的传入,近代中国思想解放潮流的兴起与发展,宗法观念渐弱。

★ 荐读书目

张荫麟:《中国史纲》,北京:商务印书馆,2015年版

许倬云:《西周史》,北京:生活·读书·新知三联书店,2012年版

吕思勉:《先秦史》,南京:译林出版社,2016年版

苏秉琦:《中国文明起源新探》,北京:生活·读书·新知三联书店,1999年版

王明珂:《华夏边缘:历史记忆与族群认同》,北京:社会科学文献出版社,2006年版

冯天瑜:《封建考论》,武汉:湖北人民出版社,2018年版

第2课　诸侯纷争与变法运动

第1讲　诸侯纷争与华夏认同

★学习精要

　　春秋战国是中国历史上的一个大分裂时期,春秋五霸、战国七雄,最后秦并六国,结束了乱世局面。这一时期,社会经济形态由奴隶制经济向封建经济转型,政治体制、思想文化也相应发生重大变化,面对变动,诸子纷纷提出自己的救世治国主张,各国亦纷纷采取破旧立新之改革,来寻求应变之道。

　　春秋战国之际,民族关系出现了重要变化。中原各国因经济发展程度高、政治制度和文化也较为先进而自称"华夏",称居住在其周围的为"东夷""南蛮""西戎""北狄"。在频繁往来和密切联系中,华夏族与其他少数民族杂居共处,各民族之间加强了经济、文化往来,彼此学习互相的优势。戎狄蛮夷逐渐融入了华夏族。华夏族吸收了大量新鲜血液,更加稳定,分布更为广泛。华夏认同观念的形成和发展,促进了各族"同源共祖"观念的发展,推动了国家的形成和民族的发展。

★学术动态

学术观点1:华夷是相互依存的命运共同体

　　从华夏族的民族概念来说:商周时期,华夏族简称为"华"或者"夏",具有相同的意义,主要指华夏族东部的民族群体。春秋以后,"夷"开始成为华夏族之外所有民族群体的泛称。早期主要是根据自然环境、生产生活方式对"华夷"分类的方式,已经具有了现代民族识别的一些原则和方法。以文化作为分类标准,而文化本身是可以变化的,所以"华"和"夷"也就可以相互转化,并不存在绝对的界限。

　　此外,从华夏族的地理概念来说:"天下"是华夏族的地理空间观念,他们在地理内涵上所指称的范围本身就具有一致性。所谓的"天下",就是商周时期"华夷"民族共同体的生存空间、政治空间,就是最早的"华夷"民族共同体意识的孕育空间。也就是说,中国统一多民族国家思想的起源,可以追溯到形成于先秦时代的天下思想中周边民族与中原王朝同属一个"天下"的认识上来。

所以,不管是从民族概念,还是从地理概念,华夷本来就具有一定的同一性,可以相互依存,是紧密联系的命运共同体。

【根据李艳峰、王文光:《商周时期华夏族的民族观、地理观与民族共同体意识》,《中南民族大学学报(人文社会科学版)》2019年第2期】

学术观点2:华夷关系的发展具有长期性和交融性

华夷一统与夷夏之防相辅相成并不矛盾。因为夷夏关系的最理想的状态并不是双方互不侵扰,而是通过化导四夷,即彻底消弭族群差异变夷为夏。在用夏变夷过程中,华夏也能尊重夷狄传统,这种手段能极大地缓解夷狄对民族整合政策的排斥、抵触心理,增强了他们对华夏民族的归属感、认同感。所以双方呈现出相互交融的互动状态。但由于夷狄"开化"程度不一,"中国"对夷狄控制力抑或说"中国"之于夷狄所能施加的政治影响力各异,这就决定了大一统不可能一蹴而就,只能是一个长期的、循序渐进的过程。

华夏文化通过凝聚、吸收各族群文化中的精髓,不断吐纳更新自我完善。这种开放性,实际上填平了横亘于夷夏间的鸿沟,极大地提升了中华民族的凝聚力和向心力,增进了各族群的"中国"认同。中华民族在各族群的碰撞磨合中不断发展壮大,最终成为一个民族相互交融的共同体。

【根据刘东升:《排斥与凝聚:春秋战国时期夷夏之辩内涵》,《内蒙古社会科学》2017年第5期】

★ 史学导读

1.中国早期"大一统"内涵的变化及原因?

华夏族的形成体现了我国古代民族构成对原始氏族组织的突破,是血缘家庭分衍发展而形成的同姓群体,它反映的是一种血缘联系,这就体现了夏朝民族思想中血缘观念仍占有主导地位。

商朝建立以后,商民以东夷身份融入并站到了华夏族的权力顶端。随着统治地域的扩大,夏时以血缘关系为纽带的民族认同方式已经无法满足商时的华夏族群发展需要,于是民族认同的纽带出现了第一次转变——由血缘认同转变到地域认同。随着生产的发展,各个地域的生产模式不同,物质生产水平产生了差距,形成了不同特色的生活习俗和文化礼仪,原先以地域为纽带的民族认同感出现了分离倾向,文化礼仪因素在日常生活中的认同作用开始逐渐凸显。周代商后,华夏族的民族认同纽带出现了第二次转变——由地域认同转变到文化认同。需要指出的是,血缘、地域、文化这三个因素在民族认同中的作用并不是严格地后者登场前者退场,而是按照影响力此消彼长。

——摘自郝常见:《先秦至秦汉华夏族民族观的演变路径探析》,《学理论》2019年第9期

○ 导读提示

先秦至秦汉时期,华夏族的民族观和民族思想经过长期酝酿基本形成。血缘认同、地域认同和文化认同先后在民族认同中发挥着关键作用,但这三个因素并不是严格地后者登场前者退场,而是按照影响力此消彼长。

阅读材料时,应认识到:生产的发展促使各地区经济联系加强;地域的扩大丰富了民族间的交往;民族间的交融增强了国家认同感。

通过阅读该则材料,可以深刻理解:中国早期的大一统认同由土地和心理层面的统一到制度层面的统一,也带来了从天下共主到中央集权的发展趋势。

2. 华夷之辨下的天下观对我国古代的民族政策和外交政策有何影响?

古代儒家论述的"天下",其实往往关键在"以天下之大,四海之内,所共尊者一人耳"。……随着核心区域逐渐扩大,一些原本的四夷渐渐融入中国,而渐渐膨胀的中国拥有了更遥远的四夷,人们口中的"天下",有时候指的是"中国",有时候则包括了"中国"和"四夷"。汉代之后特别是到了隋唐,"天下"越来越兼带"中国"与"四夷"。此后,在"天下"观念里始终有"内……'外"的区别,有"华""夷"的不同,也有"尊""卑"的差异。

——摘自黄兴涛:《重塑中华:近代中国"中华民族"观念研究》,北京:北京师范大学出版社,2017年版

○ 导读提示

华夷观念对我们国家古代的民族政策和外交政策产生了广泛影响,在长久的时间内,我国并未形成平等的民族关系和外交关系。中国古代的天下观是以中华文明为核心,强调等级秩序,天下观的范围在不断扩大,并未形成明确的民族观念。

阅读材料时,应认识到:儒家观念的影响、森严的政治制度以及客观上古代中华文

明的先进等诸多条件综合作用之下,中国古代的天下观是动态发展的过程,始终含有内外主次之分,强调中国中心主义。这种文化上的自信心和优越感一直支撑中国人的天下观,培养出了中国后来特殊的"天朝上国"情怀。

通过阅读该则材料,可以深刻理解:华夷之辨对中国的民族关系与对外关系带来的深刻影响。在对内的民族关系上是,长期有一种尊卑之分;在对外的外交关系上,早期有一种上下观念,也为后来中西方外交冲突埋下了伏笔。

第2讲 战国时期诸侯变法的必然性

★学习精要

春秋战国时期由于经济变动,所以呈现出了一个大变革时代。经济上,生产力发展,井田制瓦解,小农经济形成;政治上,王室衰微,诸侯争霸、兼并;思想上,礼崩乐坏,百家争鸣局面出现;教育上,私学兴起,阶层流动。面对社会变动与战争,各诸侯国为了富国强兵,相继进行变法改革,其中最为典型的是商鞅在秦国的变法。各国变法的实施在破坏旧制度的同时促进了新制度的确立,推动着社会转型。各国变法使西周以来的血缘宗法社会向地缘政治社会转变,郡县制取代分封制,官僚制取代世卿世禄制,君主集权在各国出现。

从春秋战国这个重要的变革时代,我们可以清晰地看到政治、经济、思想文化所呈现出来的整体性。我们可以深刻理解生产力和生产关系、经济基础和上层建筑之间的双向关系。

★学术动态

学术观点1:春秋战国时期的土地兼并具有政治、经济双重内涵

土地兼并是封建土地私有制的必然产物,其本质是以土地为载体的经济利益和政治利益在不同阶层之间的重新分配。

春秋战国时期的土地兼并具有政治经济双重内涵,它的内容主要包括:(1)以诸侯为主体的兼并战争。对诸侯国而言,土地兼并的利益在于:一是可以带来更多的物质财富和劳动力资源,增强国家的战斗力和竞争力;二是提高自身的政治权威,以政治权威获得更大的经济利益和政治利益。(2)以卿大夫为主体的政权兼并。这一时期,各封国的卿大夫这些中小领主成为土地兼并的最终受益者。(3)以商人和地主为主体的经济兼并。土地所有制关系的变化更为商人和新兴地主以土地兼并获取经济利益提供了有利的环境。各国变法纷纷实行按功赏爵赐田制度,这些政策为一些商人和新兴地主的兴起奠定了基础。尤其在战国时期,频繁的战争使得土地也成为军事利益的载体,更加剧了战国中期至末年商人和地主土地兼并的规模和程度。

【根据李娟:《西周至春秋战国时期土地所有制关系的历史嬗变》,《福建师范大学学报(哲学社会科学版)》2013年第3期】

学术观点2:商鞅变法的核心方针是"农战"

商鞅在《农战》篇中提出农战兴国的"内涵":"国之兴者,农战也。善为国者,仓廪虽满,不偷于农。国大民众,不淫于言,则民朴一。"秦国之崛起取决于变法的成与败;而变法成功与否则取决于"农战"革新是否彻底。

为此,商鞅毅然决定实行废井田开阡陌、平赋税、正法令等发展农业的政策,从而实现了乱世兴邦。这些政策不仅仅使秦国崛起,更是为中国开启了运行长达两千余年的小农经济发展模式。在此之后翻开历代封建王朝的历史就会发现,商鞅农战兴国的影子无处不在。即使在今天抑或在未来,我们缔造盛世、追求国家富强的同时,农业所起的作用依然是不可忽视的。

【根据刘雪婷:《在历史夹缝中绽放——重探商鞅于乱世"农战兴邦"》,《西部学刊》2019年第18期】

★ 史学导读

1.官僚政治取代贵族政治的原因是什么?

春秋时期,以五霸为首的"尊王攘夷"不断促成周边蛮夷戎狄的同化,西周时期楚国自称蛮夷,至春秋后期则以华夏自居。至战国末年诸雄已经将领土东北拓展至朝鲜半岛北部,北面抵达阴山一带,西面至甘肃境内,南至四川、广西、广东等地。目睹了周天子天下共主地位逐步丧失的诸侯国君,深切地意识到战争中新增长的土地继续授予卿大夫的后果,一种新的政治制度在此时逐渐萌生。春秋战国之际,官僚政治逐渐取代宗族政治并形成了稳定的系统的制度。

——摘自韩茂莉:《中国历史地理十五讲》,北京:北京大学出版社,2015年版

○ 导读提示

春秋时期,以五霸为首的"尊王攘夷"不断促成周边蛮夷戎狄的同化。到战国后期,强大起来的诸侯国向四周不断扩张领土。在周王室日趋衰微和诸侯的激烈角逐中,一种新的政治制度——官僚政治逐渐萌生,进而取代贵族政治并形成了稳定的、系统的制度。

阅读材料时,应认识到:西周实行世卿世禄制,诸侯王享有独立的政治、经济、军事权力。但其最值得重视的权利是所享有的世袭统治权,所以才能不断壮大。春秋战国时期的社会巨变和频繁的战乱,致使大批宗族势力消亡,宗族统治的世卿世禄制也随之土崩瓦解,新的官僚制度则应运而生。

通过此材料可以深刻理解:春秋战国时期,政治演变的特点之一是逐渐从贵族政治过渡到官僚政治,官僚政治的推行,适应了专制主义中央集权制度的发展趋势。

2.怎样理解战国时期生产力的发展对社会结构变动的影响?

战国秦汉700年间,由耕牛、铁农具的交易、推广、传播,小农经济的繁荣,城市经济兴起、发展、发达,到土地兼并,农民破产流亡,城乡经济衰落,再到自然经济、依附关系的出现、占优势,成为社会经济的主要特征。商业、交换经济都在其中起了主要作用,甚至可说主导作用。它导致古代社会(战国秦汉时期)的兴起和繁荣,又导致古代社会的衰微和没落,又导致以自然经济和依附关系为主导的中世社会(魏晋南北朝隋唐)的出现。

——摘自何兹全:《战国秦汉商品经济及其与社会生产、社会结构变迁的关系》,《中国经济史研究》2001年第2期

○ 导读提示

春秋战国时期,铁犁牛耕已经很普遍,再加上水利灌溉设施的建设、施肥和种子改良,使得春秋战国之际的农业生产力突破性地发展起来,进而加大了农产品投入市场进行交换的可能性,推动商业发展,从而加强了农业、手工业、商业间的互动关系。战国的商品经济、交换经济、城市发展,都是在农业生产力发展、产量增加的基础上发展起来的。

阅读材料时,应认识到:战国秦汉的商品经济,是在春秋战国之际农业生产力发展的基础上发展起来的。商品经济的发展,导致农村自给自足的经济体制受到冲击,导致城市经济的兴起、繁荣,同时推动了城市中工商业阶层的发展,带来了社会结构的变迁。

通过阅读材料,可以深刻理解:战国时期社会生产力的发展推动了小农经济的繁荣,城市经济兴起和工商业的发展引发了社会结构的变动。

第3讲 时代变革中的孔子和老子思想

★学习精要

孔子,中国古代的思想家、教育家、儒家学派的创始人。孔子建构了以性善论为基础的完整的"道德"思想体系;政治思想的核心内容是"礼"和"仁";经济思想上强调重义轻利;教育上最早提出人的天赋素质相近,人的个性差异主要是因为后天教育与社会环境影响,倡导"有教无类"和"因材施教"。孔子被列为"世界十大文化名人"之首,其思想对中国和世界都有深远影响。

老子是中国古代的思想家、哲学家、文学家、史学家和道家学派的创始人。老子的思想对中国哲学发展具有深刻影响,其思想核心是朴素的辩证法。在政治上,主张无为而治;在权术上,老子讲究物极必反之理;在修身方面,讲究虚心实腹、不与人争。传世作品《道德经》是全球文字出版发行量最大的著作之一。

★学术动态

学术观点1:孔子思想对构建和谐社会有现实价值

构建和谐社会的理论有着中华文明精神的深厚渊源。早在孔子的时代,作为一位高瞻远瞩的伟大思想家,孔子就曾提出并认真阐述过构建和谐的问题,并且这一理论在其后以儒家思想为主干的中华文化精神中得到不断的发展。我们大家今天拥护构建和谐社会的理论,与此是有一定关系的,这是因为孔子思想中的构建和谐的理论已经是广泛深入人心的文化理念。

"同"与"和"本来是春秋时期思想家们时常提到的说法,但把这两者相提并论,提升到人的伦理道德层面来分析,孔子之说则是首次。和谐是事物与人伦的祥和状态。

总之,以"仁""礼"学说为核心的孔子思想,构建和谐可以说是它的一个重要思想线索和准的。

【根据晁福林:《构建和谐:略谈孔子思想的现代价值》,《史学史研究》2010年第3期】

学术观点2：老子的自然思想是人文自然思想

人文自然是一个新概念，提出是为了从本质上揭示和强调老子之自然的基本精神。老子的自然是一种最高价值，表达了老子对人类以及人与自然宇宙关系的终极状态的关切。其次，老子之自然作为一种价值也表达了老子对群体关系的关切，即对现实生活中人类各群体之间相互关系，及生存状态的希望和期待。最后，老子之自然也表达了对人类的各种生存个体存在、发展状态的关切。总起来说，老子之自然表达的是对人类群体内外、生存状态的理想和追求，是对自然和谐、自然秩序的向往。这种价值取向在人类文明各种价值体系中是相当独特的，对现代社会的各种冲突来说是切中时弊的解毒剂。背后隐含着万物平等的观念，隐含着对一切个体的基本尊重和关切，这正是现代文明社会所需要的基本价值和做法。

【根据刘笑敢：《老子之人文自然论纲》，《哲学研究》2004年第12期】

★ 史学导读

孔子的核心思想"仁"在教育体系中如何呈现？

"仁"是孔子思想体系的重要范畴，而由"仁"发现"人"，从"仁本"走向"人本"，是孔子教育思想体系建构的基本理路。孔子从仁本教育观出发，形成了"爱人"与以人为重的教育理念，并由此在教育内容方面呈现人本（文）主义教育色彩，即建立以"仁""礼"为核心的世俗主义的教育内容；在教学方法方面凸显人的主观能动特性，即以启发诱导为主要特征的教学方法的运用；按照自励、励人的原则去形成具有强烈人本色彩的教师观，即以人影响人的方式去"爱人"和教人。孔子教育思想的人本化，其实就是教育体系的道德化，其终极指向是服务于德治社会的建设。

——胡金平：《从"仁"发现人：孔子人本教育思想的建构》，《教育人文论坛》2020年第1期

○ **导读提示**

儒家的人文主义其实是人本主义，孔子在教育理论中发现了"人"。教育是爱人的重要体现，孔子在教育中贯穿的"仁"的思想具体表现为：第一，教育是以人为本、以人为重的教育；第二，以仁为核心的教育内容；第三，能够凸显人的能动性的教学方法。

阅读材料时，应认识到："仁"是孔子思想体系的核心范畴，是其伦理思想、政治主

张,同时也是孔子教育理论的逻辑起点。教育就是孔子参政的一种形式,孔子的教育思想体现为从"仁本"向"人本"发展。

通过阅读本则材料,可以深刻理解:在春秋社会巨变的背景下,孔子的教育思想反映了他的政治诉求,其终极指向是服务于"德治"社会的建设。

第4讲 "百家争鸣"局面的形成及意义

★学习精要

战国时期,生产力的快速发展促进了商业繁荣和城镇兴盛,传统的社会秩序受到猛烈冲击。在各国竞相改革的风潮中,拥有文化知识的士人四处游说、讲学,极大地开阔了自身的视野,促使了他们的独立思考和创造性地探索。社会上不同政治思想派别的代表人物,对各种问题提出了不同的见解,涌现出一批具有开创性贡献的学术大师,他们既互相诘难批驳又彼此吸收融合,形成了思想领域中百家争鸣的局面。

百家争鸣是春秋战国时期社会经济发展、阶级关系变化在思想领域内的反映。其中,儒家为后世提供了政治思想和道德准则,道家奠定了我国传统文化的哲学基础,法家为改革图治提供了理论武器。百家争鸣带来中国历史上的第一次思想解放运动,共同构造了中华民族传统文化的基本精神,奠定了中国思想文化发展的基础,对当时及后世产生了巨大影响。

★学术动态

学术观点1:自由是百家争鸣运动的核心特征

战国时期百家争鸣运动的核心特征是自由。该特征是以自由著述、自由讲学、自由批评、自由流动为表现形式。

春秋时期,礼崩乐坏,实为我国历史上第一次档案大解密时期,由此为自由著述奠定基础;孔子在社会下层面前把一向闭锁的学校大门彻底推翻,引发了自由讲学;自由批评不但包括学术批评,甚至还包括政治批评;家族的普遍解体,使士人丧失了赖以生存的血缘凭借而被抛向社会,流动性加强。此四项皆备,百家争鸣就可以成立,否则,百家争鸣就无从谈起。

百家争鸣式的自由是历史夹缝中的自由。弘扬中国传统文化应重视复兴诸子时代的自由精神,并在思想创新的基础上,构建创新型社会。

【根据赵世超、卫崇文:《论战国时期的百家争鸣运动》,《陕西师范大学学报(哲学社会科学版)》2006年第4期】

学术观点2:知识分子的个性解放推动了"百家争鸣"局面的诞生

春秋战国时期"百家争鸣"局面的形成,与作为这一时期学术思想文化的创造主体——知识分子所获得的重大社会解放是分不开的。

一是知识分子从旧的宗法奴隶制的统治秩序中挣脱出来,作为一支独立的社会力量登上了历史舞台。

二是知识分子从旧的宗法伦理和天命神权观念束缚下解放出来,有了强烈的主体意识和理性的自觉,开始从理性的视角重新审视社会历史和现实人生,对传统文化进行认真反思和总结,从人文关怀的原则出发,重新建构未来社会和人生的理想蓝图。

春秋战国时期,知识分子以天下为己任的高度自觉意识和浓郁的人文关怀精神,为后世中国的知识分子树立了光辉的典范。这种自觉意识和救世精神,铸造了中国知识分子的灵魂,构成了今天中华民族优秀文化传统的精华部分。

【根据周金华:《从"百家争鸣"看春秋战国时期知识分子的个性解放》,《湘南学院学报》2004年第4期】

★ 史学导读

1.百家争鸣与早期人文主义思想的萌发有何内在联系?

"人"是一个在历史中形成、发展和完善的观念。古代"人学"研究的一个重要前提是"人"观念的萌生与形成。"人"这一观念是经历长期实践之后逐步形成的。春秋战国时期的社会大变动促进了思想家们对于人的特质与本质问题的思考,对人有了深入的认识,提出了人为"万物之灵"的观念。人的本质表明,作为万物之灵,人不仅能够有其思想的无限空间和时间的自由,而且这种自由还可以在一定程度上保证人可以认识自身。此外,这一时期对于"人"的本质的认识还表现在将人与动物进行对比研究上,认识到了人与动物有根本区别。这一时期,人的思想与精神有了较高程度的发展,肯定了人的思想的作用。

——摘自晁福林:《认识"人"的历史——先秦时期"人"观念的萌生及其发展》,《学术月刊》2008年第5期

○ 导读提示

春秋战国时期,社会大变革促进了思想家们对于人的特质与本质问题的思考,对"人"有了深入的认识,提出了人为"万物之灵"的观念。思想家们还认识到了人与动物有根本区别,人的思想与精神有了较高程度的发展,人的思想的作用得到了肯定。

阅读材料时,应认识到:随着社会经济的发展,人的主体意识不断萌发,人逐渐从人神关系中的被动作用解放出来。正是在此背景之下,士大夫才能充分发挥自己的主观能动性,著书立说,游说诸侯。

通过阅读本则材料,可以深刻理解到:早期人文主义思想的萌发催生了百家争鸣和思想文化的繁盛。

2. 中国古代法家治国思想有何历史及现实价值?

法家通过建构相关法律制度来进行社会治理的思想贯穿了整个中国传统社会,以法家思想为基础所建构起来的治民、治官制度,迅速扫清了国家混乱、社会动荡的局面,有效地建立起相对稳定的社会秩序并建构了比较完整的统一多民族国家理论,为古代中国政府推进社会政治、经济发展,提升国家综合实力奠定了制度基础。

毫无疑问,法家思想在中国传统社会中发挥巨大实用价值的同时,这种兼具理论与实践的法家传统,也能够为当今中国提供一种比较系统完善的制度理论参考。同时已经成型并在漫长的中国传统社会中长时间运作的法家制度所积累的实践经验、教训,亦能为当今中国社会所反思与总结,成为具有重要借鉴价值的传统资源。

——摘自钱大军:《中国传统社会的法家传统及其价值》,《河南大学学报(社会科学版)》2018年第6期

○ 导读提示

材料主要谈到了中国古代法家治国思想的历史作用及现实意义。从历史上来看,主要建立了以"法"为基础的政治制度;从现实意义来分析,这些法治思想也是古代中国保留到今天的一笔精神和制度的财富。

阅读材料时,应认识到:中国古代法家治国思想的历史价值是建立了一整套治国理政的完备体制,维护了封建统一多民族国家,推动古代中国综合国力的提升;现实价值是为当今社会的法治化进程提供实践经验和教训,有利于当今中国社会的长治久安。

通过阅读本则材料,可以加深理解:法家治国思想在中华统一多民族国家进程中发挥着重要且积极的作用。

★ **荐读书目**

余英时:《士与中国文化》,上海:上海人民出版社,1987年版

杨宽:《先秦史十讲》,上海:复旦大学出版社,2000年版

李修松:《先秦史探研》,合肥:安徽大学出版社,2006年版

范文澜:《中国通史》,北京:人民出版社,1965年版

童书业:《春秋史》,北京:中华书局,2012年版

翦伯赞:《中国史纲》,北京:商务印书馆,2017年版

李泽厚:《中国古代思想史论》,合肥:安徽文艺出版社,1994年版

阎步克:《士大夫政治演生史稿》,北京:北京大学出版社,1998年版

第3课　秦统一多民族封建国家的建立

第1讲　秦统一的三个层面

★学习精要

秦统一主要包括三个层面,即军事统一、制度统一、经济文化的统一。

军事层面的统一,要着重理解通过军事手段实现行政统一的原因和条件,主要从时代背景和自身因素两方面把握。春秋战国时期,随着生产力的提高,社会经济得到发展,各地间的经济联系加强,要求打破诸侯分立的局面,这为统一提供了经济基础。周王室衰微之后的战国时期,诸侯相互兼并,小国并于大国,出现了"战国七雄",形成了局部性的行政统一,民族逐渐融合,形成了以华夏族为中心的民族共同体,这为统一提供了政治基础。孟子"定于一"等思想主张的提出,君主集权等政治思想形成和流传,为统一提供了思想基础。战国时期各诸侯国废除分封制而行郡县制,逐渐建立起中央集权的行政体制,为统一提供了制度基础。长期战乱使人民饱受战争之苦,百姓渴望安定的生活,为统一提供了社会基础。这是秦统一的时代背景,也是秦能够统一的客观条件。此外,秦的自身条件,即主观优势也非常明显。首先,秦地理位置优越。秦国"据殽函之固,拥雍州之地",易守难攻。关中平原沃野千里,巴蜀之地十分富饶,成为秦国的天然粮仓。其次,商鞅变法非常彻底,尊崇法治,奖励耕战,吏治清明,为统一奠定了坚实的基础。再次,数代秦王都励精图治,广纳贤才,采用"连横"和"远交近攻"等战略,利用贿赂、离间来分化瓦解六国君臣,各个击破,政策得当。尤其是秦王嬴政,雄才大略,任用吕不韦、李斯等外来人才,大大促进了秦的统一进程。最终,秦灭六国,完成统一,形成了天下一统的历史局面。

制度层面的统一,主要体现在专制主义集权制度上。统一战争结束以后,秦王嬴政立即着手进行专制主义集权制度的建设。他创立皇帝制度,完善中央集权制度。在中央,秦始皇把战国时期的官制加以调整和扩充,建成一套适应封建统一国家需要的新的行政机构体系。中央设丞相、太尉、御史大夫。丞相有左右二员,掌管政事;太尉掌管军事,但不常置;御史大夫是丞相的副职,掌管图籍秘书,监察百官。丞相、太尉、御史大夫以下,是分别掌管具体政务的诸卿。丞相、太尉、御史大夫与诸卿议论政务,由皇帝裁决。在地方,分郡、县两级。在军事上,秦制以铜虎符发兵,皇帝和地方将领各持半块虎符,只有两半虎符对合,验明无误才能调动军队,这是保证兵权掌握在皇帝手中的重要举措。秦朝在全国建立起来的中央集权制度奠定了此后两千多年中国中央集权封建国家政治体制的基本模式。

经济文化层面的统一。经济方面主要是统一货币和度量衡。秦始皇以黄金为上币,以秦国旧行的圆形方孔铜钱为下币,文曰半两,货币由国家统一铸造。秦始皇用商鞅时制定的度量衡标准器,来统一全国的度量衡。统一度量衡有利于全国实行统一的赋税征收、财政管理,方便了经济贸易往来。文化方面主要是统一文字,这有利于国家政教的推行和各地区之间的文化交流,对中华民族长期保持文化认同和凝聚力产生了重要影响。

秦王朝在经济、文化等方面完成了初步统一,对后世影响深远。

★学术动态

学术观点1:秦朝封建的、统一的专制主义国家的经济基础是什么?

林甘泉在《论秦汉专制主义经济基础》的论文中,对秦汉统一,专制主义和中央集权问题,提出了他的看法,主张封建专制主义的经济基础是封建地主土地所有制。由于这种基本经济特点,决定了中国封建社会一开始就建立了统一的专制主义中央集权国家。

范文澜认为,秦汉时代汉族已经形成一个相当稳定的共同体,这是中国形成统一国家的根本原因。他援引斯大林关于民族主义的论述,认为秦汉时代已经初步具有了民族的四个特征。所谓"书同文"就是"共同语言";"行同伦"就是"表现于共同文化的共同心理状态";"车同轨"可以理解为相当于"共同经济生活""经济的联系性"这个特征;至于"共同地域",那就是长城之内的广大疆域。

【根据白寿彝:《中国通史》第4卷《中古时代——秦汉时期》(上册),第63页】

学术观点2:秦朝社会性质研究

关于秦汉社会的性质,主要有封建社会说、奴隶社会说。

侯外庐是秦汉封建说的代表。50年代初,他撰著的《汉代社会史绪论》是研究汉代社会性质的代表作。……书中明确指出,中国封建制萌芽于商鞅变法,形成于秦的统一,而集其大成者为汉武帝的"法度"。后来,他在《论中国封建制形成及其经典化》一文中,对秦汉社会性质问题做了进一步阐述。……关于秦汉封建制的形成及其特点,文中从以下三个方面进行分析:(1)封建主义生产方式的广阔基础,是农业与家庭手工业的结合。……(2)秦汉土地所有制的支配形式是土地国有制,皇帝是最高的土地所有者。在秦始皇时,已有"六合之内,皇帝之土"的法律规定。在汉代,握有土地占有权的是封建贵族与豪强地主,他们的土地占有权在法律上是受限制的。(3)秦汉的直接生产者主要是作为编户齐民的小农,奴婢仅是残余。秦时土断人户,缘人居土的郡县制的推广,意味着小农经济逐渐形成,而秦汉社会的领民户口制的确立,更意味着农民对领主的封建隶属,汉代的"户律"即为此种封建隶属关系更进一步的法典化。

主张汉代封建制的学者,还有张恒寿、林甘泉、金景芳等,他们的文章,也对秦汉封建说做了论述。

主张魏晋封建说的学者……认为秦汉是奴隶社会。何兹全认为,西周春秋是中国奴隶社会的前期,战国秦汉是奴隶社会的发展时期。关于秦汉的奴隶制,他强调了两点:其一,以奴隶劳动为基础的生产关系,在整个社会中占支配地位;繁荣的小农经济普遍存在并且构成奴隶社会的经济基础;其二,由城市交换经济到农村自然经济,由自由民、奴隶到部曲、客,由土地兼并到人口争夺,从流亡到地主,是战国秦汉到魏晋南北朝社会变化的四条主线。

【根据白寿彝:《中国通史》第4卷《中古时代——秦汉时期》(上册),第67页】

★ 史学导读

1.如何看待秦朝中央集权制度下皇权与相权之间的关系?

始皇帝幸梁山宫,从山上见丞相车骑众,弗善也。中人或告丞相,丞相后损车骑。始皇怒曰:"此中人泄吾语。"案问莫服。当是时,诏捕诸时在旁者,皆杀之。

——[西汉]司马迁:《史记》卷六《秦始皇本纪》

○ **导读提示**

材料叙述了始皇帝到梁山宫,见丞相车骑甚众,显示出不高兴。身边的侍从后来将此事告诉了丞相,丞相为之收敛。于是始皇帝猜测有人泄露了他的话,大怒,便把当时在场的人都杀了。从此之后,再也没人敢泄露他的行踪。

阅读材料时,应认识到:秦始皇这样做的目的是让自身神秘化,显示自己威严莫测,进而维护皇帝至高无上的独尊地位。

通过阅读材料,可以深刻理解到:在专制主义中央集权制度之下,皇权至高无上的一面;所谓相权,不过是为皇权服务。

2.秦统一后,最终在全国推行郡县制的主要原因是什么?

丞相绾等言:"诸侯初破,燕、齐、荆地远,不为置王,毋以填之。请立诸子,唯上幸许。"始皇下其议于群臣,群臣皆以为便。廷尉李斯议曰:"周文、武所封子弟同姓甚众,然后属疏远,相攻击如仇雠,诸侯更相诛伐,周天子弗能禁止。今海内赖陛下神灵一统,皆为郡县,诸子功臣以公赋税重赏赐之,甚足易制。天下无异意,则安宁之术也。置诸侯不便。"始皇曰:"天下共苦战斗不休,以有侯王。赖宗庙,天下初定,又复立国,是树兵也,而求其宁息,岂不难哉!"

——[西汉]司马迁:《史记》卷六《秦始皇本纪》

○ **导读提示**

材料记载了秦始皇统一中国之初,秦朝廷关于地方行政制度走向的一场讨论。丞相王绾等建议于燕、齐、荆等地分封秦始皇诸子以镇守之。廷尉李斯则以春秋战国时期诸侯混战为例,说明分封制不足取。秦始皇从长远考虑,采纳了李斯意见,决定不分封诸子,而普遍实行郡县制。

阅读材料时,应认识到:分封制在春秋战国时代已经衰落,不适应历史的发展;郡县制则更有利于加强中央集权。

通过对材料的阅读,可以深刻理解:秦朝统一后,在全国推行郡县制的主要原因是汲取历史上分封制弊端带来的教训,实行郡县制更有利于加强对地方的控制。

3.秦朝地方官僚体制是怎样的呢?

监御史,秦官,掌监郡。……

郡守,秦官,掌治其郡,秩二千石。……

郡尉,秦官,掌佐守典武职甲卒,秩比二千石。有丞,秩皆六百石。……

县令、长,皆秦官,掌治其县。万户以上为令,秩千石至六百石。减万户为长,秩五百石至三百石。皆有丞、尉,秩四百石至二百石,是为长吏。百石以下有斗食、佐史之秩,是为少吏。大率十里一亭,亭有长。十亭一乡,乡有三老、有秩、啬夫、游徼。三老掌教化。啬夫职听讼,收赋税。游徼徼循禁贼盗。县大率方百里,其民稠则减,稀则旷,乡、亭亦如之,皆秦制也。

——[东汉]班固:《汉书》卷一九《百官公卿表》

○ **导读提示**

秦朝地方政权实行郡县两级制,县以下设乡。郡设郡守与郡尉。郡守为郡的行政长官,郡尉掌管地方武装。郡守、郡尉都有官属。大县设县令,小县设县长,其属官则有丞、尉等。中央设监御史,监察郡县。

阅读材料时,应认识到:秦代在地方实行层级管理,且和中央官制是基本一致的,从而实现了从中央到地方的垂直管理。

通过阅读材料可以了解秦朝的地方官僚政治的基本形态和较为完善的基层治理体系。这一形态和体系对后世的影响极大,有利于的统一的多民族的封建国家的发展,也成为此后两千余年间历代王朝地方行政制度的基本模式。

第2讲 秦统一的历史意义和深远影响

★ **学习精要**

秦朝的统一有重要的历史意义,主要表现为建立了统一的多民族的封建国家,促进了各民族的交往交流交融,推动了政治、经济和社会的发展。秦的统一对后世影响深远。

我国早在先秦时期,就存在着众多的民族。各民族本身的发展及其相互间的联系日益加强,是秦兼并六国、实现统一的重要条件。同时,统一局面的出现和秦朝的建立,又进一步促进了民族关系的发展,促使我国开始成为一个统一的多民族国家。

在南方,秦始皇在兼并六国后就开始了开拓岭南的大规模军事行动。公元前214年基本上统一了岭南。秦朝设立的岭南三郡,即桂林郡、南海郡和象郡,包括今天的广东、广西和越南河内以北地区。秦统一岭南,使岭南百越民族包括今天壮族、侗族、仫佬族、毛南族等民族的祖先进入了中华大家庭的怀抱。

在北方,匈奴占据自阴山至"河南地"(今内蒙古鄂尔多斯市一带)的大片区域,并持续南下侵扰,秦始皇由最初的积极防御策略转变为采取军事行动,并不断迁徙民众到边疆地区,推动了北方民族的融合。为了巩固在战场上取得的成果,秦始皇又命蒙恬主持修筑了我国历史上最大的军事防御工程——万里长城。

在西南地区,主要是今贵州、云南、四川一带,分布着许多少数民族,秦汉时期统称之为"西南夷"。西南各族人民和内地有着长期的交往。秦并六国后,始皇修建"五尺道",秦朝的势力直接抵达且兰、夜郎、邛都、昆明等地,并在这里"设官置吏",建立了行政机构。与此同时,秦又经蜀郡(郡治今四川成都),加强了与邛都、筰、冉駹的联系,并使之纳入了郡县制的行政系统。从此,西南少数民族地区不仅密切了与内地的关系,而且成了统一多民族国家的一部分。

总之,秦朝对东南、岭南、西南以及北方等边远地区的开拓,使它的势力"东至海暨朝鲜,西至临洮、羌中,南至北向户,北据河为塞,并阴山至辽东"。在这辽阔的疆域里,在一个国家政权的管理下,生活着各族人民,形成一个统一多民族的大国。秦朝名播遐迩,以致"秦人"很早就成了中国的代称。古代印度梵文称中国为"支那",希腊地理学家托勒密的《地理书》有"秦尼"国。直到今天欧洲人仍称中国为China。

★学术动态

学术观点1:灵渠具有非常重要的历史作用

灵渠始建于秦始皇三十三年(前214年),初名"离水",是世界上最古老的人工运河之一。灵渠沟通湘江和漓江,连接长江、珠江水系,具有极高的科学价值,被誉为"世界古代水利建筑明珠"。灵渠建成两千多年来,发挥了十分重要的历史作用。

灵渠首先是一项军事交通工程,是伴随秦军统一岭南的伟大历史事件而为秦军所修建。秦军通过开凿灵渠这条人工运河,沟通了湘漓二水,连接了长江和珠江水系,使秦军得到了源源不断的后勤和兵员补给,最终于公元前214年统一了岭南地区。

灵渠的开凿,在成就秦帝国统一大业的同时,也大幅拓展了中国的陆海疆域,使中国的陆地疆域抵近中南半岛,也使中国的海洋疆域到达东南亚腹地,改变了亚太地区的地缘政治格局。

【根据刘建新:《重新认识灵渠的历史作用》,《广西地方志》2019年第6期】

学术观点2:秦朝的直道与长城作用巨大

秦始皇统一六国后,倾全国之人力、物力、财力,兴建了两项巨大的军事工程:一是筑长城,二是修直道。

秦直道是世界古代道路交通史上筑路历史最长、路线最直、路面最宽、工期最短和修建最早的一条军事专用道路,也是世界高速公路的鼻祖。

秦始皇所修万里长城,是在原战国时期燕、赵长城的基础上加以连接和修缮,形成了中国历史上第一条万里长城,对后来的历史影响甚远。

秦长城与秦直道间各自形成的军事防御体系,在一旦发生战争的情况下,它们之间相互作用、相互联系、相互影响、相互促进,大大地强化了秦对匈奴的抵御能力,强化了秦王朝的军事防御体系。长城与直道的修建,也发挥了重要交通线的作用,大大加快了长城与内地的联系。

【根据徐卫民、裴蓓:《秦始皇长城与直道研究两则》,《秦汉研究》2019年第13辑】

★史学导读

1.历史上民族交往交流交融对周秦文化有什么影响?

研究发现,在燕、楚、齐的文化中,既有周文化因素,也有当地土著文化的因素;同时它既不完全同于周文化,也不完全同于当地土著文化,这种亦此亦彼、非此非彼的现象,正与当地存在着长期的民族融合与文化上的相互影响有密切关系。

秦灭六国,并不是单纯的秦文化与周文化的简单结合,而是在更大范围、更大规模上的民族文化的融合。所以统一以后秦文化的发展水平,明显地超过了西周和东周。

——摘自孙淼:《民族融合与周秦文化的发展》,《宝鸡师院学报(哲学社会科学版)》1990年第1期

○ 导读提示

本段材料中文化领域中的"亦此亦彼、非此非彼",是民族交往交流交融在文化领域的直接体现。材料还展示了秦朝建立了统一多民族国家,有利于民族文化的融合,秦文化的水平明显超过了前代。

阅读材料时,应认识到:民族交往交流交融与政治发展的关系,我国历史上民族交往交流交融是中国历史发展的典型特点之一。

通过阅读材料,可以进一步理解民族交往交流交融有利于文化的发展,而统一的多民族国家不但有利于民族之间的交往交流交融,也有利于民族文化的发展。

2.如何理解秦朝时期的编户齐民制度?

围绕着"富国强兵"这个主题,商鞅提出了"国家—编户齐民"的治理结构。所有的改革都旨在培育由国家直接掌控的编户齐民,国家的赋税与兵员都来自于此。可以说,这一治理结构是由传统中国的农业国家基本形态所决定的。

秦始皇统一天下后,将六国强宗、富户迁徙到咸阳、巴蜀、南阳等地,其目的仍然在于改造六国的社会基层组织,将国家权力直接架构到编户齐民身上。

自秦以后,编户齐民制度成为历朝历代的立国基础。

——摘自李磊:《编户齐民制与传统中国的国家能力》,《文化纵横》2019年第2期

○ **导读提示**

材料重点介绍了秦国和秦朝时期的编户齐民制度。第一段主要说明了秦国实行编户齐民制度的原因,其出现与商鞅变法有关,受战国时代的小农经济发展的影响,实施的主要目的是富国强兵。编户齐民构建了一种国家与人民之间的治理结构。第二段主要叙述了秦朝统一后,将秦国的编户齐民制度推及全国,形成了秦朝的治理结构。第三段叙述了编户齐民制度对后世的影响。

阅读材料时,应认识到:编户齐民制度与秦朝经济、政治制度之间的关系和对后世的深远影响。

通过阅读材料,可以深刻理解秦朝的国家治理结构,认识秦朝不惜动用政策、法律乃至暴力打击商人、豪强势力,其实主要就是为了国家对编户齐民的直接占有,稳定政治统治。

第3讲 秦朝的暴政和灭亡

★ **学习精要**

秦朝的暴政主要包括三方面。其一是在统一后没有顾及百姓渴望安定的民意,而是大兴土木、兴建宫殿等,百姓负担沉重。其二是秦始皇为了强化思想控制,采取了极端行为——"焚书坑儒",其手段是愚蠢而残暴的,引起了士人的不满。其三是秦朝统一后,依然以法家思想作为治国思想,继续实行严刑峻法。尤其是秦二世即位后,残杀宗室和大臣,统治阶级内部矛盾尖锐,分崩离析。秦人人人自危,各阶级、阶层的人都感觉过不下去了。全国范围内的农民起义的时机逐渐到来。

秦朝灭亡的直接原因是历史上第一次大规模的农民起义——陈胜、吴广起义。起义军提出了"伐无道,诛暴秦"的口号,各地纷纷响应。楚国旧贵族项梁、项羽,平民刘邦等纷纷起兵。在农民起义的打击下,秦朝统治灭亡。秦朝灭亡后,刘邦和项羽展开了长达四年的楚汉战争,最终刘邦胜利。

★ 学术动态

学术观点：秦王朝覆灭有一定的心理与文化因素

秦朝作为我国第一个统一的国家，快速崛起强大，快速灭六国完成统一，又快速灭亡，其中商周时期作邑分封制度部落诸侯林立加之地缘隔阂，长期以来造成文化隔阂以及狭隘的国家民族认同，秦朝统一六国，六国人民心理强烈反抗，对秦朝灭亡具有深远影响。

语言文字差异导致的文化隔阂。如文字的差异，《说文解字》曾记载了战国时期各国的语言文字与文化风俗的巨大差异。

族群意识与家国认同的差异。长期的分裂存在导致各国人民形成了自己的族群意识与家国认同，这种感情是强烈浓郁且难以消弭的，也正是这种心理动因进一步导致人民对秦朝统一的难以认同，民心不向甚至民心思反导致整个社会的不安定，催化了秦朝的快速灭亡。

总之，文化、心理层面的巨大冲突与难以调和，催动了秦朝在统一后短短十五年间亡国的可叹结局。

【根据王箸翻：《秦王朝覆灭的心理与文化因素探究》，《文学教育》2016年第12期】

★ 史学导读

1.如何理解《史记》中对焚书坑儒的记载？

今诸生不师今而学古，以非当世，惑乱黔首。丞相臣斯昧死言：……臣请史官非秦记皆烧之，非博士官所职，天下敢有藏《诗》、《书》、百家语者，悉诣守、尉杂烧之。有敢偶语《诗》、《书》者弃市，以古非今者族。吏见知不举与同罪。令下三十日不烧，黥为城旦，所不去者，医药、卜筮、种树之书。……制曰："可。"

……

始皇闻亡，乃大怒曰："……卢生等吾尊赐之甚厚，今乃诽谤我，以重吾不德也。诸生在咸阳者，吾使人廉问，或为妖言以乱黔首。"于是使御史悉案问诸生，诸生传相告引，乃自除犯禁者四百六十余人，皆坑之咸阳，使天下知之，以惩后。

——[西汉]司马迁：《史记》卷六《秦始皇本纪》

○ 导读提示

材料描述了秦始皇焚书坑儒的经过。李斯认为儒生借古讽今,迷惑老百姓,不利于统治,因此建议始皇帝:除秦国的史书、博士所藏的《诗》《书》、诸子百家的著作外,其余《诗》《书》都要烧掉。只准留下医药、卜筮、种树之书。此后凡结伙谈论《诗》《书》的,以古非今的,全部都要杀头,官吏明明知道而不检举者与之同罪。令下后30天内不焚烧完毕的,刺配到边疆,罚做四年守边徒刑……方士卢生等私下讥讽秦始皇并潜逃,秦始皇得知后盛怒,命令御史把在咸阳的方士、儒生捉来审问,随后将这抓获的460多名方士、儒生活埋在咸阳郊外。

阅读材料时,应该辩证认识"焚书坑儒"才有新意!焚书是为了统一思想,但错在高压手段,"防民之口,胜于防川","坑儒"是"焚书"后一年才发生的,最主要的是坑杀欺骗秦始皇长生不老的方士,而非儒家学者,《史记》有夸张的成分。

通过阅读材料,可以深刻理解秦朝在思想文化领域推行专制暴政的表现,也可以进一步理解秦朝在统一后仍然采取法家思想治国存在严重的危机。

2.《过秦论》是怎样分析秦朝灭亡的历史教训的呢?

今秦南面而王天下,是上有天子也。既元元之民冀得安其性命,莫不虚心而仰上。当此之时,专威定功,安危之本,在于此矣。

秦王怀贪鄙之心,行自奋之智,不信功臣,不亲士民,废王道而立私爱,楚文书而酷刑法,先诈力而后仁义,以暴虐为天下始。夫兼并者高诈力,安危者贵顺权,此言取与守不同术也。秦离战国而王天下,其道不易,其政不改,是其所以取之守之者无异也。孤独而有之,故其亡可立而待也。

——[西汉]贾谊:《过秦论》

○ 导读提示

为了调和各种矛盾,使西汉王朝长治久安,贾谊在《陈政事疏》《论积贮疏》以及《过秦论》等著名的政论文中向汉室提出了不少改革时弊的政治主张。本文就是以劝诫的口气,从总结历史经验教训的角度出发,分析秦王朝政治的成败得失,为汉文帝改革政治提供借鉴。

阅读材料时,应认识到:贾谊认为秦朝灭亡的一个核心问题在于统治理论出现重大失误。统一后的秦朝仍然采取法家思想治国,这就是没有区别战争与和平时期的不同,和平时期要采取德政为主的王道治国。因此,贾谊认为治国方略要不断因形势的变化而调整。

通过阅读材料,可以深刻理解历史是不断发展的,治国政策要因时而变。材料也深刻说明了秦朝的暴政是其灭亡的根本原因。

★ 荐读书目

林剑鸣:《秦汉史》,上海:上海人民出版社,2003年版

刘庆柱:《中国考古学(秦汉卷)》,北京:中国社会科学出版社,2010年版

滕铭予:《秦文化——从封国到帝国的考古学观察》,北京:学苑出版社,2002年版

白寿彝:《中国通史》,上海:上海人民出版社,2015年版

第4课 西汉与东汉——统一多民族封建国家的巩固

第1讲 汉武帝"大一统"局面的形成

★学习精要

"大一统"不同于"大统一","大统一"只是单纯从地域统一而言,而"大一统"更多的是指在国家政治上的整齐划一,经济制度和思想文化上的高度集中。我国大一统的政治实体形成于秦汉时期,但其思想渊源可以追溯到先秦时期。随着社会的发展,"大一统"的内涵不断演化,从地域、政治的统一逐渐延伸至经济、思想、文化等方面的高度集中。

秦朝的统一和专制主义中央集权制度的建立,为汉武帝的"大一统"奠定了政治基础。加上汉初60多年的休养生息,西汉的社会经济得到恢复和发展,国力大大增强,为汉武帝的"大一统"局面的形成奠定了坚实的物质基础。不过,汉初积累的一些问题亟待解决(地方诸侯势力过大、匈奴的威胁、土地兼并严重等)。为此,汉武帝采取以下措施:政治上,实行"推恩令",中央设置中朝,推行察举选官制,建立刺史监察制,利用酷吏打击地方豪强,加强了专制主义中央集权;经济上,改革币制,实行盐铁官营,推行均输平准,征收工商业者的财产税,加强经济管控,增加了国家收入;思想上,尊崇儒术,用思想统一来巩固政治统一;民族关系上,武力打击匈奴,派张骞通西域,加强与西域的联系,加强对东南和西南少数民族的治理;对外关系上,开辟丝绸之路,积极推行对外交流。

这一系列措施最终促成了"大一统"局面的形成,有利于统一多民族封建国家的巩固和加强。同时,扩大了汉王朝的影响力,有效地推动了中外经济、文化的交流,对后世影响深远。

★学术动态

学术观点1：大一统是中国历史的一个基本特点

大一统既是历代封建王朝治理国家的一个重要工具，也是国家治理自身的重要内容。

我国大一统的政治实体形成于秦汉时期，但从政治框架的理想构建到血缘历史文化认同，大一统的思想基础在先秦时期已经奠定。秦汉以后，实现大一统国家的治理方式是历代统治者追求的治理目标。

统一是大一统中央集权国家治理体系形成的前提，我国历史上有相当长的分裂时期，但这并不是主流，我国历史上分裂的主要原因是政治和民族问题，经济、文化、宗教等不占主导地位。这就使我国历史上的分裂缺少必要的社会基础。因此，无论怎样的分裂，或者分裂的主体来自哪个民族，最终还是走向统一。

由此可见，大一统是中国历史的一个基本特点。

【根据卜宪群：《我国历史上的"大一统"思想与国家治理》，《社会科学文摘》2018年第8期】

学术观点2：西汉"大一统"政治与多民族交融认同相互作用

西汉政治、思想文化"大一统"为各民族的交往交流创造了良好的历史条件，推动了民族间的互动交融与认同，为中国古代统一多民族国家的发展壮大和中华民族的凝聚奠定了重要基础。同时，多民族交融认同反过来又进一步巩固了西汉"大一统"的政治局面。

西汉政治"大一统"源于先秦时期"大一统"思想，先秦时期思想的"大一统"是中国古代统一多民族国家形成与发展的理论基础，也是中华民族凝聚力的重要精神源泉。在西汉"大一统"政治格局的影响下，各民族交往交流的内容和方式丰富多样，既有政治上的朝贡、盟约、使者往来，又有经济、文化上的互通有无、相互学习，还有风俗、礼仪方面的相互影响，乃至婚姻、血缘方面的结合与交融。从交往交流的性质来看，既有友好和平往来，也有冲突与战争。不管是和平相处，还是对峙与冲突，最终都推动了各民族之间的了解认知，密切了相互关系，加强了交融与认同。同时随着各民族的交流交融，夷夏一体观念逐渐形成、发展。夷夏各族同源共祖的观念，塑造了中华民族共同的政治信念、历史记忆和祖先认同，推动了中国古代的民族融合，为统一多民族国家的形成与发展提供了重要的精神动力。进一步巩固了西汉政治大一统。

因此,西汉"大一统"政治与多民族交融认同相互作用,相互影响。

【根据彭丰文:《西汉"大一统"政治与多民族交融认同》,《民族研究》2016年第2期】

学术观点3:汉武帝的治边方略推动了国家发展

汉武帝初期,西汉的边防形势依然严峻,特别是北部匈奴的威胁。

为破解安全困境,汉武帝在加强中央集权之后,开始了大规模经营边疆的活动,采取了以下举措:以战止战,维护边境稳定;凿通西域,完善统一格局;因险制塞,修筑防御工事;开发边疆,增强守御之备。

因汉武帝治理边疆有方,取得了巨大成效:促进了边疆地区的开发,增进了民族融合,维护了国家的统一,为西汉王朝提供了良好的发展环境,还促进了亚、欧、非之间的经济文化交流。

【根据王玉冲:《论汉武帝的治边方略》,《兰台世界》2018年第12期】

★ 史学导读

1.如何认识"始皇失败了,武帝成功了"?

秦始皇的统一思想是不要人民读书,他的手段是刑罚的裁制;汉武帝的统一思想是要人民只读一种书,他的手段是利禄的诱引。结果,始皇失败了,武帝成功了。

——摘自顾颉刚:《秦汉的方士与儒生》,北京:北京出版社,2012年版,第56页

○ 导读提示

从材料来看,秦始皇和汉武帝都是为了巩固统治而统一思想。但由于秦始皇采取强制、暴政的手段,而汉武帝则采取重用儒生、建立太学、表彰六经等诱引手段,注重思想统一与政治统一相结合的方式,最终的效果截然不同。

阅读材料时,应认识到:秦始皇为维护大一统中央集权统治,利用法家思想,推行严刑峻法,以"焚书坑儒"禁锢人民思想,加快秦朝灭亡;汉武帝"罢黜百家,独尊儒术",以思想大一统巩固政治大一统,儒学成为官学和社会主导意识形态。

通过阅读材料,可以深刻理解到:秦始皇虽然失败了,但他的做法为后世提供深刻教训;汉武帝成功了,但他的手段抹杀了其他思想的自由发展,不利于社会的长远发展。此外,还要注意到两者在本质上其实是一致的,都是为巩固专制主义的集权统治。

2.如何理解刺史制度有助于加强中央集权?

刺史班宣,周行郡国,省察治政,黜陟能否,断理冤狱,以六条问事。非条所问,即不省。

一条,强宗豪右田宅逾(逾)制,以强凌弱,以众暴寡。

二条,二千石不奉诏书遵承典制,倍公向私,旁诏守利,侵渔百姓,聚敛为奸。

三条,二千石不恤疑狱,风厉杀人,怒则任刑,喜则淫赏,烦扰刻薄,剥截黎元,为百姓所疾,山崩石裂,妖祥讹言。

四条,二千石选署不平,苟阿所爱,蔽贤宠顽。

五条,二千石子弟恃怙荣势,请托所监。

六条,二千石违公下比,阿附豪强,通行货赂,割损政令。

——摘自《汉书·百官公卿表》([唐]颜师古注引《汉官典职仪》)

○ **导读提示**

"六条问事"是刺史监察地方的依据和准则,第一条是监察强宗豪右,其他五条都是监察秩两千石的地方高官(郡守、郡尉和王国相一级的大吏);同时规定了刺史监察的任务:打击以强凌弱、欺压百姓、贪污腐败等行为。

阅读材料时,应认识到:"六条问事"明确了刺史监察郡国的对象和任务,刺史是皇帝的代表,遇到非常时期,中央派刺史以特殊身份直接到地方巡察案件,不受行政长官限制,有效加强了中央对地方的控制。

通过阅读材料,能够理解刺史制度有利于加强中央集权,这种规范化、法制化的监察机制对今天都有很大的借鉴作用。

3.如何认识汉赋的繁荣与大一统的关系?

司马相如(前179—前118年),字长卿,蜀郡成都人,少好读书,因仰慕蔺相如而自名。汉景帝时入皇宫为郎,后辞官,游于梁王封国,作《子虚赋》颂梁国之盛而含讽谏之意。汉武帝即位后,因得读《子虚赋》而喜之,召相如入京,侍于左右。相如曾奉命安抚西南,使"邛、筰、冉駹、斯榆之君皆请为内臣"。司马相如在《上林赋》中述天子音乐活动场景:"千人唱,万人和,山陵为之震动,川谷为之荡波。"歌颂了国家的强盛和天子的威严,宣扬了大一统中央王朝无可比拟的气魄和声威。他的散体大赋叙事夸张,铺陈物象,句式整齐,文辞华丽,气势磅礴。时人赞曰:"长卿赋不似从人间来,其神化所至邪。"

——摘编自司马迁:《史记》

○ **导读提示**

赋作为在战国时代出现的一种新兴的文学体裁,到汉代成为最流行的文学形式。司马相如的赋叙事夸张,铺陈物象,句式整齐,文辞华丽,气势磅礴。在他的赋中能体会到国家的强盛和天子的威严,感受到大一统中央王朝无可比拟的气魄和声威。司马相如也因擅长作赋而被委以重任,并为国家建功立业。

阅读材料时,应认识到:汉赋的繁荣与汉代国家的统一、经济的繁荣、统治者的重视以及儒家思想的发展密切相关。汉赋采取夸张、铺陈、虚构手法和追求大、奇、丽的审美取向,与帝王的一尊和大一统的文化精神密切相关。

通过阅读材料,可以深刻理解汉赋的繁荣与大一统密切相关,一定时期的文化是一定时代政治、经济的反映。

第2讲 汉代治国思想的演变

★ **学习精要**

汉代治国思想的演变集中体现为汉初的"黄老无为而治"到汉武帝时期"罢黜百家,独尊儒术"的转变。这里的"黄老无为而治思想"并不完全是先秦时期的道家思想,而是"老庄之学"和"黄帝之学"的结合,提倡"无为而治"、与民休息的治国之道。汉武帝时期的儒学也与先秦时期的儒学有差别,实际上指董仲舒将诸子百家中的道家、法家和阴阳五行家的一些思想糅合到儒家思想中加以改造形成的新儒学。汉代新儒学实际提倡"外儒内法"的治国方略。

汉初,由于经济凋敝,在吸收秦亡教训的基础上采取黄老思想,实行"无为而治",提倡节俭、轻徭薄赋、奖励耕织、轻刑慎罚。经过60余年的休养生息,西汉国力强盛。但"无为而治"的弊端也逐渐出现:地方势力不断膨胀并威胁中央集权;匈奴势力扩大而威胁边境;土地兼并严重引发社会矛盾加剧。面临这种困局,汉武帝上台后放弃"无为而治",采纳董仲舒的建议实行"罢黜百家,独尊儒术"。

汉代治国思想的转变,使儒家思想成为正统,也成为两千多年来中国传统文化的主流。

★ 学术动态

学术观点：董仲舒思想对儒学发展产生了双重影响

董仲舒是中国儒学史上的重要人物，他的儒学思想对中国儒学的发展具有重要而多重的意义，对汉代后儒学的特征和命运产生了长远而深刻的影响。

董仲舒独尊儒术的建议及其相关思想一方面促使儒学官学化、经学化，确立了儒学独尊的社会地位和学术地位；另一方面使儒学极大地依附和受控于政治，进而僵化、教条化和庸俗化。董仲舒根据时代需要吸取了各种思想成分，一方面锻造了儒学的兼容能力和应变能力，但另一方面也阻碍了儒学的根本性变化和发展。董仲舒为儒学一方面建立了宇宙论体系，同时另一方面也赋予了儒学较浓厚的宗教迷信色彩。

由此可见，董仲舒思想对儒学的双重意义，既有积极意义，也带来了消极影响。

【根据陈翠芳：《试论董仲舒思想对儒学的双重意义》，《厦门大学学报（哲学社会科学版）》1998年第3期】

★ 史学导读

1. 如何看待汉武帝调整治国思想？

西汉大儒董仲舒建议武帝"诸不在六艺（六经）之科孔子之术者，皆绝其道，勿使并进"……经由董仲舒发展而建立起来的汉代儒学……广采了阴阳、墨、名、法、道各家之长。正是这种容纳、吸收和融会的精神，使儒家学说成为当时社会的指导思想。

——摘自楼宇烈：《中国文化的根本精神》，北京：中华书局，2017年版，第432页

在经济方面，经过汉初几十年的恢复，已积累起足够的财富，具备一定实力。这样，主张"无为"的"黄老之学"，显然已不适应加强中央集权的需要。西汉王朝需要一个强有力的中央政权，加强专制。而要使这个政权的统治强化，必须首先改变那种软弱无力的"无为而治"，代之以强化中央集权的政策。

——摘自林剑鸣：《秦汉史》（上册），上海：上海人民出版社，1989年版，第324页

○ **导读提示**

第一则材料指出董仲舒建议汉武帝实行"罢黜百家，独尊儒术"；同时提到汉代儒学在吸收各家之长的基础上具有包容性、适应性的特征。第二则材料指出随着汉代加强中央集权的需要，"黄老思想"的弊端不断暴露。

阅读材料时,应认识到:汉武帝将治国思想由黄老思想调整为儒家思想与"黄老思想"的弊端、加强中央集权的需要、董仲舒的努力、儒学的适应性密切相关。

通过阅读材料,可以深刻理解汉武帝调整治国思想,适应了时代发展的需要,推动汉朝历史的发展。这一调整对儒学产生了深远影响,使儒学逐渐成为历代统治者推崇的统治思想,成为中国传统文化的正统和主流。

2.如何理解儒法在两汉时期的融合?

夫礼者,所以定亲疏,决嫌疑,明同异。

——《礼记·曲礼》

经国家,定社稷,序民人,利后嗣也。

——《左传·隐公十一年》

圣人治天下必有刑法何? 所以佐德助治,顺天之助也。故悬爵赏者,示有劝也;设刑罚者,民有所惧也。

——班固:《白虎通义》

○ **导读提示**

前两则材料反映"礼"在中国古代有着极为丰富的内涵,小到个人的一言一行,大到国家的治理无不包含在礼的范围之内。第三则材料反映了汉代实行礼刑合一、儒法融合的治国策略。

阅读材料时,应认识到:儒法能够融合与儒学内涵的丰富性和包容性有关,同时儒法在治理国家的目的、强调君臣名分、维护君主的权威方面具有相似性。在秦汉时期儒法两家先后被皇权宠幸,在政治实践中的地位为这二者在冲突中的融合提供了一种现实的可能和历史性的平台。

通过阅读材料,我们可以清晰地看到,儒法能够融合的因素除了儒法两家本身具有的相通性外,还与两汉时期加强专制主义中央集权密不可分。儒法思想的融合,有利于汉代的统治,儒学的地位也进一步巩固。

第3讲　两汉衰亡的原因

★学习精要

两汉时期从公元前202年刘邦在长安建立汉朝（史称西汉）到公元220年汉献帝被废长达四百年，期间经历3个政权：西汉、王莽建立的新朝、东汉。西汉经历"汉景之治"、汉武帝的"大一统"盛世，到了后期，由于政治黑暗、土地兼并严重、阶级矛盾尖锐、社会动荡不安，公元9年，外戚王莽另立新朝。由于王莽改革不切实际，社会矛盾进一步激化，公元25年汉朝宗室刘秀重建汉朝，建都洛阳，史称东汉。东汉豪强地主势力不断膨胀，到了东汉后期，由于外戚和宦官交替专权，统治腐朽黑暗，阶级矛盾尖锐，各地豪强势力趁黄巾农民起义拥兵自重，形成军阀割据局面，东汉政权名存实亡。220年，曹丕废汉献帝，东汉灭亡，历史进入三国时期。

★学术动态

学术观点1：西汉末年外戚专政的原因

外戚在中国古代的历史中是一个非常特殊的群体，他们通过婚姻与皇室结成亲戚，一般是指皇帝的母族和妻族。但是，外戚政治并不是外戚存在的必然产物，西汉末年外戚专政与西汉末年特殊的历史阶段有关。

西汉末期，天灾人祸不断，土地兼并严重，社会危机空前严重。这一时期，统治阶级日益腐朽奢靡、不思进取，埋首于安逸享受之中，这为外戚的上台提供了温床。外戚专权是君主专制制度的产物，早在汉武帝时期就利用外戚抑制相权，汉成帝时完全依靠外戚势力，使得王氏外戚集团发展壮大。再加上西汉后期，社会上流行"异姓改命"的社会思潮，为王氏集团上台提供了舆论支持。同时与西汉后期察举制度的弊端被外戚利用有关。

由此可见，西汉末年外戚集团专权有其特殊的因素，外戚专权是封建君主专制制度的衍生物，是君权旁落的结果。

【根据杨璐：《西汉末年外戚专政的原因》，《秦汉研究》2011年第5辑】

学术观点2：汉灵帝变刺史为州牧是东汉末诸侯割据的重要成因

州牧与州刺史作为我国封建社会前期地方官制方面的典型代表，在我国古代社会发展发挥了重要作用。汉灵帝当政时期改州刺史为州牧,使这一监察制度性质发生巨大变化,导致以州为单位的大割据集团的形成,加速了东汉王朝的灭亡。

由于黄巾起义等动乱的打击,地方统治迫切需要加强,汉灵帝将刺史改为州牧。这种改变使原有只有监察权力的刺史变成了地方拥有军政大权的封疆大吏,其职权发生巨大变化:州牧对郡国的行政统领权合法化,州牧的统兵权得到强化,大的割据局面得以形成。

综上所述,灵帝将刺史改为州牧,是两汉刺史制度的必然趋势,它的目的是加强专制主义中央集权,但最终导致东汉末年诸侯割据局面的形成。

【根据宋中选:《从汉灵帝变刺史为州牧分析东汉末诸侯割据成因》,《新乡学院学报(社会科学版)》2009年第6期】

★ 史学导读

1.如何认识两汉的衰亡?

汉治陵夷,始于元帝,而其大坏则自成帝。帝之荒淫奢侈,与武帝同,其优柔寡断,则又过于元帝。朝政自此乱,外戚之势自此成,汉事遂不可为矣。

——摘自吕思勉:《秦汉史》,北京:中国友谊出版公司,2009年版,第135页

因东汉诸帝多童年即位、夭折,及绝嗣,遂多母后临朝,而外戚、宦官藉之用事。其先则因母后临朝而外戚得以专政,君王与外朝不相亲接,乃谋诸宦官。自郑众后宦者始用事。自梁冀诛而权势专归宦者。……此后则外朝名士与外戚相结以图谋宦官。及何氏败,袁绍尽诛宦官,而汉亦亡。

——摘自钱穆:《国史大纲》,北京:商务印书馆,1996年版,第157~159页

○ 导读提示

第一段材料说明西汉的衰亡与汉成帝的荒淫奢侈和外戚干政有关;第二段材料说明东汉的衰亡跟皇帝多幼小,导致宦官、外戚、地方豪强势力争权夺利有关。

阅读两则材料时,应认识到:两汉的衰亡与两汉后期统治的黑暗腐朽、统治集团内部矛盾尖锐密切相关。

通过阅读两则材料,可以深刻认识到两汉衰亡的根本原因是由皇权至上、权力高度集中这一专制主义的本质决定的。

2.如何认识中国历史是一部不断改朝换代的历史？

传统上认为,中国的历史是一部不断改朝换代的历史,因而不断产生令人感到乏味的重复:创业打江山、国力大振、继而是长期的衰败,最后全面崩溃。中国历史正史都反映了这一点,难怪中国人总是认为,最好的做法就是恢复上古的黄金时代。结果,中国文明就在这反复不断的人事变迁中艰难前行,而汉代以后的中国历史也多多少少都是汉代历史的重演罢了。

——摘自[美]费正清:《中国:传统与变迁》,北京:世界知识出版社,2002年版,第63页

○ 导读提示

材料认为中国的历史是一部不断改朝换代的重复且乏味的历史,还认为中国好以古为师,观念保守。

阅读材料时,应认识到:此观点对中国历史的认识过于肤浅,只看到了历史的某些相似性,忽视了历史的差异性;只看到了历史的表面现象,忽视了对历史本质的认识;缺乏发展的眼光看问题。以秦朝与两汉衰亡为例分析,表面上秦汉都是改朝换代,都因农民起义和地方势力反叛结束了王朝统治。但应该看到:秦朝是快速灭亡,而两汉却是因矛盾不断积累逐渐走下衰亡。这种差异的背后反映了历史的进步:正是汉代吸收了秦朝灭亡的教训,在政治制度、赋税政策、国家治理理念等方面有很大的调整和改进。而且,两汉衰亡的教训又为后朝所借鉴。

通过对本则材料进行辩证的分析,要深刻认识到:中国的历史是一部不断发展的历史,改朝换代的背后是中国文明逐渐走向完善、成熟。

3.如何认识秦汉帝国与罗马帝国？

秦汉帝国与罗马帝国东西对峙,都是历史上前所未有的大帝国。两大帝国在建立的过程中,文化的统一早于政治的统一;两大帝国的统一大业均由本处于边陲的实力凭借优势的武装力量以征伐完成。

两大帝国在征伐之后的统治有所不同:秦汉推行郡县制度建立中央集权制,完全不必依赖军队即足以统治广土众民。反观罗马帝国,罗马军队马背上取得天下,还是只能从马背上统治,这一形势当然极不稳定。从文化角度看:秦汉帝国注重文化教化,以致儒家思想深入人心,民间的民俗文化也逐渐与儒家融合。这样中国政治权利可以更迭,文化认同则足以维系共同体的延续不散。而罗马帝国在基督教弥漫之前,斯多

葛学派是主流,到君士坦丁大帝之后,基督教逐渐得势,但基督教虽有普世的理念,却又有强烈的排他性。以致欧洲长期笼罩定于一尊的意识形态及精神生活,容不下任何不同的理念。在经济方面:罗马帝国由广大的地方经济组织于一个庞大的经济体系,而秦汉帝国编织为一个相对固定的交流网络。

——摘编自许倬云:《万古江河:中国历史文化的转折与开展》,长沙:湖南人民出版社,2020年版,第158~165页

○ 导读提示

材料认为秦汉帝国与罗马帝国既有相似性,也有各自的特点。

阅读材料时,应该看到两大帝国文化的统一为政治统一奠定了基础,都是有一个地方势力发展完成统一的。但由于东西两大帝国在统治策略、文化差异、经济交往的独特性,导致两大帝国最终走向上有所不同。罗马帝国裂解为多文化、多族群的列国体制,而中国大帝国,文化圈与经济网络,彼此叠合,互相加强,遂有强固的凝聚力。

通过对材料的分析,深刻认识到:不同的国家、民族有不同的特色,受政治、经济、文化等多种因素影响,这种不同特色使世界文化具有多元性。

★ 荐读书目

吕思勉:《秦汉史》,上海:上海古籍出版社,2005年版

钱穆:《秦汉史》,北京:生活·读书·新知三联书店,2012年版

林剑鸣:《秦汉史》,上海:上海人民出版社,1989年版

葛兆光:《中国思想史》,上海:复旦大学出版社,2013年版

辛德勇:《制造汉武帝》,北京:生活·读书·新知三联书店,2015年版

许倬云:《万古江河》,长沙:湖南人民出版社,2017年版

第二单元　三国两晋南北朝的民族交融与隋唐统一多民族封建国家的发展

【单元学习精要】

认识三国两晋南北朝时期至隋唐时期民族交融、区域开发、制度创新、中外交流的历史意义，以及思想文化领域的新成就。

从三国到南北朝，实际上是在为隋唐的盛世奠定了基础，因而需要将这两个时段的相关问题联系起来考虑。例如，民族交融问题的主要内容出现在两晋南北朝，但应注意隋、唐盛世在很大程度上是两晋南北朝民族交融的成果，当时的皇室都有少数民族血统。又如，制度创新主要发生在隋朝和唐朝前期，但应注意其中很多内容（如三省六部制、科举制）在三国两晋南北朝时期已有基础，所谓的"制度创新"并不是截断众流、无所依傍地突然发生的。在区域开发方面，东晋南朝江南开发与隋唐大运河兴修、航运的关系密切。思想文化和中外交流中的佛教传播、诗歌、书法、绘画，应以跨越朝代体系联系起来进行考察，这样发展线索更清楚明了。

【根据徐蓝、朱汉国：《普通高中历史课程标准（2017年版）解读》，北京：高等教育出版社，2018年版，第85～86页】

第5课　三国两晋南北朝的政权更迭与民族交融

第1讲　三国两晋南北朝时期的民族交融

★学习精要

民族交融是指各民族在尊重差异的基础上,在交往、交流中相互学习、相互交流、相互接近、相互认同的过程。不同民族杂居一处的现象不断增多,族际之间人口流动的规模和频率不断增加,心理上的亲近感不断增强,共同命运和共同利益的联系逐渐紧密,共同心理认同逐渐形成。其结果就是各民族在交往交流中共同性因素增加。

该历史时期的民族交融,主要表现为:(1)东汉末年以后迁居中原的匈奴、鲜卑、羯、氐、羌等北方少数民族,经过与汉族四百年左右的通婚杂居,相互学习,生产互补,至北朝末年,胡汉差异逐渐消失,实现了民族交融。(2)少数民族在语言、服饰、风俗习惯和民族心理等方面基本汉化,汉族吸收了胡服、胡食、胡乐等少数民族文化的优秀部分。(3)南方以及西南、西北等地,也都出现了不同程度的民族交融。(4)少数民族接受汉化,实现封建化(少数民族由奴隶社会向封建社会转变,主要体现生产方式和文化的改进),封建化又促进某些民族间的交融。

民族交融的实现,为隋唐时期的统一繁荣准备了条件。民族交融对中华民族的发展、中国疆域的拓展和中华文化的繁荣起着重要作用,因而深入了解民族交融的概况意义重大。

★学术动态

学术观点1:文化认同是民族融合的先决条件

在我国多民族关系的发展史中,中华文化对中华民族的形成,对我国多民族国家的建立与发展,起到了重要的凝聚作用。

这些丰富的中华文化中,大一统的思想、儒家文化、汉语汉俗和各民族科学、文学艺术的交汇,是中华民族大交融中决定性的因素。中华民族"大一统"的政治观念是民族交融的核心;儒家文化是中华民族大交融的基础;汉语汉俗是中华民族大交融的载体;科学技术、文学艺术等方面的兼容并蓄是中华民族大交融的外化。

我国各民族在长期的共处中,先进的优秀的文化不断为大家所认识和接受,并继续发展;各民族之间共同的文化认同越来越多,有力地促进了民族关系和谐健康地发展,并最终实现各民族的共同发展和繁荣。

【根据赵伟:《文化认同是民族融合的先决条件》,《广西民族研究》2005年第1期】

学术观点2:民族之间的文化双向传播贯穿于整个中华民族的发展史

汉族与少数民族之间各种文化的双向传播贯穿于整个中华民族的发展史。

汉民族的物质和精神文化对少数民族的发展起着重要作用。而汉民族的政治、经济、文化、社会生活的发展和进步,也都含有少数民族各种文化的积极参与。若没有对少数民族之文化精华的兼收并蓄,交融汇合,汉民族数千年的文明史将不会如此举世瞩目。

魏晋南北朝时期的民族交融,不仅给汉族注进新鲜血液,使之不断壮大发展,而且还使汉族汲取了其他民族的文化精华,大大丰富了自身的物质文化和精神文化。

【根据白翠琴:《论魏晋南北朝民族交融对汉族发展的影响》,《民族研究》1990年第3期】

★ 史学导读

1. 如何看待魏晋南北朝时期的人口迁徙?

魏晋南北朝时期人口的流动,既有居住在边地的少数民族向中原地区流徙,也有中原地区的汉族人口纷纷外迁。据《晋书·文帝纪》记载,当时"归附"的少数民族人口达"八百七十余万口"之多。西晋时,在全国设21个州,有20个州遍布着流动人口的足迹。见于记载的两晋流动人口约150万,约占全国总人口的1/8,占人口输出区总数的1/2左右。其中,由秦、雍地区流出人口,占原地人口总额的1/3;从并州迁到冀、豫等州的人口,占原地人口总额的2/3。……史书中关于"百官流亡者十八九"和"中州士女避乱江左者十六七"的记载很多。十六国以来,许多少数民族在中原与汉族杂居,一遇变乱,同样成为流动人口。波澜壮阔的人口大流动,从短时态来看是加剧了社会动乱,但它也为社会的久远进步,开辟了道路。

——摘编自曹文柱、赵世瑜、李少兵:《乾坤众生》,上海:华东师范大学出版社,2006年版,第139~140页

○ 导读提示

魏晋南北朝时期人口的流动,既有居住在边地的少数民族向中原地区流徙,也有中原地区的汉族人口纷纷外迁。在这一时期的人口迁徙浪潮中,迁徙的规模大、范围广,这对促成民族交融有不可低估的影响,也为社会的长远进步开辟了道路。

阅读材料时,可以从人口迁徙的方向、迁徙规模、迁徙范围、组织方式和迁徙阶层民族等方面认识到这一时期人口迁徙的特点,进而认识到这一时期大规模的人口迁徙初步改变了以往汉族过于集中分布于黄河流域的格局,有利于对江南、东北、西北的开发,并使汉族文化的传播面更广泛,对少数民族的影响更为深刻。

通过阅读材料,可以深刻理解到:这场民族大迁徙不仅使得汉民族及其他民族的文化素质有所提高,更为江南经济的发展、隋唐的兴盛提供了重要条件。

2.魏晋南北朝时期民族交融的影响有哪些?

北朝的强盛来自体制的力量……变替的"胡化"和"汉化"……扭转了魏晋以来的帝国颓势,并构成了走出门阀士族政治、通向重振的隋唐大帝国的历史出口。

——摘自吴宗国:《中国古代官僚政治制度研究》,北京:北京大学出版社,2004年版

魏晋南北朝时期的民族融合过程中,应该说汉化是总体的趋势,但是文化的融合并非只是单向的,而是双向甚至是多向的……实际上正是由于文化融合的多元格局,特别是得益于突破国家、民族、地域限制的"丝绸之路"的畅通,最终促进了南北统一后隋唐文化新的整合,造就了空前的辉煌盛世。

——摘自阴法鲁、许树安:《中国古代文化史》,北京:北京大学出版社,1991年版,第22~23页

○ 导读提示

第一则材料侧重从政治史角度看民族交融,指出"北朝的强盛来自体制的力量";第二则材料侧重从思想史角度看民族交融,强调"文化融合的多元格局"。两则材料从不同角度阐释了隋唐大一统帝国出现的原因。

两则材料都讲到"汉化",汉化是指少数民族在民族交融过程中受汉族先进生产方式和文化等方面的影响,自然地,逐渐地改变本民族某一部分或全部而与汉族相似或被汉族同化的现象。

阅读材料时,应认识到:这一时期民族交融促进了北方经济在短暂局部统一时的

恢复和发展,"扭转了魏晋以来的帝国颓势";"最终促进了南北统一后隋唐文化新的整合,造就了空前的辉煌盛世"。

通过阅读材料,应深刻理解到:民族交融促进了民族团结,之前使统治者赖以割据的重要基础也逐渐消失。因而,民族交融为隋唐统一王朝的创生提供了必要条件。

3. 如何认识孝文帝迁都与北魏覆亡的关系?

孝文帝迁都洛阳不到四十年,北魏灭亡。《魏书》评论:"迁洛之举,群臣不顺,孝文设术以诈之,示威以胁之。不知厌乎累世安乐之余,经始百年荒横之地。一事不成,旧业尽弃,欲以何为?"今有学者也认为,孝文帝不顾国情、族情,独断专行的迁都决策破坏了鲜卑族原来的利益制衡关系,动摇了北魏的立国根基。魏孝文帝迁都以后,父子相继在洛阳大兴土木,修筑洛阳的民夫"日有万计",工程的耗费"日损千金"。国力耗费严重,人民负担沉重,贪污腐化加剧。

——摘自蒋福亚:《魏孝文帝迁都得失议》,《民族研究》1983年第3期

○ **导读提示**

材料叙述了孝文帝独断专横的迁都决策动摇了北魏的立国根基,并且在迁都后大兴土木,国力耗费严重,人民负担沉重,贪污腐化加剧。迁都不到四十年,北魏便宣告了灭亡。由是可知,孝文帝迁都与北魏灭亡之间关联甚大。

阅读材料时,要注意运用辩证唯物史观一分为二地看待历史问题。应认识到:北魏迁都给本民族和北方地区带去的积极影响,还要认识到北魏统治集团的腐败、统治集团内部矛盾的激化、民族气质的变化等因素才是导致北魏覆亡的关键。因此,迁都绝不是北魏覆亡的主要原因。

通过阅读材料,可以深刻理解孝文帝改革过程面临的艰辛与痛苦,体会民族交融过程中的复杂性和曲折性。

第2讲 三国两晋南北朝时期的区域开发

★ **学习精要**

魏晋南北朝时期,由于国家分裂,民族矛盾上升,战争破坏,使得经济发展尤为艰难。战乱引起大规模的人口迁移,经济格局也发生重大变化。

农业是区域开发的基础。北方经济虽屡遭破坏,但总体上还是在恢复和发展。北方人口流失导致土地荒芜,农耕规模缩小。畜牧业因少数民族的内迁有所扩展,两汉时过度开垦导致的环境破坏状况有所缓解。人们为了谋求生存而在农业生产领域付出了更多的劳动和探索,从而推动北方农业生产的进步。汉族士大夫辅助北方诸族统治者采取了一些劝课农桑、治国安邦的措施,也为恢复和发展北方社会经济做出了贡献。

伴随着人口大量向东北、西北、巴蜀和江淮以南转移,使这些地区的经济开发向前迈了一大步。特别是东晋南朝时期,江南农业的开发从江东地区扩展到整个长江流域,进而波及岭南和闽江流域。那时,江南土地大量开垦,耕作技术进步,农田水利设施兴修较多,农作物品种增多,单位面积产量提高。但各地发展还很不平衡,三吴地区最发达,洞庭湖、鄱阳湖流域和成都平原也是重要产粮区。江南经济开发使南北经济趋向平衡,为以后我国经济重心的逐渐南移打下了基础。

★学术动态

学术观点1:魏晋南北朝时期北方农业仍在不断发展

魏晋南北朝时期,社会长期动荡,政权更替频繁,游牧民族大量内迁,因此人们通常认为这一时期北方经济遭受严重摧残,农业生产处于停滞和衰退状态。但实际上,总的来说,北方农业与汉代相比仍在不断发展。

具体表现为三个方面:第一,耕作工具与耕作技术的进步。第二,精耕细作的继承和发展。第三,畜牧业的发展与北方农业经济结构的调整。

魏晋南北朝时期畜牧业成分较之前代不断增加,这一变化是北方农业的一次重大经济结构调整,这一调整顺应了当时社会的发展变化。

【根据刘磐修:《魏晋南北朝时期北方农业的进与退》,《史学月刊》2003年第2期】

学术观点2:魏晋南北朝时期商品经济稳定发展

长期以来,学术界几乎一致认为,由于战乱和士族地主占统治地位及庄园经济的盛行,商品货币经济和传统市场萎缩、自然经济加强。然而除战乱的后果外,其他似乎都是有讨论余地的。

南方始终是汉族统治者的天下,无论政治或经济,都是沿着秦汉以来的轨迹前进的。在南北两支劳动大军的努力下,在南方少数民族的贡献下,东晋南朝社会经济的发展十分明显,商品经济和传统市场从无到有,逐步走向了繁荣。而在北方,在北魏孝文帝改革后,北方社会经济恢复了,商品经济和传统市场同时也进入了恢复的阶段。

这些观点动摇了传统史学界对魏晋南北朝商品经济萎缩的认定。

【根据蒋福亚:《魏晋南北朝时期的商品经济和传统市场》,《中国经济史研究》2001年第3期】

学术观点3:魏晋时期城市的大量涌现是区域经济开发的主要表现

六朝时期的江南经济,在农业、手工业和商业等方面均已超过了北方。但由于开发历史和地理条件等原因,江南的经济发展水平,在地域上是不平衡的。

六朝时的江南地区主要有五大经济区域:第一,以建康为中心的扬州经济区;第二,以寿春为中心的淮南经济区;第三,以江陵为中心的荆楚经济区;第四,以成都为中心的巴蜀经济区;第五,以番禺为中心的岭南经济区。

上述五大经济区内普遍出现了大中城市,反映了当时城市经济的主体风貌,表明南方城市的大量产生,是附于区域内社会经济发展水平,尤其是农业生产发展水平这一基本前提的。

【根据朱和平:《试论六朝南方城市大量涌现的原因、表现及城市经济的特征》,《中国社会经济史研究》1995年第1期】

★ 史学导读

1.如何理解北魏统治者致力于恢复北方农业生产?

今富强者并兼山泽,贫弱者望绝一廛,致令地有遗利,民无余财,或争亩畔以亡身,或因饥馑以弃业,而欲天下太平,百姓丰足,安可得哉?今遣使者,循行州郡,与牧守均给天下之田,还受以生死为断,劝课农桑,兴富民之本。

——[北齐]魏收:《魏书》卷七《高祖纪》上

九年(孝文帝太和九年),下诏均给天下民……诸土广民稀之处,随力所及,官借民种莳……诸地狭之处……迁者听逐空荒,不限异州他郡,唯不听避劳就逸。其地足之处,不得无故而移……请宰民之官,各随地给公田,刺史十五顷,太守十顷,治中别驾各八顷,县令、郡丞六顷。更代相付。卖者坐如律。

——[北齐]魏收:《魏书》卷一百一十《食货志》六

○ 导读提示

中原经过长期战乱,百姓流亡,政府控制了大量的无主荒地。许多农民依附于豪强地主,受剥削很重,政府无法征收赋税徭役。北魏统一黄河流域后,着手改变这种局面:根据性别差异、土地与人口的比例差异、官僚级别的差异等分别授田,允许百姓迁徙,对官吏进行授田、明确俸禄标准。

阅读材料时,应认识到:北魏政府已认识到农业生产对于其统治的重要性,为了缓和矛盾、发展生产而采取了上述措施。

通过阅读材料,可以深刻认识到:汉族先进的生产方式被入主中原的少数民族统治者所接受;同时,北魏推行的均田制也对后世产生了深远的影响。

2.如何评价东晋南朝估税制?

估税制是东晋南朝特有的一种税制。史载:"晋自过江,凡货卖奴婢、马牛、田宅有文券者,率钱一万,输估四百入官,卖者三百,买者一百。无文券者,随物所堪,亦百分收四,名为'散估'。历宋、齐、梁、陈如此以为常。从此人竞商贩,不为田业;故使均输(纳税),欲为惩励。虽以此为辞,其实利在侵削。"这种"估税"也就是交易税,有文券的"输估"可称为"契税",用于大宗或特定商品的交易,零星、分散、不立文券的经常发生的小额交易,称之为"散估税"。东晋南朝的估税由卖者、买者双方分出,卖者负担3%,买者负担1%,卖者所负担的3%相当于过去2%税率的一倍半,再加买方出1%的税,纳税的面是有所扩大的。此外,"诸有市易……明从券契",徐陵说:"吾市徐枢宅,为钱四万,任人市估,文券历然",房屋、土地等不动产的买卖也要付市评估,确定价格,立有文券,据以征税……对此,东晋甘卓镇襄阳评道:"为政简惠,善于缓抚,估税悉除,市无二价。"南朝子良说:"顷市司驱扇,租估过刻,吹毛求瘢,廉查相继。"

——摘自徐信艳:《中国古代流转税思想研究》,上海:上海交通大学出版社,2013年版,第62~63页

○ **导读提示**

东晋南朝时期,随着商业的发展,除了秦汉以来的市租、关津税等外,还出现了一些新的税种,商税甚至成了政府的重要财源。估税制就是其中的一种。这种税制将订立契约和征税结合在一起,由买卖双方共同负担,形式比较灵活,但是评估过重。

阅读材料时,应认识到:估税制适应了当时市场上商品交易的客观需要,对于规范市场商品交易秩序,增加财政收入有一定的积极意义,但是在实际操作过程中却加重了商人的负担,最终使百姓受价格上涨之害。

通过阅读这则材料,应认识到:政治改革和经济发展的相互关系,加深对魏晋南北

朝时期商品经济发展的理解。

3.东晋南朝时期南方经济状况如何?

江南之为国盛矣,虽南包象浦,西括邛山,至于外奉贡赋,内充府实,止于荆、扬二州。自汉氏以来,民户凋耗,荆楚四战之地,五达之郊,井邑残亡,万不余一也。自元熙十一年司马休之外奔,至于元嘉末,三十有九载,兵车勿用,民不外劳,役宽务简,氓庶繁息,至余粮栖亩,户不夜扃,盖东西之极盛也。……自晋氏流迁,迄于太元之世,百许年中,无风尘之警,区域之内,晏如也。……地广野丰,民勤本业,一岁或稔,则数郡忘饥。会土带海傍湖,良畴亦数十万顷,膏腴上地,亩直一金,鄠、杜之间,不能比也。荆城跨南楚之富,扬部有全吴之沃,鱼盐杞梓之利,充仞八方;丝绵布帛之饶,覆衣天下。

——摘自[南朝]沈约:《宋书》卷五十四《孔季恭羊玄保沈昙庆》

○ **导读提示**

自汉代以来,因战争的破坏,江南地区曾一度人口流亡,经济凋敝。但经过东晋至南朝刘宋时期的开发,采取一系列措施扭转了江南经济的凋敝情况,而且出现稳定发展的态势,农、工、商都有了长足的发展。

阅读材料时,应认识到:"会土"所指的会稽等郡的经济发展状况已超过了"鄠"(今陕西鄠邑区北)、"杜"(今陕西长安北)所指的关中地区。这一状况的出现体现了江南经济的开发,为隋唐以后我国经济重心的南移,奠定了基础。

通过阅读这则材料,可以加深对南方经济开发的认识。南方经济的发展不仅仅在于农业,而是诸业并重,因而可以进一步理解经济重心南移这一历史现象的出现是一个漫长的过程。

第3讲 三国两晋南北朝时期的制度变革

★学习精要

魏晋时期,士族在政治舞台上发挥的作用越来越显著,逐渐形成一个特权阶层——门阀士族。曹魏时期九品中正制的施行将汉代的门阀特权以法定的形式固定下来,皇权政治演化为门阀政治。

魏晋南北朝的门阀士族是以家庭门第为资本的家族组织和政治集团,是身份性的大地主,他们享有的特权不仅是世袭的,而且得到了官府有关制度和法律的保证,即具有制度化和法典化的显著特征。自东汉以来,随着察举制度的滥恶和大土地私有制的发展,地主阶级内部逐渐产生了世族地主这一阶层。世族地主虽然也享有种种特权,但与门阀士族之间尚存有一定的差距,只能视为门阀士族的前身。入晋以后,自曹魏时期创立的九品中正制经过演变蜕化,中正品第中已有一条明显的界限,即"上品"和"下品"。凡门第列在上品的世家大族称为"势族",也叫门阀士族;门第列在下品的称为"寒门",也叫寒门庶族。这样,门阀士族通过九品中正制把持了选拔官吏的权力,他们依照门第高卑制定出严格的等级界限,形成门阀政治。

因此,在东汉以来的世族地主向门阀士族地主转化的历史过程中,九品中正制既是加速实现这一历史性转变的重要杠杆和催化剂,同时也是门阀士族形成的重要标志之一。

★学术动态

学术观点1:大土地所有制是门阀士族制度存在的经济基础

门阀士族制度的形成、发展和衰落,受着大土地所有制下人身依附关系强弱的影响。

从西汉末东汉初开始,由于地主大土地所有制的发展,国家对户籍的控制不再那么强有力,半自由的、带有宗族色彩的依附农民出现。

东汉时期,正是在这种依附关系较强的大土地所有制的基础上,产生出不少累世高官的世家大族。不过,在制度上,对世家大族的地位并没有明文规定,没有以法律的形式规定下来。

魏晋时期,人身依附关系的强化达到了一个特定的历史阶段。世家大族对依附农民的占有,即人身依附关系,已取得法律的支持。这在阶级关系上,扩大了尊卑贵贱的等级差别,促成了世家大族的特殊地位,从而形成了以门第为依据攫取政治、经济特权的门阀士族制度。

【根据魏俊超、杜绍顺:《试论门阀士族制度的基础》,《华南师范大学学报(社会科学版)》1983年第2期】

学术观点2:门阀政治是皇权政治在特殊条件下的变态

东晋门阀政治的产生是特定历史条件下的产物。

具体来说,一是成熟而有力量的社会阶层即士族的存在,一是微弱但尚有一定号召力的皇权的存在,加之民族矛盾尖锐的外部条件,这三者缺一不可。三者之中的任何一个条件发生变化,都会导致门阀政治的相应变化。

在门阀政治的条件下,门阀士族内部及士族与皇权之间势力的平衡在一定程度上制约了大规模动乱的出现,是江左社会的一个稳定因素。但士族势力绝无永久凌驾于皇权之上的可能,门阀政治最终也不能摆脱被皇权政治取代的命运。

【根据田余庆:《东晋门阀政治》,北京:北京大学出版社,2012年版,第343页】

学术观点3:九品中正制的施行是当时的时代必然选择

九品中正制的创立选官是作为一种加强中央集权的手段。

其原因有两点:第一,出于抑制地方大族的考虑。东汉时,察举制逐渐形成了由本乡名士主导的乡间品评的传统,成为大族扩张势力的工具,极大地阻碍了专制主义中央集权的加强。第二,基于战乱时代的权宜之计。这一时期战争频繁,人口大量迁移,乡间品评无法执行,而人们还是承认乡间认定这一办法的可靠性。所以一种权宜之计、折中的办法便应运而生了。

因此,九品中正制之所以沿用数百年之久,跟魏晋南北朝长期的人口频繁流动有很大的关系。这一制度又部分地保留了东汉的旧传统,使其存在有了坚实的土壤。

【根据石欣民:《浅析九品中正制》,《黑龙江史志》2010年第15期】

★ 史学导读

1.九品中正制选官标准的变化带来什么样的弊端?

瓘以魏立九品,是权时之制,非经通之道,宜复古乡举里选。与太尉亮等上疏曰:"昔圣王崇贤,举善而教,用使朝廷德让,野无邪行。诚以闾伍之政,足以相检,询事考言,必得其善,人知名不可虚求,故还修其身。是以崇贤而俗益穆,黜恶而行弥笃。"

——[唐]房玄龄《晋书》卷三十六《卫瓘传》

今立中正,定九品,高下任意,荣辱在手。操人主之威福,夺天朝之权势。爱憎决于心,情伪由于己。……所欲与者,获虚以成誉;所欲下者,吹毛以求疵。高下逐强弱,是非由爱憎。随世兴衰,不顾才实,衰则削下,兴则扶上,一人之身,旬日异状。或以货赂自通,或以计协登进,附托者必达,守道者困悴。无报于身,必见割夺;有私于己,必得其欲。是以上品无寒门,下品无士族。

——[唐]房玄龄《晋书》卷四十五《刘毅传》

○ 导读提示

根据材料"今立中正,定九品,高下任意,荣辱在手"可知中正官徇私舞弊;"随世兴衰,不顾才实"可知扼杀人才;"或以货赂自通,或以计协登进,附托者必达,守道者困悴"可知败坏社会风气;"上品无寒门,下品无势族"可知世家大族垄断仕途。

阅读材料时,应认识到:九品中正制在实施之初,尚能依据人才优劣确定品第,选出来一些有真才实学的人,取得了较好的效果。但在世家大族势力的影响下,形势很快就发生了变化。

通过本材料,认识到九品中正制选官标准的变化,进一步加深理解九品中正制与门阀政治之间关系。

2.南北朝时期人才选拔方面发生了什么样的变化?

南北朝时期,考订父祖官爵,门第的谱牒之学盛行,吏部除授都以谱牒为准绳。北魏孝文帝改革时规定,士人品第有九,言分清浊,士族属于清品,当清官,寒门小人属浊品,只能充任浊官。北齐时,举秀才、州主簿、郡功曹,非士族右姓不在选列。到西魏宇文泰颁布新制,在用人上奉行唯贤是举,不限资荫。

南朝梁武帝也改革了用人制度,重视学校教育。政府开设五馆,建立国学,各馆计由五经博士教授学生,学生各有数百人之多,在馆学生皆为寒门子弟,五馆的在学子弟可以直接应召秀才、孝廉和明经科考试。梁武帝还颁布诏书,强调不论士庶高低还是门第高下,只要考试合格,就可以选录为官。隋时虽置州郡、郡中正,但任职俱微,没有多大作用了。

——摘自白纲:《中国政治制度史》,北京:社会科学文献出版社,2007年版,第295~296页

○ 导读提示

九品中正制并非这一时期选举制度的全部,察举、征召制度此时仍然存在,另外还有荫袭、军功入仕等各种途径。南北朝后期,由于门阀制度的衰落和寒门庶族的兴起,南北政权纷纷放宽门第限制,采取了考试取士的方式,入仕的大门开始向各阶层较为平等地开放,为隋唐科举制的确立准备了条件。

阅读材料时,应认识到:"南北朝时期,考订父祖官爵,门第的谱牒之学盛行,吏部除授都以谱牒为准绳;北齐时,举秀才;西魏宇文泰颁布新制,在用人上奉行唯贤是举,不限资荫",从而得出这一时期人才选拔方面的变化。

通过本则材料,可以加深对魏晋南北朝时期的选官制度的认识,并联系隋唐科举

制的产生,将选官制度的演变纳入历史长河中考察。

3.寒门庶族得势的原因是什么?

魏正始、晋永熙以来,皆大臣当国。晋元帝忌王氏之盛,欲政自己出,用刁协、刘隗等为私人,即召王敦之祸。自后非幼君即孱主,悉听命于柄臣,八九十年,已成故事。

至宋、齐、梁、陈诸君,则无论贤否,皆威福自己,不肯假权于大臣。而其时高门大族,门户已成,令仆三司。可安流平进,不屑竭智尽心,以邀恩宠,且风流相尚,罕以物务关怀,人主遂不能藉以集事,于是不得不用寒人。

人寒则希荣切而宣力勤,便于驱策,不觉倚之为心膂。

——[清]赵翼:《廿二史札记》

○ **导读提示**

门阀政治形成之后,门阀士族凭门第而不必凭才能就可以官至公卿,于是不思进取,终日沉湎于清闲的生活而不关心政治。他们把自家的门第看得最为重要,任何时候都不会考虑为君主而殉节。自南朝宋文帝开始便重用寒门(庶族官员),以对抗门阀士族。

阅读材料时,应首先思考门阀政治的弊端,然后从君主和寒门庶族两个方面思考。南朝四个开国皇帝都是庶族出身,自然提拔庶族官员以对抗门阀士族势力。而寒门庶族也希望凭借皇权提升或改善自身地位和处境。

通过本则材料,可以加深理解门阀士族与皇权政治的关系。南朝门阀的衰落和九品中正制的式微,除了来自军事变乱的破坏和门阀自身的日渐腐朽外,更根本的是由于皇权的重振与回归。

★ 荐读书目

唐长孺:《魏晋南北朝史论丛》,北京:商务印书馆,2010年版

王仲荦:《魏晋南北朝史》,上海:上海人民出版社,2010年版

田余庆:《东晋门阀政治》,北京:北京大学出版社,2012年版

阎步克:《察举制度变迁史稿》,北京:中国人民大学出版社,2009年版

[日]宫崎市定:《九品官人法的研究:科举前史》,韩升、刘建英,译,北京:中华书局,2008年版

[日]谷川道雄:《中国中世社会与共同体》,马彪,译,上海:上海古籍出版社,2013年版

第6课　从隋唐盛世到五代十国

第1讲　隋唐封建经济的繁荣

★学习精要

隋唐时期(581—907年),国家统一,社会安定,统治者励精图治,广大劳动人民辛勤劳作,使封建经济迎来了较大发展,出现新的繁荣。农业、手工业、商业都有突出表现。具体如下:

农业方面:主要表现在农田面积猛增,生产工具改进,大量水利工程兴修,人口增加等。据《通典》记载,唐朝天宝年间有耕地850余万顷,超过了西汉时的最高垦田面积。唐朝出现很多新生产工具,如曲辕犁、连筒、筒车和水轮等,大大提高了农业生产效率。在唐前期130年中,修建水利工程多达160多项,分布于全国广大地区。唐朝的户数逐步增加,从武德年间的200余万户,到天宝十四载达到了890余万户,5000余万口。人口的繁盛无疑是封建经济繁荣最好的证明。

手工业方面:隋代的纺织、瓷器都比前代有进步,尤为突出的是造船与造桥技术。隋炀帝下江南巡游所乘坐的船,种类繁多,规模巨大,装饰精美,体现当时造船技术的高超。河北省著名的赵州桥是隋代李春的杰作,它设计结构精巧,一直使用至今,成为古代造桥的典范。唐代手工业在技术、规模、产品种类等方面都超越了前代。纺织业出现了"缂丝"技术,陶瓷业方面出现了著名的三彩陶器,近年考古还发现了五彩陶俑,技术超越了三彩陶器,另外在矿冶、铸币等领域都有突出成就。

商业方面:国家统一,农业、手工业的发展,使得商业也出现了繁荣的景象。长安、洛阳都有繁荣的市场,也是国际性的贸易中心。此外,还出现了如益州(成都)、扬州等区域性贸易中心,在唐代有"扬一益二"的说法。大运河的开通极大地便利了南北交通,促进国内贸易的长足发展。农村地区的草市也发展起来,有些更是发展成后来重要的市镇。隋唐时期海陆丝绸之路畅通,出现海陆丝绸之路共同繁荣的局面。

★学术动态

学术观点1：隋朝大运河的开凿加速了南北经济的交流

大运河开通以后极大地便利了南粮北运，尤其是在唐朝安史之乱以后，南方对唐中央政府的财政意义更大，大运河的地位更加重要。南粮北运的数目与日俱增。

除了粮食，南方的土特产品也经运河大量运到北方。广陵郡的"锦、镜、铜器、海味"，会稽郡的"铜器、罗、吴绫、绛纱"，南海郡的"玳瑁、珍珠、象牙、沉香"，豫章郡的"名瓷、酒器、茶釜、茶铛、茶碗"，上述土特产品运到北方极大丰富了北方人民的经济生活。

大量南北方的商品通过运河运送到各地。南方地区所产橘子通过大运河运送到北方，北方所产的梨通过大运河运送到南方销售，通过大运河从江淮地区运送到黄河流域的茶叶成为北方地区社会生活的依赖品，消费量非常大。

所以，大运河的开通极大便利了南粮北运，南方特产进入北方，南北商品流通速度加快，商品流通量实现了前所未有的突破，体现了其黄金水道的作用，极大地增强了南北经济交流。

【根据薛瑞泽、王彦霖：《隋唐大运河所运物品与南北经济交流》，《河南社会科学》2018年第12期】

学术观点2：隋唐农耕区域拓展远超两汉时期

隋唐时期，在西北、北方大兴军事屯垦，唐初曾在今山西北部的并州、代州、朔州广营屯田以抵御突厥的进犯。唐高宗、武后时期，西北的河西、陇右地区成为军事屯垦的重点地区，以抵御吐蕃人的进犯。据统计，仅河西一地屯垦就达到5000顷。

两汉时期，水利工程以陕西、河南最多，次则山西、河北，皆属于黄河流域，而隋唐时期，南方的农耕区域迅速扩展，政府在南方大兴水利工程，据统计，南方修建水利工程的增速远超北方，随即周边区域即被开垦发展农业。仅江南一道新修水利灌溉即达20万顷。唐朝农垦区域扩大由此可见一斑。

所以，隋唐时期农垦区域远超越两汉时期，史实证明隋唐时期我国农业发展水平超过了前代，取得了新的发展。

【根据徐臣攀：《汉唐时期农耕区拓展研究》，西安：陕西师范大学博士学位论文，2016年】

学术观点3：隋唐长安商业市场的繁荣是多种因素的综合作用结果

第一，隋唐时期国家统一，社会安定，币制统一，从而为长安商业的繁荣提供了根本保障。国家统一，社会安定使得商人的人身、财产安全得到保障，商品才得以大规模流通。币制统一，为以长安为中心的全国贸易提供了重要条件。

第二，隋唐水陆交通发达，为长安商业发展提供了便利条件。隋唐时期，以长安为中心，有辐射全国的陆路交通。唐初平定西域，陆地丝绸之路重新畅通。

第三，隋唐关中地区的经济得以恢复发展，则为长安商业繁荣奠定了坚实的物质基础。关中地区在政府的鼓励支持下，大修水利工程，农业得以迅速发展。长安集聚了大量的手工工匠，手工业迅速发展直接推动商品产量剧增。

第四，长安作为隋唐都城这一独特的政治地位，也为长安的商业繁荣提供了千载难逢的机遇。作为都城，就有大量的人口聚集，提供了庞大的消费市场。对国外商人也有巨大的吸引力，国内外商贾云集，是长安商业发达的重要力量。

所以，正是在上述多种有利因素的共同作用下，隋唐长安城商业达到了空前繁荣的程度。

【根据薛平拴：《隋唐长安商业市场的繁荣及其原因》，《陕西师范大学学报》2006年第3期】

★史学导读

1.如何评价武则天的农业思想及农业措施？

王天下者，必国富而粟多。粟生于农，故先王贵之。劝农之急，必先禁末作（末作：指专供贵族豪富享用的装饰品和奢侈品的生产）。末作禁则人无游食；人无游食则务农；务农则田垦；田垦则粟多，粟多则人富……故建国之本，必在于农，忠臣之思利人者，务在劝农。家给人足，则国自安焉。

——摘自［唐］武则天：《臣轨·利人章》

早在参政辅佐高宗期间，武则天便亲自组织撰写了名为《兆人本业记》的农书，颁行天下，指导农业生产。武则天执政期间，继续推行均田制度，重视发展农业生产。她经常发布诏令劝课农桑，规定以农业政绩的好坏作为对地方州县官员升降的标准。在武则天统治期间，社会经济继续发展，粮食储备丰富。长安四年（704年）时，"神都帑藏（帑藏：指国库）储粟，积年充实，淮海漕运，日夕流衍"（《唐会要》卷二七《行幸》）。人口也有了迅速增长,永徽三年(652年)时,全国有户380万,到神龙元年(705年)时,增加到了615万户,3714万口。

——摘自朱绍侯、齐涛、王育济:《中国古代史》,福州:福建人民出版社,2010年版

○ 导读提示

第一则材料表明武则天将农业视为立国之本,认为务农是国强民富、国泰民安的根本途径,若想国家稳定巩固,必须勤于农业。第二则材料反映出武则天为推动农业发展采取了一系列措施,如颁布农书,具体指导农业生产;继续推行均田制,确保农民有地可耕;发布政令,劝课农桑,将农业政绩的好坏作为地方官员升降的标准,等等。以上措施收效明显,武周时期粮仓丰实,人口增多,社会经济持续发展。

阅读材料时,应认识到:武则天善于总结前代君主的成功经验,重视农业生产。在重农思想的指导下,她采取了许多有利于农业发展的措施。其中,最高统治者亲自编写农书指导农业生产,这在整个中国古代历史上都是少见的,足以体现武则天对农业生产的重视。此外,把农业政绩好坏与官员考核挂钩,官员农业工作做得好,则升官嘉奖,反之就要受到惩处,强调地方官员在地方农业发展中的重要作用。

通过阅读两则材料,可以深刻理解:武则天的重农思想及农业措施为百姓创造了有利于发展农业生产的社会环境,对社会生产力的提高、社会经济的发展起到了推动作用,取得了令人瞩目的成就,是"贞观之治"的进一步发展,同时也为"开元盛世"的到来打下了坚实的经济基础。

2.唐代前后期对外开放格局有何变化?

唐朝前期,陆、海两途的对外交流均极畅通。诸条道路中,最繁忙重要者为西北方向的陆上丝路,中亚、西亚、南亚的商旅、使团多取此路线。多载运利润高而负重轻的丝帛及小手工艺品,如回鹘人运抵中国内地的物品就是绿珊瑚、翡翠、象牙等质轻价高的品种。安史之乱后,西北丝路被吐蕃切断,转而以海路交通为主。海运手段下,涉及唐境内的各种农牧手工业品,从广州运出的品种包括丝绸、陶瓷、铜、铁、漆器等。唐后期发展起来后的江淮八道经济实力强大,江淮地区几乎是有能力独力担当国家财赋重担。南方长江流域有"天下大计,仰于东南"之说。

——摘自周尚兵:《唐代对外开放格局的变化及其影响》,《河南师范大学学报(哲学社会科学版)》2000年第1期

○ **导读提示**

根据材料可知唐朝前期对外交流陆海两途均畅通,以西北方向的陆上丝路为主;安史之乱后,西北丝路衰落,以海路交通为主。海外贸易涉及的产品品种丰富。唐后期江淮地区的赋税收入对政府的重要性极大。

阅读材料时,应认识到:唐朝对外开放程度较高,促进了唐朝的对外交流和经济的繁荣。其对外开放格局以安史之乱为分水岭,前后发生了重要变化。

通过对本则材料的阅读,可以深刻理解到安史之乱对北方经济的沉重打击和加速了经济重心的南移。

3.洛阳为什么会在隋唐时期成为两京之一?

《史记》记载,"关中之地,于天下三分之一,而人众不过什三。然量其富,什居其六",这成为秦与西汉相继定都咸阳、长安,借以控辖全国的经济基础。由于长期的战乱与自然灾害等因素,关中地区经济衰退,隋唐虽定都长安,但主要依赖黄河中下游地区及江南的财赋。由于交通限制,粮食转运耗费巨大,唐前期中央政府常常搬迁至洛阳,以缓解长安及其附近地区的粮食压力。隋炀帝兴建的"东都"洛阳,与长安并称为"二京",越来越具有战略意义。

——摘自白寿彝:《中国通史》,上海:上海人民出版社,2015年版

○ **导读提示**

根据材料可以知道关中多战乱和自然灾害,经济衰退,而洛阳靠近经济发达的黄河中下游地区,并能得到东南粮运和财赋的支撑等因素使得洛阳成为两京之一。

阅读材料时,应认识到:关中地区自身经济的衰退,对黄河中下游和江南地区财富依赖程度的增加,以及洛阳自身的区位优势和便利的交通及战略条件,使得洛阳在隋唐时期成为"二京"之一。

通过对本则材料的阅读,可以认识到秦汉隋唐以来关中地区经济地位在整体上呈下降趋势,进而深刻认识到经济基础对政治的巨大影响力。

第2讲 隋唐的更替及衰亡

★学习精要

隋朝的第二位君主隋炀帝刚愎自用，即位之后推行了一系列暴政，迅速激化了社会矛盾，隋朝统治走向灭亡。其暴政主要表现在赋役繁重、严刑峻法、穷兵黩武、巡游无度等方面。修建东都，开挖运河，修筑长城等用工达数以百万计，多有劳累致死。炀帝还三征高丽，前后调动军队、民夫多达百余万，均大败而归，损失惨重。百姓为了躲避徭役、兵役甚至自残。炀帝不顾常规法典，滥用刑罚，规定凡违抗朝命者，皆斩。炀帝的残暴统治使得各地农民纷纷揭竿起义，连统治集团内部也分崩离析，炀帝于大业十四年（618年）在江都被其部下所杀。隋炀帝之死宣告隋王朝的统治结束。

在隋末各种反隋势力中，起兵于太原的李渊迅速进占关中。炀帝被杀之后不久，李渊称帝，改国号为唐，定都长安。此后，在李世民等的努力下打败各地武装势力，完成了全国统一，建立起对全国的统治。

唐代前期几位君主励精图治，使得社会稳定，经济繁荣。但是，到了唐玄宗后期，玄宗怠于政事，老迈昏聩，政治日益腐朽。军事布局失衡，精兵猛将多聚集在边镇，由节度使统帅；内地承平日久，武备荒废，形成外重内轻的不利局面。天宝十四载（755年），安史之乱爆发，叛军迅速南下，并攻占两京。安史之乱持续八年之久，唐王朝虽然镇压了叛乱，但是地方藩镇割据的局面逐渐形成，中央政府权威丧失，国家大一统的局面不复存在。再加上外有周边少数民族的侵扰，内有朋党之争、宦官专权，唐王朝的统治只能在苟延残喘中维护。907年，宣武节度使朱温自称皇帝，国号梁，史称"后梁"，唐朝灭亡。

★学术动态

学术观点1：隋炀帝大兴土木、滥用民力加速隋朝灭亡

首先，举全国之力营建新都。营建东都每月动用的壮劳动力达200万人，当时全国总人口才4602万人，营建东都工期紧，任务重，条件艰苦，壮劳力活活累死达一半。

其次，不惜民力开挖运河。大业元年（605年）在营建东都的同时，又"发河南诸郡男女百余万开通济渠"。通济渠工程浩大，全程达2000余里。大业四年（608年）"发河北诸郡百余万众"开凿永济渠，永济渠长达1900余里。

再次,漠视民瘼,乐于对外夸富。隋炀帝宴请前来朝见的东突厥启民可汗及其随从3500人,极其奢华,并有大量赏赐。与此对应的是修筑榆林长城,死亡50多万隋朝壮丁。隋炀帝多次巡游,接见外国使臣,多穷奢极欲、夸富炫耀,与之相对的是民间疾苦他却充耳不闻。

所以,隋之灭亡主要由于隋炀帝贪图游乐、好大喜功,不惜民力,使得隋末阶级矛盾迅速激化,爆发大规模的农民起义。隋王朝只存在了38年即宣告灭亡。

【根据李晓巧:《隋炀帝"大工程"加速帝国灭亡》,《文史天地》2016年第9期】

学术观点2:唐高祖对初唐发展做出了重要贡献

首先,李渊在建立唐朝以后,不拘一格招揽人才。有些隋朝旧臣只要有才,李渊也加以任用,这些人熟悉政务,理政有术,初唐政局很快稳定下来。他还采用多种形式广纳贤才,沿用隋朝科举,准许士人"自举"等,加上李渊对大臣的进谏比较宽容,很快就形成了一个人才团队。

其次,李渊多次发布诏令,减免百姓苛捐杂税,大力推行轻徭薄赋政策,舒展民力,让百姓能够得以安心从事农业生产,关中农业首先得以迅速恢复,为全国统一战争奠定了坚实的经济基础。

再次,加强武备,制定统一全国方略,并组织实施。李渊在位时期,唐军节节胜利,各地割据势力被逐个消灭,全国基本实现统一。

此外,李渊还注重减轻刑罚、倡兴文化。总之,正因为唐高祖武德时期的政治奠定了雄厚的基础,才有后世的贞观之治,武德政治对唐朝盛世基业的开创功不可没。

【根据张超:《武德政治乃贞观之治基石》,《南华大学学报》2017年第6期】

★史学导读

1.唐太宗及魏徵的治国理念有哪些?

贞观初,太宗谓侍臣曰:"为君之道,必须先存百姓。若损百姓以奉其身,犹割股以啖腹,腹饱而身毙。若安天下,必须先正其身,未有身正而影曲,上治而下乱者。"

贞观二年,太宗问魏徵曰:"何谓为明君暗(昏庸)君?"徵曰:"君之所以明者,兼听(听取各方意见)也;其所以暗者,偏信(只相信片面之词)也。"

贞观十年,太宗谓侍臣曰:"帝王之业,草创(打江山)与守成(守江山)孰难?"魏徵对曰:"帝王之起,必承衰乱(天下破败混乱),覆彼昏狡(统治者昏庸害民),百姓乐推(老百姓拥戴新君),四海归命,天授人与(上天也支持眷顾),乃不为难。然既得(得天下)之后,志趣骄逸,百姓欲静而徭役不休,百姓凋残而侈务(奢靡浪费之事)不息,国之衰敝,恒(常常)由此起。以斯(此)而言,守成则难。"

——摘自[明]吴兢:《贞观政要》

○ 导读提示

分析材料可以得知唐太宗和魏徵的治国理念:君主必须心存百姓疾苦;君主要以身作则;君主兼听则明,偏信则暗;打江山易,守江山难。

阅读材料时,应认识到:由材料"为君之道,必须先存百姓",可得出君主必须心存百姓疾苦;由材料"若安天下,必须先正其身,未有身正而影曲,上治而下乱者",可得出君主要以身作则;由材料"君之所以明者,兼听也;其所以暗者,偏信也",可得出君主兼听则明,偏信则暗;由材料"帝王之起……乃不为难""守成则难",可得出打江山易,守江山难。

通过对本则材料的阅读,可以深刻理解到唐太宗的治国理念,认识到唐太宗是一位杰出的封建帝王,在他的励精图治下,唐朝出现了贞观之治的盛世局面。

2.如何理解唐玄宗时期军事格局的变化及影响?

唐初行府兵之制,天下十道,置府六百三十四,而在关内者二百六十一,其势本内重于外。府兵之制,无事时耕于野,有事则命将以出,事解辄罢,兵散于府,将归于朝,故士不失业,而将帅无握兵之重。其戍边者,大曰军,小曰守捉,曰城,曰镇,而总之者曰道,其数初不甚多。高宗、武后时,府兵之法寖坏,至不能给宿卫。开元时,宰相张说,乃请以募士充之。由是府兵之法,变为骑。

天宝以后,骑之法,又稍变废,宿卫者皆市人,至不能受甲。而所谓禁军者,禄山反时,从驾西巡者,亦仅千人。其时节度、经略之使,大者凡十。大凡镇兵四十九万人,戎马八万余匹。于是外重之势以成。

——摘自吕思勉:《隋唐五代史·隋唐卷》,武汉:华中科技大学出版社,2015年版

唐玄宗为了边防的需要,在边境地带设置了十个节度使辖区(即方镇,亦称藩镇)。本来唐代实行军民分治的措施,节度使只管军事防御,式遏四夷之事,不与民政。只是后来身兼范阳、平卢两节度使的安禄山大受唐玄宗宠信,使之兼任河北道采访使,开了

集军政、民政大权于一身,合方镇与道为一体的先例。安禄山正是凭藉这个有利背景而发动了武装叛乱。

——周振鹤:《中央地方关系史的一个侧面(上)》,《复旦学报(社会科学版)》1995年第3期

○ **导读提示**

根据第一则材料可知唐朝沿袭西魏、北周、隋以来的府兵制度。在推行以均田制为前提的府兵制下,士兵闲时务农,战时作战。战时由皇帝命将率兵出征,将领不直接掌管士兵。早期的军府集中在长安附近的关内道(京畿所在范围),保证中央握有重兵,形成"内重外轻"之势。但随着土地兼并的加剧,均田制日趋破坏,失地的农民无力负担沉重的兵役,府兵的兵源逐渐枯竭。开元年间,根据宰相张说的建议,京师的宿卫兵士由招募而得,即"彍骑",募兵制得以兴起。第二则材料叙述了唐玄宗为边防需要设置节度使辖区,掌握边镇武力的官员称为节度使。从安禄山开始,节度使权力不断扩大。

阅读两则材料时,应认识到:唐朝的府兵制下将无常兵,临时统兵权与调兵权的分离保证了中央对府兵的绝对控制。但随着均田制的瓦解,府兵制被废除,募兵制的施行容易产生将帅专兵的情况。由于唐玄宗重视边防,加之边镇戍兵也开始实行招募,精兵猛将大批聚集于边镇。节度使从中坐大,藩镇成为唐王朝统治的离心力量,使得唐前期府兵制下"内重外轻"的军事格局被"内轻外重"所代替,唐王朝丧失了拥重兵居关中以驭天下的军事优势。

通过阅读两则材料,可以深刻理解唐代兵制由征兵到募兵的演变及对军事格局变化造成的重大影响。藩镇军事实力的增强给唐王朝中央集权统治埋下了巨大的隐患,成为唐王朝统治的离心力量,而"安史之乱"的爆发打破了唐王朝的统一,之后逐渐形成藩镇割据的局面。

第3讲 隋唐时期统一多民族国家的发展

★ **学习精要**

隋唐时期是我国统一多民族国家进一步发展的重要时期,周边很多民族都建立了自己的政权,发展了具有民族特色的政治、经济、文化。例如突厥、回纥、吐蕃、南诏、

鞑靼等。这些少数民族政权推动了中国边疆地区的发展,共同构成了中国历史不可分割的一部分。

唐朝采取了比较开明的民族政策,比如羁縻州制度。羁縻州县用来安置投降或者因其他原因内迁的少数民族。羁縻州县各级官员一般都用少数民族本部落的人担任,而且可以世袭。羁縻州县范围内仍然可以保持本民族的生活习俗和民族特色。羁縻州县的设置并不局限于边疆地区,在内地一些少数民族聚居地也有设置。此项制度极大地缓和了民族矛盾,推动了民族融合。

唐王朝与各少数民族的交流无论深度与广度都有巨大进步。交流的形式有军事斗争,更多的则是和平交往,经济、政治、文化交流频繁。唐朝与周边民族的和亲就有20余次,比较著名的当属文成公主与松赞干布的和亲。文成公主带去了生产工具、蔬菜种子,还有经史子集等中原先进文化,推动了吐蕃社会文明的进步。后来双方还有和亲与会盟,更进一步推动汉藏民族的交融。总之,唐代民族政策比较开明,各民族之间的交流频繁,推动了中华民族大家庭的团结与巩固。

★ 学术动态

学术观点1:隋唐五代的民族融合丰富了城市文化生活

民族服装文化的融合上,唐代妇女热爱骑马,为了方便就有了圆领长袍的服装设计,它的主要特色就是短袖、短衣、长靴、长裤等。体现了当时民族融合的特色。

饮食文化上,当时中国的西域葡萄酒十分有名,每年立春时节朝廷就会向高品级的官员发放葡萄酒、胡饼,颇受欢迎。后来葡萄酒、胡饼传到民间,保证每个人能在节日里享受到如此美味。

在舞蹈文化融合方面,隋唐五代城市中人们对唐朝胡旋舞与胡腾舞钟爱有加,其中像安禄山与杨贵妃就比较擅长于胡旋舞,为当时的唐明皇在宫廷中带来了无限乐趣。

总而言之,是多种文化的融合与发展延续才渲染了隋唐五代城市的文化氛围,奠定了当时盛世背景下的城市人文文化基础。

【根据邓文睿:《隋唐五代城市居民的节日及娱乐生活浅谈》,《中国地名》2019年第9期】

学术观点2:隋唐时期民族融合体现为汉化与胡化的双向互动

首先,隋唐时期内迁的少数民族数量巨大,使得中原地区出现了胡化趋势,主要表现在以下几个方面:第一,大量胡族物品出现;第二,胡族生活习俗出现在汉人生活习惯里面;第三,胡族的生产技术、生活艺术也对中原影响很大。第四,思想和制度层面也不乏胡族文化的流行。

其次,民族融合更多体现为胡族的汉化。少数民族进入中原后,与汉人通婚,学习汉文化和汉人习俗,迅速变成完全汉化的个体,很多人的汉文化水平还很高。边疆少数民族政权派遣留学生、使节等学习汉文化。学成以后在其境内传播,渤海国就是典型。渤海国在政治制度、文化礼乐等方面全面学习唐朝,迅速推动了汉化进程,与中原"车书一家",号称"海东盛国"。

总之,隋唐时期的民族融合不是单向而是双向互动的,各民族相互借鉴吸收对方先进文明,共同缔造了辉煌的盛唐文明。

【根据咸万法、张荣花:《论隋唐时期的民族融合》,《广西社会科学》2010年第12期】

★ 史学导读

1.隋唐时期新疆地区社会发展呈现怎样的特点?

隋代,结束了中原长期割据状态,扩大了郡县制在新疆地区的范围。突厥、吐谷浑、党项、嘉良夷、附国等周边民族先后归附隋朝。唐代,中央政权对西域的管理大为加强,先后设置安西大都护府和北庭大都护府,统辖天山南北。于阗王国自称唐朝宗属,随唐朝国姓李。……唐代"绢马互市"持续繁盛,"参天可汗大道"直通内地,沿途驿站星罗棋布,成为西域先民同中原密切联系的纽带。于阗乐、高昌乐、胡旋舞等西域乐舞深入宫廷,长安城流行西域风。出自今新疆库车的龟兹乐享誉中原,成为隋唐至宋代宫廷燕乐的重要组成部分。……高昌回鹘使用唐代历书,一直延续到10世纪下半期。唐代诗人岑参的诗句"花门将军善胡歌,叶河蕃王能汉语",是当时新疆地区民汉语言并用、文化繁荣景象的写照。

隋唐时期,佛教在新疆地区鼎盛。同期,祆教流行于新疆各地。道教于5世纪前后传入新疆,主要盛行于吐鲁番、哈密等地,摩尼教和景教于6世纪相继传入新疆。9世纪末10世纪初,喀喇汗王朝接受伊斯兰教。

——摘编自《新疆的若干历史问题》白皮书(中华人民共和国国务院新闻办公室2019年7月)

○ **导读提示**

通过材料可以总结出隋唐时期新疆地区的社会发展特点：(1)隋唐中央政府加强了对新疆的行政管理、新疆对中央政府的向心力增强。(2)新疆与内地的经济文化交流密切，融合加深、多元文化共同繁荣。(3)新疆地区宗教盛行，多种宗教并存。

阅读材料时，应认识到：隋唐王朝加强对新疆的行政管理，边疆政权对中央政府的向心力增强，新疆与内地的经济文化交流非常密切，相互吸收共同发展，以及新疆地区宗教盛行，多种宗教并存的特点。

通过阅读本则材料，可以深刻认识到：隋唐时期新疆在中央政府的有效管理下，经济、文化等取得了巨大发展，与内地的交流更加密切、融合更加深入。新疆各民族更进一步地融入中华民族大家庭。新疆成为那个时代中国统一多民族国家发展的突出典例。

2. 如何看待唐朝对边疆的治理？

唐朝推行较为开明的治边政策。唐王朝确立了羁縻府州制度，以各边疆民族部落的分布范围作为羁縻府、州行政区划的基础，并在众多的羁縻府州基础上设立都护府，由都护府直接管理，再统于唐王朝中央政府。为了维护辽阔边疆地区的安定，唐王朝确立了军镇屯戍制度。军、城、镇等皆有使职专领，都有兵力配备，并可随时调派边疆民族军队作为补充。唐王朝为了巩固自己的统治，对边疆民族总体上讲是以怀柔、招抚为主，采取和亲和册封政策，以改善或加强与边疆民族的关系。为了巩固对边疆的统治，唐王朝也采取了积极开发的政策，其主要内容是发展屯田、开辟互市贸易等。

——摘编自马大正：《中国古代的边疆政策与边疆治理》，《西域研究》2002年第4期

○ **导读提示**

通过分析材料，我们可以得出唐朝治理边疆的特点：设立了相对完善的边疆管理体系（羁縻府州制度）和防御体系（军镇屯戍制度）；边疆民族政策以怀柔、招抚（和亲、册封）为主；通过开发边疆、促进发展来稳定边疆地区。

阅读材料时，应认识到：唐朝开明务实、因地制宜的治边政策促进了边疆地区经济的发展，有力地推动了民族交融。

通过对本则材料的阅读，应深刻认识到：唐朝积极有效的治边策略，推动了中国统一多民族国家的发展。

★ 荐读书目

陈寅恪:《唐代政治史述论稿》,上海:上海古籍出版社,1997年版

白寿彝:《中国通史》(第六卷),上海:上海人民出版社,1989年版

王仲荦:《隋唐五代史》,上海:上海人民出版社,2016年版

吴宗国:《隋唐五代简史》,福州:福建人民出版社,1998年版

韩国磐:《隋唐五代史论集》,北京:生活·读书·新知三联书店,1979年版

黄永年:《六至九世纪中国政治史》,上海:上海书店出版社,2004年版

第7课　制度的变化与创新

第1讲　古代选官制度的演变

★学习精要

中国古代的选官制度，总体上呈现出从贵族政治到官僚政治的发展趋势。具体来说，从汉代察举制到隋唐科举制逐步发展的历程体现出中国古代选官制度的逐渐完善和成熟。其大致发展进程及特点如下：

世卿世禄制：秦朝之前的选官制度主要依据血缘传承爵位和俸禄，世代相续，父死子继。春秋战国礼崩乐坏，社会处于转型时期，秦国商鞅变法废除以血缘为基础的世官制，以军功爵制取而代之。

军功爵制：即依据战功大小授予相应的爵位（官职）。军功爵制起源于战国时期各诸侯国的变革，其中秦国最彻底。这种选官制度，打击了奴隶主贵族世袭特权，培养了大批军功地主，扩大了统治基础，促进了社会转型，加速了贵族政治的瓦解。然而，这种以杀敌多少作为授予官爵高低的制度，某种程度上也助长了秦朝的暴政，最终导致秦王朝的短世而亡。

察举制：汉朝建立后，废除军功爵制。汉武帝时期，实行由地方官员考察举荐和朝廷直接征召相结合的选官制度，选择的标准是德和才（主要是孝廉）。察举制选拔了大量德才兼备的人才，提高了官员的道德素养，为汉朝前期走向繁荣提供了人才保障。但随着豪强势力的发展，门第成为选举的主要依据，于是形成了"举秀才，不知书；举孝廉，父别居"的弊端。

九品中正制：曹魏时期，经尚书令陈群提议，在各州郡设立"中正"官，负责察访本州郡的士人，并分别评定为九等（九品），作为政府选用官吏的依据。这种以中正为中心论品定级、选拔官员的制度，就叫"九品中正制"。九品中正制实行初期，为曹魏政权选出了一些比较有才干的人，充实了官吏队伍，也打击了豪强地主势力。但到了两晋时期，逐渐被豪门世家所把持，出现"上品无寒门，下品无势族"的现象，成为世家大族维护特权的工具。

科举制:科,是考试科目;举,是选拔人才。科举制即用考试选拔人才的制度。隋初,废除九品中正制,令"诸州岁贡三人"参加考试以选拔官员。隋炀帝设进士科,科举制形成。唐朝发展并完善科举制,其中以进士、明经两科为主,首创武举和殿试。宋朝进一步完善,并革新科举制度。科举制在我国延续了1500多年,扩大了统治基础,提高了官吏的文化素质,在一定程度上保证了选贤任能的公平竞争性。一般认为,西方的文官制度也是受中国科举制的影响。但到了明清时期,实行八股取士,从内容到形式严重束缚了读书人的思想,严重阻碍了科学文化的发展。

★学术动态

学术观点1:察举制对两汉社会的发展产生重要影响

两汉时期,形成了一套较完备的察举选官制度。察举是一种自下而上选拔官员的办法,主要是根据人的"德行",经过一定的考试后,授予相应官职。通过察举制度,两汉选出了很多贤良之才,对巩固两汉统治、促进社会发展发挥了极为重要的作用。如汉武帝统治时期人才济济,国力强盛,西汉发展到顶峰,察举制发挥了重要作用。

汉代实行以孝治天下,极力提倡孝道观念,这在官员选拔中也有所体现。察举中以孝廉为主,在众多科目中占据主流,也是官吏入仕的主要途径。因为汉代统治者认为,孝与廉是并行的传统美德,孝是廉的根本,只有孝敬父母,入朝为官后才能以百姓为重,孝是成为廉吏的基本前提。

【根据秦黎:《两汉察举制浅析》,《文教资料》2009年第28期】

学术观点2:科举制度是中华文化对世界文明的重要贡献

中国科举制度是帝制与中央集权制度发展到高级阶段的产物,它通过考试选拔人才,从而在制度上彻底否定和在实践中最大限度地减少了血缘及裙带关系的影响,成为中国古代最为客观公正的选拔人才的制度,也是唐朝以后各朝各代凝聚社会和巩固统治的利器。

自科举制兴起后,历代都不断进行改革,从而保证科举制在不同时代保持选才的客观公正,对维护国家统一、凝聚和巩固社会共识发挥了巨大的积极作用。

近代英美等国借鉴中国科举制度分别建立了他们的文官考试制度,故科举制又被誉为中国为世界贡献的"第五大发明"。

【根据郭培贵：《说说中国科举制度改革》，《中国社会科学报》2019年12月23日】

学术观点3：科举制的出现符合历史发展潮流

以荐举为主的选官制选拔人才功能严重衰弱。尤其是魏晋南北朝实行的"九品中正制"，更为世家大族长期操纵政权提供了保证。后来，九品中正制就成为扩大世族势力、巩固门阀制度的工具了。

以荐举为主的选官制不能适应社会阶层的新变动。南北朝时期，士族势力下降，庶族势力上升。这两种势力彼此消长的社会大变动，寒门通过考试手段提升自己的地位，压制士族。北周、北齐先后进行改革，实施"不限资荫，唯在得人"的选举制度。这些改革为九品中正制奏起了送葬曲。

以荐举为主的选官制度，不能适应统一的专制主义中央集权。科举制在政治领域内的精神内涵，在于将其封建君主集权政治的基石直接铺到社会的底层，这是维持发达的君主官僚政治体制最成功最有效的措施。

隋朝统一全国后，为了进一步加强中央集权，扩大统治基础，隋文帝把选官的权力收归中央，废止了九品中正制度。

【根据郑海峰：《中国古代官制研究》，天津：天津人民出版社，2007年版，第100~101页】

学术观点4：科举制的推行具有很大的负面效应

首先，它使得学校体系此后就和选官制度牢牢地捆绑在一起，学校成了科举制的附庸。这种情况，使得从隋唐已经开始的学科分化和技术学习专门化、系统化的趋向被遏制，知识学习被限制在文字、文字书写、文学和道德层面上。其他专业知识则退回到了师徒相传的作坊阶段，使中国科学技术发展受到了影响，以至于长期无法进化。

其次，科举制虽然强化了官僚制，但也使得人才都被行政体系吸走，影响了社会整体发展。

再次，科举制虽然推动了人们的向学风气，但也极大地催生了官本位文化的生长。整个社会的运行，都围绕着官僚体制打转，这对于中国社会以后的发展影响甚巨，以至于今天仍有余波。

【根据张鸣：《中国政治制度史导论》，北京：中国人民大学出版社，2005年版，第181页】

★ 史学导读

1.汉代"举孝廉"制度为何比较成熟？

察举孝廉的标准有四条：一是德行高妙，志节清白；二是学通行修，熟知经书；三是明习法令，善于决狱；四是头脑清楚，才干出众。凡是地方推荐上来的孝廉，一般先在中央担任郎官，经过官场上的见习和初步锻炼，再根据对其实际能力考察任命实职。

——摘自张岂之：《中国历史十五讲》，北京：北京大学出版社，2003年版，第122页

○ **导读提示**

根据材料可知汉代察举孝廉的标准较多，例如品德考核、文化层次、实际操作及综合考评等，类似于今天实习考核等制度。

阅读材料时，应认识到：汉代"举孝廉"制度的"比较成熟"是相较于汉代之前的世官制、军功爵制等而言，察举制在考察方面更加多样，更重视对选拔人才的实际能力的培养与考核。

通过本则材料，可以理解到："举孝廉"制度的相对完善、成熟之处，理解人类制度文明的渐进式发展历程。

2.唐代初期科举发展有何特点？

大唐贡士之法，多循隋制。上郡岁三人，中郡二人，下郡一人，有才能者无常数。其常贡之科，有秀才，有明经，有进士，有明法，有书，有算。自京师郡县皆有学焉。

——《通典》卷十五《选举三》

○ **导读提示**

从材料内容可知，唐初科举基本沿袭隋朝制度，将科举细分为定制人数和不定人数，常设有秀才等五科，从首都至地方普及度较高。

从本则材料可知：唐朝初期科举沿袭隋制并加以改造，在一定程度上影响后世的取士之法。

唐初科举制发展的基本特点：沿袭前朝旧制；人数有定制或无定制；分科取士；普及度较高。

3.唐初推行科举制有何社会影响？

明经科主要考帖经、经义及时务策；进士科主要考察时务策、经义，唐高宗时加试杂文（诗赋），唐玄宗时改为考诗赋为主。进士科日益受到重视，大多数官员出身于进

士科,因此当时的官员多擅长诗赋文章。唐太宗扩大进士科,提高进士的进身之阶。唐太宗在看到新进士鱼贯而出的盛况时,情不自禁地说:"天下英雄,入吾彀中矣。"

——摘自樊树志:《国史十六讲》,北京:中华书局,2006年版,第100页

○ **导读提示**

根据材料可知,唐初推行科举制以后,社会较为重视读书与时务之间的结合,官员们的文化水平也有相应提高,国家也获得一批优选之才。

阅读本则材料,可认识到:唐初推行科举制有利于提高官员文化素质,扩大统治基础,加强中央集权。

通过对本则材料的阅读,可以深刻理解到:政府通过选拔人才从而促进社会流动的进步作用,并对社会风气,官员文化素质以及政府人员构成等方面产生了积极影响。

第2讲 古代中枢政务机构的变化

★ 学习精要

自秦朝建立专制主义中央集权制度以来,君权与相权、中央与地方的矛盾贯穿始终。为了解决相权对皇权的威胁,历代帝王都采取了各种办法削弱相权。其中,对中枢政务机构的设置和改革就是一项重要的措施。从秦朝开创"三公九卿"制度至隋唐完善三省六部制度,古代中枢机构发展演变的具体情况如下:

三公九卿制:秦朝始立三公,即丞相、太尉、御史大夫。丞相辅佐皇帝处理全国政务,是皇帝的助手。太尉协助皇帝掌管全国军队。御史大夫掌图籍章奏,监察百官,是皇帝的耳目。九卿,即奉常、廷尉、治粟内史、典客、郎中令、少府、卫尉、太仆、宗正等,分别掌管宗庙祭祀礼仪、司法、国家财政税收、处理国内各少数民族事务和对外关系、皇帝的侍从警卫、专供皇室资质和官府的手工业、宫廷警卫、宫廷车马、皇帝宗族事务。三公与九卿由皇帝任免,不得世袭。

中外朝制度:汉武帝时期为削弱丞相权力设立中朝,由皇帝身边的近臣、亲信及宾客等组成。中朝也称内朝,参与皇帝对重大事务的决策,并与以丞相为首的外朝对立。自此,相权逐渐被削弱,外朝成为事务决策的执行机构。这被称作"中外朝制度"。

尚书台:"尚"是表示"君上(即皇帝)",尚书记录皇帝办公事务的文件,其官职就是皇帝图书档案管理员及皇家秘书。尚书台始于西汉,东汉时期其地位逐渐升高,到魏

晋时期已经发展演变成为处理全国政务的最高机关,其长官为尚书令。尚书台后来发展为尚书省,与门下省、中书省合成"三省"。

三省六部制:隋唐时期的三省六部制,分工明确且相互制约。三省长官公议国政,执宰相之权。唐太宗时期逐渐发展完善为"群相制",便于集思广益,又能避免权臣乱政。至此,大大强化了皇权,古代中枢官制发展到一个高峰。

★学术动态

学术观点1:三公九卿制实现了秦汉两级权力机构的动态平衡

秦汉时期确立了三公九卿制的基本模式,可以说,它是对中国古代中央行政体制和组织形式的概括。

这个行政体制的基本特点:若干高级官吏参与军国大事的决策,并作为中央政府的首领主持行政、军事和监察等事务,组成权力中枢机构,统领各部政务的众卿。众卿之下有人数不等的僚属,负责处理具体政务,组成权力执行机构,两级权力机构组成了以君权为核心的金字塔式中央行政体制。只要中央政府形成了这样的结构并发挥其职能,就可视为体现了三公九卿制的本质精神。

秦汉时期中央行政体制虽有发展变化,但以君权为核心的两级权力机构始终保持着动态平衡,并一直围绕着强化皇权这个核心而运作。

【根据高兵:《三公九卿制新论》,《内蒙古社会科学》1998年第2期】

学术观点2:汉代的内外朝制度有利于加强中央集权

由于内外朝的形成,加强了中央政权对下面的控制。

汉武帝宠幸中朝官,从中朝官中选拔了一批官吏,出任外朝的大臣,如卫青、霍去病、桑弘羊、主父偃等,这些人既是内朝的侍从顾问,又同时出任外朝官,一身二任。

有的在经济上贯彻盐铁官营,实行均输、平准政策,改革币制,有的代替皇帝巡行各地。这样既打击了富商大贾的势力,又削弱了地方豪强力量,从而加强了对全国的控制,使中央集权进一步强化。

【根据韩养民:《汉武帝时期的中外朝》,《西北大学学报(哲学社会科学版)》1978年第2期】

学术观点3：三省六部制形成封建政府权力的双重制约

唐朝统治者认识到当时的政治决策随意性较大，而且决策权几乎完全被皇权垄断，个人好恶使政治决策出现偏差而危害国家的例子俯首皆是。为此，统治者规定，所有政令必须经过三省，即由中书省草拟皇帝诏令，门下省负责审核诏令的内容，觉得有不妥或不可行的可驳回，退还中书省。中书省和门下省都是决策机构，通过审查的法令交给尚书省执行，当然，尚书省觉得不合适的政策，也可退回，不予执行。从三省间这种相互制约和平衡，我们似乎看到了三权分立的雏形。

此外，唐太宗还任用了一大批的谏臣，比如能谏的魏徵、能谋的房玄龄、善断的杜如晦等。经过三省的审核，皇帝的政令才能最终作用于广大臣民，这样就在一定程度上避免了皇帝的一意孤行，使政策能较好体现人民的利益，也使国家能沿着人民群众希望的方向发展。

【根据杨春莉:《封建制度下闪落的民主》，《中国市场》2014年第8期】

★ 史学导读

1. 三公九卿制度有何特点？

三公九卿虽然各有职掌，分工清晰，但当时职无常守的现象也普遍存在。诸如三公虽为宰相，职无不监，但皇帝诏令可直达九卿，九卿上奏皇帝的表章也无需告诉宰相。官吏必须绝对服从皇帝，对皇帝负责。

——摘自韦庆远:《中国政治制度史》，北京：中国人民大学出版社，1989年版，第77页

○ **导读提示**

从材料可知，秦朝三公九卿制度有清晰的分工及相互制约的特征。无论是三公还是九卿，均直接对皇帝负责并受其节制。

因此，材料内容可理解为，三公九卿明确分工，却也有职守分割的特点；同时，无论三公还是九卿，都直属皇权，为其服务。

据此，三公九卿制度的特点可归纳为：分工明确，直属皇权，相互制约。

2. 汉代后期中外朝制度有何变化及影响？

西汉前期并无"中外朝"之名，当时宫廷内部以"近臣"为主，处理皇室继承、警卫以

及与参谋议等。"相国、丞相掌丞天子,助理万机"(《汉书百官公卿表》),中外一体。从汉文帝起,举贤良文学之士以为"智囊",以与公卿大臣相折冲,但并未授予权力。霍光以"辅政"名义,自任"大将军""领尚书事",以人臣而兼君上之权,并格以"治内、治外"之分,剥夺丞相召集百官议事之权;同时拉帮结派,分裂朝臣,"中外朝"体制于是形成。自此以后,就成为外戚专权,以至篡夺刘氏王朝的得力工具。

由此可见,"中外朝"这种体制在西汉历史上的作用,并没有加强专制统治,而是相反,成了分裂瓦解的腐蚀力量。

——摘自苏诚鉴:《论西汉"中外朝"的形成及其作用》,《江淮论坛》1983年第4期

○ 导读提示

本则材料主要内容涉及汉朝"中外朝制度"设立前后的人员构成差异,以及设立"中外朝"制度之后对于其官员职责和历史影响的评述。

阅读材料时,应认识到:西汉后期的"中外朝"机构从主要服务于皇室逐渐演变为具有实力的"辅政"机构,已经异化为皇权的对立方。因此,这一制度最终成为破坏汉朝统治的反噬力量。

因此,理解该问题的关键:西汉后期的中朝官从辅佐皇权日益变为实权势力;其影响是逐渐破坏皇权专制,危害汉朝政权。

3.唐初政事堂的设置有何积极作用?

从政事堂形成过程中所暴露出来的皇权与相权的矛盾及其分合应变的斗争事实,可知封建统治者利用政事堂这个权力舞台,其目的很清楚,是在更大的范围内,更有效地集中统治阶级的意志,把君主个人专制与宰相集体议决这种对立面的冲突"保持在秩序的范围以内",从而更加强化君主专制和中央集权。

从政事堂制度形成过程中,我们还可以看出,封建统治者正是为了使他们"不致在无谓的斗争中"把自己消灭,就需要有一个表面上驾于社会之上的力量。于是,作为国家最高权力机构的政事堂,便从控制矛盾和冲突的需要中产生。太宗朝的贞观之治所以出现,极其重要的一条原因,是唐太宗整顿了国家机构,改革了各项政治制度,建立起"皇权专制——三省分权——政事堂集议"三者结合的中央集权新体制。

——摘自王运生:《唐代政事堂制度研究》,《社会科学辑刊》1999年第4期

○ **导读提示**

上述材料集中谈论了唐初设置政事堂以来,皇帝与丞相之间的矛盾日益公开并激化。针对这一政治痼疾,唐初设置"政事堂"是希望通过这种新的权力机构来调节并缓和君相矛盾,从根本上强化皇权。

阅读材料时,应认识到:唐初政事堂能够在一定程度上缓解君相矛盾,从而维护统治集团的相对稳定和统一。

所以,唐初政事堂的设置具有如下积极作用:缓和君主与宰相间的冲突;强化专制与集权;有利于政治稳定与国家的长治久安。

第3讲 从汉至唐赋税制度的变化

★ 学习精要

赋税制度是中国古代政府的一项基本制度。中国古代社会的赋税制度主要由政权性质、土地所有制以及农业生产方式等综合因素决定其具体形式与内容。进入专制主义中央集权体制之后,赋税制度历经了汉代的初创,魏晋的改革,直到唐代的重大转变。具体梳理如下:

汉代赋税制度:汉代的基本赋税制度沿袭秦制,仍有损益。政府要求农民如实上报田亩面积及人口数量,以此为据向其征收田租(土地税)和口赋(人头税)。借鉴暴秦速亡的历史教训,汉代的田租相对较轻,高祖刘邦时期大约为"十五税一",到了文帝时期更是降至"三十税一"。但田租以外汉代的人头税依然不轻,口赋之外还有算赋(成年人头税)等。汉代的税赋征税原则上是重人头税而轻田租,税收比例在古代社会属于"轻徭薄赋"。

魏晋租调制度:魏晋时期较有代表性的赋税制度是建立在均田制基础上的租调制度。租即地租,按照土地占有面积征收粮食;调是户调,就是依据人口数量征收实物。这一制度基本适应当时政局不稳、货币经济退化的实际情况,更为唐朝租庸调制改革奠定基础。

唐朝租庸调制:隋及唐初,基本沿袭了北魏时期的均田制和租调制度。然而,为了缓解社会矛盾,保证农时,唐朝初期在原有田租户调基础上进行了"庸"制改革。庸,就是"纳绢代役",农民缴纳丝帛即可代替力役,这一制度在客观上促进了商品经济的发展。然而,随着均田制逐渐瓦解以及安史之乱造成的社会动荡,租庸调制逐渐走向崩溃。

唐朝两税法:中唐以来,土地兼并日益严重,这从根本上破坏了均田制度。加上安史之乱带来的破坏,原有的赋税体制亟待改变。780年,宰相杨炎推行新税制度:将征收谷物、布匹等实物为主的租庸调法改为每户按人丁和资产缴纳户税(钱),按田亩缴纳地税(粮),一年两次征收,即"两税法"。其基本原则是"户无主客,以见居为簿;人无丁中,以贫富为差"。从税制发展史来看,两税法更多以土地为征收标准,是为古代税制史的重大转变,也产生了比较深远的影响。

★学术动态

学术观点1:两税法取代租庸调制是历史发展的产物

由于均田制给予王公贵族地主和官员占有土地的特权,而且朝廷所分发的土地也仅限于自身占有的荒地,朝廷所占有的大量屯田、营田等都没有用来重新分配,这使得均田制实施得不够彻底。

同时,唐中期客观上允许土地买卖,土地兼并严重,被集中于王公、贵族、豪强、官僚、地主之手,国家动乱,农民逃亡,成为地主豪强的"私属",政府所控人口迅速减少。以丁身为本的租庸调制是建立在均田制和户籍制度上的人口数量为基础的,唐中期均田制失败,在籍人数减少,租庸调制已经满足不了唐朝的赋税开支了。再按过去以人丁为本的赋役制度征税,国库只能日益空虚。这样把过去租庸调制的重税人税户转变为重税产税地便成为当务之急,两税法此时应运而生。

【根据朱武飞:《两税法对中国古代官僚政治的影响》,《决策与信息》2015年第33期】

学术观点2:两税法改革协调了唐朝中央与地方的权责关系

唐代安史之乱前,中央政府直接掌控国家的财政税收大权,采取的是统收统支管理模式。安史之乱时,地方节度使和部分统军的刺史掌控了征收和支用税赋的权力,财权从中央下移到地方。安史之乱后,人地分离、藩镇坐大成为事实,中央政府税收无法保证,征管也变得越发复杂。

两税法明晰了中央和地方对于税收的权利和义务。

具体包括两层含义:一是中央有税收立法权和监督权,为中央获取定额化的税赋收入提供保障;二是地方负责征收两税,将其一部分上交中央,一部分留下自用,地方政府拥有了一定的财政自主权。

【根据王珏、何富彩:《唐代两税法的经济效果——基于双重差分模型的实证分析》,《中国经济史研究》2017年第6期】

学术观点3:唐朝两税法改革符合历史趋势却阻力巨大

唐德宗朝的财税新举措因为既损害了包括商贾在内的普通城市居民的利益,也损害了权贵、豪族等既得利益集团的利益,受到朝野异口同声地谴责。

就其所推行的四种举措,主要可归纳为财产税和流通税。加大财产税和流通税的比重,不仅是唐代,也是此后历代财税改革和发展的必然趋势。应该看到,唐中后期财税改革已经势在必行,五代和北宋政府都沿袭自玄宗至德宗财税改革的思路,即以两税法为契机,同时在乡村和城市进行改革。

只是城市财税改革的复杂性更甚,很多新辟税种,牵涉到的利益方更多,来自各方的公开阻力更大,因此过程也更长。

【根据宁欣:《唐德宗财税新举措析论》,《历史研究》2016年第4期】

★史学导读

1.两税法相比于租庸调制有何变化及影响?

两税法改变了租庸调固定的收税模式,"凡百役之费,一钱之敛",货币成为税收的主要方式。政府征发徭役也以"和雇"为主,对农民的人身控制松弛。同时,唐后期一些统治者也认识到商业和手工业在经济中的重要地位,甚至将其与农业同等看待。赋税内容不再是原来硬性规定的"租""调"之属,而是货币化了,这在一定程度上减轻了农民对国家的依附。农民为完成国家赋税和养家糊口,扩大了以农业为主体的多种经营,部分失去土地的农民也弃农经商,或靠佣工出卖劳动力维持生计。农民从事多种经营,促进了唐后期商品经济的发展。

——摘自张琦:《浅析"两税法"改革及其影响》,《商业经济》2012年第8期

○ 导读提示

本则材料谈论租庸调制度与两税法的征税方式差异,以及这种差异对商人、农民等带来的影响。

阅读材料时,应认识到:两税法的实施极大地冲击了唐朝经济社会的传统模式,主要涉及税收的方式、具体的纳税物品以及带来的深刻社会变化。

因此,回答此问主要从税收的货币化入手。在税收货币化的转变中,带来了一系列影响:农民人身更自由,商品经济逐渐发展起来,雇佣经济现象更为普遍等。

2.如何从白居易的诗中认识两税法实施后的弊端?

私家无钱炉,平地无铜山。胡为秋夏税,岁岁输铜钱。钱力日已重,农力日已殚。贱粜粟与麦,贱贸丝与绵。岁暮衣食尽,焉得无饥寒。吾闻国之初,有制垂不刊。庸必算丁口,租必计桑田。不求土所无,不强人所难。量入以为出,上足下亦安。兵兴一变法,兵息遂不还。使我农桑人,憔悴畎亩间。谁能革此弊,待君秉利权。复彼租庸法,令如贞观年。

——[唐]白居易:《赠友五首》

○ **导读提示**

此则材料比较特别,是诗人白居易一首脍炙人口的诗歌。全诗以两税法实施后的平民视角解读历史,反映民众的疾苦,以及他们对新税法的不满情绪。

阅读材料时,应认识到:百姓生存负担增加,生存压力加剧,两税法的实施产生了较为严重的负面影响。

因此,立足对材料的解读,可以简要总结两税法的弊端主要有:缴纳货币造成对百姓的二次剥削;新法的实施没有考虑民间疾苦等。

★ 荐读书目

韦庆远:《中国政治制度史》,北京:中国人民大学出版社,2003年版

张鸣:《中国政治制度史导论》,北京:中国人民大学出版社,2004年版

袁刚:《中国古代政府机构设置沿革》,哈尔滨:黑龙江人民出版社,2003年版

吴宗国:《中国古代官僚政治制度研究》,北京:北京大学出版社,2004年版

郑海峰:《中国古代官制研究》,天津:天津人民出版社,2007年版

钱穆:《中国历代政治得失》,北京:生活·读书·新知三联书店,2001年版

第8课　三国至隋唐的文化

第1讲　魏晋南北朝至隋唐时期思想的多元化

★学习精要

　　魏晋南北朝至隋唐时期的中华优秀传统文化在继承中不断得到新发展,呈现出延续性、多元化等特点,在思想、宗教领域表现尤为突出。

　　魏晋南北朝时,佛教与道教在中国迅速传播,儒学的正统地位开始长期受到挑战。从此,儒学、佛教、道教三种类型的思想并存,彼此之间既相互矛盾冲突,也相互妥协交融。以儒学独尊为内核的文化发展的刻板模式走向瓦解,代之以生动活泼的思想文化多元化局面。这为隋唐辉煌文化的展开奠定了开放的、无所羁勒的社会心理基础。

　　隋唐时期,在魏晋南北朝的基础上,思想、宗教的多元化继续发展,统治者推行开放、宽松的政策,"三教鼎立""三教并行"以及"三教合一"趋势更加突出。所谓"三教合一"不是三教合而为一,而是指儒、佛、道三教在立足于本教的基础上去消化、吸收其他两者的某些要素或特征,各自保持着自己的独立性、稳定性和持续发展性,但最终都具有一种在道德标准取向上走向融合的趋势。儒学家提出的"三教合一"主张,即以儒学为主,调和并吸收佛教、道教的理论,由此兴起复兴儒学运动。

　　多元文化在相互影响中有了新发展。儒学吸收佛教、道教精神,更加哲学思辨化,启发了宋明儒学新形态的创立。道教受到儒学的影响,主张"贵儒"和"尊道"。佛教吸收儒学的入世精神和伦理规范,渐趋本土化,逐渐发展而形成不同宗派。

　　综上,魏晋南北朝至隋唐时期,儒、佛、道思想并存又相互吸收融合,约700年间,呈现出鲜明的思想文化多元性、延续性、开放性、包容性特点。三家得到创新发展,共同支撑起多元一体的中华传统文化大厦。

★学术动态

学术观点1:佛教中国化是中华传统文化生命力的表现

东晋中后期佛教广泛传播,引起了中国传统文化与外来印度文化的矛盾和冲突。但是,魏晋南北朝到隋唐,中华民族并没有拒绝外来文化,而是在矛盾冲突中吸收外来文化,从而大大推动了中华民族文化的向前发展。这一时期,我国的文化在文学、艺术、建筑、雕塑、哲学思想等方面都生气勃勃。

隋唐以后,印度佛教被中国思想文化所吸收,出现了中国化佛教宗派,至宋被中华传统文化融化而形成了宋明理学。

总之,自佛教传入中国后,中华民族采取"开放"的态度,敢于迎接外来文化,并善于吸收和融合外来文化,这正是中华民族有自信心的表现,是传统文化的生命力和文化的价值所在。

【根据汤一介:《从印度佛教传入中国看两种文化的冲突和融合》,《深圳大学学报(社会科学版)》1985年第3期】

学术观点2:隋唐时期三教鼎立是帝国强盛的文化表现

第一,与中国思想文化的根本特质有关。中国传统思想文化本质是关于人的学问,重视现实社会和人生。儒、佛、道在各自发展过程中都在不同程度对人及人生问题进行探讨和丰富。

第二,隋唐结束了分裂动荡,实现了统一,相对稳定的政治局面在文化上表现出了一种包容与开放的心态,为各种思想的发展提供了良好环境。

第三,隋唐时期的科技与生产水平在当时世界领先,为思想的繁荣提供了重要的物质基础。

第四,隋唐开始实行科举制,推动了思想文化的发展,从而为三教鼎立奠定重要基础。

第五,广泛的民族融合和中外文化交流,以及由此形成的文化多元及社会对多元文化所具有的开放心态,为三教鼎立提供了适宜的文化氛围。

因此,隋唐三教鼎立思想局面的出现是多种因素共同作用的结果,是隋唐帝国强盛的文化表现。

【根据洪修平:《隋唐儒佛道三教关系及其学术影响》,《南京大学学报》2003年第6期】

学术观点3：魏晋思想的发展成为隋唐思想文化的起点

一是引起文化格局的转换。魏晋时期，儒术独尊的文化格局被打破，代之以儒、释、道三家相互融合、协调发展的新的文化格局，成为隋唐及以后中国传统文化发展演变的基本趋势。

二是引起文化基础的转换。哲学是文化的基础，哲学主题由讨论宇宙万物的起源或生成问题转换为寻求宇宙万物的根据或本原问题，哲学方法变为主要采取以抽象和直觉为特征的思辨方法。

三是引起文化精神的转换。表现为人的价值的自觉，人对天的从属地位变为人以自己的理性思维来了解把握天道自然规律的主体地位；人的才能的自觉，使魏晋时期人才辈出；人的理性的自觉，注重思维的深刻性和思辨性，社会舆论不再完全以儒家传统的德行节操去品评人物，而是以符合理性精神的概念作为评论标准。

文化转换说明中国传统文化的人文精神已升华到一个新的高度和新的起点。因此，魏晋思想的发展，既是两汉思想文化的终结，又是隋唐思想文化的起点。

【根据田文棠：《论魏晋思想的文化意义》，《中国文化研究》1997年第1期】

★ 史学导读

1.如何看待魏晋时期多元化思想产生的原因？

魏晋时代是继东汉之后的曹氏（魏）和司马氏（晋）王朝，在这期间原来胚胎于东汉的门阀士族制度进一步定型了，历史进入门阀士族地主专政的年代。为了维护门阀士族的种种特权和经济利益，巩固封建统治，总结汉代统治思想——儒家礼法"名教"的得失利弊和经验教训，重新寻找和建立新的统治思想，成为统治阶级思想家面临的首要的中心课题。儒家的礼法思想在汉代现实生活中弊端丛生，不仅受到农民起义的武器批判和强烈冲击，而且受到进步思想家的尖锐揭露和猛烈抨击，以致威严扫地。

——摘自石峻、方立天：《论魏晋时代佛学和玄学的异同》，《哲学研究》1980年第10期

○ **导读提示**

根据材料可知，门阀士族制度在魏晋时期进一步固化定型了。为了维护门阀士族特权和利益，巩固封建统治，以及汉代以来儒家思想弊端丛生的现实，社会上需要重新寻找和确立新的统治思想。

阅读材料时,应认识到,魏晋时期多元化思想产生的背景大致如下:政治上,门阀士族地主为了维护政治特权和经济利益的需要。思想上,为了适应高度集权需要而经过改造的汉代儒学,强化礼教,抑制了社会思想的自由、削弱了人的个体意识和创造精神,其弊端日显,因此遭到下层社会反对和进步思想家抨击。社会方面,战争频繁、农民起义不断、社会动荡,提倡"仁""礼"的儒家思想已不合时宜;与此同时,佛教传入中国、道教在本土产生,在动荡年代具有使人们排遣精神苦闷、消弭死亡恐惧的作用,吸引了众多信徒。个人方面,进步思想家的创造。

通过阅读该则材料,可以深刻理解魏晋思想多元化产生的原因,应认识到:中国再次迎来思想活跃局面是时代综合因素推动的结果。同时还要认识到:思想的变迁既有思想本身的原因,也是时代更迭的映射。

2.如何理解佛教传播对中国产生的影响?

佛教在唐朝进入全盛时期,原因就在于它的中国化,与儒家、道家不但不冲突而且融为一体,简而言之,就是儒、道、佛三教合流。禅宗就是一个典型,它在儒学化的同时,强调佛在每个人心中,采用非经院式的口头传教,崇尚自然、简朴,使佛教带上明显的道家色彩。

佛教对唐朝艺术的渗透可以说是无以复加的,敦煌莫高窟、云冈石窟和龙门石窟中的绝大部分,都开凿于唐朝。石窟的彩塑佛像,写实而浪漫,端庄而优美,被后世视为楷模。佛教对经济的介入是令人惊讶的。唐朝的寺院经济十分发达,它们大多拥有庄园。寺院附设有教育儿童的学校,在偏远地区为过往行人提供住宿;在城市中佛寺是文人墨客聚会之所。唐朝佛经的故事流传极广,脍炙人口。

——摘编自樊树志:《国史十六讲》,北京:中华书局,2017年版,第116~119页

○ **导读提示**

佛教在传播过程中具有很强的调适性,不断融合儒、道两家思想,逐渐实现了中国化,使得佛教在中国社会广泛传播并在唐朝达到全盛。佛教的盛行挑战了儒家思想的正统地位,也促使儒家文化吸取佛、道精神进行改造、创新,出现了"三教合归儒"的趋势。同时也促进了社会思想和学术文化的相对自由及多样化,促进了个体价值的执着追求,促进了文学艺术的辉煌发展,对人们的日常生活也产生了一定影响。

阅读材料时,应认识到:佛教传播对佛教自身、对魏晋南北朝隋唐时期的思想、对个体思想、对艺术文化、对人们的日常生活都具有重要影响。

通过阅读该则材料,可以深刻理解中国文化的多元互动,以及对待多样文化的开放包容态度,但也应注意多元文化之间、多元文化与社会发展间的和谐共处。

第2讲　魏晋南北朝至隋唐时期的科技文艺

★学习精要

魏晋南北朝至隋唐时期,在经济发展、民族大融合、思想自由、社会开放、中外交流频繁等多因素的影响下,文学、书法、绘画、石窟雕塑、舞蹈等文艺领域异彩纷呈,具有明显的专业化特点,至唐朝达到高峰。科学技术在雕版印刷、火药、数学、农学、医药学、地理学、天文学、建筑学等诸多领域取得新成果,特别是隋唐时期科技成就走在世界前列,诸多科技传入世界后,对世界历史进程产生深远影响。

魏晋南北朝时期农耕文化与草原游牧文化、中华文化与外来文化等多元文化兼容并蓄,具有承上启下特色,不仅构成了魏晋南北朝文化的多样性、丰富性,使魏晋南北朝文化百花齐放,也为博大精深的隋唐文化提供了源流。在魏晋南北朝基础上,隋唐文化成为中国封建文化的高峰,也是古代世界文化的高峰,而且迄今仍然散发着东方文化迷人的芳香,形成世界公认的环太平洋的"唐文化圈"。

★学术动态

学术观点1:魏晋南北朝时期胡汉文化在冲突中不断整合

胡文化指少数民族游牧文化,汉文化指农耕文化。胡文化与汉文化是性质不同的两种文化。

魏晋南北朝时期,草原游牧民族大规模内迁,由此产生了"社会距离"。进入中原地区的游牧民族体认到汉文化的优越,胡人统治者对汉文化有一种卑怯的心理。而汉人的"社会距离"感颇含优胜意识。胡、汉文化之间的"社会距离"体现了落后与先进文明之间的对立。

胡文化"汉化"表现在政权结构封建化、经济制度农业化、观念意识儒学化,又表现在昔日的胡人转以"汉人"的姿态去对待其他少数民族。

胡文化在进入汉文化轨道进程中,也以其固有特质对汉文化加以冲击、改造。于是,纳入了胡文化后的汉文化具有一股"胡气"。体现为注胡人勇武血液入汉民族素质内,引起民族素质的改造;还体现在文化生活、社会风尚的"胡化"上;又表现在冲击了传统礼教。

总之,魏晋南北朝时期的胡、汉文化便是在彼此对立排斥又彼此吸收融合的冲突与整合的轨道上运行。

【根据周积明:《魏晋南北朝时期的胡汉文化冲突》,《中南民族学院学报(哲学社会科学版)》1991年第3期】

学术观点2:隋唐文化的渊源主要有三个

第一,继承和发展了秦汉魏晋南北朝时期的文化,特别是继承并发展了北朝西魏、北周和南朝梁、陈文化。例如西魏、北周诸帝吸收并弘扬中原的传统文化,主要社会思潮是儒家学说,这是北周统一北齐的思想条件,也是其后隋文帝统一南北的思想前提。

第二,是各民族文化融合的产物,是中原文化吸收周边各族文化的精华并发扬光大的结果。因为隋炀帝和李唐皇帝都带有鲜卑族血统,他们推行民族融合政策,并连续几代实行华夏与各族文化兼容并蓄的文化政策。

第三,吸收了外来文化,使其更加灿烂瑰丽。这主要以西域为桥梁,以丝绸之路为要道的西方和印度等地区的文化不断传入中原。

概括说,隋唐文化的产生,既顺应了时代潮流的发展,又植根于当时特定的历史条件。在隋唐经济发展、疆域辽阔、交通便利、丝路畅通的环境中,在统治者兴办学校、提倡科举的文化氛围中,勤奋的隋唐人,继承和发展了秦汉魏晋南北朝时期的文化,吸收和融合周边各民族文化和外来文化的精华,因而创造出辉煌绚丽的隋唐文化。

【根据赵文润:《略谈隋唐文化的渊源与特点》,《历史教学》1998年第7期】

学术观点3:隋唐五代"三教鼎立"使绘画呈"三教合一"态势

就绘画题材而言,这一时期宫廷绘画主要内容是描绘重大历史事件和历史人物画像,都具有存鉴戒、表功德、记盛典的意义,符合儒学的"治世"目的。

当然这一时期宗教题材的绘画还是占据了主导地位,莫高窟内的隋代佛教石窟多达70个。唐代宗教画更盛,民间画工绘画大量石窟壁画,著名画家所作佛教、道教宗教画也非常可观,盛唐的吴道子堪称代表。

就绘画特点而言,佛教信仰导致诸多壁画以绚烂为主,正是生机勃勃、美丽绚烂的时代面貌写照。后来禅宗潜入画家思想灵魂,禅宗并非向往热烈、华丽生活,而是追求幽深清远的山林生活,影响了以王维为代表的画家,因而山水画登上绘画舞台,标志着印度佛教艺术的彩色晕染向水墨画的平淡方向发展。

综上可知,隋唐五代儒、释、道的"三教鼎立"使绘画呈"三教合一"态势,形成了绘画的全面兴盛局面。

【根据邓乔彬:《论儒释道对隋唐五代绘画的影响》,《宁波大学学报(人文科学版)》2000年第4期】

★ 史学导读

如何从唐诗中理解魏晋至隋唐文化的延续性与时代性?

唐诗,这是隋唐文化中的瑰宝。但它不是凭空产生的,它是继承和发展秦汉、魏晋南北朝各时期、各地区文化的结果,是前代优秀诗篇的发展和升华。雄壮刚劲的建安文学,朴实清新的陶渊明诗,生动奔放的北朝民歌,都给予唐代文学家、诗人以极大的影响。唐代诗歌就是在唐代经济发达的基础上,在疆域辽阔、交通便利、丝路繁盛、统治者(唐太宗、武则天、唐玄宗等人)重视文化的环境中,继承前代优秀诗歌传统而发展起来的。唐代应该出唐诗,应该产生李白、杜甫、白居易这样世界级的大诗人。

——摘自赵文润:《略谈隋唐文化的渊源与特点》,《历史教学》1998年第7期

○ 导读提示

以唐诗为例,隋唐繁盛的多元文化是在魏晋南北朝多元文化的基础上继承发展而来的。魏晋南北朝虽然是分裂动乱时代,隋唐是大一统时代,两者前后时间跨度长达约700年,但在文学、书法、绘画、园林、科技等方面具有鲜明的延续性特点。任何时期的文化成果都是当时社会经济、政治发展的反映。魏晋南北朝隋唐时期,具有如下共同的社会背景:农耕经济发展;三教并行,思想解放,个人自觉意识增强;社会氛围相对自由;民族大融合,民族文化交融;包容开放的态度;吸收外来文化精华等。当然,魏晋南北朝与隋唐时期的文化又具有各自独特的时代特色。魏晋南北朝战乱频仍,使魏晋文学以悲剧为主调。隋唐重新大一统,社会安定,国力强盛,民族融合和对外交流更活跃,社会风气更开放,统治者具有博大胸怀,实行开明的民族、外交、文化政策,交通便利等因素,使得隋唐诗歌带有奋发昂扬的精神和对国家积极有为的使命感,也使得隋唐文化在魏晋南北朝文化基础上有了大发展和大革新。

阅读材料时,应认识到:唐诗在前朝诗歌基础上发展起来,隋唐文化的其他方面也

是如此,既有共同特点,也有自己的特色。不论是共同特点,还是各具特色之处,都是时代特征的反映。

通过阅读该则材料,可以深刻地从"时空观念"和"唯物史观"角度理解魏晋南北朝到隋唐文化的发展脉络,以及这一时期我国文化成就出现的原因。

第3讲 魏晋南北朝至隋唐时期的中外文化交流

★学习精要

魏晋南北朝至隋唐时期,对外文化交流频繁。特别是隋唐时期,国力强盛、交通发达、加上较为开放的对外政策,在商人、高僧、留学生等努力推动下,主要通过陆上、海上丝绸之路,同中亚、西亚、东南亚等地的双向文化交流空前活跃。中外文化交流的内容既包括物质文化的交流,也包括精神文化的互动。尤其是佛教的传播与中外文化交流密不可分。

通过相互交流,中国作为一个积极的文化传播者将自身的先进文化辐射到周边国家,对中亚、西亚、东南亚、欧洲等地的政治、经济、思想文化以及世界文明发展进程都产生了深远影响。相比周边各国,隋唐文化具有独树一帜的先进性,甚至跨越朝鲜、日本和越南诸国,形成了东亚文化圈。同时,中华传统文化兼容并包,注意吸收各族和外来文化的优秀成分,为进入高峰的中华文化注入活力,也为当今中国进行对外交流提供历史借鉴。

★学术动态

学术观点1:隋唐时期是中国对外交流频繁的时期

在南方,越南虽独立,仍作为一个部分加入中国文化区,以中国制度和法律进行统治,深受中国文学熏陶,并使用中国文字。在朝鲜,严格地以唐朝为样板,使用中国文字,模仿中国文体,信仰中国式的佛教和儒家思想,长期处在中国文化圈内。在日本,7世纪开始有意识地按照唐的模式组织他们的国家,全盘采用中国的文字和文学语言、艺术形式、宗教、哲学、法律和制度,并数次派遣唐使全面学习唐朝先进的制度文化。到了唐末,中国的影响已牢固和长期地把日本纳入其文化圈内。隋唐时期,中国占支配地位的东亚文化圈就这样逐渐形成。

通过通往中亚和西方的各条路线,许多中国的思想和技术传向西方,中国也从西方传入思想和技术、宗教、音乐、舞蹈、金属制作、烹饪技艺、数学、语言学等。

总之,隋唐时期,中国与各个邻近民族保持了频繁交往,以建立友好关系。

【根据[英]崔瑞德:《剑桥中国隋唐史》,北京:中国社会科学出版社,1990年版,第32~35】

学术观点2:遣唐使在中日交流史上具有重要作用

首先,增进日唐的友谊。日本派遣唐使的目的,一是发展与唐的友好关系并借以提高自己的地位。二是全面学习唐朝的先进经验。日本在唐的留学生和学问僧,有史籍可考的有150多人,他们为日唐两国的交流做出了突出贡献。

其次,推动了日本社会的发展。深受唐朝影响的遣唐使回国后,在法律、书法、医药、建造、佛教、文字、历法、社会习俗、饮食、服饰等各领域发挥了重要作用。此外,遣唐使还推动了政治上的大化革新,以及将儒家思想注入政治和教育系统中大力推广。

再次,促进了两国的经济和文化交流。遣唐使出使时,日本政府赏赐一定数量的物品,这些东西必然在唐朝市场上出售。唐朝也要对使节赏赐,遣唐成员把这些物品带回日本,丰富了物质和文化生活需要。而且,遣唐使回国时会带回大量的唐朝文物典籍,这便促进了两国文化交流。

综上,日本民族具有善于学习域外先进文明的可贵精神。正是这一精神使遣唐使在中日交流史上做出了突出贡献。

【根据孙宏:《简论日本遣唐使》,《黑龙江社会科学》1996年第2期】

★ 史学导读

1.如何理解魏晋南北朝隋唐时期丝绸之路上中外文化交流的双向性?

中国的织绢技术在魏晋南北朝时传入新疆,然后传到波斯和罗马帝国。我国的切脉术和一些重要医书传到中亚和西亚,影响了阿拉伯医学。唐朝时,陶瓷器成为丝绸之路上重要的输出物产。其后,造纸术、火药、印刷术,也在这一时期通过丝绸之路对外传播。中原各种科学技术、动植物物种以及先进的礼俗文化也传入西域诸地。

南北朝至隋唐,佛教通过丝绸之路传入天山以南及河西走廊一带,传教译经盛极一时,修寺凿窟成风。其后,景教、祆教、摩尼教、伊斯兰教也经过丝绸之路传入中原。进入隋唐时期,中国丝绸在花纹图案方面西域文化的色彩浓厚,花纹结构上显然不是汉族风格,大约是波斯文化影响的产物。西域绘画技法的传入,也促使中国绘画进入一个新时期。唐朝人将康国出产的马引进唐朝,以此作为繁殖唐朝战马的种马,使唐代在与游牧民族战争中获胜。此外,通过丝绸之路,中原大规模引入外来动植物、各种游牧民族的体育活动和节日项目。

——摘自贺茹、朱宏斌、刘英英:《唐代丝绸之路中外文化交流的特点》,《运城学院学报》2015年第1期

○ 导读提示

魏晋南北朝隋唐时期,丝绸之路上的中外文化双向交流达到鼎盛,既有物质文化传播,也有精神文化交流,所产生的影响也是双向多维的。中华文化的输出,丰富了各国思想文化,促进了各国经济、文化、社会生活等各方面发展;科学技术的传播与普及,推动欧洲脱离黑暗的中世纪。外来文化的传入,在生产技术上为中国丝织业等注入新鲜血液,促进了经济的繁荣;在社会生活上丰富了人们的物质需求;随着佛教传入,佛教艺术也在中国开花结果;"三教合一"趋势明显,思想自由开放;使中国文明先后融入印度文化、阿拉伯文化以及欧洲基督教文化,中华文化更加多元和繁荣。对于世界而言,加强了各国之间的友好和平交往,形成了和平合作、开放包容、互学互鉴、互利共赢的丝路精神,在人类文明交流互鉴史上写下了重要篇章。这一时期,虽然中外文化交流是双向的,但以中原的物质精神文化输出为主,特别是盛唐时期全方位影响了丝绸之路沿线地区。

阅读材料时,应认识到:中外文化交流不是单方面中华文化的向外传播,而是相互交流和发展,产生的影响也是多方面的。虽然此时期中国对世界的影响是巨大的,但是也不要忽视外来文明的输入以及对中华文明产生的影响。

通过阅读该则材料,可以深刻理解:中外文化交流的双向性以及丝绸之路的重要作用。

2.谈谈玄奘西行取经的成果及影响?

唐代玄奘大师,途经八百里流沙,历七十余国,经十七年后学成归国,取回佛经数千卷,翻译成中文者有千余卷,他将当时佛教世界的最高水平学说带回中国……玄奘大师还把中国的老子《道德经》译成梵文,对于中印文化的沟通,贡献巨大。尤其玄奘大师曾在戒日王主持下举行弘法大会,五印度十八国的国王、官员、僧众六千余人都拜倒在法座前,这是中国人的脚印在域外留下一次无比光荣的纪录。

玄奘长时间留学印度,在印度广泛游历请教,印度当时不少学说在本土失传了,靠着玄奘的汉语译本方得以保存至今……他把到印度历经各国的所见所闻,口述成《大唐西域记》……成为重建古印度史的"指导手册";丝绸之路沿线很多文化史迹与中世纪时期的风土民情、当时皈化佛教的状况,就是靠着《大唐西域记》的指引而能重现于世。

——摘编自钱文忠:《玄奘西游记》,上海:上海书店出版社,2017年版,第6、10~11页

○ 导读提示

从国内角度看,玄奘西行对佛教的学习和翻译佛经,促进了中国佛教的发展和兴盛,加快了"三教合一"趋势的进程;扩散了辉煌的中国文化;体现了中华民族百折不挠、追求真理的优秀品格以及专精开放的学习态度。从世界角度看,使印度佛学得以保存,并促使佛教传播到周边各国;推动了中国与陆上丝绸之路沿线国家和地区间的文化交流;促进了东西方国家的友好交往,加强了中印思想文化交流;提升了中国和丝绸之路的国际影响力;《大唐西域记》成为研究中亚、南亚地区各国历史地理的珍贵资料。从文明角度看,揭示了跨越民族、宗教、文化等差异的文明交流互鉴的价值,为世界人类文明发展做出了重要贡献。

阅读材料时,应认识到:玄奘不仅在宗教领域有贡献,对中国的其他领域、对国际间文化交流和政治交往、对丝绸之路发展、对历史地理研究、对世界文明进程都有突出作用。

通过阅读该则材料,可以深刻认识到:中外文化交流的成果及影响,文化方面的交流融合也是一座推动世界文明进步、加强国际合作的重要桥梁,对今日和未来国际交往有启示意义。

★ 荐读书目

葛兆光:《古代中国文化讲义》,上海:复旦大学出版社,2006年版

何芳川:《中外文化交流史》,北京:国际文化出版社,2008年版

吴焯:《佛教东传与中国佛教艺术》,杭州:浙江人民出版社,1991年版

樊树志:《国史十六讲》,北京:中华书局,2006年版

阴法鲁、许树安:《中国古代文化史》,北京:北京大学出版社,2008年版

第三单元 辽宋夏金多民族政权的并立与元朝的统一

【单元学习精要】

一是认识两宋政治、经济、文化与社会等方面的新变化。在两宋社会新变化方面：一是理解北宋强化中央集权的举措；二是了解唐宋之际的重要改革和各个方面的变化。还要注意儒学回归，有了新的生命力。另外，社会阶层固化问题有所解决，科举制度继续推行，使宋朝社会阶层有所流动，社会中下层部分有能力的读书人得以进入社会上层。

二是认识辽夏金元诸北方少数民族政权在统一多民族封建国家发展中的重要作用。这段历史特别重要的地方在于，这些政权导致了中国的政治中心确定在北方，政治中心与经济中心的分离改变了统一王朝之下南北关系的格局，由此，也开创了中央王朝与蒙古、中亚、西藏等地区关系的新局面。对于辽、夏、金、元历史的讲述，主要侧重在它们与两宋的和战，对于其自身的发展，包括契丹、党项、女真、蒙古社会在政权建立前后的发展，以及制度建设、对北方地区的开发等。

【根据徐蓝、朱汉国：《普通高中历史课程标准(2017年版)解读》，北京：高等教育出版社，2018年版，第86~87页】

第9课　两宋的政治与军事

第1讲　宋代加强专制主义中央集权的制度

★学习精要

专制主义中央集权制度应当分成专制主义与中央集权两个概念来理解,二者之间既有区别又有联系。专制主义,主要特征是皇帝个人的专断独裁,集国家最高权力于一身,从决策到行使军政财政大权都具有独断性和随意性。中央集权,是相对于地方分权而言的,其特点是地方政府在政治、经济、军事方面没有独立性,一切受制于中央。同时,二者之间又相互联系,中央和地方都必须服从皇帝一人。

宋初统治者为了改变唐后期以来藩镇割据的局面,制定了一套强化专制主义中央集权的制度。概括而论,有三大原则。第一原则:收权,即将地方权力收归中央,加强对地方的控制。第二原则:分权,即分散机构权力,使其相互牵制,避免专权。第三原则:崇文抑武(重文轻武),宋太祖曾留下祖训:"与士大夫共治天下""不杀士大夫及言事者"。科举制的完备使大批读书人进入官僚系统,促使官僚集团的构成结构由贵族士族型向文人学士型转变,造就了文官群体和他们的基本素质。尽管在制度和理论上,皇帝有着最高统治权,但君臣"共商国是"已经成为双方认可的原则。

通过这三个原则,两宋三百多年没有发生地方割据,中央集权得以巩固。若以分割相权而论,各部门都直接对皇帝负责,君主专制必然强化无疑。但是,事实上,在崇文抑武的政策下,文官在某些政治事务中有着决定性作用。文官政治,对君主专制起了一定的制约作用。

★学术动态

学术观点1:宋代中央集权远超于之前任何一朝代

从宋代开始,中央在与地方分权的斗争中已经处于绝对的上风。在地方行政规划的设置和地方官员的管理体系中,可直接窥见其端倪。

从"行政幅度"的角度进行审视,北宋初年开始地方行政组织体制经历了渐进的改革:废节镇而置路,使"节度使虚置"而代之以监司(转运司、提点刑狱司、提举常平司)和帅司(安抚司),而监司和帅司同为地方高层行政长官。这就导致全国各个统县行政组织(府、州、军、监)同时受多个上级机构及多个上级首长指挥、控制和监督。由此中国开始了一个高层政区有多个行政组织、一个组织有多个长官并立且分权的时代。这种制度实际上是宋代中央政府重新分配地方行政权力使权力分配的格局更有利于中央,也成为宋代中央集权程度超越前代的一个直接原因。

【根据余蔚:《完整制与分离制:宋代地方行政权力的转移》,《历史研究》2005年第4期】

学术观点2:宋代出现分权制衡的布局不具近代色彩

御史台和谏院合称"台谏"。宋代出现以台谏、宰相、君主三方构成的分权制衡的初步格局,本身是封建政治制度与统治思想上成熟的表现。

然而,由于封建君主政体的局限,君权在制衡结构中依然未能退出独尊的地位,未能如西方近代意义上的三权分立那样,将自身和其他各方都真正定位在完全对等、独立的制衡基础上。

于是,宋代分权制衡的尝试绕了个怪圈,仍回到了君主专制的起点上。

【根据虞云国:《试论宋代对台谏系统的监控》,《史林》1997年第3期】

学术观点3:北宋是"崇文抑武"传统的开启者

我国历史上的重文轻武,始于北宋。赵匡胤代周自立,创建宋朝后,陆续解除了各节度使的兵权,并将禁军掌握在自己手中。同时,又选用大量文臣,掌握中央和地方的行政机构,并且规定军人不得管理与干涉中央及地方的行政事务。赵匡胤的这种军政分离的做法,得到宋太宗等继任者的改进与完善。其结果,在中央及地方,实行了文官统治,而武将的权限则大大削弱,形成了重文轻武的局面和风气。

【根据顾全芳:《重评北宋重文轻武的历史作用》,《学术月刊》1984年第4期】

★ 史学导读

1.宋代的相权对皇权有制约作用吗?

宋太祖时,遇某官出缺,他叫宰相赵普拟名,赵普拟后交给太祖,恰好这人是太祖平时最讨厌的,他愤然说:"这人怎好用?"就把这张纸撕了,掷在地上。赵普不作声,把地上的废纸捡起来藏了。过一两天,太祖又要赵普拟,赵普早把前日捡起的破纸用糨糊粘贴了携带身边,即又把这纸送上。太祖诧问:"为何还是此人?"赵普答道,据某意见,暂时更无别人合适。太祖也悟了,点头说:"既如此,便照你意见用吧!"

——摘自钱穆:《中国历代政治得失》,北京:生活·读书·新知三联书店,2001年版,第79页

○ 导读提示

自秦朝设置丞相以来,丞相都是皇帝的副手,帮助皇帝处理全国政事,对于军政大事的决策,一般先由丞相和其他官员进行朝议,相权对皇权有一定的制约作用。

阅读材料时,应认识到:宋代虽然通过分化相权强化了皇权,但是随着地方权力集中于中央,皇权与相权之间的矛盾变为了主要矛盾。相权一定程度上可以制约皇权,但是相权依然是为皇权服务的。

通过阅读上述材料,要理解宋代官僚政治的特点是君主独裁体制的形成。宋朝的君主独裁政治,是建立在发达的官僚政治体制之上的,把终极裁决权交给皇帝。相权一定程度上制约皇权又服务于皇权。

2.宋代的科举制在考试和录取资格上有何突破?

975年,宋太祖下诏:"向者登科(科举应考人被录取)名级,多为势家所取,塞(阻隔)孤贫之路。今朕躬亲临试,以可否进退,尽革前弊矣。"此后君王都沿用此制度,选拔有才干的贫寒士子充实官员队伍。……宋太宗时,"国家开贡举之门,广搜罗之路",允许工商业者及"奇才异行、卓然不群者亦许解送",以至于"工商之子亦登仕进之途"。

——摘自唐凯麟:《中华民族道德生活史》,北京:东方出版集团,2015年版,第213~214页

○ 导读提示

同前代相比较,宋代在考试资格方面,进一步放宽限制,传统受歧视的工商业者也可参加。在录取方面,更多地面向社会下层士人。

阅读材料时,应认识到:宋代对科举制进行了大量的变革,重视文官,科举录取人数大大增加,形成了"与士大夫共治天下"的局面。传统的"四民观"之下,商人及其后代是不允许参加科举考试的。宋代经济繁荣,城市发展,市民阶层开始形成。这为科举制的发展和变化提供了人才基础,商人及其后代被纳入科举考试之中。

通过阅读该则材料,可以深刻理解到宋代发生的历史性转变:平民社会的雏形,重农抑商政策的松动,统治基础的扩大和统治力量的加强,宋代官僚政治已发展到相当成熟的阶段。

3.宋代"重文"产生了哪些影响?

在经济发展和政治变化的同时,应科举取士制度而生的士大夫官僚阶层崛起。这一社会统治集团是中国文明独一无二的现象。新兴士大夫官僚阶层的佼佼者往往学富五车。……苏轼的兴趣同样广泛,在艺术领域卓有建树。

——摘自[美]费正清:《中国:传统与变迁》,北京:世界知识出版社,2002年版,第90~91页

德国汉学家库恩指出,中国在11世纪至13世纪发生了根本的社会变化,宋朝在农业文明、城市文明和物质文明(如手工业)方面取得了很大的成就。……在建筑和城市规划上,两宋时期更为开放的城市设计导致了全天候的生活方式的出现。而这相应地促进了本地市场和全国商业的发展。……(宋代)高品质的印刷和出版等方面都走在了中世纪欧洲的前面。……通过中亚一直连接到伊斯兰教世界的贸易路线和传播交流网络(在19世纪时被称为"丝绸之路")使中国的技术传播到了欧洲。

——摘自[加]卜正民:《哈佛中国史》,王兴亮,等译,北京:中信出版社,2016年版,第2~6页

○ **导读提示**

宋代"重文",完善了科举制,促进了士大夫官僚阶层的兴起,有助于文官政治的发展与成熟,更提升了中国的艺术水平,诗、词、散文、书、画等全面发展。同时,农业、城市手工业、商业、科技取得长足发展。

阅读材料时,应具备宏观的历史视野,理解到文化对政治和经济的反作用,中国文化对世界历史的作用。印刷术在北宋通过阿拉伯人传播到欧洲,促进了文艺复兴和宗教改革,促进了思想解放。火药在北宋通过阿拉伯人传播到欧洲,推动欧洲火药武器的发展,导致骑士阶层衰落;指南针通过阿拉伯人传播到欧洲,推动了远洋航行的新航路的开辟,迎来了地理大发现。

通过阅读这两则材料,认识宋朝在中国历史和世界历史上重要地位,宋朝官员的主干力量来自当时发达的文官制度,这在很大程度上亦得益于日趋完善的科举制度。

第2讲 王安石变法

★学习精要

变法,指避免以暴力的极端方式,自上而下地改变不合理的制度,从而建立更好社会政治秩序的改革运动。

王安石所处的年代,正值中国古代北宋王朝统治的中期,面临着民不聊生的艰难困境和国家"三冗"(冗官、冗兵、冗费)导致的积贫积弱局面。为实现"富国强军"的改革目标,王安石变法以"理财""整军"为中心,涉及政治、经济、军事、社会、文化各个方面。

在王安石变法的过程中,侧重点有两个:一是经济方面,实行均输法、青苗法、市易法、免役法、方田均税法、农田水利法等,主要是在均平赋税、发展生产的基础上,增加财政收入,充裕国库,缓解尖锐的社会矛盾。二是军事方面,实行将兵法、保甲法、保马法等,主要是为了提高军队战斗力,彻底改变西北边防长期以来屡战屡败的被动局面。

王安石变法虽然以失败告终,但是他在变法过程中表现出来的敢于担当、勇于探索、忧国忧民、锐意创新的改革精神,是留给我们的宝贵精神财富。其中一些改革举措甚至产生了国际影响,列宁高度评价了王安石的改革举措,称他为"中国11世纪的改革家"。1944年,美国副总统华莱士也曾坦言:美国在20世纪大萧条时代政府实行的农民农业贷款政策,就很像当年王安石推行的青苗法。

★学术动态

学术观点1:王安石变法具有历史的必然性

应将王安石变法置入唐宋变革的历史契机中考察。

唐宋的改革,主要反映在经济领域。北宋处在中古田制瓦解、契约租佃经济确立的社会转型时期,经济制度、政治制度、思想观念和文化理念等都有所改变。

王安石的改革,包含着他对时代的体认,凝聚着他的理想和智慧。

【根据葛金芳、金强:《近二十年来王安石变法研究述评》,《中国史研究动态》2000年第10期】

学术观点2:王安石变法的实践与其经济主张有一定脱节

王安石具有进步倾向的经济见解绝大多数都产生在四十一岁之前,他四十余年生活在基层,历任地方官员廿余载,深知国情,久谙民俗,对官僚主义的恶习和弊端有切肤之痛。他认为积累、消费要建立在发展生产的基础上,"因天下之力,以生天下之财;取天下之财,以供天下之费"。他原先也不太赞赏赈济之类的"救民"措施,说:"某窃谓百姓所以养国家也,未闻以国家养百姓也""百姓不足,君孰与足",民富才能国富,"富民"之道才是根本,他十分强调"理财"。这表明他对经济的客观法则是尊重的,至少主观上不想悖其道而行之,更难能可贵的是,从地方从政实践中,他意识到官僚主义的行政干预有碍国计民生,曾主张改革茶、盐专卖,由商人自由销售,政府收税,主张在流通领域减少或削弱行政干预。他对商品经济的态度,对待人的物质欲望,较同时代人都要开明得多,正因为如此,王安石无愧于改革家的称号,在中国古代史上享有不可抹煞的历史地位。

但是,我们从总体的角度考察新法,就像有些史学家指出的,不是减少封建国家对经济的不必要干预,相反倒是仍在继续强化这种干预。中国历史发展到北宋,城市与农村的私有经济日臻发达,建立在农业发展之上的城乡商品经济前所未有地活跃,用行政的手段,用国家直接控制商品流通的办法,以及近乎搜刮的加税加赋,打击富民,抑制分化,其结果虽暂时地增加了国库的收入,从长远说却摧残了商品经济,抑制了新的社会经济力量的产生,不利于资本主义萌芽的孕育,不利于社会的进步,因此,到了明清之际,进步的思想家如王船山、黄宗羲等,明确提出了反"抑兼并"的主张,这就说明了历史的必然。

【根据王家范:《王安石变法新析》,《历史教学问题》1985年第5期】

学术观点3:王安石变法失败源于地主阶级的利益固化

王安石变法的蜕变与北宋中期地主阶级的固有发展趋势有密切联系。

北宋是地主私有经济确立、官僚政治制度空前发展的朝代,地主阶级内部的竞争趋势和腐化趋势都十分突出。虽然统治危机为变法提供了客观需要,地主阶级的竞争势力也为变法造成了一些条件,但是始终没有产生过一股足以不断推动变法前进的强大力量,变法中各股地主政治势力都是朝后退步。

这就表明北宋地主阶级已丧失自救的能力和资格,王安石变法悲剧的历史根源便在于此。

【根据袁诚玉:《王安石变法失败原因再探》,《历史教学问题》1987年第4期】

★ 史学导读

1. 如何理解王安石变法实施初衷与最终结局间的背离？

盖免役之法……则使之家至户到，均平如一，举天下之役，人人用募，释天下之农，归于畎亩。……得其人缓而谋之，则为大利；非其人急而成之、则为大害。故免役之法成，则农时不夺，而民力均矣。

——摘自[宋]王安石《临川先生文集》

凡当役人户，以等第出钱，名免役钱。其坊郭等第户及未成丁、单丁、女户、寺观、品官之家，旧无色役而出钱者，名助役钱。凡敛钱，先视州若县应用雇直多少，随户等均取。雇直既已用足，又率其数增取二分，以备水旱欠阁，虽增毋得过二分，谓之免役宽剩钱。

——摘自《宋史·食货上五》

○ 导读提示

免役法实施的初衷是减轻农民的差役负担，保证劳动力和保证农民生产时间，增加政府财政收入，缓解北宋积贫积弱的困局。但是在实行过程中，出现了增加百姓负担的现象。例如，户等高低划分的标准不确定造成不法官吏的徇私舞弊，贪污受贿；地方官吏随意加增免役宽剩钱；免役法和保甲法的同时实施；等等。这些弊端都危害了百姓的利益，导致百姓负担更重。

阅读材料时，应认识到：王安石变法的历史背景以及王安石变法的必然性。北宋积贫积弱、百姓逃避现象严重、原有役法给役不均、官僚大地主不服役极容易激化社会矛盾。在这种情况下，王安石实行免役法进行解救，但是在新法实行过程中，户等标准的不确定性使得官吏定等收税中具有较大的随意性。除了征收免役钱、助役钱之外，又多收20%所谓的免役宽剩钱。在实行免役法之后，又实行了保甲法。这些举措导致百姓负担更重，背离了变法的初衷。

通过阅读该则材料，可以深刻理解变法是历史发展的必然；变法过程中会有阻力和困难，不可能一帆风顺；变法更要讲究策略和方式方法，需要依靠群众基础等。王安石变法由于阶级和时代的局限性，出现了初衷和结局的背离，人民负担加重，用人不当以至于出现官吏扰民现象，民间不满情绪严重。

2.如何理解王安石变法的性质？

变法本身具有复杂的性质，既有进步的一面，也确有反动的一面。其反动主要表现在政治方面：行聚敛之术，企图恢复征兵制；行市易法，建立官营垄断体系；以经义取士，禁锢思想自由等等。其进步性主要反映在推动生产力和生产关系发展，如行农田水利法推动农业生产，以雇代役客观上顺应了当时人身依附关系普遍松弛的历史潮流，推动了雇佣关系和商品经济的发展。如果将变法置于历史发展的长河中加以考察，其进步性是主要的。

——摘自吴泰：《熙宁·元丰新法散论》，载《宋辽金史论丛》第一辑，北京：中华书局，1985年版

○ **导读提示**

王安石在变法过程中在政治方面上出现了消极或局限的一面，变法派社会基础不牢，对保守派姑息重用；变法人才严重不足，改革科举制，以经义取士却带来了思想上的禁锢。加上新法推行过于仓促，出现危害百姓现象，招致一片反对。但王安石在因循守旧风气弥漫的北宋王朝，贯彻"富国""强兵""为天下理财"的主张，发展了生产，扭转了"积贫"局势。王安石着眼于"变"的唯物主义思想，显得特别难能可贵。

阅读材料时，应认识到：一是王安石变法有其政治和阶级的局限性。王安石代表了地主阶级的利益，他的变法是为了维护地主阶级统治服务的，富国强兵的目的是更好地巩固地主阶级的统治；二是王安石变法有其历史进步性。宋代，经济重心南移逐渐完成，商品经济繁荣。王安石变法中的农田水利法推动农业生产，以募役差役客观上顺应了当时人身依附关系普遍松弛的历史潮流，推动了雇佣关系和商品经济的发展。

通过阅读该则材料，可以深刻理解对历史事物的评价要坚持唯物史观，将具体的事件放于当时的历史长河中，看其是不是有利于生产力的发展和生产关系的变革，要用宏观视角理解微观的事物，更全面地理解历史的发展脉络。

第3讲 宋代的民族关系

★学习精要

两宋时期,出现了汉族政权同少数民族政权并立的情况。北宋与辽、西夏并立,南宋与金、蒙古并立。与汉族相比,少数民族在意识形态和社会制度等方面相对落后,但辽、西夏、金这几个政权的经济、军事等综合国力并不弱,并且自己完成了政治统一。少数民族政权与汉族政权逐渐形成均势,两宋政府始终未能完成全国的大一统。

两宋时期的民族政权之间有战有和,但和是主流。频繁的民族战争给各族人民带来深重灾难,但也使各族之间有了更多的接触与交流,形成了民族交融的高潮。民族交融有利于提高民族素质,增强民族凝聚力,促进统一多民族国家的发展。很多少数民族以"中国之民"自居,"中国"成为统一多民族国家的代名词。

★学术动态

学术观点1：辽宋夏金的对峙一定程度上有利于中华民族一体化进程的发展

五代十国之后,中国历史进入辽、宋、夏、金等民族政权政治上的分裂和军事上的对峙时期,但中国民族的一体化进程并未因此而中断。这一时期,北方游牧文化区的各民族不断南下进入中原汉族农耕文化区,促进了各游牧民族经济发展和社会文化转型,并通过与汉族在分布上的交错杂居、经济上的互通有无、政治上的相互借鉴、文化上的相互融合,推进了中国各民族经济、政治和文化的一体化进程,对元明清时期统一多民族国家的形成和发展产生了积极的影响。

【根据段云红：《略论辽宋夏金对峙时期中国民族的一体化进程》,《广西民族大学学报(哲学社会科学版)》2012年第4期】

学术观点2：中华民族内部的战争只有正义和非正义之分

中华民族内部的战争不存在"侵略""反侵略"的问题,只有正义、非正义之分。以民族征服、掠夺为目的的战争是非正义的;反之,抵御侵掠、反抗压迫、平定叛乱、顺应统一趋势的民族战争具有正义性。

女真领袖阿骨打为解除民族压迫而进行抗辽战争,符合全体女真人的愿望,是反对辽朝贵族压榨和凌辱的正义战争。阿骨打屡次兴兵攻辽,大大削弱了辽的力量,辽文化,推动了本民族的政治和经济的发展。

通过阅读该则材料,可以深刻理解民族关系中反映出来的政治、经济、文化之间的相互关系。一定时期的文化是一定时期政治、经济的反映。同时,文化对政治和经济又有反作用。

★ 荐读书目

吴宗国:《中国古代官僚政治制度研究》,北京:北京大学出版社,2004年版

袁行霈:《中华文明史》,北京:北京大学出版社,2006年版

张荫麟:《中国史纲》,上海:上海古籍出版社,1999年版

张帆:《中国古代简史》,北京:北京大学出版社,2007年版

第10课　辽夏金元的统治

第1讲　辽宋夏金元时期的民族交融

★学习精要

辽宋夏金元时期是我国历史上一个非常重要的民族交融时期,各民族在政治、经济、文化的交往过程中相互促进,逐渐形成了"中国"观念,为后世的统一多民族国家发展做出了重要贡献。

辽宋夏金元时期可以分为三个阶段:北宋与辽、西夏的对峙;南宋与金、西夏的并立;元朝的统一。宋朝结束了五代十国的分裂局面,内部统治比较稳定,但与北方少数民族交战中常处于劣势。与这一时期的战争相比,各民族之间的经济和文化联系更为持久和稳定,呈现出相互交融的趋势。元朝结束了多民族政权并立的局面,疆域空前辽阔,各民族间交融得到进一步发展。

辽宋夏金元时期形成了各民族插花居住的格局,创造了各民族相互学习、相互了解的机会。辽、夏、金、元政权的存在,开发了北部边疆地区,增加了新鲜的活力,为中华民族的最终形成注入了新血液。汉族先进的生产技术、思想文化的广泛传播,对辽、夏、金、元的政治统治产生了积极的影响,在客观上也起到了改善民族关系、促进民族交融的作用。

★学术动态

学术观点1:猛安谋克制的衰落加速了金朝的衰落

金朝中后期,随着猛安谋克组织内部的腐化变质,作为军事组织的猛安谋克日益瓦解。特别是遭到蒙古进攻后,猛安谋克每况愈下。

金朝前期,将大批原住东北的猛安谋克户迁入中原,屯居于汉族社会的村落之间。他们入居中原日久,受到汉族文明的影响,多习汉语、穿汉服,仿效汉族生活和享乐习惯,本民族原有的尚武精神逐渐沦丧。又因不善耕作,好逸恶劳导致贫困化,金廷为其括地重授,反而激化了民族矛盾。

猛安谋克制的盛衰是有金一代兴衰的缩影。随着猛安谋克制的崩溃,金朝也走向了灭亡。

【根据[日]三上次男:《金史研究》,东京:中央公论美术出版社,1970—1972年版】

学术观点2:辽、金、元王朝都具有很强的"中国意识"

辽、金、元三朝在入主汉地以后培育出了很强的"中国意识"。女真文中"伟大的中央金国"与汉文中的"大金"是彼此对应的,"中央"一词在此的出现,反映了"中国意识"在北族王朝政权的国家观念中的传播。

辽朝的契丹大小字墓志资料中保留的以"中央"一词嵌入国名的情况就更加常见,从兴宗、道宗之际开始逐渐接受"中国意识",并体现在相应的契丹语国号名称上。

元朝建立以后,则出现了"中央蒙古国"的蒙古语国名,并被其西北宗藩察合台汗国所采用,并进而巨大地推动了"中国"一名在西方的传播。

总之,辽、金、元王朝将"中国"所具有的"地理上的中央位置"一义与其建立的国名相结合反映了北族王朝的"中国意识"。

【根据钟焓:《北族王朝没有中国意识吗——以非汉文史料为中心的考察》,《中国社会科学评价》2018年第2期】

学术观点3:辽金时代的"汉人"具有胡化倾向

所谓"汉人"是指辽朝统治区域内的百姓。辽金时代的"汉人",其最为明显的文化特征就是它的胡化倾向,这也是它被视为一个独特的社会群体的主要原因。

汉人的胡化倾向表现在文化风尚上,就是强烈的尚武精神。燕云汉人的胡化倾向还表现在他们的生活习俗上,一些汉人渐渐习惯于左衽胡服。检点辽代的文献、考古资料,从某些汉人的姓名中也可以看出契丹化的痕迹。

经过辽朝两百年的胡风濡染,"汉人"逐渐形成了自己独特的文化特征和文化风貌,因此很容易把他们和中原汉人区别开来。

【根据刘浦江:《辽金史论》,北京:中华书局,2017年版,第100~101页】

★史学导读

1.怎样理解辽金时期政治中心北移的影响？

从辽、金朝起，政治上的统治重心北移，燕京（今北京）成为此后历朝统治的政治中心，使得长城南北在政治、经济、社会、文化上完全成为统一和不可分割的整体。中原先进的生产技术和文化以空前的规模向北方传入，汉族向北方迁徙也空前增加，极大地改变了草原树海的面貌，对我国统一多民族国家的发展，起到了积极的促进作用，奠定了祖国统一的牢固基础。由于此期民族得到南北大调动、大迁徙、大融合，改变了民族人口分布的格局，民族意识、中国观念也发生了重大变化，契丹人、汉人、党项人、女真人，同是国人，今皆一家，这是形成中华民族多元一体、统一多民族国家的思想基础。

——摘自曹大为等：《中国大通史·金》，北京：学苑出版社，2017年版

○ 导读提示

辽金时期政治中心的北移使长城南北成为一个统一的整体，促进了南北政治、经济、文化和民族的交融，奠定了祖国统一的牢固基础。

阅读材料时，应认识到：北方少数民族政权的建立使得中国的政治中心定位于北方，导致了此后中国政治中心和经济中心的分离，也使得中国的民族意识和中国观念发生了重大变化。

通过阅读该则材料，可以深刻理解辽金时期政治中心北移的影响。政治中心的北移对我国统一多民族国家的发展起到了积极的促进作用。

2.如何认识北方少数民族政权的特点？

建立了辽、西夏、金、元这些国家的民族，从任何意义上讲，也不是完全的游牧民族。契丹人最初的经济是以畜牧为基础，进入中原以前，契丹人就从事一定的农业活动并已长期定居。女真人也完全不是游牧民族，"生女真"也是定居一处的，依靠渔猎和某种农业为生。当我们使用契丹、女真、党项或蒙古这些术语时，应该记住每一个术语所指的不是一个纯粹同种的民族，而是一个综合的实体。契丹、女真或党项这些称呼，实际上是指契丹、女真人或党项人领导下的那些联盟。因此，我们若把宋对抗其敌人的战争视为纯粹的抵抗外族人的民族战争是颇有疑问的。

——摘自[美]费正清：《剑桥中国辽西夏金元史》，北京：中国社会科学出版社，1998年版，第13~15页

○ 导读提示

北方少数民族政权并不完全是游牧民族,也不是一个纯粹同种的民族。它们与宋朝的对抗不能以传统的中国方式构想为发达文明和野蛮之间的对抗,可以看成是中国内部纷争的一种特殊形式。

阅读材料时,应认识到:北方少数民族既是一个兼有农耕与游牧经济的政权,也是一个包含众多汉人在内的多民族政治联盟。

通过阅读该则材料,可以深刻理解北方少数民族政权的特点。在对少数民族政权的特点认识时,我们要避免简单化的倾向。

3.如何理解辽朝"因俗而治"的制度?

辽朝"因俗而治"制度是适应当时辽朝统治下中国北方疆域辽阔、民族众多、社会发展不平衡的复杂情况。从辽朝的历史发展来看,"因俗而治"制度无疑是成功的,既可以使处在不同发展阶段的各民族在原有的基础上继续前进,又避免了划一制度可能带来的碰撞和矛盾,有利于社会的稳定,有利于民族之间的交往融合。依据不同民族的情况实行不同的统治政策,在辽朝以前的汉族政权或少数民族政权都曾经实行过,但是,就其规模和所发挥的作用而言,辽朝的"因俗而治"制度都达到了相当完善的程度,这不失为辽朝统治者的卓越创造,为后来历代王朝统治者提供了经验和借鉴。

——摘自王德忠:《论辽朝"因俗而治"统治政策形成的历史条件》,《求是学刊》1999年第5期

○ 导读提示

辽朝"因俗而治"的制度是适合当时我国北方社会发展情况的,较好地处理了境内的民族关系,对统一多民族国家的巩固和发展做出了巨大贡献,为后来历代王朝统治者提供了经验和借鉴。

阅读材料时,应认识到:辽朝"因俗而治"的制度,是中国古代政治智慧的体现,对当时和后世都产生了积极影响。

通过阅读该则材料,可以深刻理解辽朝"因俗而治"制度的积极意义。辽朝"因俗而治"的制度值得我们在处理民族关系时加以借鉴。

第2讲　元朝的行省制度

★学习精要

元统治者为了有效控制地方，除河北、山西、山东由中书省直接管理外，在地方设置行中书省，简称行省或省。行省原为中书省的临时派出机构，后来逐渐演变为常设的地方最高行政机构。行省的长官为丞相或平章政事，由其统领属下的路、府、州、县，掌管辖区内的钱粮、兵甲、屯种及其他军政要务。

元代行省制度具有三个特点：一是行省具有朝廷派出机构和地方行政机构的两重性质，同时又长期代表中央分驭各地；二是主要为中央收权兼替地方分留部分权力；三是所掌权力大而不专。

行省制度的确立加强了中央对边疆地区的管辖，巩固了国家的统一，是中国古代地方行政制度的一大变革。"省"作为地方一级行政区的名称为后世沿用，直到今日。

★学术动态

学术观点1：行省制沿袭了金朝旧制

1137年，金朝为了控制以汉人为主体的新征服地区创建了一个新的行政官署，称为"行台尚书省"（行尚书省）。"行"一词表明了它最初的可变动性质。

蒙古灭金后沿袭了金朝的这个机构，并将其演化为一套健全的行省制度。元朝将全国各地分设行省，派中书省官员到地方掌管政务，以加强军事控制。

由此可见，"省"这个中华人民共和国地方行政制度的基本单位，可以往前追溯到金朝。

【根据[美]费正清：《剑桥中国辽西夏金元史》，北京：中国社会科学出版社，1998年】

学术观点2：行省的本质是中央派出机构

行中书省的组织仿照中央政府，俨如一个小规模的中书省。行省是中央派驻地方的分署，其长官犹如中央派中书省官员到地方掌管政务，俨如一个流动的中央政府，以收集权之效。

作为国家最高行政机构的中书省，将全国路府州县的大部分交给自己的分支机构（行省）统领。在管理层次上，中书省与行省共统路府州县的两级关系。

因此,行省始终具有中央派出机构的性质。

【根据吴宗国:《中国古代官僚政治制度研究》,北京:北京大学出版社,2004年版,第370~377页】

学术观点3:元代行省划分是犬牙相入原则的极端化

元代是犬牙相入原则发生转折性的时期,无论是作为高层政区的行省,还是降为统县政区的路,犬牙相入的原则都走向了极端。

最能体现犬牙相入原则极端化的实例是行省的划界。元代的行省完全一反过去汉州、唐道、宋路的划分方法,无视历来与划界密切相关的几条最重要的山川边界——秦岭、淮河、南岭、太行山——的存在,使得任何一省都不能成为完整的形胜之区。

这样划分行省就使所有山川之险完全消解,形成了犬牙交错的极端化原则。

【根据周振鹤:《中国地方行政制度史》,上海:上海人民出版社,2014年版,第241页】

★ 史学导读

1.怎么理解行省权力"大而不专"的特点?

行省的职掌在忽必烈时期主要是钱粮、户口、屯种、刑狱等民政事务。成宗即位后,行省还具有了领本省军队的权力。行省在权力行使上要受到中书省乃至枢密院的节制。没有中书省和枢密院转发的诏纸,行省官员既不能更改赋税,也不得调动军队。行省官员一定时期内还有去觐见皇帝、尽述职之责。为保证行省官尽职,除由监察机构监督外,元廷还采取了省官互迁和奉旨宣抚的方法。元代行省没有重蹈两汉刺史、魏晋都督、唐节度使的覆辙。这无疑应主要归功于行省本身权大而不专的机制。

——摘自白钢:《中国政治制度史》,天津:天津人民出版社,2002年版,第579~581页

○ **导读提示**

元代行省职掌钱粮、户口、屯种、刑狱等民政事务,权力很大,到了成宗时期,还握有兵权。行省权力虽大,但要受到中书省和枢密院的约束。此外,元廷还采取了其他多种措施来限制行省的权力。这就使元朝避免了地方权力过大威胁中央的覆辙。

阅读材料时,应认识到:元朝是少数民族建立的大一统政权,为了控制人数众多的汉人和幅员辽阔的国土,需要赋予行省较大的权力。但为了加强中央集权,防止行省

的叛乱割据,又必须对行省的权力加以种种限制。

通过阅读该则材料,可以深刻理解行省权力具有大而不专的特点。元廷实现了对行省的严格控驭和有效监督,朝廷对行省能始终处于居重驭轻、以内驭外的有利地位。

2.如何看待元朝行省制的历史作用?

毋庸讳言,元朝统治者设置行省的初衷和直接目的,确实是"以武力维持专制统治与剥削",确实是"为了军事控制"。但是谁曾料到,元统治者出于军事控制目的而创设的行省,却引出绵延至明清及近代的中央集权新模式。

我们认为,评价元行省制的历史作用,必须着眼于古代中央与地方权力结构的螺旋式发展过程。从形式上看,行省制及其带来的中央集权模式来自蒙元统治者对帝国疆域军事控制的偶然行为,实际上其背后又隐藏着古代中央与地方权力结构发展历程的必然抉择。两宋式极端中央集权的弊病已相当突出,亟待改进和变通,创立中央集权与地方分权主辅结合的新模式。元行省制就在相当程度上体现了这类新模式。元行省制所体现的中央集权与地方分权的主辅结合,明显优于单纯的中央集权或单纯的地方分权。元行省制中央集权是秦汉以来郡县制中央集权模式的较高级演化形态,也是两宋否定唐后期藩镇分权的继续,相当于自隋朝始第三个"正—反—合"阶段的"合"。

——摘自李治安:《元代行省制的特点与历史作用》,《历史研究》1997年第5期

○ 导读提示

元代行省制度的实施对当时及后世的发展都具有深远的影响。行省制加强了中央集元代行省起初是大军区,主要服务于军事控制与镇压,后来逐渐固定化为地方常设机构。元统治者出于军事控制目的而创设的行省,却引出绵延至明清及近代的中央集权新模式。行省制的建立调整了中央和地方的关系,创立了中央集权与地方分权主辅结合的新模式。

阅读材料时,应认识到:我们对元代行省制历史作用的评价,不应局限于"军事控制""军事镇压"的初衷,而应从更大的时空范围去探索分析其历史根源和复杂背景。

通过阅读该则材料,可以深刻理解元代行省制的历史作用。行省制有利于加强中央对地方的控制,适应了元朝统治的特殊需要。同时,行省制创立了13、14世纪中央和地方权力结构的新模式,对明清及近代影响深远。

第3讲 元朝的特点和历史贡献

★学习精要

元朝是中国历史上第一个由北方草原游牧民族建立的大统一王朝,它具有明显的不同于以往朝代的特色。第一,元朝的政治体制呈现出鲜明的二元色彩,即所谓"既行汉法,又存国俗"。在用人政策上,元朝统治者心目中的民族偏见根深蒂固。第二,元朝创立了行省制度,设立了宣政院,加强了监察系统的作用,实现了对边疆地区的直接管辖。第三,为加强大一统国家的内部联系,保证中央对地方的有效控制,元朝修建了四通八达的驿道,设立了驿站。

元朝结束了中国历史上较长时期的分裂割据局面,奠定了元明清七百多年统一局面的基础。元朝的疆域空前辽阔,今天的新疆、西藏、云南、东北广大地区、台湾及南海诸岛,都在元朝的统治范围之内。元朝大一统的出现,促进了我国统一多民族国家的发展,主要表现在:(1)汉族人民大量迁居到边疆地区,带去了先进的生产技术,开发了边疆地区的经济。边疆各族大量迁入中原和江南,同汉族杂居,有利于民族的交融。(2)辽金时期入居黄河流域的契丹人和女真人在元朝已被视为"汉人"。(3)唐朝以来大量波斯人和阿拉伯人迁入中国。他们和汉、蒙古、畏兀儿等民族长期杂居、通婚,开始形成了一个新的民族——回族。(4)元朝时,西藏正式成为元朝的行政区。元朝在澎湖设巡检司,加强了对琉球的管辖。

★学术动态

学术观点1:元朝开启了"大中国"时代

"大中国"时代由元朝开启,这是它对中国历史的第一大影响。作为纯粹客观的事实,中华的范围自蒙古时代以后大大地扩张了。

汉、唐的大帝国是转瞬即逝的,元朝以前的中国历史,包括汉、唐在内,本质上属于"小中国"。到了元朝,加上此前辽、金等北方民族政权的影响,中国才变成了"大中国"。就是说,在元朝以前"小中国"是常态,元朝之后"大中国"变成了常态。

从"小中国"到"大中国"不能不说是一次漂亮的转身,中国走上了通往"多民族之巨大中国"的道路。

【根据[日]杉山正明:《疾驰的草原征服者:辽西夏金元》,乌兰、乌日娜,译,桂林:广西师范大学出版社,2014年版,第8~11页】

学术观点2:元朝汉化的迟滞

元朝的汉化道路与北魏、金、清等进入内地的北族王朝相比,显得尤为艰难、尤为迂回曲折,可用"迟滞"二字概括。所谓"迟滞",不是指停止不动,而是指进展迟缓(相对于其他北族王朝)。

大蒙古国的草原本位政策,决定了蒙古大汗对汉地只采取间接统治,重搜刮而轻治理,造成"汉地不治"的局面。忽必烈即位后,改弦更张,推行汉法,将统治重心由漠北移到汉地,从而在汉化道路上迈出了关键的一步。然而忽必烈推行汉法的方针,从一开始就是不彻底的,后来且趋于停滞。

终元一代的汉化进程,虽在个别问题上还有发展,但总体来看并未越出忽必烈所画的圈子。

【根据张帆:《元朝的特性——蒙元史若干问题的思考》,载《学术思想评论》(第一辑),沈阳:辽宁大学出版社,1997年版】

★ 史学导读

1.如何认识元朝对边疆地区的统治?

不少边疆地区,在历史上首次处于中央政权的直接管辖之下。元朝分别在这些地区设置了各种名称的行政机构,如宣慰司、安抚司、招讨司等。这些机构的官员中,有的是元朝政府派遣、定期迁转的官员,更多则是当地民族的首领,由元朝政府加以任命。边疆地区普遍设立行政管理机构,以及土官的任命,加强了这些地区对中央的向心力,以及它们与中原地区的政治、经济、文化的联系。

——摘自曹大为等:《中国大通史·元》,北京:学苑出版社,2017年版

○ **导读提示**

汉唐王朝对内陆边疆地区往往是通过册封和朝贡加以控制,但统治很不稳定。元朝中央政府实现了对边疆地区的直接管辖,加强了这些地区对中央的向心力,有利于边疆与中原地区的政治、经济、文化的联系。

阅读材料时,应认识到:元朝实现了对边疆地区长时间和比较稳定的统治,这是前代大一统王朝没有做到的,也是元朝对边疆地区成功统治的表现。

通过阅读该则材料,可以深刻理解元朝对边疆地区的成功统治。元朝辽阔的疆域

与王朝统治相始终,边疆管理也更多地呈现出与内地一体化的趋向。

2. 如何理解中国历史上民族交融的基本历程?

　　回溯五千年来多民族统一国家的成长发展,"历时性"地呈现先秦、魏晋南北朝、晚唐宋辽金元和明中叶到近代四次民族大融汇,以及在此基础上实现的大一统进程。夏商周以黄河中下游为重心,实现首次的夷夏蛮狄的民族融汇,其后迎来了秦汉大一统。东汉末到南陈是长达四百余年的割据分裂和"五胡乱华",以及汉族、匈奴、鲜卑、柔然、突厥等民族融汇,其后来临的是隋唐大一统。晚唐五代宋辽夏金又为四百多年的政权分裂对峙和汉族、回鹘、契丹、党项、女真、蒙古等第三次民族大融汇,其后就是元朝大一统及朱元璋建立明王朝。明清鼎革和满族入主造成了汉、满、蒙、回、藏等第四次民族融汇,之后就是西方列强入侵,各兄弟民族携手抵御反抗,以及抗日战争前后现代中华民族的最终确立。

　　——摘自李治安:《民族融汇与中国历史发展第二条基本线索论纲》,《史学集刊》2019年第1期

○ **导读提示**

　　四次民族大融汇内几乎都曾有一段政权割据、族群纷争和族群交融的历程,紧随融汇之后又多是政治大一统。前者凸显经济、文化和民族的多元或不平衡,后者又显示中华民族多元融汇的政治总体走向。

　　阅读材料时,应认识到:五千年来,无论是民族范畴的中华民族,还是文化综合体的中华文明,都呈现出"多元一体格局"。政权分裂和民族交融是我们统一多民族国家成长中难以避免的过渡路径,大一统则是它的升华趋势和发展成果。

　　通过阅读该则材料,可以深刻理解中华民族的多元一体格局的内涵。中华文明多元融汇与大一统,应该是我们统一多民族国家成长发展的显著特征之一。

3. 如何理解元朝对明代政治制度的影响?

　　在我们看来,更主要的问题还在于在政治社会领域中由蒙古统治者所带来的某些落后的影响,它们对宋代而言,实质上是一种逆转。这种逆转不单在元朝一代起作用,并且还作为一种历史的因袭,为后来的明朝所继承。它们对于中国封建社会后期的发展进程,影响更为持久和巨大。譬如说,世袭的军户和匠户制度、驱奴制度、诸王分封制度、以军户为基础的军事制度等。……明代的政治制度,基本上承袭元朝,而元朝的

这一套制度则是蒙古与金制的拼凑。从严格的角度讲,以北宋为代表的中原汉族王朝的政治制度,到南宋灭亡,即陷于中断。

——摘自周良霄:《元史》,上海:上海人民出版社,2019年版,第5页

○ 导读提示

元朝的一些政治制度为明朝所沿袭并产生了重要影响。同样作为专制官僚制王朝,宋、明两代的政治气氛有很大区别,宋代主宽而明代尚严。宋代是士大夫政治的黄金时期,颇有"开明专制"色彩。

阅读材料时,应认识到:要想对元朝历史做出比较实际和准确的评价,就应当将它放在更广泛的历史阶段中,特别是宋、明之间进行考察。

通过阅读该则材料,可以深刻理解元朝对明代政治制度的影响。元朝对明朝的很多影响,也可以说对中国历史发展走向的影响是广泛存在的。

★ **荐读书目**

姚大力:《追寻"我们"的根源》,北京:生活·读书·新知三联书店,2018年版

白钢:《中国政治制度史》,天津:天津人民出版社,1991年版

张帆:《中国古代简史》,北京:北京大学出版社,2007年版

吴宗国:《中国古代官僚政治制度研究》,北京:北京大学出版社,2004年版

[日]杉山正明:《疾驰的草原征服者:辽西夏金元》,乌兰、乌日娜,译,桂林:广西师范大学出版社,2014年版

李治安:《元史十八讲》,北京:中华书局,2014年版

周良霄:《元史》,上海:上海人民出版社,2003年版

第11课　辽宋夏金元的经济与社会

第1讲　宋元时期经济的发展

★学习精要

辽宋夏金元时期,中国封建社会经济快速发展。农业、手工业和商业较之前代有明显发展。具体而言:

宋代农业进一步发展,精耕细作水平达到一个新的高度。北宋末年人口大幅增长,为农业提供了大量劳动力;稻麦复种制等生产技术的进步提高了土地单位面积产量和土地利用率;农业发展后,部分农业劳动力分离出来专门从事经济作物的种植,形成某些"农村专业户",对传统自然经济结构形成了一定的突破。棉花种植由宋代的局部到元朝时遍及全国,日后成为社会上的首要衣料来源。

宋代是我国制瓷业发展历史上的高峰期。宋元制瓷业形成多种极富特色和风格的瓷器品类。"五大名窑"不仅重视釉色之美,更追求釉的质地之美。景德镇窑缘起宋代、成名于元代,青花瓷和釉里红均为釉下彩绘,制造难度大,制瓷技术比宋代更为进步。宋元时期瓷器成为海外贸易的重要出口商品,成为联系中外经济、文化交流的新纽带,瓷器也就成为"继丝绸之后中华文明新的物质象征"。

宋代矿冶业发达,特别是石炭(煤)的大量开采,不仅用于冶炼业提高冶炼质量和产量,在许多地方也大量用于居民生活。宋元时期的雕版印刷业发达,并出现了活字印刷术和主要用于纸币印制的彩色套印技术,出现杭州、汴梁、成都等印书中心,极大地推动了文化的普及和造纸业的发展。

宋元时期商业发展迅速。"镇市"和草市更加普遍。辽宋夏金时期各政权在彼此边境地带设置了互市市场——榷场,定期开设。榷场贸易受官方严格控制,成为各政权之间经济、文化交流的重要途径。元朝商业因为大一统的重建、大运河和海运航线使南北经济联系加强、西北陆上和海上交通系统的完善而继续发展。商业的繁荣促进了货币制度的发展。为解决金属货币不足和流通不便,四川民间出现中国古代最早的纸币,称为交子,后其发行权为政府掌握,纸币使用在南宋和元朝更加普遍,有力地推动了商业发展。宋元时期实行对外开放政策,海外贸易发达,与海外地区联系之广、进出口货物品种和数量都远超前代。海外贸易税收成为宋元国库的重要财源。

宋元时期城市繁华,城市的经济职能增强,坊市之分完全打破,夜市增多,国都、府州、县城、市镇四级城镇等级规模基本形成,大城市数量激增。汴京和临安盛时人口均超出百万,大城市中消费水平的涨高,文化娱乐活动丰富,瓦肆、勾栏、酒肆等分布城中。元朝首都大都既是全国政治中心,也是北方最大的经济中心和商品集散地,同时又直通中亚、西亚、欧洲,成为一个国际性的大都市。南方海上丝绸之路的不断繁荣,沿海港口城市不断发展。南宋时泉州取代广州成为外商"番客"的集中居住地,元朝时更被誉为当时世界第一大港。

★学术动态

学术观点1:瓷器成为继丝绸之后中华文明新的物质象征

首先,宋元时期制瓷业由于技术的进步使得瓷器开始在社会上普及,并形成多种极富特色和风格的瓷器品类,不仅重釉色之美,更追求釉的质地之美;景德镇的青花瓷白地蓝花具有中国山水画的效果,承载中国传统文化和绘画艺术,极富民族特色。

其次,宋元时期政府鼓励海外贸易的,造船技术、航海技术进一步发展,瓷器远销到东亚、东南亚、西亚、非洲等地区,成为海外贸易商品中的大宗。宋元时期已经根据国外市场要求和国外客户要求开始订单式生产。明代烧制带有阿拉伯文和梵文图案的瓷器,清代根据欧洲商人的订单专门烧制西餐用具等。中国被称为"瓷器大国"。

最后,瓷器成为中外文化交流的新象征。日本、朝鲜、埃及、伊拉克等国家的制瓷风格受到中国瓷器的影响;引发了欧洲17—18世纪的室内、家具等设计领域融入中国艺术和文化因子的"中国风"风格。

宋元时期瓷器成为海外贸易的重要出口商品,成为继丝绸之后联系中外经济、文化交流的新纽带,瓷器也就成为"继丝绸之后中华文明新的物质象征"。

【根据中国硅酸盐学会:《中国陶瓷史》,北京:文物出版社,1982年版,第227、306、352~355页;苏文菁:《海上看中国》,北京:社会科学文献出版社,2016年版,第244~256页】

学术观点2：唐宋时期的城市变化深刻而全面

第一，城市类型和职能：以政治、军事为主的传统中心城市进一步向复合性城市转变，城市商业、经济职能逐渐加强，有的已转变为以经济、商业职能为主。

第二，城市空间分布：城市分布重心已由北方向南方转移，城市内部空间结构已经打破坊市界限，外部空间结构则突破城墙界限向城周地区扩延。

第三，城市人口结构和数量：大都市政治军事性人口比重减少，经济商业服务性人口比重明显加大；城市人口数量大幅度增长，在整个社会中的人口比重也明显增加；城市人口结构变化中市民阶层初步形成。

第四，城市人口文化结构：商品经济的活跃，营造出开放的社会文化氛围，酝酿出全新的市民文化。

总之，城市变革是唐宋社会变化的重要组成部分。在以城市为中心、以城市发展为中心的中国传统社会，唐宋时期城市的变化是深刻而全面多样的。

【根据宁欣：《唐宋城市经济社会变迁的思考》，《河南师范大学学报（哲学社会科学版）》2006年第2期】

学术观点3：《清明上河图》对宋史研究具有重要的历史价值

北宋张择端的《清明上河图》是我国12世纪初期一幅杰出的风俗画，它以精致绝伦的工笔描绘了北宋末年徽宗时代首都汴梁(今开封)郊区和城内汴河两岸的繁华景象和自然风光，为研究宋史提供了第一手资料，具有重要的历史价值。

首先，《清明上河图》从侧面反映了当时政治上相对宽松的局面。从画面上描绘的北宋首都汴梁的繁荣景象不难看出，反映了当时社会、政治和经济的一般状况。

其次，市场的繁荣反映了当时经济的发达。《清明上河图》，以郊野、虹桥、城关三段为情节，对人物、商品、建筑、船只、工具、服饰等的精微描绘，为后人了解宋代社会的经济状况、习俗、科学技术等方面的情况提供了有益的参考。

再次，《清明上河图》有着重要的艺术价值。在这幅作品中，作者将现实主义创作思维与浪漫主义表现手法相结合，采用长卷式构图，运用散点透视方法，使画面容量大，便于刻画复杂的事物，具有高度的艺术概括力。

总之，《清明上河图》翔实地记录了当时世界上最大城市的商业、手工业、民俗、建筑、交通工具、生活细节等与民生有关的事物和自然景观，并且可与北宋孟元老的《东京梦华录》、南宋耐得翁的《都城纪胜》中的记载可以相互印证，是研究宋代经济、社会、艺术发展的重要史料。

【根据王元元:《试析〈清明上河图〉的历史价值》,《河南师范大学学报(哲学社会科学版)》2007年第7期】

★ 史学导读

1.宋代农业发展的表现有哪些?

学者估算唐朝的耕地面积最多时约合今亩5亿至6.6亿,北宋则达今亩7亿至7.5亿。政府重视水利,设有工部水部司、都水监等机构掌其事,既注意维护、利用旧有水利事业,又因地制宜新建了大量中小型水利工程。五代至宋又出现圩田(亦称围田),在水边低地垦田,筑堤围之,兼具排、灌功能。……宋朝开始种植由海外引进的占城稻,江南稻麦复种已相当普及,在闽、广还出现了双季稻。茶树、甘蔗、果树等经济作物的种植都有进一步发展,在某些地区(如洞庭湖区域)出现了比较固定种植某种经济作物的"农村专业户",对传统自然经济结构有一定突破。唐朝粮食的基本亩产量约在一石左右(合今每亩51.5公斤),高者二石。宋朝多在一石以上,长江流域达到二至三石,甚至有高至六、七石者。若除去高产杂粮种植的因素,明清粮食生产基本没有逾越这一水平。

——摘自张帆:《中国古代简史》,北京:北京大学出版社,2015年版,第262~263页

○ 导读提示

根据材料可知,宋代农业的发展体现在耕地面积的扩大、单位亩产量的提高、水利设施的修建、圩田的开发、稻麦复种制的推行、粮食作物和经济作物的引进与推广、"农村专业户"的出现等方面。宋代农业发展的原因在于政府对水利和高产农作物引进推广的重视、耕作技术的进步、生产工具的改进、商品经济的发展等。

阅读材料时,应认识到:宋代农业高度发达的表现是多方面的,也充分说明传统农耕经济下精耕细作技术水平达到了一个新阶段。同时,宋代农业的发展是生产力与生产关系共同促进的结果。

通过阅读该则材料,可以加深理解宋代农业在传统农耕文明发展中的地位,深刻认识到宋代高度发达的政治文明、精神文明就是建立在高度发达的农业文明基础上的。

2.如何理解宋代城市空间结构变化及意义？

随着城市商品经济的发展，流动人口的增加，宋代城市空间发生扩展：一是外延的扩展，以城关为中心或枢纽，以城内主要大街通过城关连接城外的重要官道，使都市的实际区域逐渐向城外扩展，即形成"大都市"（不以城墙为界限）；二是城内封闭式的坊市制度的突破，主要表现为"打墙侵街""接檐造舍"等，扩大现有平面空间的利用率，增大城内的流通性；三是立体空间的扩展，即在占地面积不变的前提下，通过建楼提高现有土地的利用率，以增加商用和民用宅舍使用空间。城市空间的扩展也是城市内部结构（如人口结构、社会阶层的构成、社会群体分区特点等）的调整与变化的反映，尤其是商用起楼，使都城具有了更大的容纳量和吞吐量，是传统大都市进入新的历史发展阶段的表现。

——摘编自宁欣、陈涛：《"中世纪城市革命"论说的提出和意义——基于"唐宋变革论"的考察》，《史学理论研究》2010年第1期

○ 导读提示

根据材料可知，宋代商品经济的发展，人口的社会流动性增强，使得宋代城市获得了较大发展。在城市空间拓展上：城市区域向城外扩展形成"大都市"；封闭式的坊市制度打破使得商业区域扩展；通过建楼扩展立体空间。城市空间的扩展使得城市的土地利用率提高，增加了城市的人口容纳量和吸引力，促进社会流动和城市内部结构的调整，是传统城市和商品经济发展进入新阶段的表现。

阅读材料时，应认识到：在城市空间结构变化与社会发展的互动中，宋代城市空间的变动是宋代商品经济发展的必然结果，同时城市空间的拓展既提升城市容纳量和吞吐量，又促进城市的发展和商品经济的繁荣。

通过阅读该则材料，可以加深理解宋代城市发展中如何打破"时空限制"，更加深刻地理解宋代城市空间结构变化对城市发展和商品经济繁荣的促进作用。

3.如何理解宋代政府经济管理从统治到治理的转变

鉴于宋代财政上的入不敷出、长期大规模的长途军需供给以及商品经济的高度发展，一些有识之士主张政府对私营工商业应因势利导，达到官民共利；从直接全面垄断到间接部分垄断，从而使得宋代政府经济管理出现了从统治到治理的转变。这种转变主要表现在治理者与被治理者之间出现平等自愿、共利双赢的关系，以及市场性政策工具特有的公开、公平竞争和订立契约。这具有划时代的意义，标志着治理者与被治

理者的博弈均衡,在经济上从政府一元化到多元化的转变,并在治理中尽可能地克服官办特有的低效率带来的财力、物力巨大浪费,降低政府管制成本,同时提高生产者积极性和产品质量,有效配置资源,促进社会经济发展,增加国家财政收入,保障民众的基本生存条件和简单再生产能力,避免社会与政府的对立,动员全社会力量共同参与,增进共同利益,对封建商品经济发展有一定的积极作用。

——摘自方宝璋:《略论宋代政府经济管理从统治到治理的转变——基于市场性政策工具的视角》,《中国经济史研究》2014年第3期

○ 导读提示

根据材料可知,在商品经济发展的基础上,为应对财政危机和长期的大规模长途军事物资运输的困难,宋代经济管理从统治向治理转变。其特征是出现平等自愿、共利双赢的关系以及公开、公平的契约。这一政策转变有利于节约财力、物力,降低行政成本;提高生产者积极性,增加国家财政收入,促进商品经济发展,有助于社会稳定。

阅读材料时,应认识到:宋代政府经济管理从统治到治理的转变本质上体现的是经济基础与上层建筑的互动关系,商品经济发展后政府进行政策的调整,而政策的调整又对经济基础有积极的反作用。这一政策的调整在促进经济社会发展的同时,也使得国家的经济治理能力得到提升。

通过阅读该则材料,可以加深理解宋代商品经济发展的制度性、政策性原因,对重农抑商政策在唐宋时期松动的理解更加全面。

第2讲 经济重心的南移

★学习精要

经济重心南移是宋元时期的突出现象,宋代,长江中下游地区在农业、手工业和商业方面都大大超过了黄河中下游地区,成为国家的"东南财赋地";北宋、元朝都利用、修建大运河转运东南财富,沟通南北政治经济文化联系;经济重心的南移促进了文化、教育中心的南移,"江浙人文薮",科举考试制度不得不进行调整,实行南北分卷。

具体而言:

唐代安史之乱是影响经济重心南移的关键事件。安史之乱后北方经济衰退,大量人口南迁,再加上藩镇割据,南方逐渐成为国家主要的财富来源。唐末五代动乱,北宋

定都开封经略北方,更加依赖南方经济,财赋、粮食北运较唐代规模更大,全国户口分布"南多北寡"的格局形成。南宋时期完全奠定了南方经济重心的地位。宋代太湖流域和长江下游地区粮食单位面积产量和总产量都超过北方,"苏湖熟,天下足"说明江南成为全国重要的粮食产地。同时,在宋代国家的工商禁榷等非农业税收入中,产自南方的盐、茶、银、铜税收占了相当大的比重。

经济重心南移后,元朝政治中心移到北京,国家财政和民众生活"无不仰给于东南"。为解决南粮北调问题,元代借隋代运河旧道并开凿通惠河等河段形成了新的大运河。元代还利用造船技术的进步创造性地开拓了成本较低的海运,除漕运粮食外,还运载南方的手工业产品,促进了南北物资的交流,加强南方经济中心与北京政治中心的联系与交流。

经济重心的逐渐南移,促进了南方文化、教育的发展,南方人才集聚,"江浙人文数",进而提高了南方人在政治舞台上的地位,江南人在科举考试中优势突出。从宋哲宗开始,采取南北分卷的制度,实行南北方分别考试、单独录取(特许北方五路分别考试而单独录取),规定各卷的录取名额,以维持取士的大体均衡。南北分卷的出现,体现了经济重心南移带来的文化、教育重心的南移。

★学术动态

学术观点1:经济重心的转移孕育了少数民族经济发展的新契机

第一,北宋经济重心的转移为少数民族的发展灌输了商业理念。随着经济重心的逐渐转移,南方地区商业化程度不断提高,少数民族不再排斥民众的经商活动。

第二,经济重心的转移使得北宋纸币相继顺延至少数民族地区,基本上颠覆了少数民族地区以往朴素的物物交换的贸易模式,边境纸币兑换也在一定程度上推动了少数民族地区的社会经济发展。

第三,经济重心的南移为北宋周边少数民族地区带去了丰富的劳动力和先进的生产技术,大大推动了民族地区经济的发展。

总之,北宋过渡性经济重心的南移既是唐末经济重心南移的必然结果又是唐宋以来少数民族社会活动制约下社会变革的应然趋势,经济领域的民族化变迁熔铸着新的社会转型。

【根据高欣、刘良:《北宋经济重心转移对少数民族的影响》,《贵州民族研究》2017年第5期】

学术观点2：对南方经济的依赖促使元朝修建大运河

元以北京为首都，国家政治中心北移，但在经济上仍主要依赖长江下游及东南沿海地区，因此十分注重南北运河交通线的开凿和维护。

元朝灭南宋而实现统一，作为政治中心的大都（今北京）与南方经济中心的联系仍依靠隋代以来的旧运河维持，旧运河以洛阳为中心，再北上大都，曲折绕道，在黄河一些流急水险之处尚需水陆并运，劳民伤财，极为不便。

再者，开凿一条将大都与苏、杭直接沟通的大运河并保证其畅通，不仅具有缩短路程、便利运输的经济意义，而且具有维护南北统一的政治意义。

因此，元世祖忽必烈后期开始修建运河。

【王小甫，张春海，张彩琴：《创新与再造：隋唐至明中叶的政治文明》，北京：北京大学出版社，2009年版，第83页】

学术观点3：经济重心南移是由社会生产力的三因素促成的

中国古代经济重心最终由北方移到南方，是由构成社会生产力实体的三因素（劳动者、劳动资料、劳动对象）所造成的。

首先，掌握比较先进生产技术的劳动者大量增加（主要是历次由北方南徙的移民），使南方生产力构成中的主导力量大大增强。

其次，先进的生产工具、主要是南朝以后发展起来的优质铁农具的广泛使用，使广大丘陵山区的大规模开发成为可能。

再次，南方气候温湿，各类作物与北方相比一般具有生长期短、产量高的优点，从而使南方农业具备生产周期短、生产率高的优越性。

因此，从这些因素来看，南方取代北方的经济优势地位，是自然和社会双重因素作用下的势所必至。

【根据张帆：《辉煌与成熟：隋唐至明中叶的物质文明》，北京：北京大学出版社，2009年版，第41页】

★ 史学导读

1. 江南农村劳动力增长的意义是什么？

不同时期江南与全国农村劳动力变动情况					单位：户、人
时间	江南地区		全国		江南地区农村劳动力占全国农村劳动力比率
	户数	农村劳动力人数	户数	农村劳动力人数	
太平兴国五年	349283	890672	6418500	16367175	5.40%
元丰元年	1120331	2856844	16603954	42340082	6.70%
崇宁元年	1265762	3227693	18113945	46190560	6.90%

——摘编自武建国、张锦鹏：《宋代江南地区农村劳动力的利用与流动分析》，《中国经济史研究》2011第2期

○ 导读提示

根据材料可知，在经济重心逐渐南移过程中，宋代江南地区农村劳动力人口呈现快速增长之势，在同时期全国农村劳动力中的比重也不断增加。农村劳动力的快速增长支撑了宋代江南农业经济的发展，推动经济重心不断南移。

阅读材料时，应认识到：在传统社会，农业是主导性产业，江南开发也始于农业开发，并且以农业的高水平发展为开发成效或标志。经济重心南移的一个重要体现就是江南农业不断发展并超过北方成为国家财赋重地。

通过阅读该则材料，可以加深理解农业作为一个劳动密集型产业，农业生产离不开劳动力投入，江南农业的快速发展必然以农村劳动力的快速增长为支撑，因此，江南地区劳动力的增加，也成为推动经济重心南移的重要因素。

2. 如何理解经济重心南移的不利影响？

宋代人均耕地为4.4亩，在南方却不足这个平均数，苏州地区亩产可达四石，但江南其他地方的亩产在二石左右。伴随着宋代人口及人口密度的增加，要求的耕地面积也相应扩大，于是开发梯田、围湖造田、围海造田相继加速。"烧畲山于山岗"，"教民焚燎而种"，但山林破坏后，雨则山洪暴发，旱则无水灌溉。……入宋以后，江南每岁漕运额由三四百万石增至六百万石，以致江南谷贵民贫。漕运的发展反映了政治中心和经济中心的分离，使得中央王朝不能不仰赖江南经济上的支持。

——摘编自郑学檬：《中国古代经济重心南移和唐宋江南经济研究》，长沙：岳麓书社，2003年版，第28~36页

○ **导读提示**

根据材料可知,南宋时期经济重心南移完成。南方地区的经济总量、发展水平十分显著。但是,经济重心的南移使得南方地区人口增多、土地压力增大,人地矛盾下过分开发导致生态环境的恶化;江南地区重赋现象;经济重心与政治中心分离。

阅读材料时,应认识到:中国幅员辽阔,区域环境差异使得区域经济发展不平衡;对于经济重心南移的影响,要跳出惯性思维,注意一分为二、辩证的理解,不能忽略经济重心南移对中国社会产生的消极影响。

通过阅读该则材料,可以加深理解经济重心南移所产生的影响,加深对区域经济发展不平衡的认识。

第3讲 宋代的社会变化

★ 学习精要

伴随着商品经济的发展,宋代社会与前代相比发生了一些新变化。一方面魏晋以来的门第观念淡化,社会的流动性加强;另一方面社会成员身份趋于平等,主要表现为贱民的减少和人身依附关系的削弱;同时国家对社会的控制相对松弛,包括土地交易的开放和百姓日常生活的相对自由。

具体而言:

隋唐时期,受魏晋南北朝士族门阀政治残存影响,社会尚存士、庶之别和家族背景的门第观念。宋代科举考试中"取士不问家世",允许自由报考,结束了门阀世族对政治的垄断,增强了政治的活力;"一切考诸试篇",采取弥封、誊录等措施,一定程度上体现出公开与公平竞争的特色;录取人数和报考人数之多,显示出科举制的开放性,平民子弟上升流动的可能性增大。"婚姻不尚阀阅"也是宋朝社会的新特点。

隋唐社会中存在着若干人身依附色彩较强且社会地位较低的贱民阶层。到宋朝,贱民阶层已显著减少或消失。奴婢虽存,但数量较少且地位有所上升。私家奴婢出现了向雇佣制演变的趋势。宋朝租佃制更加普遍,租佃土地须订立正式契约,办理法律手续,佃农在契约期满后可以自由迁徙。这都表明社会底层人民人身依附关系减轻,较少受到契约关系外的人身束缚。

宋朝"田制不立""不抑兼并",国家已不再强制干预土地占有。在商品经济繁荣下宋朝土地转移频繁,国家对民间的土地交易制定了详细的法律规范,只要经由官府办理合法手续、立契纳税,土地买卖、典当就会得到承认并受法律保护。"贫富无定势,田宅无定主""千年田八百主"成为普遍现象。随着商品经济的发展、国家政策的变化,士农工商四民由等级差别明显、高低贵贱分明的四种不同身份逐渐演变为四种不同职业,且有相互转化的可能。士商互混,亦官亦商。同时,江南地区大量富余农村劳动力向城市举家迁徙,从事工商业和服务业。

★学术动态

学术观点1:科举制度促进了古代中国社会的流动

科举制的施行就是造就了一种新的社会结构。"阙下科名出,乡中赋籍除",使科举等第成为确定一部分人的社会等级和政治经济特权的依据。"士族"用以称呼作为读书人的"士子"群体,或是用以特指科举及第或从事举业者的家庭。

科举制度促成了社会的"上升"型流动,"上升"使得少数脱颖而出的下层士人得以参与政权,影响到文官队伍的整体素质与结构,身份可变则使一般平民有从事政治、文化活动的可能。

科举制度也促成了不同群体间身份的灵活变化。科举制度下的宋代士大夫们在不同性质的交往中建立起了不同层面的关系。既有带家世背景的往来,姻戚之间的关联,又有因"同学""同年""同僚""同乡""同道"之类关系结成的交谊。

因此,科举制度在宋代成为具有深远社会影响的制度,促进了宋代以及以后中国社会的流动性。

【根据王小甫、张春海、张彩琴《创新与再造:隋唐至明中叶的政治文明》,北京:北京大学出版社,2009年版,第193~194页】

学术观点2:宋代齐民社会具有社会等齐性、契约普遍性和社会流动性特征

经历唐宋变革,士庶制度和良贱制度不存在了,作为职业等级制度的士农工商差别也淡化了,社会以士绅即齐民地主、自耕农、佃农和以工商业者为主的城市市民为主体,在法律身份上是"齐民"(即国家的编户齐民,具有相对完整的法律权利与义务和稳定职业的自立人口),促使社会趋向于"等齐化"。

经历唐宋变革,齐民社会的兴起,出现契约普遍化趋势。随着商品经济发展,政府

加强了对契约的保护,并使契约进一步制度化和规范化。这使得由等级身份决定的各种社会束缚有很大松动,社会流动性也扩大了。

经过唐宋变革,人身依附关系消解,社会流动性增强。

总之,社会等齐性提高了社会资源的配置效率,为人们提供了相对平等的发展机会和相对平等的竞争条件。

【根据高德步:《唐宋变革:齐民地主经济与齐民社会的兴起》,《学术研究》2015年第7期】

★ 史学导读

1. 宋代科举"取士不问家世"的影响有哪些?

唐代政治受到区域群体贵族世家影响,士子进身并不全由科举。宋代官员的主要来源是科举。北宋初,门阀世族不复存在,科举向文人广泛开放,只要文章合格,不分门第、乡里,都可以录取。宋朝通过科举,吸收了大批文人来维护它的统治。文人们考试得中,就可以进身做官,从而取得政权、财权以至兵权,实现人生抱负。……两宋310年,取士总数达109950人,就其规模而言,远远超过了前后各代。当时的133位宰相中,90%以上是通过科举等考试获得出身的。正是在此基础之上,宋代的官僚队伍就其整体而言,素质有了明显的提高。

——摘编自王小甫、张春海、张彩琴:《创新与再造:隋唐至明中叶的政治文明》,北京:北京大学出版社,2009年版,第190页

○ 导读提示

根据材料可知,科举制度具有重要政治与社会作用。宋代科举"取士不问家世"结束了贵族世家对政治的垄断,扩大了统治基础,提高了官员文化素质,促进文官政治发展;展现了社会底层向社会上层流动的可能性;"一切以程文为去留",没有较多的附加条件也体现出一定的公开与公平竞争特色;录取人数之多、报考人数之多,也显示出科举制度的开放性。

阅读材料时,应认识到:科举制度具有重要的政治与社会作用,其意义不仅在于选拔统治需要的人才,还展现向社会上层流动的可能性,体现了当时社会走向"平民化"和"士大夫政治"的特点。

通过阅读该则材料,可以深刻理解宋代科举制下"取士不问家世"的政治和社会双重影响,深化科举制度促进社会流动的认识。

2.如何理解宋代江南农村劳动力的"溢出"现象?

由于精耕细作农业的发展、宋代江南人口急剧增长、人地矛盾加剧,江南地区农业内部出现了大量富余农村劳动力,从而产生了劳动力"溢出"现象。为了养家糊口,获得更多经济来源,"溢出"的劳动力必然会寻求新的投入方向和方式。从土地"溢出"的农村劳动力向城市举家迁徙,定居于城市、市镇的核心区或外围地区,并有效吸收于非农产业之中,从事工商业和服务业,表明宋代劳动力的空间配置和产业配置趋向于优化发展;进一步加强了城乡之间的经济联系,城乡经济关系日趋密切,促进了宋代城市、市镇人口出现了迅速增长,在一定程度上推进着城市化发展的进程。

——摘编自武建国、张锦鹏:《宋代江南地区农村劳动力的利用与流动分析》,《中国经济史研究》2011年第2期

○ **导读提示**

宋代江南地区的人口增加、耕作技术的进步,人地矛盾逐渐突出,在促进农业精耕细作发展的同时也使得农村劳动力富余。富余的劳动力从地域上向城市流动,在职业上向工商业和服务业流动,实现劳动力资源配置的优化。农村劳动力的流动促进了城乡之间的经济互动,加强了区域之间的经济联系,一定程度促进了宋代城市和商业的发展。

阅读材料时,应认识到:劳动力作为最具创造力的一种生产要素,是实现土地与资本结合、创造社会财富的主体。农村劳动力的利用状况也折射了农村社会所发生的变化或变革。

通过阅读该则材料,可以深刻理解宋代农村社会在经济发展中的变化,特别是农村富余劳动力的职业、地域流动对促进宋代社会经济发展和社会变化产生的重要影响。

★ 荐读书目

张帆:《中国古代简史》,北京:北京大学出版社,2015年版

王小甫、张春海、张彩琴:《创新与再造:隋唐至明中叶的政治文明》,北京:北京大学出版社,2009年版

张帆:《辉煌与成熟:隋唐至明中叶的物质文明》,北京:北京大学出版社,2009年版

郑学檬:《中国古代经济重心南移和唐宋江南经济研究》,长沙:岳麓书社,2003年版

蓝勇:《中国历史地理》,北京:高等教育出版社,2002年版

陈振:《中国通史(第七卷)中古时代·五代辽宋夏金时期》,上海:上海人民出版社,1999年版

第12课 辽宋夏金元的文化

第1讲 程朱理学

★学习精要

宋代理学是中国思想史上的重要发展阶段,儒学发展出现了创新性转化,推动了儒学的全面复兴。它是对先秦儒学、两汉经学、隋唐佛教等思想的一种创造性继承和转化,起到了上承先秦下启元明清乃至近代的重要作用。

宋朝时期儒学的发展是儒、释、道三教长期争论和融合的结果,也是春秋战国和汉代儒学在新的历史条件下儒学思想体系的完善。宋代儒学是一种既贯通宇宙自然(道教)和人生命运(佛教),又继承孔孟正宗(根本),并能治理国家(目的)的新儒学。

宋代理学论证了纲常名教的合理性和永恒性,南宋以后开始成为官方哲学。对中国社会政治、文化教育以及伦理道德都产生了深远影响。

★学术动态

学术观点1:宋代新儒学是思想与经典的重建

文化的生命力往往依托于经典,因为经典中的知识内涵构成了文化的重要基因。上古中国自商周以来的文化传统被浓缩在儒家"六经"系统中,并在孔子时代就已基本成型。经学在汉代作为一种文化知识体系,几乎涵盖了政治、典章、礼法、历史、宗教及文学等各个方面,构成传统社会的文化意识基础,在中国传统文化系统中始终占据首要地位。

宋代新儒学是一场重建"经典世界"的文化运动。宋代新儒学是对汉唐经学的一场"思想突破",新儒家着力于重建儒家"新经典"。与此相随的经典诠释也出现了理学化的转向,其典型标志便是"四书学"的形成,在哲学、经学、文化等各层面,有力推动了儒学的全面复兴。

朱熹"四书学"建构了道学意义上的"经典世界",其《四书章句集注》在13世纪后便已传入东亚周边各国,从而使原本属于地方性知识的"四书学"在东亚世界获得了普遍性意义,成为东亚儒学的重要思想财富。

【根据吴震:《宋代新儒学:思想与经典的重建》,《中国社会科学报》2019年7月16日】

学术观点2:朱熹思想中蕴含着深刻的生态意蕴

朱熹说:"天地之间,万物之众,其理本一,而其分未尝不殊也。"这种宇宙间人与物共有的"理一",强调人与万物之间保持共生共存的"理一"。儒家的生态文化,从"天人合一"到"万物一体",再到"天地万物一理",体现了人文生态观的发展和精神境界的提升,对于改变人们的生态思维模式有着积极的意义。

朱熹将人道与天道、人性与天道贯通,追求天人和谐。他说:"中和在我,天人无间,而天地之所以位,万物之所以育,其不外是矣。"只要人能行"中和"之道,天人关系就能达到和谐,天地万物就能正常发展。朱熹根据动植物依时变化而发育成长的生态规律,提出了"取之有时,用之有节"的生态道德。

人若能以"仁民爱物"的胸怀,以"万物一理"的境界对待自然界,那么利用和开发自然就是建设性的。历史上的中华民族历久弥新,一个重要因素即是儒家长期培养起来的生态意识,维持了中华民族生存区域的自然环境。朱熹的生态智慧,对于转变人的生态价值观,增强自然保护意识,有着积极的意义。

【根据张品端:《朱熹思想的生态意蕴及其时代意义》,《中国社会科学报》2018年11月7日】

★史学导读

1.如何理解程朱理学兴起的社会条件?

唐末至北宋立国以前,政权走马观花似的急促更替,使整个社会陷入混乱不堪的状态中。世势之使然,新的学术思潮随着朝代的更迭应运而生,力求解决岌岌可危的社会现状。

宋代的儒学复兴便由此开始。宋代稳定政局后,农业、手工业得到迅速恢复和大规模发展,科学文化的进步尤其引人注目,为理学的发展奠定了基础。北宋学者大胆抛弃汉唐学者师古泥古的学风,敢于疑经改经,相互辩论,相互启发,独立思考,大胆立论,讲求义理,为理学的产生提供了一个相对宽松的思想环境。

一个学术局面的形成是与其所处时代和自身理论的发展交互作用的结果,唐宋之际社会急速变化,儒学作为一种具有担当意识的思想形态,自觉地探寻时代精神,理学自身所具备的理论的兼容性、思想的开放性和学术的创造性等特征,成就了它成为中华文化学术、哲学思想、科学技术乃至文学艺术的造极期。

——摘编自张涪云:《宋明理学的兴起与时代精神的建构》,《哈尔滨工业大学学报》2013年第2期

○ 导读提示

宋代理学的复兴有其深刻的社会根源:为适应封建统治的需要而发展,韩愈儒家"道统"思想的继承,学者们的突破和追求等因素推动了理学的发展。

阅读材料时,应认识到:理学的兴起适应了唐末以来重建伦理纲常的需要,是宋代经济、科学文化发展的必然结果。理学的兴起是儒、佛、道长期争论和融合的结果,也是北宋初期思想解放的产物。

通过阅读材料,可以了解程朱理学兴起的社会条件。不过,理学兴起的条件还应该有先秦汉代儒学自身的局限性、宋代印刷术的进步、相对宽松的文化政策等。

2.朱熹对儒家思想有何继承和发展?

朱熹以其对古代礼制的深入研究为基础,结合当时的民俗,为宋代社会礼仪特别是重建家族制度设计了新的规范。他在《朱子家礼》的开篇位置,就阐明了建立祠堂的最具创造性的举措。朱熹说:"今以根本反始之心,祖家敬宗之意,实有家名分之首,所以开业传世之本也。故特著此,冠于篇端,使览者知所以先立乎其大者。"在倡道敬宗收族的同时,朱熹在(家礼)中对于民间社会的诸如婚丧嫁娶等各个方面习俗规范都进行了比较详尽的描述,以期社会有所遵行。

——摘自陈支平:《朱子学·理学:唐宋变革与明清实践》,《厦门大学学报(哲学社会科学版)》2014年第3期

○ 导读提示

孔子的思想以"礼"为核心内容,植根于周代的文化传统。朱熹在孔子思想的基础上对其进行了继承和发展,为宋代社会礼仪特别是重建家族制度设计了新的规范,对于民间社会的诸如婚丧嫁娶等各个方面习俗规范都进行了比较详尽的描述,以期社会有所遵行。

阅读材料时,应认识到:朱熹继承了孔子学说的核心思想,注重以礼来规范人们社

会行为,通过礼制来维护社会等级秩序。朱熹同时将礼制与时代需要相结合,推动了儒学思想的传播。朱熹对孔子思想做了进一步的发展:使儒家礼制进一步世俗化、平民化;使社会礼仪日益与社会民俗相结合。

通过阅读材料,可以深刻理解朱熹充分继承了儒家重视礼制与人伦的传统,推动儒家思想进一步世俗化、生活化。

3.程朱理学为什么能超越传统儒家对社会的影响?

程朱理学是儒学发展的重要阶段,适应了封建社会从前期向后期发展的转变,封建专制主义进一步增强的需要,他们以儒学为宗,吸收佛、道,将天理、仁政、人伦、人欲内在统一起来,使儒学走向政治哲学化,为封建等级特权的统治提供了更为精细的理论指导,适应了增强思想上专制的需要,深得统治者的欢心,成为南宋之后的官学。

宋朝的统治者,总结了历代统治人民的经验,比过去更深刻地认识到人民的革命是封建统治的死敌。宋代统治者便有意识地、长期培养、扶持符合于他们需要的哲学家和适合于他们的哲学体系。朱熹的哲学体系主要任务在于从思想根源上消灭人民进行革命的念头。它吸取了佛教的一些重要观点,但摒弃了佛教中与封建伦理关系有抵触的某些因素,朱熹理学唯心主义的庞大体系,应当看作中国封建社会的统治者长期地反复地总结统治人们思想的理论总结。正是因为这个缘故,只要封建社会的基础还存在,朱熹的学说就不会被推翻。

——摘编自任继愈:《中国哲学史》:北京:人民出版社,2003年版,260页

○ **导读提示**

程朱理学起源于宋朝,相比儒家晚了千年,但是理学从问世之后,其巨大的影响力使其短时间内快速提升,成为中国最具有影响力的学说。这一方面是得到统治阶级的大力推广,另一方面是因为其本身的特点,从思想根源上消灭了人民进行革命的念头。

阅读材料时,应认识到:程朱理学的实质是维护封建专制统治,为封建等级特权的统治提供了更为精细的理论指导,是中国封建社会的统治者长期地反复地总结统治人们思想的理论基础。

通过阅读本段材料,可以深刻理解到:程朱理学能超越传统儒家对社会的影响,一是由于其适应了专制统治强化的需要获得了统治者的认可,二是其努力将儒学原则世俗化、生活化从而赢得了民间的认可。

第2讲　宋元时期的文学艺术

★ 学习精要

宋元文学艺术是中国文化历史中的丰盛时期,文学、书法、戏剧、艺术等领域硕果累累,呈现了中国古代历史上文化艺术繁荣兴盛的时代。

宋词是宋代文学的最高成就,从汉赋、唐诗到宋词、元曲,语言呈现出由辞藻华丽、句式严整到句式活泼、通俗易懂的变化,说明了中国古代文学的发展趋势是逐渐平民化。宋代书法追求意趣而不拘法度、不泥古法,提倡诗意的艺术主张与个性特征。这些主要是随着商品经济的发展,适应不断壮大的市民阶层的需要而出现的。

元朝疆域辽阔,城市经济繁荣,各民族文化互相交流和融合,促进了元曲的形成。元曲把音乐、歌舞、动作、念白融合在一起,成为一种综合性的艺术,标志中国古代戏曲艺术的成熟。它不仅是文人咏志抒怀得心应手的工具,而且为反映元代社会生活提供了人民群众喜闻乐见的崭新的艺术形式。

文化是对社会现实的反映,宋词、宋文、宋画、话本、元曲,构成了一个精致辽阔的多元文化世界,也是在熙熙攘攘的商市生活、人头攒动的瓦舍勾栏中成长起来的世俗而生动的市民文化。

★ 学术动态

学术观点1:宋代以来形成了"以诗文证史"的史学传统

"以诗文证史"是指用诗词歌赋和笔记小说等文学作品作为史料来研究历史和书写历史。宋代以来诸多史家开始自觉将诗文作为史料,形成了"以诗文证史"的史学传统。司马光和欧阳修等史家开始对"以诗文证史"作理论阐发,并在史书编纂中大量引用小说和诗赋。

明末清初以后,文史学界对以诗文证史的理论阐述更为丰富和深入。黄宗羲提出了文集和诗能弥补和参正史籍记载不足的重要观点。明末清初以来许多学者认识到诗词、小说和文集可以证史和补史,而且已经成为一股重要的学术思潮,并被广泛运用到当时的文史创作和研究中去。

宋代至明清文史学家对"以诗文证史"的论述已经比较全面和深入,主要包括:从不同角度阐发了诗歌和小说具有史料价值的多种原因;指出诗歌和小说具有多方面的史料价值,不仅可以弥补和修订史部文献史料的不足,甚至与实录等史部文献一样具有同等价值;要高度重视诗赋和小说的史料价值,并采用正确的方法来处理这一问题。

【根据徐国利:《陈寅恪对"以诗文证史"史学传统的继承和发展》,《郑州大学学报(哲学社会科学版)》2019年第1期】

学术观点2:柳永的词可称词史上的"清明上河图"

由于宋代城市经济的高度繁荣,柳永在传世的二百多首词作中有五分之一的篇章来咏都市风光和市井风情。这些词已经不仅仅是一种具有审美价值的文学作品,而且已经与宋初广阔的社会文化生活融为一体,堪称词史上的"清明上河图"。

柳词在创作主体介入和感事纪实方面做出了开拓性的贡献,词人自我形象和自我感情的介入,使词真正成为表情达意的利器。他将赋体的铺叙手法运用其中,抒发浪迹天涯的漂泊心绪,增强了词的抒情性和叙事性,这些都为后世文学的发展提供了借鉴。

柳永冲破了晚唐五代词多写男女情爱与闺阁园庭的狭小范围,把词笔投向关塞山河、通都大邑、历史兴亡之中,使其词呈现出高远深邃、雄阔浑厚的境界,为宋词的声色大开建立了最初的规范。柳永所代表的俗艳文化和士大夫阶层所代表的正统文化之间的冲突和对抗显示出鲜明的时代特色。

【根据乐芳:《近十年柳永研究综述》,《陕西理工学院学报(社会科学版)》2010年第1期】

★ 史学导读

1.文化交融在多民族国家一体化进程中的作用

唐以后,中国北方主要由少数民族政权统治,而辽宋夏金元时期最终完成了统一多民族国家一体化的历史进程。这一时期中国北方长城地带主要是由游牧民族统治的,少数民族统治下的政权如何能够继承中原王朝的正统?他们以兵马取天下,却绝不可能以兵马治天下。战场上你死我活拼杀后,血迹总会变干的,游牧社会与农耕社会最终通过文化调适,走上了民族融合之路,踏上了统一的多民族国家一体化的历史进程。士人们也谱写了爱祖国、爱人民的新篇章。

自北宋以后,到元朝建立,中国北方数百年少数民族统治的历史,提供了这样的文化交融的历史环境。士人们以特有的文化意识,帮助历史跨越了民族矛盾、军事厮杀、政治斗争的鸿沟,在不断解决自身的难题后,帮助少数民族统治者解决他们面临的政治统治难题。在这个过程中,文化交融与变迁,对多民族国家一体化历史进程起到了巨大的作用。

——摘编自马瑞江:《文化交融、变迁与多民族国家一体化的历史进程》,《宁夏社会科学》1997年第1期

○ 导读提示

唐以后,中国北方主要由少数民族政权统治,但是少数民族政权的统治存在很多问题。少数民族统治下的政权如何能够继承中原王朝的正统,少数民族如何能统治汉人。除了政治经济等因素,文化交融提供了一个很好的途径。

阅读材料时,应认识到:游牧社会与农耕社会最终通过文化调适,走上了民族融合之路,踏上了统一的多民族国家一体化的历史进程。中国北方数百年少数民族统治的历史,提供了这样的文化交融的历史环境,士人在文化交融中起到了重要的作用。

通过阅读该则材料,可以深刻理解文化交融与变迁,对多民族国家一体化历史进程起到了巨大的作用。

2. 如何理解宋词兴盛的原因?

词是继承唐代诗歌而新起来的一种体裁。是出身于诗,又独立于诗的一种体裁。词发展到宋代,出现了百花争妍、万紫千红的空前盛况,显示出了极高的艺术魅力,取得了光辉灿烂的成就,与汉乐府、唐诗、元曲相映成辉。

词所以能够流行于当时,与音乐的实用功能有很大的关系。曲不离词,词不离曲,相辅相成,曲词共同走上了繁荣之道。词成为人们生活中不可缺少的东西,成为从宫廷到民间,从皇帝到普通劳动人民普遍喜爱的文学形式。

在诗歌走上"雅正"道路而较少表现纯粹的个人生活情感特别是男女恋情的情况下,词正是以其娱乐艺术的性质、不够堂皇正大却也较少拘谨的地位,而弥补了诗的不足,获得意外的兴旺。苏轼等作为士大夫集团的成员,比任何人都更敏感更深刻体会到强大的统治思想对个人的压制,而走向对一切既定价值准则的怀疑、厌倦与舍弃,努力从精神上寻找一条彻底解脱出世的途径。

宋代造纸业和印刷术的发展,无疑推动了词的传播和发展。可见,艺术的发展既依赖于条件,又取决于需要。

——摘编自樊宗有:《浅析宋词兴盛的原因》,《兰州学刊》2004年第3期

○ **导读提示**

词是出身于诗又独立于诗的一种体裁,在宋代得到了空前的发展,受到了人们普遍的喜爱。宋词更能表达个人情感;能帮助文人抒发情感借以摆脱统治思想的压制;词与曲结合,使词具有了广泛的社会基础,增强了词的实用性和生命力。此外,造纸术和印刷术的发展,对词的传播起了直接的推动作用。

阅读材料时,应认识到:宋词兴盛的原因是多方面的,人们的物质生活和精神生活的需要对艺术的勃兴具有不可忽视的影响。

通过对本则材料的阅读,可以深刻理解到:艺术的发展既依赖于条件,又取决于需要。艺术兴盛的原因是多方面的,既要从社会经济、时代环境入手,还要考虑历史传统、社会需要等方面综合分析。同时,应回归到历史情境中去深入理解古代文学艺术的整体面貌及价值意义。

3. 如何理解文化是中华民族赖以生存的根基?

文化自信是一个国家、一个民族发展中更基本、更深沉、更持久的力量。经过漫长积累、比选,去芜存菁,目前留存的中华优秀传统文化具有极强的稳定性。这些中华民族共同认可的民族精神、价值理念、思想智慧和道德规范,从古至今皆为人们所认识、接受和传承。这种稳定性的力量无可比拟,是中华民族生生不息的源泉。

从世界范围来看,中华文化是最优秀的文化之一。中华五千年灿烂文明,不论人生观、价值观、宇宙观、哲学观,还是道德观、伦理观,都极富智慧,符合全人类的共同价值。

中国人提出的这些思想理念,与世界上任何一个国家的文化相比,都具有先进性。在世界文化维度下,对中华文化进行再认识,可以加强文化自省,提升文化自觉,增强文化自信。

——摘自《文化是中华民族赖以生存的根基》,《人民日报(海外版)》2018年3月27日

○ **导读提示**

经过历史选择的中华优秀传统文化具有极强的稳定性,为人们所认识、接受和传承,是中华民族生生不息的源泉。中华文化是最优秀的文化之一,极富智慧并且符合全人类的共同价值。站在世界文化维度,对中华文化进行再认识能增强我们的文化自信。

阅读材料时,应认识到:文化是一个漫长积累、发展、比选和创新的过程。中华优秀传统文化是中华民族所共同认可的民族精神、价值理念、思想智慧和道德规范,具有强大的稳定性和先进性,是中华民族生生不息和充满文化自信的源泉。

通过对本则材料的阅读,应深刻认识到:中华优秀传统文化是中华民族赖以生存的精神养分,是中华文明的精髓。离开文化,政治、经济、社会的发展就失去了源头活水。

第3讲　科技与少数民族文字

★学习精要

宋元时期是中国封建文化高度繁荣的阶段,在整个社会经济、文化推动下,科学技术得到了长足的进步,推动人类文明发展的中国四大发明,在宋代得到改进并广泛应用。两宋的科技成就不仅成为中国古代科学技术史上的一个高峰,也在当时的世界范围内处于领先地位。

宋代的科技传入欧洲,推动欧洲从封建社会向资本主义社会转型;推动文艺复兴和宗教改革,促进思想解放和文化的传播与发展;有利于资产阶级战胜旧贵族,建立资本主义制度;推动新航路开辟、殖民扩张和世界市场的形成,对人类迈向近代文明做出了重要贡献。

随着契丹、党项、女真、蒙古等族同汉族文化的进一步交融,他们的文化在保留本民族文化传统的基础上,又各有特色。少数民族语言文字,是中国文字史的重要组成部分,为民族文化的发展提供了重要支持,造就中华文化的多样性。中华文明在多元文化的交流中不断进步和发展。

★学术动态

学术观点1:少数民族语言文字是中华民族优秀文化的重要组成部分

语言文字是在一个民族、一个国家历史演进过程中逐渐形成的符号系统,是全部文化和文明中最基本、最稳定、最持久的构成部分。

汉语是世界上最古老的语言之一。秦汉时期,汉字形成统一的书写规范。官学、书院、私塾大都使用汉语,科举考试亦然。北魏孝文帝改革将汉语作为"正音"。辽夏金模仿汉字字形创造了本民族文字。清朝确立在全国的统治后,很快将汉语作为官方语言。日本等周边国家的语言也受到汉语影响。

语言与文字是传承和发扬中华文化与文明、是社会生活中人与人之间交流的载体与工具。少数民族语言是我国拥有该少数民族语言人民群众的重要信息和思想交流工具,是该民族独特思维方式以及民族心理的重要体现,承载着该民族特有的民族文化,蕴含着该民族深厚的民族情感,往往是该民族文化遗产和文化精髓的集中体现,也是中华民族优秀文化的重要组成部分,少数民族语言的传承与发展意义重大。

【根据陈伟亚:《中国少数民族语言传承的政策研究》,北京:中央民族大学博士学位论文,2013年】

学术观点2:中华文明在不同文明的交流中不断进步和发展

文明因交流而多彩,文明因互鉴而丰富。文明交流互鉴是推动人类社会进步的动力。作为"历史的主要驱动轮",文明交流互鉴使各种文明创造的丰硕物质成果和宝贵精神财富不再被封闭在狭窄的区域和人群中,而能够为全人类所共享,由此拉近了人类之间的距离。中华文明在"西渐"中为人类社会进步作出了巨大贡献,如四大发明中的造纸术和印刷术加速了欧洲的文艺复兴和宗教改革运动,火药则成为西欧市民阶层摧毁封建堡垒的有力武器,指南针引领欧洲航海业的发展和世界市场的开拓。

同样,独具特色与发展谱系的西方文明,则高扬科学与理性旗帜,在东西方文明交流中为我们带来新的思维和科学技术文化。文明在交流借鉴中不断吸收、融合各方精华,提升人类认识世界、改造世界的手段,推动生产力波澜壮阔地发展。

【根据商志晓:《人类文明在交流互鉴中发展进步》,《人民日报》2014年10月16日07版】

★ 史学导读

1. 宋代科技为何在当时能叫响世界?

两宋的经济是中国社会发展的顶峰,不仅成为中国古代科学技术的高峰,且在当时的世界范围内也居于领先地位。其实质是历史的积淀和社会机制等社会环境综合作用的结果。

自春秋战国至汉唐以来,古代科技已积累了丰硕的成果,宋代科技的繁荣正是在汲取前代丰厚的科技遗产的基础上而逐渐形成的。政治上的统一和经济上的繁荣是宋代科技文化发展的基础,宋初加强和巩固中央集权,形成了大一统的社会政治体制和与之相适应的地主经济机制,这就势必要求科学技术来适应其各种各样的需要。

宋代战争频繁,火器的制造和发明便受到重视。

宋代"重文轻武",优待文臣士大夫,在"重文轻武"的政策指导下,宋代经济、文化、教育沉淀积累并逐渐繁荣,它们之间互为依托,相得益彰,形成了封建社会中难得的"文治"局面。

宋代在各民族和域外文化交流方面卓有成效,少数民族在生产技术上有很多成就是非常突出的,各民族之间长期生活在一起,相互融合,促进了各民族之间的科技文化交流。国际间的交流增多,也在很大程度上促进宋代科技的进步。

——摘编自王冰雁:《大宋的科技为何在当时能够叫响世界》,《湖南工业职业技术学院学报》2010年第1期

○ **导读提示**

宋代商品经济的发展、古代科技已积累了丰硕的成果、边境战争的需要、"重文轻武"国策推动文化教育事业的兴盛,以及同周边民族和域外国家的有效交往等因素,为宋代科技的繁荣创造了社会条件。

阅读材料时,应认识到:丰富的历史遗产为宋代科技文化的繁荣准备了肥沃的土壤;商品经济、社会机制的发展,为宋代科技文化兴隆提供物质基础;国防的需要刺激了军用科技的发展;"重文轻武"的文教政策,培育了科技文化的环境;人才的培养引领了科技文化的发展;民族间、国际间的科技文化交流促进了宋代科技的进步。

通过阅读材料,可以深刻而全面地理解到宋代的科技得以叫响世界是历史的积淀和社会机制等诸多因素综合作用的结果,而科技的进步也促使两宋的经济文化繁荣程度达到了一个新高度。

2.如何理解中国古代科技的特点?

封建社会的中国科技成就可谓宏大!有领域广、数量多、质量高(世界领先水平)的卓越成就,可仔细归纳,这时期的科技仍以实用技术为主,少作理论分析研究。由于它的极端实用性,一旦现实不提出直接的要求,它就没有了发展的动力。且不说实用性一目了然的农学、医学、天文学、数学等成就,单就反映我国科技最发达的、对世界影

响最大的四大发明,也都承袭奴隶制时期的科技发展特点,源于现实生活的"利禄"而产生,在大一统专制社会中表现为直接满足专制王朝各方面的需要。

封建社会的科技发展呈现如此特点,缘于古中国缺乏活跃科学研究气氛的良好土壤。专制主义中央集权的封建制度禁锢了人们的头脑,隋唐实行选拔人才的科举制度到明清日益僵化。由于生产力水平低下,统治阶级的喜好以及政治制度的偏重等因素,我国古代的科学与技术未得到有机的结合与统一,科技发展未曾成熟,但仍创造出相当大的成就,推动了历史发展。

——摘编自樊萍萍:《中国古代科技发展特点》,《晋城职业技术学院学报》2010年第9期

○ 导读提示

中国古代科技具有极强的实用性,旨在满足专制王朝的需要,大一统的社会政治结构对其影响很大,在研究方法和动力上也受社会历史条件的影响。

阅读材料时,应认识到:中国古代科技的特点——实用性,大多为农业服务,间接为统治者强化君权服务,对事物发展的规律探索不够;重经验,对生产经验的直接记载或对自然现象的直观描述。

通过阅读材料,可以深刻了解到古代中国科技的特点及其优势与劣势。其优势让中国在古代农业社会长期领先,其劣势让中国在近代社会逐渐落后于世界。

★ 荐读书目

金观涛、刘青峰:《中国思想史十讲》,北京:法律出版社,2015年版

余英时:《朱熹的历史世界》,北京:生活·读书·新知三联书店,2004年版

任继愈:《中国哲学史》,北京:人民出版社,2003年版

章培恒、骆玉明:《中国文学史》,上海:复旦大学出版社,1997年版

吴国盛:《科学的历程》,长沙:湖南科技出版社,1996年版

第四单元　明清中国版图的奠定与面临的挑战

【单元学习精要】

　　一是认识明清时期统一多民族国家版图奠定的意义。明清时期在经略边疆的举措上具有一定的连续性,既要认识到清朝前期对于边疆地区特别是北部、西部和西北边疆地区特别重视,采取了许多不同的办法,事实上对这些地区也有了超过以往的有效统治,同时也不能忽略明朝的作用。明清的连续努力奠定了今日中国版图的基础。

　　二是认识明清时期中国社会(包括经济、文化领域)的变化和面临的危机。强调两个指向:一是明清时期的中国出现了许多重大的社会变化,特别是16世纪以来的变化,在许多方面一直影响到了现代社会;二是这些变化是与这一时期的世界变化同步的,甚至是后者的组成部分。这些共同的变化包括人口增长导致的人口频繁流动、更深度的区域开发、城市的发展和区域性贸易的活跃、国家制度与商业发展之间的矛盾及其调适、民间组织的兴起、各种社会矛盾的激化,等等。剧烈的变化必然对原有的格局和秩序形成挑战,西方殖民势力的东来必然引起与当地国家和人民的矛盾,国内人口的流动必然导致移民与土著的纠纷,商业贸易发展的诉求必然与现有制度相抵触……所以变化和危机或挑战是相伴相生的。还有一点,就是封建专制的强化对中国的发展有很大影响。

【根据徐蓝、朱汉国:《普通高中历史课程标准(2017年版)解读》,北京:高等教育出版社,2018年版,第87~88页】

第13课　从明朝建立到清军入关

第1讲　明朝君主专制的强化

★学习精要

明代初年,官僚机构基本沿袭元代。以中书省为中枢机构,设左丞相、右丞相经略天下庶务,因此丞相一职极易与皇权产生矛盾。洪武十三年(1380年)朱元璋为了进一步巩固皇权,利用"胡惟庸案",宣布废除中书省和丞相职位。

丞相废除后,繁杂的工作量迫使朱元璋使用翰林院的文学侍从官员来协助文墨工作,内阁雏形产生。明成祖朱棣时期,内阁制度正式建立。

内阁政治地位的提高,主要来源于"票拟"权。内阁大学士所写的票拟是否真正被皇帝采纳和批准是内阁实际权力与地位的决定因素。从明代中期开始,由于皇帝怠政现象频繁,为了防止内阁权力膨胀削弱皇权,皇帝将自己的"批红"权力交给由宦官管理的司礼监,此后出现了内阁与司礼监双轨辅政和相互制衡的局面。

锦衣卫和东、西厂是明代重要的特务机构,合称"厂卫制度"。东厂是明成祖朱棣设立,它是明代威权最大的一个负责侦缉和刑狱的特务机构。西厂存在时间较短,是明宪宗朱见深委派汪直设立,性质和活动与东厂相当。总的来说,明朝的"厂卫制度"是在服务皇权独尊、加强专制主义的前提下,互相勾结、配合但又互相钳制的关系。

★学术动态

学术观点1:内阁权力并非宰相权力

朱元璋的废相,使丞相在法律、制度上已经被废除。因此,无论是内阁还是司礼监,也无论他们有怎样的权力、威势,对政局具有怎样的影响,在制度上都不具有丞相的合法地位。

同时,内阁的权力受到了司礼监的挟制。司礼监作为合法机构向皇帝负责,与内阁没有任何隶属关系。这种法定权力的制衡,使得内阁都无法彻底摆脱司礼监的束缚与制约。

中国封建社会是一个极其讲究"名分"的社会。所谓"名分"实质上就是一种合法性,名不正则言不顺。君主不让宰相拥有客观化、制度化的地位和权力,唐代三省制完成了这一转化,而明代则更为彻底。

【根据刘晓东:《明代丞相制度新论——"内阁非相说"质疑及其他》,《明史研究》2001年第1期】

学术观点2:内阁制度深刻影响明朝中后期政治

随着内阁权力地位上升,内阁制度对明王朝中后期的政治生活产生了巨大而深刻的影响,对国家政治和士大夫群体的政治行为都起着潜移默化的作用。

内阁纷争不断导致廷臣分化结合成小的政治群体。虽未形成党派,但政治集团的形式日益明显。内阁权力争夺的残酷性与阁员权谋的加深,进一步加速了明代政治的危机。激烈的阁臣倾轧和巨大政治权力所带来的负面作用,对当时的士大夫阶层心理产生了震撼,深刻地改变其政治和社会行为方式。

内阁官员对官僚体系的"示范性"作用,造成士大夫的政治生存环境恶劣。这为明晚期的国家政治生活蒙上了一层阴影。与此同时,高层权力倾轧异化了国家政治生活的目标,王朝政治得不到发展,国无善政。

【根据张学亮:《明中后期内阁首辅的嬗替与政治影响》,《东北师大学报(哲学社会科学版)》2008年第2期】

学术观点3:明代司法制度加强了君主专制

明代的司法审判具有法外用刑的特点,它不属于正常的司法范畴,是封建统治者依据君主专制的需要而设立的。封建司法制度的本质就是统治阶级利用法律条款束缚他人,调节内部关系的同时又能够维护自身特权。

在国家司法机关设置上,明代的"三法司"(刑部、大理寺、都察院)是继承前代并适应专制主义中央集权空前强化的需要而设立的。具体来看,它分割司法权,层层监视,互相牵制,集最高司法权于皇帝。同时刑部职权的提高,地方司法机构的建立,都反映出进一步强化皇权的专制特色。

明代司法审判制度具有专制主义特色。皇帝控制最高判决权,并通过直接参与审判把持了重案的直接裁决权,借以铲除威胁皇权的政敌。

【根据姜晓萍:《明代司法制度与君主专制》,《西南师范大学学报(人文社会科学版)》1992年第4期】

★ 史学导读

1.明代的监察制度反映怎样的时代特征?

(明朝)设六科给事中,按六部的业务进行对口监察,有单独上奏言事、监督和弹劾百官的权力。六科被称为"风宪之司",可以风闻奏事,而不一定负核实的责任,所以当时的六部官员"无敢抗科参而自行者"。明代的东厂、西厂、锦衣卫等都是君主直接委派的特别亲信,他们用公开或秘密的方式进行特别监察,往往用于治理大狱、检举吏民奸罪,伺察密告。

——摘编自韦庆远、柏桦:《中国政治制度史》,北京:中国人民大学出版社,2011年版,第246页

○ 导读提示

明代的"六科给事中"具有监督弹劾官员的权力,在行使弹劾权时直接对皇帝负责并且不需要核实事情真伪。明代厂卫制度的设立也是直接受皇帝指挥,采用公开或者秘密的方式行使监察与司法两项职能,其监察对象包括官员与百姓。

阅读材料时,应认识到:明代六科给事中和厂卫制度的设立具有共同职能与目的,两者均行使监察职能,都是为加强皇权的君主专制制度。

通过阅读材料,可以深刻理解明代监察制度为专制皇权服务的本质和专制主义中央集权制度强化的时代特征。

2.明代的内阁与皇权是怎样的关系?

阁权只有通过皇权的批准或与皇权相结合才会具有政治功能。当内阁的作用与皇帝的意志相一致时,它是皇权的一种补充。一旦它的作用有悖于皇帝的意志,就会变得一文不值。

由于皇帝的素质、能力各有不同。因此决定了他们必须根据自己的需要去随时调节政治的天平,将各种权力对比和社会秩序不断地调整到君主能够实行有效的统治限度之内,所有不适合或不利于其统治的因素,必然无情地、残酷地予以摧折。

——摘编自张显清:《明代政治史》,桂林:广西师范大学出版社,2003年版,第320页

○ **导读提示**

内阁的权力取决于皇权。内阁能够有效运作的前提是其必须与皇帝的意志相同,如果不符合皇帝的意志,它将失去自身价值且无法运行。同时皇帝将内阁置于自己的有效控制范围内,并主动将一切不利于自己意志的因素去除掉。

阅读材料时,应认识到:内阁自身具有的权力不是来源于自己而是来源于皇帝。内阁的功能就是实施皇帝的意志并为皇权服务。

通过阅读材料,可以深刻理解明代内阁制度与皇帝制度之间的关系,同时清楚内阁权力的来源和地位。

3.如何理解明代的厂卫制度会受到制衡?

即便皇帝信任的厂卫机关,并不能够做到真正意义上的无拘无束。在实体方面三法司很难与厂卫正面对抗,但仍然不妨碍这些机构以既有的制度原则为基础,从程序角度和实体制度方面对厂卫的职权构成实质性的"窒碍"或曰制衡。

厂卫在执行具体的侦缉活动中,以及参与监察和司法的其他活动中,基本都或多或少地在程序上和实体方面受到其他机构的制约。特别值得注意的是,此类制约不仅仅是习惯法意义上的制约。所谓"成例"或者"旧例",在行政的领域主要是指官府的办事成例。诸多成例的运用都经过了皇帝本人的支持,亦有违反成例而被举劾或者遭到皇帝斥责的记录。

也就是说,三法司以及其他部门与厂卫的制衡并非实践中形成的、不稳定的制衡,而是一种精巧的、制度上的设计。

——摘编自赵晓耕、时晨:《平衡与牵制:明代厂卫与法司的关系》,《甘肃社会科学》2018年第5期

○ **导读提示**

厂卫制度即是东、西厂与锦衣卫制度的合称。它是深受皇帝信任的特殊机关,可以执行监察和司法职能,因此该机关拥有很大的权力。但是在具体的侦查活动中,厂卫机构与国家其他司法机构交涉时,仍会受到制约。

阅读材料时,应认识到:厂卫制度具有皇帝赋予的特殊权力,但并非毫无节制的权力。该制度受到的制衡作用存在于制度设计之中,不是在具体实践中逐渐形成的。

通过阅读材料,可以认清厂卫权力的来源,进而理解为何厂卫机构的权力会受到制度上的制衡。

第2讲　明朝经略边疆的举措

★学习精要

　　明代在边疆与中原地区的管理上,不断继承、发展和创新前代的管理制度。不仅为后续清代的疆域管理提供借鉴和奠定基础,同时也对统一多民族国家版图的奠定作出重要贡献。在东北地区,永乐九年(1411年)设立奴儿干都司为地方最高军政机构,管理今黑龙江、乌苏里江、松花江、嫩江流域地区。在北方,修筑明长城、设立卫所管理以防御外蒙地区,其中卫所制度为民初朱元璋仿唐府兵制度创立的军事制度,战争时朝廷委派将领领兵作战,和平时期则屯兵于卫所,该制度对维护明朝统治起到重要作用。在西南地区,建立"三宣六慰"制度与地方州府进行管理,并且开始实施"改土归流",即废除世袭土官,改设可随时任命的流官,为后续清代大规模的实施打下基础。明代继承了元代的行省制度,在中原地区的管理上改行省为承宣布政使司,但习惯上仍称"省"。由于元代行省权力较大,为了进一步加强中央集权,明代将行省权力一分为三,各省设立承宣布政使司负责行政,提刑按察使司负责司法,都指挥使司负责军事防务,总称三司制度。在青海、西藏地区设立乌思藏都司、朵甘都司,作为当地最高军政管理机构。

　　14世纪,日本流亡的武士勾结中国沿海海商和失业游民在东南沿海地区制造骚乱,称为"倭患"。东南沿海地区最为严重。嘉靖四十年(1561年),明军将领戚继光率部抗倭,于浙江台州等地,先后九战九捷,歼灭大量倭寇。1566年,在戚继光、俞大猷的努力下,明代近200年的倭患基本消除。同时期,由于新航路的开辟,欧洲殖民者来到东方。1553年,葡萄牙租借澳门,获得停泊船只权,随后又取得居留权,葡萄牙人要向明政府交付租金,明朝依然拥有澳门的主权。1624年,荷兰殖民者进入台湾南部,筑热兰遮城,随后赶走西班牙殖民者,占领我国台湾地区。1661年,明军将领郑成功进军台湾,次年驱逐荷兰人,完成了台湾的收复,结束了荷兰殖民者在台湾38年的殖民统治。

★学术动态

学术观点1:政治、经济与佛教传播影响着明代汉藏交通的兴衰

　　明朝在控制中原地区之后,把战略重心转移到西北蒙藏交界地带。明朝的"控驭西番""切断蒙藏"的西北边防策略对汉藏交通的影响尤为巨大,亦是汉藏间交通道路

发生重大变化的最主要影响因素之一。

汉藏交通作为汉藏民族间经济交往的纽带作用明显,因此经济往来是道路形成的直接动因。无论是官方主导的朝贡贸易、茶马贸易,还是汉藏民间的经济交流对明代汉藏间交通道路的兴废变迁都产生了重要影响。

宗教文化传播的推动下,藏传佛教的传播路径亦是通过汉藏间交通来实现的。由于藏传佛教的东向传播,对汉藏交通的兴废也有一定的影响。

【根据李淮东:《明代汉藏交通的兴衰演变——以明朝使臣入藏活动为中心的探讨》,《中国边疆史地研究》2017年第2期】

学术观点2:海洋贸易禁令加剧东南沿海倭患

嘉靖初年,明朝严厉的海洋贸易禁令相继出台,却没有收到预期的效果,反而导致了许多更加严重的弊端。

嘉靖海洋贸易禁令颁布以后,除了在朝贡贸易方面的严格限制以外,对于民间私人贸易打击的责任落实到了地方。明廷严厉督责地方切实贯彻海洋贸易禁令,加强了对违反海洋贸易禁令的执法和管理。地方执法力度虽然加强,但同时面临执法困境,遭到地方利益集团间接或直接强势反抗。

海盗与商人聚集在一起,具有商业和盗窃的特点,浙东倭患出现内外勾结的态势。

同时这一禁令的强制推行,也忽视了浙东等沿海地区的经济环境,所以从嘉靖朝严格海洋贸易禁令中,也反映出明朝到了嘉靖时期试图在制度上体现严格约束地方行政和执法权,却也暴露出对地方控制力的下降。

【根据龚金镭:《嘉靖时期海洋贸易禁令及在浙东地区的实施》,中南财经政法大学博士学位论文,2018年】

学术观点3:明代建立边疆文教体系促进对边疆地区的有效治理

"文德以化远人":明代治边政策的核心。明太祖强调教化对于治国化民的重要,认为只要在边疆民族区域传授儒学文化、儒家礼仪,边疆民族区域就可以跟内地一样民风开化,进而达到"用夏变夷"的效果。

以府州县儒学、坊厢里甲的社学以及书院等构成的儒学体系是明代在边疆民族区域大兴文教的核心所在。通过儒家诗书礼乐的教授,儒学文化与儒家礼仪在边疆传播开来,从而实现国家对边疆地区的有效治理。

设立乡约与旌表,在边疆民族区域广施教化,使忠、义等儒家伦理道德深入渗透到边疆民族心中,通过榜样的感召、引导,致使天下归心,从而深化国家对边疆地区的有效治理。

【根据蒋金玲:《边疆治理视阈下的明代边疆文教》,《中国边疆史地研究》2020年第2期】

★ 史学导读

1.明清时期西南民族政策发生了怎样的变化?

明代,国家管理土司事务的机构主要有吏部、兵部、礼部等,地方设置的相关机构,既有布政使司、府州县,又有都指挥使司、羁縻卫所。一般情况下,布政使司管理设置在民族聚居地区的土府、土州和土县等土官机构;都指挥使司和羁縻卫所管理设置在靠近内地的土府、土州和土县等土官机构以及边疆少数民族地区的宣慰司、宣抚司等土司机构。清朝前期,在中央设置了专门管理边疆少数民族事务的机构——理藩院。在地方,雍正三年在西宁设置了"钦差办理青海蒙古番子事务大臣"一职,进而全面强化对青海地区四十家土司的控制。

——摘自李良品、谈建成:《"因俗而治":明清时期土司地区的国家治理政策》,《西南民族大学学报》2017年第3期

○ 导读提示

明代的吏部、兵部等中央部门对西南民族地区有管理职责,以布政使司为代表的地方机构也有相应的管辖之权。同时,明代设立的土司制度也具有行政管理职能。三方职责与权力相互交错。清代,中央由理藩院统一管理边疆民族事务,地方则由中央委派官员进行强化管理。

阅读材料时,应认识到:明代对于西南民族地区的管理方式涉及中央、地方两级。其中地方又包括"三司"制度与土司制度。三方机构都具有相应的管理西南民族地区的职能与权力。清代管理模式相对清晰且出现改变,尤其是地方上的管理机构出现中央委派的现象。

通过阅读材料,可以深刻理解明清两代各自的西南民族政策在总体上保持了"因俗而治"的方针,有利于统一多民族国家的发展。

2.如何看待明代"隆庆开禁"的影响？

明穆宗朱载垕即位时，面临"四方之民竭矣，各处之库藏空矣"的窘境，国家财政严重紧张。北部鞑靼部落持续进犯，东南沿海倭寇之乱屡打不绝。内忧外患的局面使他认识到"市通则寇转而为商，市禁则商转而为寇"，政策过于严厉对王朝统治并无好处。

1567年，明朝政府宣布解除海禁，允许民间私人远贩东西二洋，开始大规模对海外贸易征税，史称"隆庆开禁"。从此民间私人的海外贸易获得了合法的地位，此后明朝出现一个比较全面的开放局面。

当时明朝的产品诸如丝织品、瓷器、茶叶、铁器等，广受世界各国欢迎，而许多国家缺乏名优商品能满足明朝的国内需求，只好以白银支付所购的明朝商品，引致白银大量流入明朝。从1567年到1644年这段时间，海外流入大明国的白银总数大约为3亿3000万两，相当于当时全世界生产的白银总量的三分之一。市场在白银的驱动下，前所未有地活跃起来。大批中国商品以东南亚为跳板流入欧洲和美洲，在一定程度上刺激和影响了欧洲工业技术的革新，为西方资本主义的兴起做出了贡献。

——摘编自夏秀瑞、孙玉琴：《中国对外贸易史》，北京：对外经济贸易大学出版社，2001年版，第302页

○ **导读提示**

明穆宗统治时期，国家疲敝，财政紧张。统治者发现严厉的禁商贸易政策反而加重东南沿海地区的倭患。该时期，中国的农产品和手工品受到东南亚、欧美地区的欢迎，在对外贸易中明王朝获得了大量的白银，刺激了国内的生产与贸易。官方解除海禁后，民间对外贸易的发展促进政府税收增加。

阅读材料时，应认识到：中国商品受到国外热捧，在官方的对外贸易中，大量白银流入国内。政府实施严格的海禁政策，商人转匪，东南倭患更为严重。政府解除海禁政策之后，民间兴盛的对外贸易为政府带来丰厚的税收。

通过阅读材料，可以深刻认识到明代倭患复杂的成因，并理解海禁政策对明朝经济的积极影响。

第3讲 郑和下西洋

★学习精要

郑和下西洋是指明政府从明永乐三年(1405年)到宣德八年(1433年)间进行的七次海上远洋活动。远航船队从刘家港出发,先后拜访了爪哇、苏门答腊等三十多个在西太平洋和印度洋的国家与地区,最远到达了非洲东部莫桑比克的贝拉港。

明成祖朱棣在位时期,郑和率领船队出行六次。明仁宗朱高炽继位后,宣布停止下西洋。宣德五年(1430年),明宣宗朱瞻基命郑和开始第七次下西洋。这次航行,郑和船队最远到达非洲,也是最后一次航行。

郑和下西洋不仅体现了明朝中国发达的造船业与先进的航海技术,更展示了明王朝雄厚的综合国力。同时也拓展了明王朝主导的朝贡体系,加强了中外文明的交流,留存了大量记录沿线各地区风土人情的史实资料。由于郑和下西洋并非采用霸权主义的对外交流方式,因此郑和也被视为明朝的和平使者。但是,由于郑和下西洋存在忽视经济实力的弊病,加上明朝国力逐渐衰微,最终使这一伟大的航海事业被迫停止。

★学术动态

学术观点1:郑和下西洋巩固了明朝在中华朝贡体系的中心地位

郑和下西洋旨在建立超越东亚文化圈之外的又一套独特的体系,在明朝与非属国之间继续贯彻天下意识和华夷观念。不仅有向周边藩属国家和远夷国家展示国力强盛,也有吸引他们加入天朝宗藩朝贡联盟的政治目的。更重要的目的是以全方位地确立明朝的中华朝贡体系中心的地位,强化明朝政府统治的政治基础。

从西洋回来的贡物,是天朝中心主义支配下的天下、国家外交思想的外化。贡物强调的不是其中的经济作用,而是礼仪的功能,它寓意了统治的合法性和有效性。周边外族政权是通过贡品来显示自身的合法性,中央政府则是通过来新奇贡品显示统治的有效性。

【根据邹振环:《郑和下西洋与明朝的"麒麟"外交》,《华东师范大学学报(哲学社会科学版)》2018年第2期】

学术观点2：郑和下西洋拉开全球史的序幕

郑和下西洋不仅在空间上早已超出了东亚范围，而且更重要的，是需要修正以往极大地忽视了古代亚洲乃至欧洲都有朝贡概念与国际惯例的存在。郑和下西洋推动了区域国际贸易的活跃发展，开创了印度洋区域各国跨文明对话与合作发展的新局面和国际新秩序。

古代印度洋贸易紧紧地将亚、非、欧连接在一起，郑和下西洋成功地全面贯通了陆海丝绸之路，中国与印度洋周边各国的合作互动，为一个"全球"贸易雏形的构建，也为一个整体的世界诞生于海上做出了重要铺垫，可以说是拉开了全球史的序幕。

【根据万明：《全球史视野下的郑和下西洋》，《中国史研究动态》2019年第2期】

★ 史学导读

1.如何看待郑和下西洋的航海活动？

郑和下西洋时曾多次抵达东南亚、南亚和非洲东海岸。作为明朝的外交使节和贸易代表，郑和始终奉行"不欺寡、不凌弱、友好相处，共享太平"的准则，和沿途国家相互尊重，友好相待。英国学者李约瑟博士评价说："东方的航海家中国人从容温顺，不记前仇，慷慨大方，从不威胁他人的生存，虽然以恩人自居；他们全副武装，却从不征服异族，也不建立要塞。"在贸易活动中，采取议价成交方式和厚往薄来的做法，以丝绸、瓷器等中国特产与当地人平等交易。同时，郑和船队还把中国的一些生产技术、生产工具、医学等带到了沿途国家，推动了当地经济和文化的发展与进步，赢得了沿途各国人民的欢迎和赞扬。直到今天，索马里和坦桑尼亚仍然把当地出土的明代瓷器视为和中国传统友谊的象征。

——摘自石涛：《海外华文教育教材：中国历史》，武汉：华中科技大学出版社，2014年版，第145页

○ 导读提示

郑和船队将中国的一些生产技术、生产工具、医学等带到了沿途国家，可以看到中华文明的传播推动了当地经济和文化的发展与进步，赢得了沿途各国人民的欢迎和赞扬，促进了中外经济文化的交流，推动了亚非许多地区经济文化的发展与进步。

阅读材料时，应认识到：郑和船队奉行"不欺寡、不凌弱、友好相处，共享太平"的准

则;注重平等的交流与贸易,并推动当地经济文化的发展。

通过阅读材料,可以深刻理解明代郑和船队的航海活动在扩大对外交往的同时也传达了和平、友善、平等的精神。

2.如何理解明代中国对外交往由"陆路"到"海洋"的转变?

公元前139年和公元前119年,张骞两次受汉武帝派遣前往西域,使中国了解到了西域的政治、军事情况和商业信息。此后,汉武帝发动了一系列战争,使亚洲中部恢复了和平。但唐宋丝路相继被吐蕃、蒙古等阻断,"背海立国"的宋代逐渐把重心移向东南。特别是在"国家财富鼎盛之时,军威显赫之日"的15世纪,明成祖为郑和配备了医官、文书、通事、火长等军士和后勤人员,两万余人先后七下西洋,以"厚往薄来"的方式"怀柔远人","和顺万邦",建立了庞大的朝贡系统。这种从"西域"到"西洋"的变化成为一个有意义的历史世界,凸显了海上交往的意义。但这种海上优势,很快被西方国家取代。

——摘自袁行霈:《中华文明史》,北京:北京大学出版社,2004年版,第243页

○ **导读提示**

在汉代打通丝绸之路之后,中西方的交流就不断发展。在唐宋时期,由于少数民族的阻断、宋代经济重心的南移,南方贸易繁盛于北方。明代组织庞大的人员进行"厚往薄来"的海上交流方式,不仅反映了明王朝国力强盛,也说明了当时的航海造船业的发达程度。

通过阅读材料,应理解:政治、经济的发展是明代中国对外交往由"陆路"到"海洋"的深层原因,技术的进步和经济中心的南移对此也有直接的影响。

3.明代海洋政策具有怎样的特点?

明朝建立后,国内局势不定,倭寇经常登陆骚扰。明太祖朱元璋为防止内地海商勾结倭寇为患,于洪武四年诏令"濒海民不得私自出海"。明太祖的海禁旨在通过禁止民间的海上互市,以隔断海商与倭寇的联系。永乐时期,政权巩固、经济繁荣、国力强盛。为维持南洋地区的和平与稳定,且力图向西洋发展,明成祖决定派遣郑和率舰队出使西洋诸国,以"昭示恩威,扩往圣之鸿规,著当代之盛典,舆图开拓、万善咸臻"。郑和下西洋虽然有经略西洋的明确意图和实践努力,但受当时社会生产力发展水平的限制和中华传统文化的制约,缺乏发展海外贸易的明确主观动机。然而在客观上,郑和

船队在下西洋过程中广泛开展贸易和文化交流活动,加强了与亚非各国的联系和交流,促进了共同发展。正统(1436—1449年)以后,随着政治的腐败,海防松弛,倭寇劫掠又在中国沿海一带蔓延开来。此时的明朝政权只有以海禁政策来应对内外危机了。通过接连的禁令,海禁政策之严厉很快达到登峰造极的程度。

——摘自孙海峰:《略论明朝的海洋政策》,《河南大学学报(社会科学版)》2003年第2期

○ 导读提示

在海洋政策的特点方面,明初防止沿海地区百姓勾结海盗,实施严厉的海禁政策。永乐年间政策松弛并出现了具有政治色彩、以宣扬国威为目的的航海活动。在特点成因方面,中国传统的人伦秩序、经济生产模式、社会政治结构等都影响着明代海洋政策的变化与实施。

阅读材料时,应认识到:明代的海洋政策是被动与防御性的,在对外交往方面,政治目的远大于经济目的。理解政策的变化是由社会的政治、经济、文化、民族性格各方面因素共同作用的结果。

通过阅读材料,可以深刻认知明代海洋政策的变化轨迹与影响政策变化的原因,理解明代海洋政策特点对当时社会产生了积极与消极两个方面的影响。

★ 荐读书目

郑汕:《中国边疆学概论》,昆明:云南人民出版社,2012年版

杨绍猷、莫俊卿:《明代民族史》,成都:四川民族出版社,1996年版

李孔怀:《中国古代政治与行政制度》,上海:复旦大学出版社,2006年版

陶磊:《德礼·道法·斯文重建:中国古代政治文化变迁之研究》,杭州:浙江大学出版社,2016年版

李云泉:《朝贡制度史论:中国古代对外关系体制研究》,北京:新华出版社,2004年版

彭建英:《中国古代羁縻政策的演变》,北京:中国社会科学出版社,2004年版

第14课　清朝前中期的鼎盛与危机

第1讲　君主专制发展到新高度

★学习精要

君主专制制度自秦朝建立,至清朝时期发展到新高度。清朝皇帝利用南书房、奏折制度、军机处以及开展文字狱等一系列措施加强君主专制。

奏折制度创制。奏折制度是指清朝部分官员向皇帝奏事进言的文书制度。它始用于康熙年间,雍正以后普遍采用。这一制度规定,内外诸臣对凡属机密或应速递上闻的国家庶政,都可以用密折先行奏闻。奏折制度下的密则通过专人或驿站直接送入内宫,由皇帝亲自拆阅并用朱笔批示,然后再交来人或通过驿站发回原奏人遵行,中间不必经过任何机构或个人转手,既速且密,有利于强化对官僚机构的控制。

南书房的设立。南书房是康熙年间为加强皇权统治而专设的御用秘书机构。康熙亲政后,皇帝的权力受议政王大臣会议的限制,设立南书房是康熙削弱议政王大臣会议权力、加强自身权力的重要步骤。南书房官员是在翰林等官员中,选择才品兼优的人入值,称"南书房行走"。入值者的主要职责是陪伴皇帝赋诗撰文,写字作画,有时还秉承皇帝的意旨起草诏令。由于南书房非皇帝亲信不得入,故其完全是由皇帝严密控制的一个核心机要机构。

军机处的设立。雍正年间,出于当时用兵西北的军事需要,为达到办事密速的效果,设立了军机处。军机处初设时仅为西北军务服务,后来发展成皇帝常设的秘书机构。它不是一个正式的权力机关,机构简单,人员精干,办事效率较高。军机大臣在处理事务时,皆为秉承皇帝旨意办事,跪受笔录、承旨下达、不能决策。通过军机处的设立,军政大权完全集中于皇帝手中,君主专制制度发展到极致。

文字狱的开展。大兴文字狱是清代统治者加强思想、文化控制的措施之一。文人学士只要在文字中稍露不满,或皇帝怀疑文字中有讥讪清朝的内容,即被入狱。文字狱严重禁锢了思想,堵塞了言路,阻碍了思想文化的发展。

★学术动态

学术观点：军机处将皇权独断制度化和规范化

在军机处设立以前，专门负责承旨书谕，处理"章疏票拟"的内阁只是服务于皇权的官僚机构，而不是一个独立的权力系统，它和专制皇权不存在实质性的矛盾冲突，和明初内阁一样，清初内阁的出现也是皇权加强的产物。

作为清朝中央决策特色机构，军机处的出现绝非针对内阁，而是试图将已经形成的皇帝"乾纲独断"局面制度化和规范化。军机处产生以后，清朝决策机构更加明朗化，内阁行政职能更加明确。在为政方式上，朝廷对日常政务与机密事务的处理有了原则区别，也就是所谓的"本章归内阁，机务及用兵皆军机大臣承旨"。因此在权力分配上，军机处与内阁并不存在严重的对立关系。

【根据高翔：《略论清朝中央权力分配体制——对内阁、军机处和皇权关系的再认识》，《中国史研究》1997年第4期】

★史学导读

1.奏折制度具有什么特点？

雍正上谕：谕总理事务王大臣，军前将军，各省督抚、将军、提镇等处：所有皇考朱批谕旨，俱著敬谨封固进呈。若抄写留存，隐匿焚弃，日后发觉断不宽贷，定行从重治罪。京师满、汉大臣官员，凡一切事件有皇考朱批谕旨，亦著敬谨封固进呈……嗣后朕朱批密旨，亦著缴进，不得抄写存留。若有违反隐匿不缴者，则从重治罪。

——摘自《世宗实录》（卷一），康熙六十一年（1722年）十一月戊申（二十七日）

○ 导读提示

雍正帝命令，所有康熙帝批复的奏折以及之后自己朱批的密旨，需全部呈交。不可私自抄写留存以及藏匿焚毁，这样保证奏折制度的机密性。

阅读材料时，应认识到：清代奏折制度的运作方式是皇帝与官员直接对话，以保证对官员的监察、控制，其中涉及较多机密内容，因而采取回缴朱批奏折的方式也就不难理解。

通过阅读这则材料，可以深刻理解清朝在皇权高度集中体制下奏折制度的特点，为皇权服务的奏折制度是为保持绝对的机密性，从而达到加强皇权的效果。

2.军机处的地位如何？

机务及用兵皆军机大臣承旨，天子无日不与（军机）大臣相见，即承旨诸臣（军机大臣）亦只供传述缮撰，而不能稍有赞画于其间也。

——《清史稿》卷176《军机大臣年表一》

○ **导读提示**

军机大臣由皇帝指派，皇帝直接监督下起草或处理机要文书，决策权在皇帝手中，只负责上传下达，没有参与决策的权力。

阅读材料时，应认识到：军机处的设立是为加强君主专制而设，因而其仅仅是辅助皇帝处理政务的中枢机构，军机大臣均有皇帝钦定，只能秉承皇帝旨意办事，决策权仍牢牢掌握在皇帝手中。因此，军机处只是皇帝的秘书机构。

通过阅读该材料，可以了解到军机处在清政府政治机制中所起的作用。军机处是皇权不断加强的产物，也使皇权达到了顶峰。

第2讲 清中叶中国版图的奠定

★学习精要

清朝前期，通过收复台湾，抗击沙俄，平定准噶尔以及大小和卓叛乱等巩固了东南、东北以及西北边疆地区的统治，又通过在新疆设置伊犁将军，在西藏册封达赖与班禅，在中央设置理藩院管理少数民族事务等加强了对边境以及少数民族地区的统治。

这些经略边疆的措施，将中原与边疆联结到一起，使清朝建立起一个将全国各民族和地区完全置于统一的、中央集权领导之下的强大的封建国家。

现代中国的版图在清朝基本奠定。到清中期，疆域西跨葱岭，西北达巴勒喀什池，北接西伯利亚，东北至外兴安岭和库页岛，东临太平洋，东南到台湾及其附属岛屿钓鱼岛、赤尾屿等，南至南海诸岛，西南抵喜马拉雅山脉。

★学术动态

学术观点1:达赖与班禅加强了清朝对西藏地区的治理

班禅是继达赖之后藏传佛教格鲁派形成的又一个活佛转世系统。数百年来,不仅在西藏地区产生较大的影响,而且还与历代中央政府建立了广泛的联系。因而班禅系统在清朝治理蒙藏地区的实践中也就发挥了重要的作用。这些作用主要从以下三个层面去体现:在中央集权方面,班禅系统一直与清朝中央政府保持着密切的联系,积极拥护中央政府的决策,坚定不移地执行清朝政府的命令,维护了中央权威;在地方层面,历代班禅大师经常参与调解纠纷,化解派系矛盾,在维护西藏地区的稳定方面作出了突出贡献;在整个国家层面,历代班禅无一不站在爱国爱藏立场上,坚持国家的统一,承认西藏是祖国领土的一部分。因此,班禅系统使清政府在西藏地区的管理得以加强。

【根据陈伯萍:《班禅系统在清朝治理西藏中的作用》,《青海民族研究》2006年第2期】

学术观点2:清代的空前统一得益于民族"大一统"观念

华夷之辩是中国古代的传统民族观念,自春秋以来的两千三百余年间,大多数中原汉族王朝均奉为圭臬,相沿未革,因而也未能解决好北方的民族问题与边患问题。

清朝统治者锐意改革,以民族大一统观念取代了以往的华夷之辩。民族大一统,指的是清朝包容不同的民族,视各民族为一个整体,中国这一广阔疆土上的各民族,都统一于清政权。

以这种新型民族观念为指导,清朝很好地解决了中国北方的边患问题,促进了中国政治与国土疆域的空前统一。

【根据李治亭:《清代民族"大一统"观念的时代变革》,《社会科学辑刊》2006年第3期】

学术观点3:清朝民族政策适应了统一多民族国家的发展

民族政策本质是指其本身所固有的、在社会规律和民族规律制约下、决定民族政策性质、面貌和发展变化的根本属性。

清代民族政策的本质可以概括为:统治阶级意志、利益和认识事物水平在认识处理民族问题方面的集中体现;统治阶级对多民族国家的民族事务进行有效管理的最重要工具之一;统治阶级适应多民族国家社会发展需要的主要方式之一。

因为清朝的民族政策较为成功地解决了游牧民族与农耕民族之间、农耕民族与农耕民族之间、游牧民族与游牧民族之间的矛盾,营造和维护了统一和稳定的社会环境。因此,清朝民族政策适应了统一多民族国家社会发展的需要。

【根据余梓东:《论清朝民族政策的本质》,《黑龙江民族丛刊》2008年第5期】

★ 史学导读

1. 促进清朝前期"大一统"多民族国家最终形成的原因是什么?

清朝前期真正开启了边疆与内地"一体化"的历史进程,消除了千百年来自"三北"(东北、北部与西北)的"边患",变成和平的边疆;把一个横行大草原的强悍的蒙古族变为能与其他各族共处的和谐民族,把一个远离中华传统文化的藏民族拉近了距离,密切了与汉满民族的关系。清代继承和发展了秦汉以来的"大一统"思想,以新的民族"大一统"观念为指导,较成功地解决了两千多年来困扰历代王朝的边疆"内患"问题,促进了国家的统一。空前"大一统"的多民族国家至清代最后完成,这是中国封建社会数千年发展的一个大结局。

——摘自白寿彝:《中国通史》,上海:上海人民出版社,1999年版

○ 导读提示

材料指出清朝采用正确的边疆政策实现了边疆与内地的和平;采用合适的民族政策将蒙古族变为能与其他民族和谐共处的民族;并且还采用秦汉以来儒家"大一统"理念去解决边疆"内患"问题。通过这些政策,清朝最终完成了空前的"大一统"。

阅读材料时,应认识到:建立清朝的满族在统一中国后改变了传统的华夷观念,将各个民族都置于清政权之下,因此"大一统"的观念为建立空前大一统的清王朝奠定了理论基础。

通过阅读该材料,可以深刻理解清朝实现空前"大一统"奠定中国疆域版图的原因。康雍乾几位皇帝顺应历史发展趋势,在专制主义中央集权高度发展的前提下,励精图治;再采取适宜的民族政策与边疆管理政策,最终巩固了多民族国家的统一。

2. 从乾隆谕旨了解伊犁将军有何职责?

乾隆谕曰:"著传谕阿桂(伊犁将军)等暂停搜捕玛哈沁,以巡察边界为由,领兵四五百名前往塔尔巴噶台等处,遇有哈萨克人等在彼驻牧者,即明切晓示,云:此天朝平定之地,尔头目等从前奏请游牧,大皇帝并未准行,何得擅行栖止。因念尔等俱经归

附,姑宽治罪,可即速遵谕迁徙。伊等如果及时移出则已,或有意推诿迟延,即应慑以军威"。

乾隆谕曰:"伊犁、叶尔羌、喀什噶尔、阿克苏、库车等处驻兵,应即计其地之所入以定章程,不可致烦内地民力。今各该处约有满洲、绿旗官兵若干,屯田收获及回人等一年所纳贡赋若干,足敷官兵俸饷与否,可传谕舒赫德往查核。"

——摘编自《平定准噶尔方略续编》(卷三)

○ 导读提示

乾隆谕令伊犁将军阿桂,暂停搜捕玛哈沁,去巡查边界,不允许哈萨克人在清王朝领土内游牧。同时也指出在伊犁等地驻兵可以节省一些民力,让驻军屯田,增加收入。

阅读材料时,应认识到:清代在新疆设置伊犁将军,目的是为巩固清王朝边疆统治,维护主权,所以首要任务就是戍边,维护边疆稳定。与此同时节省人力,进行屯田。

通过阅读该材料,可以深刻理解清朝设置伊犁将军的主要目的与职能。从清王朝对新疆的管辖理解清朝对边疆经略的重视。

第3讲 统治危机初显

★学习精要

清朝经济的繁荣推动人口持续增长,资源危机由此日益显露,加上政治腐败和贫富矛盾的积累,乱象逐渐萌生。到"康乾盛世"后期,反清起义多次发生,使清朝面临内部统治危机。

闭关政策,是清朝严格限禁对外交通、贸易的政策。1757年,乾隆帝以"民俗易嚣,洋商错处,必致滋事"为由,关闭漳州、宁波、云台山三处通商口岸,仅留广州一口对外通商。清朝建立公行制度垄断外贸,并先后颁发《防范夷商规条》《民夷交易章程》《防范夷人章程》等,对外国人的商务活动、居住处所、行动自由等作了苛细而繁杂的规定,对出口商品的品种与数量也加以严格限制。

这一政策从一定程度上打击和限制了猖獗的海上走私活动以及海盗行为,对沿海地区的稳定起到了积极作用。但其长期推行,阻碍了中外联系,影响了中国吸收先进文化和科学技术,也严重地阻碍了资本主义的萌芽发展,更使清政府不适应新的外部环境变化,面临新的危机。

★ 学术动态

学术观点1：清前期对外政策是有限制的开放

清代中国所面对的世界形势，比明代中国所面临的更为复杂。

通过对曾被视为清代中国若干历史节点进行分析，得出清初海禁、迁海政策是以军事战略为主要出发点的政策，而非以遏止对外贸易为目的，且不持久，并不能表示清朝前期以"闭关锁国"为国策。

康熙开海之后约一个半世纪间，中国海外贸易的活跃程度和规范化程度都超过了明代的水平，是中国对外贸易的一个发展期。所谓"一口通商"是夸张说法，当时其他海关依然运行。

清朝政府对中外贸易积极干预，其中兼含限制、规范、鼓励举措。就主流而言，清前期中国对外关系的基本格局不是闭关锁国，也不是全面开放，而是有限制的开放。

【根据赵轶峰：《清前期的有限开放——以贸易关系为中心》，《故宫博物院院刊》2015年第6期】

学术观点2：清代华夷观念的变化促进闭关政策的形成

长期以来，中国的封建统治者形成一种"华夏文化优越论"。到清代，华夷观念又发生了变化。其中"华"的主体逐渐从专指汉族扩展到包括满族在内的各民族，此后"华"基本上是作为全体中国人的代称与"夷"相对。而"夷"则专指外国人，特别是西方殖民者。

这种华夷观的特点即是：认为中国是"世界中心"而对外来文化采取"全盘否定"的态度。

这种华夷观的变化为清政府实行闭关政策奠定了思想基础，在闭关政策的形成过程中，其影响不可忽视。

【根据向玉成：《清代华夷观念的变化与闭关政策的形成》，《传承》2012年第17期】

学术观点3："摊丁入亩"并非清代人口激增的主要原因

中国人口在清朝出现了激增现象。大多数学者认为"摊丁入亩"是清代人口激增的主要原因。

实际上，"摊丁入亩"对清代人口发展的作用是很有限的。"摊丁入亩"政策是封建的赋税制度，是为封建统治服务的。因此有其阶级局限性与欺骗性。如果说"摊丁入亩"对人口发展有影响的话,那就是开始时期的口号作用和取消丁税后大量隐匿人口的查出,使人口的表面数字猛增。

清代人口激增的主要原因可归结为三点:中国人口增长与世界人口增长的趋势相联;医学的发展使人口死亡率下降;农作物新品种的增加与人类食物结构的变化。

【根据王瑞平:《"摊丁入亩"是清代人口激增的主要原因吗》,《河南师范大学学报(哲学社会科学版)》2001年第3期】

★ 史学导读

1.清朝实行闭关政策的重要原因是什么?

昨据尔使臣以尔国贸易之事,禀请大臣等转奏,皆系更张定制,不便准行……天朝物产丰盈,无所不有,原不藉外夷货物,以通有无。特因天朝所产茶叶磁器丝斤,为西洋各国及尔国必需之物,是以加恩体恤,在岙门开设洋行,俾得日用有资,并沾余润。今尔国使臣于定例之外,多有陈乞,大乖仰体天朝加惠远人、抚育四夷之道。且天朝统驭万国,一视同仁,即在广东贸易者,亦不仅尔英咭唎一国,若俱纷纷效尤,以难行之事,妄行干渎,能曲徇所请。念尔国僻居荒远,间隔重瀛,于天朝体制,原未谙悉,是以命大臣等,向使臣等详加开导,遣令回国……尔国王或误听尔臣下之言,任从夷商将货船驶至浙江天津地方,欲求上岸交易,天朝法制森严,各处守土文武,恪遵功令。尔国船只到彼,该处文武必不肯令其停留,定当立时驱逐出洋。未免尔国夷商徒劳往返,勿谓言之不豫也。其凛遵毋忽,特此再谕。

——摘自《清高宗实录》卷一千四百三十五

○ **导读提示**

乾隆帝在给英国国王的敕谕中认为,天朝无所不有,不需要与外国进行通商贸易。但因西洋各国需要天朝的商品,因此保留了广州一处为通商口岸。除此之外,他严厉禁止中国的其他地方与英商进行贸易,实行闭关自守的政策。

阅读材料时,应认识到:清朝统治者以天朝上国自居,一方面是因为君主专制发展到新高度,另一方面也要明白在自给自足的小农经济经济模式下,实行闭关政策是与之相适应的,这是当时生产力水平的产物。

通过阅读该材料,可以深刻理解清朝实施闭关政策的原因。由于思想观念陈旧落后实行闭关政策,实行闭关政策后又会使观念更加落后于西方世界。

2.清朝闭关政策的内涵是什么？

从康熙二十三年到道光二十年(1684—1840年)，长达一百五十余年，清朝的对外经济贸易政策日趋保守，一代不如一代。政府不许商民侨居国外，不许到南洋、吕宋等处贸易，并先后严禁军器、铁器、铁锅、米粮、书籍等的出口，甚至连传统产品以及蚕丝也不准出口。以广州十三行为代表的行商操纵、垄断进出口贸易。乾隆二十五年(1760年)颁布《防夷五事》，嘉庆十四年(1809年)又宣布《民夷交易章程》，道光十一年(1831年)有《防范夷人章程》的修订，道光十五年(1835年)又有《防范夷人章程》的修订，等等。

——摘编自沈光耀:《中国古代对外贸易史》,广州:广东人民出版社,1985年版,第45~46页

○ **导读提示**

清朝对外经济贸易活动中不允许商民私自出海贸易，限制重要商品的出口，而且官方垄断对外交往，还制定一系列章程严密监视外商在华的活动。

阅读材料时，应认识到：清朝闭关政策并非绝对禁止中外贸易往来，而是在官府管控之下禁止中国商人出海贸易，限制外商来华贸易。

阅读该则材料，可以深刻理解闭关政策的具体内涵。"禁止"与"限制"针对不同人群，是中国历来的重农抑商政策的一定体现。

★ 荐读书目

白寿彝：《中国通史》，上海：上海人民出版社，1989年版

金观涛、刘青峰：《兴盛与危机：论中国封建社会的超稳定结构》，长沙：湖南人民出版社，1984年版

费孝通：《乡土中国》，上海：上海人民出版社，2006年版

刘凤云、刘文鹏：《清代的国家认同》，北京：中国人民大学出版社，2010年版

杨念群：《何处是"江南"？——清朝正统观的确立和士林精神世界的变异》，北京：生活·读书·新知三联书店，2010年版

李洵、薛虹：《明清史》，沈阳：辽宁人民出版社，1985年版

戴逸：《简明清史》，北京：中国人民大学出版社，2006年版

第15课　明清经济与文化

第1讲　明清经济的发展与局限

★学习精要

明清时期,中国在农耕文明轨道上发展到了一个新的高峰。专制集权空前强化,统一多民族国家更趋稳固,在此基础上,农业、手工业及商业得以继续发展。

农业方面,明中后期由国外引进的高产农作物玉米、甘薯、马铃薯到清代不断推广种植,这大幅度提高了农作物的单位面积产量和总产量,进一步丰富了农产品结构,缓解了人口增长带来的人地矛盾。这一时期,农业经营方式的多样化,棉花、甘蔗、烟草等经济作物广泛种植,反映了农业生产商品化程度的提高,农民的家庭生活与商品经济体系的联系日益密切。

手工业方面,明清时期手工业发展迅速,冶铁业、铸造业、制瓷业、印刷业等领域发展尤为显著。其中,江西景德镇成为全国的制瓷业中心,还出现轧棉、暑袜等新行业。就经营方式而言,从明代后期江南城市的丝织和棉纺织业生产中萌发的某些资本主义的生产关系,到清代时,扩展到更多地区的手工业部门。当然,这一时期在手工业中处于萌芽状态的资本主义生产关系和成熟时期的资本主义生产关系不可同日而语。它不仅是嫩弱的,带着明显的封建烙印;而且是稀疏的,只发生在个别地区的少数手工行业。

商业方面,随着工商业的发展和南北经济联系的加强,从明中期到清代,在江南地区出现了众多兼具经济、文化娱乐功能的新型市镇,成为明清城市经济发展的显著特征。在国内贸易发展的基础上,海外贸易的需求日益高涨。随着对外贸易的发展,大量白银流入国内,白银货币化成为明末清初重大的经济现象。频繁的商业交往,催生了许多实力雄厚的大商人,形成了地域性商人群体——商帮。

整体而言,明清经济虽比前代有了更大进步,却不足以突破传统小农经济的坚实土壤。此外,日益僵化的封建专制统治压制和阻碍着社会的进步与转型,"治世"的表象之下埋伏着"乱竟不远"的危机。

★学术动态

学术观点1：明清经济存在一个发展与停滞并存的"悖论"

如果把明清和战国秦汉、唐宋农业生产的各个方面作比较，可以看出，明清农业经济是发展与制约并存的。

一方面，农业地区空前扩大，精耕细作技术推广到更广的地区和更多的领域，土地利用率达到前所未有的高度，玉米、甘薯等高产粮食作物相继引进，经济作物有较大发展，表现为地区分工的资源配置的优化等，导致经济总量的明显增加。另一方面，农业工具基本上没有改进，农业技术没有突破性的创新；农牧比例失调，畜力严重不足，有些农业先进区甚至从牛耕退回人耕；生态环境恶化，自然灾害频繁；人口激增，耕地紧缺；导致农业劳动生产率总体上的停滞或下降。从经济向广度发展和部分向深度发展看，从经济总量的增加看，从商品经济的繁荣看，明清经济可以与战国秦汉和唐宋并列为我国封建经济的高峰之一。但从发展的势头和速度看，从劳动生产率是否有相应的提高看，明清的"高峰"逊于前两个"高峰"。

可见，明清商品经济比前代有较大发展，但明清的劳动生产率停滞或下降，这是一种历史上客观存在的"悖论"。

【根据李根蟠：《关于明清经济发展中的一个"悖论"》，《中国经济史研究》2003年第1期】

学术观点2：资本主义萌芽"情结论"

毛泽东在《中国革命与中国共产党》中有这样一个著名判断，以为传统中国社会内部的商品经济发展，已经孕育着资本主义萌芽，如果没有外国资本主义影响，中国也将缓慢发展到资本主义社会。新中国成立后，"中国资本主义萌芽问题"成为史学界长期热烈讨论的议题之一。

首先，从感情基础来说，这种抱定"中国历史上确实有过资本主义萌芽"是一种特定时期中国人民民族心态的表现，是中国人与西方争平等的强烈愿望。这种愿望体现在史学研究中，就是"别人有，我们也要有"的"争气"心态。其次，从认识基础来说，"资本主义萌芽情节"是一种"单元—直线进化"史观的产物，按照这种史观，世界民族都必须遵循一条共同的道路，也就是说资本主义是不可逾越的一个阶段，所以中国也必然要经历它。

因此，资本主义萌芽研究是一种预设结论的研究，盲从于欧洲经验为基础的历史发展模式，是一种"资本主义萌芽情结"。

【根据李伯重《理论、方法、发展趋势：中国经济史研究新探》，北京：清华大学出版社，2002年版，第11~13页】

★ 史学导读

明清经济领域出现了哪些值得注意的新因素？

明代开始大力引进高产或有经济价值的作物，如南洋的番薯、南美洲的玉米、巴西的花生、吕宋（菲律宾）的烟草等。水稻逐渐推广到北方。清代，这种作物交流的势头有了进一步的发展。作为农民生活来源的重要组成部分，棉花的种植也进一步向北方推广，其收益已超过传统的桑麻作物。优良棉花品种不断出现。许多地区棉花的种植已成为商品生产。

——摘编自章开沅、朱英：《中国近现代史》，开封：河南大学出版社，2009年版，第12~13页

隆庆、万历年间，苏州"大户张机为生，小户趁织为活"。在苏州出现了机工寻求雇佣机会的固定劳动力市场。每天早晨，在玄妙观口聚集着没有雇主的小户上百人，"听大户呼织，日取分金为饔飧计。大户一日之机不织则束手，小户一日不就人织则腹枵，两者相资为生久矣"（[明]蒋以化《西台漫纪》卷四《记葛贤事》）。机工与机户之间的关系是"机户出资，机工出力"的劳动力买卖关系。

康熙年间，朝廷接受江南机户的请求，废除"织机不逾百张"的限制，丝织业兴盛起来。南京出现拥有五六百张织机的丝织工厂。此外，广东的冶铁业、云南的采矿业、台湾的熬糖业、陕西的伐木业、北京的采煤业等，都出现了资本主义性质的经营。

——摘编自朱绍侯、齐涛、王育济：《中国古代史》（下册），福州：福建人民出版社，2010年版，第222页

明代商业的发展，首先表现在城镇的发展。明代经济职能比较显著的大城市多达40多个，许多手工业市镇的兴起和城镇居民脱离农业从事工商业，成为明代城市经济发展的显著特征。其次是商业资本活跃。随着商品经济的发展，全国出现了许多商业资本集团。(有"十大商帮"之说，即：山西商帮、陕西商帮、宁波商帮、洞庭商帮、广东商帮、福建商帮、徽州商帮、江右商帮、山东商帮、龙游商帮。)再次是白银成为广泛流通的

媒介。随着白银成为商业贸易中通行的货币,明中叶后,朝野用银,在市场上,一切商品都以银计价。随着对外贸易的发展,从外国流入不少银币。

清代早期商业经历了一段萧条后,到乾隆时,许多城市发展恢复并超越明中后期的水平。在频繁的商业交往中,清代也出现了许多富有的商人和商业资本集团,如票商(山西的票号商人)、盐商和行商(广东的十三行)。

——摘编自章开沅、朱英:《中国近现代史》,开封:河南大学出版社,2009年版,第13~14页

○ 导读提示

第一则材料表明明清时期海外高产作物的引进与广泛传播,以棉花为代表的经济类作物的种植面积不断扩大,推动了农作物商品化的发展。第二则材料介绍了明朝中后期在江南局部地区的纺织业中出现了带有资本主义色彩的雇佣劳动关系,清以后,这种资本主义性质的经营方式扩展到更多的地区和行业。第三则材料从城镇发展、商业资本壮大、白银大量流入并实现货币化等方面展现了明清商品经济的迅速发展。

阅读材料时,应认识到:农业方面,明清时期高产作物的引进能在一定程度上缓解人口增长对土地造成的压力,也进一步丰富了农产品结构。经济作物的种植面积扩大,使得传统农业经济与市场的联系加强,并使农业经营呈现出不断上升的商品化趋势。手工业方面,明清时期某些发达地区的少数行业出现雇佣劳动关系,也就是史学界曾热烈讨论的"资本主义萌芽"。商业方面:城镇的经济职能加强,工商群体增加,逐渐出现商业资本集团,尤其是白银的大量流入与使用,反映了明末清初商业贸易的兴盛。

通过阅读三则材料,从农业、手工业、商业等三个维度提炼明清时期经济领域出现的新因素。同时也要注意,这些新因素是从明清君主专制政权的社会土壤中萌发的幼芽,男耕女织、自给自足的传统小农经济仍然具有强大的韧性。

第2讲 明清时期思想领域的变革

★ 学习精要

概观明清思想领域的演变情况,可大致勾勒出两条脉络:一是以王阳明心学为代表的非官方哲学的崛起,对官方的程朱理学乃至专制主义思想体系构成严重挑战;二

是到明末清初时期,出现了对君主专制制度及传统政治观念进行深刻反思和激烈批判的思潮。具体而言:

程朱理学自南宋起,正式成为我国封建社会后期的官方哲学。到了明中期,程朱理学已成为人们求取科举功名的敲门砖,逐渐失去了以之寻求圣贤学问的精神。目睹学术流弊导致道德沦丧、引发社会动荡的王守仁主张以心学来更新理学。他汲取先秦思孟学派和佛教禅宗思想的营养,又直接承续南宋陆九渊的心学思想,成为宋明时期心学的突出代表,世人称之为"王学"或者"阳明心学"。王守仁主张"心外无物""心外无理",宣扬"致良知"与"知行合一",实际上就是提倡个人的主观努力,强调个人内在修养,肯定了人的价值,动摇了程朱理学在思想领域的统治地位,极大地解放了人们的思想。

明朝灭亡的切肤之痛,触发了明清之际如王夫之、黄宗羲和顾炎武为代表的进步思想家对君权的猛烈抨击。他们有着早年参加抗清战争,后来隐居著书的类似经历。他们继承了晚明进步的思想传统,反对民族压迫和封建专制主义,重视手工业、商业,批判继承传统儒学,构筑具有时代特色的新思想体系。这些主张在一定意义上反映了资本主义萌芽时代的要求,构成了中国早期启蒙思想的洪流。

★学术动态

学术观点1:"致良知"学说实现了儒家政治道德教化的路径转型

程朱理学以"天理"来论证封建伦理纲常的合理性,要求民众"存天理,灭人欲"。统治者一味强化理学对思想的控制,扼杀人们在社会生活中的道德自主意识和独立自由思考的能力,导致追求"天理"与遵从本心之间存在巨大分歧。明中叶以后,理学逐渐丧失主导社会意识形态的功能。

王阳明所提倡的"致良知"强调"内外合一""知行合一",正是为纠正程朱理学的这种偏向而来的。一是"心理合一",变"摄理入心"为"从心求理",强调人们可以从自己的内心认识天理。二是"物我合一",变"以吾心求物理"为"推致吾心良知于事事物物",将人们求圣致贤的教化之道,从格物穷理的外烁路径转向致良知的内修路径。

综上,"致良知"学说实现了儒家的政治道德教化路径从"外烁型"向"内化型"的转型,从而将人们达到"止于至善"的"大学之道"途径,从通过研习主体之外的"客观精神"由外向内的灌输,转换为通过发明主体内在的"主观良知"由内向外的体认。

【根据潘起造:《论阳明心学对儒家理论形态的转型及其启示》,《浙江社会科学》2011年第12期】

学术观点2：明清之际的思想家在认识上尚未跨入"近代民主思想"的门槛

明清之际，女真人入关，"国家"覆亡、王朝凌替这一历史巨变，使置身其间的思想家对中国古代社会的政治传统进行了最深刻的反思，并在此基础上提出了超越前人的思想主张，挑战正统、提倡个性、批判专制，使中国古代的民本思想发展到历史上的最高水平。

但明末清初思想家的民本思想是从传统中汲取的养分，因此也存在某些不足。首先，明清之际思想家的民本思想不否定君主专制制度的合理性；其次，明清之际思想家理想中的"天下之法"仍是由统治者制定的，并不能实现对君权的限制和对民权的保护。再者，清初思想家虽意识到要对君权进行制约，却没有从现实角度设计出有效的制约形式。

因此，明清之际的民本思想在展示其灵魂异彩的同时，其理论缺陷如影随形。这些理论上的不足，表明明清之际的思想家在认识上终究没有进入"近代民主思想"的门槛。

【根据允春喜：《明末清初民本思潮探微》，《北京工业大学学报（社会科学版）》2004年第4期】

★ 史学导读

如何理解阳明心学兴起的背景及其影响？

明代中后期，君主专制体制与统治者自身素质的退化形成不可调和的矛盾，表现出君主专制弱化的时代特征。经济领域的最大变化就是新经济因素的萌生和发展，农业和私营手工业等诸领域都突破了原来自给自足和单纯满足官府消费的理念，要求私人资本的积累和地方权力的扩张，人们愈发重视被"天理"抑制的"私欲"。而此时作为官方哲学的程朱理学从南宋发展至明代，已是弊病丛生。文人学士以朱熹所著的《四书集注》为必读的教科书，应试时只能按其注解对答，不能发表自己的见解。一方面，思想上形成陈陈相因、墨守师说的僵化局面；另一方面，应试者把背诵理学家的名言语录作为获取高官厚禄的手段。王守仁批评当时的学风是"从册子上钻研，名物上考索，形迹上比拟"的教条主义。

——摘自汪高鑫：《中国经史关系史》，合肥：黄山书社，2017年版，第339~340页；杨蔚：《中国传统哲学导引》，北京：北京交通大学出版社，2005年版，第146页阳明良知之学,简易直捷,明白四达,兼扫荡和会之能事。且阳明以不世出之天资,演畅此愚夫愚妇与知与能之直理,其自身之道德功业文章,均已冠绝当代,卓立千古,而所至又汲汲以聚徒讲学为性命,若饥渴之不能一刻耐。故其学风淹被之广,渐渍之深,在宋明学者中,乃莫与伦比。

——摘自钱穆:《钱宾四先生全集·中国学术思想史论丛(四)》,北京:生活·读书·新知三联书店,2009年版,第199页

○ 导读提示

第一则材料围绕明中后期政治、经济、文化等方面的变动,阐明了王守仁对官方化的程朱理学笼罩下思想界呆滞僵化的不满。第二则材料指出王守仁提倡的"致良知"学说通俗易懂,广泛流行。

阅读材料时,应认识到:王守仁发扬"心学"正是顺应了时代和社会的需求,因此引发了强烈的影响。

通过阅读两则材料,可以深刻理解明中后期的社会情状为王守仁发展和完善陆九渊所创的"心学"创造了条件。阳明心学一扫程朱理学的烦琐教条对思想界的禁锢,动摇了程朱理学的统治地位,为当时的思想界和文化界注入了强大的活力。

第3讲 明清科技、小说与戏曲

★ 学习精要

明朝中叶开始,文学创作随着政治、经济和哲学思潮的发展和变化,呈现出崭新的局面,小说和戏曲发展迅速,并且反映了明清社会的世俗化倾向。

明清小说在文学史上与唐诗、宋词、元曲并称,是明清文学的代表。当时出现了大量以历史、神怪、公案、言情和市民日常生活为题材的长篇章回小说,如《三国演义》《西游记》《金瓶梅》《红楼梦》《聊斋志异》《喻世明言》《初刻拍案惊奇》《二刻拍案惊奇》《儒林外史》等。其中,《红楼梦》是我国古典小说的巅峰,也是世界文化宝库的瑰宝。明清的戏曲创作也取得了辉煌成绩,汤显祖的《牡丹亭》、洪昇的《长生殿》、孔尚任的《桃花扇》等都是享有盛誉的杰作。在舞台演出方面,明代出现昆曲,到清代时,吸收昆曲和其他地方戏艺术成分而成的京剧成为全国最流行的剧种。

明朝后期,多部科技著作相继问世,主要包括:《本草纲本》《农政全书》《天工开物》

等。值得注意的是,万历年间多位耶稣会士进入中国传教,开启了明末清初持续一百多年的"西学东渐"。这一时期传教士们将数学、医学、历法等西方的科学知识介绍到中国,同时,他们也将中国的传统思想文化译介到西方。一方面,对于突破中国专制制度下封闭的文化形态,开阔人们的视野,客观上起到了一定的积极作用;另一方面,加深了西方对中国的了解,滋补了处于起步阶段的西方近代社会。由于清朝统治者后期对外交流采取封闭政策,中国逐渐落后于世界发展的潮流。

★学术动态

学术观点1:从科技转型的制度反思层面观察明清之际的"西学东渐"

四百多年的西学东渐史,这期间所经历的种种艰难曲折、百转千回,以有力的事实证明,科学技术的背后是一整套的社会制度架构,科学技术是厚的,而不是薄的,它绝不是如人们通常所想象和以为的那样,只是一种器物层面的存在,从而可以在任何社会中平行移植、随意嫁接。

明末清初中国的技术是古代技术模式的极致。一方面,当它与由耶稣会士传来的西方古代的科学技术相接触时,由于彼此之间模式的一致,它体现不出自身的缺陷与不足;另一方面,当它与其中属于科技革命的现代部分相接触时,由于后者属于初起阶段,也同样体现不出自身的缺陷与不足。这样一来,它就不会由于与西方科技的接触而引起制度层面的革新。因此,明末清初的中西科技交流就停留在技术的简单移植层面。

换言之,一个处于高峰期的传统社会和一个正处于发轫期的现代社会相互碰撞时,并不会带来传统社会的制度转型,更不会使得简单的技术层面的移植转变为科技体制的现代转型。传统社会仍将沿着古代社会变革模式的逻辑走下去,直至面对羽翼丰满的现代社会体制的强劲的挑战。

【根据聂敏里:《明清之际的西学东渐——两种社会变革模式的重叠与交织》,《天津社会科学》2021年第3期】

学术观点2:技术发明方式的转变是解答"李约瑟之谜"的关键

众多学者认为18世纪中叶英国工业革命的主要条件,中国早在14世纪已经具备了。但为何工业革命没有首先发生在孕育了资本主义萌芽的中国?此即韦伯(德国政治学家、经济学家、社会学家)提出的疑问。这个疑问被李约瑟在其著作《中国科学史》中归纳为如下两个问题:为何在前现代社会中国科技遥遥领先于其他文明?为何在现代中国不再领先?这两个问题构成了"李约瑟之谜"。

针对"李约瑟之谜",国内外许多学者给出了不同的答案,其中被广为接受的是"高水平均衡陷阱"假说。该观点认为中国技术创新的停滞缘自人地比例的失调,而学理逻辑和事实经验并不足以支持这一立论。实际上,在工业革命以前,不管是在中国还是西方世界,新技术的发明一般来自直接从事生产的工匠或者农民在生产过程中偶然发现的结果。18世纪工业革命以后,技术发明首先转为发明家有意识的"试错和改错"的实验结果,到19世纪以后,发明家的实验则更进一步转为在现代科学引领下的实验。明清之际的中国未能自主进行这种发明方式的转变,在短时间内和西方国家的技术差距迅速扩大,国际经济地位一落千丈。

因此,技术发明方式的转变是中国从长期领先到远远落后的主要原因,是解答"李约瑟之谜"的关键。

【根据林毅夫:《李约瑟之谜、韦伯疑问和中国的奇迹——自宋以来的长期经济发展》,《北京大学学报(哲学社会科学版)》2007年第4期】

★史学导读

1.如何从经济和技术的角度,理解明清时期小说、戏曲创作的繁荣?

从明中叶开始,原本就是呈多元化状态的中国社会,由于不同区域的经济结构、社会单元和物质条件的差异,发生了新的不平衡发展。东部地区以其种种优势在这种不平衡中崛起,以快于其他地区的速度发展着区域商品经济,并与公开或走私的海外贸易构成了互动,促使了东部地区的经济与观念同步变化,导致了社会新的变迁。拥有足以影响社会的经济实力和阶层力量的工、商市民的精神欲求不仅萌发、膨胀,而且不断地解放出来,文学艺术成为这种欲求的消费品。于是,小说、戏曲等通俗文学以前所未有的条件得以迅速发展起来,成了时代的主体文学。

——摘自陈东有:《人欲的解放:明清社会经济变迁与大众审美》,南昌:江西高校出版社,1996年版,第1~2页

明清两朝出版印刷业逐步走上了商业化的道路,无论是官营还是私营出版印刷业都随着商业经济的繁荣而得到了长足的发展。尤其是活字印刷、彩色印刷等技术的出

现与改进,都标识着明清两朝出版印刷业的重大进步。除了政治性、教化性读物大量出版之外,具有商业经济特征并面向中下层社会大众的商业化出版印刷也日益繁盛。

——摘自刘畅:《论明清小说戏曲繁荣与出版印刷业发展之间的关系》,《戏剧文学》2012年第9期

○ **导读提示**

明清时期,小说、戏剧等通俗文学创作达到了前所未有的高峰,这与当时的社会经济条件与印刷技术的进步密不可分。

阅读材料时,应认识到:明清时期的小说戏剧创作带有浓重的商品经济色彩、市民色彩。

通过阅读两则材料,可以深刻理解小说、戏曲等通俗文学能够在明清时期走向繁荣,离不开成熟的物质条件与合适的传播环境。从经济角度来看,明清两代商品经济的发展进一步丰富了市民的文化生活,商业利润驱动了小说、戏曲等通俗文学的商业化运作。从技术角度来看,刊刻印刷业的发展促进了明清小说戏曲的传播,形成一个利于小说、戏曲等通俗文学传播的良好社会环境。

2.如何认识明清时期科技方面的成就及局限?

明清是中国古代科技史上一个集大成的时代。不仅有包罗万象的《永乐大典》《古今图书集成》《四库全书》等多到万卷甚至几万卷的皇皇巨制;而且有许多有作为的科学家全面总结历史上的已有成果,并在新的历史条件下又作了某些发展,从而在科技理论和应用上都取得了光辉的成就,编写了一部部科技专著:李时珍的《本草纲目》,徐光启的《农政全书》,宋应星的《天工开物》,徐宏祖的《徐霞客游记》,程大位的《直指算法统宗》等。就在这些著作中,有的贯通古今,有的旁搜博采,有的熔中西于一炉,既系统地反映了我国古代的已有科技成就,又体现了当时科技发展的新鲜经验,还代表了那个时代中国科学技术的某些方面居于世界先进水平的地位。

——摘自孙文良:《满族崛起与明清兴亡论稿》,沈阳:辽宁民族出版社,2016年版,第346~347页

明代,中外科技交流是由民间推动的,是自下而上并得到朝廷鼓励的。而清初,与西方传教士的科技交往仅限于朝廷,拥有技艺的西方传教士成为天朝大国太平盛世的装饰品。例如,由清康熙帝支持,法国教士白晋、雷孝思、杜德美等参加测绘的《皇舆全

图》,在完成后,就被收入内府密藏起来;由传教士巴多明奉命写成的人体学讲义《钦定各体全录》因被认为不可示予青年人和普通人而不能出版;由梅毂成与何国宗等编纂的《数理精蕴》,虽然介绍了自晚明以来传入中国的几何学、三角学、代数和算术知识,却宣称,这些西学"询所自,皆云本中土所流传",也就是说,西学源于中学。"西学中源"说,颇可使"天朝大国"的骄矜心理得到满足,但它却导致故步自封,以及对新事物的蔑视和拒斥。

——摘自毛佩琦:《明清易代与中国近代化的迟滞》,《河北学刊》2008年第1期

○ 导读提示

第一则材料介绍了明清科技史上产生了众多集大成之作,反映了明清之际中国在科技上取得的辉煌成就。第二则材料表明了清代统治者对待中外科技交流时的倨傲态度,使得中国走向了故步自封的道路。

阅读材料时,应认识到:明清时期,多部重要科技著作相继问世,在中医药学、农学、数学等领域对传统科学技术进行了总结。但是,由于清统治者没有对西学采取正确的态度,迟滞了这一时期科学技术发展的脚步。

通过阅读两则材料,可以深刻理解明清时期在科技方面的成就与局限为后期的发展制造了巨大阻力。这种阻力在于已有的辉煌蒙蔽了封建统治者的双眼,对外交流采取封闭政策,使得中国一次次地与世界交往的各种机遇失之交臂,最终昧于世界大势。

★ **荐读书目**

汪敬虞:《中国资本主义的发展和不发展》,北京:经济管理出版社,2007年版

王汎森:《晚明清初思想十论》,上海:复旦大学出版社,2004年版

[美]史景迁:《利玛窦的记忆宫殿》,桂林:广西师范大学出版社,2015年版

[法]谢和耐、戴密微:《明清间耶稣会士入华与中西汇通》,耿昇,译,北京:东方出版社,2011年版

[美]彭慕兰:《大分流:欧洲、中国及现代世界经济的发展》,史建支,译.南京:江苏人民出版社,2003年版

第五单元　晚清时期的内忧外患与救亡图存

【单元学习精要】

　　了解1840年第一次鸦片战争后近代中国半殖民地半封建社会的矛盾虽然错综复杂,但占支配地位的主要矛盾是帝国主义与中华民族的矛盾和封建专制主义与人民大众的矛盾。这两对主要矛盾及其斗争贯穿整个中国半殖民地半封建社会的始终,决定了近代中华民族面临的两大历史任务,对中国近代社会的发展变化起着决定性作用。

　　在学习中要注意掌握两个重点:一是中国近代社会的两对主要矛盾虽然复杂地交织在一起,但帝国主义与中华民族的矛盾是最主要的矛盾,近代中国人民的斗争主要是以挽救民族危亡为出发点的。但在资本——帝国主义与中国的反动统治阶级结成同盟共同压迫中国人民时,尤其是当封建专制主义统治特别残酷时,阶级矛盾会上升为主要矛盾。二是在资产阶级民主革命时代,农民阶级已无法完成历史提出的新课题这个重任,中国革命需要一个代表时代发展方向的阶级力量来领导。

　　【根据徐蓝、朱汉国:《普通高中历史课程标准(2017年版)解读》,北京:高等教育出版社,2018年版,第88~89页】

第16课　两次鸦片战争

第1讲　19世纪中期的中国与世界

★学习精要

19世纪世界形势发展到全新的格局。欧洲主要殖民主义国家在资产阶级革命胜利前后,积极对外进行殖民扩张,以暴力手段掠夺大量财富,加速欧洲资本主义的发展。欧洲资本主义文明是随着对亚洲、非洲、美洲等广大国家和人民的殖民掠夺发展起来的。工业革命之后,殖民主义国家资本主义经济迅速发展。英国掌握着资本主义世界的霸权,积极对外寻求商品市场和原料产地。各国抢夺殖民地的斗争日益激烈,纷纷把侵略的矛头指向了中国。

而同时期的中国正处于封建社会末期,闭关锁国的清政府对世界形势变化浑然不觉。政治上,君主专制强化、官僚体系腐败昏聩、社会阶级矛盾尖锐;经济上,自给自足的自然经济和重农抑商政策使工场手工业难以突破封建制度的藩篱,严重阻碍了生产力的发展;军事上,武器装备落后,八旗绿营作战能力低下。中国作为一个大国,已经明显开始落后于西方。

★学术动态

学术观点：闭关锁国政策兼具自卫性与落后性

18世纪,当西方殖民者积极对外侵略扩张之时,清政府实行闭关锁国政策。

闭关锁国政策主要内容有:设立公行制度,以"十三行"垄断对外贸易,限制对外输出商品的种类和数量;限制外商在华活动。

这种防范和限制是当时中国可采取的必要的措施,起到了一定的自卫作用。但是这也使得清朝统治者狂妄自大,自命为高于万邦的"天朝",以为这些外国商人都是来自蛮夷小国,充分体现封建统治者的落后性。

【根据胡绳:《从鸦片战争到五四运动》,北京:人民出版社,1998年版,第21~22页】

★ 史学导读

鸦片战争前夕,中英双方存在哪些冲突?

回顾历史,鸦片显然只是战争的直接原因而非根本原因。由于中西方对国际关系、贸易和司法管辖的观念大相径庭,即使没有鸦片,双方之间的冲突也照样会爆发。比鸦片问题远为深刻的是几个概念的冲突:中国自称天下宗主的角色与西方国家主权的观念之间的不相容;中国的朝贡关系体制与西方的外交往来体制之间的冲突;以及中国农业的自给自足与英国工业的扩张之间的对抗。确实,亚当·斯密的自由贸易思想与中国人对商业的鄙视态度是无法共存的。由工业革命产生的力量与通过变化获得的进步思想,推动了西方向海外扩张,没有什么东西能阻止这股潮流。不幸的是,满清宫廷与中国的士大夫对这些事实一无所知,因此,中国与西方碰撞时便显得极其痛苦。

——摘编自徐中约:《中国近代史》,北京:世界图书出版公司,2008年版,第156页

○ 导读提示

根据材料所说,即使没有鸦片,中西之间的战争也无可避免。在鸦片之外,中西之间还存在着诸多冲突:一是中国天下宗主角色与西方国家主权观念的冲突;二是中国朝贡体系与西方外交往来体制的冲突;三是中国自然经济的自给自足与西方工业的扩张的冲突;四是中国重农抑商与西方自由贸易思想的冲突。

阅读材料时,应认识到:鸦片只不过是战争爆发的直接原因。工业革命之后,资本的扩张性推动西方对外进行殖民扩张,与闭关锁国的中国之间产生了一系列矛盾冲突,导致战争不可避免。

通过阅读上述材料,对鸦片战争前中英之间的矛盾冲突有更清晰的认识,鸦片战争的爆发并非偶然,而是工业文明在扩张过程中与农业文明碰撞的必然结果。由于清政府对世界形势变化浑然不觉,封建皇帝面对英国的侵略手足无措,清政府被英国打败也是必然。

第2讲　两次鸦片战争

★ 学习精要

在中英正当贸易中,中国一直处于出超地位。为扭转贸易逆差,英国向中国大量走私鸦片。林则徐在广州主持的禁烟运动成为英国发动对华侵华战争的借口。

1840—1842年鸦片战争以《南京条约》的签订而结束。条约规定：中国开放广州、厦门、福州、宁波、上海五口通商；赔偿英国2100万银元；割让香港岛；接受协定关税。随后列强又通过一系列不平等条约，从中国获取了领事裁判权、片面最惠国待遇、通商口岸传教权、内河航行自由权等特权待遇。鸦片战争后中国的主权和领土完整开始遭到破坏，被迫卷入资本主义世界市场，开始沦为半殖民地半封建社会。鸦片战争由此成为中国近代史的开端。

为进一步打开中国市场，扩大在华利益，1856年英法两国挑起第二次鸦片战争。清政府被迫同列强签订《天津条约》和《北京条约》。条约规定：增开11个通商口岸；外国公使进驻北京；外国军舰和商船可在长江各口岸自由航行；外国人可以到内地游历经商传教；割九龙司一区给英国；允许劳工出国；鸦片贸易合法化。美俄在此次战争中以调停人的面目出现，攫取了大量权益。尤其是俄国乘机侵占我国100多万平方公里领土。第二次鸦片战争后，中国的独立、主权和领土完整受到严重侵犯，半殖民地半封建社会程度加深。

★学术动态

学术观点1：鸦片战争是中国近代史的开端

鸦片战争使中国开始沦为一个半殖民地半封建国家，是中国近代史的开端。

半殖民地具体体现在：丧失了领土的完整；国家主权遭到破坏；在财政和外交方面开始处处依赖于它国。

半封建主要体现在：资本主义国家廉价商品的输入，使中国传统农业和家庭手工业相结合的经济结构遭到破坏；近代产业工人和买办商人出现，使中国社会阶级结构开始改变；赔款和外国商品的倾销加剧了中国的社会矛盾，由此引发的农民起义给予中国封建统治以沉重的打击。

总之，这一切都说明中国封建社会开始解体，它已不可能再是一个完整的封建社会了。

【根据葛夫平：《新中国成立以来的鸦片战争史研究》，《史林》2016年第5期】

学术观点2：领事裁判权破坏了中国的司法主权

领事裁判权指一国通过驻外领事对处于另一国领土内的本国国民根据本国法律行使司法管辖权，也称"治外法权"。

外国人取得领事裁判权的庇护,不受中国法律的约束,可以在中国境内嚣张不法。驻外领事官员多非专业法律人员,难以保证案件判决的公平性。领事裁判制度的上诉机关极不规范,涉案的中国人若在审理中受了委屈,绝对无法上诉。这使得外国人在中国肆意妄为,严重破坏了我国的司法主权。此外,中国法律在中国不能正常行使,也形成对国家属地优越权的例外或侵犯。

领事裁判权严重损害了中国的司法主权,使近代中国社会法制留下了深深的奴役的烙印。

【根据邱涛:《领事裁判权的历史渊源和历史作用,关于〈"治外法权"起缘〉一文相关论点的驳议》,《北京师范大学学报(社会科学版)》2014年第3期】

学术观点3:中国近代史的发展呈现由"沉沦"到"上升"的过程

鸦片战争后,列强的接连侵略使中国陷入半殖民地半封建社会深渊。直到《辛丑条约》签订至北洋军阀时期,深渊到了"谷底"。《辛丑条约》使中国完全沦为半殖民地;北洋军阀时期的黑暗统治,更使中国民不聊生,毫无秩序与前途。中国社会这一时段面临的主要是"沉沦"。

北洋军阀往后,直到40年代,中国渐渐走出"谷底"。辛亥革命推翻了封建帝制,中国工人阶级登上历史舞台,中国共产党成立提出明确的反帝反封建目标,社会逐渐向好的方面发展。虽然"沉沦"的因素仍然存在,但是由于有新的阶级、新的政党、人民群众的普遍觉醒这样的上升因素在起主要作用,最终制止了中国滑向殖民地的深渊。

所以说,中国近代史走出了一条"U"字形路线,呈现出由"沉沦"到"上升"的过程。

【根据张海鹏:《中国近代历史是"沉沦"还是"上升"?》,《红旗文稿》2018年第18期】

★ 史学导读

1.协定关税给中国带来怎样的影响?

《南京条约》中文本第十款规定:"各通商口岸"应纳进口、出口货物、饷费,均宜秉公议定则例,由部颁发晓示。"英文本该款为"His Majesty the Emperor of China agrees to establish at all the Ports⋯⋯a fair and regular Tariff of Export and Import Customs and other Dues, which Tariff shall be publicly notified and promulgated for general information"(直译为:"中国皇帝陛下同意在所有通商口岸制定一部公平的、正式的

进出口关税和其他费用的则例,该则例将公开颁布。")……璞鼎查对琦英的提议不是依据条约加以拒绝,而是诱之谈判,谈判关税的做法,本身就违反了南京条约,琦英等人由此步入陷阱。他们丝毫没有意识到,他们与英方议定的"五口通商章程:海关税则",将26类160余种货物税率用两国协定的方式规定下来,清政府也就从此承担了相应的条约义务,从而在实际上丧失了单独改变税率的权力。

——摘自茅海建:《天朝的崩溃》,北京:生活·读书·新知三联书店,2014年版,第503~504页

《南京条约》签订后,中方代表提出增加补充条款,英方乘机诱骗。在随后签订的补充条约中,26类160余种货物税率用两国协定的方式规定了下来,清政府也就从此承担了相应的条约义务,从而在实际上丧失了单独改变税率(实际税率在5%左右,为当时世界最低)的权力。……在鸦片战争以前,我们不肯给外国平等待遇;在以后,他们不肯给我们平等待遇。

——摘自蒋廷黻:《中国近代史》,北京:中华书局,2016年版,第7~15页

○ 导读提示

第一则材料表明,《南京条约》中规定只要清政府公开发布一部以"公平"原则制定的新的关税则例即可,并没有要求这一新的关税则例应由中英双方共同协定。第二则材料也表明,清政府提出增加补充条款,却被英方诱骗确定"协定关税"这一规则,清政府实际丧失了单独改变税率的权力。

阅读材料时,应认识到:随着中英双方协定关税这一方式的确定,中国实际上丧失了关税自主权,这是对国家主权的严重损害。此外,中英双方协定的税率为当时世界最低,这有利于列强对华进行商品倾销和原料掠夺,中国日益卷入资本主义世界经济体系。中西关系之间,中国日益成为遭受不平等待遇的一方。

通过阅读上述材料,可以认识到协定关税给中国带来的危害。而清政府关税自主权的丧失源于对近代国际外交体系的无知,因此,中国必须积极主动了解国际关系准则,维护国家主权。

2.中国外交事务在两次鸦片战争后有何转变?

鸦片战争前,清政府一直没有设置专管外事的机构,凡有"藩属"朝贡事务,或遇有外交往来和交涉事宜,均交由礼部和理藩院兼管。如有重大交涉事件发生,则由皇帝简派钦差大臣负责办理。鸦片战争后,五口通商的开辟使外交事务日益频繁,清政府

遂于道光二十四年(1844年)设置五口通商大臣,由两广总督兼领,负责外交事务。咸丰九年(1859年),改由两江总督兼领,负责办理与各国通商事宜。五口通商大臣仍是钦差大臣的身份。第二次鸦片战争结束后,外国公使驻京,西方诸国相继在北京建立了公使馆,并强烈要求各国政府和外交使节直接与内阁和军机处交往,而不再通过礼部及沿海督抚进行间接交往。咸丰十年(1860年),清政府宣布在北京正式建立专掌外交事务的专门机构——总理各国事务衙门。

——摘编自张岂之:《中国历史·晚清民国卷》,北京:高等教育出版社,2001年版,第56页

○ 导读提示

鸦片战争前,清政府的外交事务均交由礼部和理藩院兼管,如有重大交涉事件,则由皇帝派钦差大臣办理;鸦片战争后清政府设五口通商大臣,由地方重臣两广总督兼职,负责外交事务。第二次鸦片战争结束后,外国公使进驻北京,清政府正式设立总理各国事务衙门,专管外交事务。

阅读材料时,应认识到:在鸦片战争前清政府的外交仍是"朝贡外交",无专管外事的机构,此后在外国列强逼迫下正式设置专掌外交事务的专门机构,外交事务也由间接交往到直接交往,这也说明清政府的外交由维护等级制的朝贡外交逐渐到融入世界民族的国家条约体系的近代外交。

通过中国外交机构的变化,可以深刻认识这种变化一方面推动了中国外交的近代化,密切了中国与世界的联系;另一方面,这种变化是西方列强侵略中国的产物,也是清朝中央机构开始半殖民地化的标志。

3.英法联军为何火烧圆明园?

盖吾等今日,虽似决不至不逞吾志,然既奉政府之命而来,倘未逞吾志而去,则临行宁烧毁其朝廷宫殿也……吾等所要求之他项,亦均可得其承诺。如是,则和约易成,免滋纷扰,实予之所窃望也。

——摘自舒牧:《圆明园资料集》,北京:书目文献出版社,1984年版,第144页

清代圆明园"为皇帝游息之所",具有极其特殊的政治地位:它是清代皇帝的第二个皇宫,是皇帝临朝听政的场所。这也就意味着,圆明园是除紫禁城以外的又一个政治权力中心。1709年,康熙帝将圆明园赐给儿子胤禛即后来的雍正帝;雍正即位后,在园内"建设轩墀,分列朝署,俾侍值诸臣有视事之所,构殿于园之南,御以听政",从

此，圆明园成为清统治者经常居住和向全国发号施令的政治中枢……圆明园里面收藏着大量的珍宝、图书和艺术品。有人估计，当年的中、南、北三海内珍藏之宝物加在一起也无法同圆明园中的相比。

——摘编自吴继轩、李胜斌：《再论英法联军火烧圆明园的主要目的——兼与戴逸、章开沅等人商榷》，《山东师范大学学报（人文社会科学版）》2011年第2期

○ **导读提示**

第一则材料是法国侵华军全权代表葛罗的言论，焚烧圆明园是迫使清政府答应其侵略要求的一种手段。第二则材料介绍了圆明园有着特殊的政治地位，是清政府的政治中枢，同时又有着极高的经济和文化价值。

阅读材料时，应认识到：圆明园被烧毁并不是偶然。英法联军不惜在世界历史上留下千古罪名焚毁圆明园，背后有着重要的政治目的。鉴于圆明园特殊的政治地位和极高的文化价值，焚毁圆明园，可以给清政府极大的"震动"，迫使清政府屈服。

阅读上述材料，可以深刻认识到英法联军焚毁圆明园主要目的就在于，彻底击垮清朝最高统治集团的抵抗意志，迫使清政府答应其侵略要求，从而尽快实现其战争目的——进一步打开中国市场，扩大在华利益。

4.鸦片战争是一场侵略战争还是通商战争？

西方人谈"通商战争"的企图，只是想用"通商"来掩盖"鸦片"这个不光彩的名字，抹杀鸦片贸易的卑劣丑陋的事实，从而逃避历史责任和道德谴责。

——摘自顾卫民：《广州通商制度与鸦片战争》，《历史研究》1989年第1期

鸦片贸易是英国作为平衡中英贸易逆差，使贸易得以持续进行的一种手段而出现的。原来需要向中国运送白银，现在反过来导致中国白银外流。鸦片贸易所带来的巨额利润吸引着更多的外商从事这种可耻的、非法的贸易，英国在印度的殖民政府也获得巨额专卖收入，从而有力地支持了英印贸易的进行……不能否认英国发动战争有保护英国鸦片贸易集团既得利益并使鸦片贸易合法化的意图，但战争远不只是旨在保护鸦片贸易。鸦片贸易冲突只是中英战争的导火线。它不能解决英国工业品在华滞销的难题。占领殖民地，取得种种特权，然后在特权保护下进行商品侵略是西方资本主义初、中期发展阶段的显著特点。18世纪六七十年代至19世纪三四十年代，英国进行了工业革命，极大地促进了英国资本主义的发展，尤其是棉纺织业更是取得长足的进步，需要从国外寻找广大的销售市场。英国资产阶级"认为有限制的商业制度都是不

合理的","要求一切国家应当同爱尔兰一样,成为英国工业品销售市场,同时又供给它原料和粮食"。

——摘自黄逸平、张复纪:《中外贸易冲突与鸦片战争》,《学术月刊》1990年第11期

○ 导读提示

1840年的中英鸦片战争,西方人将其称之为"通商战争",认为战争起源自中国与西方通商制度的冲突。但事实并非如此,鸦片走私贸易平衡了中英之间的贸易逆差,使得英国商人和政府获得巨额利润。但1840年英国发动对华战争不仅仅是旨在保护鸦片贸易,而是要通过武力在中国领土上攫取种种殖民特权,解决英国商品的市场和原料问题。

阅读材料时,应认识到:1840年的中英鸦片战争,并不是仅仅为了"平等""自由"贸易进行的"通商战争",而为了保护鸦片贸易,占领殖民地,掠夺原料和市场,满足资本主义发展的非正义的侵略战争。

通过对本则材料的阅读,应深刻认识到:"通商战争"说实际上是在有意抹杀战争的非正义性,而"鸦片战争"说则无疑强调战争的侵略性、非正义性。

5. 鸦片战争中国为何战败?

如果我们用一句话来概括鸦片战争时期中英武器装备各自水平,那就是,英军已处于初步发展的火器时代,而清军仍处于冷热兵器混用的时代……清军调兵的大概速度:邻省约30天至40天,隔一二省约50天,隔三省约70天,隔四省约90天以上。如此缓慢的调兵速度,使清军丧失了本土作战的有利条件。当时英海军军舰从南非的开普敦驶至香港约60天,从印度开来约30至40天,即使从英国本土来开也不过4个月……方便快速的舰船缩短了英军漫长的补给线,而落后的交通条件则延长了清军增援的路程。

尽管战争骤然而至,尽管清王朝全无准备,但在传统的御外攘夷的武库中,已经为道光帝编制了"剿""抚"两套程序。道光帝交并轮番操之上阵。在战争的最初几个月中,清王朝由"剿"而"抚",后又回到"剿"的套路上去,一波三折,回旋再现。

——摘自茅海建:《天朝的崩溃》,北京:生活·读书·新知三联书店,2014年版,第31、66、149页

○ **导读提示**

鸦片战争中就作战能力而言,中国军队具有本土作战和军队数量上的绝对优势。但从材料可以看出,清军缓慢的调兵速度使其丧失了本土作战和军队数量优势,而英军先进的战舰则弥补了其海外作战和人数的劣势。"剿""抚"摇摆不定的对敌政策更使得本就对作战毫无准备的清政府雪上加霜。

通过阅读上述材料,我们从军事上了解到清政府战败有其作战方略和武器装备的原因,认识到先进的军事武器在近代作战中起着重要作用。除此之外,我们还应该注意,清政府政治上的极端专制、统治者的狂妄自大、士大夫阶层的封闭守旧,也是导致中国在战争中失败的重要原因。

第3讲　开眼看世界

★ **学习精要**

鸦片战争爆发后的十年间,中国思想界出现了一个引人注目的新动向。一部分中国学者开始"开眼看世界",编纂了一批介绍世界史地知识的著作。

林则徐在收集西洋各国消息情报和国际知识(包括国际法知识)的基础上,编译成《四洲志》,成为开眼看世界的先驱。魏源在《四洲志》的基础上,于1844年编成《海国图志》。该书叙述世界各国的历史和地理,被誉为了解外国知识的"百科全书"。1850年,福建巡抚徐继畬编撰了一部关于世界地理的重要著作,名为《瀛寰志略》,重点介绍了欧洲和北美各国的情况。

这些著作展现了世界大势,传播了西方文明,增强了国人的世界视野。尤其是魏源在《海国图志》序言中提出的"师夷长技以制夷"思想,明确提出向西方学习以求自强的主张。这些开眼看世界的仁人志士,打破了传统夷夏之辨的传统观念,开近代中国向西方学习的时代新风气。

★ **学术动态**

学术观点1:林则徐是近代中国开眼看世界的第一人

林则徐在鸦片战争时期,是率先了解世界局势、坚决禁绝鸦片、抵抗英国侵略的代表人物。

林则徐眼看世界的途径主要有三种：一是亲自查访；二是雇有"洋商、通事、引水二三十位"，加上官府打探人员，做自己的情报人员；三是购买和翻译外国书报，了解西方历史、地理、法制、技术、鸦片生产和时事知识，并编译出《四洲志》。

不可否认，林则徐的思想未能脱离当时文人士大夫"华夷之辨"的范畴。但在举国闭锁的环境下，林则徐不计个人名位，勇于突破思想桎梏，了解世界。故称他为"近代中国眼看世界"的第一人，理所应当。

【根据龚书铎、邱涛：《鸦片战争与近代中国》，《思想理论教育导刊》2010年第10期】

学术观点2：民族觉醒使中国人意识到必须争取中国的独立、富强

中国近代历史的篇章由鸦片战争揭开。这次战争使中国人突然醒悟到自己的国家已经大大落后，并且看到在中国以外还存在一个如此陌生的外部世界，它的政治制度、经济制度、文化观念都比封建古老的中国要先进得多，有许多值得中国人学习的地方。

但是，西方国家到东方来，并不是以平等的态度对待中国人，而是要把中国变成他们的半殖民地或殖民地。这强烈地刺激着一切有爱国心的中国人，要求改变现状，使中国成为一个独立的富强的国家。

中国近代的进步政治运动，不管是温和的改革，或是暴力的革命，都是为了实现近代化这个目的。

【根据金冲及：《中国近代的革命和改革》，《光明日报》1990年12月10日】

★ 史学导读

1. 如何理解"师夷长技以制夷"？

所谓"师夷"就是学习外国的长处，所谓"制夷"就是抵制外国的侵略。他从抵抗外国侵略、维护民族独立的愿望出发，提出了"师夷长技"，即向西方学习的新课题。魏源尖锐地指出："善师四夷者，能制四夷；不善师外夷者，外夷制之。"这里，魏源把善于或不善于向外国学习，提高到一个国家生死存亡的高度，这在闭关自守、愚昧落后而又盲目自大的时代，他的这一光辉思想确实表现了他高人一等的远见卓识……魏源认为，在军事上，主张学习西方的战舰、火器和养兵、练兵之法。在参加抗英斗争的实践中，他亲眼看到西方的"船坚炮利"，这无疑是敌人获胜的一个条件。所以，他主张主要依靠自己制造船炮,同时也不排斥购置外国船炮,以便"尽得西洋之长技,为中国之长技。"在经济方面,他主张学习西方国家的近代机器工业,认为这些有用之物,即奇技而非淫巧,主张军用和民用工业除官办外,还应鼓励私人和投资设厂,提出沿海商民可以自行设厂制造船械,并自行出售。那时,中国的机器工业将与西洋各国并驾齐驱。在政治上,他羡慕西方的民主政体。尽管他当时还不知道资产阶级共和制度是什么东西,但他称赞美国的宪法,把瑞士颂扬为"西土的桃花园"。这说明他看到西方民主政体比中国封建君主专制制度要进步,反映了他对腐朽的清王朝的不满。

——摘编自夏风、叶梓金:《"师夷长技以制夷"的由来和发展》,《历史教学问题》1989年第5期

○ **导读提示**

面对民族危亡,以林则徐、魏源为代表的先进知识分子抛弃守旧观念,主张"师夷长技以制夷",即学习外国的长处来抵御外国的侵略。在军事上,主张学习西方的战舰、火器和养兵、练兵之法;在经济上,主张学习西方国家的近代机器工业;在政治上,展现了对西方民主政体的向往。

阅读材料时,应认识到:"师夷长技以制夷"思想是近代先进知识分子在内忧外患的社会危机和文化危机中,主张通过学习先进技术来实现国家和民族的复兴,体现了强烈的国家忧患意识和民族责任感。

通过该材料的阅读,可以深刻认识到"师夷长技以制夷"的思想内涵。另一方面,"师夷长技以制夷"仍然把外国人称为"夷",在一定程度上体现了"天朝上国"的心态,他们"师夷"仅仅是为了"制夷",用"夷技"更好地捍卫传统。这也成为处于社会转型时期林、魏为代表的经世派的缺陷。

2.《海国图志》为何会引起日本学者的关注?

这些"开眼看世界"的先觉者的著作,在其问世之时对整个中国社会的影响有限,整个1850年代,《海国图志》《瀛环志略》等书并未引起士林的太多震动,反而受到一些责难。

——摘自张海鹏:《冲破闭关锁国困境开眼看世界的中国》,《北京日报》2013年3月4日

著名的维新志士吉田松阴,1854年,他因企图私登美舰偷渡出国考察海外形势而被捕。他在狱中写的读书笔记中多次谈到读魏源《海国图志》后的体会。吉田松阴认

为"清魏默深(魏源字默深)的筹海篇,议守、战、款,凿凿中款。清若尽之用,固足以制英寇,驭俄法"。他还指出由于当前俄、美、英、法等西方列强纷纷侵扰日本,致使"魏源之书大行于我国"。吉田松阴利用《海国图志》等书提供的世界知识,结合日本实际,批判幕府的锁国政策,同时提出了"尊皇攘夷、维新改革"的主张。

——摘自王晓秋:《鸦片战争对日本的影响》,《世界历史》1990年第5期

○ 导读提示

在守旧观念的束缚下,魏源、徐继畬等"开眼看世界"的著作在国内并未受到重视。但传入日本后,在日本社会引起极大震动,影响了一批幕府末期的知识分子。日本明治维新的理论奠基者吉田松阴深受《海国图志》的影响,提出了"尊皇攘夷、维新改革"的主张。

阅读材料时,应认识到:《海国图志》的世界历史地理知识,打开了日本人的眼界;御夷加强海防的建议,对幕末面临西方列强侵略的日本起到了重要作用。可以说,魏源《海国图志》成为日本朝野上下一部重要的启蒙读物,对日本幕末开国和维新思想的形成发展起到一定作用。

通过该则材料的阅读,可以认识到《海国图志》对日本的重要影响。日本有识之士借助《海国图志》,吸取中国鸦片战争的教训,积极学习西方,变法改革,倒幕维新,成为日本走向近代化的起点。而中国清政府统治者不仅不承认落后,而且朝野上下几乎都认为英国不会再犯,以为《南京条约》是万年合约。唯我独尊、天下朝贡、礼制之邦、太平盛世等这类天朝观念仍然是朝廷的"主旋律",使中国浪费了追赶列强的大好光阴。

★ 荐读书目

茅海建:《天朝的崩溃》,北京:生活·读书·新知三联书店,1997年版

胡绳:《从鸦片战争到五四运动》,北京:人民出版社,1981年版

陈旭麓:《近代中国社会的新陈代谢》,北京:生活·读书·新知三联书店,2017年版

徐中约:《中国近代史》(第6版),北京:世界图书出版公司,2008年版

第17课　寻求国家出路的探索和列强侵略的加剧

第1讲　太平天国运动

★学习精要

太平天国运动是我国历史上一场以农民阶级为主体,广泛动员中国社会各个阶级和民族参加的一次波澜壮阔的反封建、反侵略的农民战争。1851年1月11日,金田起义爆发,标志着太平天国运动正式开始,1864年7月,天京陷落,标志着轰轰烈烈的太平天国运动失败。

具体而言:

定都天京后,太平天国建立了比较完备的政治体制,并与清王朝对峙,开展北伐和西征等一系列针对清朝的军事行动,具有强烈的革命性。太平天国前期以改革封建土地制度为核心,颁布《天朝田亩制度》,想要建立一个"无处不均匀,无人不保暖"的理想社会,突出地反映了农民阶级要求废除封建土地所有制的强烈愿望。《天朝田亩制度》的颁布不仅调动了广大农民革命的积极性,而且是对封建土地所有制和封建等级制度的彻底否定,触动了清朝封建统治根基。但《天朝田亩制度》企图采用绝对平均主义的办法平均分配土地和社会财富,严重超越了当时生产力发展水平,不可能实现。

太平天国后期,洪仁玕写成了《资政新篇》,具有鲜明的资本主义色彩,是近代先进的中国人最早提出发展资本主义的近代化纲领,集中反映了当时先进的中国人向西方寻找真理和探索救国救民道路的迫切愿望。但由于缺乏相应的社会基础和严酷的军事斗争,最终只能是理想中的蓝图,无法施行。

受制于阶级和时代的局限性,太平天国无法提出切合实际的革命纲领,无法制止和克服领导集体的腐败,也无法保持领导集团的团结,在中外反动势力的联合绞杀下,最终走向灭亡,这也表明了农民阶级不可能领导中国革命走向成功。

★学术动态

学术观点1:太平天国推动了中国近代社会的发展进程

太平天国定都天京后,政府采取了许多措施来稳定社会,特别是在安辑流亡、兴修水利、治理土匪等方面取得了良好效果。

《天朝田亩制度》虽有空想性,但在乡官制度、乡兵制度、司法制度、宗教文化和社会生活领域的改革取得了较好的成效。《资政新篇》代表了当时中国人向西方寻求真理的一次探索。这些纲领和探索成为后人继续"革命"的宝贵精神财富,为近代中国社会播下了革命的种子。

所以,从社会变革的角度来看,太平天国极大地改变了近代中国社会的政治和经济形态,推动了中国近代社会的发展进程。

【根据刘晨:《太平天国应对社会危机的政略实践及得失——兼谈太平天国的评价问题》,《史学集刊》2020年第1期】

学术观点2:太平天国是一场旧式的农民革命运动

太平天国运动期间封建经济占统治地位,最突出的是农民和地主的矛盾。领导这场运动的成员来源主要以农民为主,但无论是手工业工人、还是城市贫民,他们同样遭受封建剥削压迫,都和农民有着一样反封建的革命诉求。《天朝田亩制度》直接反映了农民对土地的要求,具有彻底废除封建土地制度的革命意义。

因此,从社会主要矛盾、参加者的阶级属性以及革命纲领来看,太平天国是一场旧式的农民革命运动。

【根据刘大年:《中国近代史研究中的几个问题》,《历史研究》1959年第10期】

学术观点3:《天朝田亩制度》并不是真正的反封建纲领

《天朝田亩制度》颁布后,无法真正施行。到了后期采取的依旧"照旧交粮纳税",和其他封建政权的土地政策并无多大差异。

诚然,"有田同耕,有饭同食,有衣同穿,有钱同使,无处不均匀,无人不饱暖"给人的是一种极度美好的社会。但实际上天王占有天下一切,功勋世臣依旧坐食"天禄",而这些都是建立在对农民残酷奴役、压榨前提下所获得。

《天朝田亩制度》在当时的社会环境中根本无法实施,然而洪秀全却大力推行,借此来维护自己统治。所以《天朝田亩制度》并不是真正的反封建纲领。

【根据潘旭澜:《再论〈天朝田亩制度〉与〈资政新篇〉》,《探索与争鸣》2005年第4期】

★ 史学导读

1.如何理解太平天国的措施反映了农民阶级的革命要求?

在前期的政治纲领《天朝田亩制度》中,曾明确规定了"凡天下田,天下人同耕"的原则,以建立一个"有田同耕,有饭同食,有衣同穿,有钱同使,无处不均匀,无人不饱暖"的理想社会,我们称其为农业空想社会主义方案,或者是绝对平均主义的"大同"境界。

洪秀全宣称:"天下总一家,凡间皆兄弟。""天下凡间人民虽众,总为皇上帝所化所生。"因此,他指出,"天下多男子,尽是兄弟之辈,天下多女子,尽是姊妹之群。何得存此疆彼界之私,何可起尔吞我并之念"。

——摘自何继龄:《重新审视太平天国农民战争的历史地位》,《江汉论坛》2003年第11期

○ **导读提示**

太平天国通过《天朝田亩制度》在土地方分配方面的变革来达到"均田免粮"的目的,实现"天下大同"的目标,建立一种绝对平均主义的理想社会。在人与人之间的关系上,主张通过消灭阶级和等级制度,以此来建立一个没有剥削和压迫、人人平等的理想社会。

阅读材料时,应认识到:《天朝田亩制度》集中反映了农民阶级对土地的渴望和追求。中国几千年封建剥削制度的根基是封建地主土地所有制。要推翻封建制度,就必须先消灭封建地主土地所有制,实现土地的平均分配。封建专制是实现平等的最大障碍,要想实现人人平等,就必须把斗争的矛头直接对准封建统治者的最高代表人物——皇帝。

通过阅读该则材料,可以深刻理解到通过土地政策的调整和倡导人人平等的思想,都符合农民的切身利益,较为充分地反映了农民阶级的革命要求。

2.如何理解《天朝田亩制度》这一文件只是一纸空文?

《天朝田亩制度》,这一文件的空想性质和当时阶级斗争的残酷程度都决定了其用

心规划的土地制度只能是一纸空文。真正成为太平天国实际赋税政策的是"照旧交粮纳税"。这一政策以土地所有者的存在为前提,因此,它不仅保护自耕农的利益,而且也保护地主的土地权和收租权。这种保护,体现了对赋税来源的关注,当然不是有爱于地主。……但在新的生产方式出现之前,他们不可能单凭自己的力量找到一条取代封建制度的出路。

——摘自陈旭麓:《近代中国社会的新陈代谢》,上海:上海社会科学院出版社,2006年版,第82~83页

○ **导读提示**

《天朝田亩制度》体现的是绝对平均主义思想,这种思想本身就具有空想性。在严酷的军事斗争面前,太平天国在财政和粮食问题上面临巨大困境。而且,当时中国尚未产生资本主义,此时的农民阶级不是先进生产力的代表,具有一定的局限性。

阅读材料时,应认识到:《天朝田亩制度》超越了当时生产力发展水平,在当时的社会环境中根本无法实施;面对残酷的军事斗争,只能以"照旧交粮纳税"来解决财政和粮食问题上的巨大困难。

通过对材料的阅读,可以深刻认识到:在中国尚未产生新的生产方式前,农民阶级不可能单凭自己的力量找到一条取代封建制度的出路。《天朝田亩制度》本身的超前性以及囿于现实的政治、军事困难,注定无法推行而最终只能是一纸空文。

3.太平天国的失败与拜上帝会有什么关系?

在建都天京之前,拜上帝教发挥了重要的组织和鼓舞作用。建都之后,革命形势更加复杂,不仅要担负起反帝反封建的双重历史重任,还要进行组织建设。但此时的拜上帝教却束缚了群众革命积极性,也使天国领导人思想僵化,无所作为,缺乏进取精神和创造精神,从而使太平天国不能对起义后期的具体建设提供建设性意见。

——摘自李媛媛:《太平天国失败的思想原因》,《文化学刊》2018年第8期

洪秀全则在建都南京之后,仍然依赖拜上帝教,他向教徒灌输的上帝是"无所不在、无所不知、无所不能"的,而今天父代言人被人家袭杀时并没有显示出这些权能(编者注:指为"天父代言"的杨秀清被韦昌辉所杀),人们自然不会和先前一样,虔诚地去信所谓的皇上帝了,太平天国出现了空前的信仰危机。严重的信仰危机,导致分散主义滋生,使太平天国一步一步走向低谷,难有回天之力。

——摘自苏双碧:《太平天国失败的原因及其历史教训》,《求是》2011年第2期

○ 导读提示

拜上帝教在太平天国运动的前期起到了积极的推动作用。但太平天国在定都天京后,统治集团内部争权夺利愈演愈烈,作为"天父化身"的杨秀清被杀,导致太平天国出现了严重的信仰危机,分裂主义也逐渐蔓延。在定都天京后,拜上帝教使领导人思想僵化,已不能为后期的斗争提供实质性的指引。

阅读材料时,应认识到:太平天国把宗教狂热化为农民的革命欲求,对革命曾起过积极作用。但后期,不仅导致了领导人思想僵化、缺乏进取精神,而且由于信仰危机使得统治阶级内部分裂,加速了太平天国的灭亡。

通过以上材料的阅读,可以深刻理解到拜上帝会对太平天国发展产生的影响,由于缺乏先进的科学理论做指导,拜上帝教最终只能加速太平天国运动的失败。

第2讲 地主阶级的自救运动——洋务运动

★学习精要

洋务运动是19世纪60年代至90年代清政府推行的一场内容广泛、影响深远的"求强""求富"运动。1895年,甲午中日战争中北洋海军全军覆没,标志着历时30余年的洋务运动破产。

具体而言:

19世纪60年代起,洋务派以"自强"为口号,兴办了一批近代化的军事工业,如江南制造总局、福州船政局、天津机器局。同时,洋务派还兴办新式学校,培养翻译和军事人才;设立翻译馆,翻译外国书籍;派遣留学生出国深造,并建成了以北洋海军为代表的新式海军。19世纪70年代,又提出"求富"的主张,先后创办上海轮船招商局、上海机器织布局、开平煤矿等20多个近代化的民用企业。

洋务运动是中国历史上第一次近代化运动,推动了中国近代军事工业、民用工业、交通运输的发展,客观上促进了中国民族资本主义的产生,对外国资本主义的侵略起到了一定抵制作用。但由于其根本目的是维护和巩固清政府的统治,加上内部顽固派的阻挠以及外国势力的挤压,它没有使中国走上富强的道路。

★ 学术动态

学术观点1：洋务运动是一场进步的改革运动

洋务运动引进西方先进科学技术，不仅有利于近代军事和民用工业发展，而且对民族资本主义的产生和发展起了推动作用。

诚然，由于清政府政治腐败和外国势力的打压，没有使中国走向真正的富强，但它反映了近代中国人民为实现国家早期现代化的一次重要尝试，标志着近代中国历史前进的基本脉络。

所以，通过对洋务新政所产生的影响分析，它是一场进步的改革运动。

【根据崔志海：《晚清政治史研究70年回眸与展望》，《史林》2019年第4期】

学术观点2：洋务派没有引进西方政治制度有其合理性

鸦片战争后，自给自足的自然经济依旧占据统治地位。洋务运动中兴办的企业，无论工厂数量、规模、资本、工业产值，在国民经济中所占比例很少，这反映了资产阶级在政治和经济上力量弱小。

洋务派自身对西方的政治制度和思想缺乏了解，而且他们仍然是属于封建地主阶级营垒的。因此他们主观上也缺乏引进西方政治制度的要求。

所以洋务派在引进西方近代生产技术的同时，没有引进西方先进的政治制度，是由于当时尚未具备政治、经济、思想基础，因此具有合理性。

【根据喻盘庚：《关于洋务运动评价的几点思考》，《求索》1984年第6期】

学术观点3：甲午中日战争失败并不标志洋务运动的终结

洋务运动不仅包括军事领域的创办军工厂，编练新军，筹办海军，还包括兴办新式学校，设立翻译馆，派遣留学生，发展交通等20余项内容。

虽然甲午战争中李鸿章创办的北洋舰队全军覆没，但以张之洞为代表的洋务派所创办的军用和民用企业并没有消失，清政府自身也希望继续用洋务来维系自己的统治。

所以甲午战争失败，并不标志洋务运动的破产和终结。直到清王朝灭亡，洋务运动也才寿终正寝。

【根据茅家琦：《张之洞与洋务运动——兼论洋务运动终结的时间》，《学术月刊》1984年第11期】

★ 史学导读

1.洋务派为何优先发展军事？

窃自同治元年臣军到沪以来，随时购买外洋枪炮，设局铸造开花炮弹，以资攻剿，甚为得力。机器制造一事为今日御侮之资、自强之本。

——摘自李鸿章：《置办外国铁厂机器折》

至恭亲王奕䜣等奏请购买外国洋枪炮，则为今日救时之第一要务……轮船之速，洋炮之远，在英、法则夸其所独有，在中华则震于所罕见……若能陆续购买，据为己物，在中华则见惯而不惊，在英法亦渐失其所恃……购成之后，访募覃思之士，智巧之将，始而演习，继而试造，不过一二年，火轮船必为中外官民通行之物，可以剿发捻，可以勤远略。

——摘自曾国藩：《复陈购买外洋船炮折》

○ 导读提示

购买外国洋枪洋炮，可以迅速提升战斗力。英、法等国也正是凭借其强大的武力，在中国恣意横行。先购买武器，进而自己制造，不但有利于对内镇压民众起义，而且在与列强交战时，中国就不会感到害怕，列强也就失去了他们的优势。因此，购买外国先进武器进而自己制造，发展军事是实现自身强大的重要途径。

阅读材料时，应认识到：洋务派提出购买洋枪洋炮和制造新式武器，是在于认识到列强使用新式武器所带来的强大威力，并且与当时清政府面临内忧外患的局面密不可分。

通过阅读以上材料，可以深刻理解：洋务派优先发展军事，是由于当时面临内忧外患的国情所决定的，也只有优先发展军事，才能够更好地巩固统治。

2.洋务运动中民用企业中采用"官督商办"形式的原因？

洋务派官僚鉴于"既不能禁华商之勿搭洋船，又何必禁华商之自购轮船"，所以允许商办交通运输业，但又怕完全商办"久恐争利滋弊"，于是把商办置于封建官僚监督之下。近代军事工业的发展，又必须辅以近代工矿、交通运输业，但是到19世纪70年代初，政府财政竭蹶，兴办这种近代工业"全恃官力，则巨费难筹"。用"商为承办官为维持"的办法吸引私人资本。在洋行企业积累了资本的买办商人，也渴望独立经营，追求更大的利润。但是，"全归商办则土棍或至阻挠，兼恃官威则吏役又多需索"。因而希冀在"官为维持"的庇护下摆脱重重的封建阻力，给投资带来优惠利润，所以乐意投资"官资商办"工业。

——摘编自郑学檬：《简明中国经济通史》，北京：人民出版社，2005年版，第80页

○ **导读提示**

清政府允许发展交通运输业，但害怕完全商办引起利益纠葛，于是一定程度上监管了商办企业。洋务派军事工业的发展，急需私人资本的投入。私人资本为追逐利润也乐意投资"官督商办"工业。

阅读材料时，应认识到：外国资本主义的竞争和封建势力的种种阻挠与束缚对民用企业的发展造成了严重的障碍。洋务派采用"官督商办"的形式创办企业，不仅能够使企业托庇于封建政权，绕过自己无力逾越的障碍，而且可以更好地吸引民间资本，缓解政府的财政压力。

通过阅读以上材料，可以深刻的理解，民用工业中采用"官督商办"的形式，可以实现"官督"与"商办"互相弥补缺陷，优势结合，以促进企业的建设，最终达到收回利权和富国强兵的目的。所以，洋务运动中的民用企业中采用"官督商办"形式。

3.如何理解洋务运动是中国近代化的标志？

在洋务派主持下，洋务运动逐渐推进。中国拥有了第一批机器生产的兵工厂、造船厂、纺织厂、钢铁厂和煤矿、铁矿场，创办了第一家轮船公司，铺设了第一条铁路，架设了第一条电线，建立了第一支海军舰队，开设了第一批外语、科技学校，派遣了第一批留美、留欧学生，翻译了第一批科技书籍，出现了中国近代第一代科技人才，造就了中国第一代产业工人，并通过"官督商办"和"官商合办"等形式产生了第一批从地主、官僚、买办商人转化来的近代民族资产阶级。"自强""求富"的洋务运动，为中国近代资本主义的产生和发展提供了必要条件，使中国开始自觉地向世界资本主义轨道上靠拢，启动了中国早期近代化。

——摘编自左玉河：《洋务运动、甲午战争与中国早期现代化的顿挫》，《红旗文稿》2014年第14期

近代中国历史发展的路径或者方向不是一成不变的。在一定的历史条件下，历史可能循着某种路径发展；历史条件改变了，发展的路径也可能改变。这就是历史发展的转折。洋务新政的兴起是近代中国历史发展的一次重要转折。它虽然没有使资本主义的意识形态、生产方式成为中国社会的主流，却为此后改良派、革命派成长提供了基础。

——摘自张海鹏：《中国近代通史》（第1卷），南京：江苏人民出版社，2006年版，第78~81页

○ **导读提示**

在洋务派的推动下,中国先后建立起了一批新式的军事工业和民用工业,创办了新式海军、新式学校,培养了科技人才,产业工人和民族资产阶级相继也出现和壮大。洋务运动是近代中国历史发展的一次重要转折,为清朝后续的改革和社会的发展奠定了基础。

阅读材料时,应认识到:(1)洋务派通过一系列措施,进行社会各项改革,在思想观念、武器装备、军队建设、科学技术、社会经济、文化教育、人才培养等方面产生了积极的影响,并且一定程度上改变了传统社会面貌。(2)洋务运动虽没有实现它的目的,但它依旧推动了社会的进步。

通过阅读材料,可以深刻地理解:洋务运动虽未使中国近代化完成,却给中国的近代化,尤其是工业近代化打下了基础,也积累了一些符合中国国情的实现近代化的经验,所以洋务运动是中国近代化的标志。

第3讲　19世纪60年代以后至1900年间西方列强的侵华史实

★ 学习精要

19世纪60年代开始,西方列强加紧争夺市场、原料产地和殖民地,从中国邻国开始,一步步蚕食推进,中国西北、西南、东南边疆危机相继出现。

1875年,左宗棠成功收复了除伊犁外的新疆全部领土,清政府在新疆建立行省,有利于维护统一多民族国家的巩固和发展。19世纪60年代初,法国侵占越南南方并不断向北进犯,爱国将领冯子才率军迎战,取得镇南关大捷,同年6月签订了中法《越南条约》,法国侵略势力深入我国云南和广西。

1894年,朝鲜爆发东学党领导的农民起义,清政府派兵帮助镇压。日本借此蓄意挑起战争。平壤战役中,中国军队溃不成军,日本侵略者迅速把战火烧到中国境内。黄海海战中北洋舰队与日本联合舰队展开激战,广大官兵在弹药不足情况下,临危不惧,英勇奋战,致远舰管带邓世昌与舰同沉,壮烈殉国,表现了中国人民誓死反抗外来侵略的大无畏精神。1885年,日本陆海军进攻山东威海卫,北洋舰队全军覆没,清政府于1895年4月签订了丧权辱国的《马关条约》。台湾被割让给日本,但不愿做亡国奴的台湾军民对日本的侵略进行了顽强抵抗,在中国近代反侵略斗争史上,留下了极其光辉的篇章。

《马关条约》签订后,各国利用争做中国债主、抢夺路权矿权、争相开设工厂、强租海港、划分"势力范围"等手段来瓜分中国。美国则提出"门户开放"的照会,各国先后接受了美国的这一政策,采取了大体一致的侵略中国的行动。

★学术动态

学术观点1:新疆设省是清朝边疆治理理念及措施的一次重大革新

中原王朝在处理中央与边疆的关系上,基本采用"因俗而治""分而治之"的治边方针。在这种理念下,中原王朝与边疆的权力结构是一种比较松散的关系。

然而,清政府在收复新疆之后,以强化中央对新疆的统治为目的,于1884年,在新疆正式建省,开始着手改革新疆的旧有管理体制。

政治上,新疆的行政管理体制体现了一致性和完整性,使政令划一,大大加强了国家的统一;经济上,各级政权突出了管理社会经济文化的政府职能;军事上,伊犁将军专管北疆军务,同时新设塔城副都统,加强边境防守。

因此,清政府通过以上措施不仅重新构筑了新的边疆国防体系,更是边疆治理理念及措施的一次重大革新。

【根据薛小荣:《对"海防""塞防"之争的另一种解读———清末近代中国的国家整合与国防重构》,《探索与争鸣》2006年第7期】

学术观点2:《马关条约》的签订标志着列强侵华进入新阶段

高额的赔款,促使清政府不得不大量借举外债,中国的财政经济进一步受到各帝国主义国家的控制。允许日本在通商口岸设厂制造,各国根据"利益均沾"的片面最惠国条款纷纷效仿,迫使清政府接受它们投资中享有的特权,以达到经济掠夺为目的。领土的割让,刺激了列强瓜分中国的欲望,通过各种方式在中国攫取租借地和划分势力范围。

从资本输出方式来看,列强由商品输出为主变为资本输出为主。从分割中国权益来看,列强掀起了瓜分中国的狂潮,加剧了中国的民族灾难和民族危机。因此,这些特点无不体现了帝国主义国家资本输出和瓜分世界的要求,所以《马关条约》的签订标志着列强侵华进入新阶段。

【根据薛小荣:《甲午战争暨〈马关条约〉与中外条约关系的变化》,《抗日战争研究》2015年第2期】

★ 史学导读

1.为何说中法战争中国虽胜亦败?

光绪十一年二月(1885年3月)在镇南关外,冯子材部同法国侵略军展开了激烈的战斗,法军被歼灭的有千余人,全军仓惶后撤,连谅山也只得放弃。法军的这次失败的消息传回法国,引起了资产阶级统治集团内部的严重争吵。挑起对中国的侵略战争的茹尔·费里的内阁因此而倒台。光绪十一年二月二十(1885年4月7日)慈禧太后颁发停战令。四月二十七日(6月9日),李鸿章和法国公使巴德诺在天津订立正式条约(即《中法新约》),承认越南是法国的保护国,并且给予法国在广西、云南通商的特殊权益,规定中国以后如在这两省修造铁路,要同法国人商办。投降主义者既不敢抗议法国并吞越南,又使法国侵略者打开中国西南边境大门的目的如愿以偿。

——摘自胡绳:《从鸦片战争到五四运动》,北京:人民出版社,1981年版

○ **导读提示**

1885年6月9日,中法签订了《中法新约》。该条约承认越南是法国的保护国,法国在广西和云南不仅拥有通商特权,而且可以参与该地区铁路修建,由此法国侵略势力开始深入中国西南地区。

阅读材料时,应认识到:法国发动战争的目的是占领越南,进而入侵中国西南地区。清政府虽然在军事上取得了胜利,但是战后条约的签订,不仅使清政府失去了对越南的控制,而且导致法国的侵略势力深入中国西南地区。法国虽然在军事上失败,但它却通过签订不平等条约,实现了打开中国西南大门的政治目的。

通过阅读以上材料,可以深刻的理解,中国虽然军事上胜利,但政治上却是失败。所以从条约签订的影响来看,中法战争中国是虽胜亦败。

2.如何理解甲午中日战争后列强掀起了瓜分中国的狂潮?

我们在上面已经看到,垄断前的资本主义,即自由竞争占统治的资本主义,发展到顶点的时期是19世纪60年代和70年代。现在我们又看到,正是在这个时期以后,开始了夺取殖民地的大"高潮",瓜分世界领土的斗争达到了极其尖锐的程度。所以,毫无疑问,资本主义向垄断资本主义阶段的过渡,是同瓜分世界的斗争的尖锐化联系着的。

——摘自列宁:《帝国主义是资本主义的最高阶段》,北京:人民出版社,2014年版,第75~76页

在甲午中日战争之前,西方列强还未真正窥测出大清帝国的虚实,尚不敢轻率地伸出瓜分中国的魔掌。然而清帝国在甲午战争中的惨败彻底暴露了它的腐朽与虚弱,从此西方列强再也不把中国视为东亚"睡狮",而把它视作可以任人宰割的猎物,并立即掀起了一片瓜分中国的叫嚣。日本通过《马关条约》获得大片领土,俄国明拉暗骗,德国蛮横抢夺,法国和英国紧随其后,相继提出了租占港湾和索取势力范围,美国则提出所谓的"门户开放"的通牒。

——摘自张岂之:《中国历史·晚清民国卷》,北京:高等教育出版社,2011年版,第75~76页

○ **导读提示**

19世纪末,世界主要资本主义国家进入垄断资本主义阶段,瓜分世界的斗争十分激烈。甲午中日战争,以中国的惨败结束,帝国主义列强看见了中国的虚弱,因此纷纷通过租占港湾和索取势力范围等方式来瓜分中国。

阅读材料时,应认识到:甲午中日战争爆发的时间,正处于世界资本主义国家进入帝国主义阶段。帝国主义国家的垄断资本家为了争夺商品销售市场、原料产地、投资场所,必然在经济上要求分割世界,而尚未被分割的中国成了他们争先追逐的对象,而《马关条约》的签订,更是让他们看见了中国的虚弱,加快了瓜分中国的步伐。

通过阅读以上材料,可以深刻地理解到:中国在甲午中日战争中的惨败和《马关条约》的签订,让各国探明了中国的实力;加之各主要资本主义国家先后发展到了帝国主义阶段,侵略要求进一步扩大。所以,甲午中日战争后列强掀起了瓜分中国的狂潮。

3. 如何理解"三国干涉还辽"反映了列强在争夺中国权益上的矛盾?

俄国是"干涉还辽"的为首国家。当时它正野心勃勃地把朝鲜和中国东北作为扩张目标,日本强占辽东半岛将威胁沙俄在东北的独占利益,因此它决定不惜一战也要把日本势力逐出辽东,同时也可借此加强对清政府的影响与控制,以获更多权益。

德国是"干涉还辽"的主要国家。正在世界各地争夺殖民地,唯恐日本由岛国一跃而为陆上强国,将危及德国在华利益。德国还想以干涉还辽向清政府敲诈,可能由中国获得一海军军港或煤站之割让。

法国在远东的政策视沙俄态度为转移,因而愿与沙俄采取一致行动。此外,它也想借此向清政府邀功索偿,"取得海南岛旁中国一小岛",并包揽贷款,夺取利权。英美也不愿日本在华势力迅速膨胀,危及自己利益,并不反对俄、德、法三国的行动。

——摘编自王翔:《简述"三国干涉还辽"》,《历史教学》1986年第12期

○ **导读提示**

日本强占辽东半岛将威胁沙俄在东北的独占利益。德国唯恐日本由岛国一跃而为陆上强国,将危及德国在华利益。法国想借此割占岛屿和包揽贷款,夺取利权。英、美也不愿日本在华势力迅速膨胀,危及自己利益。

阅读材料时,应认识到:俄、德、法三国当时由于共同的利害关系,暂时勾结在一起,联合对日干涉。英、美等国则从维护自己利益出发,在事件中采取"中立"态度。它们各怀鬼胎,力图从中国获取更多的侵略权益。

通过阅读以上材料,可以深刻的理解,"三国干涉还辽"并不是列强为了维护中国的利益,而是为了各自利益而引起的纷争,这更无疑地反映了列强在争夺中国权益上的矛盾。

★ **荐读书目**

茅家琦:《太平天国通史》,南京:南京大学出版社,1991年版

夏东元:《洋务运动史》,上海:华东师范大学出版社,1996年版

单强:《步履蹒跚:洋务运动》,南京:江苏人民出版社,1998年版

孙志芳:《李鸿章与洋务运动》,合肥:安徽人民出版社,1982年版

戚其章:《甲午战争新讲》,北京:中华书局,2009年版

关捷:《中日甲午战争全史》,长春:吉林人民出版社,2005年版

石泉:《甲午战争前后之晚晴政局》,北京:生活·读书·新知三联书店,1997年版

马勇:《甲午战争十二讲》,北京:华文出版社,2014年版

第18课　挽救民族危亡的斗争

第1讲　维新变法运动

★学习精要

　　戊戌变法运动,是以康有为、梁启超为代表的资产阶级维新派通过光绪皇帝颁布变法诏书,倡导学习西方,改革清朝政治、经济、军事、教育等方面制度的资产阶级改良运动。

　　甲午战败,列强侵华加剧,民族危机加深。资产阶级维新派通过聚众讲学、编撰著述、公车上书、创办报刊、设立学会、开设新式学堂等方式开展维新活动,认识到唯有实行变法才能救亡图存。1898年,德国强占胶州湾,中国面临瓜分狂潮,光绪皇帝接受了康有为的变法请求,下诏变法。"百日维新"试图通过变法在中国建立起资本主义君主立宪制度,其内容有利于民族资本主义的发展、新思想的传播和资产阶级知识分子参政议政,是具有资产阶级性质的改革,但是改革因触犯了以慈禧太后为首的封建守旧势力的根本利益,最终以慈禧发动戊戌政变而告终。

　　维新变法运动虽然失败,但作为近代中国反侵略、求民主的重要环节,维新变法运动冲击了旧式官僚体制,形成了中国近代第一次思想解放潮流。

★学术动态

学术观点1：戊戌期间文人士大夫的精神世界具有浪漫主义色彩

　　1895年《马关条约》签订之后,在士大夫群体之中,赞成变法的已经成为主流。以康梁为代表的新崛起的文人士大夫意识到不变革无法度过危机,他们在精神气质上继承的是具有个人意志和思想解放色彩的阳明心学,试图掀起一轮从思想解放到激进变革的狂澜。

　　康梁一代文人士大夫致力于"六经注我"、发动儒学的新教革命,具有宏大的浪漫主义乌托邦理想,浪漫主义的精神气质与西方的进化论、今文经学的三世说和"无父无君"的佛教相结合,爆发出激进改革的巨大能量。他们自下而上、从地方到中央走入政治舞台,从一开始最重视的就是制造舆论、宣传鼓动,占领话语的制高点,将"保种、保国、保教"作为变法的目标。

康梁远未意识到自己的变法基础不稳,文人的浪漫主义气质令他们一旦获得了光绪的支持,便以为不必争取更多的同盟力量,可以一意孤行。他们走激进的变法路线,思想已经偏离理学的正统,带有强烈的创造性和颠覆性,对西学、西法的认知大大超越了洋务时期的水准,但对权力系统的复杂与诡秘缺乏切身的认知,很想大有作为,通过变法强化皇帝的权威,扩张自己的权力。

【根据许纪霖:《戊戌期间文人士大夫与官僚士大夫的世代交替》,《史林》2019年第6期】

学术观点2:慈禧扼杀变法导致戊戌变法失败

戊戌变法的发生,在于改革派试图把改革扩展到政治体制和意识形态这两个方面。但是,清朝政府决不允许在这两方面往前走。大权在西太后手上,西太后动作快,先下手为强,回宫发动政变。

慈禧为什么扼杀戊戌变法?一方面,光绪皇帝锐意改革、热情可嘉,但无权、无兵,在罢免六堂官事件上操之过急,处分太重,没有争取掌握实际权力的西太后的同意,损害了相当一大批既得利益者的利益,而他本人,又没有一丝一毫的力量可以善后。另一方面,西太后的底线在不能损害她的权力,不能够损害满洲贵族的既得利益,不能搞政治体制方面的改革,特别是不能触动专制主义政体的根本方面。康有为和光绪做的这一套,恰恰违反了西太后的底线。

【根据杨天石、张弘:《戊戌变法失败的原因》,《社会科学论坛》2018年第6期】

★史学导读

1.维新派如何借鉴西方思想寻求社会变革?

资产阶级维新派知识分子群体认为,要把中国从被帝国主义瓜分的厄运中拯救出来,取得民族的生存和国家的独立富强,只有实行维新变法,走西方资本主义国家的道路。为此,他们从西方资产阶级那里借取了进化论和社会政治学说,作为思想武器,向恪守"祖宗成法"的封建顽固思想和只学西方技艺、反对西方政治制度的"中体西用"论调,展开激烈的批判。康有为明确指出历史是不断发展进步的,君主专制肯定要被君主立宪所取代。

——摘自李侃:《中国近代史》,北京:中华书局,2018年版,第88页

中国传统的君主统治形式实质是"家天下",它将家和国联结成一个"共同体","家长"是独一无二的权威主体。维新时期,梁启超批判旧的国家观念,介绍西方新观念。他认为当务之急是速养成自己的国家观念以抵抗帝国主义的侵略。他强调只有兴民权才能强国家,人人有自由之权,国事决于公论。他更明确了君、臣、民三者的关系,君和臣都是为民办事者。

——摘自王建朗、黄克武:《两岸新编中国近代史》(晚清卷),北京:社会科学文献出版社,2016年版,第941页

○ 导读提示

根据材料可知,维新派借鉴西方的进化论和资产阶级社会政治学说,呼吁养成近代中国的国家观念,主张兴民权,实行君主立宪制,以此作为变法的理论依据,打破"家天下"的传统君主统治形式,寻求社会变革。

阅读材料时,应认识到:从洋务运动到维新变法,中国各阶级探索强国御辱之路,经历了"不断探索→失败→反思→再探索"的过程,体现了由浅入深、由表及里、逐步深入的趋势。资产阶级维新派反对洋务运动只学技艺的"中体西用",其理论来源于西方的进化论和社会政治学说,变法的目的是救亡图存,否定君主专制制度,实行君主立宪制,发展资本主义。

通过阅读两则材料,要理解维新变法的理论依据,认识维新变法在促进思想启蒙、激发民族意识、推动中国政治近代化中的历史作用。

2.戊戌变法对中国现代化进程有什么作用?

戊戌变法是以康梁为代表的先进知识分子在内忧外患的刺激下所展开的一场救亡图存运动。它力图通过中国社会内部结构的自我调整转出一个全新的社会类型,将一个封建专制的中国改造成君主立宪制的国家,使国家步入世界发展的轨道,走上现代化的道路。戊戌变法是中国现代化进程的逻辑起点。

戊戌变法实质上是一场深刻的社会改革运动,从某种意义上说它是一场社会革命。只有革尽旧俗,一意维新,从根本上转变中国的社会结构,才能救中国。所谓从根本处着眼进行变法,就是以日本为榜样,全面改造中国政治制度、经济制度、教育制度、

军事制度,即对"一切政事制度重新商定"。戊戌变法在中国历史上第一次提出了由传统走向现代的系统方案。戊戌变法又是一场深刻的思想启蒙运动。康有为、谭嗣同、严复等启蒙思想家猛烈批判封建专制主义,批判旧伦理,批判并揭露中学的不足,倡导博爱、平等、自由、人权。这些思想观念并没有因戊戌变法的失败而消失其影响,相反,更加深入人心。由戊戌变法到辛亥革命直至五四运动,政治运动、社会思潮运动一浪高一浪,尽管前后有许多不同,但就其追求民主、科学、自由的目标而言,并无本质的差异。

——摘自颜炳罡:《戊戌变法与中国现代化进程》,《文史哲》1998年第9期

○ 导读提示

根据材料可知,戊戌变法作为一场救亡图存运动,第一次提出了由传统走向现代的系统方案,力图调整中国社会内部结构,反对封建专制主义,实行君主立宪制,追求民主、科学、自由的目标,与世界接轨,走上现代化的道路。

阅读材料时,应认识到:戊戌变法是中国先进知识分子在内忧外患的刺激下做出的反应,尝试在政治制度上实现中国的现代化转型。它既是一场社会改革运动,以日本为师,改造旧有制度;又是一场思想启蒙运动,传播了西方自由、平等、博爱的启蒙思想,影响了后来的各类运动。可以说,戊戌变法影响了中国社会未来的发展方向,构成了中国现代化进程的逻辑起点。

通过阅读该则材料,既可以深刻理解戊戌变法对中国现代化进程产生了重要作用,是中国现代化进程的起点。同时,戊戌变法是中西方文明激烈冲突、碰撞的产物。戊戌变法虽然失败了,但是它的失败只是自上而下的改良方式走向现代化的失败,而不是其目标的失败。

第2讲 全面评价义和团运动

★ 学习精要

义和团运动是西方列强侵略加深,民族危机空前加重的背景下,教民与当地民众冲突的产物。民众把遭受的苦难归结于帝国主义的侵略和压迫,将斗争的锋芒直指外来侵略者,并获得了部分爱国官员、士绅和将士的大力支持。

这是一场正义的民众运动。一方面,反映出民众反对帝国主义侵略,挽救民族危亡的强烈愿望,具有爱国性;另一方面,民众受千百年来封建君权思想的禁锢,盲目排

外,又具有落后性。由于义和团对中外反动势力缺乏正确的认识,加之其力量分散,缺乏统一领导等,义和团运动最终在中外反动势力的联合镇压下失败。义和团运动虽然没改变中国社会半殖民地半封建的状况,却显示了中国民众反对外来侵略的强大力量和不畏强暴的斗争精神、牺牲精神,打破了列强瓜分中国的美梦,加速了清王朝的灭亡。

义和团运动与之前的太平天国运动都是近代自发的抗争,农民阶级一方面由于自身的阶级局限性,是分散的个体小生产者,没有科学的革命理论指导和政党指导,不可能领导中国民主革命取得成功;另一方面由于时代的局限性,没有先进阶级来领导农民革命运动,中外反动势力联合,力量过于强大,这两次农民运动最终以失败告终。

★学术动态

学术观点1:义和团运动的发展分四个阶段

义和团运动是发端于山东与直隶边界、以华北为中心的反帝爱国运动,展示了半殖民地半封建社会下灾难深重的中国人民特有的反抗方式和斗争精神,具有正义性和鲜明的时代特色。义和团运动大抵可划分为四个阶段。

第一阶段从1898年山东、直隶拳民正式聚众起义到1899年春夏之交,这是运动兴起和早期斗争阶段。第二阶段从1899年初夏义和拳陆续改为义和团,活动范围大大扩展,到1900年5月义和团占据控制第一座州城——涿州为止。这是义和团运动的发展阶段,也是运动的重心由直、东边界转移到直隶中部地区的阶段。第三阶段从1900年5月27日义和团占据涿州到同年9月7日慈禧西逃途中发布剿灭义和团命令时止。这是各省义和团运动全面高涨和抗击八国联军的阶段。第四阶段从1900年9月7日清廷下令剿杀义和团到1902年景廷宾起义和邓莱峰拒洋会社斗争失败为止。这是清政府公开改抚为剿,义和团运动转入低潮以及复起斗争和失败的阶段。

划分义和团运动发展阶段除了要考察口号的转换之外,更应追寻运动自身发展的轨迹,结合斗争的内容和统治者相关决策的变化来确定,还应以运动的主流来作为主要考察对象。

【根据黎仁凯:《略论义和团运动的发展阶段》,《历史教学》2001年第1期】

学术观点2:学界关于义和团运动的历史评价问题存在统一与分歧

对重大历史事件进行评价,这是新中国史学的一个重要传统。由于义和团运动的复杂性和多面性,同时也由于历史评价固有的主观性,致使有关义和团运动的历史评价问题表现出更多的歧异。

关于义和团运动的性质,既往研究比较一致承认义和团运动为一场反帝爱国运动,但对义和团运动是否具有反封建性质,对于义和团所表现出来的封建迷信和盲目排外等落后一面,国内学者存在分歧。

关于义和团运动的历史作用和影响,国内主流观点都认为义和团作为一场反帝爱国运动,它的一个首要历史作用就是阻止或粉碎了列强瓜分中国的图谋,但对中国免于被瓜分的原因是否有列强之间的矛盾,国内学者存在分歧。

国内学界对义和团历史作用和影响所做的这些多角度解读,深刻揭示了义和团运动在晚清中国历史上的独特地位,值得学界继续探讨。

【根据崔志海:《新中国成立以来的国内义和团运动史研究》,《史学月刊》2014年第9期】

★ 史学导读

1. 义和团运动对不平等条约体系有什么影响?

在近代中国,任何一次中外冲突都会导致新的不平等条约签订,义和团运动也不例外。义和团运动被镇压之后,清政府与十一国列强签订《辛丑条约》,并根据《辛丑条约》又与英、美、日分别订立通商条约。这些条约,大大发展了不平等条约体系,将其推进到一个新阶段,列强由攫取条约特权,进而在政治、经济、军事、思想等方面对中国实施全面控制。与此同时,由于义和团运动表现出强烈的反抗精神,列强又不得不吸取教训,有所顾忌,对某些条约特权采取谨慎态度,如在传教特权、领事裁判权等方面做出让步。

——摘自李育民:《义和团运动对不平等条约体系的影响》,《湖南师范大学社会科学学报》2001年第6期

○ **导读提示**

根据材料可知,义和团运动对不平等条约体系产生了重大影响。一方面,西方列强借口义和团运动,促使不平等条约体系发展到列强全面控制中国的新阶段;另一方面,由于义和团的反抗精神,在一定程度上又制约了不平等条约的进一步恶性发展。

阅读材料时,应认识到:在近代中国,任何一次中外冲突都会导致新的不平等条约

签订,义和团运动就是一次典型的中外冲突,沉重地打击了帝国主义势力。帝国主义通过签订不平等条约,攫取更多侵略特权,进而全面控制中国,这是半殖民地最为突出的特征,亦是《辛丑条约》最基本的特征。同时,义和团运动又是中国反对不平等条约体系历程中的重要环节,展示了中国人民英勇无畏、不屈不挠的斗争精神,并在一定程度上对列强的侵略和条约特权有制约作用。帝国主义还看到清政府在压制中国人民群众的反抗斗争中的作用,所以在以后相当长的时间内,采取"以华治华"的策略。

通过阅读该则材料,要深刻理解义和团运动对不平等条约体系的双重影响,认识义和团运动是中国近代史上一次重要的节点。

2.如何看待义和团运动仇洋的民族心理?

在近代中国,洋教比商品和大炮更多地输来过"西学",并以此影响中国的一代知识分子。从这个意义上来说,它曾是中西文化交汇的中介之一。但作为一种外来之物,它本身又是同中国的传统文化全然相悖的。上帝至尊的教义及其对多神观念和祖先崇拜的排斥,不仅触犯道教和释教,而且直接践踏了儒学真义;形成于西方民俗和历史中的布道、洗礼、忏悔仪式,在具有另一种民俗和历史的中国人眼里却是全无神圣意义的伤风败俗之举。两者之间,横隔着几千年岁月积淀成的不同文化心理。……西方宗教在近代中国传播的历史便成为教案史。一方面,是传教士自觉地与中国传统文化为敌,在"兴"与"毁"的冲突中,洋教成为一种政治化的力量。另一方面,是传统文化下的中国民众对洋教日益增长的痛恶。痛恶的过程,又是以得自传统的观念去揣想被痛恶的过程。洋教在半殖民地中国的政治化,使反洋教斗争具有无可怀疑的反侵略性质。但这种反侵略性质又正是通过传统文化的自卫和排他而表现出来的。

《马关条约》后数年,列强竞相划分势力范围已成瓜分狂潮。民族矛盾的激化促成了民族对抗意识的强化。于是,"灭洋"作为一个口号引人注目地同时出现于中国南北,表现了民众的认识从个别到一般的深化。在统一的资本主义国内市场形成之前,民众的自发认识并不能产生近代意义的民族主义。但是,这个口号已经超越了个人命运、家族命运、乡土命运则是一种明显的事实。瓜分狂潮起于胶州湾事件。山东首受巨击,也因之成为风暴的起点。

——摘编自陈旭麓:《近代中国社会的新陈代谢》,北京:中国人民大学出版社,2012年版,第188~189、191页

○ 导读提示

根据材料可知,洋教是近代中国的"舶来品",与中国传统文化完全相悖,二者源自不同的文化土壤,不同的民族文化心理。中国民众自发抗击洋教侵略引发的各种教案,体现出对传统文化的自卫与排他。《马关条约》的签订,以及列强对中国的瓜分,激化了民族矛盾,强化了民族对抗意识,这使反洋教斗争具有明显的反侵略的性质,但这种反侵略又往往通过传统文化的自卫和排他而表现出来。

阅读材料时,应认识到:义和团运动中,洋教是一个突破口,是枪炮逼迫下直接触发的反应,由此宣泄出仇洋的民族文化心理。这种文化心理,是中西方文化差异与冲突的内部因素,以及民族危机日益加深的外部因素共同作用的结果。在这种心理下,传统观念(天朝观念、华夷藩篱)成为中国民众自然而然的意识,因此,这场正义的反帝爱国运动又有着落后的封建主义内容。

通过阅读该则材料,可以深刻理解义和团运动中仇洋的民族心理的形成与影响,有着非理性的一面:流离失所中孤独无依的游民们面对外来侵略,只得从本阶级自身的意识形态出发,以愚昧的神道为武器,将宗教文化作为发泄的切入口,盲目排外。

第3讲　近代中国半殖民地半封建社会的最终形成

★学习精要

鸦片战争后,英国等西方列强与清政府签订了《南京条约》等中国近代第一批不平等条约,中国开始沦为半殖民地半封建社会。第二次鸦片战争中,《天津条约》《北京条约》等不平等条约的签订,使得中国进一步沦为半殖民地半封建社会。甲午中日战争后,日本同清政府签订《马关条约》,列强掀起了瓜分中国的狂潮,中国社会半殖民地半封建化程度大大加深。而后,八国联军发动侵华战争,义和团运动失败,清政府屈辱投降,被迫接受帝国主义强加的议和条件,签订了空前丧权辱国条约——《辛丑条约》。从此,帝国主义加强了对中国在政治、经济、军事、外交等方面的控制,清政府完全成为帝国主义统治中国的工具,近代中国半殖民地半封建社会最终形成。

★学术动态

学术观点1:《辛丑条约》不再提通商口岸是由于列强经济侵略方式的改变

《辛丑条约》是中国近代史上赔款数额最多、主权丧失最严重的不平等条约。与之前一系列不平等条约相比,《辛丑条约》没有再提在中国增设通商口岸的事项。

之所以不再提增设通商口岸的要求,与列强掠夺方式的改变有关。随着生产力的进一步发展和国内劳动力等生产要素成本的不断提高,商品生产的利润不可避免地出现停滞不前的情况,国内资本出现过剩,迫切需要寻找新出路,于是资本主义的发展进入到下一个阶段,在资本的形态上体现为集中和垄断,在对外贸易上体现为资本的输出。列强对中国的资本输出最突出的领域在金融方面。这种贸易方式的转变,也改变了原有的盈利模式,更多的利润被外国商人拿走。

由此可见,《辛丑条约》不再提增设通商口岸的原因,不是列强的"疏忽",更不是"仁慈",而是传统的掠夺方式已经过时了。

【根据陈忠海:《〈辛丑条约〉为何不再提通商口岸》,《中国发展观察》2018年第6期】

学术观点2:近代中国半殖民地半封建社会既有"沉沦"也有"上升"

近代中国半殖民地半封建社会不仅有"沉沦",而且有"上升"。

帝国主义侵略确实使中国社会发生"沉沦",使独立的中国社会变为半殖民地,独立主权、领土完整受到严重损伤。中国半殖民地半封建社会的成型期,也是中国社会中的积极力量对所处环境做出强烈反应的时期。这个深渊的"底"就在本世纪的头20年,就在《辛丑条约》签订以后至北洋军阀统治时期,这是中国社会最困难的时候。中国历史发展在谷底时期出现了向上的转机,中国社会内部发展明显呈现上升趋势。由于有新的阶级、新的政党、新的经济力量、人民群众的普遍觉醒这样的上升因素在起作用,终于制止了帝国主义使中国滑向殖民地的企图。

近代中国社会的发展轨迹像一个元宝形,开始是下降,降到谷底,然后上升,升出一片光明。

【根据张海鹏:《关于中国近代史的分期及其"沉沦"与"上升"诸问题》,《近代史研究》1998年第2期】

★ 史学导读

1. 如何认识"东南互保"中汉族政治集团的崛起？

八国联军在北方横行之时，南省中国"东南互保"，免除了列强的南顾之忧。南省初指刘坤一、张之洞管辖的五省，不久浙江、福建相继参加。后李鸿章声明自保两广，断不尊奉慈禧对列强的宣战诏书。山东巡抚袁世凯虽为惩办拳匪最得力之人，但此时也与刘坤一、张之洞态度一致。四川、陕西、河南督抚也同意刘坤一、张之洞的主张。这样，互保的区域实际上包括了十三省。地方坐视朝廷危机，不发兵勤王，而且事后也未追究。可见，中央权威已经下降到极点，地方权力不断扩大，使得晚清政府摇摇欲坠。

——摘自郭廷以：《近代中国史纲》，北京：中华书局，2018年版，第255页

○ 导读提示

材料中所说的"东南互保"是汉族政治集团面对八国联军的侵华、民族危机的加剧，在清政府已经向十一国宣战的情况下，与帝国主义在华势力签订的协议。这一协议，一方面使得列强免除了"后顾之忧"，得以专心用兵于京师；另一方面是汉族政治集团在长江流域为"保守疆土"而自发做出的努力，在一定程度上使中国最富庶之地免于战火破坏，人民生命财产得以保全。

阅读材料时，应认识到："东南互保"在事后并未被朝廷追责，这就意味着清朝贵族与汉族地主之间的实力对比发生了明显的变化，表明中央权威的式微与地方势力的扩张。

通过该则材料的阅读，要深刻理解东南互保中所反映出的清政府权力格局的变化，并认识到"东南互保"已预示着清王朝统治的动摇。

2. 怎么理解《辛丑条约》中列强对华的武力控制？

辛丑以前，列强已经割去了中国的一部分土地。但外国合法地驻兵于中国国土则自《辛丑条约》始："各国应分自主，当驻兵队护卫使馆，并各将使馆所在境界自行防守。"这是列强对上一年甘军与义和团围攻使馆的直接回报。其结果是产生了一个武装化的使馆区。它具有租界和附属地所具有的一切行政、警察、土地、司法权力，并以"中国人民概不准在界内居住"的规定显示了比租界和附属地更露骨的侵略性。在同一个理由（保护使馆）下，中国被迫撤除了大沽炮台以及从北京到出海口之间的军事据点，取而代之的是各国"酌定数处留兵驻守"。这无疑是使馆区的一种遥遥延伸。对于

列强来说，驻兵中国的意义并不在于数量，而是在于权利。在这种权利下，东交民巷的大炮注视和监督着紫禁城，象征着条约制度的权威和中国的国将不国，一个西方历史学家说：到了这个时候，它（中国——引者）已经达到了一个国家地位非常低落的阶段，低到只是保持了独立主权国家的极少的属性的地步了。

——摘自陈旭麓：《近代中国社会的新陈代谢》，北京：中国人民大学出版社，2012年版，第205页

○ **导读提示**

根据材料可知，列强通过《辛丑条约》，合法地获得了在东交民巷使馆区及一些重要军事据点驻兵的权利。这是对中国民众抗击八国联军的报复，更是对清政府的武力控制。

阅读材料时，应认识到：(1)列强在北京设立使馆界，在战略要地驻兵自卫，中国主权遭到前所未有的破坏。(2)列强通过武力震慑迫使清政府屈服，使之成为列强统治中国的工具，且不许中国人在使馆界居住，反映出列强侵略的本质。(3)与对待《天津条约》中公使进驻北京的态度不同的是，清政府在列强的武力威胁下完全屈服，进一步冲击了传统的华夷观念。

通过阅读该则材料，要深刻理解列强对华的武力控制实际上反映出的是清政府沦为了列强统治中国的工具。这是战败之后外力强逼的结果，也是中国半殖民地化的过程中更深的沉沦。

★ **荐读书目**

茅海建：《戊戌变法史事考》，北京：生活·读书·新知三联书店，2005年版

郭廷以：《近代中国史纲》，北京：中华书局，2018年版

[美]徐中约：《中国近代史》（第6版），北京：世界图书出版公司，2008年版

陈旭麓：《近代中国社会的新陈代谢》，北京：中国人民大学出版社，2012年版

[美]唐德刚：《从晚清到民国》，北京：中国文史出版社，2015年版

[美]柯文：《历史三调：作为事件、经历和神话的义和团》，北京：社会科学文献出版社，2015年版

许纪霖：《家国天下：现代中国的个人、国家与世界认同》，上海：上海人民出版社，2017年版

第六单元 辛亥革命与中华民国的建立

【单元学习精要】

一是了解孙中山三民主义的基本内容,理解辛亥革命的必然性和伟大历史意义,即它推翻了统治中国几千年的君主专制制度,在中国历史上建立起一个全新的具有划时代意义的国家政权——中华民国,开创了比较完全意义上的近代民族民主革命,使民主共和观念开始深入人心。同时要了解辛亥革命失败的原因,即在帝国主义时代,在半殖民地半封建的中国,由资产阶级领导的资本主义建国方案是行不通的。

二是探讨新文化运动及其对近代中国思想解放的影响。要通过了解新文化运动的来龙去脉和主要内容,来理解新文化运动对20世纪中国的思想解放的影响。新文化运动猛烈地冲击了旧的思想、道德和文化,冲决了禁锢人们思想的闸门,各种新思想不可遏制地涌流、传播。但是中国人民反帝反封建的任务远未完成,革命必须向新的阶段发展。

【根据徐蓝、朱汉国:《普通高中历史课程标准(2017年版)解读》,北京:高等教育出版社,2018年版,第89~91页】

第19课　辛亥革命

第1讲　辛亥革命

★学习精要

面对鸦片战争以来的民族危机,许多仁人志士提出各种救国的主张并付诸实践,但都以失败而告终。血的教训说明,在半殖民地半封建的近代中国,企图通过走自上而下的改良道路是行不通的,这迫使以孙中山为代表的政治精英逐步转向革命道路的探索,以此挽救危机。

辛亥革命是一场比较完整意义上的反帝反封建的资产阶级民族民主革命,是中国人民实现救亡图存、民族复兴的重要里程碑,使中国发生了历史性剧变。虽然未能改变近代中国的半殖民地半封建的社会性质,它却为中国的转型发展打开了闸门,具有伟大的历史意义。

★学术动态

学术观点1:辛亥革命与清末新政是互相联系与依存的

辛亥革命与清末新政是互相联系和互相依存着的,无法割断彼此之间多方面的因果关系。

孙中山等人的革命活动逼得清朝统治者加快"新政"特别是政治体制改革即预备立宪的步伐。而统治者的预备立宪反而促使不乏依法治国理念的革命者抓紧革命反清的准备,后者试图抢在宪法与君主立宪制确立之前推翻清朝。

资本主义经济的发展与预备立宪的展开,为革命者准备了自己的同盟军与合作者——资产阶级与君主立宪论者。与此同时,新军的编练与科举制废除之后士人群体的分化与新式知识分子的兴起,为革命阵营准备了可资发动的基本力量。

预备立宪期间,关于民权思想的公开宣传与历次国会请愿运动的实践,为中华民国成立后的民权政治建设提供了一定的条件。此外,南京临时政府的财政危机与晚清统治者的财政危机一脉相承。因为革命本身不能迅即生财,缺乏可资利用经济资源的南京临时政府则面临政权建设危机。

所以说,无论是革命,还是"新政",都不可能凭空发生。既然二者都已发生在同一时空,势必互相影响,互相对立的过程其实也是互相联系和互相影响的过程。

【根据郭世佑:《辛亥革命与清末"新政"的内在联系及其他》,《学术研究》2002年第9期】

学术观点2:辛亥革命推动了近代中国的社会转型

辛亥革命推翻了清王朝的统治,结束了中国两千多年的君主专制制度,并建立了新政权,即南京临时政府,为以宪法、人民权利、代议制为基本标志的民主宪政的实施提供了条件与可能。如1912年3月11日颁行的《中华民国临时约法》,推动了近代中国政治体制的转型发展。

辛亥革命后,南京临时政府很明确地把发展工商实业放在政府工作的重要位置。除建立政府经济管理职能部门、制定有关法令外,还积极倡导和支持社会经济团体的组建,如1912年1月30日创建的中华民国实业协会。

辛亥革命后,南京临时政府力图建立全新的教育体制,如设置教育部、建立普通与高等教育体系并颁行课程标准。临时政府所进行教育改革取得了明显成效,不仅使在各省独立过程中停课的各类学校迅速恢复了正常的教学工作,还促使新式教育有所发展,为民主共和思想的传播提供了有利条件。

简言之,辛亥革命推翻了清王朝,建立了民主宪政制度,从而推动和加速经济和教育结构的转换和发展,资本主义经济和新式教育以前所未有的速度发展起来,对近代中国的社会转型具有深远的历史意义。

【根据朱英:《辛亥革命与近代中国社会变迁》,武汉:华中师范大学出版社,2011年版,第1~16页】

★史学导读

1."1911年,武昌发生的那点事"是一场意外吗?

辛亥年,武昌发生的那点事,是一场意外,意外里的意外。这场意外,毁了一个王朝,像扳道岔一样,把古老的中国,扳到了另一个轨道上。……1911年10月10日夜里武昌新军工程营发生的起义,之所以发生,虽然此前有革命党的某些安排,但事到临头,实际上只是士兵的自发行为。革命,带有很大的偶然性。但是这样的偶然性,最终能够成事,其实也是偶然。

——摘自张鸣:《辛亥:摇晃的中国》,桂林:广西师范大学出版社,2011年版,第19~21页

以武昌起义为起点的辛亥革命是20世纪中国的第一次历史性巨大变化。在这场全国规模的革命运动中,武昌所以能成为首义之区绝不是偶然的。除了某些客观条件以外,湖北革命党人——他们在当时无论从社会地位和声望看,都是一些小人物,却做出了惊天动地的大事情。他们(其中不少人原是知识分子)长期投身新军,以坚忍不拔的精神进行艰苦的革命宣传。起义前夕参加革命团体的新军兵士达五千余人,湖北新军总数的三分之一以上,再加之众多的革命的同情者。在原定起事当夜,起义指挥机关被破获而他们义无反顾地坚决采取行动。那些默默无闻的小人物以及他们所代表的社会群体的巨大历史功勋,永垂千古。

——摘自金冲及:《辛亥革命研究》,上海:上海辞书出版社,2011年版,第340~341页

○ 导读提示

根据材料可知,武昌起义所引发的历史巨变绝非用偶然就能加以诠释。第二则材料从湖北革命党人在新军中的长期宣传和组织工作等侧面论证了"1911年,武昌发生的那点事"并非意外。

阅读材料时,应认识到:武昌成为20世纪革命运动的首义之区,尽管具有一定的偶发性,但更多却是历史发展的应有之义。《辛丑条约》的签订标志着清政府完全沦为列强的统治工具,20世纪初的中华民族危机进一步加深,"皇族内阁"的成立使清政府陷入空前孤立;20世纪初民族资本主义进一步发展,而武汉地区较早成为通商口岸,近代工业发展较为迅速,为革命爆发提供相应的物质基础与阶级基础;中国同盟会的成立和三民主义的提出则显示出中国民族资产阶级形成了较为完整的革命纲领和统一的领导;武汉地区知识分子资产阶级力量相对集中,湖北革命党人在新军中长期的宣传和组织工作为起义爆发奠定了坚实基础。

通过阅读该则材料,可加深对辛亥革命历史背景的理解。唯物史观指出,人民群众是历史的创造者,需重视"默默无闻的小人物以及他们所代表的社会群体"对近代中

国所作出的巨大贡献。资产阶级革命党人联合当时一切可能力量,一举推翻了清朝帝制,建立起中华民国。所以,辛亥革命是上述历史合力的产物,有其必然性。

2.武昌起义后,为何革命进程发展和思想传播如此之快?

大公报统计,1905年至1911年,全国共创办报刊933种,其中上海214种,华南124种,江南102种,湖广65种,西南53种,华北168种,西北15种,东北50种。

——摘自李仁渊:《晚清新式传播媒体与知识分子》,台北:稻香出版社,2012年版,第262页

广州地区的邮局,1902年从11个城镇的9个邮局及其23个邮政代办所,增加到88个城镇的21个邮局及165个邮政代办所,1903年,又增加了32个城镇和乡村,其所处理的邮包达2万件。1907年8月开始利用粤汉铁路第一段运送邮件,1908年开设了112个邮政代办机构,邮递物品从1290万件增加到1820万件。

——摘自广州地方志编纂委员会:《近代广州口岸经济社会情况——粤海关报告汇集》,广州:暨南大学出版社,1995年版,第970页

据1907年邮传部统计,上海电政局所辖电报线路里程38000余里,1908年增至41000余里,1909年增至42000余里,1910年增至44000余里。至各省官办电报线路里程,1907年36000余里,直隶、广西尚不在内;1908年49000余里,1909年53000余里,广西尚不在内;1910年不详。1911年各省官电收归部办,均由上海电政局管辖。是年,电政局所辖电报线路里程连收归各省官办的电线在内共约100000里。

——摘自交通史编纂委员会:《交通史·电政编》(第二集),上海:上海民智书局,1936年版,第67页

○ **导读提示**

第一则材料展示的是辛亥革命前报刊在全国各区域的分布情况,由此可知报刊作为当时主要的传媒手段,具有覆盖区域广,类型多样化的特点;第二则材料展示的是广东地区邮局设立及其邮包数量,这说明广东与各地区信息交流频繁;第三则材料展示上海电报的架设里程,可得知当时区域间联系增强。

阅读材料时,应认识到:近代电讯事业的发展为"革命信息的迅速传播"提供了必要的技术支撑。如果说电报是官方或者上层人士的消费,那么报刊阅读就是一种大众化消费,这从某种程度上证明辛亥革命前期中国各区域之间社会联动的时效性逐步加强。

通过阅读该则材料,可从信息映射的角度深刻理解教材中有关"武昌起义胜利后,各省纷纷响应"的叙述。唯物史观认为"生产力决定生产关系,经济基础决定上层建筑"。辛亥革命前夕的经济结构变迁与社会生活变动等长时段的历史积变已为"势如破竹的革命大势"提供坚实的基础。

3.如何理解辛亥革命的历史地位?

辛亥革命"开创了完全意义上的近代民族民主革命",在中华民族几千年历史进程中提出了一个新的奋斗目标,这个意义非同小可;推翻了统治中国几千年的君主专制制度,建立起共和政体,这是其最大的历史功绩,是了不起的事情;在思想领域内也引起十分深刻的变化,主要表现为民主精神高涨和思想得到很大解放。

辛亥革命没能从根本上改变中国:中国的半殖民地半封建社会性质没有改变,中国人民的悲惨境遇也没有结束。这是当时中国新旧社会势力的力量对比所决定的,也是中国还不成熟的社会条件所决定的。辛亥革命的成功和失败从正反两个方面教育了中国的先进分子,起了某种阶梯的作用。10年后成立的中国共产党,一开始就显示出中国以往任何政党不曾有过的全新特点。有了中国共产党,中国的面目为之一新。

——摘自金冲及:《辛亥革命的历史地位》,《人民日报》2011年9月7日

○ **导读提示**

根据材料可知,辛亥革命开创了完全意义上的近代民族民主革命,推翻了统治中国几千年的君主专制制度,建立起共和政体,并引发思想领域的深刻变化。然而,却没能从根本上改变近代中国半殖民地半封建社会性质,这是由当时不成熟的社会条件所决定的。因此,辛亥革命在近代中国民主革命历程中具有"阶梯"的历史地位。

阅读材料时,应认识到:辛亥革命是20世纪中国发生的第一次历史性的巨大变化,对于近代中国的民族民主革命的发展起到了重要的推动作用。辛亥革命的历史局限性应结合当时中国新旧社会势力的力量与社会条件等背景进行分析,从而得出历史地位与启示。

通过阅读该则材料,可以深刻认识到:辛亥革命的成功和失败从正反两个方面教育了中国的先进分子,助推了近代中国的民族民主革命历程。

第2讲　三民主义

★学习精要

1905年8月,孙中山创建了第一个资产阶级革命政党——中国同盟会,提出"驱除鞑虏,恢复中华,创立民国,平均地权"的纲领,并在机关报《民报》发刊词中首次提出民族、民权、民生三大主义,合称"三民主义",推动了近代中国比较完整意义的民族民主革命的发展。

具体而言:

民族主义,即民族革命,包括"驱除鞑虏,恢复中华"两项内容,居于三民主义的前提地位。一是要以革命手段推翻清朝政府,改变它一贯推行的民族歧视和民族压迫政策;二是追求独立,建立"民族独立的国家"。不过,同盟会纲领中的民族主义一方面没有明确的反帝纲领,企图以此获得西方国家对革命的同情与援助;另一方面,革命派强调了对满族封建势力的清除而忽略了对汉族封建势力的打击,保留了大量封建势力,导致辛亥革命后封建势力的反扑。

民权主义,即政治革命,内容是"创立民国",即推翻封建君主专制制度,建立资产阶级民主共和国。民权主义居于三民主义的核心地位。不过,民权主义归根到底是建立资产阶级专政的国家,广大人民群众的民主权利很难得到真正保证。

民生主义,即社会革命,指的是"平均地权",也就是核定全国土地的地价,其现有的地价,仍属原主;革命后的增价,则归国家,为国民共享,居于三民主义的补充与发展地位。但是,"平均地权"并非将土地分给农民,没有正面触及封建土地所有制,不能满足广大农民的土地要求,在革命中难以成为发动广大工农群众的理论武器。所以,辛亥革命未触及封建统治的经济基础,仅仅是摧毁了封建专制制度。

★学术动态

学术观点1:孙中山的三民主义具有多元的理论溯源

孙中山在总结"三民主义"理论的形成时曾经讲道,"他所用以指导中国革命的理论,有因袭中国固有理论成果的成分,有借鉴欧洲学说的地方,有自己本人对理论的独创,所以自己的三民主义是集中外学说顺应世界潮流而得的一个理论成果"。

具体表现为：

（1）中国传统文化的熏陶。如他认为中国远古之时尧舜禹的政治实际上是民权政治，孟子"民贵君轻"的思想以及人们常说的三代之盛都是古代典型的民权体现。

（2）西方思潮的启发。如孙中山提出的"平均地权，土地国有"，革命后社会改良进步之增价，则归于国家的原则即是受美国学者亨利·乔治土地改革理论的影响。

（3）清末社会时论的影响。如梁启超所著《大同书》提倡的"天下为公"思想对于孙中山的影响最为深刻。

（4）孙中山的理论独创。如针对国家贫弱西方列强欺凌世界弱势民族的现实，他提出了支持世界被压迫民族独立的"济弱扶倾"的民族主义。

可以说，孙中山的"三民主义"是一个糅合了中国传统儒家思想、近代西方社会学说以及近代中国知识分子先进思想，具有中国化色彩的资产阶级建国理论体系。

【根据吴珍:《孙中山"三民主义"的理论溯源》,《兰台世界》2013年第22期】

学术观点2：孙中山的民本思想变迁丰富了三民主义的内涵

孙中山的民本思想，经历了一个不断升华的过程。

早期的孙中山对"民"的认识，更多的是同情，是重民、爱民与救民。到辛亥革命时期，孙中山把以"民"为主体的三民主义，作为辛亥革命的指导思想，在政治理念上也实现了由传统的民本思想向近代民主主义的飞跃。

中华民国建立后，他主张"建设一世界上最富强最快乐之国家为民所有、为民所治、为民所享"。在"民有"方面，孙中山认为：民有是指四万万人民是国家的主人。国民是民国的天子；"当今之国家，非一人之国家，乃我人民之国家"。因此，新建的共和国，应该是"专恃民力，使吾民能人人始终负责"。在"民治"方面，是指人民理应拥有四项基本政治权力：选举权、罢免权、创制权、复决权。孙中山说："共和国家，重在民治。民之自治，基于自觉，欲民之自觉，不可无启导诱掖之方。"在"民享"方面，是指人民享有作为国家主人的自由平等的一切权利。"共和国，人民是主人，国家为人民的所有物；国内的事情，要人民去管理；国内的幸福，也是人民来享受。"

可以说，孙中山在民主革命实践中注意吸收中西方历史的经验教训，坚持民本属性，为其三民主义的理论体系提供基本思想支撑，推动了近代资产阶级民主革命的发展。

【根据何一立：《浅析孙中山民本思想的现实意义》，《团结》2011年第6期】

★ 史学导读

1.如何理解孙中山论说的三民主义?

予维欧美之进化,凡以三大主义:曰民族,曰民权,曰民生。罗马之亡,民族主义兴,而欧美各国以独立,洎自帝其国,威行专制,在下者不堪其苦,则民权主义起。十八世纪之末,十九世纪之初,专制仆而立宪政体殖焉。世界开化,人智益蒸,物质发舒,百年锐于千载,经济问题继政治问题之后,则民生主义跃跃然动;二十世纪不得不为民生主义之擅场时代也。是三大主义皆基本于民,递嬗变易,而欧美之人种胥冶化焉。其他施维于小己大群之间,而成为故说者,皆此三者之充满发挥而旁及者耳。

今者中国以千年专制之毒不解,异种残之,外邦逼之,民族主义、民权主义,殆不可以须臾缓。而民生主义欧美所虑积重难返者,中国独受病未深而去之易……吾国治民生主义者,发达最先,睹其祸害于未萌,诚可举政治革命、社会革命毕其功于一役。还视欧美,彼且瞠乎后也。

——摘自孙中山:《民报》发刊词(1905年)

○ 导读提示

三民主义是孙中山最为重要和核心的思想,也是辛亥革命的思想基础。在材料中,孙中山着重从国际背景条件下论述了三民主义在中国实行的必要性,认为中国可以将政治革命与社会革命毕其功于一役。

阅读材料时,应认识到:孙中山认为民族、民权、民生三大主义,在欧美有一个历时长久的演变过程,顺次先后,递嬗变易。孙中山认为中国的现实情况与欧美有别,三大主义中,特别强调"诚可举政治革命、社会革命毕其功于一役"。孙中山认定三大主义"皆基本于民"。

通过阅读该则材料,可加深对孙中山的三民主义形成背景与具体内涵的理解。孙中山建立三民主义理论伊始,就有着比较开阔的视野,注意把中国置于和西方的比较之下来考虑问题,学习西方又不盲目因袭,主张结合中国实际。当然,受制于时代的局限,他的有些看法也是不符合实际的。

2.孙中山民主宪政思想核心内容在三民主义中是如何体现的?

"民有、民治、民享"的民主政治,"详细地说,便是民族主义、民权主义和民生主义。这三项主义的意思,是要把全国的主权,都放在本族人民手内;一国的政令,都是由人民所出;所得的国家利益,由人民共享。这三项意思,便可用民有、民治、民享六个字包括起来"。因此,三民主义集中体现了孙中山的民主宪政思想的核心内容。

——摘编自殷啸虎:《孙中山民主宪政思想探析》,《群言》2011年第12期

○ **导读提示**

"民有、民治、民享"与民族主义、民权主义和民生主义一一对应,三民主义集中体现了孙中山的民主宪政思想的核心内容。

阅读材料时,应认识到:民族主义体现为推翻清朝贵族统治;民权主义体现为建立人民政权;民生主义为体现人民共享国家利益。

通过阅读该则材料,可明晰孙中山三民主义与其民主宪政思想的关系。从国家与社会关系方面说,孙中山既考虑到了国家的稳定,又关怀劳苦大众,以民为本。虽然三民主义也有其悖论之处,但其目的是建立一个强有力的资产阶级政府,促进国家民主富强,确实令人钦佩。

第3讲　中华民国的建立与民初政治走向

★学习精要

1911年武昌起义后,各省纷纷响应。1912年1月1日,中华民国临时政府在南京成立,孙中山宣誓就职首任临时大总统。新的共和政体就此产生,并颁行中国历史上第一部具有资产阶级共和国宪法性质的重要文件,即《中华民国临时约法》。清帝逊位与结束延续两千多年的封建君主专制统治是南北双方相互妥协的产物。北洋军阀袁世凯依靠英国等列强的支持窃取了革命果实并接替临时大总统。为防止其走向独裁专制,中华民国临时政府的政体也由总统共和制变更为责任内阁制,但起到的效果仍是微乎其微,民国初年的政治乱象与困境则需要更猛烈持久的革命来匡正。

★学术动态

学术观点1:辛亥革命开启了中国社会进步的闸门

辛亥革命是20世纪中国三次历史性巨变的第一次,它推翻了君主专制制度,建立了亚洲第一个共和国。南京临时政府颁布了一系列有利于资产阶级民主政治和资本

主义经济发展的政策法令,临时参议院还通过了具有资产阶级共和国宪法性质的《临时约法》。这一切推动了中国社会的变革,使社会结构、社会观念和社会生活等领域都发生了巨大变化。

辛亥革命以后,资本主义工商业发展,工商业者地位提高,士的阶层发生分化,士农工商四民社会"士首商末"的位置也发生了微妙的变化。

辛亥革命推翻帝制,使民主共和观念深入人心,促进民主、科学和平等意识的增强。

辛亥革命后剪辫、放足、易服等移风易俗举措,使中国人形象有了很大改观,也使影响民众几千年的一些恶风陋俗得以破除,民国初年出现一派新气象。

可以说,辛亥革命之后,中国的社会性质虽然没有发生质的变化,但在社会结构、社会观念和社会生活等领域发生了量的变化。从量变到质变只是个时间问题。辛亥革命所引起的社会变迁,为后来中国社会的转型奠定了一定基础。辛亥革命开启了中国社会进步的闸门。

【根据严昌洪:《辛亥革命与民初社会变迁》,《重庆师范大学学报(哲学社会科学版)》2012年第4期】

学术观点2:清王朝与中华民国的主权连续性离不开各方势力的大妥协

中华民国在推翻清朝统治的基础上建立,但大致完整继承了清王朝的版图与人口。这一主权连续性的建立,离不开清皇室、北洋集团以及南方革命派、立宪派之间的一场"大妥协"。

"大妥协"的核心环节是清帝和平逊位,宣布向全体国民让与主权,并以南方选举袁世凯担任临时大总统的形式完成融合。

"大妥协"为中华民国对清朝版图与人口的继承提供了法理根据,避免了激烈内战与更为严重的边疆危机。但由于缺乏进一步的精英共识与政治信任的支撑,"大妥协"的成果未能持久。

虽然"大妥协"的政治成果最终未能持久,但在中国共和史上,却有其独特的意义:"大妥协"是不同政治力量协商建政、分享政治权力的尝试。

【根据章永乐:《"大妥协":清王朝与中华民国的主权连续性》,《环球法律评论》2011年第5期】

★ 史学导读

1.中华民国临时政府的政治架构是怎样的？

《中华民国临时约法》总纲

第一条 中华民国由中华人民组织之。

第二条 中华民国之主权，属于国民全体。

第三条 中华民国领土为二十二行省、内外蒙古、西藏、青海。

第四条 中华民国以参议院、临时大总统、国务员、法院，行使其统治权。

……

——摘自翦伯赞、郑天挺：《中国通史参考资料·近代部分》（修订本）（下册），北京：中华书局，1980年版，第339页

○ 导读提示

《中华民国临时约法》由中华民国临时参议院制定，孙中山颁布。它是辛亥革命后产生的具有资产阶级共和国宪法性质的文件。民国初建即制定和颁布这一约法，说明了孙中山领导下的民国新政权对宪政的重视。同时，也是在孙中山在向袁世凯让位之际，欲以该约法限制袁世凯的措施。这部约法共有7章56条。材料摘录的是约法第一章总纲的四条内容，是该约法中最为基本的条款。

阅读材料时，应认识到：前两条体现主权在民的原则。第三条体现维护国家领土完整的意志。第四条规定了行使中华民国统治权的机构和官员。至于人民的权利和义务、相关机构和官员的设置及其职责等事项，在后续各章中有具体规定。

通过阅读该则材料，可廓清中华民国南京临时政府的政治架构，进而与清末新政所颁行的《钦定宪法大纲》加以对比，知晓二者在民主实践方面的差异，从而探清近代中国宪政的发展历程。

2.如何看待民国初年的政党政治？

民初活跃于国会中的政党，可大致分为激进、保守二派。激进派的政党，严格说来，只有同盟会和国民党。统一共和党在并入国民党以前，是骑墙于同盟会与共和党之间的；民宪党则系由国民党分出。……统一共和党的党员虽有不少原属革命派，但以出身立宪派和旧官僚者为多，故在态度上较同盟会为温和。……与同盟会合组国民党的其他小党派，亦大多不是起于理想相同，而是因为眼见国民党将能在政坛上占

优势。……至于正式国会后期出现的民宪党,虽系自国民党分出,但已吸收了许多进步党党员,在态度上亦较温和。作为激进派政党的同盟会和国民党,是使民初国会发挥功能的主要力量。如果在野党的功能是以言论和立法来监督政府,并以诉诸选民的办法促使执政者重视国利民福,同盟会和国民党确是具有这方面的资格与潜能。但以执政者无限制的伸张行政权,在野党和立法者愈伸展其监督权,结果使政治势力走向两个极端。当政治势力走向两个极端,而又不能取决于选民时,政治的危机即升高。民初国民党之策动"二次革命",以及"二次革命"失败后执政者一意伸张一己的权力,均为政治走势走向两极端的表现,亦为政治危机升高的表现。结果是两败俱伤。

——摘编自张玉法:《民国初年的政党》,长沙:岳麓书社,2004年版,第441页

○ **导读提示**

民国初年,政党政治异常活跃,有激进和保守二派之分。各种政党分化组合,党派林立,国民党在政坛占据优势地位,在民初国会中发挥着重要作用。因执政者的权力伸张,影响着政党政治功能的发挥,最终迫使政党政治实践趋于流产。

阅读材料时,应认识到:民国初年,党派分化组合多变;政党林立,政治倾向大抵为激进和保守两派;国民党力量强大,立场激进;政党政治形式上活跃,但任何政党都未进入国家权力的核心;受执政者打压,政党政治的实践以失败告终。

通过阅读该则材料,可加深对民国初年政党政治实践的理解。民国初年,政党政治活跃的原因在于:辛亥革命建立资产阶级民主共和国,民主共和的观念逐渐深入人心;《临时约法》颁布,确立责任内阁制;受西方政党政治影响;中国经济结构与阶级关系多样化的影响。

★ **荐读书目**

章开沅、林增平:《辛亥革命史》,北京:东方出版中心,2010年版
张鸣:《辛亥:摇晃的中国》,桂林:广西师范大学出版社,2011年版
金冲及:《辛亥革命研究》,上海:上海辞书出版社,2011年版
李敖:《北京法源寺》,北京:中国友谊出版公司,2000年版
陈旭麓:《近代中国社会的新陈代谢》,北京:中国人民大学出版社,2012年版
张海鹏、李细珠:《中国近代通史》(第五卷),南京:江苏人民出版社,2006年版
[美]费正清:《剑桥中华民国史》,北京:中国社会科学出版社,1994年版

第20课 北洋军阀统治时期的政治、经济与文化

第1讲 袁世凯复辟帝制

★学习精要

1915年12月12日,袁世凯宣布接受帝位,推翻共和,改中华民国为"中华帝国",并下令废除民国纪元,定1916年为"洪宪元年",史称"洪宪帝制"。

袁世凯复辟帝制是多种因素作用的结果。列强方面,帝国主义国家意图利用袁世凯的权势来强化对中国的控制,从而保护其在华利益,遂在袁世凯复辟帝制的道路上给予支持。理论依据方面,1915年8月,袁世凯的美国宪法顾问古德诺发表《共和与君主论》一文,为袁世凯提供了一个鼓吹帝制的契机,也成为筹安会研究变更国体的理论依据。国人思想方面,经过辛亥革命建立起来的中华民国完全是欧美体制的移植,而西方的政治文明在中国的发展要有一定的适应期,不是一蹴而就的。民国初年社会政治思潮的碰撞、混乱以及社会的无序正好印证了这一点。在当时的混乱社会下,民众的民主观念薄弱。个人方面,袁世凯本身就是旧封建官僚的典型代表,深受封建专制制度的影响,其思想比较封闭、保守。

袁世凯复辟帝制的行径,遭到革命党人的奋起反抗。二次革命后,孙中山继续反袁斗争,于1914年7月在东京组建中华革命党。国内方面,唐继尧、蔡锷、李烈钧等发动护国战争,武力讨伐袁世凯。各省也纷纷独立以示反抗。最终,袁世凯被迫于1916年3月22日宣布取消帝制,恢复中华民国纪年。6月,袁世凯因病不治身亡,也为这段倒行逆施的历史画下句号。可见,复辟帝制是开历史的倒车,必然会遭到革命人士及全国民众的唾骂与反对,历史前进的车轮也必会将其狠狠的碾压。

★学术动态

学术观点1:尊孔与袁世凯复辟之间是文化与政治的互动关系

在民国初年的社会政治领域,尊孔与袁世凯复辟构成一个独特而突出的文化与政

治互动现象。

民国初年,袁世凯集团为复辟帝制文武并用。文的方面是打着尊孔的旗号,以"维护传统"和"顺乎国情"为号召,以尊孔为复辟帝制鸣锣开道。尊孔是袁世凯政权复辟帝制的文化基础和文化准备,孔子偶像和孔子思想成为袁世凯复辟帝制的遮羞布。

袁世凯与民国初年的尊孔舆论之间是一种协调的互动关系,经过策划尊孔复古运动,袁世凯自以为得计,于是策动帝制运动,但很快失败。这种联系必然造就历史的悲剧。袁世凯复辟帝制失败,证明了在历史进步中的倒行逆施,注定会遭到全国人民的严厉讨伐和历史无情的唾弃。

【根据张艳国:《尊孔与袁世凯复辟》,《湖北大学学报(哲学社会科学版)》2002年第1期】

学术观点2:护国战争是继辛亥革命之后的又一次民主革命

在近代中国,凡是反帝反封建的斗争,不管是以什么形式出现,都应该是民主革命,护国战争是反帝反封建的,应属于民主革命的范畴。

护国战争反帝反封建的表现有:其一,护国战争的直接目标是反对袁世凯复辟封建帝制,维护辛亥革命以来建立的共和制度;其二,间接目标是反对帝国主义对中国的侵略,特别是反对日本侵华的"二十一条"。

对护国战争的评价,牵涉到对袁世凯复辟帝制的认识,其是开历史倒车,还是"对中国道路的探索",这是一个原则问题。近代众多文化名人高度肯定护国战争。其时国共两党领导人在事实上都认为,护国战争应属于民主革命的范畴。

由此可见,护国战争是继辛亥革命之后的又一次革命运动,其历史地位应该充分加以肯定。

【根据谢本书:《"护国战争不是民主革命":中国近代史研究中的一个伪命题》,《求索》2017年第2期】

★史学导读

1.如何正确认识袁世凯在帝制向共和转型时期的作用?

在近代中国历史进程中,袁世凯无疑是一个最值得关注的人物。当中国处在从帝制走向共和的转型时期,袁世凯确实起到了重要作用。但由于传统帝王观念的深刻影响,由于错综复杂的现实环境,袁世凯竟然上演了一场与世界潮流逆行的复辟闹剧。

——摘自马勇:《袁世凯复辟帝制前后》,《理论视野》2014年第9期

○ 导读提示

当时中国处在从帝制走向共和的转型时期,袁世凯在南北和议、清廷退位、民国建立等历史事件方面确实一度起到桥梁、纽带作用,与其他领袖一起引领中国平稳过渡,有效避免了欧洲政治革命如法国大革命那样的血腥与残酷,相对平和地确立了民主共和制度。

阅读材料时,应认识到:在清朝灭亡到民国建立这一特殊的历史转型时期,袁世凯确实起到了重要的作用。然而,由于传统帝王观念、权威主义、英雄主义的深刻影响,加之错综复杂的现实环境,袁世凯在生命最后岁月与世界潮流逆行,上演了一出复辟闹剧。这是袁世凯个人的悲剧,也是近代中国的重大遗憾。

通过阅读该则材料,应注意要从历史唯物史观出发,全面地、辩证地评价历史人物。不能因之后袁世凯开历史倒车复辟帝制而全盘否定他,应做到具体问题具体分析,正确认识在清政府向民国转型之际,袁世凯所起到的重要作用。

2.如何认识护国运动的历史意义?

洪宪帝制无疑是民国成立后的一大共和危机,其背后的理论基础是中国民智未开,不适合共和体制,故护国之役虽是关于国体的战争,但同时亦如蔡锷所云,此役是"为四万万人争人格"而战。经此役后,中国传统的君主制正式告终,其后溥仪在民国六年的复辟及二十一年的成立"满洲国",也只不过是由军阀、日本人操纵的傀儡而已。共和政体获得国人的认同,虽然在日后军阀混战的时期,中国政治一直无法上轨道,但大家对共和政体却未曾再怀疑,也不再有人认真尝试帝制。

——摘编自杨维真:《唐继尧与西南政局》,台北:学生书局,1994年版,第122~123页

○ 导读提示

护国运动是资产阶级革命派与袁世凯之间关于国体的一场战争,实行君主制抑或共和制,这对于国人来说十分重要。护国战争的胜利,阻止了帝制的复辟,为中国传统的君主制画下句号,同时使得共和政体得到国人的认同,民主宪政得到肯定。

阅读材料时,应认识到:护国运动实际上是辛亥革命的继续,这场战争在君主制走

向共和制的历史进程中有着浓墨重彩的一笔,它制止了封建帝制的死灰复燃,再造了共和政体。

通过阅读该则材料,可以更好地理解护国运动所具有的"拨乱反正"的历史作用,将历史的车轮恢复到共和制的正道上,所以它是一次胜利的革命战争。

第2讲 北洋军阀的统治

★学习精要

北洋军阀是民国军阀的势力之一,由袁世凯掌权后的北洋新军主要将领组成。袁世凯死后,无人具有足够能力统摄整个北洋军权及政权,内部出现分裂,混战不止,导致各自以军队为主要力量在各省建立势力范围,主要包括皖系、直系、奉系三大派系,各军阀轮流控制北京政权,故而这一时期被称为北洋军阀统治时期。

北洋军阀统治时期是中国近代社会的转型和过渡时期。军阀混战和割据,政治上分崩离析,是这一时期最大的特点。但在经济、社会文化方面有一定的发展。

政治方面,袁世凯死后,北洋政局乱象丛生,皖系段祺瑞出任国务总理,掌握北洋政府实权,与继任总统黎元洪发生"府院之争",导致出现"张勋复辟"的奇异怪相。之后冯国璋代行大总统职权,段祺瑞再次出任国务总理,重掌大权,公然破坏《中华民国临时约法》,拒绝恢复国会。此举引起部分国会议员的不满,纷纷南下广州,联合西南地方实力派,召开非常会议,成立"中华民国军政府",推选孙中山为大元帅,开展护法运动。但因西南军阀的排挤,孙中山愤然辞去大元帅之职,离开广州,护法运动宣告失败。军阀统治下的民主政治之路举步维艰。此外,时值一战时期,中国为争取国际地位,抑制日本在华势力的发展,于1917年8月14日宣布加入协约国一方,向德、奥两国宣战,收回德、奥在华的一系列特权,并派遣十几万中国劳工远赴欧洲战场,为一战的胜利做出重大贡献。

经济方面,南京临时政府成立后,制定了一系列发展实业的法令,为民族工业的发展扫除了一些障碍。北洋政府时期,民族资本主义进一步发展,尤其是第一次世界大战期间,欧洲列强放松了对中国民族工业的经济侵略,民族资本主义迅速发展。与此同时,群众性的反帝爱国运动此起彼伏,特别是1915年因反对"二十一条"而掀起的抵制日货、提倡国货运动,有力推动了纺织、面粉等轻工业的发展。以荣宗敬、荣德生兄弟开办的面粉厂、纱厂等为代表的一批民族企业迅速壮大起来。随着民族工业的迅速发展,中国产业工人数量也急剧增加,成为不可忽视的社会力量。

社会生活方面,自民国建立后,为改变民众愚昧落后的生活习俗,南京临时政府颁布了一系列法律法规,包括剪发辫、易服饰和废缠足,取消"大人""老爷"等旧称呼,促使民众日常生活出现了种种新气象,越来越多的人开始接受文明开化的新习俗、新风尚。

★学术动态

学术观点1:北洋军阀史可划分为四个阶段

专史的划分阶段应考虑其发展进程中的重大历史事件。辛亥革命这个重大历史事件完全应该作为划分北洋军阀史的界标。因为北洋军阀集团正是以辛亥革命为契机,由一个军事集团一跃而为统治全国的政治军事集团,出现了中国近代历史上的军阀统治。所以北洋军阀史应划分为以下几个阶段:

第一阶段:从1895年袁世凯小站练兵到1912年袁世凯获任中华民国临时大总统前止,这是北洋军阀集团兴起、发展和形成的阶段;

第二阶段:从1912年袁世凯获任中华民国临时大总统职位起,至1916年洪宪帝制失败、袁世凯自毙止;

第三阶段:从1916年袁世凯自毙后到1926年7月北伐开始前。这一阶段的北洋军阀集团在内部明显地分裂为直、皖、奉三个主要派系;

第四阶段:从1926年7月北伐战争开始起到1928年12月张学良等宣布东北易帜止,这是北洋军阀的覆灭阶段。

【根据来新夏等:《北洋军阀史》(上),天津:南开大学出版社,2000年版,第6~7页】

学术观点2:近代中国资本主义有所发展而又不能充分发展

首先,中国的资本主义现代企业,在将近百年的风雨经历中,是有过有所发展的一面,如在20世纪初收回利权的运动中和第一次世界大战结束前后,还形成了两个小小的高潮。但是在中国资本主义的风雨经历中,又有备受压抑不能发展的一面。在发展与不发展的交织中,不发展的一面处于全过程的主导地位。

中国资本主义的历程之所以如此坎坷,根源在于它所由以产生的社会条件。中国的资本主义现代企业不是在中国固有的资本主义萌芽充分发展的基础上产生,而主要是在外国资本主义入侵中国的影响下出现的。

【根据汪敬虞:《近代中国资本主义的发展和不发展》,《历史研究》1988年第5期】

★ 史学导读

1.如何认识北洋军阀混乱局面形成的原因?

军阀的扩军是随着北洋军事集团的分化和分裂而出现的军事行为,是国家军事权衰落的必然表现……军事权是国家行为,任何军队的成立、扩编、改编等事宜,军队的调动和战争等行为,只有国家军事当局才有决策权和最高指挥权。但北洋军事集团在袁世凯死后,群龙无首,段(祺瑞)、冯(国璋)不和,各自为政,渐成皖系直系分离之局。

——摘自翁有为:《北洋时期的军阀纷争与时代主题论略》,《吉林大学社会科学学报》2010年第5期

各地的大小军阀正是各类封建地主的代表,不少军阀本身就是大地主和大资本家,有的占有百顷乃至万顷良田……帝国主义之间在中国的利害关系,影响到中国统治集团的不统一。封建军阀需要帝国主义作靠山,帝国主义也需要封建军阀作工具,因此,帝国主义不惜从财政上、武器上以及其他方面支持军阀……军阀们各自握有一支为自己争权夺利而服务的军队,形成了谁枪多谁就势力大;谁有足够的军队,谁都可以在政治上为所欲为的局面……

——摘自徐桂梅:《军阀统治的特点及其对中国社会的危害》,《河北师范大学学报》1988年第2期

○ 导读提示

袁世凯称帝身败名裂后,政治呈纷乱之状,军事势力成为主导中国政治发展的主要力量,形成了军阀各树旗帜、争雄称霸、混战割据的局面。

阅读材料时,应认识到:政治方面,袁世凯死后,没有一个强有力的人物出现,国家缺乏能够统一领导和控制全国军事力量的政治核心力量。国际方面,各国需要分别扶持新的代理人,以维护在华利益,而地方军阀也需要寻找靠山,依靠帝国主义的支持,发展自己的势力。经济方面,在帝国主义和封建势力的夹缝中产生并发展的中国资产阶级,随着经济实力的增强,迫切需要在政治上取得地位,于是向军阀提供经济上的支持,使军阀能够不断扩充实力,其中不少军阀也有着大资本家的双重身份。此外,北洋军阀内部各势力派别的存在及其相互间的矛盾激化,是导致该集团分崩离析,形成割

据混战局面的直接原因。而产生的根本原因是近代中国社会的社会性质,即半殖民地半封建社会。

通过阅读该则材料,可以更好地理解北洋军阀作为中国近代史上一支极其特殊而又十分重要的政治军事力量,对中国近代史产生了深远的影响。因而,对其产生原因的分析更有利于我们全面的认识这一时期的时代特征。

2.如何认识北洋政府时代是中国近代社会的转型和过渡时期?

北洋政府时代,正在经历着中国几千年以手工劳动为基础的小生产向近代化社会的迈进与过渡;从一家一户为单位的小农业、家庭手工业相结合的自给自足的自然经济形态向近代商品经济形态的迈进和过渡;从君主专制政治向军事分权政治、民主共和政治的迈进和过渡;从世袭政治权力,家庭、血缘、宗法关系向竞争政治权力、"法制"名义下的"自由""平等""独立"的社会秩序的迈进和过渡;从迷信、封闭到科学、开放,从地域联系、"本省人治本省"到世界性联系、政党政治的迈进和过渡;从"以礼治国"到"中体西用""以体为主""体用结合"迈进和过渡。

——摘自郭剑林:《中国近代社会的转型与过渡——北洋政府时代》,《历史教学》2001年第2期

○ **导读提示**

北洋政府正是在新旧冲突与并存、中西撞击与共处的历史背景下取代清王朝而建立起来的。这种承上启下的历史大背景决定了这个政府必然地扮演了近代中国由传统向近代化转变的中介角色。经济上,由自给自足的自然经济形态向近代商品经济形态过渡;政治上,从君主专制政治向民主共和政治过渡,从以血缘关系世袭政治权力向竞争政治权力过渡;思想上,从迷信、封闭向科学、开放过渡。

阅读材料时,应认识到:北洋政府时期,政治、经济、社会等各个方面都出现了不同的转变。这种转变造就了这一时期独特的时代特点,即中国近代社会的转型和过渡时期。但也应进一步认识到中国社会转变并不是一蹴而就的,而是要经历一阵阵的剧痛。

通过阅读该则材料,可以更好地理解北洋政府时代是一个大变动的时代,是中国近代社会转型和过渡的重要时期,更深刻地理解中国近代社会的落后以及转型中的艰难。

3.如何理解民国初年民族资本主义发展的"短暂春天"及其特点?

民国成立后,在振兴实业的热潮声中,初步建立了现代经济法制体系,有利于中国现代工业的成长,而第一次世界大战的爆发,对中国经济发展形成了较为有利的外部环境,从而使中国的现代工业自民国成立后一波长达10年之久的快速发展时期,中国的现代经济水准有了一定提升,经济面貌有了一定改观,并由此带动了政治、文化、社会等各方面的变化。但是,中国现代工业的发展仍然面临着许多困难,列强的对华经济扩张、国内政治环境的混乱、资金缺乏、市场不足、技术有限、管理低下等等,均约束着中国现代经济的成长。农村经济的发展更为艰难,现代农业几尽阙如,传统耕作方式及生产关系仍然占据着主导地位,广大农村不能成为现代工业的市场并为其提供必要的资源,非常不利于中国的工业化建设。中外经济关系在第一次世界大战前后出现了若干变化,但中国经济的弱势地位及其对外国资本的依附性仍未根本改变。总之,中国在传统经济向现代经济的转型过程中仍是步履艰难。

——摘自汪朝光:《中国近代通史(第6卷)·民国的初建(1912—1923)》,江苏:江苏人民出版社,2009年版,第523页

自1914年到1920年,中国资本的纱厂由35家增至63家,纱锭由687900多锭增至1354500多锭,即增加了97%;织布机由4633台增至9695台,即增加了110%同时期面粉厂增加了84家,面粉的出口由七万担增至三百九十六万担,并由入超转为出超。

——摘自孙长斌:《一战时期中国经济变化与民主革命新因素的成长》,《江苏社会科学》2013年第4期

○ **导读提示**

中华民国成立后,民族资本主义的发展出现了短暂的春天。国内,中华民国的成立为民族资本主义的发展扫清了一些政治障碍。加之政府颁发政策,鼓励民间兴办实业,掀起了一股实业救国的热潮。此外,群众性的反帝爱国运动,也有力地促进民族工业的发展。国外,第一次世界大战期间,列强暂时放松了对中国的经济侵略,给中国民族工业的发展提供了有利的外部条件。但中国民族资本主义也存在发展的局限性,经济发展不平衡,主要集中于轻工业,以纺织业和面粉业为代表,对外国资本存在依附性,以及传统生产方式仍然占据主导地位。

阅读材料时,应认识到:中华民国成立初期,在多方面因素的影响下,民族资本主

义得到一定的发展,但发展的背后也暴露出自身发展不平衡的缺陷。

通过阅读该则材料,可以更好地认识民国初年民族资本主义得到迅速发展的原因,以及发展背后所存在的局限性,以及了解近代民族资本主义步履维艰的发展。

第3讲 新文化运动

★学习精要

1915年9月,陈独秀在上海创办《青年杂志》(从第2卷起改名为《新青年》),标志着新文化运动的开始。1917年初,陈独秀被聘为北京大学文科学长,《新青年》迁往北京,此后新文化运动的主要阵地变成北京大学。这场运动是一场"反传统、反孔教、反文言"的思想文化运动,主要由陈独秀、李大钊、鲁迅等一些受过西方教育的先进知识分子共同推进。

新文化运动树立了两面旗帜:"德先生"即民主;"赛先生"即科学。"民主"是指资产阶级民主思想和民主政治;"科学"是指近代自然科学法则和科学精神。该运动的主要内容包括:提倡民主,反对专制;提倡科学,反对迷信;提倡新道德,反对旧道德;提倡新文学,反对旧文学。

新文化运动也是一场文学革命。1917年1月,胡适在《新青年》发表《文学改良刍议》,首先提出文学改良的主张,提倡以白话文代替文言文。随后,陈独秀发表《文学革命论》,明确提出反对封建主义的文学。1918年5月,鲁迅发表了中国现代文学史上第一篇白话小说《狂人日记》。这场文学革命奠定了中国现代民族语言的基础。

新文化运动是一次空前的思想解放运动。它动摇了传统礼教的思想统治地位,启发了人们的民主觉悟,推动了现代科学在中国的发展,为马克思主义在中国的传播和五四爱国运动的爆发奠定了思想基础。

★学术动态

学术观点1:新文化运动冲击旧文化旧思想的程度更胜于文艺复兴和启蒙运动

首先,《新青年》创刊于国际大都会上海。其时,上海在中国的地位无论从哪个角度看都不亚于启蒙运动中心巴黎在法国的地位,更不逊于15世纪文艺复兴中心佛罗伦萨在意大利的地位。

其次,参与中国新文化运动的文化人在当时中国的社会地位和影响力不逊于文艺复兴和启蒙运动思想家在所处时期所在国家的社会地位。

再次,就思想文化传播速度看,新文化运动思想家们主要以大众媒体传播新思想,较之文艺复兴和启蒙运动思想者主要以个人著述启蒙社会要直接、迅捷得多。

最后,新文化运动思想家形成的学术文化成果在人类历史上的地位虽远不如文艺复兴和启蒙运动,但他们宣扬新文化新思想的鲜明性和激进程度却超过文艺复兴运动和启蒙运动。

所以,在冲击旧文化与旧思想方面,新文化运动更胜于西方的两次思想解放运动。

【根据陈廷湘、江超民:《新文化运动·五四运动·五四新文化运动——中国现代转型时期社会改造路径与趋向》,《福建论坛》(人文科学社会版)2019年第3期】

学术观点2:对五四新文化运动的分期应从文化视角来进行分析与界定

研究新文化运动,应把着眼点放到文化上,先有思想文化的启蒙,后有文学与政治的革命与运动。五四新文化运动是一场旨在批判旧文化、倡导新文化的思想启蒙运动。该运动经历了发起、高潮与落潮三个阶段:

第一,发起期(1915年9月至1916年12月),这是《新青年》的上海时期。此时期的特点是专注于批判封建专制文化和迷信思想,宣传民主精神与科学理性。第二,高潮期(1917年1月至1920年9月),即《新青年》的北京时期。新文化运动进入高潮期的标志有三:一是形成了一个新文化阵营;二是掀起了文学上的革命运动;三是掀起了政治上的五四运动。第三,落潮期(1920年9月至1926年底或1927年初),此时期的特点是新文化阵营逐渐分化并最终解体,以有着不同政治诉求的党派纷争取代了之前的文化思想的启蒙。

所以,以文化的视角更能准确地分析与理解五四新文化运动的不同发展阶段及其特点。

【根据田建民:《论五四新文化运动的相关概念及发展阶段——纪念五四运动100周年》,《北京师范大学学报(社会科学版)》2019年第6期】

学术观点3:新文化运动是中国思想创新的里程碑

新文化运动的新派人士在辛亥革命失败后,猛烈批判旧文化,激情倡导个性解放,积极引进西方文化,形成了中国历史上前所未有的思想运动高潮。但是,新文化运动非单纯讨论学术,而更注重探寻新的救亡之道,因此新派人士并未照搬西方思想,甚至也未专注于透彻理解西方理论,仅拣择其基本观点中的可用成分,与中国固有思想相结合,针对当时中国急需解决的现实问题而加以运用。这种思想取向在晚清以来尽管早已出现,但未曾有过新文化运动时期如此广泛用以解释中国的实际问题和改造旧社会、创造新国家的实践。这尽管不完全具有学理的合理性,却具有历史的合理性。在历史转折关头,积极吸纳国外和中国古代思想中的合理因素,"洋为中用,古为今用"的思想取向仍然具有重要意义。新文化运动在这方面的贡献之大前所未有,树起了中国思想发展史上一座重要的里程碑。

【根据陈廷湘:《新文化运动:中国思想创新的里程碑》,《中国社会科学》2015年第11期】

★ 史学导读

1.如何理解新文化运动为"思想界空前之大变动"?

此种新文化运动,在我国今日,诚思想界空前之大变动。推原其始,不过由于出版界之一二觉悟者从事提倡,遂至舆论放大异彩,学潮弥漫全国,人皆激发天良,誓死为爱国之运动;倘能继长增高,其将来收效之伟大且久远者,可无疑也。……故此种新文化运动,实为最有价值之事。

——摘自《孙中山选集》(上卷),北京:人民出版社,2011年版,第500页

○ 导读提示

新文化运动是近代中国的一次空前的思想解放运动,它高举民主与科学的旗帜,对封建专制制度和封建思想文化进行了一次猛烈的扫荡,促进了中国人民尤其是知识青年的思想得到空前的解放,中国知识分子在运动中受到一次民主与科学的洗礼,为马克思主义在中国的传播创造了条件,以及五四爱国运动的爆发和中国共产党的诞生奠定了思想基础,其中文学革命也有利于文化的普及和繁荣。

阅读材料时,应认识到:新文化运动的兴起是当时特定历史时期经济、政治、思想文化诸因素综合作用的产物,也是近代中国发展历史上的必然结果。

通过阅读该则材料,可以更好地理解新文化运动在中国近代史上特殊的历史地位,这是一场意义深远的运动,它对近代的中国,对各个社会领域都造成了深远的影响,也孕育了新中国的希望。

2.如何认识新文化运动产生的背景?

随着民族危机日益深重,一批先进的中国知识分子理性地认识到中国复兴的关键不在器物,也不在制度,而在于国民素质,因而必须进行一场文化革命,培养全新的一代国民,惟有如此,方能真正让国家强盛起来,倘若没有心理观念变革的根本自觉,任何形式的制度变革都只能是镜中花、水中月。一部分激进的爱国知识分子继续探索救国救民的道路,对辛亥革命的反省,使他们认识到,尽管封建秩序表面崩溃了,但其阴魂未散,根本原因就在于被尊奉为封建社会正统思想的儒家文化仍然在思想价值层面起着有力的支撑作用……新文化主将一致的意识到,儒家文化的群体本位思想,严重束缚了个体的独立精神。中国社会若想真正推翻封建制度,只有从文化心理层面进行启蒙,改变国人传统的价值观和道德观……于是,一场打倒"孔家店"并以"科学"和"民主"为核心的新文化运动全面启动。

——摘自戚万学:《道德教育的文化使命》,北京:教育科学出版社,2010年版,第146页

○ **导读提示**

辛亥革命后,先进的知识分子认识到,革命失败的根源在于国民脑中缺乏民主共和意识,必须从文化思想上冲击封建思想和封建意识,通过普及共和思想来实现真正的共和政体。

阅读材料时,应认识到:新文化运动是多种因素综合影响产生的。首先政治上中国政治制度的退步。辛亥革命后,各国列强支持袁世凯称帝,以利于其加紧对华侵略,中国先进分子希望通过寻找新的思想来指导中国走出困境;其次在经济方面,一战爆发,列强忙于战争,无暇顾及瓜分中国,中国资本主义得到了进一步的发展,资产阶级强烈要求中国实行民主政治,以便更好地发展资本主义;最后思想文化方面,随着新式学堂的建立和留学风气日盛,西方启蒙思想进一步被介绍到中国,而且辛亥革命使民主共和的思想深入人心,袁世凯的尊孔复古逆流为民主知识分子所不容。

通过阅读该则材料,可以深刻认识到新文化运动的出现既是当时特定历史时期经济、政治、思想文化诸因素综合作用的产物,也是近代中国经历长期的物质、思想准备基础上的必然结果。

★ 荐读书目

陈旭麓:《近代中国社会的新陈代谢》,上海:上海社会科学院出版社,2006年版

来新夏等:《北洋军阀史》,天津:南开大学出版社,2000年版

郭廷以:《近代中国史纲》,上海:格致出版社,2009年版

[美]费正清:《剑桥中华民国史》,北京:中国社会科学出版社,1994年版

罗志田:《乱世潜流:民族主义与民国政治》,上海:上海古籍出版社,2001年版

陈志让:《军绅政权:近代中国的军阀时期》,桂林:广西师范大学出版社,2008年版

汪敬虞:《中国资本主义的发展与不发展》,北京:经济管理出版社,2007年版

第七单元 中国共产党成立与新民主主义革命兴起

【单元学习精要】

一是认识五四运动与新民主主义革命兴起的内在联系,知道五四运动在思想、政治、文化等方面所具有的革命意义,是中国新民主主义革命的开端;知道五四运动与中国共产党成立的因果关系;知道中国共产党的成立是中华民族历史上开天辟地的大事变,中国革命的面貌从此焕然一新。

二是认识中国共产党成立后制定革命纲领,发动工农运动,推动国共合作,掀起大革命高潮,开创中国革命新局面的史实及其伟大意义;了解大革命失败的原因及中国共产党从中吸取的重要教训。

三是了解国民党在全国统治的建立及其性质;知道中国共产党对中国革命新道路的探索,知道走农村包围城市、武装夺取政权道路的确立及其意义;知道反"围剿"战争与土地革命的史实与意义;知道红军长征的原因、过程及遵义会议的重要意义;了解长征胜利的伟大意义。

【根据徐蓝、朱汉国:《普通高中历史课程标准(2017年版)解读》,北京:高等教育出版社,2018年版,第91页】

第21课　五四运动与中国共产党的诞生

第1讲　五四运动的背景和意义

★学习精要

五四运动是中国近代史上一次彻底的反帝反封建的爱国革命运动,其爆发是历史的必然。

国内方面:政治上,军阀混战不休,对外投靠帝国主义,社会阶级矛盾日益加深。经济上,由于一战期间欧洲列强暂时放松对中国的经济侵略,民族工业得到发展,工人阶级力量迅速壮大,工人罢工斗争日益增长。思想上,新文化运动高举民主与科学的旗帜,形成了空前的思想解放潮流,在思想界特别是青年知识分子中产生极大影响。

国际上:一方面,一战期间,欧洲列强无暇东顾,但其政治、经济势力并未真正退出,而日本、美国加紧侵略中国,尤其是日本,使得中国人民群众性的反帝爱国斗争此起彼伏。另一方面,俄国十月革命的胜利,为中国人民的革命道路指引了新的方向。

巴黎和会上中国外交惨遭失败,成为五四运动爆发的导火线。

五四运动在中国历史上具有里程碑意义。毛泽东指出:"五四运动的杰出的历史意义,在于它带着为辛亥革命还不曾有的姿态,这就是彻底地不妥协地反帝国主义和彻底地不妥协地反封建主义"。在运动中,工人阶级登上政治舞台,成为运动的主力,对斗争的胜利起了决定性作用。五四运动是中国新民主主义革命的开端。

五四运动具有广泛的群众基础,进一步促进了人民的觉醒,是一场伟大的思想解放和思想启蒙运动。同时,五四运动促进了马克思主义在中国的传播及其与中国工人运动的结合,为中国共产党的成立做了思想上和干部上的准备。

五四运动所体现的强烈的爱国精神、社会责任感以及追求民主科学的精神是中华民族宝贵的精神财富。

★学术动态

学术观点1：五四运动爆发的多重原因

近年来，诸多学者围绕五四运动爆发的原因著述立作，主要有以下观点：

第一，经济因素说。该论点认为除上层建筑因素外，还要立足经济维度，关注日本在一战期间加紧对中国的经济侵略和北洋军阀政府在经济上对人民的盘剥激化民族矛盾和阶级矛盾，以及民族资本主义经济的发展这三个经济因素。

第二，"反约"斗争说。该观点认为，近代中国反对不平等条约的斗争，是一个重要原因。留日学生在"二十一条"签订后的抗议活动，并由此形成了初具全国规模的、以学生为主体的爱国运动，为五四运动的爆发奠定了坚实的基础。

第三，社会心理说。立足社会心理学视角，五四运动爆发前中国人民强烈呼求以战胜国身份，收回山东特权。然而现实是正当诉求遭遇无理痛击，爱国情感受到列强的有意伤害。主观期望与客观现实形成巨大反差，使中国人民无比愤怒，最终引爆了五四运动。

第四，国际因素说。此观点认为，五四运动爆发的国际因素不容忽视。早于五四运动两个月爆发的朝鲜"三一"运动引起了中国各界，尤其是先进知识分子的强烈共鸣，增强了抗争行动的紧迫感，进一步看清了帝国主义和军阀政府的丑恶面目和卑劣行径。

【根据王磊：《国内学界关于五四运动研究综述》，《理论视野》2019年第2期】

学术观点2：五四运动是新民主主义革命的开端

五四时期不仅产生了新民主主义革命的萌芽，而且产生了新民主主义革命一系列的基本因素，所以说五四运动是新民主主义革命的开端。

五四时期，对于民主革命时期的革命对象，反帝反封建的认识的胚胎已经形成。

对中国革命动力的认识始于这一时期。五四时期，先进的知识分子认识到工人阶级的伟大作用，才有了深入到工人群众中去宣传马克思主义。

对新民主主义革命前途的认识始于这一时期。五四时期，早期共产主义者就明确指出了中国革命的方向和前途。陈独秀、李大钊等连续发表文章，明确指出只有走社会主义道路，才能彻底解决中国的落后、贫穷问题。

新民主主义革命的指导思想——马克思主义在五四时期开始广泛传播。

由此可见，五四运动产生了民主革命的对象认识、动力、前途和指导理论等新民主主义革命几乎所有的基本因素,是新民主主义革命的开端。

【根据赵三军:《如何看待五四运动是新民主主义革命的开端》,《河北学刊》1994年第2期】

学术观点3.五四运动是现代化巨变的起点

以习近平总书记纪念五四运动百年的讲话为启示,从大历史观对五四运动的历史意义进行构建——五四运动是大历史观变局的起点。

五四运动推动了马克思主义在中国的广泛传播——对马克思主义的接受促进中国共产党的诞生——中国共产党是改变中国历史命运的关键所在——中国共产党的成功在于通过马克思主义中国化而探寻出中国特色社会主义道路。在这一过程中,五四精神又对之后中国的道路探索产生深刻影响。

由此可见,按照大历史观,应把五四运动放到中华民族文明史和中国共产党奋斗史中来认识其意义:中国巨变的内涵即中国转型为社会主义现代化国家,五四运动是这一巨变的起点,或者说是现代化历史运动的按钮。

【根据黄力之:《以大历史观认识五四运动的历史意义》,《思想理论教育》2019年第6期】

★ 史学导读

1.新文化运动对五四运动有何影响?

世界文明发源地有二:一是科学研究室,一是监狱。我们青年要立志出了研究室就入监狱,出了监狱就入研究室,这才是人生最高尚优美的生活。从这两处发生的文明,才是真文明,才是有生命有价值的文明。

——摘自陈独秀:《研究室与监狱》,《每周评论》第25号,1919年6月8日

○ 导读提示

五四运动中,陈独秀不但支持鼓励青年,更是身体力行投入战斗。为声援和鼓舞五四运动中被捕的学生,陈独秀奋笔写了此篇短文。进"科学研究室"是鼓励青年追求"科学",入"监狱"是追求"民主"。此文发表后第三天即6月11日,由于散发《北京市民宣言》,陈独秀被捕入狱。

阅读本则材料,可以感受到陈独秀这篇不满百字的短文洋溢着饱满的战斗激情和

革命乐观精神;可以看到民主科学的大旗在五四期间依旧招展。

通过这段材料,要深刻认识到:新文化运动推动了知识分子尤其是青年学生的思想解放,为五四运动做了思想和文化上的准备。新文化运动的发起者也成为"五四运动的总司令",新文化运动的主要倡导者如陈独秀、李大钊等人在五四运动中起到了重要的宣传、鼓动作用。积极投身新文化运动的一些青年学生也在五四运动中起到发动、骨干作用。民主和科学既是新文化运动的旗帜,也是五四运动的鲜明追求。

2.五四运动是如何推动马克思主义在中国传播的?

在1918年,像李大钊这样宣传十月革命和马列主义的文章还只是个别的。到了1919年之后,受五四运动的有力推动,《新青年》和《每周评论》等刊物上,以大量篇幅发表了宣传俄国十月革命经验和社会主义的理论文章。最有代表性的是李大钊在《新青年》上发表的《我的马克思主义观》,该文系统介绍了马克思主义理论的内容,对当时的思想界产生了重要影响。这样,五四运动就使新文化运动内容发生了根本变化,进入了介绍十月革命、宣传马克思主义的新阶段。马克思主义的宣传引起了广大青年的巨大兴趣,全国各地宣传和研究马克思主义的组织和刊物大量出现。在北京,1920年3月,在李大钊的领导下,邓中夏、何孟雄等秘密组织了马克思主义学说研究会;在湖南,毛泽东、蔡和森等人在长沙组织"新民学会",创办了《湘江评论》;在湖北,恽代英、林育南等在武汉组织"新声社",出版了《新声》杂志;在天津,周恩来、邓颖超等组织觉悟社,创办了《觉悟》杂志,等等。

——摘自闫志民:《五四运动与中华民族伟大复兴》,《北京大学学报(哲学社会科学版)》2019年第1期

○ **导读提示**

在马克思主义传入中国之初,其传播速度较为缓慢,理论内容呈现较为碎片化,也仅限于在少数刊物中简要介绍。经过五四运动,一批具有进步思想的知识分子认识到工人阶级的伟大力量,转变为马克思主义者,通过建立学会、创办期刊等活动,积极宣传马克思主义。总而言之,五四运动后关于十月革命和马克思主义宣传力度大大增加,讨论和研究不断深入,影响不断扩大,使当时的思想界出现新局面。

阅读材料时,应认识到:中国在巴黎和会的外交失败,让中国人民看清了西方列强的真面目,及对西方政治的失望;十月革命的胜利给我们这个东方大国带来了新的希望,促进了先进知识分子和青年人的观念转变。

阅读本则材料,可以深刻认识到:五四运动促进了马克思主义在中国的传播及其与工人运动的结合,为中国共产党的成立做了准备。可以说,五四运动对于马克思主义在中国传播的影响是开创性、根本性的。

第2讲 中国共产党的诞生

★学习精要

五四运动前后,建立无产阶级政党的条件成熟起来。工人阶级的壮大和工人斗争的发展,为中国共产党的建立奠定了阶级基础;马克思主义在中国的广泛传播,为中国共产党的建立提供了思想条件;中国共产党的早期组织开展了一系列活动,进一步促进了马克思主义的传播及其同中国工人运动的结合,为中国共产党成立奠定了组织基础。

1921年7月23日,中国共产党第一次全国代表大会在上海法租界召开,8月初,在浙江嘉兴南湖的一条游船上胜利闭幕。大会通过了《中国共产党纲领》,并选举产生了党的领导机构。中国共产党"一大"的召开,宣告了中国共产党的诞生。从此,中国革命有了坚强的领导力量,中国革命的面貌焕然一新。中国共产党建党伟业所蕴含的伟大革命精神,称之为"红船精神"。

★学术动态

学术观点1:中国共产党能够在政党林立的局面中脱颖而出的原因

在中国共产党成立之前,国内已经有许多政党存在,中国共产党却能够在各种政党林立和各派政治力量博弈中脱颖而出,是因为它从诞生之日起就具有先进的政党品质。

这样的品质建立在两个基础之上:一是阶级基础——中国工人阶级代表的新社会力量,二是思想基础——马克思主义代表的新思想,使中国共产党一诞生就具有与它之前的其他政党根本不同的性质。

五四运动又为中国共产党诞生创造出"三个相结合"的历史机遇:新的社会力量与先进思想相结合;马克思主义与中国工人运动相结合;知识分子与工农民众相结合。中国共产党的诞生是"三个相结合"的产物,由此衍生的政党先进禀性决定着中国共产党担当神圣使命的历史品格。

【根据齐卫平:《理解五四运动历史意义的四个向度》,《人民论坛》2019年第8期】

学术观点2：中国共产党的成立是二十世纪中国开天辟地的大事变

从近代中国历史发展和国际共产主义运动发展历程中，可以看出中国共产党成立的重大历史意义：

第一，中国共产党的成立，标志着中国工人阶级有了自己的战斗司令部和精神中枢，是中国工人阶级自觉领导中国革命的根本标志。

第二，中国共产党的成立，标志着中国人民的革命事业有了自己的政治领袖。中国人民在长期奋斗中选择了中国共产党做自己的政治领袖，从根本上改变了中国革命中各阶级的相互关系。中国共产党对中国革命的领导是中国革命能够取得完全胜利的根本保证。

第三，中国共产党的成立，标志着国际共产主义运动发展到一个新的里程碑，极大地加强了世界无产阶级革命的力量。由于中国共产党是共产国际在东方的一个支部，中国的民族解放运动在实际上与世界无产阶级社会主义革命结合起来了。中国革命就成为世界无产阶级社会主义革命的一部分。

第四，中国共产党的成立，预示着马克思列宁主义将会在中国这块土地上生根、开花、结果，是马克思主义中国化的起点。

综上所述，中国共产党的诞生，无论是在中国革命事业还是在国际共产主义运动中，无论是在理论上还是在实践中，都是一个具有划时代意义的伟大事件，是二十世纪中国开天辟地的大事变。

【根据俞文冉、陈乃宣：《二十世纪中国开天辟地的大事变》，《理论月刊》2000年第6期】

★ 史学导读

1. 为什么说中国共产党的诞生是历史发展的必然产物？

1921年，在马克思列宁主义同中国工人运动相结合的进程中，中国共产党应运而生。中国共产党的诞生，是近现代中国历史发展的必然产物，是中国人民在救亡图存斗争中顽强求索的必然产物。从此，中国革命有了正确前进方向，中国人民有了强大精神力量，中国命运有了光明发展前景。

——摘自胡锦涛《在庆祝中国共产党成立90周年大会上的讲话》，2011年7月1日

○ 导读提示

胡锦涛把中国共产党的诞生原因归结于"一个应运、两个必然",从唯物史观的视角深刻揭示了中国共产党诞生的历史必然性。

阅读材料时,要认识到:近代以来,救亡图存是时代的主题,五四运动前的历史证明,反帝反封建的革命任务,既不是单纯的农民战争所能担负的,也不是资产阶级领导的旧民主主义革命所能完成的。上述探索失败的根本原因在于:没有先进社会力量的领导,没有先进理论的指导。中国人民迫切需要一个先进的政党来领导救亡图存的斗争。在历史的关头,建立无产阶级政党的条件成熟起来——工人阶级的壮大和工人斗争的持续发展;马克思主义的广泛传播,并与中国工人运动相结合;以陈独秀、李大钊为代表的先进知识分子转变为共产主义者,并积极推动共产党早期组织的建立;加之共产国际的帮助和指导,一个先进的无产阶级政党在中国大地上应运而生。

通过对本则材料的阅读,可以深刻认识到:中国共产党的诞生是历史发展的必然产物,是中国人民在救亡图存斗争中顽强求索的结果;中国共产党的诞生也是马克思主义与中国工人运动相结合的产物。中华民族复兴大业历史性地落在了中国共产党肩上。

第3讲 第一次国共合作的形成与国民大革命

★学习精要

中国共产党成立后,积极领导工人运动,出现了第一次工人运动的高潮,其中京汉铁路工人大罢工把第一次工人运动推向顶点,但也遭到帝国主义和军阀的血腥镇压。血的教训使中国共产党认识到建立革命统一战线的必要性。此时的国民党是比较革命的政党,在南方建立了革命根据地,在社会上有一定的威信。国民党领导人孙中山在一系列运动失败过后真诚地欢迎同中国共产党合作。同时,共产国际也主张同国民党合作,并积极从中斡旋。

根据共产国际的指示,1923年召开的中国共产党"三大"正式决定同国民党合作,并确立了同国民党合作的方针,以"党内合作"为方式,即中国共产党党员以个人身份加入国民党,但同时保持组织上思想上的独立性。

1924年1月,中国国民党第一次全国代表大会在广州召开,大会通过了《中国国民党全国代表大会宣言》，孙中山重新解释了三民主义，提出新三民主义的主张，体现了"联俄、联共、扶助农工"的三大政策。新三民主义成为国共合作的政治基础。国民党"一大"的召开标志着第一次国共合作正式形成，革命统一战线正式确立。国民革命运动由此迅速在全国开展。

国民革命运动也被称为"国民大革命"，何谓"大革命"？

首先，从革命组织形式看，以国共合作为特征的革命统一战线的建立，团结了革命力量，有力地动员了群众，推动了国民革命运动的开展。

其次，从斗争的目标和革命的指导思想看。"打倒列强，除军阀"的目标和新三民主义革命纲领，凸显了当时中国工人、农民、城市小资产阶级和民族资产阶级等各阶层的广泛诉求，具有强烈的号召力，使革命力量空前团结起来。

再次，从革命的方式和手段看。国民革命全面动员，采取工农运动和革命战争相结合的方式进行，在中国共产党的直接领导下工农运动蓬勃发展。军事上，北伐战争顺利进军，群众运动和军事行动相互配合，既依靠军队的力量，又依靠工农的力量。在民主革命进程上呈现出前所未有的革新局面。

最后，从结果和影响看。吴佩孚、孙传芳的势力基本被消灭，收回了汉口、九江的英租界，基本推翻了北洋军阀的反动统治，给帝国主义势力以沉重的打击。革命势力从珠江流域发展长江流域。由于中外反动势力联合绞杀、国民党右派叛变革命，加之中国共产党自身缺乏经验犯了右倾机会主义错误，使得国民革命未能完成反帝反封建的任务，以失败告终。但中国共产党在运动中进一步宣传了自己的主张，扩大了自身的影响和实力，积累了革命斗争的经验和教训，为中国革命继续前行打下基础。

因此，国民革命在新民主主义革命的航程上有着重要的意义，是中国近代历史上前所未有的国民大革命。

★学术动态

学术观点1：第一次国共合作形成的原因

第一，列宁的民族殖民地问题理论奠定了第一次国共合作的理论基础。该理论认为，在殖民地和半殖民地国家里，斗争的矛头应指向帝国主义和封建主义，民族资产阶级应是同盟军。因此，殖民地半殖民地国家的无产阶级及其政党应当支持资产阶级的民族民主运动，并同资产阶级民主派结成同盟。

第二,中国社会的主要矛盾和反帝反封建的革命斗争是第一次国共合作的政治基础。中华民族与帝国主义、人民大众与封建主义日益尖锐的矛盾,迫使无产阶级和资产阶级等各个革命阶级联合到一个统一的革命组织中来。反帝反封建的革命斗争,成了国共合作的政治纽带。

第三,国共两党对中西文化的共识是第一次国共合作的文化基础。两党主要领导人主张要融贯中西,批判地继承与借鉴中西文化。

第四,国共两党都能从国家民族的根本利益出发,这是国共合作得以实现的重要的主观原因。

第一次国共合作的形成,既是中国社会历史发展的必然,也是国共两党从国家民族利益出发做出的正确选择。

【根据杨雪:《第一次国共合作形成原因探析》,《辽宁大学学报(哲学社会科学版)》2003年第2期】

学术观点2:国共合作统一战线建立的意义

国共合作统一战线的建立对国共两党都是必要的和有益的,符合中国的国情。

国共合作促进两党组织迅速发展,国共合作实现后,中国共产党除自身发展外,还从组织上做了大量工作,有力地促进了国民党的发展。黄埔军校是国共合作的产物,它的创建大大增强了反帝反封建的革命力量,培养出来的政治、军事人才分别成为两党军队的中坚力量。国共合作带来工农运动新高潮。国共合作保证了国民革命军东征的胜利和北伐战争的顺利进行。

总之,国共两党结成统一战线,掀起了近代史上第一次大革命的高潮。

【根据许艳民:《第一次国共合作及其历史启示》,《传承》2011年第9期】

学术观点3:第一次国共合作客观上促进了中国共产党的发展壮大

第一次国共合作客观上促进了中国共产党的队伍发展,扩大了社会影响,锻炼了骨干力量,促进了工农运动的发展,为党的建设发展奠定了基础。

第一,中国共产党利用国共合作开展的一系列活动,扩大了影响力,使得马克思主义得以传播。在黄埔军校中影响力显著,为日后的革命奠定了良好的基础。

第二,促进了工农运动的发展,唤醒了工农群众的觉悟,为党的建设发展奠定了群众基础。

第三,锻炼了骨干力量,扩大了党的组织。第一次国共合作期间,共产党人得以参与国民党的各项建设,加入国民党各个机构中。与此同时,共产党的组织也得到较大发展,党员人数迅速增长,使中国共产党从秘密状态的小党发展为公开合法的大党。

当然,第一次国共合作时期党的建设也存在一定偏差,如没有认识到军队的重要性,忽视了革命领导权。党内合作的方式在一定程度上限制党的建设发展。

【根据林鹏:《浅析第一次国共合作对中国共产党建设的影响和启示》,《湘潮》(下半月·理论)2014年第4期】

★ 史学导读

1.建党初期,中国共产党的政党政策经历了怎样的变化?

对现有其他政党,应采取独立的攻击的政策……我们应始终站在完全独立的立场上,只维护无产阶级的利益,不同其他党派建立任何关系。

——《中国共产党第一个决议(俄文译稿)》(1921年7月)转引自中共三大会址纪念馆展览文献资料

只有无产阶级的革命势力和民主主义的革命势力合同动作,才能使真正民主主义革命格外迅速成功。

——《关于民主的联合战线的决议案》1922年7月,载中央档案馆:《中共中央文件选集》(第1册),北京:中共中央党校出版社,1989年版,第114页

工人阶级尚未强大起来,自然不能发生一个强大的共产党——一个大群众的党,以应目前革命之需要。因此,共产国际执行委员会议决中国共产党须与中国国民党合作,共产党党员应加入国民党。

——《关于国民运动及国民党问题的议决案》1923年6月,载中央档案馆:《中共中央文件选集》(第1册),北京:中共中央党校出版社,1989年版,第147页

○ 导读提示

第一段材料说明成立之初的中国共产党采取的是不与任何政党建立联系的政策;第二段材料中国共产党二大的决议表明中国共产党对中国现阶段革命性质和任务的认识有了很大提高,在建立国共合作的道路上迈开了一大步。第三段材料表明通过"二七"惨案的教训,中国共产党正式确定与国民党"党内合作"。

阅读材料时,应认识到:中国共产党从成立之初就不断在实践中摸索,始终以革命

事业的成功为奋斗目标,有强烈的历史使命感和责任感。

通过阅读上述材料,要深刻理解到:中国共产党注重根据实际出发不断调整自己的方针政策,中国共产党领导的革命斗争过程充满了艰巨性。

2.孙中山的民生主义是社会主义吗?

民生主义就是社会主义,这是孙中山自己说过的。孙中山注重民生,批判资本主义制度,提出共同富裕,这些与科学社会主义在理论上有共通之处。但是,科学社会主义主张打碎旧的国家机器,主张生产资料全民所有制,这些,孙中山是不采纳的。孙中山真心诚意地在中国呼唤社会主义,却又极力预防社会主义革命的发生。这在理论上是很难说通的。说民生主义是社会主义,民生主义理论却规定了它不是科学社会主义。如果不是科学社会主义,它就不是社会主义,或者说形式上是社会主义,实质上不是社会主义,而是如《共产党宣言》指出的那样,是资产阶级的、小资产阶级的社会主义。由于理论上的矛盾,民生社会主义不能准确地定义为社会主义。

——摘自张海鹏:《孙中山民生主义理论体系的内在矛盾——兼议孙中山阶级观点问题》,《历史研究》2018年第1期

○ 导读提示

1924年,在共产国际和中国共产党的影响下,孙中山重新解释了三民主义,确定了"联俄、联共、扶助农工"三大的政策。

阅读材料时,应认识到:孙中山说"民生主义是社会主义",反映了马克思主义学说对孙中山的影响,其实也是共产国际和中国共产党对他的影响。他的这一认识反映出国共两党的奋斗目标中有契合点,两党的合作是有一定思想基础的。但另一方面可以明显看出国共两党在奋斗目标和斗争方式上的差异。

通过对本则材料的阅读,要深刻理解:三民主义虽然是国共合作的基础,但由于阶级属性上的差异,国共两党的纲领和奋斗目标又有明显的差异。

3.在反帝问题上,国共两党目标完全一致吗?

以革命行动扫荡一切帝国主义在中国之政治的经济的统治权力,没收一切帝国主义在中国之经济的侵略机关,归诸国有……必须这样,才算完成了民族革命。必须这样,我们才能脱离外国之政治的经济的统治与侵略。

——摘自陈独秀:《赤的运动与中国外交》(1927年2月7日),载《陈独秀文章选编》(下),北京:生活·读书·新知三联出版社,1984年版,第355页

"今日出兵,惟在讨吴。"

——《蒋介石出师宣言》,《国闻周报》第3卷第35期第10页,1926年9月12日

"妨害吾国之国民革命者,皆与四万万人民共弃之。""革命之成功,即友邦之利益",若"扶持正义赞助我国民军者",则"爱之敬之"。

——《蒋介石对外宣言》,《国闻周报》第3卷第35期,第11页,1926年9月12日

○ 导读提示

材料表明陈独秀主张的革命目标是取消帝国主义在华一切特权,取得彻底的民族革命的胜利。蒋介石的两篇宣言,说明他将打倒军阀作为国民革命的首要目标,并希望得到列强的支持。而事实也证明蒋介石为了得到帝国主义的支持不惜背叛革命背叛反帝纲领,走到了与人民的对立面。

阅读材料时,应认识到:国共合作之初,中国共产党在反帝问题上便与国民党尤其国民党右派存在矛盾。随着国民革命形势的发展,两党在反帝问题上的分歧愈加明显。国民党为了尽快建立全国政权,对帝国主义的态度愈益走向妥协,与中国共产党彻底的反帝方针格格不入。

通过对本则材料的阅读,要深刻理解国共两党在反帝立场上的差异是由两党的阶级本质决定的。

4. 大革命时期农村政治宣传呈现出怎样的局面?

开一万个法政学校,能不能在这样短时间内普及政治教育于穷乡僻壤的男女老少,像现在农会所做的政治教育一样呢?我想不能吧。打倒帝国主义,打倒军阀,打倒贪官污吏,打倒土豪劣绅,这几个政治口号,真是不翼而飞,飞到无数乡村的青年壮年老头子小孩子妇女们的面前,一直钻进他们的脑子里去,又从他们的脑子里流到了他们的嘴上。……

政治宣传的普及乡村,全是共产党和农民协会的功绩。很简单的一些标语、图画和讲演,使得农民如同每个都进过一下子政治学校一样,收效非常之广而速。据农村工作同志的报告,政治宣传在反英示威、十月革命纪念和北伐胜利总庆祝这三次大的群众集会时做得很普遍。在这些集会里,有农会的地方普遍地举行了政治宣传,引动了整个农村,效力很大。

——摘自毛泽东:《湖南农民运动考察报告》1927年3月,载《毛泽东选集》(第1卷),北京:人民出版社,1991年版,第34~35页

○ **导读提示**

国民大革命爆发后,农民运动蓬勃兴起。中国共产党及其领导下的农民协会通过简单的标语、图画和讲演等对农民进行政治普及宣传,使得农民如同进过政治学校接受政治教育一样,收效非常广泛而且迅速。毛泽东在1927年在对湖南农民运动做了实地考察后发表了《湖南农民运动考察报告》,对此做了高度的肯定。

阅读材料时,应认识到:大革命期间中国共产党领导的农会在乡村开展政治宣传工作,短时期内取得了显著的效果,在农民群众中宣传了反帝反封建的纲领,掀起了一场立足乡村的革命思想启蒙运动。

通过对本则材料的阅读,可以深刻理解:毛泽东充分认识到农民对中国革命的重要性以及在农村建立农民政权和农民武装的必要性,奠定了此后毛泽东思想中关于农民问题的基本认识。

★ 荐读书目

常丕军:《五四运动史话》,北京:社会科学文献出版社,2011年版

胡晓玮:《公元1919往事回首》,北京:中国华侨出版社,2009年版

[美]周策纵:《五四运动史》,北京:世界图书出版公司,2016年版

中共中央党史研究室:《中国共产党简史》,北京:中共党史出版社,2016年版

苏若群、姚金果:《第一次国共合作始末》,北京:中共党史出版社,2016年版

第22课　南京国民政府的统治和中国共产党开辟革命新道路

第1讲　南京国民政府的统治

★学习精要

1927年4月18日,蒋介石在南京成立南京国民政府,形成与武汉国民政府的对峙局面。1927年秋,"宁汉合流",标志着中国国民党专制统治的确立。国民政府"总揽中华民国之治权",由行政院、立法院、司法院、考试院、监察院组成,实质是国民党专制统治。

1928年,国民政府继续北伐,讨伐张作霖。日本帝国主义为阻挠北伐,制造了"济南惨案"。后又因张作霖不能满足其侵略要求,日本人在沈阳附近的皇姑屯将张作霖炸死。张作霖之子张学良身负"国仇家恨",于同年12月29日宣布"遵守三民主义,服从国民政府,改易旗帜"。至此,国民政府在形式上基本统一了全国。

1927—1936年,民族工业得到了一定程度的发展。这得益于南京国民政府采取的促进经济发展的政策措施以及中国人民开展的"抵制洋货、反对国货"的反帝爱国运动。但是,凭借国家政权力量巧取豪夺的官僚资本也迅速崛起,民族资本主义工商业受到了官僚资本的排挤和压迫。

★学术动态

学术观点1:张学良"东北易帜"具有必然性

首先,"东北易帜"是时代背景的必然产物。北伐战争已基本消灭了两大军阀,加之张作霖被日本人炸死,东北军群龙无首,日本人步步紧逼,少帅张学良不得不考虑改旗易帜。

其次,"东北易帜"是南京国民政府对奉系军阀态度、政策的必然结果。南京国民政府帮助张学良解决了叛乱的直鲁军;在外交上,国民政府对于日本妨碍"东北易帜"一事向日本外务部提出抗议,为"东北易帜"的成功做了铺垫。

第三,"东北易帜"是日本对奉系军阀的逼迫使然。日本对张学良进行政治威胁和武力威胁,警告张学良:"如不遵从日本方面旨意,则日军当解除其武装。"这使张学良认识到日本的野心,不想做傀儡就只有改旗易帜归顺国民党政府。

第四,"东北易帜"是奉系军阀自身状况所趋。二次北伐、东北军退出关外、张作霖死于皇姑屯事件、东北政局不稳。只有实现了国家的统一,才能实现东北地区的发展,抵制日本的侵扰。

综上所述,"东北易帜"的实现是东北地方政权和中央政府当局为实现国家统一、维护国家民族利益共同努力的必然结果。

【根据杨凤琼:《"东北易帜"的必然性述论》,《成都大学学报(社会科学版)》2014年第6期】

学术观点2:群众性反帝爱国运动为民族工业发展创造了有利条件

首先,1928年,"济南惨案"激起抵制日货的斗争,为民族企业走出困境提供了市场机遇。如1928年至1929年两年间,荣家申新纺织厂共盈利480.9万元。

其次,1931年"九一八事变"后,全国掀起抗日救亡运动高潮,再一次掀起了抵制日货的斗争。民族橡胶工业、火柴工业出现迅速发展势头,其他如油漆、热水瓶、搪瓷等行业也有一定的发展。

再次,提倡国货运动使金融资产阶级上层人士积极支持民族工业发展,缓解了资金周转上的压力。如上海商业储蓄银行总经理陈光甫为该行制定了行动准则:"服务社会,辅助工商实业,抵制国际经济侵略。"

最后,民族工商业资产阶级发起组织国货团体为推广民族产品鸣锣开道。如1932年9月至1936年9月,中华国货产销协会为纪念"九一八事变",连续举办了五届"九厂临时国货商场"的展销活动。

综上,中国人民的反帝爱国运动蓬勃开展,抵制洋货、提倡国货的行动,为民族工业的发展创造了机遇。

【根据严国海:《20世纪20、30年代中国民族企业发展的宏观环境》,《上海财经大学学报》2000年第3期】

★ 史学导读

1.怎么理解南京国民政府在形式上基本统一了全国?

南京国民政府"继续北伐"所实现的"统一"仅仅是"形式上的统一""表面上的统一"。笔者同意这种对"统一"程度上的估价。但是,笔者不同意把这种"统一"看成一无是处。我想,"形式上的统一"和"表面上的统一",总比"一个国家二个政府"要好些。我们不能因为以后出现国民党新军阀混战和国民党政府的反动统治而无视"建立统一政府"的某些积极作用。从对外关系方面来看,由于国奉南北战争成功地实现了国民党政府对东北的统一,使东北地区成为南京国民政府行政管辖的一部分,从而挫败了日本田中义一政府策划东北独立的阴谋……南北统一战争结束后不久,便出现了新军阀混战。而在新军阀混战中,张学良依附、服从于蒋介石。他把大批的东北军调入关内进行武装调停,至"九一八事变"发生前夕,使关外的东北军从30.5万减少到19万,由此使东北地区防务空虚,给日本侵略中国以可乘之机。

——摘自季云飞:《宁汉合流后南京国民政府"继续北伐"的性质及其评价》,《安徽史学》1993年第3期

○ **导读提示**

南京国民政府成立后,继续北伐,张学良"东北易帜"后国民政府在形式上基本统一了全国。其中既包含了对"统一"程度上的估价,同时又包含了对"统一"积极意义的认识。

阅读材料时,应秉持历史唯物史观,辩证客观的分析历史现象,应认识到:按照"形式上统一全国"和"统一全国的意义"来对材料内容进行梳理分类,以此更好的理解"形式上基本统一了全国"。

通过阅读该则材料,可以深刻理解"形式上"统一全国,是因为国民党新军阀混战和国民党政府的反动统治,并且新军阀的混战使东北防务空虚,给了日本可乘之机。但同时也应该看到它实现了对东北的统一,挫败了日本策划东北独立的阴谋。

2.如何看待南京国民政府统治前期的经济发展状况?

1929年至1933年,受经济危机影响,西方资本主义国家加强对华商品输出。1929年以后,国民政府比较成功地通过与列强各国的交涉,实现了关税自主。在1927年以前,外国货物在中国的实际进口率只有4%,1931年则提高到了10%,1933年提高到了20%,1934年更是达到了25%。由于有了较为长期的发展规划,并设置了像资源委员会

这样的综合经济管理部门,抗日战争全面爆发前的1936年,成为民国史上各项经济指标最好的一年。具体表现在:

时间	电力工业	煤炭工业	生铁	钢
1920年	772百万千瓦	14.2百万公吨	436815吨	30000吨
1936年	1724百万千瓦	26.2百万公吨	958683吨	556347吨
增长率	9.4%	7%	9%	40%

——摘自步平、荣维木:《中华民族抗日战争全史》,北京:中国青年出版社,2012年版,第399页

○ 导读提示

1929年,世界经济大危机爆发,西方列强为了转嫁危机,纷纷加强对华经济侵略。但国民政府经过与列强积极交涉,实现了关税自主,并通过制定长期发展规划等措施,推动了经济的发展。

阅读材料时,应认识到:南京国民政府统治前期,中国经济发展呈现出关税税率不断提高、经济总体发展较好、重工业发展迅速、经济面临外来侵略加剧的压力等特点。

阅读该则材料,可以深刻理解到南京国民政府通过外交努力和政策调控,促进了经济发展,在应对即将到来的日本侵华战争上起到了一定的积极作用。

第2讲 工农武装割据开辟革命新道路

★学习精要

工农武装割据道路是指在中国共产党领导下,把武装斗争、土地革命和根据地建设三者结合起来,以土地革命为主要内容,以武装斗争为主要形式,以农村革命根据地为战略阵地,走农村包围城市、武装夺取政权的道路。三者相辅相成,缺一不可,是一个有机整体。

国民革命失败后,面对国民党反动派的屠杀政策,中国共产党于1927年8月1日发动了南昌起义,打响了武装反抗国民党反动派的第一枪。8月7日,八七会议在汉口召开,确定了实行土地革命和武装反对国民党反动派的总方针。

1927年9月,毛泽东领导秋收起义部队攻打长沙受挫后,决定改向敌人统治力量薄弱的山区进军,并于10月到达井冈山,创立了第一个农村革命根据地,点燃了"工农武装割据"的星星之火,开辟了中国革命新道路。

★学术动态

学术观点1:要综合南昌起义全过程来评判南昌起义的成败

首先,南昌起义整个计划分为两部分:一是首先在南昌举行起义,占领南昌城;二是南征广东,占领东江地区,以期重新建立广东革命根据地。广义的南昌起义除了在南昌领导发动的武装起义,还包括起义军南下广东,以及起义军主力潮汕失利后,余部转战上井冈的全过程。

其次,8月1日的南昌起义取得了胜利,但是起义军主力南下潮汕后遭遇失败也是不必讳言的事实。避开南昌起义南征军事失利,只谈南昌起义胜利不够客观,但是将起义军潮汕军事失利等同于南昌起义失败也不够全面。

综上,应该从更广阔的角度,结合起义整体计划、战斗过程、战役结果等多重因素,来审视南昌起义的成败。

【根据刘小花、陈洪模:《对南昌起义成败评价的历史考察》,《中国井冈山干部学院学报》2017年第4期】

学术观点2:对于八七会议的历史地位需辩证看待

八七会议纠正了党中央以陈独秀为代表的右倾机会主义错误,确定了发起武装暴动的总方针,喊响了土地革命的口号,这些都是八七会议的功绩。

但八七会议也存在不足与缺陷。会议没有经过充分准备和酝酿,只召开了一天,很多关键的问题都没有得到充分的讨论,很多决定是有缺陷的。

首先,在纠正右倾错误时采取的方法不当。中共中央党史研究室著《中国共产党历史》第一卷指出:"会议不通知陈独秀到会,只是指责犯错误的领导人。没有着重从思想上理论上对犯错误的教训进行认真的总结。"

其次,提出的土地革命和武装起义是存在缺点的,依然对国民党左派抱有幻想。

最后,过分地强调领导干部的出身问题。在反对右倾错误的同时,却为"左"倾错误埋下了祸根。

综上,八七会议有其历史功绩和先进性,但也存在不足与缺陷,它并不是中国共产党历史上的关键转折点。

【根据李楠:《"八七会议"在中国共产党历史上的意义解析》,《边疆经济与文化》2017年第9期】

学术观点3:农村包围城市革命道路的开辟丰富了马列主义

首先,马列主义对无产阶级革命有过很多精辟的论述,但是,对中国革命道路并没有给出现成的答案。

其次,在无产阶级革命史上,俄国十月革命取得了成功。中国曾试图照搬这条道路,"城市中心论"的破产,实际上宣告了这条革命道路在中国的失败。

第三,在毛泽东看来,根据中国的国情,中国就只能走农村包围城市的道路。因为"中国的特点是:不是一个独立的民主的国家,而是一个半殖民地的半封建的国家;在内部没有民主制度,而受封建制度压迫;在外部没有民族独立,而受帝国主义压迫。因此,无议会可以利用,无组织工人举行罢工的合法权利"。这说明农村包围城市道路在中国有着客观的必然性。

综上,农村包围城市革命道路是毛泽东结合中国国情开辟的中国革命新道路,它既彰显了中国革命道路的特色,也丰富了马列主义。

【根据陈世润、熊标:《革命道路·革命理论·革命精神:毛泽东对中国革命的历史贡献》,《科学社会主义》2013年第3期】

★ 史学导读

1.怎么认识党内关于中国革命的道路的不同观点?

大革命失败后,以毛泽东为代表的中国共产党人历经艰难探索出了革命新道路,但是在一段时间里并没有被党中央认可和重视,反而遭到中央的点名批评。1930年6月9日召开的政治局会议上,主张城市中心论的李立三就点名批评了毛泽东。他说:"在全国军事会议中发现了妨碍红军发展的两种障碍:一是苏维埃区域的保守观念,一是红军狭隘的游击战略。最明显的是四军毛泽东同志,他有整个的路线,他的路线完全与中央不同。"

——摘自刘宝东:《从城市到乡村——中国特色革命道路的开辟及意义》,《史学集刊》2011年第3期

毛泽东在理论与实践的统一方面,超过了他的同事……毛泽东认为,如果你对事物有所了解,你就能够并且应该照那样做,但是你的经验和你实践的结果,应该引导你对你所知道的东西加以再认识。

——摘自[美]费正清:《伟大的中国革命》,北京:世界知识出版社,2000年版,第212页

○ 导读提示

大革命失败后,毛泽东在革命的实践探索与理论创新方面,超过了他的同事,探索出了中国革命新道路,但是在一段时间里并没有被党中央认可和重视。在1930年6月9日召开的政治局会议上,毛泽东还遭到了当时中共中央主要领导人李立三的点名批评。

阅读材料时,应认识到:湘赣边秋收起义攻打长沙的计划受挫之后,毛泽东带领部队向敌人统治力量薄弱的井冈山地区进发,从而开辟了中国革命的新道路,即农村包围城市、武装夺取政权的道路。但这一道路并不是一开始就得到了普遍认可。

通过阅读两则材料,可以深刻理解农村包围城市、武装夺取政权的革命道路是一种理论和实践的创新,但是当时党中央仍然并未完全抛弃城市中心论,甚至对新的革命道路提出了质疑和批评,可贵的是毛泽东等仍然坚持了自己正确的理论和实践。

2.怎么认识井冈山上进行的革命斗争?

1928年4月,毛泽东总结部队做群众工作的经验,规定部队必须执行三大纪律(当时称三条纪律)六项注意。三大纪律是:第一,行动听指挥;第二,不拿工人农民一点东西;第三,打土豪要归公。六项注意是:(一)上门板;(二)捆稻草;(三)说话和气;(四)买卖公平;(五)借东西要还;(六)损坏东西要赔。……这些规定体现了人民军队的本质,对于加强人民军队建设、正确处理军队内部的关系特别是军民之间的关系、瓦解敌军等,都起了重大作用。

——中共中央党史研究室:《中国共产党的九十年》,北京:中共党史出版社,2016年版,第113页

○ 导读提示

毛泽东领导的秋收起义余部到达井冈山后,广泛开展游击战争和"打土豪,分田地"的土地革命。同时总结部队群众工作的经验,规定了部队必须执行"三大纪律"(当时称三条纪律)、"六项注意"。

阅读材料时,应认识到:"三大纪律""六项注意"体现了人民军队的本质,对于加强人民军队建设、正确处理军队内部的关系特别是军民之间的关系、瓦解敌军等起了重大作用。

通过阅读该则材料,可以深刻理解毛泽东在井冈山革命根据地建设中注意加强军队的纪律建设,体现人民军队的本质,赢得了人民群众的支持,从而创立了中国第一个农村革命根据地。

3 怎么理解毛泽东对开辟中国革命新道路的贡献？

农民不起来参加并拥护国民革命,国民革命不会成功;农民运动不赶速地做起来,农民问题不会解决;农民问题不在现在的革命运动中得到相当的解决,农民不会拥护这个革命。

——摘自毛泽东:《国民革命与农民运动》,《农民运动》1926年第8期

经过了一次大革命的政治经济不平衡的半殖民地的大国,强大的敌人,弱小的红军,土地革命——这是中国革命战争四个主要的特点。这些特点,规定了中国革命战争的指导路线及其许多战略战术的原则……在这里,共产党的任务,基本地不是经过长期合法斗争以进入起义和战争,也不是先占城市后取乡村,而是走相反的道路。

——摘自毛泽东:《中国革命战争的战略问题》,载《毛泽东选集》(第一卷),北京:人民出版社,1991年版,第191页

○ **导读提示**

早在国民大革命时期,毛泽东就注重研究农民问题,并认识到农民运动对于中国革命的重要性。大革命失败后,中国共产党领导的一系列武装起义失败,毛泽东结合中国国情认真分析中国革命战争的主要特点,认定应当走农村包围城市的革命道路。

阅读材料时,应认识到:农民阶级是中国革命的重要推动力量,是具有革命性的阶级。在半殖民地半封建社会的中国,革命的敌人力量强大,只有把农民发动起来,通过土地革命解决好农民的土地问题,走农村包围城市、武装夺取政权的革命道路,才能够取得革命的成功。

通过阅读两则材料,可以深刻理解以毛泽东探索中国革命新道路是一个长期的过程,他长期投身革命实践,并注意总结研究和理论创新,把马克思主义与中国革命具体实践相结合,创立了第一个农村革命根据地,对开辟了农村包围城市、武装夺取政权的中国革命新道路做出了重要贡献。

第3讲 红军长征

★ 学习精要

1933年9月至1934年夏,中央红军在第五次反"围剿"中,由于共产国际的指导脱离中国革命实际,中共中央犯了"左"倾错误,致使第五次反"围剿"失利。

1934年10月,中央红军被迫实行战略转移。红军在突破国民党军队四道封锁线后,从8万余人锐减到3万余人。危急关头,根据毛泽东的提议,中央红军改向敌人力量薄弱的贵州挺进。

1935年1月,遵义会议召开,全力解决军事和组织问题,会议肯定了毛泽东的正确军事主张,并增选毛泽东为中央政治局常委。遵义会议开始确立以毛泽东为主要代表的马克思主义的正确路线在党中央的领导地位,在极其危急的情况下挽救了党,挽救了红军、挽救了中国革命。

遵义会议后,红一方面军四渡赤水河、巧渡金沙江、强渡大渡河、飞夺泸定桥、翻雪山、穿越茫茫草地,于1935年10月19日到达陕北吴起镇,与陕北红军会师。1936年10月,红二、四方面军先后同红一方面军会师,红军长征胜利结束。

正如毛泽东所说,长征是"宣言书",是"宣传队",是"播种机",它播下了革命的种子,铸就了长征精神,打开了中国革命的新局面。

★学术动态

学术观点1:中央红军从苏区退却不是"逃跑主义"

第一,退却与逃跑存在着根本的原则区别:前者是在敌我力量悬殊的情况下,为了保存实力,暂时放弃根据地,以便将来更有力地打击敌人;后者是不问敌人力量大小,畏敌如虎,不敢积极与敌人作战,轻易放弃根据地。红军战略转移属于前者,而不是后者。

第二,中央红军战略退却是势不可免。第五次反"围剿"失利,到1934年夏,中央苏区就已由原来的纵横各近千里,缩小到各三百余里。同时,根据地里粮饷匮乏,如果不赶紧撤离,非但中央根据地无法保存,而且红军实力可能在战争中损失殆尽。

第三,中央红军战略转移是"有计划的行动",事先经过了近半年的准备,不能说是惊慌失措,仓促出动。

第四,虽然在战略转移初期军事上有一些缺陷和失误,但无论是大搬家式行动、对战略目的地和行军路线的机械选择,还是避战主义,都不能与逃跑主义简单画上等号。

综上所述,中国工农红军长征是中国革命长剧中史诗般的一幕,对这一幕的开头,战略转移的初期,尽管当时还处在犯有"左"倾错误同志的领导下,但不能说中央红军从苏区退却是"逃跑主义"。

【根据曾景忠:《中央红军从苏区退却是不是"逃跑主义"?》,《军事历史研究》1988年第2期】

学术观点2:"遵义会议"的概念具有广阔的外延

首先,从历史发展的过程和整体性的角度考察,遵义会议是在长征途中召开的、以遵义会议为核心的一系列重要会议的动态过程。通道会议、黎平会议、猴场会议等为遵义会议的召开做了重要准备;"鸡鸣三省"会议、扎西会议、苟坝会议等对巩固遵义会议伟大转折发挥重要作用。没有系列会议的基础作用,就不可能有遵义会议的主导作用。反之,如果没有遵义会议标志作用的凸显,系列会议的合力作用也很难为历史所承认。

其次,理解遵义会议,应该认识到遵义会议是中国共产党历史上一次非常重要的会议,对这次会议的理解应从更广阔的角度来考察,明确界定出"狭义遵义会议"和"广义遵义会议"。"狭义遵义会议"指红一方面军长征途经遵义时召开的为期三天的中共中央政治局扩大会议;"广义遵义会议"则是红一方面军长征中中共中央一系列会议的组合,包括通道会议、黎平会议、猴场会议、遵义会议、扎西会议、苟坝会议、会理会议等。

综上,历史过程的视角和"广义""狭义"的视角,二者是一致的,都认为遵义会议不仅仅是在遵义召开的会议,而是将遵义会议看成以1月15—17日的会议为核心,外延扩展到这次会议前后的系列会议。这样的认识有助于全面认识遵义会议及其重要意义和作用。

【根据张鹭尘、师吉金:《近五年来遵义会议研究综述》,《高校社科动态》2016年第1期】

★ 史学导读

1.如何认识第五次反"围剿"的失利?

由于受"左"的影响,有一种倾向,就是不敢实事求是地讲敌人的力量。粟裕在回忆第五次反"围剿"时说,十九师是红七军团的主力,战斗力强,擅长打野战,但没有见到过装甲车……部队一见到(国民党军的)两个铁家伙打着机枪冲过来,就手足无措,一个师的阵地硬是被两辆装甲车冲垮。

——摘编自李志民:《李志民回忆录》,北京:解放军出版社,1993年版,第239页

○ **导读提示**

材料反映了"左"倾错误使得红军不敢实事求是地讲敌人的力量,导致"一个师的阵地硬是被两辆装甲车冲垮","左"倾错误成为第五次反"围剿"失利的一个重要原因。

阅读材料时,应认识到:"左"倾错误在军事上表现为不能实事求是的反映敌我力

量,不顾客观实际,脱离现实条件,陷入盲动和冒险,主观地夸大革命力量,急于求成,给革命带来了无法挽回的损失,使党和红军陷入危机之中。

通过阅读该则材料,可以深刻理解"左"倾错误导致红军在第五次反"围剿"中失利,使革命陷入危险的境地,1934年10月中央红军被迫实行战略转移,开始长征。

2.如何理解遵义会议的历史地位?

莫斯科支持中共按照俄国革命的模式发动苏维埃革命,从政治方针一直到具体政策文件的制定,从决定中共领导人到选派代表亲临上海,甚至到苏区就近帮助工作和指导作战,可以说是事无巨细,几乎一包到底。但是,在经历了一系列惨重的失败之后……土生土长的毛泽东在中共领导人中迅速崛起,或可谓一种必然。

——摘自沈志华:《中苏关系史纲》,北京:新华出版社,2007年版,第34页

遵义会议集中全力纠正了当时具有决定意义的军事上和组织上的错误,是完全正确的。这次会议开始了以毛泽东同志为首的中央的新的领导,是中共党内最有历史意义的转变。遵义会议后,党中央在毛泽东同志领导下的政治路线,完全正确的。"左"倾路线在政治上、军事上、组织上都被逐渐地克服了。

——摘自《中国共产党关于若干历史问题的决议》(1945年4月中共六届七中全会通过)

○ 导读提示

第一则材料反映了共产国际对中国革命的帮助和指导,但也导致了一系列惨重的失败。第二则材料展现了中国共产党对遵义会议的肯定和历史性评价。

阅读材料时,应认识到:共产国际"事无巨细""一包到底",并且不能结合中国革命实际,导致了一系列惨重的失败。而遵义会议上中共独立自主地根据实际情况做出决策,集中全力解决了军事和组织问题,改组了中央领导机构,增选毛泽东为中央政治局常委。

通过阅读该材料,可以深刻理解遵义会议是中共党内最有历史意义的转变之一,会议纠正了军事上和组织上的"左"倾错误,开始确立以毛泽东为代表的正确路线在党中央的领导地位,它挽救了党、挽救了红军、挽救了中国革命。

3.怎么认识红军长征胜利的意义?

就在甲午战争发生四十年后,有一批中国人做出了这个民族近千年来不曾有过的壮举,这个壮举令世界震惊。这就是1934年红军进行的二万五千里长征。……他们是

那样英勇、大无畏,那样蔑视死亡和苦难。长征,被美国作家索尔兹伯里比作犹太人出埃及、汉尼拔翻越阿尔卑斯山和美国人征服西部,他认为:"本世纪中没有什么比长征更令人神往和更为深远影响世界前途的事件了。"布热津斯基说:"对崭露头角的新中国来讲,长征的意义绝不只是一部无可匹敌的英雄主义史诗,它的意义要深刻得多。它是国家统一精神的提示,也是克服落后东西的必要因素。"这支衣衫褴褛、面带饥色的军队从中国南方出发时有八万多人,到陕北时只剩下不到六千人。可正是这支军队,后来建立了一个强大的新生政权。

——摘自刘亚洲:《关于信仰》,《学习月刊》2017年第2期

○ **导读提示**

长征是中华民族近千年来不曾有过的令世界震惊的壮举。红军将士英勇无畏、蔑视死亡和苦难,不仅是一部无可匹敌的英雄主义史诗,更是一种克服落后实现国家民族复兴的精神追求。长征保留的革命骨干在后来建立了一个强大的新生政权。

阅读材料时,应认识到:长征是在甲午战争发生四十年后,中国人做出的这个民族近千年来不曾有过的壮举,也是令世界震惊的壮举,它展现了中国共产党人坚定的革命理想和信念。

通过阅读该则材料,可以深刻理解长征的胜利粉碎了国民党反动派消灭红军的企图,保存了党和红军的基干力量;长征精神再造了中国民族的精神信仰,领导中国人民打开了中国革命的新局面;长征是人类历史上的伟大壮举,展现出为了人类的正义事业而奋斗的坚定信念。

★ **荐读书目**

张皓:《派系斗争与国民党政府运转关系研究》,北京:商务印书馆,2006年版

沙健孙:《毛泽东与中国革命新道路的开辟》,北京:中国人民大学出版社,2016年版

张文杰、黄莺:《中国革命战争纪实·土地革命战争:长征卷》,北京:人民出版社,2007年版

中共中央党史研究室第一研究部:《红军长征史》,北京:中共党史出版社,2016年版

杜艳华、刘学礼:《中国共产党革命精神系列读本:长征精神》,北京:中共党史出版社,2017年版

《图说长征》课题组:《图说长征》,北京:中共党史出版社,2019年版

第八单元 中华民族的抗日战争和人民解放战争

【单元学习精要】

一是深刻揭露日军侵略中国的种种暴行。从甲午战争开始,在不到半个世纪的时间里,日本就对中国发动了两次大规模的侵略战争,成为中华民族最凶恶的敌人。从20世纪30年代开始的侵华战争,是近代中国遭到的一次最大规模的帝国主义侵略战争,使中华民族遭受了空前的灾难。

二是了解中国军民团结抗战的主要史实,了解正面战场和敌后战场的特点,真正理解和体会抗日战争中全民族团结一致,共同抗敌的意义;知道在中华民族面临亡国灭种的危急关头,国民党与共产党在团结一致、共同对外的口号下,实现两党第二次合作对于推动全国各界走向全面抗战、全民抗战的意义,这是抗日战争能坚持14年之久并最终取得胜利的重要保证。

三是知道中国共产党在抗战中坚持实行全面抗战路线和独立自主原则,坚持抗战、团结、进步,反对妥协、分裂、倒退,巩固抗日民族统一战线总方针对取得抗战最后胜利的深远意义,加深对中国共产党在抗战中中流砥柱作用的理解。

四是理解中国的抗日战争是世界反法西斯战争的东方主战场的地位和作用。中国的抗日战争是世界反法西斯战争的重要组成部分,是世界反法西斯战争的东方主战场,对世界各国夺取反法西斯战争的胜利、维护世界和平产生了巨大影响。

五是了解全面内战的爆发和人民解放战争的进程,分析国民党政权在大陆统治灭亡的原因,探讨中国共产党领导人民取得中国革命胜利的原因和意义。了解抗日战争胜利后中国面临着两种命运、两个前途的决战的严峻局面,知道解放战争的基本过程;

知道土地改革、中国共产党与民主党派的团结合作对于解放战争胜利的意义;了解筹备与召开人民政协会议的史实和意义。

【根据徐蓝、朱汉国:《普通高中历史课程标准(2017年版)解读》,北京:高等教育出版社,2018年版,第93~95页】

第23课　从局部抗战到全面抗战

第1讲　局部抗战

★学习精要

从1931年九一八事变到1937年卢沟桥事变之前,即十四年抗战的前六年,是局部抗战时期。六年的局部抗战,虽然主要发生在东北、华北、上海等地区,却是整个抗日战争的先声和重要组成部分。

具体而言:

面对日本帝国主义的侵略,国民政府推行"攘外必先安内"的方针,寄希望于国际联盟的"调停"。1932年9月,国联调查团(又称"李顿调查团")完成调查报告书,虽然肯定东北是中国领土的一部分,却主张中日两国都从东北撤军,该地区由西方列强共管。

九一八事变和华北事变激发起全国抗日救亡运动。由游击队改编而成的东北人民革命军在极端困苦的环境下坚持抗战,共产党员领导的东北抗日联军牵制了大量日军。一二·九运动宣传了中国共产党"停止内战,一致抗日"的救国主张,促进了中华民族的新觉醒,抗日救亡运动掀起高潮。

1936年12月,西安事变的发生及其和平解决,成为扭转时局的枢纽。它促进了中共中央联蒋抗日方针的实现,基本结束了十年内战,全国团结抗战的局面初步形成。

★学术动态

学术观点1:日本侵略中国有其内在的原因

九一八事变前,当时的《生活》周刊认为日本侵华的内在原因是其国内经济、政治、文化等诸多因素影响的结果。

人多地狭、资源短缺以及由此形成的极度自私自利的民族生存发展观,加之日本垄断资本主义对中国广大商品市场、廉价劳动力和丰富原料资源的贪婪欲望,是日本侵华乃至争霸全球的主要原因。日本国内政党政治的缺陷、民主制度的不健全和帝国主义专制压迫的本性,是使日本走向对华侵略的另一重要原因。而日本民族偏狭的国民性,经政客、财阀、军部和御用大众传媒蓄意、恶意地鼓噪与煽动,因此而造成的对中国、中国人蔑视、鄙薄、仇视的普遍社会心理和舆论氛围,则对日本走上侵略中国的军国主义道路起到了推波助澜、火上浇油的恶劣作用。

《生活》周刊对日本侵华原因的分析,一定程度上反映了当时中国城市平民及其知识分子对日本侵略中国的看法。它激发起了城市民众的爱国热情和民族精神,促成了抗日救亡民族凝聚力的形成。

【根据赵文:《试述"九一八事变"前〈生活〉周刊对日本侵华原因的分析》,《晋阳学刊》2006年第1期】

学术观点2:明确"十四年抗战"概念的意义重大

"十四年抗战"概念不仅为学术界所接受,而且已成为社会各界关于中国抗日战争史的主流认识。明确"十四年抗战"概念有十分重要的意义。

第一,"十四年抗战"概念的明确,有利于学生全面了解中国人民的抗日战争史的全过程。明确"十四年抗战"概念,就是强调要把1931年开始的局部抗战与1937年开始的全国性抗战连接起来,以完整地论述中国人民的抗日战争史。

第二,"十四年抗战"概念的明确,有助于学生理解日本侵华的本质和危害。从侵略东北到全面侵华,再到发动太平洋战争,日本的对外侵略是逐步推进、一脉相承的,日本是发动法西斯侵略战争的策源地。

第三,"十四年抗战"概念的明确,有助于学生认识中国抗日战争在世界反法西斯战争中的地位和意义。"十四年抗战"概念的提出,可以有力地说明中国反法西斯侵略战争开始时间最早,持续时间最长,付出代价最大,对彻底战胜法西斯起到了决定性作用。

总之,中国的抗日战争已结束70多年,今天在中小学教材中明确"十四年抗战"概念,有其重要的意义。

【根据朱汉国:《试论明确"十四年抗战"概念的意义》,《历史教学》2017年第3期】

学术观点3:西安事变的发生及其和平解决改变了近代中国历史的走向

西安事变的发生及和平解决,根本扭转了当时的国内时局。它制止和结束了持续

10年之久的国共内战,使全国的抗日力量团结一致,及时发动了反抗日本帝国主义侵略的全民族抗日战争。

第一,它使蒋介石精心谋划和炮制的第六次"围剿"红军的计划尚未付诸实施,便胎死腹中。第二,它使蒋介石沦为"阶下囚",迫使其放弃了顽固坚持的"攘外必先安内"政策。第三,它对蒋介石滥用武力是有效的约束。第四,它迫使蒋介石改变了对共产党的方针,从要斩尽杀绝,改为"容共"和"限共"。第五,它促进了全国一致对外的提前实现。

历史雄辩地证明,西安事变改变了近代中国历史发展的方向,开始了由分裂走向团结、由内战走向抗战的新时期。

【根据李义彬:《关于西安事变几个问题的再探讨》,《中共党史研究》2017年第6期】

★史学导读

九一八事变后,中国共产党发表日本帝国主义武装占领东北的宣言有什么意义?

这一事件的发生不是偶然的!这一事件是日本帝国主义者为实现其"大陆政策""满蒙政策"所必然采取的行动……日本帝国主义者宣传"这次冲突是奉天北大营中国军队破坏南满铁道所引起的",这完全是骗人的造谣!三岁小孩子也不会相信这些话!日本帝国主义者之所以能占据满洲,完全是国民党军阀投降帝国主义的结果……只有工农劳苦群众自己的武装军队,是真正反对帝国主义的力量……只有工农劳苦群众自己的政府(苏维埃政府)是彻底反对帝国主义的政府。只有在共产党领导之下,才能将帝国主义驱逐出中国!

——摘自《中共满洲省委为日本帝国主义武装占领满洲宣言》(1931年9月19日)

○ **导读提示**

九一八事变使中日民族矛盾迅速上升。中国共产党在事变后的第二天就旗帜鲜明地号召"工农兵劳苦群众开展英勇的斗争,罢工、罢课、罢市,反对日本帝国主义占领满洲,打倒日本帝国主义,打倒投降卖国的国民党"。

阅读材料时,应认识到:九一八事变暴露了日本帝国主义的侵略野心,使得国民党政府的软弱大白于天下,凸显了中国共产党坚决捍卫国家和民族利益的坚定立场。

通过阅读该则材料,可以深刻理解九一八事变后中国共产党坚决抗战的严正立场和坚强意志;中国共产党"9·19宣言"的发表有利于发动全国群众积极抗日。

第2讲 抗日民族统一战线的形成

★学习精要

1937年7月7日晚,日军借口一名士兵失踪,要求进入宛平城搜查,遭到中国方面的严词拒绝后向守桥的中国军队发起猛烈进攻。中国守军奋起还击,震惊中外的卢沟桥事变(又称七七事变)爆发,中国的全面抗战由此开始。

8月,中国共产党中央政治局在陕北洛川举行扩大会议。会议指出争取抗战胜利的关键是实行中国共产党提出的全面抗战路线,反对国民党的片面抗战路线。会议决定:必须坚持统一战线中无产阶级的领导权;在敌人后方放手发动独立自主的山地游击战争;在国民党统治区放手发动抗日的群众运动,以减租减息作为抗日战争时期解决农民问题的基本政策。

为了早日促成国共两党合作抗日,中国共产党中央派周恩来、秦邦宪、林伯渠等再上庐山,与蒋介石、张冲、邵力子举行谈判。中国共产党代表团向蒋介石提交了《中共中央为公布国共合作宣言》,向全国郑重声明:取消红军名义及番号,改编为国民革命军,合作抗日、共赴国难。9月23日,蒋介石在庐山发表谈话,承认中国共产党的合法地位。

在中国共产党推动下,国共第二次合作实现,抗日民族统一战线正式形成。中国共产党在推动抗日民族统一战线的巩固和发展中发挥了巨大作用。

★学术动态

学术观点1:日本历史教科书对卢沟桥事变的叙述严重歪曲

日本各教科书对"卢沟桥事变"着墨不多,但对事件的背景、过程、影响等表述十分清晰,存在歪曲错误的评论。

首先,各教科书都承认"卢沟桥事变"发生后,日本政府很快改变"不扩大"方针,但对"扩大"的原因分析各不相同。有的认为是中国威胁到了日本侨民的生命财产安全,还有的则认为是中国实现了国共合作、建立抗日民族统一战线导致的。其次,对"卢沟桥事变"后,日本扩大战争却不宣战的原因做了分析。有的认为日本一方面是要避免西方干涉,短时间内控制中国,另一方面,也是为了从西方各国获得战略物资。最后,教科书关于卢沟桥的位置与中国表述不同。它们都将卢沟桥标注为"北京郊外",没有使用北平或北平特别市这个当时的名称。

我们应反对日本右翼势力利用教科书歪曲历史,用错误史观教育下一代,以免干扰中日关系的修复、发展。

【根据史桂芳:《日本历史教科书关于中日战争的书写及评析》,《社会科学辑刊》2018年第1期】

学术观点2:中国共产党有效平复了红军改编过程中指战员的思想波动问题

卢沟桥事变后,在红军改编过程中,红军战士经历了因认知冲突而造成的软性反抗。经过中国共产党深入动员,迅速平复了战士的思想波动。其主要办法有:

第一,加强思想政治教育,凝聚向心力。政治教育工作的方针是教育红军战士和干部忠实于民族解放的利益,忠实于劳苦人民的利益,忠实于共产党的路线与方针。

第二,强化民族观念,阐明统一战线的意义。依据马克思列宁主义的立场进行民族的阶级的教育,编订各种必须的教材以保证开展教育的载体、素材供给。

第三,加强政策解释,强调坚持党的领导。各级军政领导深入群众,反复向干部战士宣讲党在抗日战争中的立场,民族解放与阶级斗争的关系。此外,中国共产党还召开誓师大会,聚拢军心;颁发奖章,延续"红军"记忆。

面对红军内部出现的战士思想波动的情况,中国共产党果断采取多种措施消除不利影响,将红军战士原本抗拒的行为转变成自觉接受,有利于提升整体战斗力。

【根据樊士博:《红军改编过程中军队指战员的思想变化及其平复》,《上海党史与党建》2019年第12期】

学术观点3:中国传统文化中的相关要素是抗日民族统一战线形成的历史根源

抗日民族统一战线是中国人民取得抗日战争胜利的重要法宝,中国传统文化中的相关要素是其形成的历史根源。

长期大一统的多民族国家是抗日民族统一战线形成的历史基础。大一统国家的存在,提供了我国优秀文化传承的条件;多民族长期生活在一起,更便于产生同一的认知。

根深蒂固的爱国主义传统是抗日民族统一战线的文化根源。20世纪30年代,当日本帝国主义企图灭亡中国之时,正是这种国家至上、民族至上的爱国主义情怀的内在感召,促成了全国人民共同抗战的局面。

求同存异的和合思想是抗日民族统一战线的哲学渊源。"和为贵""和而不同"的哲学理念以及由此衍生的求同存异的解决矛盾的思想方法,为抗日民族统一战线的形成提供了认知理念和解决问题的金钥匙。

总之,中国共产党之所以能在抗日战争中建立最广泛的抗日民族统一战线,其历史基因来源于中华优秀传统文化中相关的精华部分。

【根据王禄:《抗日民族统一战线的历史根源及理论基础》,《中共云南省委党校学报》2017年第4期】

★ 史学导读

1.抗日民族统一战线形成的标志和意义分别是什么?

此次中国共产党发表之宣言,即为民族意识胜过一切之例证。宣言中所举诸项,如放弃暴动政策与赤化运动,取消苏区与红军,皆为集中力量、救亡御侮之必要条件。……在存亡危急之秋,更不应计较过去之一切,而当使全国国民彻底更始,力谋团结,以共保国家之生命与生存。今日凡为中国国民,但能信奉三民主义而努力救国者,政府当不问其过去如何,而咸使有效忠国家之机会。对于国内任何派别,只要诚意救国,愿在国民革命抗敌御侮之旗帜下共同奋斗者,政府无不开诚接纳,咸使集中于本党领导之下,而一致努力。

——摘自蒋介石:《对中国共产党宣言的谈话》(1937年9月)

○ 导读提示

1937年9月22日,经过国共两党谈判,国民党正式公布《中共中央为公布国共合作宣言》的文件,蒋介石随之发表《对中国共产党宣言的谈话》,事实上承认了中国共产党的合法地位,确立了国共合作为基础的抗日民族统一战线。

阅读材料时,应认识到:蒋介石在谈话中肯定中国共产党发表的国共合作宣言,希望通过成国共合作,集中力量,抗击日本侵略,但也强调国民党对抗战的领导地位。

通过阅读该则材料,可以深刻理解抗日民族统一战线形成的过程和意义。第二次国共合作与抗日民族统一战线的形成,是中国共产党顺应历史潮流适时调整政策和策略,不断全面实践全民族抗战路线的丰硕成果。

2.国共第二次合作得以实现的原因有哪些?

瓦窑堡会议后,中共中央加强了统一战线工作。与此同时,从1935年冬开始,国民党方面先后在南京、上海、莫斯科秘密同共产党人商谈抗日问题。1936年8月,中共中央发出致国民党中央委员会的信,倡议国共两党实行第二次合作。许多国民党上层人物表示赞同停止内战、一致对外的主张。西安事变和平解决后,国共两党经过反复谈判磋商,双方合作形势渐趋明朗。1937年7月中旬,周恩来将《中共中央为公布国共合作宣言》送交蒋介石。9月,国民党中央通讯社公布该宣言。

——摘编自中共中央党史研究室:《中国共产党历史》,北京:中共党史出版社,2010年版

○ 导读提示

20世纪30年代,随着日本帝国主义的不断侵略,中日民族矛盾逐渐上升为中国社会的主要矛盾。1936年底,西安事变和平解决,国共两党合作的形势渐趋明朗。1937年七七事变,抗日战争全面爆发,国共双方相互妥协,进行政策的调整。此时,社会各界也积极推动,促成国共合作。

阅读材料时,应认识到:中国社会矛盾的变化、民族危机逐渐加深是国共第二次合作的主要原因。社会各界的有识之士,基于民族大义,也积极呼吁双方携手合作。

通过阅读该则材料,可以深刻理解国共第二次合作得以实现的原因,把握抗日民族统一战线形成的特点,以及认识到中国共产党是全民族团结抗战的中流砥柱。

第3讲　日军的侵华暴行

★学习精要

日军侵华期间,在政治、经济等领域实施了一系列犯罪行为。南京大屠杀、"三光"政策、细菌战、"慰安妇"制度等是日本军国主义侵华暴行的突出体现。日军的侵华暴行,可以归纳为:

屠杀，是日本侵华战争的基调。日军采用人类有史以来杀戮人类的一切最残忍的方式，制造了最凶残的恐怖场面。日军在侵华战争中的疯狂大屠杀不是偶然的，是它贯彻始终的战争政策。这一政策的目的"是要摧毁中国人民的抵抗意志"，是使"他们因恐怖过甚"而"接受日本的统治"。

控制，是指日本侵略者在占领区扶植傀儡政权，实行"以华制华"的方针。1940年春，汪精卫在南京成立了伪国民政府。汪伪政权是日本帝国主义推行侵华政策的产物，它大肆出卖国家民族利益，帮助日本侵略者加强对我国沦陷区的殖民统治。

掠夺，是指日本侵略者对占领区进行野蛮的经济掠夺，实行"以战养战"的方针。在华北，日军每到一处即对当地的重要国防产业一律强行"军管"，委托给日本专业财团经营，以便向日本提供急缺的战略物资。从1937年至1942年，日本还从华北劫掠劳工达550余万人。

此外，日本军队还派飞机在侵华战争中对大量中国平民和非军事设施进行狂轰滥炸。从1938年到1943年，日本陆海军航空部队遵照日本天皇和最高本部指令，联合对重庆实施航空进攻作战。重庆大轰炸，是不分前线与后方、军队与平民的无差别轰炸。日军以此作为一种战略手段，企图逼迫中国政府妥协投降。

★学术动态

学术观点1：学术界对南京大屠杀遇难者数量的研究由宏观转向微观

近10年来国内学术界关于南京大屠杀遇难者问题的研究在坚守"30万以上遇难"底线的基础上，注重客观地表述和承认当前关于遇难人数认定的差异。

一些学者就南京大屠杀遇难人数问题的新解读更加着眼于全面和客观。张宪文认为在谈及南京大屠杀遇难人数问题时，不应刻意追求具体某个数字的正确，而是要比较客观地论述和认可远东国际军事法庭和中国军事法庭的判定这两个历史事实记录。

学术界还以被挖掘出的新史料为基础，向更加微观的课题深入。张连红分析了南京常住人口的遇难者构成，认为大部分的遇难者是平民，并且男性遇难人数要多于女性。其中，青壮年占到了遇难者人数的80%~90%，乡区60岁以上老人的遇难比例超过了20%。

总的来说，学术界开始逐渐由宏观性的遇难人数求证向微观性的遇难者个体情况考察转换，彰显出了对于每一个生命体的关怀和敬畏。

【根据郭永虎、闫立光:《近十年来国内学术界关于南京大屠杀研究述评》,《日本侵华史研究》2017年第1期】

学术观点2:抗战时期重庆大轰炸对重庆城市社会产生多方面影响

重庆大轰炸,是第二次世界大战中日本侵略者实施的持续时间最长、造成损害最为严重的一次残暴的非人道的战略轰炸,不仅给重庆人民造成了极其惨重的灾难,而且对重庆城市的发展和市民生活的变迁产生了重要的影响。

一方面,重庆大轰炸严重破坏和阻碍了城市的发展和建设,造成了大量市民的非正常死亡和流动,产生了严重的社会问题;另一方面,在反对日机轰炸的进程中,也在一定意义上加快了重庆城市地位的提高和城市规模的扩张,推动了重庆的城市化进程;同时,激发了重庆人民的无限愤怒和仇恨,增强了广大市民的民族意识和爱国热情。

总之,持续数年的狂轰滥炸,不仅给重庆人民造成了极其惨重的灾难,而且对重庆城市的发展和市民生活也产生了重要的影响。

【根据潘洵:《抗战时期重庆大轰炸对重庆城市社会变迁的影响》,《西南大学学报(社会科学版)》2005年第6期】

★ 史学导读

1.日军士兵战地日记和《东京日日新闻》对南京大屠杀的记述有什么差异?

材料一 1937年12月日本《东京日日新闻》有关日军入侵中国南京的报道节选

12月18日	12月17日,日军举行南京入城仪式。《东京日日新闻》稿件的标题是《烛照青史,南京入城仪式》《战绩显赫的各部队,肃然整列,松井大将威风堂堂阅兵》《气贯长虹的巨幅画卷》等。这些都刊登在12月18日的晚报上。
12月19日	《敌人的遗弃尸体八九万(南京攻城的战果)》报道说:"上海军队发布消息:在南京攻城中,敌人遗弃的尸体数量不下八九万,俘虏数千。"

——据[日]前坂俊之:《太平洋战争与日本新闻》整理

材料二 1937年12月日军士兵有关日军入侵中国南京的战地日记节选

目黑福治	日军第十三师团山炮兵第十九联队第三大队的士兵	12月17日晴 南京城外,上午9时,从宿营地出发,参加具有历史意义的盛大的司令官南京入城仪式。下午5时,前去执行枪杀一万三千名敌军俘虏的任务。两天时间,山田部队枪杀了近两万人。好像所有部队都把俘虏枪杀了。
远藤高明	日军第十三师团第六十五联队第八中队少尉军官	12月17日晴 早上7时,派出九名士兵去幕府山顶担任警戒。为了参加南京入城仪式,我联队派部代表第十三师团参加。上午8时我和小队的十名士兵一起出发,由和平门进城。……晚上,为了处决剩下的一万多名俘虏,派出了五名士兵。

——据[日]小野贤二、藤原章、本多胜一:《记录了南京大屠杀的皇军士兵们》

○ **导读提示**

日军士兵的战地日记记载了日军屠杀大批中国战俘的情况,而《东京日日新闻》则称为是中国军队遗弃的尸体,战俘仅仅几千人。

阅读材料时,应认识到:日军士兵战地日记的记述更接近于历史事实。战地日记是比较个人化的记述,作为战争的亲历者,其对自身屠杀中国战俘行为的记述具有一定的真实性。而且不同士兵的日记都有屠杀中国大量战俘记载,彼此之间可以相互印证。

通过阅读该则材料,可以深刻理解《东京日日新闻》的立场明显是站在日本法西斯一方,是为了美化日本军国主义的侵略行为,具有鲜明的政治色彩。

2.日本对华的经济掠夺有哪些特点?

九一八事变后,东北、华北、华中地区被作为日本在战争期间经济立足的基本"生存圈"的重要组成部分,日本在上述地区都扶植了相应的傀儡政权,以便于其进行大规模的经济掠夺。日本对华经济掠夺依据其制定的政治、经济侵略方针经过全面经济掠夺的准备阶段,全面统治和经济掠夺阶段,全面法西斯统治和疯狂开发掠夺三个阶段。日本对华经济掠夺严重影响了中国的工业化进程,有学者指出,日本的侵略至少使中国工业化的进程延误了20年时间。

——摘自房忠婧:《试论日本侵华战争对中国经济资源的掠夺与影响》,《福建党史月刊》2005年第A12期

○ 导读提示

日本对华的经济掠夺,以掠夺中国资源实现"以战养战"为目的;主要集中在东北、华北、华中地区;不同时期经济掠夺方针不同,具有明显的阶段性。日本对华的经济掠夺严重阻碍了中国的工业化进程。

阅读材料时,应认识到:日本侵略者长期的经济掠夺使中国丧失了工业化发展必要的资金、资源、劳动力,也造成了日军占领区内产业结构的不平衡。

通过阅读该则材料,可以深刻理解侵华战争给中国造成的巨大的破坏,使中国工业化缺乏稳定的社会环境。

★ 荐读书目

[日]加藤阳子:《日本人为何选择了战争》,杭州:浙江人民出版社,2019年版

[美]柯博文:《走向"最后关头":中国民族国家构建中的日本因素:1931—1937》,马俊亚,译,北京:社会科学文献出版社,2004年版

张宪文:《中国抗日战争史》,南京:南京大学出版社,2001年版

杨奎松:《西安事变新探:张学良与中共关系之谜》,南京:江苏人民出版社,2006年版

[美]张纯如:《南京大屠杀:第二次世界大战中被遗忘的大浩劫》,谭春霞、焦国林,译,北京:中信出版社,2013年版

[美]魏斐德:《上海歹土——战时恐怖活动与城市犯罪,1937—1941》,芮传明,译,上海:上海古籍出版社,2003年版

第24课 全民族浴血奋战和抗日战争的胜利

第1讲 正面战场和敌后战场

★学习精要

1931年9月到1945年8月中国人民开展的反对日本帝国主义侵略的战争,是一场全方位、全民族的抗战,也是世界反法西斯战争的重要组成。

1937年9月,国共两党第二次合作正式形成。国民党在正面抵抗日军进攻,形成正面战场。中国共产党领导八路军、新四军、华南游击队、东北抗日联军和其他抗日武装力量在日军的后方或侧面作战,形成敌后战场。中共敌后战场同国民党正面战场相互配合,相互依存,共同抵抗日本侵略者,给日本法西斯以沉重打击。

全面抗战前期,国民党军队在正面战场上组织的淞沪会战、忻口会战、徐州会战、武汉会战等战役中,对日军大规模进攻进行了比较积极、顽强的抵抗,一定程度遏制了日军向华北、华东的推进,挫败了敌人战略进攻的锋芒,对于消耗敌人的兵力、激励全国人民的抗战意志起到了积极作用。但由于国民党执行片面抗战路线,在正面战场中只单纯依靠政府和军队抗战,在敌强我弱的形势和猛烈军事进攻之下,不可避免的丧师失地。

抗战时期,中国共产党以持久战为战略指导方针,以全面抗战路线为行动方针,广泛发动人民群众,在敌后战场开展游击战争,机动灵活地歼灭敌人,有力地打击了日军的嚣张气焰,表现出中华民族不屈不挠的民族精神。在全国抗战进入战略相持和战略反攻阶段后,敌后战场逐渐成为全国抗战的主战场。中国共产党领导下的敌后军民为夺取中国抗战最后胜利发挥了至关重要的作用。

★学术动态

学术观点1:两个战场的出现是基于中国的国情和军情

全面抗战开始时,中国经历了10年内战,形成了国共两党、两军特殊的战略地位和军事状态。

国民党掌握着全国绝大部分政权,控制着中国主要地区、城市、交通要道和较丰富的战略物资,拥有200万军队。面对日军进攻,处于正面防御地位。这种战略地位及军事状态决定着国民党及其军队适宜于担当正面战场的抗战任务,宜于发挥其特长。

共产党与广大人民群众有血肉联系,但所掌握的武装力量数量较少、地盘较小,且多为贫困的乡村、小城市,物资条件较差,不适宜于大规模阵地战,却具有游击战的丰富经验和优良的作战技术。这种战略地位和军事状态就决定了中共领导的人民军队最适宜担负开辟敌后战场的重任,在敌后游击战中发挥自己的特长。

由此可见,两个战场的出现是从当时中国国情、军情出发所做出的最佳选择。

【根据郭绪印:《评抗日战争时期的两个战场》,《上海师范大学学报(哲学社会科学版)》2016年第4期】

学术观点2:科学评价国民党正面战场的历史地位

对正面战场在国内民族解放战争中的地位应给予总体肯定评价。国民党军队大大牵制了日军主要兵力,也以其坚决抗战的态度为国内其他力量树立了标杆。同时也为后方抗战基地建设与敌后根据地的开辟和发展提供了掩护,振奋了民族精神,确保了抗战的最后胜利。

对于正面战场在不同阶段的表现应给予科学定位。在抗战初期,国民党正面战场是中国抗战的主战场,它对粉碎日军速战速决的战略企图起了决定性作用。正面战场抗战掩护了全国政治、经济、文化事业的战略转移,聚集了继续抗战的实力。但在抗战的中后期,敌后战场开始独立承担抗击日军的重任,并成为中国抗日的主战场,正面战场的作用开始下降到次要位置。此阶段正面战场存在消极抗日的表现,而反共军事摩擦却呈上升、扩大趋势。

正面战场在世界反法西斯战争中具有重要地位。中国的抗日战争是第二次世界大战的东方主战场,正面战场是开辟最早、持续时间最长、付出牺牲最大的反法西斯战场,在打败日本法西斯的全过程中起了决定性作用,为世界反法西斯战争立下了不朽功勋。

由此,科学认识正面战场的历史地位是我们评价正面战场抗战的前提。

【根据潘李军:《十年来抗日战争正面战场研究综述》,《高校社科动态》2013年第4期】

★ 史学导读

1. 如何理解正面战场和敌后战场存在的关系?

在华北忻口战役中,八路军积极配合国民党军队,在敌之侧翼和敌后钳制和打击日军,切断日军联络线,使敌顾此失彼,粮食、弹药等物资供应濒于断绝,对国民党军队起到了战略支援的作用。1938年春,第二战区前敌总指挥卫立煌、军长李默庵等人专程到吕梁山下拜望八路军领导人朱德、彭德怀等,感谢八路军"对于忻口战事有极大帮助",盛赞八路军"是复兴民族的最精锐的部队"。同年,当日军调其主力进行徐州、武汉战役时,华北、华中出现了空隙、八路军、新四军抓住有利时机,向敌后进军,先后在华北、华中建立了一些抗日根据地。

——摘编自陈元福:《回顾与沉思——纪念抗日战争胜利65周年》,《青海社会科学》2010年第4期

○ **导读提示**

全面抗战初期,国民党领导的正面战场和中共领导的敌后战场形成有力配合。八路军对国民党军队进行战略支援,国民党军队的正面战场吸引日军主力,也为敌后战场的开辟和发展创造有利条件。

阅读材料时,应认识到:抗战初期,国民党和共产党领导的抗日军队,分别担负着正面战场和敌后战场的作战任务,形成了共同抗击日本侵略者的战略态势。

通过阅读该则材料,可以深刻理解抗日战争中两个战场的形成和配合作战,反映了中华民族团结御侮的民族精神,也体现了抗日战争是中国人民共同进行的一次伟大的民族解放战争。

2. 如何看待抗战时期中国工业的内迁?

抗战全面爆发后,国民党政府成立工矿调整委员会,向内迁民营企业发放迁移补助费,组织运输力量和沿途免验免税等,全面负责战区厂矿的内迁。据统计,至1940年年底,在交战地区受政府津贴而内迁的民营工矿业单位计447家;机器设备及材料的重量约有12万吨;技术工人共15000余人。抗战初期的厂矿内迁运动,在数万人力的共同努力下,将中国工业仅有的一点基础,从淞沪一带敌人飞机大炮的火网空隙中抢运到武汉,再继而迁往西北、西南。在过去荒芜冷落的地区上,相继建立起若干新的工业中心。

——摘自李学通:《抗日战争时期后方工业建设研究》,北京:团结出版社,2015年版

○ 导读提示

抗战爆发后,我国集中于沿海一带的有限的近代工业,被置于日军直接打击之下。为避免中国工业的精华损失殆尽,同时出于建设后方新工业基地的需要,国民政府对民族工业内迁做出一定部署和推动。国民政府通过成立组织机构、发放补助、协调运输等方式,促使沿海的民族工业得以内迁至西北、西南地区并建立起了新的工业中心。

阅读材料时,应认识到:日本的疯狂,致使中国民族工业遭受严重损失。为了保存国家的经济命脉,同时支持抗战,民族工业大举内迁。

通过阅读该则材料,可以深刻理解国民政府在民族工业内迁和后方新工业基地建设方面发挥了引导作用。民族工业的内迁既充实了战时经济力量,为抗战胜利奠定基础;同时也改变了中国工业布局,对开发西南、西北和发展内地经济有重要推动作用。

3.如何理解百团大战的历史意义?

1940年8月,八路军发动了震动中外的百团大战。据《日本华北方面军作战记录》记载,"这次奇袭完全出乎我军意料之外,损失甚大,需要相当的时日和巨额经费才能恢复。"……百团大战后,日本华北方面军决定,"以治安第一为基调""一切施策均集中于剿灭中共势力"。由此表明,以百团大战为标志,日本将对华作战重点指向中共领导的八路军、新四军及其抗日根据地,也标志着敌后战场上升为中国抗战的主战场。

——摘自胡德坤:《中国共产党是抗战中当之无愧的中流砥柱》,《人民日报》2015年7月23日第7版

○ 导读提示

抗战相持阶段,八路军领导的百团大战重创了日军,充分显示八路军的军事战斗力。战后,日本将对华作战重点指向中共领导的八路军、新四军和敌后抗日根据地,这也意味着敌后战场逐渐成为中国抗战的主战场。

阅读材料时,应认识到:抗战进入相持阶段后,日本对华作战重点开始向敌后战场转移。百团大战充分展示了中国共产党领导的八路军英勇无畏、顽强拼搏的精神,沉重打击了日寇,凸显了敌后战场的重要性。

通过阅读该则材料,可以深刻理解百团大战对于提高八路军的影响力和提振全国军民抗战的信心具有重要意义。以百团大战为标志,日本对华作战重点指向发生转变,敌后战场逐渐上升为中国抗战的主战场,充分证明了中国共产党在抗战中所发挥的中流砥柱作用。

第2讲　中国抗战的特点

★学习精要

中华民族的抗日战争是在敌强我弱的历史条件下展开的。战前中日两国国力对比,日本占有很大的优势。但由于日本侵略战争的非正义性,必然受到国际上坚持正义的国家和人民的反对。中国抗日战争是反对侵略争取民族独立的正义的战争,获得了广泛的同情和支持。所以,中国最终必将取得抗战的胜利。

中国的抗日战争呈现出长期性、残酷性、广泛性和复杂性的特点。从1931年九一八事变开始,到1945年9月2日日本投降为止,中国人民进行了长达十四年的抗战。为彻底打败野蛮残酷的日本侵略者,中国广大的工人阶级、农民阶级、小资产阶级、民族资产阶级,以及占统治地位的国民党大地主、大资产阶级(投降派除外),都团结在抗日民族统一战线之中,充分体现中国的抗日战争具有广泛的民族性特点。但由于各个阶层、各种势力在抗日战争中的交织与相融,不可避免地又会产生矛盾和斗争的复杂状态。

中国的抗日战争还具有特殊的地位和作用。作为世界反法西斯战争的东方主战场,中国人民的抗战为世界反法西斯战争的胜利做出了巨大贡献。在这场人类历史上规模空前的战争中,中国的抗日战争开始时间最早、持续时间最长,中国战场长期牵制和抗击日本多达百万的主要兵力,有力地支援了其他盟国。在这场战争中,中国军队共毙、伤、俘日军150万余人,占日军在第二次世界大战中伤亡总数70%以上,对日本侵略者的覆灭起了决定性作用,对二战的进程发挥了全局性的影响。

★学术动态

学术观点1：一个战争、两个战场、三种政权是抗战时期的中国总格局

中国的抗战只有一个战争,即是一个包括各民族、各阶级、各政权派别共同进行的民族解放战争。在"一个整体"的抗战大前提下,中国各阶层实现了最广泛的动员,形成了规模空前的抗日斗争。

抗日战争期间存在着两个战场,即正面战场和敌后战场。这是1927年以来,中国政治军事在抗战时期延续和发展的结果,增加了抗战时期中国历史的复杂性,是该阶段中国格局的重要内容,影响着战后的中国政局和中国前途。

抗战时期中国国土上存在着三种政权，即国民党政权、解放区政权、沦陷区政权，基本形成一个鼎足而立的局面。三种政权代表着三种不同性质的政治、经济、文化制度和政策，因性质不同，作用和命运也截然不同。三者并存和相互矛盾斗争，是抗战时期中国总格局的又一重要表现。

总之，一个战争、两个战场、三种政权，综合在一起可以从整体上概括抗日战争时期的中国现实，可以从整体上概括全部抗日战争时期的中国历史。

【根据王桧林：《抗日战争时期的中国总格局——一个战争、两个战场、三种政权》，《抗日战争研究》1991年第2期】

学术观点2：中国的抗日战争在世界反法西斯战争中有重要战略地位

中国的抗日战争，是世界反法西斯战争的起点。1931年中国人民的东北抗战掀开了世界反法西斯战争的序幕。在这场人类历史上规模空前的战争里，中国成为世界反法西斯各同盟国中参战时间最早、抗战时间最长的国家。

从"七七事变"到太平洋战争爆发，中国战场是东方反法西斯战争的唯一战场。无论在正面战场还是敌后战场，中国军民同仇敌忾，给日本侵略者以沉重打击。从太平洋战争爆发到日本投降，中国战场成为世界反法西斯战争的东方主战场。中国战场牵制着日军百万以上的主要兵力。正是由于中国战场的顽强抵抗，彻底粉碎了日本的"北进"计划，推迟了日本的"南进"计划，打破了德、意、日法西斯瓜分全球、称霸世界的侵略图谋，有力地支援了苏联的卫国战争和英美盟军对德、意、日作战。

中国的抗日战争，由中国军民独立抗击日本军国主义侵略开始，发展到与世界反法西斯战争融为一体，为夺取反法西斯战争的最后胜利做出了巨大的历史贡献，在世界反法西斯战争中具有重要的战略地位。

【根据齐世荣：《中国抗日战争在世界反法西斯战争中的重要地位》，《首都师范大学学报（社会科学版）》2015年第6期】

学术观点3：以爱国主义为基础的民族凝聚力是抗日战争胜利的根本原因

以爱国主义为基础的民族凝聚力唤起了中华民族的民族意识。日本发动的全面侵华战争使中华民族面临亡国灭种的危险。民族危机意识和国破家亡的切身之痛，使中华民族的民族意识空前觉醒。

以爱国主义为基础的民族凝聚力促成了抗日民族统一战线的建立。国共两党从国家和民族的整体利益出发,捐弃前嫌,实现了新的合作。

　　以爱国主义为基础的民族凝聚力促进了全国各个阶级和阶层的抗战。工人、农民、知识分子、学生和各阶层人士以及海外华侨,在中国共产党的领导下,在爱国主义精神激励下,把维护祖国的独立和反抗日本帝国主义的侵略,作为自己的首要任务,无私无畏地投入到伟大的抗日战争之中。

　　由此可知,抗日战争胜利最根本的原因是以爱国主义为基础的中华民族凝聚力。

【根据李玲:《以爱国主义为基础的民族凝聚力是抗日战争胜利的根本原因》,《陕西社会主义学院学报》2006年第1期】

★ 史学导读

1.毛泽东认为中国抗战会以弱胜强的原因是什么?

　　我们说抗日战争是持久战,是从全部敌我因素的相互关系产生的结论。敌强我弱,我有灭亡的危险。但敌尚有其他缺点,我尚有其他优点。敌之优点可因我之努力而使之削弱,其缺点亦可因我之努力而使之扩大。我方反是,我之优点可因我之努力而加强,缺点则因我之努力而克服。所以我能最后胜利,避免灭亡,敌则将最后失败,而不能避免整个帝国主义制度的崩溃

　　——摘自毛泽东:《论持久战》,载《毛泽东选集》(第2卷),北京:人民出版社,1991年版,第460页

○ 导读提示

　　抗战时期,毛泽东客观分析了敌强我弱的形势,提出抗日战争是一场持久战。战争态势会因为我方努力,实现敌我强弱的转换,最后取得抗战全面胜利。

　　阅读材料时,应认识到:持久战思想是毛泽东面对中国抗战现实提出的战略思想,抓住了敌我双方的客观形势做出了睿智的判断,揭示出抗日战争的发展规律和坚持抗战必将取得胜利的光明前景。

　　通过阅读该则材料,可以深刻理解毛泽东对敌我强弱的转化抱有充分的信心,用持久战的思想鼓舞中国人民抗日的斗志,获得强弱转化的精神力量。

2.蒋介石认为中国战争与欧战的关系如何?

　　1939年11月,蒋介石在国民党五届六中全会上说:"我们抗战的目的,率直言之,

就是要与欧洲战争——世界战争同时结束。亦即是说,中日问题要与世界问题同时解决。现在欧战既起,促进远东问题解决的中国抗战,已与促进世界问题解决的欧洲战争,在东亚、西欧同时并进。我们已经获得一个中国问题将随世界问题之解决而解决的基础。"

——摘自王桧林:《第二次世界大战与中国抗日战争之关系的三个问题》,《中共党史研究》1993年第3期

○ 导读提示

蒋介石认为中国抗日战争与欧洲战争是"同时并进"的关系,中国问题将随世界问题的解决而解决。

阅读材料时,应认识到:蒋介石在谈及中国抗日战争与第二次世界大战的关系时,认为中国的抗战与世界反法西斯战争是结为一体的,中国在战争中的利害成败与欧战中反法西斯国家的利害成败一致。

通过阅读该则材料,可以深刻理解中国抗日战争是第二次世界大战的一部分,它既会受到第二次世界大战全局的制约影响,也会推进世界反法西斯战争的胜利发展。

3.如何理解中国远征军的历史功绩?

中国远征军临危受命,先遣部队200师已经达到了紧邻仰光50千米远的同古县城,掩护英军撤离并接手当时的战局,与日本进行了激烈的保卫同古之战。中国远征军顽强御敌12天,歼灭日军4000多人,给日军以极大的打击。4月16日,孙立人将军率领着新38师前来支援已经被日军围困在仁安羌的英国军队,仅用一个师团的兵力与日军血战两个昼夜,歼灭敌人1200人,救出了英国同盟军包括英国司令亚历山大将军在内的7000名英军。

——摘自周翔:《中国远征军入缅作战和中国驻印军在缅北反攻战役的历史功绩》,《云南社会主义学院学报》2005年第2期

○ 导读提示

第二次世界大战期间,中国不仅在本土牵制了日本法西斯的猛烈进攻,而且在自身仍面临艰难处境的状况之下,应美英同盟国之邀组织中国远征军开赴缅甸地区配合盟国作战。中国远征军入缅后英勇作战,掩护和救援被困的英军撤离,并极大地打击了日军。

阅读材料时,应认识到:中国远征军虽身在世界反法西斯战争的东方主战场,但一

直用自己最大努力来支援盟军,付出了巨大的民族牺牲。

通过阅读该则材料,可以深刻理解中国远征军入缅作战,加强了与盟国的合作,彻底粉碎了日军占领、控制东南亚的计划,是世界反法西斯战争的重要组成部分。

第3讲 抗日战争胜利的意义

★学习精要

中国人民的抗日战争,是中华民族反抗日本帝国主义侵略的一场伟大战争,也是近代以来中华民族反抗外敌入侵第一次取得完全胜利的民族解放战争。抗日战争,彻底粉碎了日本军国主义殖民奴役中国的图谋,收复了近代日本霸占中国的领土,彻底洗刷了近代以来抗击外来侵略屡战屡败的民族耻辱,极大增强了中华民族的自信心和自豪感。这场战争使中华民族的觉醒和团结达到了前所未有的高度,并铸就了伟大的抗战精神。抗战的胜利不仅重新确立了中国在世界上的大国地位,使中国人民赢得了世界爱好和平人民的尊敬;还开辟了中华民族伟大复兴的光明前景,为中国人民在中国共产党领导下开辟实现民族复兴的正确道路创造了重要条件。

中国人民经过长达十四年的抗战,最终打败了日本侵略者,宣告了世界反法西斯战争的最后胜利。中国人民以巨大的民族牺牲支撑起了世界反法西斯战争的东方主战场,为世界反法西斯战争胜利做出了重大贡献。在彻底粉碎法西斯主义和军国主义通过战争称霸世界的野心同时,也彻底结束了列强通过争夺殖民地瓜分世界的历史,彻底瓦解了在世界上存在了几百年的殖民体系,对维护世界和平、促进共同发展产生了重大而深远的影响。

★学术动态

学术观点1:全民族抗战铸就抗战精神

中国人民在抗日战争壮阔的进程中,形成了伟大的抗战精神,包括天下兴亡、匹夫有责的爱国情怀;视死如归、宁死不屈的民族气节;不畏强暴、血战到底的英雄气概;百折不挠、坚韧不拔的必胜信念。伟大的抗战精神,是中国人民弥足珍贵的精神财富。

近代以来,中国人民一直在谋求革命而实现自强,不断探索民族复兴之路。抗战精神集中反映了中国人民敢于直面现实的科学态度和敢于斗争、敢于牺牲、敢于胜利的爱国情怀、必胜信念和坚强意志,是近代以来中华民族解放运动不断拓展深化而形成的一座民族精神的伟大丰碑。

弘扬抗战精神,就是要继承和发展革命文化,更好地构筑中国精神、中国价值、中国力量,为人民提供精神指引,为实现中华民族的伟大复兴提供强大的精神动力。

【根据李宗远:《抗战精神是中国人民弥足珍贵的精神财富》,《前线》2018年第7期】

学术观点2:抗日战争胜利为中华民族复兴奠定基础

抗战胜利极大地促进了民族觉醒和民族团结。面对着日本帝国主义的侵略,中国人民为民族前途和命运而抗争的意识空前增强。这种巨大的民族觉醒和空前的民族团结,从根本上决定了战争的进程和结局,决定了中华民族的前途和命运。

抗战胜利极大地提高了中国的国际地位。中国政府充分利用参加世界反法西斯同盟这一历史契机和有利的国际环境,积极开展外交活动,打破一个世纪以来世界列强强加给中国的不平等条约体系。中国还积极参与国际事务,成为联合国的主要创始国和安理会常任理事国,使中国在世界反法西斯战争中形成的大国地位得以初步确立,在国际社会的影响力也显著提高。

中国人民抗日战争的胜利极大地加快了民族独立和人民解放的步伐。中国共产党在抗日战争中自觉地把反对日本帝国主义与反对专制统治结合,把积极抗日与推进民主进步运动结合,把为中国人民谋民族解放与谋社会解放结合。政治力量的消长和人心向背,直接影响了战后中国的政治格局和历史走向,进而决定了中国的前途和命运。

【根据黄一兵:《抗战胜利是中华民族走向复兴的转折点》,《光明日报》2014年9月10日】

学术观点3:抗日战争胜利催生了东亚国际新秩序

中国通过长期的反侵略斗争,取代了日本在东亚的主导地位,从战前的半殖民地一跃成为世界五大国之一及联合国的创始国,拥有了安理会常任理事国席位和一票否决权。在近代历史上,中国的国际威望从来没有像此刻那样崇高。而日本不再是国际政治中的大国,需要在美国的占领和指导下重建经济。

老牌欧洲殖民强国——英国、法国和荷兰——尽管在二战中获胜,但昔日的威望却大大降低,因为这些国家在战时被日本赶出了他们在亚洲的殖民地,而且从前的殖民地印度、缅甸、印度支那和印度尼西亚都加快了独立的步伐。始于十六世纪的欧洲在亚洲之殖民主义时代终于走到了尽头。

美国凭借其在打败日本中发挥的主导作用，崛起为最强大的太平洋国家。这一转折预示着亚洲国际关系发展中一个全新的篇章开始。

【根据徐中约：《中国近代史》(第6版)，北京：世界图书出版公司，2013年版，第617页】

★ 史学导读

1. 敌后抗日根据地的民主政权建设有怎样的历史意义？

在敌后抗日根据地，人民普遍享有选举权，并依据自己的意愿选举各级民意机关和抗日民主政权，按三三制原则和民主集中制组织各级政府。敌后抗日根据地政权，在人员分配上，共产党员占三分之一，非党的左派进步分子占三分之一，不左不右的中间派占三分之一。凡满十八岁赞成抗日和民主的中国人，不分阶级、民族、男女、信仰、党派、文化程度，均有选举权和被选举权；一切人民，只要不投降、不反共、均可参加政权。

——摘自何理：《抗日战争与中国社会复兴》，《南京社会科学》2012年第12期

○ **导读提示**

抗战时期，中国共产党领导的敌后抗日根据地，实行民主集中制度和选举制度，以三三制原则建设和健全各级民意机关和抗日民主政权。

阅读材料时，应认识到：三三制政权在团结各爱国阶层，动员和组织民众抗日方面能起到重要作用。抗日根据地的政权性质具有新民主主义性质。

通过阅读该则材料，可以深刻理解敌后抗日根据地的民主政权建设已构筑了新中国政权的雏形和未来的历史发展方向。由此可知，抗日战争对中国社会发展有着更为深远的意义影响。

2. 中国为什么能成为《联合国宪章》的发起国？

1945年6月26日，《联合国宪章》签字仪式在旧金山退伍军人纪念堂举行。礼堂中央的桌上摆放着用皮面装订的《联合国宪章》、两支钢笔和专为中国代表使用的毛笔。各签字代表由礼堂之北进出口依次步入会场。指导委员会决定，各国代表只能用英、法、中、俄、西五种文字在《联合国宪章》上签字。顾维钧为签字之第一人，用中国传统

的书写工具——毛笔,在《联合国宪章》上签上了第一个汉文名字。在国际外交与世界性公文中,以中文签字,这在历史上尚属首次。从此中文成为国际会议五大正式语言之一。

——摘编自王静:《中国参与联合国创建的历程》,《武汉文史资料》2011年第4期

○ 导读提示

1945年6月在美国旧金山举行《联合国宪章》签字仪式,中国代表顾维钧第一个在宪章上用毛笔和中文签字,这是开创历史之举。

阅读材料时,应认识到:因中国抵抗法西斯侵略最早并且付出巨大努力,中国成为联合国的发起国,顾维钧成为《联合国宪章》签字的第一人。

通过阅读该则材料,可以深刻理解中国人民艰苦卓绝的抗日战争对世界反法西斯战争做出的重大贡献,得到了同盟国家高度认可。中国被安排为第一个签字国家、中方代表可以用中文签字,和会后中文成为国际会议五大正式语言之一,这些史实都充分说明中国的国际地位得到提高。

3.台湾光复的意义何在?

在全中国人民艰苦卓绝的抗日斗争和世界反法西斯国家的共同努力下,1945年8月15日,日本宣布无条件投降。10月25日,中国战区台湾省受降仪式在台北公会堂举行。陈仪代表中国政府在受降仪式上郑重宣告:"从即日起,台湾和澎湖列岛正式归入中国版图,该区一切土地、国民、政事皆归中国主权之下。"台湾著名作家吴浊流说:"五十年的皇民化运动,只不过一天就给一笔勾销了。"

——摘自刘中威、齐雪:《台湾同胞抗日五十年简述》,《理论视野》2016年第6期

○ 导读提示

在抗日战争取得伟大胜利之际,中国战区台湾省受降仪式的举行,标志着日本在台湾五十年的殖民统治彻底结束,台湾终于回归中国。

阅读材料时,应认识到:近代中国曾因国家贫弱,民族受耻。甲午战败,日本通过《马关条约》割占中国领土台湾,严重破坏了中国的领土主权,列强在此后更是掀起了瓜分中国的狂潮。

通过阅读该则材料,可以深刻理解抗战的胜利不仅彻底洗刷了近代以来抗击外国侵略屡战屡败的民族耻辱;通过收复失土,捍卫了国家主权和领土完整,同时极大地增强了中华民族的民族自尊心和自信心。

★ 荐读书目

毛泽东:《毛泽东选集》,北京:人民出版社,1966年版

王树增:《抗日战争》,北京:人民文学出版社,2015年版

陈诚:《陈诚回忆录——抗日战争》,北京:东方出版社,2007年版

步平、王建朗:《中国抗日战争史》(全八卷),北京:社会科学文献出版社,2019年版

刘大年、白介夫:《中国复兴枢纽》,北京:北京出版社,1997年版

王建朗、曾景忠:《中国近代通史》,南京:江苏人民出版社,2007年版

蒋晓勤、邓海南:《国家记忆》,南京:江苏文艺出版社,2013年版

郝明工:《抗战时期的重庆文化》,北京:商务印书馆,2016年版

第25课　人民解放战争

第1讲　争取和平民主的斗争

★学习精要

抗战胜利后,中国面临两种命运、两个前途的抉择:战争或和平、独裁或民主。迫于国内外压力,蒋介石三次电邀毛泽东赴重庆谈判。为实现和平,争取民主,中国共产党进行了有理有力的应对,全面内战前以政治谈判为主要方式,充分显示中共和平、民主的诚意,是人民利益和要求的反映。

具体而言:

重庆谈判是国共两党在重庆进行的一次关乎中国前途的历史性会谈,国共进行了激烈较量,经过艰苦谈判,最终挫败了国民党"假和平、真内战"的阴谋,揭示了蒋介石坚持独裁的本质。1945年8月29日至10月10日,毛泽东、周恩来、王若飞等代表同国民党进行了43天的谈判,达成《政府与中共代表会谈纪要》,即《双十协定》。和平建国方针与政治协商会议是其最重要的两项成果,但在军队、解放区政权两个根本问题上未达成协议。此后协定被国民党反动派撕毁,教育了广大人民尤其是中间势力,使中国共产党赢得国内外舆论的同情支持。

政治协商会议(旧政协)是1946年1月由国民党政府在重庆主持召开的一次会议,国民党、共产党、中国民主同盟、中国青年党以及无党派出席了会议,中心议题是"政治民主化"和"军队国家化"问题,实质上是重庆谈判时关于人民军队和解放区政权问题的继续和发展,打破了蒋介石的独裁统治,反映了全国人民实现民主政治、和平建国的愿望。各方代表围绕着宪法草案、军事问题、施政纲领、政府组织、国民大会等五项协议展开激烈交锋。尽管成果很快被国民党否决,但进一步争取了中间力量。

★ 学术动态

学术观点1：蒋介石重视取消解放区旨在维护独裁

蒋介石为重庆谈判规定的主题是军令、政令的统一。关于军令的统一，国民党并不要求全部取消中共军队，并且这个话题在整个谈判中并不居于主导地位。

重庆谈判的主要特征是侧重于政令的统一，对于解放区先是要求完全取消，后则提出相当苛刻的条件。对于这种多少有些令人费解的现象，周恩来后来说："根据地比什么都重要。武装固然重要，但武装毕竟是保持根据地的工具，武装脱离了根据地就无法生存。蒋看清了这点，他也特别懂得这个问题的重要性，因此，他无论如何不承认。"

【根据邓野：《论国共重庆谈判的政治性质》，《近代史研究》2005年第4期】

学术观点2：重庆谈判后国民党统治合法性日渐消退

重庆谈判后，国民党在驾驭民众舆论失败后，试图强行管控民众舆论，同其意见相左的进步媒体遭到无情打击。"仅1946年秋，国民党特务以逮捕所谓'共党嫌疑分子'为名，先后在西安、北平、天津、广州、昆明等地查封进步报刊265家，大量记者遭到野蛮逮捕和关押。"

对那些反内战独裁的民主党派人士，在屡屡施以威胁和殴打都难以使之屈从的情况下，国民政府竟无耻地采用暗杀手段来遏制民间的异己声音，李公朴和闻一多等民主人士惨遭杀害。

国民政府统治的合法性逐渐消退，在政治上日趋陷于孤立境地。大部分民主党派人士、爱国群众由此而走上了反蒋道路。

【根据陈开江：《重庆谈判前后国共两党对民众舆情的研判应对及其经验得失研究》，《山西档案》2016年第3期】

★ 史学导读

如何看待重庆谈判的成果？

中国国民政府蒋主席于抗战胜利后，邀请中国共产党中央委员会主席毛泽东先生，商讨国家大计。……兹特发表会谈纪要如下：

一、关于和平建国的基本方针，一致认为：中国抗日战争业已结束，和平建国的新阶段,即将开始,必须共同努力,以和平、民主、团结、统一为基础,并在蒋主席领导之下,长期合作,坚决避免内战,建设独立、自由和富强的新中国,彻底实行三民主义。双方又同认蒋主席所倡导之政治民主化、军队国家化及党派平等合法,为达到和平建国必由之途径。

二、关于政治民主化问题,一致认为应迅速结束训政,实施宪政,并应先采必要步骤,由国民政府召开政治协商会议,邀集各党派代表及社会贤达协商国是,讨论和平建国方案及召开国民大会各项问题。现双方正与各方洽商政治协商会议名额、组织及其职权等项问题,双方同意一俟洽商完毕,政治协商会议即应迅速召开。

……

九、关于军队国家化问题,中共方面提出:政府应公平合理地整编全国军队,确定分期实施计划,并重划军区,确定征补制度,以谋军令之统一。……政府方面表示,全国整编计划正在进行,此次提出商谈之各项问题,果能全盘解决,则中共所领导的抗日军队缩编至二十个师的数目,可以考虑。关于驻地问题,可由中共方面提出方案,讨论决定。……

十、关于解放区地方政府问题,中共方面提出:政府应承认解放区各级民选政府的合法地位。政府方面表示:解放区名词在日本投降以后,应成为过去,全国政令必须统一。

——《政府与中共代表会谈纪要》(节选),载周靖:《中学历史文献读本》,上海:复旦大学出版社,2016年版

○ 导读提示

国共双方于1945年10月10日签署了《政府与中共代表会谈纪要》。《纪要》就和平建国的基本方针、政治民主化、军队国家化、解放区政权等12个问题阐明了国共双方的见解。

阅读材料时,应认识到:"双十协定"在和平建国、结束训政及召开政协会议方面达成了共识,但其中相当部分条款实为双方各自阐述不同意见,并不具有"协定"的性质,因此将"双十协定"称为"会谈纪要"更为准确。同时还要认识到中国共产党在有理有利有节的前提下,对国民党做出了很大的让步;中国共产党表现出追求和平、民主、团结的诚意,赢得了民心。

通过对本则材料的阅读,可以深刻理解到:和平建国的方针符合第二次世界大战

后的世界潮流,符合各民主党派和人民的意愿;谈判的结果有利于推动民主政治,有利于团结人民的力量。概言之,"双十协定"的签订是人民的胜利,是中国共产党的胜利。

第2讲 国民党政权在大陆的统治走向灭亡

★学习精要

国民党政权统治危机日益加重,不断走向灭亡。经济上恶性通货膨胀,陷入崩溃;政治上腐败不堪,坚持独裁内战,民心尽失;军事上战略失误,节节败退;依赖美国的外交政策趋向失败。其阶级性质决定其必败,无法解决中国社会的根本矛盾,无法顺应时代发展潮流,最终民心尽丧,失去中国大陆的统治权。

具体而言:

经济上无限制增发纸币,物价飞涨,恶性通货膨胀和财政金融最终崩溃;官僚资本凭借政治特权日益膨胀;对农民横征暴敛,破坏了民族工商业和农业的发展,加速经济总崩溃。

政治上始终是大地主阶级、大资产阶级的利益代言人,蒋介石坚持独裁,长期反共,坚持内战与人民为敌。国统区人民反饥饿、反内战、反迫害的民主爱国运动逐步高涨,形成第二条战线。国民党官僚阶层囤积居奇、投机倒把,腐败日益严重,党内派系林立党争不断,内部矛盾重重。

军事上挑起内战,失去民心,军队厌战,战略失误,导致战场上不断溃败;外交依赖美国,内战爆发后,美国对蒋日益不满,转为支持李宗仁,导致国民党内部的混乱和统治危机。

★学术动态

学术观点1:国共两党币制改革绩效成为决定战争胜负的重要因素

西柏坡时期,国民党试图通过更换大额钞票的办法遏制通货膨胀。共产党则遵循控制战略物资以发行货币的原则,辅之以货币斗争和货币统一。

国民党币制改革的主要特点:滥发货币以应对财政赤字;缺乏物资保障,违背货币规律;掠夺民间财富,维护官僚资本利益。共产党币制改革的主要特点:把发展生产和动员人民力量、外线斗争和比价斗争结合起来,增强了解放区的物资基础;货币发行数量必须与经济发展相适应,必须具有相应的物资基础,必须与市场需求相结合,必须努力维护货币的良好信誉。

在币制改革中,国民党的货币市场在丢城失地和信用降低的双重影响下而逐步缩小,结果导致了经济崩溃;共产党的货币市场随着解放区的扩展和良好的信用而逐步扩大,最终确立了完整的新中国货币体系。国共双方货币市场的变化,对战争的走向产生了重要影响,成为决定战争胜负的重要因素。

【根据魏先法:《西柏坡时期国共两党币制改革比较》,《中共石家庄市委党校学报》2015年第11期】

学术观点2:国民党政府的财政本质决定其财政必然总崩溃

国民党政府财政的总崩溃,是由于它的财政本质所决定。国民党政权财政是处于中国半殖民地半封建经济的没落与新民主主义经济的兴起这一历史时期、代表买办地主阶级及其政权利益的财政。这就产生了与国民党政权有内在联系的财政本质。一方面,由于帝国主义对中国的加强侵略,1927年蒋介石窃取政权后,四大家族官僚资本开始形成,中国民族工业与农村经济处于破产和半破产的状态;另一方面,新民主主义革命蓬勃发展,革命根据地和解放区工商业的发展以及财政金融制度的建立,决定了国民党财政必然走上总崩溃的道路。

为了维护其政权统治,建立和积累四大家族官僚资本,必须利用财政为工具。因此,它的财政是军事财政、买办财政和封建超经济剥削的财政。它的财政是与国民经济发展背道而驰的,是破坏整个国民经济与人民生活的,是导致财政走向总崩溃的必然结果。

【根据陈昭桐:《国民党政府财政走向总崩溃的历史必然性》,《中国社会经济史研究》1984年第2期】

★史学导读

1.抗战胜利后,美国对中国经济侵略的表现在哪些方面?

日本投降后,国民党统治者外靠美帝国主义打内战,美国在华势力大为扩展。1946年11月《中美友好通商航海条约》使美国攫取了经商、设厂、开矿、金融、航运、科研、教育、宗教等一系列特权。

美国商品充斥中国市场,美货倾销无所不包。美国控制了中国的很大部分进出口贸易,1947年占外国对华进口贸易的一多半。同年10月,在一个所谓国际关税与贸易一般协定中,规定中国要允许美国"最为重要"的110项物品减免进口关税。

从1946年起,美国在中国大搞投资侵略,它们占有规模较大的发电厂、垄断性银行的分行和石油公司的分公司等,并在所谓"技术合作"的名义下打入国民党的所谓"国营企业"。

美国的投资侵略还大量表现为"援助",帮助国民党统治者打内战。它们以贷款与所谓"赠与"的方式(后者主要指军火与剩余物资)援蒋。

——摘自孔经纬:《关于解放战争时期的国民党统治区经济》,《近代史研究》1988年第4期

○ **导读提示**

从材料可知,美国对中国的经济侵略表现为:签订不平等条约获得特权、控制中国进出口贸易、搞投资侵略、物资援蒋以助其内战。

阅读材料时,应认识到:大量主权的丧失,必然使内民族资本主义发展愈发艰难,人民生活也将更加困苦,国民党统治的危机也会愈发严重。

通过阅读本则材料,可以深刻理解到:美国通过政治特权、贸易控制、投资侵略、援蒋内战等方式对中国进行经济侵略;而国民党为打内战不惜出卖国家主权和利益的行为,背离了民心,加速了自身在大陆统治的覆灭。

2.如何理解国民党败退既是丧失民心的必然又是人民胜利的大势所趋?

20世纪40年代后期,国民党中发行量最大的政治评论刊物《观察》的创始人和主编储安平教授,在1947年3月总结了一种广泛持有的观点:

现政权的支持层原是城市市民,包括公教人员、知识分子、工商界人士。现在这一批人,没有对南京政权有好感。国民党的霸道行为作风使自由思想分子深恶痛绝;抗战结束以来对公教人员刻薄待遇,使他们对现政权赤忱全失;政府官员沉溺于贪污作弊,他们进行种种刁难,使工商界人士怨气冲天;因财政金融失策以及内战不停而造成的物价暴涨,使城市市民怨声载道。

——[美]费正清、费维恺:《剑桥中华民国史》(下),北京:中国社会科学出版社,1994年版,第849页

与国民党形成鲜明对比的是,中国共产党坚持和平、民主、团结的建国方针,博得了

人民的一致拥护。针对老百姓的需求,实行一系列深得民心的政策,如经济上满足广大农民对土地的要求,保护中央和中小工商业者的利益,努力发展多种经济。

在解放战争中,华北近百万,东北160万人参军,民兵参战者近290万人,作战115700余次,共歼敌20余万人;1946年7月至1948年9月,山东有580万人,冀中有480万人随军出征,农民群众的全心拥护和大力支持,是中共打败国民党,取得全国胜利的重要保证。

——张强:《失去民心,枪杆子里出不了政权——分析国民党在大陆溃败的原因》,《天府新论》2005年S1期

○ 导读提示

从材料可知,蒋介石国民党政权倒行逆施,民心尽丧;共产党顺势而为,为最广大的人民谋利益,坚守初心,赢得民心,在战争中得到了广大人民的全心拥护和大力支持。

阅读材料时,应认识到:蒋介石不顾人民反对,悍然发动内战,充分体现其并不代表中国广大人民的利益,有其明显的阶级局限性;中国共产党想人民之所想,急人民之所急,充分体现其是中国最广大人民利益的代表者。

通过阅读材料,并理解材料背后的深刻原因,可知国民党政权最终被人民抛弃在历史的垃圾堆里,既是丧失民心的必然又是人民胜利的大势所趋。

3. 为什么把解放战争时期国统区以学生为主的运动称为"第二条战线"?

这需要从两方面来说明:一是当时的特定历史条件,中国正处在国共两党进行大决战的前夜,二是这次学生运动那种前所未有的规模和作用。……一、学生运动和中国共产党的关系。解放战争时期的学生运动,是中国共产党领导的人民解放事业的重要组成部分……二、学生运动的发展是波浪式前进的,而不是直线式的不断高涨……三、第二条战线的重要特点在于,它是在国民党政府统治区域内进行的……解放战争时期的学生运动无论在规模上的波澜壮阔、还是斗争的激烈频繁,都超过了以往各个时期。

——摘自金冲及:《论解放战争时期的第二条战线》,《南京大学学报(哲学·人文科学·社会科学版)》2014年第1期

○ **导读提示**

通过材料可知：解放战争时期国统区第二条战线的出现，是在国共两党决战前夜的特定历史时期，有着超过各个时期的运动规模，是中国共产党领导的人民解放事业的重要组成部分，起着前所未有的作用。

阅读材料时，应认识到：中国青年学生有着深重的爱国传统和强烈的民族意识，加之当时处于生活清贫和就业前景惨淡的处境，由此更加痛恨内战，渴望和平，在中国共产党的影响下投身运动。国民党腐朽统治，已经是人心尽失，而人心向背在政治局势演变中起决定作用。

通过阅读该材料，可以深刻理解解放战争时期以学生为主发动的反战运动因其时期特殊、规模作用特别而被称为"第二条战线"。

第3讲 新民主主义革命的胜利

★**学习精要：**

解放战争期间，中国共产党在政治上进一步巩固民主统一战线；经济上土地改革；军事上国共力量发生根本转变。中国共产党能够始终顺应时代发展潮流，代表最广大人民的根本利益，领导人民解决了中国社会的根本矛盾，取得新民主主义革命的胜利，根本上改变了中国社会的发展方向。

具体而言：

土地改革：1947年7月，中国共产党颁布《中国土地法大纲》，规定"废除封建半封建剥削的土地制度，实行耕者有其田的土地制度"，实质上把地主阶级土地所有制变为农民阶级土地所有制。农民在政治上、经济上获得解放，激发了革命和生产的积极性，踊跃参军，支援前线，有力保证了人民解放战争的胜利。

战略反攻序幕：1947年6月，刘伯承、邓小平率军强渡黄河，千里挺进大别山，直接威胁国民政府的统治中心南京和武汉，拉开战略反攻的序幕，解放战争的整个战争格局发生根本转变。

战略决战（1948年9月—1949年1月）：1948年9月东北野战军发起辽沈战役，历时52天解放东北全境。淮海战役于11月6日发起，华东、中原两大野战军经66天紧张艰苦的战斗，长江以北的华东、中原地区基本解放。平津战役在11月29日发起，历时64

天,华北大部分地区解放。三大战役基本摧毁了国民党主要军事力量,为中国革命在全国的胜利奠定基础。

七届二中全会:1949年3月5日—13日在河北省平山县西柏坡举行,会议指出:胜利后党的工作重点由乡村转移到城市,以恢复和发展生产事业为一切工作的中心;阐明中国共产党在政治、经济、外交方面的基本政策,以及由农业国转变为工业国,由新民主主义社会转变到社会主义社会的总任务和基本途径。这次会议的召开,对迎接中国革命胜利、新中国建设都具有重大引导作用。

渡江战役:1949年4月21日,人民解放军在东起江阴、西至湖口(九江东北)的千里战线上强渡长江,击溃沿江防御的国民党军队,4月23日解放南京,南京国民政府在中国大陆的统治宣告终结,中华民国时期结束。

★学术动态

学术观点1:国民党囿于自身利益所推行的土地改革最终失败

为了同共产党争夺土地和群众,国民党制定了一系列土地改革措施。……1952年4月21日,蒋介石在台湾阳明山庄关于《土地国有的要义》的讲演中,在总结国民党未实现三民主义的原因时说:"所可惜的是,我们有完善的主义、政策、计划和方案,却缺乏具体精密的方法和笃实践履的行动……过去我们的失败就失败在虽有计划,而没有行动,虽有行动,而缺少方法,即使有了行动,而又是与现实不合的……这教训大家要切实记住"

关于国民党在大陆土地改革失败的根本原因,肖铮在其回忆录中说,除了地方政府对中央政令阳奉阴违,居于高级领导阶层的部分人失去革命精神外,还因为老辈人"牵扯到本身利害关系",往往推、拖了之,这使土地改革的一切政策都遭到了搁置。

【根据陈学兵、李连清:《解放战争时期国统区农村政策述要》,《传承》2009年第3期】

学术观点 2:挺进大别山打乱蒋军原定战略开启我军战略反攻

在这之前,战争都是在解放区打的,战争的消耗甚至是兵员的补充,敌我都是取之于解放区。

蒋介石坚持"战略取攻势,战术取守势"。国民党军有248个旅的正规军,蒋介石将其中的227个旅用于进攻解放区。全面进攻受挫后,蒋介石依旧坚持进攻战略,采取"双矛攻势",重点进攻山东和陕北解放区,以摧毁我党的三个重要根据地:政治根据地延安、军事根据地沂蒙山区和交通供应根据地胶东。蒋介石的"如意算盘"就是战争要在解放区打,彻底破坏解放区经济,让解放军失去依托,而同时又可确保国民党军队后方的人力、物力、财力供应充足。

刘邓大军挺进大别山,并在大别山站稳了脚跟,彻底打乱了蒋介石的原定战略部署。

【根据申海良:《刘邓大军跃进大别山的战略意义》,《炎黄春秋》2018年第7期】

学术观点3:农民和资本主义问题是毛泽东新民主主义理论中最重要的两个方面

毛泽东的新民主主义理论在指导中国革命取得胜利过程中,有两个方面最能显示它的特点——完全是从中国实际出发,是马克思主义原有的书本上没有的,但又的确符合马克思主义原理。一个方面是农民问题。在农村党领导、组织农民武装,建立农村革命根据地,以农村包围城市,武装夺取政权,最后取得全国胜利。另一个方面是资本主义问题。毛泽东的理论是要区别民族资产阶级即中等资产阶级和大资产阶级,对前者要采取慎重的政策,不是一概打倒、一律反对。解放战争时期党的三大经济纲领:一个是土地改革,一个是没收官僚资本,还有一个就是保护民族工商业。

依靠包含上述两个特点的新民主主义理论的指导,才可能有中国共产党领导的、以工农联盟为基础的这样广大的统一战线,也才可能取得民主革命的胜利。

【根据胡绳:《毛泽东的新民主主义论再评价》,《中国社会科学》1999年第3期】

★ 史学导读

1.为什么党把土地改革看作是赢得群众真心响应参军运动的基本条件?

1945年以后,党的土地政策因而能够成为中共与华北"基本群众"的关系的关键,这一政策就建立在直接符合穷人和无地者心愿的基础之上。

除了通过分配"斗争果实"而提供的物质刺激外,共产党人还能就所有农民显然理解为他们最直接的苦难的问题——专断地利用政治权力和在村社的社会地位——提出解决办法。

毛泽东概括了土地改革在共产党的防御战略中的作用。他断言,执行了五四指示,"深入和彻底地"解决了土地问题的地方,农民才坚定地和共产党一道反对国民党军队的进攻。党的其他文件也清楚地表明,党把土地改革看作赢得群众真心实意地响应参军运动的基本条件。

——[美]费正清、费维恺:《剑桥中华民国史》(下),北京:中国社会科学出版社,1994年版,第858~859页

○ 导读提示

从材料可知,土地改革政策符合群众心愿,中国共产党理解并能解决群众最直接的苦难问题,所以农民坚定地和中国共产党一道反对国民党军队的进攻。

阅读材料时,应认识到:中国共产党代表着最广大人民的利益,是人民利益的最坚定的维护者。

通过阅读材料,并理解材料蕴含的深刻道理:政策要合民心、顺民意,才能得到广大人民的衷心拥护。

2.为什么说七届二中全会是一次"城市工作会议"?

七届二中全会作为一次城市工作会议,解决了党的工作重心从乡村转移到城市后的思路和发展途径,即:开展城市工作的中心任务是恢复和发展生产;恢复和发展生产主要依靠工人阶级来完成;完成恢复和发展生产的途径是城乡统筹;恢复和发展生产的资金来源主要靠利润、税收、农业增产、举债和节约等。从历史上来看,这四个问题有效指导了中国共产党进入城市后各项工作的有序开展,为发展城市经济起到了重要作用,为实现党的工作重心的顺利转移,保障中国由新民主主义向社会主义的转变,从政治上、思想上和理论上为建立和建设新中国做了充分的准备。

七届二中全会是我党城市工作的里程碑,其确定的方针政策对当时大量城市接收和管理后各项工作的开展产生了深远的影响。

——摘自史进平:《七届二中全会是党的一次"城市工作会议"解析》,《河北经贸大学学报(综合版)》2015年第1期

○ 导读提示

七届二中全会明确了党的工作重心从乡村转移到城市后的思路和发展途径,有效指导了中国共产党进入城市后各项工作的有序开展,为党的工作重心转移到城市做了充分准备。

阅读材料时,应认识到:中国共产党的方针政策是与时俱进的,随客观条件的变化而不断变化。

通过阅读材料,应深刻认识到:七届二中全会是中国共产党领导城市经济工作的开始,会上通过的决策对后来大量城市接收和管理等各项工作的开展产生了深远影响。因此可以说七届二中全会是一次"城市工作会议"。

3.如何理解新民主主义革命的胜利具有重大而深远的历史意义?

中国新民主主义革命的胜利,在中国大地上结束了极少数剥削者统治广大劳动人民的历史,结束了帝国主义、殖民主义势力奴役中国各族人民的历史。中国人民从此站立起来,当家作主,真正成为新国家、新社会的主人。这是中国人民社会政治地位的根本变化。中国由此实现了从几千年的封建专制政治向人民民主政治的伟大跨越。

这一胜利,彻底结束旧中国一盘散沙的局面,实现了国家的高度统一。封建割据局面已一去不复返。中国各族人民从此生活在团结友爱、和睦相处、共同进步的大家庭之中。

这一胜利,实现了近代以来多少仁人志士为之奋斗的民族独立和人民解放的历史任务,使中华民族一洗百年来所蒙受的奇耻大辱而光荣地自立于世界民族之林,使中国人民结束奴隶般的悲惨生活而走向光明幸福的未来。根本上改变了中国社会的发展方向,从而为实现由新民主主义到社会主义的转变,建立社会主义制度;为中国摆脱贫穷落后的面貌,实现国家繁荣富强和人民共同富裕,扫清了障碍,创造了必要的前提。

这一胜利,极大地改变了世界政治力量的对比,极大地推动了世界被压迫民族和被压迫人民争取解放的斗争,极大地增强了世界和平力量。中国新民主主义革命的胜利是马克思列宁主义在中国的胜利,是毛泽东思想的胜利。

——摘自《中国新民主主义革命胜利的基本经验和伟大意义——〈中国共产党历史〉第一卷结束语》,《中共党史研究》2002年第5期

○ **导读提示**

新民主主义革命的胜利使中华民族的历史发生了翻天覆地的变化,在洗刷了中华民族屈辱、确立了人民主人翁地位、实现了国家高度统一、改变了世界格局、发展了马克思主义等方面彰显了其巨大而深远的意义。

阅读材料时,应认识到:新民主主义革命胜利的意义既是全方位的,涉及国际国内,又是深远的,从根本上改变了中国社会的发展方向。

通过阅读该则材料,可以深刻理解新民主主义革命胜利重大而深远的意义。对中国来说,实现民族独立和人民解放,走向富强民主,中国人民社会政治地位根本变化,进

入人民民主时代,各族团结和睦。对世界而言,壮大和平民主的力量,改变世界格局。

★ 荐读书目

中共中央党史研究室:《中国共产党历史·第一卷·1921—1949》,北京:中共党史出版社,2010年版

毛泽东:《毛泽东选集》(第四卷),北京:人民出版社,1991年版

[美]费正清,费维恺:《剑桥中华民国史》(下),北京:中国社会科学出版社,1994年版

金冲及:《二十世纪中国史纲》,北京:社会科学文献出版社,2009年版

刘统:《中国的1948年:两种命运的决战》,北京:生活·读书·新知三联书店,2006年版

许纪霖、陈达凯:《中国现代化史·第一卷·1840—1949》,上海:上海三联书店,1995年版

第九单元 中华人民共和国成立和社会主义革命与建设

【单元学习精要】

一是深刻理解新中国成立的伟大意义,深刻理解《中国人民政治协商会议共同纲领》所规定的新中国的国家性质,以及1954年宪法确立的我国的根本政治制度,即人民代表大会制度、中国共产党领导的多党合作和政治协商制度及民族区域自治制度及其在我国民主建设中的深远意义。

二是了解中国共产党领导全国人民为巩固人民政权所做出的努力。一方面肃清国民党反动派在大陆的残余武装力量,剿匪反霸,镇压反革命,召开地方各级人民代表会议,建立各级人民政权,健全人民民主专政的国家制度,巩固新生政权。另一方面,接收帝国主义在华资产,没收官僚资本企业,完成新解放区的土地制度改革,发展新民主主义经济;在成功完成繁重的社会改革、经济恢复任务的同时,胜利地进行了抗美援朝战争。到1952年底,全国工农业生产达到历史最高水平,遭到严重破坏的国民经济全面恢复了,为开展有计划的经济建设和社会主义改造准备了条件。

三是认识过渡时期总路线提出的必然性,探索有中国特点的向社会主义过渡的道路与三大改造的胜利完成,以及社会主义基本制度在中国全面确立的深远意义。从新民主主义革命的胜利到社会主义基本制度的建立,这两个历史性转变为当代中国一切发展进步奠定了根本政治前提和制度基础。

四是关于社会主义建设道路的探索。首先,了解1956年前后是中国社会主义道路探索的良好开端,这里既有第一个五年计划的提前胜利完成,也有在生产关系、上层建筑领域里积极探索及所取得的一系列积极成果。其次,了解1957年后在探索中发生的严重曲折,从反右派斗争严重扩大化到"大跃进"、人民公社化运动,直至发生了"文化大革命"这样严重的错误,认识这些错误的性质及其造成的严重后果;认识这些错误是在探索中发生的,而且在错误中党内外始终存在着纠正"左"的错误的顽强努力;认识全党、全国人民团结一致战胜困难和奋发图强、艰苦奋斗、克服困难的社会风貌。第三,在这一段时间里尽管发生了严重的曲折,但我国的社会主义建设仍然取得了很大的成就,对中国社会主义道路的探索取得了重要的成果;了解正是因为党和人民对错误进行了科学分析,正确地总结了经验教训,深化了对"什么是社会主义,怎样建设社会主义"的认识,在探索中逐渐形成了若干建设社会主义的重要准则,所以才能在"十年动乱"后很快地走上改革开放的正确道路。最后,认识毛泽东思想对现代中国的深远影响。

【根据徐蓝、朱汉国:《普通高中历史课程标准(2017年版)解读》,北京:高等教育出版社,2018年版,第96~97页】

第26课　中华人民共和国成立和向社会主义过渡

第1讲　中华人民共和国的成立

★学习精要

毛泽东在抗战时期发表的《新民主主义论》提出了中国革命必须分"新民主主义革命"和"社会主义革命"两步走的战略思想。新民主主义革命的任务是反帝反封建，前途是建立新民主主义社会。新民主主义社会具有过渡性，前途是建立社会主义社会。

南京国民政府被推翻以后，中国共产党积极进行新中国成立的准备工作。1949年6月，毛泽东发表《论人民民主专政》，他认为，对人民内部的民主和对反动派的专政结合起来，就是人民民主专政。在新民主主义社会阶段，人民包括工人阶级、农民阶级、城市小资产阶级和民族资产阶级，他们对地主阶级和官僚资产阶级，以及代表这些阶级利益的国民党反动派及其帮凶实行专政。

1949年9月，由中国共产党和各民主党派、无党派人士共同参加的中国人民政治协商会议第一届全体会议在北平召开。会议确定了"中华人民共和国"的国名，通过了具有临时宪法性质的《中国人民政治协商会议共同纲领》。《共同纲领》规定，中华人民共和国是新民主主义即人民民主主义的国家，国家的权力属于人民，实行工人阶级领导的、以工农联盟为基础的、团结各民主阶级和国内各民族的人民民主专政。

1949年10月1日，开国大典在天安门广场举行，中华人民共和国正式成立。中华人民共和国的成立开辟了中国历史的新纪元。中国结束了一百多年来被侵略被奴役的屈辱历史，真正成为独立自主的国家；中国人民从此站起来了，真正成为国家的主人。

★学术动态

学术观点1：中华人民共和国初期处于"新民主主义与社会主义之间"

《中国人民政治协商会议共同纲领》通过"不写入社会主义"这一方式使中国共产

党与各民主党派之间达成了新民主主义的共识。

但中国共产党对社会主义的强烈向往和强大政治影响力又使新国家包含了大量的社会主义因素,推动其实际上跨越了新民主主义,但尚未完全进入社会主义,从而处于"新民主主义与社会主义之间"的临界状态。

这种临界状态使新民主主义社会不能得到"巩固"。国民经济恢复之后,中国共产党迅速提出过渡时期总路线,以结束中国新民主主义社会时期。

【根据肖存良:《新民主主义与社会主义之间——重读〈中国人民政治协商会议共同纲领〉》,《中共党史研究》2019年第5期】

学术观点2:中华人民共和国的成立推动了中华民族伟大复兴的进程

中华人民共和国成立是实现中华民族伟大复兴的重要里程碑。新中国成立后,中国人民站起来,国际地位提高,中华民族的发展进入独立自主的新时代。

中华人民共和国成立为中华民族伟大复兴奠定基础。新中国成立后,开始探索中国特色的社会主义建设道路,为中华民族伟大复兴奠定了道路基础;逐步建立了人民代表大会制度、中国共产党领导的多党合作和政治协商制度、民族区域自治制度和以公有制为主体的经济制度,为中华民族伟大复兴奠定了制度基础。

此外,中华人民共和国成立促进了中国社会生产力的发展,增强了中国人民的幸福感,为中华民族伟大复兴储备大量人才。

因此,中华人民共和国的成立推动了中华民族伟大复兴的进程。

【根据郑艳凤:《中华人民共和国的成立与中华民族伟大复兴——纪念中华人民共和国成立70周年》,《渤海大学学报(哲学社会科学版)》2019年第5期】

★ 史学导读

1.如何理解新民主主义社会的社会形态?

新民主主义社会的政治形态,即中国共产党与各民主党派"共参国政、长期合作"。中央人民政府具有中国共产党领导且多党合作的联合政府性质。新民主主义社会的经济形态,即在国营经济的领导下多种经济成分并存(国营经济、个体经济、私人资本主义经济、合作社经济和国家资本主义经济5种经济成分),但国家对私人资本主义实行利用和限制的政策,对资本主义经济实行社会主义改造是既定的方向。新民主主义社会的文化形态,是逐渐走向民族的、科学的、大众的新民主主义文化,国家非常重视以马列主义为指导思想来宣传新文化。总之,新民主主义社会的目标是为过渡到社会主义创造条件。

——摘编自罗平汉:《关于新民主主义社会与社会主义初级阶段的差异》,《党史研究与教学》2007年第3期

○ 导读提示

新中国成立后,为了彻底完成民主革命的遗留任务,迅速恢复国民经济,争取国家财政经济状况的根本好转,应继续团结民族资产阶级和小资产阶级。根据毛泽东的《新民主主义论》,新民主主义革命胜利后要建立新民主主义社会,然后创造条件逐步向社会主义过渡。

阅读材料时,应认识到:新民主主义社会在政治上实行中国共产党领导的多党合作,在经济上实行国营经济占优势的多种经济成分,在文化上实行以社会主义思想为主流的大众文化。在政治、经济、文化等各方面虽然呈现多元并存性,但也呈现出社会主义的导向性。

通过阅读该则材料,可以深刻理解到,新民主主义社会不是一个独立的社会形态,是向社会主义转变的一个过渡形态。新民主主义社会的目标是为过渡到社会主义创造条件。

2.如何多维度认识中华人民共和国成立的伟大意义?

从时间视角看新中国成立的意义,可归纳为"四个终结":一是终结了国民党22年的反动统治,为中国社会发展进步奠定了新的国家平台和政治前提。二是终结了自鸦片战争以后中国半殖民地半封建社会109年的历史,实现了民族独立和人民解放。三是终结了自明朝中叶以后约500年中国社会总体下行的轨迹,成为中华民族复兴和中国社会上升发展的新起点。四是终结了中国社会延续数千年间的剥削制度,成为中国人民走向自由解放的里程碑。

从空间视角看新中国成立的意义,可归纳为"四个开启":一是开启了中国历史发展的新纪元。二是开启了亚洲政治版图的新格局,推动了亚洲各国人民争取独立、自由和解放的斗争。三是开启了世界社会主义事业发展的新阶段,极大地推动了国际共产主义运动新发展。四是开启了全人类解放和世界发展进步的新局面,极大地鼓舞和帮助了世界被压迫民族和人民争取自由解放的斗争,推动了人类进步发展的历史进程。

从社会视角看新中国成立的意义,可归纳为"六个转变",即在政治、经济、文化、社会生活、外交等方面发生历史性转变。

——摘编自薛红焰:《新中国成立的历史意义和研究维度》,《党的生活》2019年第5期

○ 导读提示

中华人民共和国的成立,是20世纪世界最伟大的事件之一。它掀开了中国历史发展的新篇章,根本改变了中国历史发展方向,也深刻影响了世界历史的发展进程,具有伟大而深远的历史意义。

阅读材料时,应认识到:从时间视角上看完成"四个终结"是着眼中国历史发展;从空间视角上看实现"四个开启"是着眼世界历史发展。"六个转变"是对中华人民共和国成立推动中国历史的横切面认知。

通过阅读该则材料,可以多维度理解中华人民共和国成立的伟大意义,从而进一步增强道路自信、理论自信、制度自信和文化自信。

第2讲　人民政权的巩固

★学习精要

新中国成立初期,为了巩固新生的人民政权,中央政府制订并实施了镇压反革命、土地改革、恢复和发展国民经济、抗美援朝等一系列新政策、新举措,取得了明显成效。

军事上,1949年10月至12月,人民解放军歼灭了国民党盘踞在华南、西南地区的残余部队,并在新解放区肃清了土匪和一切反革命武装。到1951年,解放了除台湾以外的全部国土。

在农村,为了满足新解放区广大农民获得土地的迫切要求,1950年夏,中央人民政府颁布了《中华人民共和国土地改革法》。到1953年春,约3亿无地或少地的农民分到土地,在我国延续数千年的封建土地制度彻底废除。

在城市,党和政府采取"合理调整资本主义工商业"来恢复发展经济,与投机资本家进行"银元之战"和"米棉之战"来稳定物价;在1951年至1952年开展了"反贪污""反浪费""反官僚主义"的"三反"运动,和"反行贿""反偷税漏税""反偷工减料""反盗骗国家财产""反盗窃国家经济情报"的"五反"运动,维护了干部队伍的廉洁和国民经

济的正常运行。

国防上,美国干涉朝鲜内战,并将战火引到中朝边境,美国第七舰队开到台湾海峡干涉中国内政,严重威胁了新中国的国防安全。为了抗美援朝、保家卫国,1950年10月,中国人民志愿军开赴朝鲜,与朝鲜军民共同抗击美国侵略者。抗美援朝战争的胜利,沉重打击了美国的侵略主义和霸权主义,保卫了朝鲜的独立,巩固了新中国的人民政权。

★学术动态

学术观点1:新中国成立初期面临一系列内忧外患

从国际环境看,以美国为首的西方敌对势力对新中国采取敌视态度,实行经济封锁和军事威胁,静观中国共产党的失败和人民政权的颠覆。

从国内形势看,军事上,国民党溃逃时遗留下上百万军队和特务,继续与新生的人民政权相对抗,严重威胁执政安全和社会稳定;经济上,新中国继承的是一个千疮百孔的烂摊子,工农业生产萎缩、失业普遍、民不聊生。

从中共党内看,广大党员干部普遍沉浸在取得革命胜利的喜悦之中,一些不良情绪,诸如骄傲自满、停滞不前、贪图享乐现象日渐滋长,加之资产阶级"糖衣炮弹"的进攻,一些共产党员经不住诱惑,思想产生了动摇,行为发生了偏离。

因此,新中国成立初期,新生的人民政权面临着一系列内忧外患,错综复杂的国内外形势考验着中共领导人的忧患意识和执政能力。

【根据牛婧《新中国成立初期中国共产党执政忧患意识研究》(载《党史博采》2020年第2期)】

学术观点2:中国的土地改革取得了伟大成就

第一,实现了"耕者有其田"的夙愿。原来无地少地的农民得到了大体相当于平均数的土地,地主的土地相当或略低于平均数,实现了中国农民与无数先哲"耕者有其田"的夙愿。封建地主作为一个阶级从此在中国大陆上消亡了。

第二,支援了革命战争,建立和巩固了人民政权。在土地改革中,亿万农民为了保卫翻身果实,以"保田参军"为口号,到处掀起参军热潮。除了参军,解放区农民还在物质、人力等各方面保障解放军的前方供应。

第三,解放了社会生产力。经过土地改革,农民分到了土地,摆脱了地主的压迫和剥削,为自己而劳动,生产积极性空前高涨,这就空前提高了中国农村的生产力。

第四,改善了农民生活,推动了农村各项事业的发展。土地改革后,农民的人均货币收入从1949年的14.9元到1952年的26.8元,消费购买力空前提升。此外,农村的教育文化、卫生事业等也得到了很大的发展。

事实证明,中国的土地改革在政治、经济、文化、社会等方面都取得了伟大成就。

【根据董志凯、陈廷煊:《土地改革史话》,北京:社会科学文献出版社,2011年版,第181~191页】

学术观点3:抗美援朝战争的意义巨大而深远

军事上:取得了军事经验,巩固了新中国的政权;缓冲了苏美之间的冲突,避免了大规模热战。

经济上:稳定了东北工业中心的局势,为中国的经济建设争取到一个长期的和平环境;进一步赢得了苏联的信任,获得了苏联在经济建设上给予的极大的帮助。苏联援助新中国建设156项重点工程,为中国的工业体系的建立奠定了基础。

政治上:极大地提高了中国的国际地位,中国开始成为亚洲乃至世界舞台上举足轻重的力量,对远东和世界局势产生了巨大而深远的影响。中华人民共和国1954年以五大国身份出席日内瓦会议,中美大使级会谈在1955年启动,以及新中国在亚非会议上的话语权等都与此有关。

因此,抗美援朝战争的意义是巨大而深远的。

【根据邱霞:《抗美援朝战争的意义远胜于代价》,《前线》2015年第11期】

★史学导读

1.中国共产党在建国初期为促进财政经济好转采取了哪些措施?

我们现在在经济战线上已经取得的一批胜利,例如财政收支接近平衡,通货停止膨胀和物价趋向稳定等,表现了财政经济情况的开始好转,但这还不是根本的好转。要获得财政经济情况的根本好转,需要三个条件,即:(一)土地改革的完成;(二)现有工商业的合理调整;(三)国家机构所需经费的大量节减。要争取这三个条件,需要相当的时间,大约需要三年时间,或者还要多一点。全党和全国人民均应为创造这三个条件而努力奋斗。我和大家都相信,这些条件是完全有把握地能够在三年左右的时间内争取其实现的。到了那时,我们就可以看见我们国家整个财政经济状况的根本好转了。

——摘自毛泽东:《为争取国家财政经济状况的基本好转而斗争》,《人民日报》1950年6月13日

○ 导读提示

材料是毛泽东于1950年6月在中国共产党七届三中全会做的书面报告节选。这次会议全面分析了建国初期的形势,明确提出党和国家当时的中心任务就是用三年左右的时间,争取实现国家财政经济状况的根本好转。

阅读材料时,应认识到:在建国初期,为了实现国家财政经济状况从开始好转到根本的好转,党和国家采取了一系列措施:如建立国营经济,稳定市场物价,统一全国财政经济工作;合理调整工商业,调整公私关系、劳资关系、产销关系;开展了"三反""五反"运动,打击不法经济行为;进行农村土地改革,激发农民的生产积极性等。

通过阅读该则材料,可以深刻理解中共中央为了实现国家财政经济好转的迫切心情和实际行动。1952年底,恢复国民经济任务的胜利完成,巩固了新生的人民政权,为社会主义改造奠定基础。

2.中国人民志愿军入朝作战的原因是什么?

我们认为这样做是必要的。因为如果让整个朝鲜被美国人占去了,朝鲜革命力量受到根本的失败,则美国侵略者将更为猖獗,于整个东方都是不利的。

——摘自毛泽东:《关于派志愿军入朝参战问题》(1950年10月2日),《毛泽东文集》(第6卷),北京:人民出版社,1999年版,第97页

与高岗、彭德怀二同志及其他政治局同志商量结果,一致认为我军还是出动到朝鲜为有利。……我们采取上述积极政策,对中国、对朝鲜、对东方、对世界都极为有利;而我们不出兵,让敌人压至鸭绿江边,国内国际反动气焰增高,则对各方都不利,首先是对东北更不利,整个东北边防军将被吸住,南满电力将被控制。……总之,我们认为应当参战,必须参战,参战利益极大,不参战损害极大。

——摘自毛泽东:《中国人民志愿军应当和必须入朝参战》(1950年10月13日),《毛泽东文集》(第6卷),北京:人民出版社,1999年版,第103~104页

○ **导读提示**

朝鲜内战爆发后,以美国为首的"联合国军"入侵朝鲜,并一直打到中国边境鸭绿江边,美军飞机轰炸中国东北边境城市。同时,又命令第七舰队开进台湾海峡,阻止人民解放军解放台湾,这是对中国地缘安全的极大威胁和对中国内政的粗暴干涉。中共中央经过深刻的理性考量,果断及时做出了抗美援朝的战略决策。

阅读材料时,应认识到:中国人民志愿军入朝参战的原因很多,既为了保障我国经济建设和平稳定的环境;也为了援助朝鲜这个友好邻邦。既为了保家卫国,又可以打击当时国际敌人的反动气焰,维护国际和平。

通过阅读该则材料,可以深刻理解中共领导人维护国家核心安全利益,赢得国际斗争主动权,构建战场先发优势的高瞻远瞩的战略运筹。

第3讲 过渡时期总路线与一五计划

★学习精要

1952年9月,随着国际、国内一系列条件的变化,中共中央改变了"要经过一个相当长时期的新民主主义社会"的想法,决定开始向社会主义过渡。

1953年9月,中共中央正式宣布了过渡时期总路线。根据过渡时期总路线的要求,中央人民政府制定了建设社会主义的第一个五年计划。其基本任务是:集中主要力量优先发展重工业,建立国家工业化的初步基础;有步骤地对农业、手工业和资本主义工商业进行社会主义改造。

1956年年底,我国基本上完成了对农业、手工业和资本主义工商业的社会主义改造,标志着以生产资料公有制占绝对优势的社会主义经济制度在我国初步建立起来。到1957年,一五计划的大多数经济指标超额完成,还建立了汽车、飞机、重型机器等一系列重工业制造厂,为社会主义工业化奠定了基础。

在全体中国人民的艰苦奋斗下,新中国用7年多的时间就完成了从新民主主义社会向社会主义社会的过渡。

★ 学术动态

学术观点1:"过渡时期总路线"取代新民主主义有深刻的理论根据和历史背景

第一,实现向社会主义过渡是共产党根本的历史使命。马克思、恩格斯认为"在从资本主义社会和共产主义社会之间,有一个从前者变为后者的革命转变时期。同这个时期相适应的也有一个政治上的过渡时期。这个时期的国家只能是无产阶级专政。"他们并且提出了一些向社会主义过渡的原则性构想。

第二,新中国成立后社会主义革命实践活动的基础。1949年,社会主义革命实际已经开始。主要表现为:其一,没收官僚资本,确立社会主义性质的国营经济的领导地位。其二,逐步将资本主义纳入国家资本主义轨道。其三,有计划地鼓励、支持和引导个体农民走上互助合作的道路。

第三,1952年底已经具备向社会主义过渡的基础和条件。1952年底,中国的国营经济已经超过私营经济,国民经济结构发生了深刻变化。这为有计划地展开工业化建设和进行社会主义改造奠定了必要的物质基础。通过镇压反革命、土地改革、"三反""五反"等一系列措施,以工人阶级为领导、工农联盟为基础的人民民主国家政权得到了巩固,这为我国有计划地开展工业化建设和进行社会主义改造奠定了坚实的政治基础。

因此,"过渡时期总路线"取代新民主主义既是马克思主义理论的应有之义和逻辑必然,也是中国革命实践发展的内在要求。

【根据杨俊:《论过渡时期总路线正式取代新民主主义的内在根据》,《马克思主义研究》2011年第8期】

学术观点2:中国的社会主义改造是一条非暴力的社会主义革命新路

马克思、恩格斯关于社会主义革命的观点是:第一步暴力夺取政权;第二步利用政权力量消灭资本主义剥削制度,实行无产阶级专政。

新中国成立后,经过三年经济恢复时期,党中央决定开始向社会主义过渡,即消灭生产资料私有制,建立社会主义公有制;消灭资产阶级,实行无产阶级专政。

(中国)没有照抄教条和照搬苏联经验,没有采用暴力手段来建立社会主义制度,而是根据中国的国情,通过对农业、手工业、资本主义工商业进行社会主义改造,和平地消灭资产阶级和资本主义制度,建立了以公有制为基础的社会主义制度。

因此,中国的社会主义改造是一条非暴力的社会主义革命新路。

【根据刘林元:《中国的社会主义改造:一条非暴力的社会主义革命新路》,《南京社会科学》2017年第11期】

★ 史学导读

1. 如何理解"一五计划"的指导方针和基本任务?

工业化的速度首先决定于重工业的发展,因此我们必须以发展重工业为大规模建设的重点。在"边打、边稳、边建"的方针下,就要求我们集中力量而不是分散力量去进行基本建设,要求我们以有限的资金和建设力量(特别是地质勘察、设计和施工力量),首先保证重工业和国防工业的基本建设,特别是确保那些对国家起决定作用的,能迅速增强国家工业基础与国防力量的主要工程的完成。我们必须在五年内基本上完成鞍钢等大工业基地的建设,并开始新的工业基地的建设,以此来发展我国的五金、燃料、机械、电力工业与国防工业,使1957年的工业生产比1952年提高一倍到一倍半。

——摘自《中共中央关于编制一九五三年计划及五年建设计划纲要的指示》(1952年12月22日),《建国以来重要文献选编》(第3册),北京:中央文献出版社,1991年版,第461页

○ **导读提示**

材料是中共中央在1952年年底所做的关于经济发展的重要指示。毛泽东的讲话和中央的指示明确指出了我国第一个五年计划的指导方针是"优先发展重工业",基本任务是"1957年的工业生产比1952年提高一倍到一倍半"。

阅读材料时,应认识到:"优先发展重工业"这一指导方针的确立,既有苏联建设经验的启示,更主要的是由于我国的工业基础特别是重工业的基础非常薄弱。只有钢铁等基础工业发展了,轻工业的装备才能有保障。只有能源和交通运输业发展了,整个国民经济才能正常运转。因此,只有重工业建立起来,才能大力发展轻工业,才能给农业以更大的支持。同时,当时的国际环境也极其需要尽快建立强大的军事工业,以增强国防力量。

通过阅读该则材料,可以深刻理解"一五"计划的指导方针和基本任务确立的历史背景。"一五"计划的实施,为我国社会主义工业化建设奠定了初步基础,对整个国民经济的发展起到重要的推动作用。

2.社会主义改造的构想与事实有何不同?

我国的社会主义工业化和社会主义改造的工作很艰巨很繁重,也就需要比较长的时间。按照我国的实际情况,完成这个过渡时期的总任务,除了恢复时期的3年以外,大概还需要15年的时间,即大概需要3个五年计划。正如毛泽东主席的指示,我们经过15年左右的紧张工作和刻苦建设,可能基本上建成社会主义社会,但要建成一个强大的高度社会主义工业化的国家,就需要几十年的努力,譬如说,要有四五十年的时间,即本世纪的整个下半世纪。我国在建设社会主义的过程中,在进行社会主义工业化和社会主义改造的时候,都应该按照我国当前的实际情况,采取切实可行的办法,逐步地实现。

——摘自李富春:《关于发展国民经济的第一个五年计划的报告》,《中共党史参考资料》(八),北京:人民出版社,1980年版,第149页

○ 导读提示

材料节选自国务院副总理李富春在1955年7月第一次全国人民代表大会第二次会议上所作的报告,他强调了社会主义改造的艰巨性和稳步性。

阅读材料时,应认识到:在推行社会主义改造的初期,国家领导人在社会主义改造的时间和建设的速度问题上有过比较谨慎的认识。而事实上,从1955年下半年开始,在农村合作化高潮过程中出现了各地一哄而起、发展过快过猛、要求过快过急、形式过于简单划一的缺点和偏差;在城市的公私合营高潮中也出现了来势迅猛、要求过急、工作过于粗糙的倾向。

通过阅读该则材料,结合所学史实,可以认识到社会主义改造的构想与事实上存在的一些差异,并深刻理解其原因。

第4讲 五四宪法

★学习精要

到1952年底,国民经济得到恢复和进一步发展,社会主义改造和大规模的经济建设全面展开,新的经济形势有利于推动国家政治建设新的起步。实行人民代表大会制度的条件已经具备,制定国家宪法的时机也已成熟。1953年,中央人民政府颁布《全国人民代表大会及地方各级人民代表大会选举法》,在实行普选制度的基础上,先后召开

了地方各级的人民代表大会,为第一届全国人民代表大会的召开奠定了基础。

1954年9月,第一届全国人民代表大会第一次会议在北京举行。大会通过了《中华人民共和国宪法》,宪法明确规定了中国的国家性质和政治制度。它规定,人民代表大会制度、中国共产党领导的多党合作和政治协商制度、民族区域自治制度是国家的根本政治制度和基本政治制度,人民行使权力的机关是全国人民代表大会和地方各级人民代表大会。全国人民代表大会和地方各级人民代表大会和其他国家机关一律实行民主集中制。此外,宪法还规定了国家的职能、公民享有的民主权利以及应尽义务等。

《中华人民共和国宪法》是新中国的第一部正式宪法,是中国历史上第一部真正体现人民民主和社会主义类型的宪法。它是中国走向依法治国的重要标志和新的起点。

★学术动态

学术观点1:五四宪法是过渡时期制定的社会主义类型的宪法

五四宪法仍然承认当时多种经济成分并存的社会经济格局,承认各民主阶级包括资产阶级在内,结成的人民民主统一战线的政治格局,在法律上保护资本家所有权和个体劳动者的私有权。可以说,五四宪法还不是完全社会主义的宪法。

但五四宪法明确指出了将我国建成社会主义社会的奋斗目标:在经济上要求逐步消灭剥削制度,建立社会主义公有制;在政治上要求建立"工人阶级领导的,以工农联盟为基础的"的人民民主专政的国家。因此可以说,五四宪法是社会主义类型的宪法。

综上,五四宪法虽然在内容上不可避免地具有过渡时期的历史特点,但它是社会主义国家政权建设的一个重要里程碑,是向社会主义社会过渡的根本大法。

【根据秦立海:《1954年宪法与过渡时期总路线》,《天津大学学报》(社会科学版)2015年第2期】

学术观点2:五四宪法构建了中国民主政治的制度框架

五四宪法把人民民主专政确立为新中国的国体,以此来保障实现人民民主。民族资产阶级在当时正处于逐步被改造和消灭的时期,而五四宪法仍将其作为享受民主的主体,不是专政的对象。

五四宪法规定了人民代表大会是国家权力机关。人民代表大会制度代表广大人民的共同意志和根本利益,动员全体人民以主人翁的地位投身国家建设,维护国家统一和民族团结,是在国家政权中充分发扬民主、贯彻群众路线的根本途径和最高实现形式。

五四宪法指出中国已经结成了以中国共产党为领导的各民主阶级、各民主党派、各人民团体的广泛的人民民主统一战线。这明确了中国共产党与各民主党派的关系,也充分肯定了民主党派是人民民主统一战线的重要组成部分。

五四宪法关于民族区域自治制度的规定,描绘了少数民族平等、自治、和谐共生的民族关系愿景,从而使宪法在民族关系发展中发挥了"统一的协调功能"。此外,五四宪法还明确了关于基层民主的规定。

因此,五四宪法构建了中国民主政治的制度框架,是中国民主政治坚固的基石。

【根据薛剑符、刘世华:《五四宪法的民主政治意蕴》,《理论探讨》2010年第2期)】

★ 史学导读

1.《中华人民共和国宪法》制定的背景和意义是什么?

从一九五三年起,我国已经按照社会主义的目标进入有计划的经济建设时期,因此,我们有完全的必要在共同纲领的基础上前进一步,制定一个像现在向各位代表提出的这样的宪法,用法律的形式把我国过渡时期的总任务肯定下来。……

全国人民在讨论中热烈地称赞我们的宪法草案,因为这个宪法草案正确地总结了我国的历史经验。这个宪法草案是我国人民利益和人民意志的产物,是我们国家发生了巨大变化的产物。

人民称赞这个宪法草案,还因为它正确地吸收了国际的经验。宪法起草委员会在从事起草工作的时候,参考了苏联的先后几个宪法和各人民民主国家的宪法。……我们的宪法草案不只是我国人民革命运动的产物,而且是国际社会主义运动的一个产物。

——摘自刘少奇:《关于中华人民共和国宪法草案的报告》(1954年9月15日)

○ 导读提示

从1954年2月起,中央宪法起草小组历时七个月,反复研究,起草并修改出了四稿宪法草案。第一届全国人民代表大会第一次会议于1954年9月在北京召开,刘少奇代表宪法起草委员会做了《关于中华人民共和国宪法草案的报告》。

阅读材料时,应认识到:(1)制定宪法是历史的必然。1953年,人民民主专政政权进一步巩固,国营经济迅速发展并已处于国民经济的领导地位,已经到了按照社会主义目标进入有计划的经济建设时期。因此,《共同纲领》已经远远不能适应客观形势,需要制定一部宪法来保障社会主义政权和社会主义建设的顺利进行。(2)宪法是人民利益和人民意志的产物。它是宪法起草委员会把宪法草案交由全国政协、各民主党派、人民团体以及中央和地方领导机关、社会各方面代表八千多人进行认真讨论后确定的。(3)宪法的制定借鉴了其他国家的宪法。宪法起草委员会参阅了各国宪法,从中借鉴经验,从而制定出我国宪法。

通过阅读该则材料,可以深刻理解"五四宪法"制定的背景和意义。"五四宪法"是新中国成立后的第一部正式宪法。它用根本大法的形式,明确规定了我们国家的国体与政体,也指明了全国人民继续前进的正确道路,为我国社会从新民主主义过渡到社会主义提供了法律保证。

2. 第二届政协第一次会议后,人民政协的性质和职能发生了什么变化?

中国人民政治协商会议第二届全国委员会第一次全体会议制定本章程,并决定,以下列各项为参加中国人民政治协商会议的各单位和个人共同遵守的准则:

一、拥护中华人民共和国宪法,全力贯彻宪法的实施。

二、巩固工人阶级领导的、以工农联盟为基础的人民民主制度;加强社会主义经济力量在国民经济中的领导地位。

三、协助国家机关,推动社会力量,实现国家关于社会主义工业化和社会主义改造的建设计划。

四、密切联系群众,向有关国家机关反映群众的意见和提出建议。

五、在全国各族人民中加强团结工作,发扬爱国主义精神,提高革命警惕性,保卫国家建设,坚持对国内外敌人的斗争。

——摘自《中国人民政治协商会议章程》(1954年12月25日)

○ **导读提示**

中国人民政治协商会议第二届全国委员会第一次全体会议于1954年12月在北京召开,会议通过了《中国人民政治协商会议章程》,明确规定了人民政协的性质、职能、组织原则等一系列重要问题。

阅读材料时,应认识到:第二届政协第一次会议后,人民政协既不是国家权力机关,也不是一般的人民团体,而是统一战线组织。人民政协会议作为主要的议政机构,将协助国家机关,密切联系群众,增进各民族、各党派、社会各界、无党派民主人士之间的团结合作。它的新职能是"政治协商、民主监督、参政议政"。

通过阅读该则材料,可以深刻理解到《中国人民政治协商会议章程》的制定使得人民政协的性质和职能发生变化。政协和全国人大同时存在,在国家政治生活中发挥重要作用,形成了我国人民民主制度的一个重要特色。

★ 荐读书目

中共中央党史研究室:《中国共产党的九十年》,北京:中共党史出版社、党建读物出版社,2016年版

马泉山:《中国工业化的初战:新中国工业化回望录(1949—1957)》,北京:中国社会科学出版社,2015年版

吴晓波:《历代经济变革得失》,杭州:浙江大学出版社,2013年版

[美]费正清:《剑桥中华人民共和国史》,北京:中国社会科学出版社,1994年版

第27课　社会主义建设在探索中曲折发展

第1讲　20世纪50—70年代社会主义建设道路的曲折发展

★学习精要

20世纪50—70年代社会主义建设道路的曲折发展主要表现在两个方面：

一是社会主义现代化建设取得的成就。如中共八大的召开、毛泽东关于正确处理人民内部矛盾的重要思想、"调整巩固充实提高"的八字方针、七千人大会的总结、"四个现代化"建设伟大目标的提出等。这些成功的探索，不仅为当时的社会发展做出了巨大贡献，也为后来建设有中国特色的社会主义奠定坚实的基础，积累了宝贵的经验。

二是由于当时社会主义建设经验的不足，在探索社会主义建设道路时也出现了一些失误。如反右派斗争扩大化、社会主义建设总路线、"大跃进"运动、人民公社化运动、三年困难时期、"文化大革命"等。这些社会主义建设探索中的失误，给党、国家和各族人民带来了灾难。

总的来说，20世纪50—70年代，虽然社会主义建设道路充满曲折，但在曲折中，中国共产党领导全国人民坚持探索，并取得了一些成就。

★学术动态

学术观点1：中共八大路线未能坚持贯彻的原因是多方面的

中共八大虽然提出了很多正确的路线，但是在中国当时的时代背景下，并没有采取一些具体的措施去保证路线的贯彻落实。

具体而言，中共八大路线是在历史巨变中仓促形成的，路线的制定者本身对这一路线的正确性缺乏深刻的认识，缺乏将其贯彻到底的坚定信念；同时毛泽东对八大路线也存有疑义，并首先对八大路线提出批评，这是中共偏离八大路线不可逆转的推动因素；加之传统的思想方式、领导方法和工作方法的惯性冲击力、客观形势的变化都使得八大的路线未能坚持下去。

简而言之,八大路线未能坚持下去的原因是多方面的,缺乏具体措施的保障是重要原因。

【根据张星星:《中共八大路线未能坚持下去的原因》,《中共党史研究》1988年第5期】

学术观点2:四个现代化奋斗目标有一个漫长的形成过程

1964年提出的四个现代化奋斗目标,其形成经历了一个逐步明晰的过程,反映了中国共产党对中国和世界发展趋势的敏锐洞察。

首先,四个现代化的奋斗目标酝酿于新民主主义革命时期,毛泽东在此时期就提过我国社会的发展目标是工业化和农村社会化。其次,四个现代化的奋斗目标初步形成于过渡时期,过渡时期总路线特别强调工业化,工业化成为了经济发展的主体。最后,在社会主义探索时期,四个现代化建设奋斗目标在实践中不断得到丰富、发展和完善。

四个现代化奋斗目标的形成经历了漫长的过程,反映了中国共产党对社会发展目标认识的逐渐深刻。

【根据章征科:《我国四个现代化建设的历史探索与发展》,《理论月刊》2008年第10期】

学术观点3:毛泽东提出的设想为邓小平的战略发展奠定基础

毛泽东提出的"两步走"设想是十一届三中全会正确选择社会主义初级阶段经济发展战略和"三步走"部署的先声。

毛泽东提出的"两步走"设想:第一步,建立一个独立的、比较完整的工业体系和国民经济体系,使我国工业水平大体接近世界工业先进水平;第二步,使我国工业走在世界前列,全面实现我国农业、工业、国防和科学技术的现代化。大约用三个五年计划的时间,实现第一步设想;力争在20世纪末,实现第二步设想。在毛泽东的意见下,我国提出了"四个现代化"的伟大目标,极大地激发了全国人民建设社会主义的热情。

邓小平提出的"三步走"战略规划设想,正是根据建国后几十年的实践经验,同时考虑到毛泽东关于社会主义发展阶段的认识,进而提出的战略规划设想。因此毛泽东提出的设想在一定程度上为后来邓小平战略的确立奠定了基础。

【根据陈登才、陈雪薇:《毛泽东对社会主义建设道路的探索及其得失》,《中国党政干部论坛》2000年第5期】

★ 史学导读

1.1956年后我国经济体制改革的基本特征是什么？

我国十一届三中全会以前的经济体制改革，从内容上讲，大体经历了向地方政府放权，中央重新收回权力，再向地方政府放权，这样一个"放——收——放"的循环过程；从时间上讲，大体经历了"大跃进时期的经济体制改革""60年代调整时期的经济体制改革"和"十年动乱中经济体制的变动"三个阶段。

在党的十一届三中全会前，中国建立了社会主义的集中统一的计划经济体制模式。其基本特征是：生产资料所有制的单一化，强调公有制程度越高越好；在经济决策方面高度集中，强调中央集中权力的重要性；在经济调节方面强调指令性计划的作用，在分配方面倾向平均主义；在经济管理方面，行政化、条块分割与封闭化。

——摘自杨名声：《我国经济体制改革历程及其历史经验》，《当代中国史研究》1999年第2期

○ **导读提示**

我国十一届三中全会以前的经济体制改革，经历了一个"放——收——放"的循环过程，其基本特征：单一的公有制、权力的高度统一、行政计划指令性和分配的平均主义。

阅读材料时，应认识到：1956年底三大改造完成，其实质就是把生产资料私有制变成公有制，形成了单一的公有制，而且领导人认为公有化程度越高越好，于是中央收回权力，强调权力高度集中。在经济调节方面强调指令性作用，分配方面强调的是平均主义。

通过阅读该则材料，可以深刻理解：我国在探索社会主义建设的规律，以及进行经济体制改革时，经历了从"大跃进"时期到60年代调整时期再到"十年动乱"时期。这些对经济体制的改革探索，为我国改革开放提供了宝贵的经验。

2.20世纪60年代初调整人民公社制度的背景？

20世纪60年代初，我国开始对人民公社制度进行调整。1962年6月，党的八届十中全会通过《农村人民公社工作条例》（即著名的"六十条"），确立"队为基础，三级所有"的土地权属模式。该模式的特点为：第一，土地属于人民公社集体组织所有。公社规模大为缩小，平均大约只有原来土地和人口的1/3。第二，土地直接控制权利由属于第三层级的"生产队"行使。生产队是个大约有20户家庭、100人的组织，其规模和结

构形式相当于过去的初级农业生产合作社。平时的农业经营和集体财富的分配基本上由生产队做主。需要指出的是,"队为基础,三级所有"的基本模式也是经过多次调整才稳定下来的。在这一模式实施之初,政府曾经实行了"包产到组、包产到户"的政策。尽管这些措施大大调动了农民积极性,然而中央一些领导"深切感到自发资本主义势力在农村复辟了"。于是,我国在1964年开始抛弃"包产到组、包产到户"的做法,重新确定由生产队统一进行集体耕作。

——摘编自赖丽华:《新中国成立以来农村土地权属制度的变迁及改革展望》,《江西社会科学》2009年第10期

○ **导读提示**

20世纪60年代初调整人民公社制度的背景是"左"倾错误泛滥、三年经济困难局面出现、党对"大跃进"和人民公社化运动的反思,以及八字方针的提出等。

阅读材料时,应认识到:在1958年开始推行的"大跃进"运动中,以"高指标""瞎指挥""浮夸风"和"共产风"为主要标志的"左"倾错误严重泛滥,生产出的钢铁合格率严重下降,大量的资源遭到浪费,环境遭受了巨大的破坏,三年的经济困难局面继而出现,引发了党对"大跃进"及人民公社制度的反思与调整。

通过阅读该则材料,可以深刻理解:在人民公社制度束缚生产力发展时,我党及时对其进行调整,以适应国情从而促进社会的发展。

第2讲 20世纪50—70年代社会主义建设道路的伟大成就

★学习精要

从新中国成立到改革开放前,我国处于社会主义建设时期,由于经验不足,出现了严重的挫折,但在国防、农业、工业、科技、外交、文化教育等领域仍取得了显著的成果。

具体而言:建立了社会主义制度,逐步建立起完善的工业体系和合理的工业布局,人民物质水平和文化生活水平都得到较为显著的提高,教育事业和医疗卫生事业获得了长足发展。在社会主义建设道路过程中,涌现出无数的先进典型代表和优秀科学家,形成了特定的时代内涵。

"两弹一星"的成功研制,提升了我国的国防安全,增强了我国的国际影响力,是当时中国在科技发展方面最具代表性和最受世界关注的成就。与此同时,中国作为一个

人口大国和农业大国,我国的粮食生产水平和抵御自然灾害的能力也大幅度提高。特别是我国在杂交水稻上取得的巨大成就,对解决中国和世界粮食短缺问题起着重要的作用。

★学术动态

学术观点1:党在社会主义建设时期成就巨大不容抹杀

社会主义建设时期,党在经济建设、社会进步和外交上取得的成就巨大,不容置疑。

在社会主义建设时期,我党领导人民建立起独立的、比较完整的工业体系和国防军事体系,农田水利基本建设初见规模,效果明显。科学技术水平显著提高,形成了良好的社会风气,取得的各项进步举世瞩目。

我国在社会主义建设时期结合我国国情采取了及时且正确的措施,促使我国在经济、文化建设上取得了巨大的成就。

【根据梁柱:《党在社会主义建设时期成就巨大不容抹杀》,《红旗文稿》2017年第16期】

学术观点2:新的历史条件下应完善毛泽东关于正确处理人民内部矛盾理论

毛泽东关于正确处理人民内部矛盾理论为认识中国国情奠定了理论基础。但是在新的历史条件下,应该与时俱进,继而完善这一理论。

科学判断和分析社会主义主要矛盾是正确处理人民内部矛盾的前提。大力发展生产力,是解决人民内部矛盾的根本途径。通过对制度和体制的全面改革,为正确处理人民内部矛盾提供制度保障。发挥社会主义民主,加强社会主义法制,推进民主制度化、法律化,为正确处理人民内部矛盾提供法制保障。

在新的历史条件下,我们也应该正确处理人民内部矛盾,研究毛泽东关于正确处理人民内部矛盾的理论,使这一理论适应时代发展的要求,坚持与时俱进。

【根据王恒:《对毛泽东正确处理人民内部矛盾理论局限性的反思》,《中共南宁市委党校学报》2007年第4期】

学术观点3:三线建设为我国社会主义经济建设提供了重要的经验和教训

20世纪60年代中期至70年代末的中国大三线建设,是我国社会主义建设史上的重要历史事件,为我国社会主义经济建设提供了重要的经验和教训。

一是准确判断时代特征和国际形势,是确定包括三线建设战略后方的我国社会发展战略的前提;二是改善生产力布局,是艰巨、长期和循序渐进的任务;三是战略后方的建设要尽量遵循经济规律;四是社会主义建设必须是中国全局力量的推动,社会主义制度可以集中力量办大事;五是三线人艰苦奋斗和无私奉献的创业精神,是我们的宝贵精神财富。

在新的历史时期,我们应该总结三线建设的经验,吸取教训,以加深我们对三线建设历程的认识,并且为我国开发西部地区提供历史借鉴。

【根据李彩华、姜大云:《我国大三线建设的历史经验和教训》,《东北师大学报(哲学社会科学版)》2005年第4期】

★ 史学导读

1.20世纪50年代大量留学生回国对新中国的意义?

在1949—1954年,有1424人经过坎坷挫折和百折不挠的斗争回到祖国,多数是从美(937人)、英(193人)、日(119人)和法国(85人)回来的。到50年代末回国人数增至2500名。其中著名科学家钱学森、赵忠尧、郭永怀、李恒德、师昌绪、陈能宽、侯祥麟等,是在朝鲜战争后,经过中美多次谈判才迫使美国停止扣留而回到祖国的。

——摘自宋健:《百年留学潮对中国科技事业的影响》,《中国工程科学》2003年第4期

○ **导读提示**

新中国刚刚成立,百废待兴,大量留学生克服重重困难归国,增强了建设新中国的力量;美苏两大阵营冷战正酣,留学欧美国家的大量中国留学生的归国在一定程度上打破了美国等西方国家对新中国的封锁。

阅读材料时,应认识到:从国际形势来看,当时美苏两大阵营对峙,留学生归国对打破美国等西方国家对新中国的封锁具有重要意义。新中国成立之初,百废待兴,大量留学生归国,成为建设新中国的重要力量,成长为教育、工业、国防建设等领域的骨干,推动了各项事业的迅速发展。同时,大量留学生归国展现了高尚的爱国主义精神,也鼓舞和激发了广大人民建设新中国的热情和信心。

通过阅读该则材料,可以深切体会到建国初归国留学生的赤子之心,以及他们对于推动中国科技发展的重要作用,留学生冲破阻挠,力争归国展现了高尚的爱国主义

精神,鼓舞和激发了当时中国广大人民建设新中国的热情和信心。

2. 20世纪50—70年代,我国高科技发展的战略重点是什么？为什么要确定这样的战略重点？

我们如今还没有原子弹。但是,过去我们也没有飞机和大炮,我们是用小米加步枪打败了日本帝国主义和蒋介石的。我们如今已经比过去强,以后还要比如今强,不但要有更多的飞机和大炮,而且还要有原子弹。在今天的世界上,我们要不受人家欺负,就不能没有这个东西。怎么办呢?可靠的办法就是把军政费用降到一个适当的比例,增加经济建设费用。只有经济建设发展得更快了,国防建设才能够有更大的进步。

——摘自毛泽东:《毛泽东文集》,北京:人民出版社,1996年版,第271页

○ 导读提示

20世纪50—70年代,我国高科技发展重点放在发展"两弹一星"的研制上,这是当时中美处于敌对状态,中苏关系也在20世纪60年代破裂,美苏敌视中国,严重威胁我国安全。发展"两弹一星"是为了打破美苏对核技术和空间技术的垄断,加强国防能力,维护国家主权与领土安全。

阅读材料时,应认识到:结合建国初的时代背景,理解我国科技发展的战略是重点发展"两弹一星"。从当时的国际背景来分析我国发展"两弹一星"的原因:20世纪50年代,中国在两极对峙的格局下,想要维护国家安全,就必须发展自身的国防科技术,增强我国的国防实力。

通过阅读该则材料,可以深刻理解当时中国对于国防安全的重视以及以毛泽东为核心的党中央对"原子弹"研发的大力支持。中国发展"两弹一星"不是为了称霸世界,而是用以维护自身的国家安全,改变国家在发展中面临的被动局面。

3. 科技、教育与生产力三者之间的关系？

科学院要把科技大学办好,选数理化好的高中毕业生入学,不照顾干部子弟。这样做要是犯错误,我首先检讨。这不是复旧！一点外语知识、数理化知识也没有,还攀什么高峰？中峰也不行,低峰还有问题。我们有个危机,可能发生在教育部门,把整个现代化水平拖住了。比如我们提高工厂自动化水平,要增加科技人员,这就是靠教育。提高自动化水平,减少体力劳动,世界上发达国家不管是什么社会制度都是走这个道路。科技人员是不是劳动者？科学技术叫生产力,科技人员也是劳动者！

——摘自邓小平:《邓小平文选》(第二卷),北京:人民出版社,1993年版,第34页

○ **导读提示**

科技、教育与生产力这三者之间是互相联系,密不可分的。教育为科技和生产力的发展创造条件,科技和生产力的发展,又进一步促进教育的发展。"文革"时期,由于动乱,我国教育遭到破坏,国家科技发展受到巨大影响,生产力的发展也遭到严重破坏,经济发展遭受重创。邓小平同志高瞻远瞩,清晰地认识到了科教事业对生产力的积极作用。

阅读材料时,应认识到:新中国成立初期,积极发展人民教育事业,为我国经济发展和生产力进步提供了大量人才,促进了新中国经济的飞速发展。改革开放以后,国家确立了优先发展教育的伟大方针,促进了教育事业的长足发展,为各领域的发展培养了大批优秀人才,从而促进了科学技术的飞速发展。随着时代的发展与进步,对科技和经济发展提出了更高的要求,因此教育发展也必须不断革新。

通过阅读该则材料,可以深刻理解邓小平关于科技、教育推动生产力发展的论断,为建设有中国特色的社会主义提供了理论依据。

第3讲　20世纪70年代新中国外交关系的突破

★**学习精要**

20世纪70年代新中国外交打开了新局面,迎来了新中国成立以来与世界各国建交的又一次高潮,不仅表现在与我国建交国家的数量增多,也表现在我国打破意识形态的束缚,与日本、美国相继建交,并且积极地融入国际组织。

具体而言:

1971年10月,在第26届联合国大会上恢复中华人民共和国在联合国的一切合法权利。这是中国外交的重大胜利,标志着长期以来美国孤立中国政策的破产,进一步提高了中国的国际地位,也有利于中国在国际事务中发挥更大的作用,增强了维护世界和平、促进人类进步事业的力量。

1972年中美关系开始好转,1979年中美正式建交。1972年,中日两国邦交正常化。中美、中日关系的正常化结束了中美、中日长期敌对的历史,揭开了中美、中日友好关系的历史新篇章,有利于亚太地区和平与稳定,也有利于世界的和平与稳定。

★学术动态

学术观点1：20世纪70年代我国外交的主题是调整

20世纪70年代，在严峻的政治现实和中苏关系恶化的国内国际形势双重影响下，我国的外交政策发生了调整。

在这个阶段，我国的外交由革命主义向现实主义调整转变，外交政策的调整与国内政治变化高度一致。而国内的中央人事变动，邓小平重新回归中央等有利条件推动了当时中国外交政策的调整。我国有选择地加入了一些国际组织，通过学习和借鉴一些先进的国际制度和机制，使得我国的外交方式和国际接轨。

20世纪70年代，中国的外交观念、外交战略方面出现了明显的调整。由孤立于国际社会转向积极参与国际组织，由人民外交转向国家外交。

由此可知我国20世纪70年代外交的主题是调整。

【根据鲁金安：《转型还是调整——试论20世纪70年代中国外交的主要特点》，《理论界》2014年第8期】

学术观点2：中美、中日关系发展体现我国外交政策的灵活性与原则性的统一

根据国际形势的变化，中美、中日关系调整坚持了灵活性与辩证性的统一。

一方面，中方在坚持台湾问题、反对霸权主义等核心问题上坚持了原则，另一方面，对一些在当时历史条件下并不突出的问题，中方采取了适当的灵活性，为了整个大局，暂时搁下一些存在争议的问题。

所以，中方在涉及国家核心利益的关键问题上，坚持原则、毫不动摇。与此同时，在不涉及中国核心利益和国家领土主权完整的问题上也相应地采取了灵活的方式，暂时搁下争议问题，以缓和与其他国家的关系，从而为本国发展营造和平有利的国际环境。

【根据孙翠萍：《试析20世纪70年代中国外交战略的调整》，《当代中国史研究》2015年第6期】

学术观点3：中日邦交正常化推动了中日民间外交的"蜜月期"

20世纪70年代，中日邦交正常化的实现，推动了中日民间外交进入"蜜月期"。

中日民间外交的"蜜月期"主要有以下几方面：第一，日本经济突飞猛进，逐渐成为

世界第二经济大国,为了进一步发展,需要深化对华关系;第二,中国的经济建设,也需要日本提供技术、经验支持;第三,在中日邦交正常化后,中日民间交流渠道更加广泛,并且得到两国政府的支持推动,交流合作范围扩展、领域广泛。

由此可见,中日民间外交的"蜜月期",适应中日两国的需要,推动了两国的经济发展。

【根据刘天纯:《日本对外政策与中日关系》,北京:人民出版社,2004年版】

★ 史学导读

1. 推动新中国在联合国合法席位恢复的因素有哪些?

毛泽东还兴致勃勃地拿起外交部填写的联大表决结果的表决情况,边看边说:"英国、法国、加拿大、意大利都当了'红卫兵'。造了美国的反,在联合国投我们的票。葡萄牙也当了"红卫兵",投赞成票的。亚洲国家19个,非洲国家26个。拉丁美洲是美国的'后院',只有古巴和智利同我们建交。这次居然有17个国家投我们的票。美国的'后院'起火。"

——摘自宫力:《中华人民共和国恢复联合国席位始末》,《档案与社会》2004年第1期

○ 导读提示

推动新中国在联合国合法席位恢复的因素主要有资本主义阵营的分化、第三世界的崛起、亚非拉国家的支持、自身实力增强、国际影响力提升等。

阅读材料时,应认识到:由于新中国成立后,我国的综合国力提升,三大改造的完成、"两弹一星"的巨大成就等使我国的国际影响力有了较大提升。一些西欧国家在实力增强的同时,也想在外交上摆脱美国的控制,选择支持中国重回联合国。加上与中国一直保持友好关系的非洲国家的支持,中国终于恢复了在联合国的合法席位。

通过阅读该则材料,可以深刻理解中国恢复在联合国的合法席位的艰辛,在非常复杂的国际背景以及与多方力量的斡旋下,才得以恢复我国在联合国的合法席位。

2. 如何看待尼克松对华政策的变化?

在1955年和1958年发生的中国沿海岛屿危机中,尼克松最为强硬,声称不能向中

国共产党人放弃一寸土地;1960年10月,他曾宣称:现在中国共产党人想要什么呢?他们想要的不只是金门和马祖,他们想要的不只是台湾,他们想要的是整个世界。1965年,作为共和党的发言人,他批评约翰逊(民主党人)总统对中国和越南共产党抵抗不力……到了20世纪60年代后期,国际形势的巨大变化促使尼克松不得不重新认识世界和中国。1969年,尼克松总统在一个备忘录中提出:我们应该尽力促成这样一种态度,即我国政府正在寻求与中国人和解的一切可能性。1969年8月8日,国务卿罗杰斯在尼克松许可下,在澳大利亚的一项重要演说中又透露了这些信号。他宣布,美国将欢迎共产党中国在亚洲、太平洋事务上,扮演重大角色。1970年2月,尼克松向国会提出了第一个外交报告,他在报告中指出:中国人民是伟大的、富有生命力的人民,他们不应该继续孤立于国际大家庭之外,我们采取力所能及的步骤来改善同北京的实际上的关系,这肯定是对我们有益的,同时也有利于亚洲和世界的和平与稳定。

——摘编自汤春松:《试析20世纪70年代尼克松对华政策的转变》,《国际关系学院学报》2010年第1期

○ **导读提示**

尼克松在50年代到60年代中期的对华态度都极为强硬,但在60年代末开始变得缓和起来。由敌视中国转变为主张改善同中国的关系;由将中国视为侵略扩张势力转变为将中国视为维护和平与稳定的力量。尼克松对华政策变化与其自身身份的变化以及美国面临严峻的对外困境相关,作为美国总统的尼克松开始谋求与中国关系的缓和来应对美国的对外困境。

阅读材料时,应认识到:当时美国深陷越南战争泥潭,在美苏争霸中处于守势,美国的世界影响力相对下降。新中国的国力日益增强,"两弹一星"的成功研制让世界瞩目;同时,由于中苏珍宝岛事件的发生,中苏关系降到了冰点。在共同利益的前提下,中美双方关系逐渐缓和靠拢。

通过阅读该则材料,可以深刻理解国家利益是国家对外政策的出发点,美国与中国对外关系的变化是由中美两国的共同利益决定的,中美两国为了共同应对苏联的威胁而选择缓和中美关系,从而促进中美两国在各方面的交流与合作。

★ 荐读书目

有林、郑新立、王瑞璞:《中华人民共和国国史通鉴》,北京:红旗出版社,1993年版

赵佳楹:《中国现代外交史》,北京:世界知识出版社,2005年版

罗平汉:《农村人民公社史》,福州:福建人民出版社,2006年版

田子渝、曾成贵:《八十年来中共党史研究》,武汉:湖北人民出版社,2001年版

许鹿希、邓志典、邓志平、邓昱友:《邓稼先传》,北京:中国青年出版社,2015年版

第十单元 改革开放与社会主义现代化建设新时期

【单元学习精要】

一是了解40年来改革开放的基本线索和各个重要发展阶段的基本特征及内在联系。

二是了解经过长期努力,中国特色社会主义进入了新时代,认清我国发展新的历史方位,我国社会主要矛盾已经转化为人民日益增长的美好生活需要和不平衡不充分的发展之间的矛盾。

三是了解改革开放40年来中国在政治、经济、外交等各方面所取得的巨大成就。改革开放以来我们取得一切成绩和进步的根本原因,归结起来就是:开辟了中国特色社会主义道路,形成了中国特色社会主义理论体系,确立了中国特色社会主义制度,发展了中国特色社会主义文化。

四是了解40年来中国在探索"什么是社会主义、怎样建设社会主义"等世界性的重大问题上所取得的巨大成功,以及中国改革开放、和平崛起对当代世界的意义。

【根据徐蓝、朱汉国:《普通高中历史课程标准(2017年版)解读》,北京:高等教育出版社,2018年版,第99~101页】

第28课 中国特色社会主义道路的开辟与发展

第1讲 十一届三中全会的召开

★学习精要

1978年12月,十一届三中全会在北京召开,这次会议是新中国历史上的伟大转折。全会坚决否定了"两个凡是"的错误方针,重新确立了中国共产党实事求是的思想路线,做出了把党的工作重心由阶级斗争转移到经济建设上来的正确决策。此次会议成为我党实行改革开放和开辟中国特色社会主义道路的新起点,形成了以邓小平为核心的党的第二代中央领导集体,是中国共产党在新中国成立后重要转折点。

十一届三中全会胜利召开后,翻开了新时期民主政治建设的新篇章,打破了人们在思想上的教条主义和盲目的个人崇拜,在思想路线上实现了拨乱反正。平反冤假错案、改正错划右派知识分子的案件,其重要意义在于正确处理了党和人民内部的一系列矛盾,极大地提升了政府的公信力,对推动我国改革开放进程、建设具有中国特色社会主义的道路以及凝聚人心等起着十分重要的作用。

1981年6月,中共十一届六中全会在北京召开,全会审议和通过了《关于建国以来党的若干历史问题的决议》,统一了全党、全军、全国各族人民的思想认识,标志着中国共产党在指导思想上的拨乱反正胜利完成。1982年,全国人大修订、通过的《中华人民共和国宪法》,是一部具有民族特色和时代特色的社会主义宪法。此后,我国逐渐形成以宪法为核心的包括民法、行政法、刑法、经济法等具有中国特色的社会主义法律体系,使得中国民主政治建设趋于制度化、法律化,为依法治国奠定了重要基础。

★学术动态

学术观点1:拨乱反正对推动中国改革开放事业具有重要而深远的意义

"拨乱反正"是新中国成立以来一场最大规模地对历史上出现的若干重大失误及错误进行深刻反思和全面纠正的运动,对推进中国的改革开放事业和开辟社会主义现代化建设新局面产生了重要而深远的影响。主要体现在以下几方面：

其一，对多年"左"倾错误造成的冤假错案全面平反，为进行改革开放准备了充分的人才队伍和组织保障。其二，出现了全国范围内前所未有的安定团结局面，为改革开放和中国特色新道路的开辟奠定了良好的社会基础。其三，对建党和建国以来若干重大错误的彻底纠正，为改革开放和经济发展建立了良好的政治环境。其四，对毛泽东的科学评价和对毛泽东思想的准确定位，重新建立起解放思想、实事求是、一切从实际出发、理论联系实际的思想指导方针，为改革开放奠定了思想基础和路线保障。

总之，拨乱反正及其任务的完成，不仅为我国的继续发展提供了可以借鉴的丰富历史经验，而且为我国在思想理论、政治路线、组织保证等方面的继续发展奠定了坚实的基础。

【根据朱红勤：《拨乱反正的历史进程及意义》，《山西师大学报（社会科学版）》2010年第6期】

学术观点2：正确认识社会主要矛盾是改革开放的坚实基础

正确认识社会主要矛盾是党制定正确路线、方针、政策的基础，正确认识社会主要矛盾必须要立足本国国情，从实际出发。

由于"文革"中"左"倾错误的影响，中央错误提出了"以阶级斗争为纲"的口号。直至1978年12月，在中共十一届三中全会上，我党正确认识社会主要矛盾，才否定了长期以来对我国社会主要矛盾的错误认识，将党和国家的工作重心转向"以经济建设为中心"。由此，我国才得以进入改革开放和社会主义现代化建设的新时期。

综上，我们要正确认识不同时期的社会主要矛盾，这是我党制定正确路线、方针、政策的坚实基础。

【根据常春、张荣华：《中国共产党对社会主要矛盾的探索与启示》，《思想理论教育》2015年第2期】

★ 史学导读

1."关于真理标准问题的讨论"有什么历史意义？

真正引起全国广泛重视和讨论的，则是从1978年5月11日《光明日报》以特约评论员名义发表《实践是检验真理的唯一标准》一文开始。这篇文章开始是南京大学哲学系教师胡福明写的，后由中共中央党校的有关人员帮助做了较大修改，最后由中央党校副校长胡耀邦修改定稿。《人民日报》于第二天转载了这篇文章,新华社播发了消息,在各方面引起很大反响。所谓真理标准问题,要害在于判断真理标准是实践检验还是毛泽东的话。而毛泽东的话是否都是真理,是否都是必须绝对遵守的最高指示,他的话要不要经过实践检验,这个问题一解决,"两个凡是"就不攻自破了……在邓小平等老一辈革命家的支持下,经过一批理论工作者和各报刊的共同努力,通过真理标准问题的广泛大讨论,终于逐步突破了"两个凡是"的禁令,解脱了思想上的严重禁锢,为历史性的转变从思想上做了准备。

——摘自金春明:《中华人民共和国简史》,北京:中共党史出版社,2001年版,第212~213页

○ 导读提示

1978年关于真理标准问题大讨论背景是粉碎"四人帮"后的两年多时间里,国民经济仍处于停滞状态,人民生活没有得到改善,当时的主要国家领导人仍然坚持"两个凡是"的错误方针。《实践是检验真理的唯一标准》一文得以发表存在一个动态的过程,反映了邓小平等老一辈无产阶级革命家对实事求是这一原则的大力坚持。关于真理标准问题的广泛讨论也推动了历史转折的到来。

阅读材料时,应认识到:1978年真理标准问题大讨论能够进行下去,代表了邓小平等老一辈实事求是的立场及其在这场运动中所起的关键作用。

通过阅读该则材料,可以深刻理解:真理标准问题大讨论是一场深刻的思想解放运动,打破了个人崇拜和教条主义的束缚,重新确立了实事求是的马克思主义思想路线,并且为拨乱反正、开创社会主义建设新局面奠定了思想基础。

2.1982年宪法的主要原则与颁布的意义是什么?

第一章　总纲

第一条　中华人民共和国是工人阶级领导的、以工农联盟为基础的人民民主专政的社会主义国家。

……

第四章　国旗、国徽、首都

第一百三十六条　中华人民共和国国旗是五星红旗。

第一百三十七条　中华人民共和国国徽,中间是五星照耀下的天安门,周围是谷穗和齿轮。

第一百三十八条　中华人民共和国首都是北京。

——摘自《中华人民共和国宪法》(1982),北京:人民出版社,1988年版

1982年宪法既总结了我国30多年来社会主义革命和建设的经验,又符合我国当时的实际情况,同时也照顾到了我国将来的发展,从而保证了宪法具有长期性和稳定性。1982年宪法颁布后,虽然随着实践的发展,进行过四次局部修改(第一次是1988年七届全国人大一次会议,第二次修改是1993年八届全国人大一次会议,第三次修改是1999年九届全国人大二次会议,第四次修改是2004年十届全国人大二次会议),但20多年的实践证明,1982年宪法是一部具有中国特色的、能够适应新的历史时期社会主义现代化建设需要的宪法。1982年宪法的制定、修改,积累了丰富的经验,为以后宪法和法律的制定或修改提供了经验。

——摘自刘荣刚:《1982年宪法的制定过程及其历史经验》,《当代中国史研究》2005年第1期

○ **导读提示**

1982年宪法主要原则:人民民主原则、社会主义原则。1982年宪法颁布的意义:它是新中国社会主义建设新时期一部比较完善的宪法,成为中国在社会主义建设新时期治国安邦的总章程,发展了社会主义民主和法制,为以后宪法和法律的制定或修改提供了经验。

阅读材料时,应认识到:由于1978年宪法无法适应改革开放的要求,加之关于真理标准的大讨论极大促进了人们思想的解放。为了配合改革开放,顺应时代发展的要求,以及在总结以前民主与法制遭到严重践踏的教训上,于1982年修订、颁布了1982年宪法。

通过阅读该则材料,可以深刻理解1982年宪法的原则,并且深刻理解该部宪法为改革开放的深入发展提供了法律保障,推动了社会主义法制建设,有利于捍卫公民基本权利。

第2讲　我国改革开放的进程

★ **学习精要**

1978年,十一届三中全会后,我国进入了改革开放和社会主义建设新时期。对内

改革首先在农村进行,实行家庭联产承包责任制。在城市的经济体制改革之中,逐步扩大了国有企业的经营自主权。对外开放逐渐形成了点线面相结合的全方位、多层次、宽领域的对外开放新格局。

1982年,邓小平明确提出把马克思主义的普遍真理同中国的具体实际相结合,走自己的路,"建设有中国特色的社会主义"。1987年,中共十三大系统提出了社会主义初级阶段理论。1992年,"南方谈话",解决了"什么是社会主义,怎样建设社会主义"的根本问题。1992年,中共十四大召开,明确改革的下一步目标是建立社会主义市场经济体制。邓小平理论是马克思主义基本原理与中国当代实际相结合的理论成果,继承和发展了毛泽东思想,是引导中国人民进行改革开放和社会主义现代化建设的伟大旗帜。

2001年,中国加入世界贸易组织,符合中国的根本利益以及长远利益,标志着中国在参与经济全球化的道路上迈出了非常关键的一步。

★学术观点

学术观点1:"南方谈话"为中共十四大的召开做了充分的理论准备

1992年初,邓小平发表"南方谈话",科学总结十一届三中全会以来党的基本实践和基本经验,明确回答了长期困扰和束缚人们思想的许多重大认识问题,对推进改革开放和社会主义现代化建设产生了重大而深远的影响。

在邓小平"南方谈话"的精神指导下,党的十四大做出三大历史性决策:一是抓住机遇,加快发展;二是明确我国经济体制改革的目标是建立社会主义市场经济体制;三是确立邓小平建设有中国特色社会主义理论在全党的指导地位。

综上所述,邓小平"南方谈话"为中共十四大的召开做了充分的理论准备。学习"南方谈话"对我们进一步解放思想和推进改革开放、坚持科学发展、促进社会和谐具有重要的现实意义。

【根据张士义:《从"南方谈话"看党的十四大的三大历史性决策》,《中国特色社会主义研究》2012年第1期】

学术观点2:国际政治经济环境的变化为我国最终加入世界贸易组织提供了可能

20世纪90年代是世界经济迅速走向全球化的时代,世界的发展离不开中国,中国的发展也不能脱离世界而进行,和平与稳定的国际国内环境为我国参与经济全球化提供了难得的机会和可能。

20世纪90年代以后,国际上出现了许多新兴发展中国家,经济发展迅速,广大发展中国家迫切需要进一步改变世界经济的治理结构,因而极为热情地支持中国加入世界贸易组织。

政治上,冷战结束,两极对峙格局被打破,大国注意力主要集中在经济利益,这就为我国加入世贸组织提供了较为有利的政治环境。

综上,20世纪90年代,经济全球化、世界经济格局的变化、冷战结束的国际政治经济环境为我国最终加入世界贸易组织提供了可能。

【根据石广生:《历史的回顾——纪念中国加入世界贸易组织十周年》,《WTO经济导刊》2011年第12期】

★ 史学导读

1.邓小平提出"三步走"发展战略构想的背景?

1979年,邓小平把过去提出的"本世纪末实现四个现代化"的目标称为"开了大口",很难顺利完成。他在会见日本首相大平正芳时,提出"小康之家"的概念。后来邓小平进一步对小康社会做了阐释:"雄心壮志太大了不行,要实事求是。所谓小康社会,就是虽不富裕,但日子好过。"1987年,以建设小康社会为主线,经济建设"三步走"的战略构想正式形成。我国改革开放30多年的建设历程,基本上按照邓小平的战略设想和总体规划进行,取得了举世瞩目的发展成就。目前,总体小康水平已经基本实现,为推动经济社会进一步发展,党的十八大提出了"全面建成小康社会"的奋斗目标。

——摘自肖贵清、李永进:《邓小平小康思想与当代中国现代化发展战略》,《山东社会科学》2014年第9期

○ 导读提示

邓小平提出"三步走"发展战略构想的背景是在十一届三中全会后,我国进入社会主义现代化建设新时期,重新确立了"解放思想、实事求是"思想路线以及我国处于社会主义初级阶段的基本国情。

阅读材料时,应认识到:邓小平提出的"三步走"发展战略构想是符合我国社会主义现代化建设的国情,在十一届三中全会后,我国以经济建设为中心,在"三步走"发展

战略构想的指导下,我国的改革开放事业不断深化。这也反映了实事求是的精神。

通过阅读该则材料,可以深刻理解到:"三步走"发展战略构想是在当时的社会条件下,做出的符合我国国情的正确抉择,体现了邓小平同志的高瞻远瞩和杰出的政治智慧。在"三步走"发展战略构想的引导下,我国的改革开放事业取得了举世瞩目的成就。

2.实施家庭联产承包责任制的影响?

中共中央1982年1号文件明确指出,它(家庭联产承包责任制)是"社会主义合作经济的新形式"。说它是"社会主义合作经济",是因为从整体来看,土地和主要生产资料仍然归集体所有,集体和农户保持着发包和承包的关系……说它是"新形式",是因为它冲破了旧的模式。首先,在经营管理上,实行统一经营和分散经营相结合,凡是能一家一户经营的,就一家一户经营,农业生产基本上变为分户经营、自负盈亏……同时在农村的社会化生产中,又有许多事情是仅靠一家一户的个体小农办不了的,例如兴修水利设施、大型农业机械的购置、大型科研项目的组织等等,这就需要加强"统一经营"的作用。其次,在产品的分配上,实行联产计酬,农民生产的东西"保证国家的,留足集体的,剩下的都是自己的",这就纠正了过去分配中的平均主义、吃"大锅饭"等弊病,真正贯彻了按劳分配的社会主义分配原则。

——摘自顾晓静:《家庭联产承包责任制是农业社会主义改造的继承和发展》,《党史研究与教学》1993年第6期

○ **导读提示**

我国实施家庭联产承包责任制的影响:改变了我国农村落后的经营管理模式,解放了农村生产力,提高了农民积极性;实行统一经营和分散经营相结合,保证了农村经营管理的可持续性发展。

阅读材料时,应认识到:人民公社体制的弊端,如管理上的高度集中,分配中的平均主义,农民经营没有自主权,严重挫伤农民积极性,不利于生产力的发展。我国推行家庭联产承包责任制,在产品的分配上实行联产计酬,贯彻了按劳分配的社会主义分配原则,促进了我国农业的发展。

通过阅读该则材料,可以深刻理解:家庭联产承包责任制与我国农村的生产水平相适应,使得农业生产和农村经济得以蓬勃发展,充分体现了社会主义公有制的优越性。

第3讲　祖国的统一大业

★ 学习精要

20世纪80年代初,邓小平提出了"一国两制"的构想,"一国"是指统一的中华人民共和国,"两制"是指在中华人民共和国内,大陆实行社会主义制度,香港、澳门及台湾实行资本主义制度。"一国两制"理论是邓小平建设中国特色社会主义理论的重要组成部分,是完成祖国统一大业、实现中华民族伟大复兴的指导思想。

由于中国社会主义现代化建设有了极大发展,我国综合国力的不断提高和"一国两制"构想的提出等因素的推动。香港于1997年7月1日回归祖国,澳门也于1999年12月20日回归祖国怀抱。香港、澳门的相继回归,开创港澳与祖国内地共同发展的新纪元。我国在完成祖国统一大业道路上向前迈出了重要的一步,极大地增强了民族自豪感和凝聚力。

1979年元旦,《告台湾同胞书》的发表,宣布了和平统一祖国的方针、停止炮击金门,实现了两岸30年来的真正停火。经过海峡两岸同胞的努力,两岸往来密切,双方合作不断扩大深化。1992年11月,海峡两岸达成了"九二共识"并在1993年举行了"汪辜会谈",使得两岸联系更加紧密。2003年,颁布《反分裂国家法》,表明我国维护国家统一和领土完整的坚强决心。2015年11月7日,两岸领导人习近平与马英九在新加坡会面,实现1949年以来两岸领导人历史性握手,翻开了两岸关系历史性的一页。

★ 学术动态

学术观点1:"一国两制"构想的形成与发展有三个阶段

"一国两制"构想的形成与发展有一个过程,主要是在党的十一届三中全会后形成的,具体而言有以下三个阶段。

第一阶段是从1978年底至1981年8月,这是"一国两制"构想的初步提出阶段。该阶段没有再提"解放台湾",但也还没有明确提出和平统一、"一国两制"。

第二阶段是从1981年9月至1982年9月,这是"一国两制"构想的形成阶段。在这一阶段,邓小平同志对香港问题进行了全面阐述,标志着"一国两制"构想已经成熟。

第三阶段是"一国两制"构想的进一步发展和法制化阶段,大体是从1982年9月至1993年春。这一阶段,邓小平发表了一系列相关重要谈话,以及当时国家制定了几个有关的法律文件。

综上,"一国两制"设想的提出经历了三个阶段,反映了中国共产党对时局的认识逐渐深刻。"一国两制"的设想推动了我国的统一事业。

【根据田子渝、曾成贵:《八十年来中共党史研究》,武汉:湖北人民出版社,2001年版,第553页】

学术观点2:"九二共识"是两岸关系和平发展的政治基础

"九二共识"是海峡两岸关系协会和台湾海峡两岸交流基金会在求同存异的基础上,达成的"海峡两岸均坚持一个中国原则"的共识。"九二共识"的核心内涵是一个中国原则,这是两岸关系和平发展的政治基础。

在新的时代背景下,坚持"九二共识"和一个中国原则,可以推进两岸经济社会共同发展,能够坚决反对和遏制"台独"分裂势力并且有利的维护台海和平稳定。如果不坚持"九二共识",则会对两岸关系造成严重冲击,破坏两岸和平发展的政治基础,使得两岸沟通联络机制中断,两岸沟通交流不畅,两岸民众利益受损。

综上,"九二共识"中达成的"海峡两岸均坚持一个中国原则"的共识,这是两岸关系和平发展的政治基础。新的时代背景下,我们应该坚持"九二共识"推动台湾的和平统一。

【根据葛盼盼:《新时代坚持"九二共识"推动和平统一》,《当代中国史研究》2018年第3期】

学术观点3:中国与英国就香港问题进行谈判时坚持灵活性与原则性统一

香港之所以能顺利回归祖国,与中国在同英国谈判时采取灵活性与原则性统一的策略密切相关。

中方谈判时,在关于国家主权、治权等原则性问题上绝不妥协,坚决否定了英国人以"主权换治权"的提议。但是,强硬的原则无法取代灵活的妥协。在谈判时,对于香港回归后的制度问题,中方采取了灵活性处理,提出香港回归后实行"一国两制"的政策,在大陆实行社会主义制度,而在香港继续实行资本主义制度。

综上所述,中方与英国谈判时在涉及中国国家核心利益的关键问题上,始终坚持原则、毫不动摇。与此同时,中方对香港制度等问题,也相应地采取了灵活的方式去推动谈判的进行。

【根据宗道一:《邓小平与中英香港问题的谈判》,《当代中国史研究》2007年第3期】

★ 史学导读

1."一国两制"构想提出的伟大意义?

"一国两制"构想和邓小平的全面建设有中国特色社会主义理论,是基于迫切的实践需要而提出的,具有很强的务实性和现实的可行性,能够直接有效地指导现实的实践。应该说,"一国两制"这一理论构想已经在香港问题上得到了成功的实践……历史已经证明了"一国两制"构想在解决香港和澳门问题上的现实可行性,历史也必将证明这一伟大构想在解决台湾问题上的现实可行性……

正如邓小平所指出的,"一国两制"这件事情"会在国际上引起很好的反应,而且为世界各国提供国家间解决历史遗留问题的一个范例。我们提出'一个国家,两种制度'的构想,也考虑到解决国际争端应该采取什么办法。因为世界上这里那里有很多疙瘩,很难解开",所以"我们就是要找出一个能为各方所接受的方式,使问题得到解决",以求"消除爆发点,稳定国际局势。"

——摘自李英梅:《论邓小平"一国两制"构想的实践意义》,《华东师范大学学报(哲学社会科学版)》1998年第5期

○ **导读提示**

"一国两制"是邓小平从维护祖国和中华民族的根本利益出发,在尊重本国历史和现实的基础上提出的一项大胆的、创造性的战略构想。"一国两制"的战略构想成功解决了历史遗留下来的香港、澳门问题,为促进未来台湾问题的成功解决提供借鉴意义,也为解决国际遗留问题提供了典范。

阅读材料时,应认识到:"一国两制"的战略构想是完成祖国统一大业,实现中华民族伟大复兴的指导思想。邓小平在处理香港、澳门、台湾问题时,坚持了具体问题具体分析,与时俱进,实事求是,是对马克思主义国家学说的创造性发展。

通过阅读该则材料,可以深刻理解:邓小平的外交智慧,推动了香港和澳门的回归,使得我国在完成祖国统一大业时,向前迈出了相当重要的一步。

2.新时期以来大陆对台湾问题态度发生了怎样的变化?

中国政府已经命令人民解放军从今天起停止对金门等岛屿的炮击,台湾海峡目前仍然存在着双方的军事对峙。……首先应当通过中华人民共和国政府和台湾当局之间的商谈结束这种军事对峙状态,以便为双方的任何一种范围的交往接触创造

必要的前提和安全的环境。

——摘自《告台湾同胞书》,《人民日报》1979年1月1日

我们的政策是实行"一个国家,两种制度",具体说,就是在中华人民共和国内,十亿人口的大陆实行社会主义制度,香港、台湾实行资本主义制度……有人担心这个政策会不会变,我说不会变。核心的问题,决定的因素,是这个政策对不对。如果不对,就可能变。如果是对的,就变不了。

——摘自邓小平:《邓小平文选》,北京:人民出版社,1993年版,第58页

○ **导读提示**

新时期以来大陆对台湾问题的政策由军事对峙转变为和平统一,并且明确提出"一国两制"的构想。

阅读材料时,应认识到:我国对台湾问题的政策发生了显著变化,由以前双方的军事对峙,到号召海峡两岸商谈解决问题,由主张武力统一到主张和平统一台湾。并且为了解决台湾问题,实现祖国统一,我国明确提出了"一国两制"的构想。

通过阅读该则材料,可以深刻理解:为了维护祖国统一和中华民族的根本利益,我国对台湾问题的政策发生了较为"良性"的变化,更加倾向于用和平的方式和手段实现统一,有利于推动海峡两岸关系的进一步改善。

★ 荐读书目

[美]傅高义:《邓小平时代》,北京:生活·读书·新知三联书店,2013年版

邓小平:《邓小平文选》,北京:人民出版社,1983年版

田子渝、曾成贵:《八十年来中共党史研究》,武汉:湖北人民出版社,2001年版

欧阳淞、高永中:《改革开放口述史》,北京:中国人民大学出版社,2018年版

第29课　改革开放以来的巨大成就

第1讲　改革开放以来中国取得的巨大成就

★学习精要

中国特色社会主义理论体系是中国共产党领导改革开放和社会主义现代化建设伟大实践的理论结晶，是坚持和发展中国特色社会主义的行动指南。党的十九大把习近平新时代中国特色社会主义思想确立党为必须长期坚持的指导思想并写入党章，十三届全国人大一次会议通过宪法修正案把习近平新时代中国特色社会主义思想载入宪法，实现了党和国家指导思想的与时俱进。

改革开放40多年来，中国国民经济一直保持着快速增长。2019年，我国国内生产总值稳居世界第二位，人均国内生产总值与高收入国家差距进一步缩小。我国经济发展对世界经济增长贡献率巨大，持续成为推动世界经济增长的主要动力源。

中国基础设施建设的"超级工程"在中华大地上遍地开花。钢铁动脉纵横延伸，高速铁路规模世界第一。公路路网四通八达，高速公路规模世界第一。大型港口建设加速推进，全球十大港口中国占七席。中国民航通联世界，蜕变更为惊人。另外，在超级计算机、航空航天技术和移动通信技术领域也取得了举世瞩目的成就。

巩固国防和强大军队是新时代坚持和发展中国特色社会主义、实现中华民族伟大复兴的战略支撑。改革开放以来我国在国防和军队改革方面取得历史性突破，形成了军委管总、战区主战、军种主建的新格局，人民军队组织架构和力量体系实现革命性重塑，有效维护了国家主权、安全、发展利益，提振了国威军威，增强了民族自信心和自豪感。

中国全方位外交布局彰显中国特色大国外交的新辉煌。中国共产党根据时代发展潮流和我国根本利益，始终不渝走和平发展道路，促进"一带一路"国际合作，推动建设相互尊重、公平正义、合作共赢的新型国际关系，积极参与引领全球治理体系改革和建设，致力于建设持久和平、普遍安全、共同繁荣、开放包容、清洁美丽的世界，推动构建人类命运共同体，为世界和平与发展提供中国方案。

★学术动态

学术观点1：中国40年来的经济发展对世界经济的增长和发展影响巨大

从1978—2018年的40年里，中国的社会经济发生了翻天覆地的变化。40年来中国经济的快速发展让世界为之瞩目。这场经济发展奇迹不仅仅改变了中国自身的发展轨迹，同时也对世界经济发展产生了深远的影响。

随着中国经济实力的逐步增强，以及中国在全球市场中话语权的不断提高，中国的进出口贸易、对外投资将对全球贸易的增长产生越来越大的影响，日益成为全球经济再平衡的重要力量。作为当今世界最大的发展中国家，中国经济发展的转型升级将对其他发展中国家发展提供重要借鉴，为广大发展中国家提供更贴近发展中国家经济发展实际的发展路径和发展模式，从而为全球经济的可持续发展提供重要的支持。

【根据张建平、沈博：《改革开放40年中国经济发展成就及其对世界的影响》，《当代世界》2018年第5期】

学术观点2：人民至上是中国共产党所特有的内在规定性和永恒的价值追求

人民至上的本质是坚持以人民为中心，把人民放在心中最高位置，尊重人民主体地位，注重发挥人民的积极性和创造性，把满足人民对美好生活需要作为奋斗的出发点和落脚点，想人民所想，急人民所急，解人民之所困，实现全体人民的现实利益和长远利益，实现人民的全面发展和共同富裕。马克思、恩格斯始终关注的是现实人的问题，他们在《德意志意识形态》中指出："必须推翻使人成为被侮辱、被奴役、被遗弃和被蔑视的东西的一切关系"。使命型政党中国共产党深刻把握了唯物史观的合理内核——现实的人这个关键，声明"人民是我们党执政的最大底气，是我们共和国的坚实根基，是我们强党兴国的根本所在。我们党来自于人民，为人民而生，因人民而兴，必须始终与人民心心相印、与人民同甘共苦、与人民团结奋斗"。可见，人民至上是中国共产党所特有的内在规定性和永恒的价值追求。人民是创造历史的主体，只有尊重人民的主体地位，发挥人民的积极性、主动性和创造性，最终才能实现中华民族的伟大复兴。在百年奋斗的历程中，中国共产党始终代表最广大人民群众的根本利益，把为人民造福作为最大责任，坚持把人民拥护不拥护、赞成不赞成、高兴不高兴作为制定政策的依据，既通过提出、贯彻正确的理论、路线方针政策带领人民前进，又从人民实践创造和发展要求中获得前进动力，因此能够不断从胜利走向胜利，成功探索和走出了中国特色社会主义发展道路,中华民族迎来了从站起来、富起来到强起来伟大飞跃,迎来了实现中华民族伟大复兴的光明前景。

【根据叶本乾、方素清:《人民至上与实干为要:百年大党永恒的价值理念与奋斗本色的双向互嵌》,《社会主义研究》2021年第1期】

学术观点3:构建人类命运共同体是新时代中国外交的创新发展

构建人类命运共同体开启大国外交新时代,开拓全域外交新空间,开辟主场外交新形式,开通"一带一路"新平台。

构建人类命运共同体思想的提出,标志着中国外交政策和理念登上人类道义的制高点,标志着中国外交正在经历几个方面的转变:从守势外交为主向以攻势外交为主调整,从全方位外交向全领域外交转型演变,从硬实力外交为主向软实力硬实力兼顾的形式转向。中国外交不仅是人民外交,致力于实现中华民族伟大复兴的中国梦,而且要在追求中国人民福祉的同时,推进各国人民共同福祉的实现,为解决人类问题做出更大的贡献。

习近平构建人类命运共同体思想与"一带一路"倡议都是史无前例的大手笔,将中国带入国际舞台中央,使中国的国际地位得到了前所未有的提升。

【根据李丹:《中国特色大国外交的传承与创新:命运共同体的视角》,《理论与改革》2020年第2期】

★ 史学导读

1.改革开放以来中国取得举世瞩目成就的原因是什么?

改革开放以来,中国取得的一切成绩和进步的根本原因是在中国共产党的领导下开辟了有中国特色的社会主义道路,形成了中国特色社会主义理论体系。中国特色社会主义道路是实现社会主义现代化和创造人民美好生活的必由之路,是改革开放最宝贵的经验。习近平新时代中国特色社会主义思想是马克思主义中国化的最新理论成果,是改革开放的行动指南。对外开放是中国的基本国策,是中国进一步参与全球竞争和全球治理的必然要求。可基于历史逻辑、理论逻辑、时代逻辑三重向度把握中国特色社会主义改革开放的内涵。改革开放是对"中国如何发展"重大历史问题的有效探索,它继承了马克思主义实事求是的理论品格,构建了有中国特色的理论框架和话语体系,对世界局势做出了科学判断,对时代要求做出了重大回应,在向世界提供公共产品的同时贡献了中国智慧、中国经验和"中国方案"。

——摘自吕伟:《改革开放四十年:中国特色社会主义的三重逻辑审视》,《河南大学学报(社会科学版)》2019年第6期

○ **导读提示**

改革开放以来,中国取得的一切成绩和进步的根本原因是在中国共产党的领导下开辟了有中国特色的社会主义道路,形成了中国特色社会主义理论体系。

阅读材料时,应认识到:改革开放是在中国特色社会主义建设理论指导下进行的,中国共产党的领导是中国特色社会主义最本质的特征。党的领导是做好党和国家各项工作的根本保证,是战胜一切困难和风险的"定海神针"。

通过阅读该则材料,可以深刻理解改革开放取得举世瞩目成就的根本原因就是坚持中国共产党的领导,中国特色社会主义制度最大的优势是中国共产党的领导。

2.新时代中国特色社会主义文化建设的价值追求是什么?

共同的核心价值观,是一个国家魂之所在,行之所依。我国是一个拥有14亿人口的大国,培育和践行人民认同的核心价值观,关乎人民的幸福安康,民族的兴旺发达,国家的前途命运。

党的十八大以来,以习近平同志为核心的党中央倡导"24字"社会主义核心价值观,从国家、社会、人民三个价值层面深入回答了我们要建设什么样的国家,发展什么样的社会,培育什么样的公民,凝聚着国家、社会和人民共同的价值追求。党的十九大指出,"培育和践行社会主义核心价值观……要以培养担当民族复兴大任的时代新人为着眼点,强化教育引导、实践养成、制度保障,发挥社会主义核心价值观对国民教育、精神文明创建、精神文化产品创作生产传播的引领作用,把社会主义核心价值观融入社会发展各方面,转化为人们的情感认同和行为习惯。"

——摘自夏盼盼:《新时代中国特色社会主义文化建设思想的多层透视》,《经济研究导刊》2020年第4期

○ **导读提示**

培育和践行人民认同的核心价值观,关乎人民的幸福安康,民族的兴旺发达,国家的前途命运,新时代中国特色社会主义文化建设的价值追求就是培育和践行社会主义核心价值观。

阅读材料时,应认识到:社会主义核心价值观是精神文明创建和精神文化产品创作生产传播的引领,所以新时代中国特色社会主义文化建设的价值追求就是培育和践行社会主义核心价值观。

通过阅读两则材料,深刻理解培育和践行社会主义核心价值观对新时代中国特色社会主义文化建设的重要意义。

第2讲　邓小平理论的重要指导意义

★学习精要

中共十一届三中全会以来,以邓小平同志为主要代表的中国共产党人,总结新中国成立以来正反两方面的经验教训,解放思想、实事求是,实现全党工作中心向经济建设的转移,实行改革开放,开辟了社会主义事业发展的新时期,逐步形成了建设中国特色社会主义的路线、方针、政策,阐明了中国建设、巩固和发展社会主义的基本问题,创立了邓小平理论。

邓小平理论探索性地回答了什么是社会主义和怎样建设社会主义这个历史命题,创造性地提出了历史时代主题论、社会主义本质论、社会主义阶段论、社会主义发展观、社会主义改革观等一系列具有科学社会主义时代化意义的思想和科学社会主义中国化意义的论断,彰显着建构现时代科学理论范式的基本遵循和理论气质,在科学社会主义发展史上具有不可替代的地位和作用。

★学术动态

学术观点:"实事求是"是邓小平理论的精髓

"实事求是"是邓小平理论的精髓。

邓小平灵活运用"一切从实际出发,实事求是"的思想路线来指导、处理中国改革发展和社会主义现代化建设过程中遇到的各种重大矛盾和问题,提出了建设有中国特色的社会主义、倡导各国处理本国事务原则、提出解决祖国统一伟大构想。

邓小平活学活用了马克思主义的基本原理,将之作为指导实际工作的基本方法,以实现改造现实之中国的目标。在当今日益复杂的国内国际形势下,在纷繁复杂的矛盾交融中,运用实事求是的思维方法认清国内国际形势,有利于我们当前正确开展"具有许多新的历史特点的伟大斗争",继续推进中国特色社会主义伟大事业的建设征程。

【根据唐立平、高照立:《从"北方谈话"到"南方谈话"——论邓小平理论精髓"实事求是"思想的形成与发展》,《邓小平研究》2018年第1期】

★ 史学导读

邓小平社会主义市场经济理论的主要依据有哪些?

邓小平早在1979年就指出:要使中国实现现代化,至少有两个重要特点是必须看到的:一个是底子薄,一个是人口多,耕地少。1980年4月,他又强调:"中国是一个大国,又是一个穷国""不要离开现实和超越阶段采取一些'左'的办法"。邓小平认为,"社会主义的任务很多,但根本一条就是发展生产力",社会主义阶段的最根本任务就是发展生产力。只要按照"三个有利于"标准,即有利于发展社会主义社会的生产力,有利于增强社会主义国家的综合国力,有利于提高人民群众的生活水平,各种方法和手段都可以利用。计划和市场两者"都是方法""都是手段",当然都可以用来发展社会主义经济。社会主义制度建立后的优越性没有得到应有的发挥,计划经济体制,严重束缚和影响了广大企业和人民群众的积极性、主动性和创造性。邓小平说:"不改革就没有出路,旧的那一套经过几十年的实践证明是不成功的。"邓小平提出:"必须大胆吸收和借鉴人类社会创造的一切文明成果,吸收和借鉴当今世界各国包括资本主义发达国家的一切反映现代社会化生产规律的先进经营方式和管理方法。"

——摘自魏礼群:《邓小平社会主义市场经济理论的丰富内涵及重大贡献》,《国家行政学院学报》2014年第5期

○ 导读提示

社会主义市场经济理论,是深刻认识中国基本国情、科学认识社会主义本质和根本任务的重大成果,是全面总结中国社会主义建设正反经验教训、充分吸收和借鉴国际上有益做法的重大成果。

阅读材料时,应认识到:深刻认识中国基本国情是社会主义建设的起点,解放和发展生产力是社会主义本质和根本任务,中国社会主义建设正反经验教训和国际上有益做法应该充分吸收和借鉴。

通过阅读该则材料,可以深刻理解实事求是、从国情出发,充分吸收、学习和借鉴国外先进理论是社会主义市场经济理论形成的主要依据。

第3讲 习近平新时代中国特色社会主义思想

★学习精要

中国共产党第十九次全国代表大会,把习近平新时代中国特色社会主义思想确立为中国共产党必须长期坚持的指导思想并庄严地写入党章,实现了党的指导思想的与时俱进。第十三届全国人民代表大会第一次会议通过的宪法修正案,郑重地把习近平新时代中国特色社会主义思想载入宪法,实现了国家指导思想的与时俱进,反映了全国各族人民共同意志和全社会共同意愿。

习近平新时代中国特色社会主义思想内涵十分丰富,涵盖新时代坚持和发展中国特色社会主义的总目标、总任务、总体布局、战略布局和发展方向、发展方式、发展动力、战略步骤、外部条件、政治保证等基本问题,并根据新的实践对经济、政治、法治、科技、文化、教育、民生、民族、宗教、社会、生态文明、国家安全、国防和军队、"一国两制"和祖国统一、统一战线、外交、党的建设等各方面做出新的理论概括和战略指引。

习近平总书记是习近平新时代中国特色社会主义思想的主要创立者。在领导全党全国各族人民推进党和国家事业的实践中,习近平总书记以马克思主义政治家、思想家、战略家的非凡理论勇气、卓越政治智慧、强烈使命担当,以"我将无我,不负人民"的赤子情怀,应时代之变迁、立时代之潮头、发时代之先声,提出一系列具有开创性意义的新理念新思想新战略,为习近平新时代中国特色社会主义思想的创立发挥了决定性作用、做出了决定性贡献。

★学术动态

学术观点1:中国特色社会主义进入新的发展阶段

从社会主要矛盾看,我国社会主要矛盾已经由人民日益增长的物质文化需要同落后的社会生产之间的矛盾,转化为人民日益增长的美好生活需要和不平衡不充分的发展之间的矛盾。

从奋斗目标看,党的十九大到二十大是"两个一百年"奋斗目标的历史交汇期,我们既要全面建成小康社会、实现第一个百年奋斗目标,又要乘势而上开启全面建设社会主义现代化国家新征程,向第二个百年奋斗目标进军。

从国际地位看,当代中国正处在从大国走向强国的关键时期,已不再是国际秩序的被动接受者,而是积极的参与者、建设者、引领者。世界对中国的关注,从未像今天这样广泛、深切、聚焦;中国对世界的影响,也从未像今天这样全面、深刻、长远。

【根据中共中央宣传部:《中国特色社会主义进入新时代——关于我国发展新的历史方位》,《习近平新时代中国特色社会主义思想学习纲要》,北京:学习出版社,人民出版社,2019年版】

学术观点2:宪法需要与时俱进、不断完善发展才能保持活力和生命力

宪法只有不断适应新形势、吸纳新经验、确认新成果,才能具有持久生命力。1988年、1993年、1999年、2004年,全国人大分别对我国宪法个别条款和部分内容做出必要的,也是十分重要的修正,使我国宪法在保持稳定性和权威性的基础上发挥了重要作用,不断与时俱进。通过4次宪法修改,我国宪法在中国特色社会主义伟大实践中发挥了重要作用,有力推动和保障了党和国家事业发展,有力推动和加强了我国社会主义法治建设。

修改宪法部分内容,把党和人民在实践中取得的重大理论创新、实践创新、制度创新成果上升为宪法规定,由宪法及时确认党和人民创造的伟大成就和宝贵经验,是为了更好发挥宪法的规范、引领、推动、保障作用,是实践发展的必然要求。

【根据李林:《习近平新时代宪法思想的理论与实践》,《北京联合大学学报(人文社会科学版)》2018年第3期】

★史学导读

1.新时代怎样进一步加强和创新社会治理?

新时代进一步加强和创新社会治理,要坚持问题导向,把专项治理和系统治理、综合治理、依法治理、源头治理结合起来,坚定不移走中国特色社会主义社会治理之路,打造共建共治共享的社会治理格局,形成人人有责、人人尽责的社会治理共同体。

加强和创新社会治理,关键在体制创新,核心是人。只有人与人和谐相处,社会才会安定有序。……

社会治理的重心必须向基层下移,落实到城乡社区。城乡社区处于党同群众连接的"最后一公里",做好社区治理工作十分重要。

——摘自中共中央宣传部:《带领人民创造幸福美好生活——关于新时代中国特

色社会主义社会建设》,《习近平新时代中国特色社会主义思想学习纲要》,北京:学习出版社,人民出版社,2019年版,第164~165页。

○ 导读提示

新时代进一步加强和创新社会治理,要坚定不移走中国特色社会主义社会治理之路,坚持问题导向、综合治理,打造共建共治共享的社会治理格局,形成人人有责、人人尽责的社会治理共同体。

阅读材料时,应认识到:社会治理是国家治理的重要领域,社会治理现代化是国家治理体系和治理能力现代化的应有之义。加强和创新社会治理,逐步实现社会治理结构的合理化、治理方式的科学化、治理过程的民主化将有力推进国家治理现代化的进程。

通过阅读该则材料,可以深刻理解社会治理关系着人民生命财产安全和社会大局的稳定,处理好社会治理问题有助于调动一切积极因素进行社会主义现代化建设。

2.习近平新时代中国特色社会主义思想怎样丰富和发展了马克思主义?

习近平新时代中国特色社会主义思想的原创性贡献在于提出现代化经济体系、高质量发展、党的自我革命、国家治理现代化等一系列概念和范畴,它进一步拓展了马克思主义中国化的内涵和外延。

毛泽东和邓小平分别提出了马克思主义中国化和有中国特色的社会主义两大命题,党的十八大以来,习近平总书记在上述两大命题的基础上进行延伸,提出中国道路、中国理论、中国精神、中国力量、中国话语和中国方案等,形成了新时代马克思主义中国化的中国逻辑。

习近平新时代中国特色社会主义思想是我国在由大国向强国迈进、实现强起来的历史方位中解决各种新问题新情况所形成的强国理论,为世界其他社会主义国家解决发展起来以后"大而不强"的问题提供了借鉴经验,同时也为丰富和发展马克思主义做出原创性贡献。

——摘自王旭:《新时代与马克思主义中国化的新飞跃——首届"马克思主义中国化高峰论坛"综述》,《湘潭大学学报(哲学社会科学版)》2019年第6期

○ 导读提示

习近平新时代中国特色社会主义思想进一步拓展了马克思主义中国化的内涵和外延,提出中国道路、中国理论、中国精神、中国力量、中国话语和中国方案等,形成了

新时代马克思主义中国化的中国逻辑。

阅读材料时,应认识到:新时代中国特色社会主义思想,是对马克思列宁主义、毛泽东思想、邓小平理论、"三个代表"重要思想、科学发展观的继承和发展,是马克思主义中国化的最新成果。

通过阅读该则材料,可以深刻理解在当代中国,坚持和发展习近平新时代中国特色社会主义思想,就是真正坚持和发展马克思主义,就是真正坚持和发展科学社会主义。

第4讲　马克思主义中国化

★学习精要

在马克思主义中国化的光辉历程中,先后形成了一脉相承又与时俱进的重大理论成果。

中国共产党诞生后,以毛泽东同志为主要代表的中国共产党人,把马克思列宁主义的基本原理同中国革命的具体实践结合起来,创立了毛泽东思想。毛泽东思想是被实践证明了的关于中国革命和建设的正确理论原则和经验总结,是马克思主义在中国的运用和发展。

十一届三中全会以来,以邓小平同志为主要代表的中国共产党人,解放思想、实事求是,开辟了社会主义事业发展的新时期,逐步形成了建设中国特色社会主义的路线、方针、政策,阐明了在中国建设社会主义、巩固和发展社会主义的基本问题,创立了邓小平理论。

十三届四中全会以来,以江泽民同志为主要代表的中国共产党人,在建设中国特色社会主义的实践中,加深了对什么是社会主义、怎样建设社会主义和建设什么样的党、怎样建设党的认识,积累了治党治国新的宝贵经验,形成了"三个代表"重要思想。

十六大以来,以胡锦涛同志为主要代表的中国共产党人,坚持以邓小平理论和"三个代表"重要思想为指导,根据新的发展要求,深刻认识和回答了新形势下实现什么样的发展、怎样发展等重大问题,形成了以人为本、全面协调可持续发展的科学发展观。

十八大以来,以习近平同志为主要代表的中国共产党人,顺应时代发展,从理论和实践结合上系统回答了新时代坚持和发展什么样的中国特色社会主义、怎样坚持和发展中国特色社会主义这个重大时代课题,创立了习近平新时代中国特色社会主义思想。

★学术动态

学术观点1:马克思主义始终是我们党和国家的指导思想

实践证明,马克思主义的命运早已同中国共产党的命运、中国人民的命运、中华民族的命运紧紧连在一起,它的科学性和真理性在中国得到了充分检验,它的人民性和实践性在中国得到了充分贯彻,它的开放性和时代性在中国得到了充分彰显!

实践还证明,马克思主义为中国革命、建设、改革提供了强大思想武器,使中国这个古老的东方大国创造了人类历史上前所未有的发展奇迹。历史和人民选择马克思主义是完全正确的,中国共产党把马克思主义写在自己的旗帜上是完全正确的,坚持马克思主义基本原理同中国具体实际相结合、不断推进马克思主义中国化时代化是完全正确的!

……

马克思主义始终是我们党和国家的指导思想,是我们认识世界、把握规律、追求真理、改造世界的强大思想武器。

【根据《习近平:在纪念马克思诞辰200周年大会上的讲话》,新华网,2018年5月4日】

学术观点2:实事求是是马克思主义中国化的精髓和灵魂

马克思主义中国化的理论和实践过程中一以贯之着一条主线,就是实事求是思想路线。实事求是思想路线在推动马克思主义中国化理论和实践发展过程中,成为马克思主义中国化理论成果的精髓和灵魂,成为中国社会主义伟大事业成功的真经和密码,成为实现中华民族伟大复兴的灯塔和明灯。

实事求是思想路线始终与马克思主义中国化的理论和实践相伴随,实事求是奠定了马克思主义中国化的理论品格,促进了这一理论的不断丰富与发展,同时自身也在实践过程中不断发展完善。

马克思主义中国化的理论和实践是马克思主义的重要内容,它见证了中华民族从站起来、富起来,再到强起来的伟大飞跃。

【根据刘超:《实事求是是马克思主义中国化的精髓和灵魂》,《中共南昌市委党校学报》2019年第4期】

学术观点3：新时代中国特色社会主义思想是马克思主义中国化的最新成果

新时代中国特色社会主义思想，以全新的视野深化对中国共产党执政规律、社会主义建设规律、人类社会发展规律的认识，进行了理论探索和创新，是对马克思列宁主义、毛泽东思想、邓小平理论、"三个代表"重要思想、科学发展观的继承和发展，是马克思主义中国化的最新成果，是党和人民实践经验和集体智慧的结晶，开辟了中国化马克思主义理论的新境界。

习近平新时代中国特色社会主义思想对马克思主义的原创性贡献是系统的、全方位的。在政治经济学原理方面、科学社会主义原理方面、马克思主义国家学说和马克思主义国际政治学说等方面提出了一系列具有原创性贡献的思想理论。

【根据王旭：《新时代与马克思主义中国化的新飞跃——首届"马克思主义中国化高峰论坛"综述》，《湘潭大学学报(哲学社会科学版)》2019年第6期】

★ 史学导读

1. 怎么理解马克思主义中国化与中国革命和建设的关系？

马克思主义中国化，就是马克思主义和中国具体实际相结合，使马克思主义具有中国的民族特点和民族形式，成为指导中国人民革命、建设和改革的理论。

——摘自田克勤：《马克思主义中国化的理论轨迹》，北京：中共党史出版社，2006年版

"马克思主义"与"中国实际"的有机结合与相互转化，是实现马克思主义中国化必须坚持的根本原则和基本路径。从这一基本认识出发，可以把马克思主义中国化核心命题的基本内涵概括为以下三个层面：一是马克思主义基本原理在中国的运用和发展。二是中国实际的经验总结和理论升华。三是中国优秀传统文化精髓的集中展示和现代表达。

——摘自李靖：《对马克思主义中国化研究学科核心命题的认识》，《马克思主义理论学科研究》2017年第4期

○ **导读提示**

新民主主义革命时期，中国共产党分析中国社会性质，依靠工农群众，探索出农村包围城市的革命道路，领导人民经过抗日战争、解放战争，赢得新民主主义革命的胜

利。马克思主义中国化的毛泽东思想逐步成为党的指导思想。

社会主义革命与建设时期，中国共产党正确分析中国社会主要矛盾，积极探寻适合中国国情的社会主义改造和建设道路，建立起三大民主政治制度；完成三大改造，推进工业化建设，奠定了工业化的初步基础，在社会主义改造和建设中完善了毛泽东思想。

改革开放时期，以邓小平同志为主要代表的中国共产党人解放思想、实事求是；拨乱反正，完善社会主义民主法制建设；改革开放，由农村到城市，建立起社会主义市场经济体制，取得了举世瞩目的成就，开创了中国特色社会主义的道路，创立了邓小平理论。

阅读材料时，应认识到：中国共产党以实践作为检验真理的唯一标准，把马克思主义基本原理同中国具体实际相结合，形成具有中国特色的马克思主义理论成果，领导中国革命、建设和改革不断取得胜利。

通过阅读该则材料，可以深刻理解中国共产党人立足中国革命和建设的实践，以马克思主义为指导，坚持实事求是，形成具有中国特色的马克思主义理论成果，领导中国革命、建设和改革不断取得胜利。

2.新时代为什么要推进马克思主义中国化？

推进马克思主义中国化是由新时代的时代特征决定的，现实实践进入了新的时代和新的阶段，是马克思主义中国化实现新飞跃的实践依据。

新时代的特征，从国内来说，表现为近代以来久经磨难的中华民族迎来了从站起来、富起来到强起来的伟大飞跃；表现为决胜全面建成小康社会、进而全面建设社会主义现代化强国，实现中华民族伟大复兴；表现为社会主要矛盾转化为人民日益增长的美好生活需要和不平衡不充分的发展之间的矛盾。从国际上来说，表现为我国日益走近世界舞台中央、不断为人类做出更大贡献；表现为给发展中国家实现现代化提供了可供借鉴的途径和全新选择，同时为解决人类问题贡献了中国智慧和中国方案；表现为科学社会主义在21世纪的中国焕发出强大的生机与活力。

——摘自王旭：《新时代与马克思主义中国化的新飞跃——首届"马克思主义中国化高峰论坛"综述》，《湘潭大学学报（哲学社会科学版）》2019年第6期

○ **导读提示**

马克思主义中国化就是将马克思主义普遍真理与中国实际相结合。中国特色社

会主义进入了新时代,新的时代特征要求继续推动马克思主义的中国化。

阅读材料时,应认识到:马克思主义自身具备与时俱进的思维品质,在新的时代特征下,结合中国特色社会主义建设新的内容不断丰富与发展。

通过阅读该则材料,可以从国内、国际两个角度认识新时代的特征,理解新时代我国面临的新的问题、新的机遇和新的挑战,结合马克思主义实事求是的思想精髓,深刻理解新时代推进马克思主义中国化的现实意义。

★ 荐读书目

中共中央宣传部:《习近平新时代中国特色社会主义思想学习纲要》,北京:学习出版社、人民出版社,2019年版

中共中央文献编辑委员会:《邓小平文选》,北京:人民出版社,1983年版

中外历史纲要:学习精要与史学导读

下篇

XIA PIAN

第一单元 古代文明的产生与发展

【单元学习精要】

一是了解人类文明在古代世界的发生和发展的一般情况。农耕畜牧的产生,促进了社会分工的发展,在农业与畜牧业分工的基础上,进一步出现了农业与手工业和商业的分工。剩余产品的出现、社会分工的发展和阶级的分化,使人类走向文明成为可能。

二是认识古代文明发展的不同特点和不同条件。人类最初的文明受制于不同地区的时空条件,越是文明初期,受自然条件的制约越大。世界上最早的文明分别产生于西亚的两河流域、北非的尼罗河流域、南亚的印度河和恒河流域、中国的黄河和长江流域,以及欧洲巴尔干半岛南部和爱琴海地区,与农业最初的发生地几乎完全一致。

三是认识不同文明之间的早期联系。由于生产力发展水平和交通、通信条件的限制,人类最初的文明大多范围有限,主要局限于大河流域,农耕经济自给自足的倾向决定了古代文明基本各自独立发展的特征。但农耕世界相对较高的生产力、制度与文化显示出较强的优越性,由此决定了农耕文明在古代不断扩大的基本趋势。虽然如此,从文明产生之日起,不同文明之间一直存在不同程度的往来和交流。交流主要是和平的,但扩张和战争引起的大范围的交流更加引人注目。

【根据徐蓝、朱汉国:《普通高中历史课程标准(2017年版)解读》,北京:高等教育出版社,2018年版,第102~103页】

第1课　文明的产生与早期发展

第1讲　人类文明的产生

★学习精要

农业和畜牧业的产生,是人类迈向文明的前提。原始社会时期,人类主要依靠采集和渔猎为生,没有私有财产,也没有阶级。公元前10000—前9000年,农业最早产生于西亚,古代印度、中国和中南美洲等地随后也独立产生了农业。与农业同时产生的是最初的畜牧业。

农业和畜牧业产生后,人类从食物的采集者变成食物的生产者。农牧业的产生为人类社会提供了稳定的食物来源,要求更细密的社会分工。社会分工促进了生产力进一步发展,社会出现剩余产品,这使部分人脱离生产劳动成为可能。部落首领把部分剩余产品据为己有,社会出现分化和阶级。为了控制生产资料和剩余产品,战争开始频繁发生,进而出现奴隶和奴隶主之间的阶级对抗。为了管理生产、控制冲突,国家开始产生。国家的产生,是人类进入文明时代的重要标志。

★学术动态

学术观点:适度的生存挑战是农业起源于中纬度地区的关键

农业起源的地点多在地球上的中纬度地区,例如:西亚、中东、北非、中美洲,这不是一个偶然的现象,而是与农业起源的气候条件联系密切的结果。除气候条件外,适度的挑战才是农业起源的关键。高纬度地区的人们,生存条件太差,无法种植。低纬度地区的人们,因为采集条件相对较好,不需要农耕。只有中纬度地区的人们需要种植并且可以产生农耕,因为他们面临饥荒,他们需要挑战饥荒,他们需要度过冬天,他们需要贮藏食物,而贮藏与农业起源关系密切。

由此可见,适度的生存挑战是农业起源于中纬度地区的关键。

【根据徐旺生:《农业起源——中纬度地区冰后期贮藏行为的产物》,《古今农业》2013年第3期】

★ 史学导读

1. 历史论著中的"文明"有几种用法?

大致说来,历史论著中的"文明"概念,有以下几种不同的用法。第一,用"文明"来划分社会发展阶段,形成与"野蛮时代"相续并相对的"文明时代"的提法。第二,接受早期人类学的观念,把人类社会和文化的演化区分为"蒙昧、野蛮、文明"三个阶段,以"文明"为更高级的阶段。第三,把"文明"作为人类的生活方式,侧重生产活动、技术形态、艺术成就和宗教信仰等。第四,用"文明"界定人类共同体的特征,也就是把基于具体地域的具有相对复杂的行为、制度和观念体系的人群视为一个共同体,同"社会"的含义相近。第五,把"文明"作为"文化"的近义词或同义词使用,或者以"文明"对"文化"进行归类,通常是把若干相近的文化归入一种文明,如西欧文明、拉美文明、撒哈拉以南的非洲文明;也有学者着眼于文化的阶段和等级,把较高级的文化称作"文明"。第六,侧重历史书写方式,把有文字记载的历史称作"文明史"。不过,历史写作中"文明"的这些用法之间并非泾渭分明,而经常是纠缠交错的。更直白地说,历史学界习惯于混用不同意义上的"文明"概念。

更大的困扰也许在于,"文明"概念还天然包含着价值、道德和意识形态的意涵,这使得历史学家在使用这个概念时随处都可能遇到陷阱。

——摘自李剑鸣:《文明的概念与文明史研究》,《华中师范大学学报(人文社会科学版)》2016年第1期

○ **导读提示**

该则材料回答了史学论著中"文明"的六种用法:划分社会发展阶段;区分人类社会和文化的演化阶段;人类的一种生活方式;界定人类共同体特征;文化的近义词或同义词;历史书写方式的一种。同时,"文明"的用法是纠缠交错的,不同意义的"文明"概念也经常混用。

阅读材料时,应认识到:"文明"概念的不确定性以及用法的多样性,我们在学习中遇到"文明"一词应该结合作者的语境和表达内容来判定"文明"的含义。

通过阅读该则材料,要注意到历史教科书中是以国家的产生作为文明产生的重要标志,更切合材料中第三、四、六种的含义。

2.国家是如何产生的?

按照恩格斯的观点,只有当氏族组织的障碍被渐渐扫清,社会关系的维系纽带由血缘因素转变为地缘因素之后,国家才得以建立。

20世纪60年代以来美国学者塞维斯、弗里德等人提出解释国家起源的新进化理论。按照塞维斯等人的看法,史前社会在很长一段时间内由分散的亲族集团组成,家庭之外的人际关系是平等型的。塞维斯将史前社会划分为具有平等色彩的游团、部落以及具有阶层性的酋邦三个阶段,并认为随之而来的就是国家的产生。他发现从游团、部落到酋邦阶段,地缘性因素的影响随着社会分工的加剧不断增强,而血缘组织的重要性则逐渐降低。如游团社会的主要维系因素是血缘,在那里"除性别年龄之外别无其他分工。核心家庭是游团最具凝聚力的组织",甚至"游团文化的经济、政治和意识形态都是非专业化的和非正式化的;简而言之,都仅仅是'家庭式'的"。与游团相比,部落的规模更大,但仍由许多相互拥有亲属关系的部分组成,这些部分又由各个家庭组成。除家庭之外,部落中开始出现了"泛部落组织",它们将部落更加紧密地团结起来。这些泛部落组织除了氏族等血缘组织外,更多的则是如年龄阶团、秘密结社、战争团体、仪典团体之类的非血缘组织,这表明血缘组织虽然是部落社会的基础,但各种非血缘组织的作用已经凸现出来。在典型的酋邦社会里,不同群体间的分工已经开始,但"酋邦社会仍然是典型的亲族社会"。这种情况到国家阶段发生了本质性转变,因为血缘因素逐渐被破坏并为地缘因素所取代。

总的看来,国家的建立必然以血缘因素被地域因素取代为前提,20世纪后半期以来的许多西方学者在这点上仍忠实地继承了恩格斯的观点。

——摘编自胡祥琴、晁天义:《血缘组织在中国古代国家产生过程中的作用及其影响》,《宁夏大学学报(人文社会科学版)》2008年第5期

○ 导读提示

学者将史前社会划分为具有平等色彩的游团、部落以及具有阶层性的酋邦三个阶段,并认为随之而来的就是国家的产生。

阅读材料时,应认识到:在早期社会发展过程中,地缘性因素随着社会分工的加剧不断增强,血缘组织的重要性在不断下降,部落时期开始出现许多非血缘组织,酋邦社会时期群体分工已经出现,但酋邦社会仍然是亲族社会。到了国家阶段,通常是高度中央集权的政府,具有一个职业化的统治阶级,社会关系的维系纽带由血缘

因素转变为地缘因素。

通过阅读该则材料,可以深刻理解氏族组织的破坏是国家产生的前提。由于社会分工的不断发展,导致氏族组织被破坏,地域因素取代血缘因素,国家逐渐产生了。

第2讲 古代文明的多元特点

★学习精要

由于生产力发展水平和交通、通信条件的限制,古代文明的地域范围大多有限,主要存在于大河流域,农耕经济的自给自足特性决定了古代文明各自独立发展的特征。面对不同的自然与历史环境,形成了早期多元文明并立的局面。

公元前3500年左右,两河流域下游的苏美尔人建立了一系列国家,它们之间的混战成为地区性统一和专制王权产生的重要条件。约公元前18世纪,古巴比伦的汉谟拉比基本统一了两河流域,并建立了君主专制制度,颁布法典,宣扬君权神授,维护奴隶主的利益和权威。

得益于尼罗河的便利,埃及在公元前3100年左右初步统一尼罗河中下游地区,形成君主专制制度,建立了比较完善的官僚系统。

古代印度文明最初出现于印度河流域。随着铁器时代的来临,生产工具的进步,恒河流域也逐步得到开发。公元前6世纪,恒河流域形成一系列国家,并逐渐发展出种姓制度。种姓制度成为古代印度社会最重要的特征之一。

古希腊文明的中心区域是巴尔干半岛南部和爱琴海中的部分岛屿。这一地区多山少平原的地形与铁器时代小农经济结合,逐渐形成了城邦制度。公元前8—前6世纪,城邦逐渐发展起来。城邦数量众多,典型特征是小国寡民。不同的城邦实行不同的政体,最为流行的是贵族制和民主制,还存在君主制、寡头制和僭主制。城邦制度下相对自由的政治环境刺激了文化的发展,文学、哲学、政治学和史学等在古代希腊都取得了辉煌的成就,对后世影响深远。古代希腊文明成为西方文明的源头之一。

★学术动态

学术观点:内生与杂糅视野下的古埃及文明起源

关于古代埃及文明的起源,由于保存下来的文物极度匮乏,加之它涉及古代埃及与西亚、撒哈拉沙漠以南非洲之间的关系,这一问题始终没有明确的结论。

许多欧美学者试图证明埃及文明的"北来说";与此同时,非洲和美国黑人学者则极力强调古代埃及文明的非洲原生属性。探讨古代埃及文明的起源不仅涉及对考古发掘物和古代文献的阐释,而且还受到欧洲中心论、白人优越论、黑人身份认同等因素的影响。

近年来在埃及、利凡特、努比亚等地的考古发掘表明,古代埃及文明是一种原生文明,同时它又受到来自埃及以北和以南两个方向的影响,正是这种内生与杂糅的双重性造就了古代埃及文明大一统和分而治之两种趋势之间彼此较量与相互调和的事实。

【根据金寿福:《内生与杂糅视野下的古埃及文明起源》,《中国社会科学》2012年第12期】

★ 史学导读

1.《汉谟拉比法典》的历史作用是什么?

汉谟拉比的一个重大历史功绩,是制定了著名的《汉谟拉比法典》。统一前的两河流域,只有各城邦的成文法和习惯法,没有统一的法律。他继承和发展了苏美尔和阿卡德时代一些城市的成文法或习惯法,以《乌尔纳姆法典》为范例,结合阿摩利人的氏族部落习惯法,制定了一部著名的《汉谟拉比法典》,统一了两河流域的法令。

法典的基本思想,是以新兴奴隶主阶级之法治理古巴比伦国家。奴隶不受法律保护,却严格保护奴隶占有制和私有制,保护租佃和高利贷者的利益。是"为使强不凌弱,为使孤寡各得其所……为使国中法庭便于审讯,为了国中审判便于决定,为使受害之人得伸正义"。用法律维护和加强中央集权君主专制。这对各地豪强和氏族贵族等传统保守势力,随意解释法律和滥用司法大权,是一种约束、限制,也是下层人民保护自身有限利益的一种武器。

——摘自史若冰:《汉谟拉比的历史功绩》,《河北大学学报(哲学社会科学版)》1984年第3期

○ **导读提示**

材料介绍了汉谟拉比统一两河流域、颁布《汉谟拉比法典》的历史功绩。法典颁布之前各城邦都有各自的习惯法和成文法,法令不一,贵族可以随意解释法律和滥用司法大权。

阅读材料时,应认识到:汉谟拉比通过制定《汉谟拉比法典》统一了两河流域的法令;法令代表着新兴奴隶主阶级的利益,严格保护奴隶主和高利贷者的利益;《汉谟拉比法典》也使得各地豪强与氏族贵族不得随意解释法律和滥用司法大权。

通过阅读材料,我们可以理解《汉谟拉比法典》的颁布在人类文明史上的重大意义,还要认识到《汉谟拉比法典》是为统治阶级服务的这一本质特征。

2.古希腊城邦有什么样的特征?

希腊文明是一种异于集权专制形态的城邦民主制度文明。从地域分布上看,整个古希腊社会就是由600—700个星罗棋布的纤芥城邦构成的,甚至连只限于巴尔干半岛东南一隅的希腊本土也聚集着数以百计的城邦。这些规模有限的纤芥小邦虽然数量很多、大小各异,却是一个具有独立的政治生活、自足的经济生活和丰富的文化生活的城邦共同体,在社会组织形式上都推行不同形式的城邦民主制度。可以说,整个古希腊文明就是由这些城邦文明构成的。

——摘自杨仁忠:《希腊文明的形成机制与公共理性的历史源头》,《商丘师范学院学报》2013年第5期

○ 导读提示

材料共四句,第一句说希腊文明是一种城邦民主制度文明,第二句从地域分布上看希腊城邦,第三句从城邦发展角度来谈希腊城邦,第四句总结希腊文明就是由多样化的城邦文明构成。

阅读材料时,应认识到:希腊城邦数量多,政治生活独立,经济生活自足,文化生活丰富。

通过阅读材料,我们可以把握希腊城邦的特征是:小国寡民,独立自主。同时要理解自然地理环境对早期人类文明的影响是十分重大的,希腊城邦制文明的产生与此关联密切。

3.印度有哪些种姓?

印度人称种姓为"瓦尔纳"(varna)和"迦提"(jati),西方人称之为"卡斯特"(caste)。

印度两本重要的典籍《梨俱吠陀》(Rigveda)和《摩奴法典》(Manusmriti)对种姓制进行了诠释,将种姓区分为婆罗门(Brahman)、刹帝利(Kshatriya)、吠舍(Vaishya)和首陀罗(Shudra)。婆罗门由神职人员和知识分子构成,刹帝利由武士和国家管理者构

成,吠舍由工商业者构成,首陀罗由工匠和奴隶构成。此外还存在为数众多的"贱民"(Candala),又称"不可接触者"(Untouchables),为第五种姓。该阶层社会地位极为低下,从事屠宰牲畜、清除粪便、搬运尸体、看守坟墓等"污秽"职业,被婆罗门视为"污秽不洁"之人。印度社会还存在一部分"没有种姓"或"被逐出种姓的人",这些人由于战争、迁移、违反种姓规定或犯罪等原因被开除出种姓集团,也归于贱民阶层。

——摘自谭融、吕文增:《论印度种姓政治的发展》,《世界民族》2017年第3期

○ 导读提示

材料第一段讲述印度种姓的不同称呼,第二段讲《梨俱吠陀》和《摩奴法典》是记载种姓制度的重要典籍,然后分别叙述不同种姓的职业构成。

阅读材料时,应认识到:不同种姓所从事的职业不同,身份地位也不同,种姓制度下存在严重的社会等级压迫。

通过阅读材料,我们可以理解印度等级制度具有悠久的历史传统,种姓制度是一种严格的社会等级制度。在传统的印度社会,种姓制度是维系整个印度社会稳定的基础,通过宗教的影响力,印度的统治阶层将各种姓按照宗教层级、职业等进行归类划分,这种建立在宗教体系下的社会结构为印度文明的延续创造了一个较为稳定的环境。

第3讲　古代文明形成的时空条件

★ 学习精要

人类最初的文明受制于不同的时空条件,越早的文明,受自然条件的制约也越大。

两河流域经常洪水泛滥,因此形成了流传久远的洪水毁灭人类的传说。河流两岸土地肥沃,有利于农业生产,两河流域成为世界上最早的农业发生地。但两河流域开放的地理环境,使其经常遭到周边部落的入侵。入侵一方面造成文明的兴衰更替,另一方面不断给两河流域带来新的活力。苏美尔、阿卡德和古巴比伦王国的建立者最初都是入侵者。到古巴比伦王国时代,两河流域基本上统一。

古埃及文明的发展深受尼罗河涨落的影响,古埃及人把他们的土地称为黑土地,以与周边的红土地区分;尼罗河定期的泛滥给河流两岸的土地施肥,确保了粮食的丰收;古埃及历法根据尼罗河涨落将一年划分为三季;尼罗河同时提供了连通上下埃及

的便利,有利于古埃及的统一和专制主义集权国家的形成。

巴尔干半岛多山少平原的环境与铁器时代生产力的结合,造成了古代希腊独特的城邦制度。城邦以公民直接参与国家管理为特征,雅典民主政治成为城邦民主的典范。但是这种城邦民主建立在奴隶制度的基础之上,只有少数的成年男性公民具有选举权,妇女、外邦人和奴隶都被排斥在公民队伍之外,其局限性非常明显。

★学术动态

学术观点1:优越的地理条件、富裕的农业生产影响埃及文明的发展

尼罗河定期泛滥,两岸土地肥沃柔软,有利于开展灌溉农业,埃及农民使用简单的工具就能得到好收成。优越的地理条件,富裕的农业生产,给埃及文明的发展带来了明显的后果:

第一,为埃及法老权力的强化奠定了经济基础。统一的灌溉农业促进了埃及王权的加强,埃及法老具有神圣不可侵犯的威严。

第二,导致庞大官僚机构的产生。统一的灌溉农业使政府必须组织众多的官员来管理灌溉工程,向农民征收赋税,摊派劳役。

第三,挑战强度的不足,缓慢了埃及文明发展的步履。优越的地理环境使埃及成为古代世界的一大粮仓,然而社会生产力并未得到飞速发展,相反,几千年来步履艰难,发展非常缓慢。

最后,独特的地形条件使古埃及文明在相当长的时间里独立发展。相对封闭的地理环境使古埃及很少受到游牧民族大规模的侵袭,在长达三千多年的文明发展史中一直走独立发展的道路,古埃及文化传统世代传承少有变异。

【根据林秀玉:《古代文明与地理环境之关系——古代中国、埃及及两河流域比较》,《闽江学院学报》2004年第1期】

学术观点2:自然地理环境对古代埃及和两河流域科学技术发展的影响

古代埃及、两河流域在上古时期的科学技术为全世界的发展奠定了坚实的基础。两者的科学技术既有共同点,又有各自明显的地域特色。

共同点表现在:首先,科学技术很大程度上是基于人类生产、生活的需要,出现了适应当地环境的技术,也形成了反映当地环境条件的宗教信仰。例如,为农业生产之需要两地分别出现了天文历法。其次,当时还没有从理论上总结,科学技术也没有从

实际应用中分离出来。

地域的特色则更加明显。封闭的地势与河水的定期泛滥,令尼罗河流域的物质生活比较丰顺,精神生活比较乐观。而两河流域河水的不定期泛滥使人们在心理上形成一种恐惧的服从。外族入侵迫使两河流域的人们加紧铸造青铜与铁制兵器,冶炼技术发达。天文历法上,埃及人崇拜太阳,创造出最早的太阳历法,而两河流域则以月亮的运行周期为基准创造了阴历历法;医学上,埃及人相信转世而制作木乃伊,丰富了解剖学知识,而两河流域重视占星术却忽视了对医学的研究;建筑上,埃及人利用天然的石材建造了金字塔和神庙,而两河流域受黏土等建材的限制发明了圆顶建筑,并影响到后世的建筑风格;埃及人因采石建筑的高度发达延迟了对金属工具的使用,而两河流域却在争战中使冶炼技术达到先进水平。

综上所述,在上古时代前期,古代埃及和两河流域的科学技术水平和发展方向是地理、气候等自然环境以及人文社会环境等共同作用的结果。

【根据尹晓冬:《从古代埃及和两河流域文明,看上古前期自然环境对科学技术发展的影响》,《北京印刷学院学报》2004年第1期】

★ 史学导读

1.地理环境对古希腊文明的影响有哪些?

环境的决定性影响在古代希腊主要表现为:海洋环境或条件这一地理特殊性对于文明的深刻影响,其与由河流环境所造就的文明形成鲜明甚至具有颠覆意义的对照;由此导致直接有利于崭新文明出现的要素就是海外贸易及商业和手工业的发展;而地理交汇点、各种信息汇聚、其他外来成果或形式可供借鉴这些积极要素反映在希腊这里,主要就是体现为知识、艺术、文字、铁器等普遍受惠于东方诸文明的影响;另外,由于地域普遍狭小,人口有限,这为城邦生活形式及民主制度的产生和实现提供了极其合适的环境。

——摘自吾淳:《论早期文明研究中的若干重要问题》,《学术界》2019年第12期

○ 导读提示

地理环境对于早期文明的产生、形成及其类型划分无疑起着重要的影响性的作用或具有决定性的意义。地理环境决定论在一定条件下是符合历史唯物论的基本观点:客观(即环境)的物质条件决定主观(即人类)的创造活动。

材料从希腊海洋环境、地理位置、地域特点三个角度来分析环境对希腊文明的决定性影响。

阅读该材料,可以概括出:古希腊海洋环境推动古希腊海外贸易和手工业的发展;古希腊地理位置使得古希腊可以借鉴各地文明,受惠于亚非文明的影响;古希腊地域狭小,推动了民主制度的产生和发展。

★荐读书目

吴于廑、齐世荣:《世界史:古代史编》(上、下卷),北京:高等教育出版社,2011年版

[美]斯塔夫里阿诺斯:《全球通史——1500年以前的世界》,吴象婴、梁赤民,译,上海:上海社会科学院出版社,1988年版

晏绍祥:《世界上古史》,北京:中国人民大学出版社,2009年版

中国世界古代史学会:《古代世界城邦问题译文集》,北京:时事出版社,1985年版

[法]吕西安·费弗尔:《大地与人类演进:地理学视野下的史学引论》,高福进,任玉雪,侯洪颖,译,上海:上海三联书店,2012年版

第2课　古代世界的帝国与文明的交流

第1讲　古代文明的扩展

★学习精要

人类最初的文明产生于亚非欧大陆的若干地区,分散而孤立。但农耕世界相对较高的生产力与文化显示出较强的优越性,决定了古代农耕文明范围和影响不断扩大的基本趋势。古代早期文明的扩展主要有武力扩张与移民两种形式,前者的代表有古埃及文明、古代西亚文明,后者则以古希腊文明为典型。

古埃及文明是位于非洲东北部尼罗河中下游地区、时间跨度近3000年的古代文明,其产生和发展同尼罗河密不可分。尼罗河每年的定期泛滥,灌溉着两岸的万顷沃地良田;提供便利的交通,使人们易于来往于河畔的各个城市。同时,由于尼罗河南部高山深谷的阻隔,保证了古埃及文明数千年的稳定延续,也使得古埃及文明主要是向叙利亚、巴勒斯坦地区扩张。古埃及文明对后世的古希腊、古罗马、犹太等文明产生巨大影响。

古代西亚文明发源于幼发拉底河和底格里斯河的两河流域及伊朗高原地区。公元前18世纪初,位于两河流域南部的古巴比伦王国崛起,在第六任君主汉谟拉比的领导下首次实现了两河流域的基本统一,进入王国的鼎盛时期。古巴比伦文明是古代两河流域文明发展历程中的一个高峰。地处两河流域北部的亚述于公元前3千纪末建国,到公元前10世纪开始大规模扩张,建立起地跨西亚、北非的亚述帝国。由此,西亚地区的文明逐步从两河流域扩展到叙利亚、巴勒斯坦、小亚细亚和伊朗高原。

古希腊文明发源于东部地中海区域,独特的地理条件和气候条件孕育了其独特的海洋文明。公元前8世纪至前6世纪,希腊人在地中海区域进行了广泛而持久的殖民活动,在东起黑海东岸、西到西班牙的广大地区建立了数量众多的城邦国家。尽管希腊的殖民地采用母邦的制度和宗教习俗,但这些殖民地完全不受母邦的控制。因而,希腊殖民扩张运动的结果,是产生了大量独立的城邦,而不是一个中央集权的大一统帝国。殖民扩大了希腊人活动的范围,使希腊人接触到西亚、埃及和更广大的地区,对希腊经济和社会发展产生了重要影响。

★学术动态

学术观点:人类文明发展史的主流是不同文明互相碰撞与交融

一部人类文明发展史,就是不同的文明在竞争比较中取长补短,在求同存异中共同发展的历史。人类文明发展的历程充满了各民族、各宗教、各种文化之间的竞争互补。历史上辉煌一时的希腊文化、罗马文化、埃及文化、波斯文化、印度文化,都在与其他文化的竞争中吸取了许多外来精华,同时又对其他文化产生了重要影响。

而极端主义又会使不同文明之间的碰撞有时会演变为恶性冲突,其主要原因不在于文明差异本身,而在于无知、狭隘、偏见和因此产生的极端主义乃至种族主义。如西方列强崛起的过程中,就出现过殖民主义打着基督教文明的旗号摧毁土著文明的血腥进程。

从上述两点看,人类文明发展史的主流是不同文明互相碰撞与交融,在取长补短中共同发展。许多恶性冲突实际上是发生在不同文明背景的少数极端分子之间,而不是发生在不同文明背景的广大民众之间。

【根据潘光:《浅论世界历史上的"文明冲突"与文明对话》,《历史教学(高校版)》2007年第5期】

★史学导读

1.古代农耕文明发展对文明扩张有何影响?

世界上先后出现了几个各具特色的农耕中心。最早的是西亚,在美索不达米亚周围地带,驯化了野生麦类,发展为种植小麦、大麦的农耕中心。其次是包括中国在内的东亚、东南亚。农耕中心形成之后,就缓慢地向其他宜于农耕的地方扩展。

——摘自吴于廑:《世界历史上的游牧世界与农耕世界》,《云南社会科学》1983年第1期

由于有了农业,食物有了保障,人们定居下来,生活比较安定了,可以养活更多的孩子。为了养活这些人,人们就必须开垦更多的土地,于是在更多的地方出现农业。

所以,农业是一种扩张的力量,它要求越来越多的土地。

——摘自钱乘旦:《西方那一块土:钱乘旦讲西方文化通论》,北京:北京大学出版社,2015年版,第23页

○ **导读提示**

两河流域、黄河流域等地区特殊的自然地理条件为农耕文明发端、发展以及建立强大的早期农耕文明社会提供了物质基础。从唯物史观的角度来认识,我们可以发现:一方面,生产力发展有限,加之各大河流域内适合农耕的地理空间有限,农业发展对于土地、水利资源、劳动力产生了强烈需求,是对外扩张的动力来源;另一方面,农业提供的粮食及其他资源又保证了人力和物力的供应,是对外扩张的基础条件。

阅读材料时,应认识到:农耕文明具备较发达的社会分工、较高的劳动生产率,以及较为完备的社会组织和管理体系,这些因素促使农耕文明在古代世界不断扩张。

通过阅读两则材料,可以深刻理解农耕文明的自身优势使其具备扩张潜能,随着农耕文明区的不断扩展,农耕文明的影响也随之扩大。

2.如何理解暴力交往在古代文明扩展过程中的作用?

但到目前为止,暴力、战争、掠夺、抢劫等等被看作是历史的动力。这里我们只能谈一谈主要之点,因此我们举一个最显著的例子:古老文明被蛮族破坏,接着就重新形成另一种社会结构(罗马和野蛮人,封建主义和高卢人,东罗马帝国和土耳其人)。对野蛮的征服者民族说来,正如以上所指出的,战争本身还是一种经常的交往形式;在传统的、对该民族来说唯一可能的原始生产方式下,人口的增长需要有愈来愈多的生产资料,因而这种形式也就被愈来愈广泛地利用着。

——[德]马克思、恩格斯:《马克思恩格斯选集》(第一卷),北京:人民出版社,1972年版,第27页

和平交往并非交往的唯一方式。一个民族或国家的势力强大以后,往往因开拓土地、移殖人口、掠夺资源、控制商路而与邻近国家、部族发生冲突,以暴力的方式进行交往,这在大国并立的形势下尤其如此。暴力交往不可能成为经常采用的方式。它是间歇性的,具有破坏性的,但又有和平方式所不具有的冲击力量。一次猛烈的冲击过后,随之而来的,往往是对闭塞状态的重大突破。马其顿王亚历山大东侵以后,从爱琴海地区到印度河流域,经济文化发生了范围空前广阔的交往。13世纪蒙古军横越亚欧大陆,随着帝国的建立,东西陆上交通为之大开。历史上这两次破坏力甚大的暴力交

往,都起了重大突破闭塞的作用。

——摘自吴于廑:《吴于廑文选》,武汉:武汉大学出版社,2007年版,第55页

○ 导读提示

第一则材料指出早期农耕生产方式下,人口增长所需要的更多生产资料往往通过战争的形式获取,以战争为主要形式的暴力交往成为一种经常的交往形式。第二则材料表明暴力交往具有和平交往不具有的冲击力量,能对闭塞状态产生重大突破作用。

阅读材料时,应认识到:和平与暴力是人类文明交往过程中的两种基本形式,尤其是在生产力低下的历史时期,暴力交往上演得更为频繁。

通过阅读两则材料,要辩证地看待暴力交往在古代文明扩展中的作用。一方面,武力扩张带来了屠戮和死亡;另一方面,战争和征服也以一种野蛮的方式促进了经济和文化的交流。同时也要认识到和平交往是人类交往的主流,也是人类永恒的追求。

3.如何理解古希腊海外殖民活动的原因及特点?

希腊地区没有丰富的自然资源——没有肥沃的大河流和广阔的平原,而具备这些天然条件,并合理地开发和利用,是供养如中东、印度和中国所建立的那种复杂的帝国组织所必需的。在希腊和小亚细亚沿海地区,只有连绵不绝的山脉,这不仅限制了农业生产率的提高,而且还把农村地区隔成了互不相连的小块。

——摘自[美]斯塔夫里阿诺斯:《全球通史——从史前史到21世纪》,吴象婴、梁赤民等译,北京:北京大学出版社,2019年,第102页

尽管希腊人的足迹踏遍了地中海世界,但在希腊人建立的殖民城邦中,母邦与子邦之间的关系是基本平等甚至完全平等的,母邦与子邦之间通常没有统治与被统治的依附关系。同样值得注意的是,希腊人建立的殖民城邦也主要是沿海独立城邦,并未表现出向内陆迅猛扩张进而建立庞大帝国的强烈倾向。

——摘自陈长琦:《中外政治文明历程》,长春:长春出版社,2013年版,第66页

○ 导读提示

第一则材料指出古希腊被高山海洋分割成小块的山地半岛,造成相对隔绝的地域分割,限制了希腊本土的农业发展。第二则指出希腊人建立的殖民城邦有其鲜明的自身特质。

阅读两则材料时,应认识到:古希腊开展的大范围殖民活动受其特殊地理环境的影响,人口压力催生了向外发展的动力。希腊通过殖民建立的城邦称之为"子邦",两

者在政治经济上的关系是平等的。同时,希腊居民的活动范围局限在了地中海的周边,没有深入到陆地内部。因此,古希腊的海外殖民活动不同于古代一般的民族迁移,也与近现代资本主义侵略有区别。

通过阅读两则材料,可以深刻理解古希腊开展广泛而持久的海外殖民活动有其多方面的原因,并带有希腊城邦文明烙印的特性,由此能够进一步分析殖民活动对希腊经济、社会文化的历史影响。

第2讲 古代世界的帝国

★学习精要

古代帝国是人类早期文明发展过程中的产物,奴隶制帝国的兴起正是源于文明的区域性扩展。由此产生的波斯帝国、亚历山大帝国、罗马帝国在人类文明交往史上占有极为重要的地位。它们一方面通过战争结束了古代世界分散割据的小国林立状态,另一方面则通过文明的融合成为古代世界文明交往的各大中心。正是不同文明之间的接触、交流与交汇,使其互相补充、相得益彰,成为人类历史由分散走向整体过程的一个重要环节。

波斯帝国(公元前550年—前330年):波斯位于伊朗高原西南部,公元前6世纪中叶,波斯人被米底王国统治。公元前550年,居鲁士二世率众推翻米底王国,建立波斯帝国,在统一波斯高原的同时帝国不断对外扩张,迅速征服了两河流域、埃及、小亚细亚等地区,到大流士一世统治时期波斯成为世界历史上第一个横跨欧亚非三大洲的奴隶制帝国。大流士一世推行了一系列改革,中央继承了西亚地区传统的君主专制制度,地方实行行省制,并建立了从中央到地方比较完善的官僚体系和税收系统,波斯帝国达到鼎盛。公元前330年,马其顿国王亚历山大挥师东侵波斯,延续两百余年的波斯帝国至此灭亡。

亚历山大帝国(前336年—前323年):公元前4世纪,希腊北部边陲的马其顿成为军事强国。公元前336年,亚历山大即位成为马其顿国王,统一希腊全境,荡平波斯帝国,大军开到印度河流域,仅用十年时间便建立起全境约550万平方千米的世界性帝国。亚历山大继承了波斯帝国的基本制度,宣布君权神授,任用马其顿人和希腊人担任地方行省的主要职务,推广希腊文化。公元前323年,亚历山大病逝,其部将发起了持续不断的继承者战争,帝国迅速分解为三个较大的王国,分别是马其顿王国、托勒密王国、塞琉古王国。到公元前30年,这些王国先后沦为罗马属国。

罗马帝国(公元前27年—公元476年):公元前2世纪—1世纪,罗马共和国发生危机,经过一个世纪的内战,罗马共和国最终崩溃。公元前27年,屋大维被奉为"奥斯古都"(拉丁文"Augustus",意为"神圣高贵"),建立元首制,标志着罗马帝国的开始。罗马帝国的疆域在1世纪达到全盛,地中海成为其内海。在扩张过程中,罗马把被征服地区的大量居民卖为奴隶,奴隶制迅速发展。3世纪,罗马帝国陷入长期的政治危机之中,戴克里先夺取政权后废除"元首制",进入专制帝国时代。4世纪后,帝国分裂为东西两部分,再未统一。476年,西罗马帝国在蛮族入侵的浪潮中灭亡,标志欧洲历史进入中世纪时期。

★学术动态

学术观点1:文明交往的多样性是波斯帝国强盛的表征

多样性是文明交往开放性的必然结果,也是交往主体(民族、国家)基于宽容与理性,充满活力和创新的动力源泉。波斯人在帝国统治的基础上,对异己文明兼收并蓄,创造出了自己的灿烂文化。

大流士在亚述帝国的基础上,建立完善了驿道制度,为帝国内部的交往提供了有利条件。鉴于帝国境内民族众多、语言文字互异,大流士把当时西亚流行的阿拉米语确定为全国通用的官方语言,用以发布诏令。波斯诸王虽然奉行宗教宽容,但一直信奉祆教。随帝国势力之所及,传播日远,乃至形成了一个祆教文化圈。

多样和同一并存,继承和创新兼有,共同把波斯帝国的文明交往推向了顶峰,其间体现出文明交往的多样性正是波斯帝国强盛的表征。

【根据于卫青:《论波斯帝国的交往性特征》,《人文杂志》2001年第6期】

学术观点2:被征服的希腊反而降伏了粗鲁无文的征服者

罗马帝国对地中海世界的军事征服虽然实现了政治上的统一,却始终未能完成文化上的统一。相反,罗马对异域世界的每一次政治征服都面临着被异质文化所渗透的危险。

到了共和国末期,罗马在文学、艺术、哲学等领域中已经完全沦为希腊的"文化殖民地"。受荷马史诗《伊利亚特》的启发,维吉尔创作了最著名的拉丁文学杰作《埃涅阿斯纪》;希腊的柏拉图哲学在罗马被西塞罗等人加以传播,最终结出了新柏拉图主义的果实(希腊的其他哲学学派如斯多葛主义、伊壁鸠鲁主义等亦是如此);希腊的雕塑和建筑在罗马得以传承,只是少了一些唯美的色彩,多了一些实用的特征。甚至连拉丁语本身,在字母、语法和词汇等方面也深受希腊语的影响。在罗马帝国的东部地区,希腊语一直与西部地区流行的拉丁语并存,二者共同构成了罗马帝国的官方语言。

随着罗马人对希腊世界的政治征服,希腊对罗马的文化渗透也紧锣密鼓地展开了。正如罗马诗人贺拉斯所言:"被征服的希腊反而降伏了粗鲁无文的征服者。"

【根据赵林:《罗马帝国的历史命运与现实影响》,《社会科学战线》2016年第8期】

★ 史学导读

1. 汉帝国和罗马帝国的交往中发生过什么变化?

所有的货物,所有现存的和曾经存在的东西,贸易、航海、农业、金属加工,任何曾经创造出来或者生长出来的东西,都在这里汇合。这里看不到的东西,肯定不存在于这个世界上。

——阿利斯提德:《致罗马》

以金银为钱,银钱十当金钱一。与安息(伊朗)、天竺(印度)交市于海中,利有十倍。其人质直,市无二价。谷食常贱,国用富饶。邻国使到其界首者,乘驿诣王都,至则给以金钱。其王常欲通使于汉,而安息欲以汉缯彩与之交市,故遮阂不得自达。至(东汉)桓帝延熹九年,大秦(古罗马)王安敦遣使自日南徼外(越南海路)献象牙、犀角、玳瑁,始乃一通焉。其所表贡,并无珍异,疑传者过焉。

——摘自[南朝宋]范晔:《后汉书·西域传》

○ **导读提示**

材料一将罗马城视为世界性的商品汇聚地,无所不有,骄矜之情溢于言表。材料二介绍在中国早期的罗马叙事中,将其描绘为富饶华丽之地,但中国与罗马间的丝绸贸易被安息所控制,阻挠了东汉与罗马的直接交往。公元166年,大秦王安敦向东汉桓帝朝贡时,却未见奇珍异宝。

阅读材料时,应认识到:汉帝国和罗马帝国的交往主要发生了两种变化。一是从间接交往变为直接交往,早期经由安息进行贸易,到东汉时两大帝国官方首次接触;二是从片面认识到客观认识,早期汉帝国对罗马帝国的认识是通过传闻建构起来的,带有失实的想象成分,正式交流后调整了先前的认知。

通过阅读两则材料,可以深刻理解早期文明尚未发生普遍联系时,彼此间笼罩着神秘的面纱。当不同文明开始直接交往,对于他国有了更为客观的认识。这不仅反映出早期文明渴望对外交流的态度,而且折射出开放包容、自信放达的对外文化精神。

2. 如何评价亚历山大的东西方文化交流政策?

亚历山大远征期间,在野蛮部落建立了70多个城市,用希腊的地方行政长官撒播文明,因此克服了他们的不文明和粗野的生活习惯。

——[古希腊]普鲁塔克:《道德论丛》,席代岳,译,长春:吉林出版集团,2015年版,第328页

亚历山大的东侵和庞大帝国的形成具有深远的影响。亚历山大的野蛮侵略给东方人民带来了严重的灾难,使他们饱受战争之苦。但在客观上使希腊文明与埃及、巴比伦和印度的文明得以接触、交流、融会,扩大了各民族已知世界的范围,加快了人类历史上由分散走向整体的过程。

为了统治幅员辽阔的领土,亚历山大采取了一系列措施:定都巴比伦城,把统治中心放在东方,保留波斯帝国的行政制度,实行分省统治;鼓励东西方种族通婚,缓和民族矛盾;以马其顿和希腊人作为骨干力量,保证征服者的统治地位;袭用东方专制政体,并利用宗教进行统治,宣扬君权神授,从而使帝国的统治呈现出东方、马其顿、希腊城邦三种因素的混合现象。

——摘自齐涛:《世界通史教程(古代卷)》(第3版),济南:山东大学出版社,2004年版,第154页

○ 导读提示

亚历山大通过东征建立起版图辽阔的帝国后,为巩固统治,采用先进的希腊文明来统治野蛮地区,同时在政治制度和军队建设、民族和宗教等政策制定时注意融合希腊特色,使帝国的统治呈现出东方、马其顿、希腊城邦三种因素混合的现象,推动了东西方政治、经济、文化的交流。

阅读材料时,应认识到:亚历山大远征的过程也是传播希腊文明、融合东方文明的过程,使东西方文化在历史上出现了第一次大规模的碰撞与交汇。亚历山大为了维护统治所采取的东西文化融合的措施,使其统治区域原有的语言、风俗、政治制度等逐渐

受希腊文明的影响而形成新的特点。

通过阅读两则材料,可以对亚历山大的东西方文化交流政策做出客观的评价,即亚历山大东征给近东各国人民带来了灾难的同时,在客观上也促进了东西方文化和各民族间的相互交流。

第3讲 不同文明之间的早期交流

★学习精要

从文明产生之日起,不同文明之间就一直存在着不同程度的交往和交流。随着农耕文明区的不断扩展、帝国的产生以及扩张,不同地区文明成果的交换不断加速。农耕技术、冶铁技术、神话、字母文字都是以西亚为起点传向各个地区。其中,发源于西亚的腓尼基字母是人类历史上第一批字母文字。腓尼基地处西亚海陆交通的枢纽,航海和商业发达,为方便贸易活动,腓尼基人创造出由22个辅音字母表示的文字。他在东方演化为阿拉母字母并以此发展为古代西亚、埃及以及度等地的多种字母;它向西传入希腊,形成希腊字母,再演化为拉丁字母。希腊字母和拉丁字母成为今天欧洲几乎所有字母文字的源头。

经济贸易往来也是古代帝国时期文明交流的重要组成部分。"丝绸之路"的出现使得雄踞于欧亚大陆东西两端的秦汉王朝和罗马帝国之间的往来成为可能,这是一条起东起中国长安,横穿中亚、西亚,绵延7000多千米,连接中国与罗马帝国的经济、文化要道。中国的丝织品、铁器、漆器等商品由此输入罗马,而罗马的奇珍异宝也传入中国。同时,在商人、使节穿梭的丝绸古道上,当时的中国、印度、埃及、希腊—罗马等地区的不同文明也不断碰撞与融合。

古代世界各地区的经贸往来,以及思想、文化和技术的传播是文明交流的重要表现,促进了文明的发展。

★学术动态

学术观点1:腓尼基人是真正的字母发明者

腓尼基人(Phoenician)是一个古老的民族,生活在地中海东岸,相当于今天的黎巴嫩和叙利亚沿海一带。大约公元前1000年,腓尼基人创立了腓尼基字母。

腓尼基人善于航海与经商，在全盛期曾控制了西地中海的贸易。腓尼基人的贸易网络让他们与地中海和近东的许多国家建立起了联系，如埃及、亚述、犹太王国、大马士革的阿拉姆人、意大利西部的伊特鲁里亚人、西班牙南部的塔提苏斯人，以及地中海东南部一个偏远但雄心勃勃的希腊民族。贸易促进了腓尼基字母表的传播。

如今许多字母都可直接通过它们的外形，在字母表中的排序，尤其是其发音，一一找到相对应的腓尼基字母。严格意义来说，腓尼基人是真正的字母发明者，希腊字母、拉丁字母都衍生于此、得益于此。

【根据郭东:《论拉丁字母的符号象征性——从埃及文字、腓尼基字母、希腊字母说起》，《沈阳工程学院学报(社会科学版)》2017年第2期】

学术观点2：中原冶铁技术"西来说"

近年来，新疆地区的考古发现不断改写着我国冶铁史的故旧陈说，如新疆哈密焉不拉克墓地出土铁器7件，经过测定为西周初期；新疆轮台群巴克古墓出土较多铁器，经测定为西周中期至春秋早期。越来越多的学者把目光集中到西部，逐渐形成中原冶铁技术"西来说"。

经考古发现，中原地区出土早期人工冶铁制品少，而新疆地区出土的铁器特别多。这说明新疆地区的人工冶铁技术早于中原地区。又因为在公元前2500年左右的赫梯人墓葬中出土铜柄铁刃匕首，在公元前1500年以后，美索不达米亚、安那托利亚和埃及出土的人工冶铁制品逐渐增多，说明西亚、中亚的人工冶铁技术又早于新疆地区。

通过新疆和中原出土铁器的对比，中原地区的冶铁技术很有可能由新疆经河西走廊传入。因此，关于中原冶铁技术"西来说"是有事实依据的。

【根据王鹏:《中原冶铁技术"西来说"辨正》，《天中学刊》2013年第5期】

★ 史学导读

如何理解丝绸之路架起罗马帝国与东方经济文化交流的桥梁？

和帝永元九年，甘英使大秦(即罗马)，至安息(即波斯)。大秦者，传言其人民皆长大平正，有类中国，故谓之大秦。其王常欲通使于汉，而安息欲以汉缯彩与之交市，故遮阂不得自达。至东汉桓帝延熹九年，大秦王安敦遣使自日南徼外献象牙、犀角、玳瑁，始乃一通焉。此为中西交通之始。

——范晔:《后汉书·西域传·大秦》

亚欧大陆的古典文明世界，从黄河流域到地中海沿岸，是以最长距离分隔着的东西两极。在这两极之间，自古就断续发生了分段而又相连的交往。陆上，逐渐形成了丝绸之路，由中国西部进入中亚，然后经大夏、波斯同波斯帝国遗留下来的驿道和通向黑海的道路相连，辗转通往罗马。在大夏境内，南通印度的道路也与之相接。丝绸之路的形成，从历史的发展看，其意义的重要不在于丝绸的运转，而在于有了这条通达的道路之后，人类物质文明和精神文明的创造可以随着时代的演进而络绎往返。

——摘自吴于廑、齐世荣：《世界史·古代史编（上卷）》，北京：高等教育出版社，2011年版，第14页

○ **导读提示**

材料一介绍了汉朝与罗马希望建立直接联系并最终实现直接政治、商业往来的过程。材料二指出丝绸之路形成的最大意义在于沟通了东西双方的物质文明与精神文明的交流。

阅读材料时，应认识到：汉朝和罗马从本国利益出发，都有意愿探索直接前往对方国土的路线。通过官方派遣人员与民间自发力量的不断努力，最终开创出一条互通有无的国际贸易道路，从而使彼此以及沿线国家有了持续的互动，对推动古代东西方经济、文化发展，丰富人民生活都产生了巨大的作用。

通过阅读两则材料，可以深刻理解丝绸之路搭建起了罗马帝国与东方经济、文化交流桥梁的含义，具体体现为以下三点：一是丝绸之路极大地促进了商品大流通，扩大了东西方商贸互通和经济往来；二是丝绸之路推动了科学技术的交互传播，广泛又深刻地推动了沿线国家生产进步乃至社会变革；三是助推了多样性文化交流，东西方不同国家、不同种族、不同文明得以相互浸染、相互包容。

★ **荐读书目**

马克垚：《世界文明史》，北京：北京大学出版社，2004年版

彭树智：《文明交往论》，西安：陕西人民出版社，2002年版

钱乘旦：《西方那一块土：钱乘旦讲西方文化通论》，北京：北京大学出版社，2015年版

[美]威廉·麦克尼尔：《世界史——从史前到21世纪全球文明的互动》，施诚，等译，北京：中信出版社，2013年版

[英]彼得·弗兰科潘：《丝绸之路：一部全新的世界史》，邵旭东，等译，杭州：浙江大学出版社，2016年版

第二单元 中古时期的世界

【单元学习精要】

一是了解中古时期欧亚地区的不同国家、民族、宗教和社会变化,以及世界其他地区的社会状况。在西欧,随着西罗马帝国的灭亡,在罗马帝国生产力、基督教与日耳曼人传统的共同作用下,西欧进入封建社会。封君封臣制度、庄园和农奴制度成为西欧中古时代的基本景观。东欧的拜占庭帝国继承了罗马帝国的遗产,查士丁尼时代它一度强大,恢复了昔日罗马帝国的部分疆土。俄罗斯发端于9世纪建立的基辅罗斯,后被蒙古征服。在反抗蒙古统治的基础上兴起的莫斯科公国成为近代俄罗斯的前身,到17世纪后期已经形成地跨欧亚两洲的大帝国。

由于历史环境的不同,基督教出现了分裂,西欧形成以罗马教皇为首的天主教,东部则形成东正教。

阿拉伯帝国兴起于公元7世纪,到8世纪后期发展成地跨亚、非、欧的大帝国。帝国经济繁荣,文化发达,在东西方文化交流中扮演了重要角色。15世纪,奥斯曼土耳其人崛起于小亚细亚,灭亡拜占庭帝国后,再度建立起一统东部地中海地区的帝国。

南亚次大陆上先后兴起笈多帝国和德里苏丹国。伊斯兰教传入印度后,成为印度重要的信仰之一。东亚的日本从7世纪开始模仿隋唐建立中央集权国家,但随着古代日本"班田制"的瓦解和"庄园制"的形成,日本也从以天皇为中心的"公家政治"进入了封建社会以幕府为中心的"武家政治"时期。

在非洲大陆上,班图人发明了非洲的农业,并引进了部分外来农作物。东非的城市国家与阿拉伯商人的贸易活跃,西非控制了黄金资源和商路,先后兴起了马里、桑海等强国。

美洲的印第安人在与旧大陆隔绝的情况下，独立发明了农业。在使用木石工具的时代，那里就产生了玛雅人的城市国家，以及阿兹特克人和印加人的帝国。

二是认识这一时期世界各区域文明的多元面貌。中古时期的文明仍以农本经济为基础，它自给自足的特性决定了文明仍然呈现的是各个地区基本独立发展、多元并存的状态。即使在文明历史悠久、联系相对密切的亚欧大陆上，各个地区的文明仍保持着鲜明的地区特色。例如，西欧的封建制度明显不同于拜占庭和俄罗斯的中央集权；阿拉伯帝国明显有别于印度的笈多帝国以及德里苏丹国；非洲虽受到与阿拉伯人贸易的影响，但其国家组织和宗教信仰仍主要源自当地；东非产生了城市国家，西非兴起了马里等帝国；美洲的印第安人在木石工具的基础上创造了文明，培育出新大陆特有的多种农作物，阿兹特克人和印加人通过扩张建立了疆域相对广大的帝国，并在15—16世纪进入鼎盛时期。

【根据徐蓝、朱汉国：《普通高中历史课程标准(2017年版)解读》，北京：高等教育出版社，2018年版，第103~104页】

第3课　中古时期的欧洲

第1讲　西欧封建庄园

★学习精要

西欧封建社会是罗马帝国生产力与日耳曼人相对温和的奴隶制度与亲兵制度等结合的产物。封君封臣制度、庄园与农奴制度是西欧封建社会的主要特征。

西欧的封君封臣制是西欧封建社会国家行政管理系统不完善、政治分裂和国家权力分散的产物。这一制度通过层层分封,从上到下形成了所谓责任的"链条"。整个国家等级结构就像一个金字塔,国王在顶端,最底端的是骑士等小贵族,层层附庸、依次互为主从隶属。封君封臣制度中,最为关键的是封土。最初分封的土地称为"采邑",被封赏者享受采邑的衣食租税,但是在领主召集封臣作战的时候,封臣需要自备武器马匹和装备来尽做臣子的义务。

庄园制是西欧封建制度的基石,西欧庄园制是西欧封建主凭借土地占有及超经济强制等权力形成的剥削农民的实体。广义的庄园和领地的概念相似。狭义的庄园制下封建主用劳役地租剥削依附农民。一个大封建主往往拥有若干个庄园,在庄园里建有住宅、教堂、磨坊、马厩、仓库等设施,庄园中的劳动者主要是各种不同身份的依附农民,尤以农奴占大多数。封建庄园是自给自足的自然经济单位,庄园内的一切生产都是为了供应领主消费和依附农民及其家庭的生活需要。14世纪起,西欧经济变化剧烈,庄园主纷纷放弃自营地,货币地租流行,农奴也通过各种途径取得人身自由,劳役制庄园趋向瓦解。

★学术动态

学术观点:"封建主义"概念辨析

"封建主义"一词具有多义性:中国先秦"封诸侯,建同姓"制度是中文"封建制"的本义;秦汉以后是"皇权专制制度";西欧则是"feudalism"。它们本是三个不同的概念,谁也不能涵盖谁,属于前近代时期不同的社会形式。

西欧的封君封臣制,按照领主附庸关系而建立,解决他们因罗马帝国灭亡后共同面临的安全问题,所建立的是非血缘的、非强有力的国家权力支配的社会。而中国西周的封建制,是地处西陲的周族为了统治幅员辽阔的土地而采取的政治举措,其首要目标是解决家族的安全问题。

西欧"feudalism"的基本特征——国家统治权力的分散,庄园制度和武士等级制,领主附庸制及其包含着的原始契约因素等几个方面,是西欧社会历史的产物,不具有普遍性。

【根据侯建新:《"封建主义"概念辨析》,《中国社会科学报》2005年第6期】

★ 史学导读

1.封君和封臣之间有着怎样的关系?

封君封臣制度的建立需要履行一套特定的仪式。9世纪封臣的效忠誓词如下:我……效忠我的主人,爱其所爱,仇其所仇。主人凡践履契约,因我委身投附而善待于我,赐我以应得,则我的一言一行,一举一动,必将以他的意志为准则,绝无违背。

——[美]约翰·巴克勒等:《西方社会史》(上卷),霍文利等,译,桂林:广西师范大学出版社,2005年版,第373页

在任何中世纪语言中都没有与封建主义这一现代术语对应的词语,但是有一个中世纪拉丁词语feudum,意思是封土(fief),由它这里派生出现代术语"封建主义"。……一块封土典型意义上就是从领主处持有的地产,作为一种特别服役尤其是军事服役的回报。

——[美]布莱恩·蒂尔尼、西德尼·佩因特:《西欧中世纪史》,袁传伟,译,上海:上海社会科学院出版社,2007版,第155页

○ 导读提示

根据材料可知,封君和封臣之间的关系并不是无条件的,封臣需要为封君服兵役,并且提供其他形式的帮助。封君则需要把土地赐给封臣,并且在必要时提供帮助。

阅读材料时,应认识到:封君和封臣的关系一是富有浓厚的宗教意味,受封者以上帝的名义起誓,而且依从上帝的法则。二是封君与封臣之间相互依存的关系,封君要保护封臣,封臣要履行自己的义务。三是双方订立协约时,有权利和义务的基本约定。

通过阅读该材料,可以深刻理解封君封臣关系的结成一般以保护与被保护为前提,两者之间的权利与义务是相互的。封君封臣制是西欧封建社会最重要和最具特点的制度之一,它构成了西欧封建社会政治生活的基础与关键。

2.奴隶与农奴有何区别?

封建制度下的基本敌对阶级是封建贵族和农奴。农奴不同于奴隶之点在于:(一)奴隶和牛马一样,没有法律地位;而农奴是介乎奴隶和自由人之间的"半自由人"。农奴虽是附着于土地,没有脱离庄园的自由;但是他的生命是受着国家法律的保护的。(二)按照罗马法,奴隶只有男女间的交配,而没有婚姻权,因此奴隶的家庭是没有法律保障的;而农奴虽然没有婚姻自由,但是农奴的婚姻是为法律所承认的。(三)奴隶没有任何所有权,他的一切都属于奴隶主所有;而农奴则有私有财产。

——摘自齐思和:《西欧中世纪的庄园制度》,《历史教学》1957年第7期

在现代意义上,农奴无疑是不自由的。首先,他不能擅自离开土地,他们被迫定期给领主干活而毫无报酬,他们还得忍受数不清的侮辱性的赋税,服从领主法庭的判决。但他们耕种分到的土地用以谋生,而且通常不能加以剥夺,所以他们的处境比奴隶好得多。这样,当农业改良发生的时候,农奴自己可以指望从中至少稍许获益。更重要的是,虽然理论上领主有权随意摊派赋税,实际上义务趋向于保持固定。尽管许多农奴的命运肯定相当艰难,但他们很少完全听凭他们的领主随意支配打发。

——[美]罗伯特·E.勒纳等:《西方文明史》,王觉非,等译,北京:中国青年出版社,2009年版,第286页

○ 导读提示

根据材料可知,从农奴制和奴隶制对比中,奴隶是主人的财产依附于主人,没有任何自由。农奴虽然被固定在土地上,但义务相对固定,履行义务后多余部分归自己,能够从自己的劳动中获得一定利益。

阅读材料时,应认识到:奴隶和农奴都受到奴隶主或农奴主的压迫,受到中古时期西欧生产关系变化影响,农奴地位相对较高,拥有一定的权利,生产更有积极性。

通过阅读两则材料,可以了解农奴制相对于奴隶制有一定进步,重点在于农奴有自己独立的家庭和财产,也更有生产积极性,有利于推动西欧社会生产的发展。

第2讲　中古西欧的王权、教会与城市

★学习精要

中古中后期，随着城市在西欧的兴起，国王利用城市市民的支持开始建立统一的王权国家。各国王权强化的进程并不相同，从诺曼征服到亨利二世统治结束近一个半世纪，英国封建制度从基础到上层建筑全面建立，到13世纪达到极盛。法国历代国王不断扩大王室领地，英法百年战争加速了法兰西民族统一国家的形成。13、14世纪左右，产生了英国的议会和法国的三级会议。

在宗教上，中古时期西欧形成了教会和世俗政权并立的格局。中世纪初期，天主教会的教士是西欧唯一受过教育的阶层，客观上造成了日耳曼人政权对天主教会的依赖。教会担负起重建文化的重任，并以卓绝的努力赢得蛮族的归附。教会也是最大的土地所有者，教皇则是最大的领主，他实际上成为封建经济结构的最重要的支柱之一。

西欧中世纪城市，指11—15世纪西欧诸国新兴的城市。随着社会生产的发展，西欧各国开始出现旧城复苏和新城产生的历史过程，统称之为城市的兴起。到13世纪，许多城市成为自由城市，从国王或领主手里取得"特许证"。新的市民阶层举行起义，成立公社开始实行城市自治。

★学术动态

学术观点1：中世纪欧洲的教皇权与英国王权之间的关系

教皇权与王权，并非总是处于矛盾与冲突状态，在很多情况下也互相扶持、互相利用。

教皇的权力在实践中具有相当大的不确定性，在很多情况下取决于以王权为首的世俗力量对教皇权的容纳程度。在英国16世纪宗教改革以前，教皇权与王权两种权力体系同时作用于英国教会。大约从14世纪起，英国教会虽然在神学理论和宗教习俗上仍然承认教皇的权威，但是在组织结构上已越来越紧密地与国王政府联系在一起。

正确地评价教皇与国王之间的关系，对于理解中世纪的西欧社会和16世纪欧洲范围内的宗教改革运动，具有十分重要的意义。

【根据刘城：《中世纪欧洲的教皇权与英国王权》，《历史研究》1998年第1期】

学术观点2:中世纪西欧城市的自治

西欧中世纪时的城市是封建性的,是其封建社会中固有的存在物。

中古西欧的城市并非全能自治,许多城市是自由城市,而其中仅一部分是自治市。为了排除领主权的过分剥削压榨,一些城市经过斗争或用赎买的办法,向领主或国王取得一定自由权利,再进一步发展才能成为自治市。

即使取得自治的城市,其自治权也时常被国王收夺。一些中小城市,尤其是属于教会领主的城市,依旧服从封建主管辖,没有任何特权。城市虽然取得一些特权,但并未使城市脱离封建体系之外。

因此,把自由的城市与受奴役的乡村相对立的观点,是不符合西欧封建社会实际的。

【根据马克垚:《西欧封建城市初论》,《历史研究》1985年第1期】

★ 史学导读

1.《自由大宪章》有什么历史作用?

第1条:首先,余等及余等之后嗣坚决应许上帝,根据本宪章,英国教会当享有自由,其权利将不受干扰,其自由将不受侵犯。……此外,余等及余等之子孙后代,同时亦以下面附列之各项自由给予余等王国内一切自由人民,并允许严行遵守,永矢勿渝。

……

第39条:任何自由人,如未经其同级贵族之依法裁判,或经国法判,皆不得被逮捕,监禁,没收财产,剥夺法律保护权,流放,或加以任何其他损害。

第41条:一切商人,倘能按照旧日之公正习惯,皆可免除苛捐杂税。

——摘自《自由大宪章》

○ **导读提示**

根据材料可知,《自由大宪章》由一个序言和63个条款构成。其第1条显示了贵族和教会的权力不受国王的侵犯,全体自由民享有自由权;第39条衍生了人身保护的概念;第41条鼓励工商业的发展。

阅读材料时,应认识到英国《自由大宪章》主要规定了封建统治阶级内部各阶层的特别权利,以及全国臣民共有的权利(农奴除外),宣告了"国王在法律之下"。

通过阅读该则材料,可以理解英国《自由大宪章》作为调整封建统治阶级内部关系的协议书,维护了封建社会的法制,也在一定程度上保障了自由民的权利,对于促使资本主义因素的增长,促进封建社会的发展,具有重要的历史意义。

2.城市自治对西欧城市的发展产生了哪些影响?

在某些地区,一批批城市联合起来组成联盟,这些联盟不仅成为强有力的经济实体,而且还成为强有力的政治实体。例如,当霍亨斯陶芬王朝(编者注:1138—1254年统治神圣罗马帝国的一个王朝)的皇帝们企图强迫意大利北部的米兰、布雷西亚、帕尔马、维罗纳等富庶城市纳税,并接受帝国管辖时,这些城市便结成伦巴第联盟。联盟在教皇的支持下,成功地进行了反对皇帝的战争。同样,1350年,波罗的海沿岸的各种城市——不来梅、吕贝克、斯德丁、但泽和总数达90个的其他城市——组成了汉萨同盟,反对海盗,竭力主张在外国的商业特权,几乎垄断了北欧的贸易。

——摘自[美]斯塔夫里阿诺斯:《全球通史》(上),吴象婴,等译,北京:北京大学出版社,2006年版,第234页

在英、法王权强化的过程中,城市曾起了一定的积极作用。国王给封建主领地上的城市颁发特许证书,既削弱了割据势力,又博得了城市的拥护,把持市政的城市贵族一般都支持国王。城市中文化教育发达,到12世纪末城市培养的法学家成为国王统治机构中的重要成员,教士已不再是国家文官的唯一来源了。

——摘自吴于廑、齐世荣:《世界史·近代史编》,北京:高等教育出版社,2007年版,第138页

○ **导读提示**

城市有了自治权之后,在经济上就可以推行有利于工商业发展的措施从而推动经济发展;在政治上,拥有自由与自治权利的城市,成为西欧封建社会中新的政治实体,并以金钱和人力支持王权,一定程度上促进了国王的统一事业;文化上,兴办大学,培养社会需要的人才,推动了文化发展。

阅读材料时,从经济、政治、文化方面应认识到:城市的工商业活动需要自由的环境和政策,冲击了农奴制度;国王为了扩大领地,与封建领主斗争,城市与王权结盟利于国家统一;城市商业的发展也需要培养人才。

通过阅读该则材料,可以理解西欧中世纪城市的兴起和发展,对西欧封建社会的政治、经济、思想文化和社会生活等方面产生了深刻影响,对推动西欧历史的进步发挥了巨大作用。

第3讲 拜占庭与俄罗斯

★学习精要

拜占庭帝国(395年—1453年)即东罗马帝国。330年,罗马帝国皇帝君士坦丁建立新都君士坦丁堡,罗马帝国走向分裂,政治、经济重心开始东移。395年罗马帝国正式分裂为东、西两部分。6世纪查士丁尼统治期间,对外阻挡了野蛮民族在边疆的骚扰,修建圣索菲亚大教堂作为拜占庭宗教生活和东正教的中心。他在位期间编订的《罗马民法大全》,是罗马法体系最终完成的标志。9—11世纪初,拜占庭帝国在马其顿王朝统治下达到"黄金时期"。1453年,帝国被奥斯曼土耳其所灭。

1547年,莫斯科公国大公伊凡四世加冕为沙皇,俄罗斯国家诞生。1721年,彼得一世在与瑞典王国进行大北方战争胜利后,被俄罗斯元老院授予"全俄罗斯皇帝"的头衔,俄罗斯正式成为真正意义上的帝国。18世纪中后期叶卡捷琳娜二世统治时帝国达到鼎盛。在亚历山大一世统治时(1801年—1825年在位)的俄罗斯参与全欧洲抵抗拿破仑的反法同盟,并成为战后"神圣同盟"的领导者,此后长期充当"欧洲宪兵"的角色。

★学术动态

学术观点1:拜占庭帝国灭亡的原因

首先,拜占庭帝国覆灭的直接原因是它面临的奥斯曼突厥人过于强大,奥斯曼军队拥有强大的炮兵,而拜占庭军队没有火炮。拜占庭无力抵御这一强大敌人的进攻。

其次,拜占庭帝国没有一个真正帮助自己的友好国家。威尼斯、热那亚的经济实力充实,但它们都只是想乘拜占庭帝国内外交困之机捞到更多的利益,甚至还想同奥斯曼帝国分享战利品。

再次,再看内部,宫廷斗争不绝,地方势力离心离德,贵族豪门腐败淫乐,社会上层又明显地分裂为亲罗马教皇派、亲奥斯曼帝国派、东正教派,三派钩心斗角,互不相容。

最后,拜占庭政府既不能保护自耕农的权益,又不能保护城市工商业者,兵源和税源都枯竭。帝国最终走向灭亡。

【根据厉以宁:《论拜占庭帝国的灭亡》,《北京大学学报(哲学社会科学版)》2005年第5期】

学术观点2：俄罗斯中央集权国家的形成

俄罗斯之所以能建成中央集权国家，原因是多方面的。

首先，东北罗斯单调一致的地理环境造就了俄罗斯人共同的生活方式、共同的信仰、共同的心理意识和共同的习俗。这为俄罗斯统一国家的建立奠定了基本前提。

其次，也是最主要的，是金帐汗国对罗斯长期实行野蛮统治的反作用。为摆脱金帐汗国的统治，俄罗斯需要集中全部经济力量和军事力量，形成了高度的向心力或凝聚力，从而才拥有了建立中央集权国家的种种手段和武器。

再次，俄罗斯深受拜占庭政治文化，尤其是东正教君权神授观念和政教合一传统的影响。

最后，服役贵族是莫斯科大公紧紧依靠的阶级力量。他们地位不高，财富不多，故也紧紧地依靠王权。有了这支可靠的阶级力量，莫斯科的统一大业方能实现。

【根据成力争：《俄罗斯的崛起》，《中学历史教学参考》1998年第9期】

★ 史学导读

1.查士丁尼《民法大全》体现了哪些原则？有何历史影响？

第一卷　第二篇　自然法、万民法和公民法

市民法与万民法有别，任何受治于法律和习惯的民族都部分适用自己特有的法律，部分则适用全人类共同的法律。每一民族专为自身治理制定的法律，是这个国家所特有的，叫作市民法，即该国本身特有的法。至于出自自然理性而为全人类制定的法，则受到所有民族的同样尊重，叫作万民法，因为一切民族都适用它。

第二卷　第一篇　物的分类

现在让我们来观察物，即属于我们财产或者是不属于我们财产的物。某些物依据自然法是众所共有的，有些是公有的，有些属于团体，有些不属于任何人，但大部分物是属于个人的财产，个人得以各种不同方式取得之。

——摘自[罗马]查士丁尼：《法学总论——法学阶梯》，张企泰，译，北京：商务印书馆，1989年版，第6、48页

○ **导读提示**

根据材料可知，《法学阶梯》融会了罗马法的全部原理，是罗马法的精髓，其内容涉及"人法""物和遗嘱""继承和债务""侵权与诉讼"等，材料体现了罗马法维护私有财产

的原则和法律面前人人平等的原则。

阅读材料时,应认识到:《民法大全》的颁布标志着罗马法已经发展到完备阶段。万民法具有某种国际法和自然法的性质,保护私有财产的原则有利于调整社会和经济生活中的纠纷,公私法划分的理论为后世资产阶级法学家所承袭,体现了商品经济的初步发展。

通过阅读该则材料,对《民法大全》的内容有更深入了解,理解其在世界法制史上占有重要地位,为近代新兴资产阶级的民权理论提供了思想渊源,为近代欧洲大陆国家立法提供了范本。

2. 如何理解拜占庭帝国的兴衰?

在过去,由于有君士坦丁堡的缓冲,基督教国家自认为安全,因而对奥斯曼帝国的威胁视而不见。……穆罕默德二世率奥斯曼人继续西进。此后28年,近乎战无不胜。但就在即将攻克罗马的时候,上帝及时地取走了他的性命。

君士坦丁堡陷落之时恰好是一场革命的巅峰时刻。其中一些力量已经在君士坦丁堡围城战中表现了出来:火药的威力、帆船的优势、中世纪攻城战的寿终正寝。在之后的70年中,欧洲将会涌现出很多新发明、新事物和新人,比如:黄金补牙术、怀表、星盘、航海手册、梅毒、《新约》的翻译、哥白尼和莱奥纳多·达·芬奇、哥伦布和路德,还有活字印刷术。通往亚洲之路被封锁,欧洲却因祸得福地发现了美洲。基督教坚城的陷落,最终促成了基督教文明的兴盛。

——摘自[英]罗杰·克劳利:《1453:君士坦丁堡的陷落》,陆大鹏,译,北京:社会科学文献出版社,2014年版,第334页

○ **导读提示**

君士坦丁堡的陷落是奥斯曼帝国对东罗马帝国首都的一次征服,标志着东罗马帝国的毁灭,从中可以看到拜占庭帝国保守的一面。同时,拜占庭的衰落又带来新文明的兴盛,在衰亡中蕴含着新事物的萌芽。

阅读材料时,应认识到:君士坦丁堡的陷落标志着中世纪的结束以及文艺复兴时代的逐渐到来,代表了欧洲旧有宗教秩序的结束。大炮和火药的广泛使用,先前贸易航线的阻隔,推动新航海时代的来临。

透过拜占庭的兴衰,我们应该用更加宏观的眼光看待历史的演进,置于大历史中理解帝国的衰亡过程,看到此时代背景下悄然兴起的新文明因素。

第4讲　中古时期世界各区域文明古国的多元面貌

★ 学习精要

中古时期的文明仍以农本经济为基础,它自给自足的特性决定了文明仍然呈现的是各个地区基本独立发展、多元并存的状态。即使在文明历史悠久、联系相对密切的亚欧大陆上,各个地区的文明仍保持着鲜明的地区特色。例如,西欧的封建制度明显不同于拜占庭和俄罗斯的中央集权;阿拉伯帝国明显有别于印度的笈多帝国以及德里苏丹国;非洲虽受到与阿拉伯人贸易的影响,但其国家组织和宗教信仰仍主要源自当地;东非产生了城市国家,西非兴起了马里等帝国;美洲的印第安人在木石工具的基础上创造了文明,培养出新大陆特有的多种农作物,阿兹特克人和印加人通过扩张建立了疆域相对广大的帝国,并在15—16世纪进入鼎盛时期。

★ 学术动态

学术观点1:交融与创生:西欧文明的三个来源

西欧文明始于5世纪,初步成型于11—15世纪,源于古代日耳曼传统、古典希腊罗马文明和基督教三种不同质的文化。

日耳曼人的马尔克村社制度是欧洲文明的胚胎;古典文明,尤其是罗马法促使中世纪个人权利概念逐渐形成并进入公法领域,成为法治社会的广泛基础;基督教的政治哲学及政治斗争结束了神圣王权时代,有助于建构起上层政治框架。三要素熔为一炉,逐渐生成西欧文明的雏形。

三要素相互交叉、相互影响。罗马法中权利要素与日耳曼人的传统相连,同时离不开基督教的作用。基督教作为一种价值系统,浸透了整个欧洲社会。西欧文明是次生的、混合的文明,其创生过程是不同文明的融合和嬗变过程。16世纪后衍生为资本主义文明,后者表现了不凡的创造力,冲击了整个人类社会。

【根据侯建新:《交融与创生:西欧文明的三个来源》,《世界历史》2011年第4期】

学术观点2:互动:全球史观的核心观念

全球史观的核心理念是"互动"。互动乃人类社会组织的存在形式和世界历史发展的动力,互动在于相遇、联结、交流、交往、相互影响,而不是一方主导、引导甚至塑造对方和整个世界。

首先,全球史学家认为"互动"是人类社会组织的存在形式。任何人类社会组织都不是封闭和孤立的,它们必然存在于与外界的交往当中。其次,"互动"是世界历史发展的动力。社会发展源自变化,而变化的起点是接触外来新鲜事物。

由此可见,"互动"即不同地域、不同民族、不同文化的人群通过接触,在经济、政治、文化等多重领域实现的互动,是全球史观的核心理念。

【根据刘新成:《互动:全球史观的核心观念》,《全球史评论》2009年第1期】

★ 史学导读

1.如何理解拜占庭文明和俄罗斯文明的关系?

俄罗斯直接从拜占庭那里继承了东正教神学传统,包括神学的主题、方法和特色。拜占庭神学是随着作为一种信仰的东正教以及东正教文化一起传入俄罗斯的。

——摘自张百春:《当代东正教神学思想:俄罗斯东正教神学》,上海:上海三联书店,2000年版,第18页

罗斯受洗前后,商旅活动是拜占庭与罗斯双边文明交往的最初形式。保加利亚则是两国早期文明交往的桥梁,拜占庭文明先在保加利亚中转,在传入罗斯前便已经斯拉夫化,使得罗斯易于接受这种被改造了的拜占庭文明。随着罗斯受洗皈依东正教,修道院逐渐成为两国直接文化交流的载体和基地,从修道院引入罗斯的拜占庭文明是以宗教形式和宗教内容为主的东正教文明,而缺乏系统的希腊古典文明。

——摘自毛晨岚、罗爱林:《论拜占庭与罗斯早期文明交往的媒介》,《求索》2013年第10期

○ 导读提示

俄罗斯文明的源头可追溯到拜占庭文明。拜占庭是俄罗斯文明的启蒙者,拜占庭东正教思想影响到罗斯宗教神学思想,也影响了罗斯国家制度和文学艺术。俄罗斯正是踏在拜占庭这个文化巨人的肩上开始了自己的文明之路。

阅读材料时,应认识到:东欧的拜占庭帝国和俄罗斯,彰显着中古时期世界文明发展的多元特征,也体现了拜占庭与俄罗斯有着相同的文化历史渊源。

通过阅读该材料,可以深刻理解拜占庭东正教对罗斯东正教、国家制度和文学艺术等产生了巨大影响。

2.如何理解文明多元化与整体性?

"文化交流"这一术语可以指多种历史发展,包括科学、技术、思想意识、教育、哲学和宗教传统的传播(这些传统反映了深深抱持的价值观和世界观),同时还特别关注不同社会的代表和不同传统的拥护者之间产生强烈互动时所发生的适应和反应。

——摘自[美]杰里·本特利:《世界历史上的文化交流》,《全球史评论》2012年第5辑

正确处理世界历史的整体和部分的相互关系,必须坚持整体研究原则,在世界历史各种因素的普遍联系和变化过程中,揭示历史规律,把握历史趋势。具体说来,在时间序列上,要把世界历史看作一个有内在联系的、发展变化的过程,而不能随意割断历史;在空间范围上,要把世界各民族、各国家、各个人的历史看作一个相互联系、相互作用的整体,着重研究"世界历史性的事实"和具有世界历史意义的事件,而不能孤立地研究民族、国家和个人的历史;在研究方法上,要唯物辩证地研究生产力和生产关系、经济基础和上层建筑等各种因素的相互关系和矛盾运动,而不能陷入唯心主义和形而上学的困境。

——摘自罗文东:《构建世界历史体系的方法和原则》,《历史研究》2019年第6期

○ **导读提示**

在人类的各种实践活动中,跨文明的交往及文明间的碰撞贯穿其中,文明的冲突不可避免,但文明间的接触与跨越文明的交融是主流。既要看到文明是多元化的,每个"部分"各具特色,还要用全球化视角把各部分连成一个整体。

阅读材料时,应认识到:文明互动越来越成为多元文明史研究中的重要主题。应把参与互动中的各种文明都看作主体,互动理解成为主体间互动,这样的文明互动史才能体现出尊重各个文明平等的多元主义价值取向。

通过阅读该材料,当我们学习世界史时,应注重整体和综合的研究方法,理解诸文明之间的相互交流推动人类历史文明发展为一个整体,培养一种面向世界、构建人类命运共同体的历史视野。

★ 荐读书目

[美]布莱恩·蒂尔尼、西德尼·佩因特:《西欧中世纪史》,袁传伟,译,北京:北京大学出版社,2011年版

[美]斯塔夫里阿诺斯:《全球通史》,吴象婴,等译,北京:北京大学出版社,2012年版

[英]罗杰·克劳利:《1453:君士坦丁堡的陷落》,陆大鹏,译,北京:社会科学文献出版社,2014年版

吴于廑、齐世荣:《世界史》,北京:高等教育出版社,2011年版

马克垚:《西欧封建经济形态研究》,北京:中国大百科全书出版社,2009年版

第4课　中古时期的亚洲

第1讲　阿拉伯帝国

★学习精要

阿拉伯半岛位于亚洲西南部,整个半岛为辽阔的高原,大部分地区为燥热的沙漠,间或夹杂着小块绿洲,种植面积狭小。但该半岛地处东西方国际交通之要冲,曾是地中海诸国与东方贸易的中心,战略地位十分重要。

7世纪初,阿拉伯社会处于变革时期,游历多年的穆罕默德于610年开始宣传一种新的一神教信仰,伊斯兰教由此产生。"伊斯兰"一词系阿拉伯语"Islam"的音译,意为"顺服",指顺服安拉的旨意。其信徒称为"穆斯林"(Muslim),意为"顺服者",即顺服安拉旨意的人。

622年9月,穆罕默德及其信徒被迫离开麦加,秘密迁往麦地那。伊斯兰教称这一迁徙事件为"希吉拉"(旧译"徙志")。迁移至此的穆罕默德建立起一个政教合一的穆斯林政权(称"乌马"),将不同部落的阿拉伯人统一在伊斯兰旗帜下。随后经历一系列战争后,最终以麦加的归顺,标志着伊斯兰教在阿拉伯的决定性胜利。632年6月,阿拉伯已大部分统一。直到8世纪中期最终建立起地跨亚非欧三洲的阿拉伯大帝国。

政治上,阿拉伯人将哈里发视为"先知"的继承人,作为最高统治者掌握政治、军事和宗教大权,下设官僚机构辅助,包括宰相、枢密院和财政部等。宰相协助哈里发统管政务,枢密院掌管令状与文告,财政部负责收支。地方上,帝国被划分为9个行省,由哈里发任命的总督"埃米尔"治理。经济上,阿拉伯商人在东到中国、西达西欧、南至非洲的广大地区从事着陆上和海洋贸易,海陆贸易均盛。故帝国境内城市繁多,都城巴格达就是当时世界上最大的城市之一。文化上,吸收被征服地区文化,广泛翻译古代波斯、印度、希腊和罗马的文化著作,融合东西方文化,最终形成自己的文化特色。

★学术动态

学术观点1:中世纪阿拉伯文化的对外传播是国力强盛的表现和结果

中世纪时期的阿拉伯文化展示出了强大的文化输出性。

这与阿拉伯帝国国力息息相关。这样一个多民族的神权政体国家,除了阿拉伯人之外,还包括波斯人、伊拉克人、叙利亚人、埃及人,以及北非的柏柏尔人等。无论它的经济还是军事实力都是当时政局松散、不统一的西欧社会所无法比拟的,故文化的对外传播既是帝国强盛的标志,也是必然的结果。

与此同时,西欧社会的文艺复兴尚未发生,而阿拉伯人传承了古希腊先贤们的智慧。他们将亚里士多德、柏拉图、修昔底德等人的思想和著作通过翻译的形式完整保存。这些思想和著作后来又传回了西欧,为中世纪的蒙昧带去了理性的光芒。

不难看出,阿拉伯帝国的强大国力为自身文化的发展打下了坚实基础,对外通过对古希腊及周边文化系统进行翻译和传承,内敛成为自身的独特文化,再向外输出,这既是国力强盛的必然,亦是其结果。

【根据殷实:《论中世纪阿拉伯文化的对外传播》,《决策论坛——政用产学研一体化协同发展学术研讨会论文集(下)》,2015年】

学术观点2:中世纪阿拉伯文化的发展依托于政府的重视与提倡

阿拉伯帝国是政教合一的国家,尽管主导思想的伊斯兰教弘扬的是唯心主义,但对科学文化的态度却是宽容的,对各种文化都兼容并蓄。

它提倡兴办第一流的教育。无论是教育的普及,还是教育的水平,都令人称道。小学教育的目的是陶冶性情;中学教学的目标是传授知识。伴随着帝国教育的发展,还出现了研究教育的专门著作——《教育学》。

它重视文化设施建设和学术活动开展。图书馆作为搜集、整理、收藏图书资料的文化机构,在阿拉伯帝国受到广泛的重视。同时,帝国为解读更多外来书籍,开启了从上到下的翻译运动。

它还注重对人才的爱护。帝国对专业人员实行优待、厚酬和重奖;对著名学者予以宽容、保护和重用。

总之,第一流的教育培育出了第一流的文化人才,利用第一流的文化设施和学术条件必然创造出第一流的文化。而这一切,最主要的是由于阿拉伯帝国对文化重视与提倡的结果。

【根据张汉伟:《阿拉伯帝国对文化的重视与提倡》,《辽宁师范大学学报》1993年第6期】

★ 史学导读

1.阿拉伯帝国的商业发展呈现出怎样的特征?

女郎进去买了许多水果,有叙利亚苹果、大马士革睡莲、埃及柠檬和橙子等;然后她又买了一些花,有指甲花、甘菊、紫罗兰、石榴和蔷薇花等;脚夫顶着篮子跟着女郎,他们又来到一家肉店,女郎又买了10磅肉,并用芭蕉叶包住,放在篮子里;随后女郎又来到一个干果铺,买了许多干果;之后他们又来到了糕饼铺,女郎又买了各种食品,放在篮子里;最后女郎走到一家香水店,她买了一瓶香水、一瓶香水精、一些亚历山大的蜡烛等。女郎把这些东西都放入篮中,对脚夫说:"顶着篮子跟我走吧。"

——摘编自《脚夫和巴格达三个女人的故事》,载《一千零一夜》,北京:人民文学出版社,1978年版

○ **导读提示**

本段节选自《一千零一夜》中《脚夫和巴格达三个女人的故事》,讲述了一个平常的女商人之家的侍女到市场上采购一些日常生活用品的场景。如此之多的物品,而且不少是世界各地的名贵特产。这些都说明了阿拉伯帝国时代的商业情况。

阅读材料时,应认识到:这一时期阿拉伯帝国的商业非常繁荣,商品的种类繁多,货物产地来自国内外诸多地区,且普通商人之家都可购买价值昂贵商品,可见阿拉伯帝国时代的商业繁荣。

通过阅读这则材料,要进一步理解阿拉伯帝国的商业繁荣与阿拉伯帝国辽阔的国境、占据东西方商路的要道、帝国统治者对工商业发展的重视等因素密切相关。

2.怎样理解阿拉伯帝国沟通了世界贸易?

巴格达城的码头,有好几英里长,那里停泊着数百艘各式各样的船只,有战舰和游艇,也有中国大船。……市场上有从中国运来的瓷器、丝绸和麝香;从印度和马来群岛运来的香料、矿物和染料;从中亚细亚突厥人的地区运来的红宝石、青金石、织造品和奴隶;从斯堪的纳维亚和俄罗斯运来的蜂蜜、黄蜡、毛皮和白奴;从非洲东部

运来的象牙、金粉和黑奴。

——摘编自[美]菲利浦·希提:《阿拉伯通史》(第10版),马坚,译,北京:新世界出版社,2008年版,第277页

○ **导读提示**

材料展示的是中世纪阿拉伯帝国首都巴格达码头的繁华景象,有来自各地且种类繁多的商品。中国、印度、马来群岛、中亚细亚突厥等地的产品,都可以在阿拉伯帝国都城巴格达看到。

阅读材料时,应注意商品的种类和来源地,并归纳总结。

通过阅读这则材料,可以深刻理解阿拉伯商人在东到中国、西达西欧、南至非洲的广大地区从事着陆上和海洋贸易活动,海陆贸易均盛。都城巴格达是当时世界上最大的城市之一。

第2讲 奥斯曼帝国的兴起

★学习精要

土耳其人是西突厥人的一支,原来居住在中亚呼罗珊一带,信奉伊斯兰教(逊尼派)。13世纪初由于受到蒙古西征的压力,西迁至小亚细亚。1299年,土耳其国家成立。由于拜占庭帝国和罗姆苏丹国衰弱,为奥斯曼及其后继者的扩张提供了条件。到14世纪中叶,奥斯曼之子奥尔汗夺取了拜占庭帝国在小亚细亚的全部领土以及罗姆苏丹国的大部分领土,巩固了日后向欧洲扩张的前沿阵地,为奥斯曼帝国的崛起奠定了基础。1453年,穆罕默德二世向君士坦丁堡发起攻击,拜占庭帝国灭亡。不久,奥斯曼人迁都君士坦丁堡,将君士坦丁堡改名为"伊斯坦布尔"。16世纪苏莱曼大帝在位时,奥斯曼帝国日趋鼎盛。其领土在17世纪时更达顶峰,地跨亚欧非三大洲。

奥斯曼帝国的政治体制大体上是承袭阿拉伯帝国的传统,即以伊斯兰教和军事力量为主要支柱。最高统治者称为苏丹,苏丹是军队和国家的最高主宰,也是伊斯兰教的哈里发。他既是国家元首,军事统帅,又是护教者和神法的执行者。国家机构分为行政和穆斯林两个系统。中央行政的最高行政长官是首相,下有大法官、财政官等组成御前会议,协助苏丹处理全国军政事务。地方行政上,分别设省长和县长治理。

同行政机构平行的是穆斯林机构,它是苏丹权力的精神支柱,分作三个部分:宗

教、教育和法律。军队在奥斯曼国家占有特殊地位,它不仅是苏丹权力的重要支柱,而且军人还构成了政府机关的核心,即国家各级行政官员大都由军人充任。土地制度上,奥斯曼帝国承袭阿拉伯帝国和塞尔柱帝国的旧制。全国土地和牧场的最高支配权属于苏丹。苏丹将其大部分土地以采邑形式分封给各级官员和战士。领有采邑的封建主必须提供相应的军队服役,但采邑不能世袭。这些封建主的土地,主要由依附土地上的农民耕种,缴纳实物地租和其他各种捐税。

奥斯曼帝国的统一在一定程度上促进了东西方文化交流,首都伊斯坦布尔成为宗教和文化中心。小亚细亚和巴尔干地区都出现了一些新的手工业门类,如棉纺织业。但奥斯曼帝国利用对东西商路的控制权,垄断东西方贸易,对过往商品征收重税,由亚洲输往欧洲的重要产品如香料、丝绸等价格上涨,东西方之间的贸易受到一定影响,并迫使欧洲国家寻求绕过地中海的新航路。

★学术动态

学术观点1:奥斯曼帝国促进16世纪中期旧商路贸易的复兴

军事上,奥斯曼帝国于1517年征服了埃及,基本控制了中东地区的旧商路,为改变葡萄牙垄断政策引起的旧商路贸易衰退局面,奥斯曼不断用军事施压。

除了战争方式外,奥斯曼帝国也用和谈方式以确保波斯湾商路畅通,还与亚齐、法国等结盟并发展贸易,改进旧商路的贸易制度和贸易环境。颁布新税法,欢迎基督徒商人来本国从事贸易活动;打击海盗,甚至派战舰为香料贸易护航和直接参与香料贸易。

总之,奥斯曼帝国的多元政策为16世纪中期旧商路贸易复兴提供了条件。

【根据宋保军:《奥斯曼帝国与16世纪中期旧商路的贸易复兴》,《西北大学学报(哲学社会科学版)》2016年第3期】

学术观点2:"土耳其人阻断商路"是一种夸大与敌意

"因传统商路被阻,西欧人才寻求新航路"的观点至今流行。但当时奥斯曼帝国正在崛起,葡萄牙人也尝试探险;葡萄牙人到达印度时,土耳其人尚未控制东地中海的埃及和叙利亚。葡萄牙人在西非的成功掠夺助长了贪欲,他们不愿通过正常商业手段而是通过掠夺获取财富,因此有意避开意大利人和阿拉伯人保持的地中海贸易秩序。"土耳其人阻断商路"之说源于西欧人对"土耳其威胁"的夸大和对穆斯林的敌意,舆论制造者是后来的欧洲殖民者而非早期的殖民者。

【根据王三义:《"土耳其人阻断商路"说与西方的近东殖民》,《历史研究》2007年第4期】

★ 史学导读

1.奥斯曼帝国经济繁盛的原因?

奥斯曼土耳其帝国地大物博,资源丰富,气候多样,这就为经济发展提供了良好的自然条件。帝国政府充分利用有利的地理条件,有计划地统一开辟边境的自由贸易区,大力扶持和促进对外贸易和过境贸易。东方的丝绸、香料、瓷器经由这里运往西欧,而西欧的毛织品等也借道转运到中亚等地,帝国则从转口贸易中获利。对外贸易的活跃促进了国内城市经济的繁荣和生产专门化的发展。发达的工农业生产和繁荣的国内外贸易给帝国带来了源源不断的巨额财富,国库充盈,财政富裕。当时帝国的繁荣也恰好在国库的盈余中反映出来。同时,政府还在许多重要的商贸路线上派有重兵,意在保护帝国内的商贸路线,其目的在于增加关税收入。

——摘自李仲生:《世界人口经济史》,北京:清华大学出版社,2018年版

○ 导读提示

奥斯曼帝国地大物博,资源丰富,有良好的自然条件;利用有利的地理环境,进行对外贸易,促进国内工商业经济的发展,同时也促进了东西方贸易;军事上政府还在重要商路上派重兵保护商路,以增加关税。

阅读材料时,应认识到:经济发展的原因涉及多方面,常见的有地理条件、农业、手工业、商业、社会及政策等,此材料涉及地理条件、工商业及国家政策等。

通过分析该则材料,可以进一步理解奥斯曼帝国经济繁盛的原因,从经济层面感知奥斯曼帝国的强盛国力。

2.奥斯曼土耳其帝国早期民族主义兴起的历史背景有哪些?

自1453年以来,奥斯曼土耳其帝国横跨亚欧非三大洲,成为世界上首屈一指的庞大帝国。然而1571年,奥斯曼帝国海军在勒班多战役中被西班牙和威尼斯的联合舰队打败,失去了对地中海的控制。1683年7月,奥斯曼军队围攻维也纳,却遭到了波兰—奥地利—德意志联军的反击。此后,奥斯曼土耳其帝国开始走下坡路。16世纪中

叶以后,奥斯曼帝国内部的政治、经济结构发生了变化,以及国内种族问题突出。面对这些问题,帝国政府未能及时处理。因此,帝国进一步陷入困境。当19世纪民族思想和民族主义运动在欧洲蓬勃发展之时,奥斯曼帝国的一些精英人士希望借此来培养帝国内不同民族和宗教群体对帝国的忠诚,然而并未成功。随之西方殖民势力入侵奥斯曼土耳其帝国,使帝国处境更加恶劣,社会动荡、经济萧条、人民生活苦不堪言。在此状况下,激发了人民大众坚决与帝国主义势力抗争,争取民族独立的强烈情感。

——摘自刘旭红:《浅析奥斯曼土耳其帝国早期民族主义兴起的背景》,《黑龙江史志》2015年第7期

○ **导读提示**

帝国版图日益收缩,欧洲国家步步紧逼,导致帝国濒临瓦解和崩溃,帝国内部的统治也发生了危机。面对帝国内忧外患的处境,国内的爱国志士们开始思考帝国的出路。于是,引进了西方的民族主义思想,向帝国领导阶层和人民大众宣扬。然而,并未取得理想的效果。19世纪随着世界殖民主义运动,帝国又一次陷入困境。人民在争取国家独立和自强,摆脱西方列强控制中逐渐奠定了帝国民族主义产生的情感基础。

阅读材料时,应对段落分层理解,抓住每层关键意思,进行归纳,并且梳理清楚原因层级,把握好逻辑关系,如:帝国内部本身政治、经济及军事外交问题,加上19世纪西方殖民势力的入侵及种族问题,加剧了帝国的严峻态势。面对这种内忧外患的处境,在西方新思想的影响下,激起了国内有识之士的忧患意识。最后,在西方殖民势力严重侵略、剥削的形势下,激发了民众争取民族独立的爱国情感。

通过以上分析梳理,可以多角度分析奥斯曼土耳其帝国早期民族主义兴起的背景,更好理解它对帝国产生的巨大影响。

第3讲 南亚与东亚的国家

★ **学习精要**

4世纪,北印度摩揭陀的笈多王朝(320—540年)统一了以恒河流域为中心的北印度地区。随着笈多王朝封建关系的发展,古代婆罗门教和佛教不适应日益发展的新形势,印度教逐渐兴起。印度教是在婆罗门教基础上,吸收了佛教、耆那教的某些教义和民间信仰,故称"新婆罗门教"。11世纪初,印度遭到中亚突厥人的侵略。1206年,古

尔王朝总督在北印度建立了以德里为中心的苏丹国家,史称"德里苏丹国"。由于德里苏丹的统治者主要是信仰伊斯兰教的军事贵族集团(40个大家族),故伊斯兰教被尊为国教。德里苏丹国的统治体制和印度"传统的政权形式"不同,苏丹既是国家的行政首脑,又是伊斯兰教的教长,集君权和神权于一身。中央政府设各部,首席大臣(宰相)称维齐尔,协助苏丹总管各部。全国划分为23个省,由苏丹任命总督统治。

6—7世纪,随着生产力的提高,日本氏族制度逐步瓦解,统治阶级内部矛盾重重,统治基础动摇;外部新罗崛起,日本在朝鲜半岛上的势力不断受挫,形成内忧外患的局势。随即日本向优秀邻国唐朝学习先进制度,如中央集权制等,于646年颁布改新诏书,史称"大化改新"。大化改新的核心问题是班田收授制及其所体现的生产关系变革。由于土地兼并的急剧发展,8世纪末,班田制度几乎废弛。有权有势的贵族和寺社普遍建立起庄园,形成地方割据势力,中央集权制逐渐瓦解。为保护庄园和土地,逐渐形成了特殊的武士阶层。1192年源赖朝在关东建立镰仓幕府,开启了武士阶层专政的历史时期。镰仓幕府和京都的天皇朝廷同时并存,天皇只是最高权力的象征,真正掌握权力的是将军,所以镰仓幕府成了事实上的中央政府。在地方上,各国(省)和各地庄园委派武士担任"守护"和"地头"。这些"守护"和"地头",将军和武士结成主从关系。将军授予武士土地和特权,武士对将军宣誓效忠,承担服军役等义务。17世纪建立的(江户)德川幕府是日本封建社会发展的最高和最后阶段,面对世界变局,意图以锁国加强统治,抵制外来影响。

4世纪,高句丽乘中国政治分裂之际,吞并了原汉朝属地乐浪郡,并于427年迁都平壤。7世纪末,新罗初步统一了朝鲜半岛,模仿中国建立中央集权国家,中央设若干府和部,将全国分为九州。由于土地兼并日益加剧,阶级矛盾尖锐,以及中央集权的衰弱,不断爆发起义,新罗陷入四分五裂。10世纪初,新罗人王建建立了高丽王朝,仿效中国唐朝制度,在中央设三省六部,全国划为十道,引入科举考试选拔官员,中国的儒家经典和辞章之学广为传播。14世纪末,高丽大将李成桂自立为王,迁都汉城,改国号为朝鲜。16世纪末,中朝军民联合抗击日本侵略,维护了朝鲜的独立和统一。

★ 学术动态

学术观点:古代日本与朝鲜的核心价值存在较大差异

古代日本的武士和朝鲜的两班,是古代日本民族和朝鲜民族独具特色的文化现象,因此也是解读其民族文化的一把钥匙。日本武士和朝鲜两班都作为位居农工商三民之上的统治阶级,其身份世袭,享有各种政治经济特权。不同的是,日本的武士是以来源于社会体制中的俸禄为生的消费阶层,是以忠诚和献身精神立身和行动的人,学问在他的活动范围之外,而朝鲜两班是有闲阶层,是以读书和谨守礼仪为特征的文化人。

综上所述,日本和朝鲜作为中国的近邻,虽然同样长期受到中国文化的影响,但两国文化的核心价值体系可谓大相径庭,而武士和两班阶层及其文化又最典型地反映了这一事实。

【根据潘畅和:《古代日本与朝鲜的特殊阶层——武士与两班之比较》,《日本学刊》2010年第5期】

★ 史学导读

1.印度教的地位及其对印度文化有何影响?

印度有佛教、伊斯兰教、基督教、锡克教、拜火教、印度教等宗教,但人数最多、影响最大的是印度教。这种不拒绝各宗派内容、能融合各神的强大包容性使印度教拥有较强的适应能力,可满足有各种生活习惯、风俗及心理的印度人精神生活的需要,也使印度教在印度文化中的地位越来越高。

在印度,一个人从生到死,不同的阶段要举行不同的仪式。印度教认为,礼仪能帮助人除灾获福,保自己和家人平安。现在,这些教规已逐渐演变成印度人的一种文化习俗。印度节日数目之多令人吃惊,甚至无法统计。这些节日是印度民族文化的重要组成部分,它在很大程度上反映了人们的宗教思想,并影响着人们的思想生活。此外,印度教的教义、神话或传说被文学艺术引进到作品中,成为创作的基本素材。印度教"业报轮回"学说的核心理念是:善恶有报,宣扬一个人如果坏事做得太多,死后就会下地狱,反之就会升入天堂。这种教义客观上教诲人们要积德行善,将"善有善报、恶有恶报"的观念植入人心,逐渐演变成整个印度民族的传统道德。

——摘自武健、房慧:《印度教在印度的地位及其对印度文化的影响》,《开封教育学院学报》2017年第5期

○ 导读提示

印度教在印度是占有统治地位的宗教，它的存在影响着整个国家的发展。印度教对印度礼仪有所影响：在印度一个人从生到死，不同的阶段要举行不同的仪式。印度教对印度节日及道德也有较大影响：印度人民拥有丰富的民族节日，这些节日很大程度上反映了人们的宗教思想。可以说，印度教在印度不仅是一种宗教信仰和意识形态，更代表着一种生活方式和社会秩序。

阅读材料时，应区分地位和影响，并对影响进行分层解析，锁定"不同的仪式""印度节日""传统道德"等关键词。

通过阅读分析材料，可以理解印度教在印度的地位及对印度文化的不同影响。

2.大化改新前后日本经济发展的主要变化？

日本历史上第一次重大的社会转型期是大化改新前后。大化改新前的经济基础是建立在氏姓制基础上的部民制。日本大化改新后建立的律令体制中，土地制度的核心是公地公民的。班田收授法从它在《改新之诏》中出现到形成为完备系统的土地制度主要经历了三个阶段：大化二年（646年）的《改新之诏》——持统六年（692年）的《飞鸟净御原令》——大宝二年（701年）的《大宝律令》。由于它是以唐朝的均田制为蓝本制订的，因此从土地名目到内容都与均田制有许多相似之处，但它也充分地考虑了日本本国的历史与当时的状况，因而在具体规定上也呈现出与均田制不同的特征。

——摘自黄定天：《评〈日本社会历史转型期的土地问题研究〉》，《世界历史》2004年第6期

○ 导读提示

大化改新给日本带来了较大的变化，也是日本历史上第一次重大的社会转型。经济上，由部民制到律令体制，核心表现在土地制度上——班田收授法。这一制度以唐朝均田制为蓝本，结合日本国内实际情况制订，符合社会经济发展需求。

阅读材料时，应认识到：通过日本大化改新前后对比，得出主要变化及其变化后的核心内容，分析解读得出变化后对日本社会经济发展的影响。

通过阅读该则材料，可以深刻理解大化改新后日本在经济发展方面的改变。结合向唐朝学习借鉴的因素，进一步理解开放的对外政策是一个国家国力的强盛、政治经济文化繁荣的重要条件。

★ 荐读书目

李仲生:《世界人口经济史》,北京:清华大学出版社,2018年版

[加]赫伯特·诺曼:《日本维新史》,赵阳,译,北京:新星出版社,2018年版

[美]西·内·费希尔:《中东史》(上下册),姚梓良,译,北京:商务印书馆,1979年版

第5课　古代非洲与美洲

第1讲　古代非洲文明

★学习精要

非洲是史学界普遍认可的人类发祥地之一。非洲古代文明悠久而多彩，是世界文明的重要组成部分（此处所说的非洲文明主要指即撒哈拉以南的非洲文明，不包含古埃及文明）。

非洲古代文明是在特殊的地理环境中形成发展的。从地理上看，非洲是一个纵向的大陆，大部分属于热带区域，大陆内部自然地理条件差异大。受地理环境影响，非洲各地文明的发展极不平衡（北方较高，南方较低）而又各有特色。

西非是非洲古代文明的摇篮，班图人在这里创造了非洲早期的农业、牧业和金属冶炼业。文明的发展是一个中心向四周传播扩展的过程。随着班图人的迁徙，这些文明成果由西非向全非洲传播，在此基础上非洲各地发展出各具特色的文明。

东非地区位于尼罗河的上游，较多受到西亚文明的影响，努比亚文明和阿克苏姆文明就是在西亚文明的影响下发展起来的。西非地区可通过穿越撒哈拉沙漠的绿洲道路和北非取得联系。在此影响下西非地区加纳、马里和桑海三大帝国前后相继，盛极一时。中非和南非地区被热带草原和热带雨林隔绝，和外界的交流较少，但在古代也产生了奴隶制国家，刚果和津巴布韦是其代表。

历史上，非洲文明与希腊和罗马文明、犹太文明、阿拉伯伊斯兰文明、印度和中国文明都有过接触和交流。

★学术动态

学术观点1：独特的自然地理条件是非洲成为人类发祥地之一的重要条件

非洲是最早走出冰川时代的地区，地球变暖使非洲首先迎来和煦的阳光，今日的撒哈拉沙漠是人类最早文明的起源地。在撒哈拉沙漠深处，法国考古学家亨利·洛特发现了大量的岩画与雕刻,这是一幅美妙的农牧业生产的图卷,画面中已经出现了今天非洲人所居住的圆形草屋,农夫们在开垦种植土地,牧人们放牧牲畜。从阿尔及利亚西部到利比亚、埃及、苏丹的沙漠都有这些岩画,说明这一地区在冰川退去后,森林茂密,雨水充足,非洲人在这里开始了农牧业生产,这一生产要早于北非的埃及与西亚地区2000年以上。

【根据方汉文:《比较文明史:新石器时代至公元5世纪》,北京:东方出版社,2009年版,第120页】

学术观点2:黑人的古代文明对人类做出了重要贡献

黑人各族人民用自己的劳动和智慧,创造了光辉灿烂的文化,对世界产生了巨大而深远的影响。

非洲是黑人各民族的摇篮,也是人类起源的地区之一。1959年在非洲东部高原坦桑尼亚发现的"东非人"化石,是迄今所见人类最早的化石之一。

黑人在创造古埃及的文明上,是一个极其重要的因素。

非洲黑人的古代文明对希腊罗马的古代文明同样有巨大的影响。

【根据谢启晃:《试论黑人的古代文明及其对人类的贡献》,《社会科学战线》1980年第1期】

学术观点3:多种文明在非洲碰撞、融合与创生

基督教创立之初就随罗马帝国的扩张而传入埃及。在此后向西和向南的传播过程中,开始了基督教非洲化的进程。地理大发现后,葡萄牙获得在非洲大陆的传教权,基督教随着殖民主义入侵而逐渐深入非洲内陆。

伊斯兰教在公元7世纪时随阿拉伯人征服北非而传入非洲。它在许多方面促进了非洲文明的发展,伊斯兰教被融化为非洲文明的一个有机组成部分。

【根据包茂宏:《东西方文明在非洲的碰撞、融合与创生》,《世界民族》2003年第1期】

学术观点4:中非交往源远流长

在我国的文史资料中,我们可以发现大量的有关非洲的信息。唐代杜环的《经行记》是中国人直接认识非洲的最早证据,书中提及了一些北非黑人国家。

中国与非洲官方的直接接触始于明代。郑和七次下西洋,到达了非洲沿岸的达

索马里和肯尼亚。

东非考古遗址中出现的青瓷、白瓷以及中国古钱币,可以证明"海上丝绸之路"对非洲的重要影响。

【根据刘成富:《"一带一路"视阈下非洲历史文化再认识》,《西北工业大学学报(社会科学版)》2018年第3期】

★ 史学导读

1.古代非洲文明发展具有怎样的特点?

非洲大陆古代国家的出现与发展,较其他大陆,呈现出突出的不平衡现象。从整体上看,可以称之为北高南低的状态。这就是说,古代非洲北部的国家出现得早,且一般相对较发达,越往南国家出现得越晚,且发展程度越低,直至南非地区全然没有出现国家的条件。

在北非,尼罗河流域孕育了古代埃及的璀璨文明。古代埃及国家是世界上最早出现的国家之一。在马格里布地区,出现了迦太基国家(尽管这个国家是腓尼基人建立的),以及完全由非洲当地柏柏尔人创建的努米底亚王国。受埃及文明的影响,在它的南方努比亚,也曾出现了著名的冶铁古国——麦罗埃。由此向南,直到晚近的公元15世纪前后,还有赤道及其以南的刚果王国和津巴布韦巨石文化所体现的神秘的莫诺莫塔帕王国的气氛。

——摘自何芳川、宁骚:《非洲通史·古代卷》,上海:华东师范大学出版社,1995年版,第5页

○ 导读提示

人类起源于非洲,那时的撒哈拉沙漠是一片河流纵横、植被密集的大草原,之后气候剧变,大草原变成大沙漠,非洲文明由此分化为沙漠南北两大部分,北方是北部非洲,主要有埃及文明。沙漠之南,主要居民是非洲黑色人种。

阅读材料时,应认识到:国家是文明发展到高级阶段的产物,国家出现的时间差异反映了文明发展水平的差异。非洲大陆古代国家北部出现得早且相对较发达,南部出现得晚而落后,有的地区还没有发展出国家。

通过阅读该则材料,能深刻理解历史发展的不平衡性是文明发展的特点。人类社会早期,生产力不发达,对自然环境有较大的依赖。纵观世界古代史,越是孤立、封闭

的地方,文明发展越慢。撒哈拉沙漠的存在,严重阻碍了撒哈拉沙漠以南非洲和北非地区的交流,使得古埃及的文明难以对撒哈拉沙漠以南非洲产生重要的影响。再加上非洲沿海的海岸线非常平直,缺少天然的优良港湾,也非常不利于对外交流。相较于亚欧大陆,古代非洲文明总体来说发展比较滞后,文明发展程度比较低。

2.阿克苏姆的巨石碑反映了该王国的什么政治特点?

阿克苏姆的巨石碑是闻名于世的。当时统治者建立石碑意在显示自己的威严,自然也有敬神祭祖的作用。阿克苏姆的石碑有两种,一种是加工粗糙的巨大石块,散布在一片土地上。一种是石碑四面都很平滑,顶部呈圆形,碑身有装饰性的雕刻。在阿克苏姆城,最大的石碑群的7座石碑,至今只有一座是耸立着的。不少石碑上刻有文字,记载着国王的丰功伟绩。最高的一座石碑高33米。碑身雕有9层建筑物,门、窗、梁及它们之间的接头都很明显。

——摘自何芳川、宁骚:《非洲通史·古代卷》,上海:华东师范大学出版社,1995年版,第115页

○ **导读提示**

阿克苏姆王国位于埃塞俄比亚北部地区,因其都城阿克苏姆而得名,这里位于尼罗河的上游,阿克苏姆王国就是在古埃及文明的影响下发展起来的。阿克苏姆王国约在公元前后建立。公元4—6世纪,阿克苏姆王国的势力发展到全盛。

阅读材料时,应认识到:建筑艺术是阿克苏姆文明的杰出成就。在古代社会加工这样巨大的石碑需要耗费巨量的人力、物力,这从侧面反映了阿克苏姆王国国势的强盛和王权的强大。

通过阅读该则材料,可理解阿克苏姆的政治发展到了很高的水平,在中央集权的统治下,国王具有巨大的号召力来组织大规模的工程建设活动。

第2讲 古代美洲文明

★ **学习精要**

印第安人是美洲大陆最古老的居民,他们最初来自欧亚大陆。在哥伦布到达美洲之前,他们在这片与世隔绝的土地上,独自创造出了独特的美洲古代文明。玛雅文明、阿兹特克文明、印加文明是其杰出代表。

不同于亚欧文明发源于大河流域,美洲古文明集中分布在于赤道的南北两侧。奥尔梅克人创造了美洲大陆最古老的文明,他们以巨石人像闻名于世。玛雅人创造了美洲文明的高峰。玛雅人在天文、历法、数学、艺术等多方面皆展示出高度的文明,被后来的欧洲人誉为"美洲的希腊"。

玛雅人衰落后,继起的是阿兹特克文明。阿兹特克人是英勇的战士,战斗是他们的常态。南美安第斯地区是美洲的另一个文明中心,印加人在这里创造了美洲古代文明中最广泛和最有社会组织的文明。马丘比丘是印加帝国最为人熟悉的标志。

今天大家耳熟能详的玉米、马铃薯、花生、向日葵、番茄、辣椒等都是由印第安人培育,进而在新航路开辟后传遍世界。

★学术动态

学术观点1:古代美洲印第安文明对世界贡献巨大

拉美是美洲三大印第安文明的故乡,在哥伦布到达之前,曾有着美洲最灿烂的古代文明。

美洲印第安人培育出约45种以上的农作物,如玉米、马铃薯等。更重要的是有许多作物如玉米、马铃薯、西红柿、辣椒、烟草等很快被传播到了欧洲乃至整个世界,对世界经济的发展产生了深远的影响。

少量的古代文学作品和大量的神话故事及历史传说流传至今,成为拉美文学艺术家创作和灵感的来源。至今拉美已经有5位诺贝尔文学奖的获得者。

【根据韩琦、史建华:《论拉美古代印第安文明及其遗产》,《聊城大学学报(社会科学版)》2003年第4期】

学术观点2:玛雅文明是发展到很高水平的文明

玛雅人远在公元前1500年,他们的社会发展水平已达到相当的高度,创造出举世闻名的玛雅文明,被后人称誉为"美洲的希腊"。

数学方面,玛雅人远在公元前4至公元前3世纪就建立了二十进位算术系统,并有了零的概念。古代印度人建立包括零在内的十进位计算法是在公元8世纪。这比玛雅人晚了一千多年。

天文学方面,玛雅人在公元6至7世纪期间,已算出地球公转一年为365.242天。

与现代天文学测定的365.24219天相比,玛雅人不但在时间上领先了一千多年,而且在精确度上更接近。

文字方面,众所周知,文字经历了象形、会意和表音三个发展阶段,玛雅文字是已经发展到第三阶段的文字。

【根据朱伦:《玛雅文明——"美洲的希腊"》,《中国民族》1985年第3期】

学术观点3:玛雅金字塔主要用于祭祀和天文观测

玛雅金字塔除了少数和埃及金字塔一样用于墓葬之外,其余绝大部分用于祭司们祭祀和进行天文观测。

金字塔是为神建的,金字塔神庙提供的最主要的功能是侍奉神灵而不是保护统治者,这与埃及金字塔有明显不同。

在埃及有法老作为奴隶制政权的代表,作为人们死后再生的"精神寄托者"。金字塔成为他们的陵墓,因此他们不惜任何代价修建金字塔。在玛雅,没有罗马式的恺撒,没有埃及式的法老,所以金字塔不是用来保护统治者的。玛雅人把金字塔作为天与地的连接点,是神与人接触的通道。

【根据韩琦、史建华:《论拉美古代印第安文明及其遗产》,《聊城大学学报(社会科学版)》2003年第4期】

★ **史学导读**

1. 玛雅人城市的特殊之处?

玛雅人的城市,如果它们可以这样称呼的话,是举行仪式的中心,而不是要塞、居住地或行政首都。之所以如此,是因为玛雅人从事的是刀耕火种的农业。这种农业在两三年内便耗尽了土壤的肥力,因此,他们需要不断地迁移村庄驻地。

——摘自[美]斯塔夫里阿诺斯:《全球通史:从史前史到21世纪》,吴象婴,等译,北京:北京大学出版社,2019年版,第401页

○ **导读提示**

公元前200年至公元800年是玛雅文化的兴盛时期。玛雅文明不是一个统一的国家,而是大大小小的城邦共同组成了玛雅文明。在玛雅文明兴盛时期,玛雅人建设了数百座城市。

阅读材料时,应认识到:刀耕火种的耕作模式使得玛雅人需要经常迁徙而无法定居。玛雅人的城市主要用来举行祭祀仪式,而不是要塞、居住地或行政首都。

通过阅读该则材料,可以深刻理解:经济基础对上层建筑的决定性作用。玛雅人的农业一直停留在刀耕火种的阶段,落后的农业限制了玛雅人口的增长和文明的进步,导致玛雅人的社会发展程度十分落后。生产力水平的高低是决定古代文明发展水平的关键。

2. 印加文明取得了怎样的成就?

印加人在全国修建了宽敞、密集的道路网,总长一万多公里。……凭借崇山峻岭建成梯田系统培育出多种农作物,掌握纺织技术,能用浇铸法制造金属器具。……同时他们研究天文历法,采用"结绳记事",设立"知识之家"教育体系。……1533年西班牙殖民武装攻占库斯科,印加帝国逐渐走向灭亡。

——摘自马克垚:《世界文明史》,北京:北京大学出版社,2004年版,第1136页

○ 导读提示

印加帝国位于南美,有"美洲的罗马"之称。印加是最高统治者的称号,意思是太阳之子。15世纪印加帝国势力强盛,疆域辽阔,16世纪初帝国日趋衰落,1532年被西班牙殖民者灭亡。

材料反映了印加人在道路修筑、农业和手工业方面成就突出,但他们没有发明出文字,长期处于结绳记事阶段。

阅读材料时,应认识到:印加文明在某些层面成就突出,但拉美印第安各文明都处于氏族制度向国家过渡的时期,可称之为准国家时期,总体来看大大落后于亚欧大陆各文明。长期处于封闭孤立状态,对外交往极度贫乏是重要原因。

★ 荐读书目

艾周昌、陆庭恩:《非洲通史》(三卷本),上海:华东师范大学出版社,1995年版

王海利:《埃及通史》,上海:上海社会科学院出版社,2014年版

林被甸、董经胜:《拉丁美洲史》,北京:人民出版社,2015年版

李春辉:《拉丁美洲史稿》,北京:商务印书馆,1983年版

胡春洞:《玛雅文化》,上海:复旦大学出版社,1997年版

第三单元　走向整体的世界

【单元学习精要】

一是开辟新航路的动因。其一,寻找资源和可开垦的土地。其二,开辟到亚洲的新商路。其三,掠夺金银发财致富。随着西欧商品经济的发展,货币需求量增加,黄金已经成为商品贸易的主要支付手段。欧洲的黄金产量少,因此要从东方掠夺黄金。其四,传播基督教也是欧洲人开启大航海时代的动因之一。此外,15世纪,人类在航海技术、造船水平和地理知识方面取得了长足进步。西班牙和葡萄牙已经建立中央集权的专制政府,提供了物力和财力的保障。

二是开辟全球航路的过程,即哥伦布到达美洲、达·伽马发现从欧洲绕道非洲到达东方的航线、麦哲伦船队完成环球航行以及其他航海活动。

三是开辟新航路的世界影响。首先,随着新航路的开辟,人类认识世界的视野大大扩展,认识世界的能力不断提高。其次,新航路的开辟引发了全球性物种的交流,即所谓的"哥伦布大交换"。再次,新航路开辟后,欧洲主要商道从地中海转移到大西洋沿岸,大西洋和太平洋贸易兴起,跨大洋的贸易十分活跃,流通商品的种类增多,不同程度地推动和改变着包括中国在内的社会变化。资产阶级从西方登上了历史舞台,从而开启了人类社会大变革的新时代。

【根据徐蓝、朱汉国:《普通高中历史课程标准(2017年版)解读》,北京:高等教育出版社,2018年版,第105~106页】

第6课　全球航路的开辟

第1讲　新航路开辟的背景

★学习精要

　　欧洲人具有远洋航行的传统,13世纪开始,伊比利亚半岛的居民积累了丰富的航海经验。葡萄牙和西班牙先后摆脱了阿拉伯的统治,获得独立并建立了中央集权的民族国家,并希望对外扩张和传播天主教,因此大力支持航海家远航。

　　长期以来,欧洲通过丝绸之路从亚洲进口丝绸、瓷器等奢侈品和香料等生活必需品,随着14、15世西欧资本主义萌芽和商品经济不断发展,西欧社会各阶层,尤其是商人和资产阶级,都热衷于追求金银,《马可·波罗行纪》的问世激起了欧洲人的"黄金梦"和"东方梦"。

　　15世纪中叶兴起的奥斯曼帝国威胁到了东西方传统商路,来自东方的商品价格飙升,渴望的黄金却不断外流。西欧各国贵族、商人和资产阶级急需另辟蹊径,寻找一条通往印度和中国的新航路。

　　西欧科学技术不断进步,中国发明的罗盘针得到普遍应用,地圆学说被人们所接受,世界地图被绘制出来,同时欧洲开始了文艺复兴运动,这些为开辟新航路提供客观条件和精神动力,航海家不断驶向未知的大洋。

★学术动态

学术观点1：马可·波罗初步揭示了开辟新航路的可能性

　　马可·波罗记载亚洲大陆的东部并未被广袤不可逾越的沼泽地锁闭,相反地,它的东部边缘是海岸,可以乘船泛海到达。这实际上从地理学的角度初步揭示了世界陆地可以通过海运到达。为此,英国史家亨利·尤尔据此绘制复原了一幅名为《马可·波罗的世界观念》的圆形世界地图,只要乘船绕过非洲南部就可到达东方。这为地理大发现前夕西欧人大胆远航、跨越赤道补充了客观的知识。

马可·波罗夸张地描述了东方的富裕,促使渴求黄金、香料等贵重物品的西欧人制定探险计划并冒死开辟新航路,从而造就了地理大发现的一个要素。马可·波罗对东南亚和中国、日本、印度财富的描绘,共同造就了刺激欧洲人从各个方向冒险探航到东方来的重要因素,这为新航路探索提供了一定的精神动力。

【根据张箭:《马可·波罗与地理大发现》,《世界历史》1994年第4期】

学术观点2:15世纪的葡萄牙孕育着即将来临的新时代

《圣维森特的崇拜》是葡萄牙地理大发现时代民族精神的象征物。这幅长达六屏的拼联装饰画是15世纪后半叶葡萄牙社会结构和民族精神最雄辩、最具有说服力的证据,生动地表现了当时的社会生活以及民族的希望。

祭坛板画上面的60个人物被刻画得栩栩如生,所有的人都按照各自的身份、阶级分布在不同的画屏上:有王室成员(《王子图》)、教士和学者(《主教图》)、军事长官(《骑士图》)、教会人士(《教士图》)、水手(《渔夫图》)等,这说明在祭坛板画上的所有人物是葡萄牙海洋帝国各个社会阶层的代表。从他们强而有力的神情中可以看出一种对于远方事物的共同梦想与期盼,表露出一种共同的生活以及行动的目标。旧的世纪行将结束,新的世纪已经来临。

【根据顾卫民:《15世纪葡萄牙民族精神的历史画卷:〈圣维森特的崇拜〉祭坛板画》,《历史教学问题》2018年第4期】

★ 史学导读

1.文艺复兴是怎样哺育了地理大发现?

文艺复兴和人文主义是欧洲史上过渡转型时期的新文化运动和思想解放运动。它在思想上、文化上和精神上哺育了地理大发现。不仅在于古代地理学、天文学、制图学得到复兴并直接作用于地理大发现,而且还在于酝酿期和大发现时期的探险家、航海家、地理学家、商人等都受到文艺复兴和人文主义的影响。他们或去建功立业,或去淘金发财,或去征服掠夺,或去求知求真,或去传播"福音",或去开疆拓土,或为留声传名——都是为了一个"人",而不是为了一个神;都是为了现实的人世而不是为了来世的天堂。

——摘自李丽、张爱华:《论地理大发现的文化背景》,《北华大学学报(社会科学版)》2004年第6期

○ 导读提示

文艺复兴倡导人文主义精神,这是地理大发现的精神动力,调动了人的积极性,发挥了人的主观能动性,激发了探险家和航海家远航探索新航路。人文主义提倡理性和科学,重视人的作用,促使航行的主观条件逐步达成。

阅读材料可知:文艺复兴在思想上、文化上、精神上和科技上为新航路开辟和地理大发现提供了动力和条件。15世纪是欧洲社会从中世纪向新时代转型的世纪,这期间,西欧经历了社会大变革,地理大发现正是这时代发展的产物。

2.丝绸之路两端国家交往产生了怎样积极影响?

《马可·波罗行纪》引起了西方对中国及远东的向往和关注,"诱起"了哥伦布决心漫游东方以至发现美洲,并由这种地理大发现进而导致了新的世界格局之确立。马可·波罗之后,大批意大利籍传教士相继来到中国,他们将"天主福音"与西方先进的科学文化一并传入中国,为中西文化交流做出了不可磨灭的贡献。对于文艺复兴的历史意义,胡适认为:"重点并不是向后,即重回古典发现传统,而是向前,即推动启蒙运动和建设民族国家。"

——摘自周宪、[美]乔纳森·纳尔逊:《意大利文艺复兴与中国》,北京:中国社会科学出版社,2017年版

○ 导读提示

丝绸之路两端的国家是中国和意大利,两国交往甚密,《马可·波罗行纪》的流行引发西方对中国的向往和关注。这种向往和关注促进了新航路的开辟,使世界联成一个整体;开阔了中国人的眼界,加深了对世界的了解;推动了中西文化的交流,传播了先进的科学文化知识。

阅读材料可知:《马可·波罗行纪》引起了西方对中国的向往和关注,并激发哥伦布决心漫游东方以至发现美洲,促使世界联成一个整体。同时意大利也把基督教与西方先进的科学文化一并传入中国,为中西文化交流做出了不可磨灭的贡献。

3.葡萄牙、西班牙为何成为最早探寻新航路的国家?

当时欧洲各国君主依仗武力,强化王权,积极扩张。西班牙和葡萄牙首先把扩张的目光投向欧洲大陆之外的地区。信奉天主教的葡萄牙人和西班牙人,在反抗穆斯林(摩尔人)统治和压迫的斗争("收复失地运动",718—1492年),产生了强烈的民族情绪

和宗教情绪,当他们在向海外扩张时也把传播基督教作为自己的精神动力。当时,葡萄牙国内的政治条件和社会条件也都有利于它采取扩张主义。该王朝(阿维什王朝)对其国内那批人数虽少但处于发展中的商业中产阶级的抱负基本上表示认同,并认识到从葡萄牙对海外扩张的势力中所获得的经济上的利益。

——摘自[英]戴维·阿诺德:《地理大发现》,闻英,译,上海:上海译文出版社,2003年版

○ 导读提示

西班牙和葡萄牙成为西欧最早探寻新航路的国家,是此时两国社会历史发展的结果。两国地理位置独特,都在大西洋沿岸,便于进行海上探险,而且积累了丰富的航海经验,并掌握了先进的航海和造船技术。这两国都是中央集权的国家,有能力支持和供应远洋航行必需的装备和费用,同时葡萄牙人与西班牙人的宗教热情特别强烈,弘扬基督教的信念是推动他们积极寻求新航路的一种精神动力。

阅读材料时,应认识到:西班牙和葡萄牙把扩张的目光投向海外,在收复失地运动中建立了中央集权的君主制民族国家,强化王权的同时民族情绪和宗教情绪浓厚。从海外扩张中获取的经济利益,是率先远航的物质动力。

通过阅读该则材料,可以深刻理解西班牙与葡萄牙两国积极探寻新航路的政治、经济、精神动因。

第2讲 全球的航路

★学习精要

葡萄牙和西班牙率先开辟了新航路。葡萄牙向东方行驶:迪亚士到达非洲东海岸;达·伽马驶达印度,开辟了绕道非洲到达东方的新航路。西班牙向西行驶:哥伦布到达美洲,开辟了从欧洲到美洲的新航路,同时也发现了美洲新大陆;麦哲伦船队完成了人类历史上第一次环球航行。新航路开辟后,葡萄牙和西班牙占据了欧洲至亚洲和美洲最有利的通商航路。

北大西洋的高纬度地区开始在探寻中:英国人发现纽芬兰岛,法国人到达拉布拉多半岛,荷兰探索经北冰洋通向亚洲的航路,俄罗斯开辟了北太平洋到北冰洋的航线。南半球的航路紧接探寻中:英国人到达合恩角,荷兰人环航澳大利亚,并到达

新西兰和塔斯马尼亚岛。

中国早于西欧远洋航行,但与西欧存在差异。郑和下西洋旨在"宣传国威,加强联系",船队仅在南洋和西洋(印度洋)航行,这是人类航海史上的创举,揭开了大航海时代的序幕,却并未成为大航海时代的一分子。

★学术动态

学术观点1:哥伦布顺应潮流并成为时代英雄

哥伦布计划向西扬帆抵达东方,船员招募难上加难。漫长无助的旅途,船员焦躁不安。哥伦布便利用经济与政治的利益来诱惑他们,对他们加以影响。面对困难哥伦布表现出超越常人的坚定信念和勇气。他的勇气源于他坚信地圆学说,源于他相信自己已经通过科学的计算了解了东方的准确位置,而由知识生出的勇气是最为坚定的。

哥伦布一生的功过在于把欧洲与美洲联结,给世界带来的巨大变化。新大陆大量的金银和其他财富源源流入欧洲各国,使旧大陆已经萌生的资本主义经济如鱼得水,更加蓬勃地发展起来,促使濒临解体的封建社会走向全面崩溃的边缘,为欧洲原始积累时期资本主义的发展做出了不可磨灭的贡献。

【根据[意]克里斯托弗·哥伦布:《孤独与荣誉:哥伦布航海日记》,北京:商务印书馆,2018年版】

学术观点2:麦哲伦环球航行历程的艰难性彰显人类探险精神

1519—1522年的麦哲伦环球航行历时整三年,行程分为六大段,即大西洋段、麦哲伦海峡段、太平洋段、东南亚段、印度洋段和返航中的大西洋段。

太平洋段是环球航行中最困难、最危险、最关键的段落,也是发现成就最大、影响最深远、问题最多、争议最复杂的段落。麦哲伦横渡太平洋的成功初步确定了太平洋有多大,并发现了一些无人岛和有人岛;在哥伦布已航渡美洲和达·伽马已航渡印度以及印度与东南亚素有交往的情况下,接上了全球航海网络中最关键、最大的一个环节。

在横渡太平洋的过程中,麦哲伦船队中病死、饿死了20来人,付出了沉重的代价。但他们在关岛的反应过度和残暴行为却为其横渡太平洋的航行蒙羞,成为最大的污点。而他们记载的太平洋岛民生活情况则成为今天民族学和人类学研究的珍贵资料。

【根据张箭:《麦哲伦船队横渡太平洋的艰难航行初论》,《太平洋学报》2018年第2期】

学术观点3：人类重大探险活动具有双重作用

哥伦布最早发现美洲的说法显然是欧洲"自我中心的错觉"有意识或无意识的体现。但无法否认的是，在当时那个欧洲人与美洲原住民彼此两不相知的时代，的确是哥伦布再次发现了美洲和那块土地上的居民，尽管他把美洲当成了印度，地球从1492年开始逐渐变平了。

新发现的土地很快迎来了反客为主的西方人。作为大航海时代的先驱，西班牙和葡萄牙立刻在1493年瓜分了世界，开始洗劫和摧毁美洲大陆上无与伦比的庞大帝国，并为香料群岛的所有权争斗不已。

其他的重要海上力量，英国和法国，发现了新的岛屿并建立起殖民地，不断将边界向东方扩展。在西方列强利益相交的地方，比如英国和沙俄"大博弈"竞技场的中亚和东亚，大片未知之地的战略重要性尤其突出，为许多重大探险活动提供了机会。

【根据［英］罗宾·汉伯里－特里森：《伟大的探险家》，王晨，译，北京：商务印书馆，2015版】

★ 史学导读

1.如何理解欧洲航海家在开辟新航路、探索未知世界方面做出的贡献？

欧洲新航路开辟者，以航海为手段，向未知世界进军、向神秘挑战，将以前处于孤立或相互隔绝的美洲、部分亚洲和非洲地区与欧洲联系起来，在世界航海史、人类文明史上都占有突出的地位。

哥伦布是为找东方，在相信地圆说的基础上由北大西洋向西南航行，意外地"发现"了"美洲新大陆"。他面对的是浩瀚的大西洋，一个对欧洲人、对当时整个文明世界都全然未知的领域，他靠大胆设想和无畏的精神，获得了犹如石破天惊的发现。

达·伽马绕过好望角到达印度，开辟了从北大西洋绕过非洲南端进入印度洋，进而驶抵印度的亚非欧国际航线。麦哲伦船队首次环航地球一周，证实了地圆说，其航行之艰难，意义之深远，世所罕比。

——摘自吴长春：《十五六世纪初东西方航海"对比"剖析》，《世界历史》1990年第1期

○ **导读提示**

欧洲的航海家在开辟新航路、探索未知世界方面做出了重大贡献。哥伦布发现美洲新大陆,开辟了欧洲到美洲的新航线,达·伽马绕过好望角到达印度,开辟了欧洲绕过非洲南端进入印度的航线,麦哲伦船队的环球航行,证实了地圆说。新航路开辟后,人类世界的联系日趋紧密。

阅读材料时,应认识到:新航路的开辟者,抓住了欧洲社会转型的时机,顺应了时代发展要求,勇敢地驶向未知世界,把孤立或相互隔绝的美洲、部分亚洲和非洲地区与欧洲联系成一个整体。

通过阅读该则材料,可以深刻认识到欧洲新航路开辟者是时代变化的产物,是受到人文主义思潮激发的冒险家。

2.郑和下西洋和西方开辟新航路有何差异?

及观郑君,则全世界历史上所号称航海伟人,能与并肩者,何其寡也。……顾何以哥氏(哥伦布)、维氏(维哥·达·伽马)之绩,能使全世界开一新纪元,而郑君之烈,随郑君之没以俱逝。我国民虽稍食其赐,亦几希焉。则哥仑布(哥伦布)以后,有无量数之哥仑布(哥伦布);维哥达嘉马(维哥·达·伽马)以后,有无量数之维哥达嘉马(维哥·达·伽马)。而我则我郑和以后,竟无第二之郑和。噫嘻,是岂郑君之罪也。

——摘自梁启超:《祖国大航海家郑和传》,《新民丛报》1904年第3卷第21号,署名"中国之新民"

○ **导读提示**

从影响看,郑和下西洋影响有限,西方开辟新航路,开创了人类历史的新纪元,并推动了西方探险活动的持续开展;从目的和性质上看,郑和下西洋是为了宣扬国威,是封建制度下的政治行为和不计经济效益的朝贡贸易;西方远航则是为开拓市场、攫取暴利而进行的资本主义性质的海外殖民活动。

阅读材料时,应认识到:郑和下西洋是封建性质的航海活动,而新航路开辟是在资本主义因素之影响下进行的航海活动。这一差异是社会制度的差异:明朝君主专制强化实行海禁和重农抑商,导致航海活动每况愈下;而西方受商品经济发展和资本主义萌芽的推动,受文艺复兴时期人文主义思想的影响,远洋航海蒸蒸日上。

通过阅读该则材料,可以深刻理解社会背景特别是经济基础在中外重大历史事件中决定着事件的性质、发展的趋势及其影响。

第3讲　新航路开辟的影响

★ 学习精要

新航路开辟进一步丰富了人类的地理知识,开辟了众多重要的新航线,并建立了环球交通网络。世界主要的大洋和大陆之间,通过海上航线形成了广泛的直接联系,人类历史在逐步从分裂走向整体的进程中迈出了重要的一步。新航路的开辟打破了以往人类文明区域性分割和独立发展的局面,首次把全球人类社会联系起来,开始了人类文明一体化进程。它扩展了人类活动的范围,海洋在人类文明中的地位迅速上升,推动了世界各地人口的迁移和动植物的大交流,改变了世界的人文地理格局和自然环境状态,世界的人种地理分布、宗教与文化格局也开始发生重大变化。

由于新航路的开辟,东西半球的不同文化圈大汇合,加速了人类从传统农耕文明向现代工业文明转变的过程。西欧各国通过殖民掠夺,使资本主义经济得到发展,世界市场雏形开始形成。对于亚非拉地区,殖民扩张中断了美洲和非洲原有的社会发展进程,印第安人的文明遭到毁灭性打击,非洲兴起黑奴贸易,同时,冲击了亚非拉地区当时落后的政治经济制度和思想观念,传播了先进的资本主义生产方式、思想观念和科学技术。

★ 学术动态

学术观点1:价格革命促使西欧社会制度的转型

新航路开辟后,在西欧农村,采用租佃制的地主因为地租上涨最快而获利最大,资本主义农业逐步兴起。相反,按照传统方式征收固定货币地租的封建地主却因此受到损失并遭到打击,旧式封建地主日益衰落。

租地经营的农场主和一部分农民不仅因为工资低廉和农产品价格高昂获得利益,还因为向地主缴纳固定货币地租而享有价格上涨的好处,经济实力大大增强,逐步成为新兴的农业资产阶级,即富有的大租佃农场主阶级,经济实力壮大。

这些转变,源于新航路开辟后引发的价格革命,价格革命推动资本主义的发展和封建社会的解体。

【根据高德步、王珏:《世界经济史》,北京:中国人民大学出版社,2001年版】

学术观点2：明朝与西班牙在"大帆船贸易"中各取所需

西班牙发现新大陆，并开辟环球的新航路，于是在1565年开展了跨太平洋"大帆船贸易"，而明朝政府开始推行开海贸易政策。

西班牙政府每年都派遣满载美洲白银及商品的大帆船，从墨西哥驶往菲律宾马尼拉。这引起把银视为至宝的中国商人的兴趣，积极参与，努力扩展对菲出口贸易。中国船队所载货物到达马尼拉，即被转装到待航墨西哥的大帆船上，说明中国与美洲在市场上存在一定的互补性。于是，大帆船把盛产白银的美洲和银价昂贵的中国联系在一起，使中国生产的生丝与丝绸大量运销于需求特别强大的美洲市场，西班牙人获得的贸易利润惊人。

同时，白银大量流入中国，促进亚洲特别是中国经济繁荣。

【根据张顺洪等：《明清时代的中国与世界》，南昌：江西人民出版社，2011年版】

学术观点3：澳门一度成为东方贸易的中心

1557年，葡萄牙人租借中国澳门并和中国建立正常贸易关系。16世纪80年代，澳门进入了黄金时代，人口由五百多人增长至两万多人，迅速发展成海港城市。葡萄牙人以澳门为中心安排在远东的贸易活动，贸易区域包括欧洲、亚洲和美洲，将装载着胡椒、苏木、象牙、檀香等印度货物，以及原产美洲的白银运到澳门，把货物与白银换成中国的生丝、丝织品、黄金以及铅、水银、糖、麝香、茯苓、棉布等商品，流通商品以各地特色产品为主，在这场贸易中，中国居于出超地位。

澳门靠近中国东南沿海经济发达地区，地理位置优越，葡萄牙重视对澳门的开发，同时葡萄牙与中国建立正常贸易关系，便利于从中国采购商品，而此时中国东南沿海的倭患使中日间正常贸易中断，使得葡萄牙独占中日贸易的优越地位，澳门自然就成为东方贸易的中心。

【根据樊树志：《晚明大变局》，北京：中华书局，2015年版】

★ 史学导读

1. 葡萄牙在东方建立的贸易网络有何特征？

葡萄牙是欧洲最早进行海外探险和殖民的国家，15世纪末到16世纪中期，葡萄牙帝国处于鼎盛时期，以圣多美为中转站，通过好望角航线将大西洋贸易与印度洋贸易联系起来。巴西的烟草、黄金、白兰地酒和兽皮等商品经圣多美、好望角运往亚洲；亚洲的纺织品和香料运抵圣多美分销非洲、欧洲和美洲。这样葡萄牙人通过扩张活动建立了连接美洲、欧洲、非洲和亚洲的海上贸易网络和庞大的商业殖民帝国。

——摘自赵婧：《葡萄牙帝国与早期近代世界贸易》，《首都师范大学学报（社会科学版）》2009年第2期

○ **导读提示**

葡萄牙的东方贸易网络范围广阔，采取贸易垄断和暴力掠夺等方式推行，以获取更多的商业利益，这一切都借助其军事武力，从而形成连接美洲、欧洲、非洲和亚洲的海上贸易网络和庞大的商业殖民帝国。

阅读材料时，应认识到：葡萄牙人建立海上贸易网络和庞大的商业殖民帝国，范围极其广阔，这些都是通过殖民扩张活动来进行的，可知其贸易具有军事掠夺性。

通过阅读该则材料，可以深刻理解这一特点是葡萄牙自身商品生产能力不足，却又深受重商主义影响的必然结果。

★ 荐读书目

［苏］约·彼·马吉多维奇：《世界探险史》，屈瑞、云海，译，北京：世界知识出版社，1988年版

［西］巴托洛梅·德拉斯·卡萨斯：《西印度毁灭述略》，孙家堃，译，北京：商务印书馆，1988年版

［美］丹尼尔·J.布尔斯廷：《发现者——人类探索世界和自我的历史》，吕佩英，等译，上海：上海译文出版社，2006年版

［西］萨尔瓦多·德·马达里亚加：《哥伦布传》，朱伦，译，北京：人民文学出版社，2011年版

黄邦和：《通向现代世界的500年》，北京：北京大学出版社，1994年版

［美］保罗·肯尼迪：《大国的兴衰》，蒋葆英，等译，北京：中国经济出版社，1989年版

第7课　全球联系的初步建立与世界格局的演变

第1讲　人口迁移与物种交换

★学习精要

　　国际人口迁移主要是人口超越国界的迁移行动,1500年前的世界实际处于封闭的隔绝状态,由于地理大发现及由此开始的长达300年的西方早期殖民活动,国际人口迁移的新纪元开启了。迁移主要有三个方向:欧洲向美洲大陆迁移;非洲黑人由于被贩卖大量流往美洲;中国人、日本人、印度人开始迁往东南亚、美洲、大洋洲等地。人口大迁移改变了世界人口格局,很多地区都出现了族群混合现象,尤其是深刻改变了美洲和大洋洲的族群面貌,重塑了当地人口的民族与文化构成,有利于新的民族和文化融合。

　　新航路开辟不仅促使人口大迁移,物种也出现了大交换,原来的物种交流主要在彼此邻近的地区或各大洲内部进行,仅有少量的跨洲的物种交流。随着新航路开辟,物种在全球范围的交流传播,不仅使粮食产量得到提高,世界人口激增,也改变了人们的饮食习惯,推动了当地经济和贸易的发展,可是新物种的引进也会一定程度上改变当地环境,导致生态环境的破坏及恶化。

　　放眼人类历史,疾病传播带来的巨大杀伤力异常恐怖,会影响族群的变迁、民族的兴衰、文化的起落,会对一个民族、一个国家及部分地区造成毁灭性打击。如欧洲人将天花、流感等疾病带到美洲和大洋洲,造成原住民的死亡与原有社会的解体,而美洲人则将梅毒等疾病传入欧洲,成为欧洲人至今挥之不去的阴影。

★学术动态

学术观点1:地理大发现开启了全球大交流

　　地理大发现开启了全球大交流,使原来局限于各个大陆内部的交流突破大洋的阻隔,扩展到全世界。交流的内容无所不包,其中最重要的就是生物大交流。不仅有植物、动物,更有疾病、病菌的传播,且是双向的交流。

哥伦布等人将欧洲旧大陆所具有的各种重要农作物,如小麦、大麦、葡萄、豌豆、甘蔗等,及最重要的畜禽,如羊、鸡、猪牛等带入美洲,推动了美洲畜牧业和农业的发展,极大提高了美洲生产力。当然美洲也将玉米、马铃薯、甘薯等粮食作物,番茄、辣椒、南瓜等蔬菜作物传入欧洲旧大陆。不幸的是在交流过程中,疾病病菌传播也是重要的组成部分,欧洲传入美洲的有麻风、天花、伤寒等,而美洲则传入欧洲梅毒等疾病。

正因为这种全方位的生物大交流,人类开始从孤立状态成为一个整体,开启了全球化历程。

【根据张箭:《哥伦布第二次远航与旧大陆生物初传美洲》,《历史研究》2005年第3期】

学术观点2:哥伦布"发现"新大陆的双重历史作用

哥伦布"发现"新大陆对人类由分散走向整体起了相当大的促进作用,当然在这过程中充满了血腥与屠杀。

哥伦布是世界上第一个将原来相互孤立的大陆休戚相关地联系起来的人,促进了欧洲资本主义发展,使美洲形成了独具一格的文化圈即拉美文化圈,促进了新、旧两个大陆之间的物质交流,大大丰富了人民的物质生活。

哥伦布的远航与"发现",对新大陆的社会、经济、文化的发展也起过很大破坏作用。不仅掠夺黄金、对新大陆进行了疯狂的经济掠夺,还摧残了印第安文化、残忍的屠杀印第安人,通过这些方式毁掉了一个古老而富有生机的大陆。

殖民主义客观上推动了历史的前进,而那些殖民主义的先驱们竟成了推动历史的先进分子。马克思在《资本论》中指出:"在真正历史上,暴力起着巨大作用。……原始积累的方法绝不是田园诗的东西,暴力本身就是一种经济力。"

【根据孙家堃:《哥伦布"发现"新大陆的历史作用》,《拉丁美洲研究》1991年第3期】

★史学导读

1."哥伦布大交换"是人类的"幸运"还是"灾难"?

(欧洲人)不但自己大发其财,同时一手塑造了整个新世界的风貌与历史。……看不见的病毒以外,另一批因哥伦布航行引发的生物大交换,是由肉眼可见的生命形式组成,从南瓜到野水牛均是。这个大交换的结果——从人类观点视之——也是正负参半。……时至今日,两半球之间的动植物交换并未停止,依然在进行。

——摘自[美]艾弗瑞·克罗斯比:《哥伦布大交换:1492年以后的生物影响和文化冲击》,郑明萱,译,北京:中国环境科学出版社,2010年版,第122~126页

○ 导读提示

材料中提到由于哥伦布在美洲的航行使得欧洲人大发其财,让全球的生物大交换,塑造了整个新世界的风貌与历史,但看不见的病毒也在全球传播,"哥伦布大交换"的影响是正负参半,一直影响到现在。

阅读材料时,应认识到:"哥伦布大交换"带来了积极的影响:引发了物种的交流,以及世界人口分布与自然环境的永久性变化;为世界人口的增长提供了食物保障;丰富了食物结构,促进经济的开发;促进了世界的交流,推动了世界市场的形成与发展。同时也带来严重的消极影响:导致了各种疾病的传播,造成原住民的死亡和原有社会的解体,欧洲人在美洲迅速建立起殖民统治。

通过阅读该则材料,可以深刻理解哥伦布等殖民者为物种的大交换及人类成为一个整体做出了杰出的贡献,但也应看到殖民者带去的病毒对美洲造成的灾难,故我们对历史人物及历史事件的评价要用历史唯物史观进行指导,也应有一分为二的批判性思维。

2.如何看待病菌传播带给美洲的影响?

哥伦布时代的亚欧大陆社会,在粮食生产、病菌、技术(包括武器)、政治组织和文字方面,拥有对印第安社会的巨大优势。……据统计,在哥伦布到来后的一两个世纪中,印第安人口减少95%,主要的杀手是旧大陆来的病菌。印第安人以前没有接触这些病菌。因此对它们既没有免疫能力,也没有遗传抵抗能力。天花、麻疹、流行性感冒和斑疹伤寒争先恐后地要做杀手的头把交椅。紧随其后还有白喉、疟疾、流行性腮腺炎、百日咳、瘟疫、肺和黄热病。欧洲大陆的病菌在大量消灭世界其他许多地方的土著居民方面也起了关键作用。这些民族包括太平洋诸岛居民、澳大利亚土著居、非洲南部的科伊桑民族。

——摘自[美]贾雷德·戴蒙德:《枪炮、病菌与钢铁:人类社会的命运》,谢延光,译,上海:上海译文出版社,2000年版,第220、222页

○ 导读提示

材料中提到新航路开辟后的一两个世纪,病菌传播对大量消灭世界许多地方的土

著居民起到了关键作用,尤其是美洲的印第安人。

阅读材料时,应认识到:人类在日益成为一个整体的过程中,世界各地土著居民付出了沉重代价,尤其是美洲印第安人。

通过阅读该则材料,可以深刻理解:人类文明发展的过程是与病菌传播相伴生的过程,人类文明越发达,全球化程度越高,病毒传播的速度就越快,杀伤力可能越大;运用高科技研究病菌,目的是造福人类而不是祸害人类,要警惕泯灭人性的科学研究;在全球化时代,应该有"人类命运共同体"的意识,每个国家和人民都应该有自己的责任和担当。

3."地理大发现"后不同地区人口发生着怎样的变化？原因何在？

全球人口增长状况

时间	人口总数
1500年	4.25亿
1600年	5.45亿
1700年	6.1亿
1800年	9亿

——摘自[美]埃德蒙·柏克三世、[澳]大卫·克里斯汀、[美]罗斯·E.杜恩:《世界史:大时代》,杨彪,译,上海:华东师范大学出版社,2012版,第73页

1400—1800年地区人口(单位:百万)

	1400年	1600年	1800年
中国	70	110	330
印度	74	145	180
欧洲	52	89	146
非洲撒哈拉以南	60	104	92
拉丁美洲	36	10	19

——摘编自[美]杰里·本特利、[美]赫伯特·齐格勒:《新全球史》,魏凤莲,译,北京:北京大学出版社,2014版

○ **导读提示**

在材料一中可看到:1500年—1800年间全球人口几乎增长了一倍多,但从材料二中可看到:世界各地区的人口变化却并不均衡,中国、印度、欧洲人口持续上升,非洲人

口在1600年时处于上升阶段,在1800年时急剧下降,拉丁人口则从下降到回升。

阅读材料时,应认识到:"地理大交换"促进了全球人口的增长,主要原因是全球物种的大交换,使得各地粮食产量增加,人类饮食营养结构得到改善,同时也必须看到"地理大交换"所带来的消极影响,由于病毒的传入及殖民活动的野蛮性和残酷性,导致非洲大陆和美洲印第安人人口的大量减少。"地理大交换"使世界人口发生了大迁移,改变了世界人口格局,深刻地影响着各地民族与文化构成及各自的经济发展。

通过阅读该则材料,可以深刻理解人口迁移、物种交换对人口增长的积极作用。

第2讲 商品的世界性流动

★学习精要

15世纪之前的世界贸易,主要局限于各州内部和欧亚大陆(主要通过海陆丝绸之路)之间。新航路开辟带来了商品的世界性流动与交换,海路在世界贸易中的地位更加重要。除了传统的印度洋贸易,新型的大西洋贸易和太平洋贸易异军突起。

印度洋贸易中,欧洲商人在与阿拉伯商人的竞争中逐渐占据优势,尤其是葡萄牙商人把中国的生丝、瓷器等货物经澳门运往印度果阿,再转运到欧洲各国进行贸易,获取了大量白银。大西洋贸易圈涵盖的是欧洲、美洲和非洲的贸易关系,在16世纪到19世纪这三百年间以罪恶的"三角贸易"为主。太平洋贸易圈主要是欧洲和亚洲的贸易,主要是由葡萄牙和西班牙经营。其中葡萄牙以澳门为据点,参与获利巨大的中日之间的丝银贸易。西班牙则主要在它的两大殖民地——菲律宾和墨西哥之间进行,运载中国生产的生丝、丝绸、棉布、瓷器等产品到墨西哥交换白银,再将白银运回菲律宾马尼拉,这些白银也多半流入中国,史称"马尼拉帆船贸易"。

在商品的世界性流动中,一个围绕白银输入中国的贸易网络逐渐形成,这一网络跨越大西洋、印度洋和太平洋,与主要在大西洋的三角贸易网络联系在一起,形成世界范围内的贸易网络,而白银大量流入中国,极大刺激了中国东南沿海地区的发展。

★学术动态

学术观点1:16世纪以来的中外贸易促进中国沿海资本主义萌芽的成长

16世纪以来的中外贸易发展为中国资本主义萌芽注入了新的血液,促进了沿海诸省资本主义萌芽的成长。

对外贸易的繁盛,带动了航运业的发展,"富家以财,贫家以躯"这种船户与舵手之间的雇佣关系成为海上航运业的主要形式,直接刺激了航运业中资本主义的萌芽。有利的国外市场的存在,促使国内手工制造业转向外贸出口,推动手工业中资本主义萌芽的发展。巨量货币财富的流入,又为资本主义萌芽的发展准备了必要的前提条件,马克思说"资本主义生产方式——只有在国内货币量足以适应流通和由流通决定的货币储藏的需要的地方才得到较大规模的,比较深入和充分的发展"。

综上,16世纪以来中外贸易通商客观上对刺激中国沿海地区商品经济的繁荣,促进资本主义萌芽的发展,分解自然经济都起了一定作用。

【根据李刚、徐文华:《十六世纪以来中外贸易通商与中国资本主义萌芽》,《中国社会经济史研究》1987年第4期】

学术观点2:地理大发现迈出了全球化的最初步伐

"全球化"是一个极其时髦的概念,有狭义和广义之分,狭义的全球化是指从20世纪90年代以来开展的,主要由经济领域表现出来的全球化。广义的全球化是指哥伦布发现美洲新大陆以来的,那时全球化的主要内容就是文明的碰撞与交流。地理大发现揭示了新大陆的存在,从而预示了世界历史的全球性阶段的来临。

哥伦布到达美洲前只有欧亚大陆及其毗邻的东北非洲有所往来外,欧亚各文明相对隔绝,世界从来没有形成过整体。海上交往更是有限,大都局限于近海。主要从事航海的人口屈指可数。通过新大陆的发现和新航路的开辟,除两极地区以外的所有海域与古老的欧洲、亚洲、北非密切联系起来,历史成为真正意义上的世界历史。

地理大发现开阔了人们的眼界,增长了人类的知识。人们真正具有了全球性视野和"世界"知识,全极化起步了。

【根据计翔翔、周百鸣:《地理大发现探幽(二)》,《历史教学(中学版)》2009年第11期】

学术观点3:白银货币化是中国古代社会向近代社会转型的开端

白银货币化是中国古代社会向近代社会转型的开端,这种转型在多层面的深刻变迁上体现出来。

货币层面,从贱金属铜钱向贵金属白银转变;赋役层面,从实物和力役向货币税的转变;经济结构层面,从小农经济向市场经济转变;社会关系层面,从人的依附关系向物的关系转变;价值观念层面,从重农抑商到工商皆本;社会结构层面,从传统社会向近代社会转变。

因此,白银货币化过程,是中国社会经济货币化的过程,也就是中国市场经济萌发的过程,证明了晚明社会变迁带有根本性社会转型的性质。

【根据韩琦:《美洲白银与早期中国经济的发展》,《历史教学问题》2005年第2期】

★ 史学导读

1.白银大量流入对中国产生了怎样的影响?

中国并不是银矿资源丰富的国家。明朝初年,政府推行纸币,禁止百姓白银交易。从1592年到17世纪初,在中国用黄金兑换白银的比价是1∶5.5到1∶7,而西班牙的兑换比价是1∶12.5到1∶14。由于对外贸易出超,白银源源不断流入中国。白银货币地位逐渐确立起来,国内因财政货币化推进而造成的"银荒"日趋缓解。万历年间,明政府实行"一条鞭法",把徭役、土贡等赋役都归并在田赋里,"计亩征银"。白银的流通在我国经过几百年缓慢曲折地发展,最终排挤了纸币,取代铜钱成为流通中的主要货币。

——摘自宋杰:《中国货币发展史》,北京:首都师范大学出版社,1999年版

○ 导读提示

材料中提到中国本身并不是银矿资源丰富的国家,因此经常会出现"银荒"现象,随着新航路开辟,白银源源不断流入中国,白银在中国货币中最终排挤纸币,取代铜钱成为流通中的主要货币,极大推动中国商品经济发展。

阅读材料时,应认识到:白银的大量输入打破了政府对货币的垄断权,推动了工商业及城市的发展;但是中国货币过度依赖国外输入则不利于政府财政的稳定,国际贸易的任何异动都会成为政权的极大隐患。

通过阅读该则材料,可以深刻理解新航路开辟使得整个世界成为一个真正的整体,每一个国家都深陷其中,不可能置身事外。在全球一体化日益紧密的今天,我们应该居安思危,随时调整国家政策,国家才能健康稳步发展。

2.如何认识西班牙的"大帆船贸易"?

西班牙人开展跨太平洋"大帆船贸易"始于1565年,正值明朝政府开始推行开海贸易政策。西班牙政府每年都派遣满载美洲白银及商品的大帆船,从墨西哥驶往菲律宾

马尼拉。这引起把银视为至宝的中国商人的兴趣,努力扩展对菲出口贸易。中国船队所载货物到达马尼拉,即被转装到待航墨西哥的大帆船上。大帆船把盛产白银的美洲和银价昂贵的中国联系在一起,使中国生产的生丝与丝绸大量运销于需求特别强大的美洲市场,西班牙人获得的贸易利润惊人。

到18世纪末19世纪初,英国渐成世界海上霸主,逐渐在世界贸易中占据主导地位。在自由贸易的世界大潮冲击下,以垄断为特色的"大帆船贸易"的地位急剧下降,绵延250年的太平洋"大帆船贸易"遂告终结。

——摘编自张顺洪:《明清时代的中国与世界》,南昌:江西人民出版社,2011年版,第28~30页

○ **导读提示**

从材料得知西班牙"大帆船贸易"把盛产白银的美洲和闹"银荒"的中国联系在一起,西班牙人从中获得惊人的贸易利润。在18世纪末19世纪初伴随英国渐成世界海上霸主,以垄断为特色的西班牙"大帆船贸易"的地位急剧下降。

阅读材料时,应认识到:新航路开辟使得除了传统的印度洋贸易外,大西洋贸易和太平洋贸易也飞速发展,一个围绕白银输入中国的全球贸易网络逐渐形成。国家的贸易地位并不是一成不变的,伴随国家实力的变化而变化。

通过阅读该则材料,可以深刻理解在贸易全球化发展过程中,顺应时代发展趋势则会促进国家经济发展,只有增强国家整体实力才可能在世界贸易中占据有利地位。

第3讲 早期殖民扩张

★ **学习精要**

新航路开辟拉开了欧洲对外扩张的序幕,带来了世界文明格局的巨大变化和西欧经济社会的新变化。

在1500年前,世界文明格局是相对平衡的多元格局,但随着新航路的开辟和早期的殖民扩张,美洲和非洲原有的社会发展进程被打断,他们的文明遭到毁灭性打击,亚洲的古老帝国也受到冲击。伴随着殖民扩张,国际分工开始出现。西欧出口手工业品,美洲等地生产原料,非洲提供劳动力,亚洲提供奢侈消费品和日用品,以残酷的剥削为代价,西欧不仅获得巨额利润,同时也引起了自身的很大变化。

西欧经济社会的新变化中,经济的变化尤为明显。欧洲的商业格局发生了重大变化,贸易中心由地中海沿岸转移到大西洋沿岸,商业经营方式也发生了变化,出现了证券交易所、股份公司等。与商业革命相伴随的是欧洲的价格革命,表现为通货膨胀、货币贬值。经济变化引起了西欧社会结构的变化,依赖固定地租收入的封建领主经济地位下降,商业资产阶级实力上升,资本主义加速发展,封建制度濒于解体。人类社会开始进入一个大变革时代。

★学术动态

学术观点1:殖民帝国体系、全球市场体系的形成与扩张构成了全球化的早期史

地理大发现的直接后果是西方殖民扩张的殖民地争夺,首先是西班牙、葡萄牙通过1494年教皇主持的"托德西拉斯条约"获得了在全球分割抢占地盘的权利,随后继起的荷兰、英国等国家打破此条约,尤其是英国在18世纪中期成为地道的"日不落帝国",占了全球四分之一的陆地和人口。先后建立起来的各殖民帝国逐渐形成一个全球性的新帝国体系,几乎将地球上人类所能达到的所有土地和海洋纳入其囊中。殖民主义者依靠坚船利炮,用武力迫使东方服从于西方。

全球贸易网络使世界贸易往来从原有的地区性贸易、间歇性东西方贸易逐步走向全球化贸易,打造出一个全球市场体系。伴随殖民活动,欧洲商人在世界各地建立起四通八达的贸易网站,西方国家是殖民帝国同时也成为贸易帝国。

早期全球贸易网络主要由西方海外殖民扩张和垄断性贸易活动所支撑,因此这样的一个全球市场体系非常脆弱,随时可能发生逆转。

【根据董正华:《世界现代化进程十五讲》,北京:北京大学出版社,2009年版,第348~351页】

学术观点2:地理大发现使欧洲商业发生革命性变化

地理大发现导致世界经济史上最大的一次商业冲击,使欧洲社会经济生活发生巨大变革,主要表现在商业的革命性变化上。

世界贸易中心随着新航路的开辟从地中海转移到大西洋,地中海变成了交通闭塞的内陆海,意大利也失去了原有的重要地位,大西洋国家如荷兰、英国崛起。

新大陆发现之前,欧洲商品经济发展曾因缺乏流通硬币而陷入窘境。新航路开辟后,大量白银流入欧洲,使欧洲在16世纪经历了规模空前的通货膨胀,被称为价格革命。价格革命对欧洲社会结构产生了巨大影响,加速了社会分化,新兴农场主和工商业者壮大,旧式封建贵族衰落,城乡劳动者进一步贫困,推动了资本主义发展,加速了封建社会的解体。

地理大发现也使得商业组织形式出现了创新,一是合伙制的推广,二是商业组织形式的真正创新,如特权公司、股份公司等。

总之,地理大发现使得欧洲商业发生革命性变化,极大促进欧洲资本主义发展,人类社会进入大变革时代。

【根据高德步、王珏:《世界经济史》(第四版),北京:中国人民大学出版社,2016年版,第128~133页】

★ 史学导读

1.西方在世界贸易中如何成为世界经济的中心?

到18世纪的后一段时期,规模巨大的洲际贸易已在历史上首次发展起来。……到18世纪末,这种有限的奢侈品贸易由于新的大宗生活必需品交易的扩大而转变为大规模贸易。

……导致繁荣一时的三角贸易:欧洲的朗姆酒、布匹、枪炮及其他金属产品给带运到非洲,非洲的奴隶给运到美洲,美洲的蔗糖、烟草和金银给运到欧洲。这种新的世界性经济关系的意义何在呢?首先,第一次国际分工已大规模地完成,世界正在成为一个经济单位。南北美洲和东欧生产原料,非洲提供劳动力,亚洲提供各种奢侈品,而西欧则指挥这些全球性活动。

——摘自[美]斯塔夫里阿诺斯:《全球通史:从史前史到21世纪》,吴象婴,等译,北京:北京大学出版社,2006年版,第457、459页

○ 导读提示

新航路的开辟使得规模巨大的洲际贸易开始发展,原本有限的奢侈品贸易也发展为大规模贸易,以致出现了繁荣一时的三角贸易。第一次国际分工已大规模地完成,世界正在成为一个经济单位,而西欧则指挥这些全球性活动。

阅读材料时,应认识到:全球航路的开辟,不仅推动了商品的世界性流动与交换,全球贸易网络的初步形成,还促进了国际分工的发展,全球逐渐形成了以欧洲为中心的世界经济关系,世界市场逐渐形成。

通过阅读该则材料,可以深刻理解1500年前后,人类由一个相对平衡的多元文明格局进入一个由西方主导、东方逐渐从属于西方的世界格局,西方日益成为世界经济的中心。

2.新航路开辟是怎样推动全球一体化进程的?

由于欧洲水手探索世界海洋并建立起远洋贸易的航线,引起了商业革命,全球贸易和物种交流发展起来。对亚洲航线的寻找,把他们带到了西半球和辽阔的太平洋,使他们能够把世界各地区通过便捷的贸易网络连接起来。粮食作物、牲畜品种、病菌与人类移民也漂洋过海,极大影响着全世界。农作物的移植和牲畜的传播改善了人类的营养状态,增加了东半球的人口。大量移民和人类群体的迁移改变了美洲的社会文化,加速了世界人民的交融。

——摘编自[美]杰里·本特利、[美]赫伯特·齐格勒:《新全球史》,魏凤莲,译,北京:北京大学出版社,2014年版

○ **导读提示**

材料中提到新航路的开辟引起了欧洲商业革命,全球贸易和物种交流发展起来,大量移民和人类群体的迁移改变了美洲的社会文化,加速了世界人民的交融。欧洲的航海探险、远洋贸易网络使得各地区相互依存,推动了全球一体化进程。

阅读材料时,应认识到:由于全球航路的开辟,人口的迁移、物种的大交换、商业发生的大变化以及全球贸易网的形成,真正让人类世界成为一个整体。

通过阅读该则材料,可以深刻理解新航路开辟给人类带来的巨大变化,这一过程充满了血腥和屠杀,但人类毕竟迈开了由分散走向整体的第一步。

3.新航路开辟与早期殖民扩张在大国崛起中起到了怎样的作用?

首先,16世纪葡萄牙和西班牙作为欧洲主要的远距离贸易商脱颖而出,就把欧洲经济力量的重心由意大利和地中海永远移到了大西洋。由于被剥夺了作为东方贸易主渠道的地位,热那亚成为西班牙的银行家,威尼斯逐渐成为旅游城市,大西洋诸港口则船只往来不断,以其财富声名远扬。应当承认,葡萄牙和西班牙的繁荣昙花一现,未能持久,但大西洋沿岸的其他国家英国、荷兰和法国很快承袭了它们的衣钵,崛起为世界名列前茅的经济强国。

——摘编自[美]菲利普·李·拉尔夫等:《世界文明史》(上卷),北京:商务印书馆,1998年版

○ **导读提示**

材料中提到新航路的开辟,使得葡萄牙和西班牙作为欧洲主要的远距离贸易商脱颖而出,欧洲的经济中心由意大利和地中海移到了大西洋沿岸。葡萄牙和西班牙的繁荣持续较短,被后起的荷兰、法国、英国超越。

阅读材料时,应认识到:由于新航路的开辟,使得欧洲商路中心由地中海转移到大西洋沿岸,率先进行殖民开拓的葡萄牙和西班牙崛起,尤其是西班牙成为16世纪的世界海上霸主。但这两个国家的封建专制色彩太浓,统治者们将抢来的财富多半用于在国外购买奢侈品进行消费,并没有将财富转化为资本,被后起的英、法、荷兰超越,最终由建立了君主立宪制这一先进政治制度的英国胜出,并建立起了世界霸权,成为18世纪的"日不落帝国"。

通过阅读该则材料,可以深刻理解西方国家的崛起是建立在新航路开辟和早期殖民扩张基础之上的,西方大国的崛起与衰落更让我们认识到必须制定符合本国经济和人类历史发展规律的政策,必须与时代共舞,才能真正实现国家发展与民族的复兴。

★ **荐读书目**

[美]杰里·本特利、赫伯特·齐格勒:《新全球史》,魏凤莲,译,北京:北京大学出版社,2007年版

[美]斯塔夫里阿诺斯:《全球通史:从史前史到21世纪》,吴象婴,等译,北京:北京大学出版社,2006年版

董正华:《世界现代化进程十五讲》,北京:北京大学出版社,2009年版

张顺洪:《明清时代的中国与世界》,南昌:江西人民出版社,2011年版

宋杰:《中国货币发展史》,北京:首都师范大学出版社,1999年版

高德步、王珏:《世界经济史》(第四版),北京:中国人民大学出版社,2016年版

[美]艾尔弗雷德·W.克罗斯比:《哥伦布大交换:1492年以后的生物影响和文化冲击》,郑明萱,译,北京:中国环境科学出版社,2010年版

第四单元 资本主义制度的确立

【单元学习精要】

一是文艺复兴、宗教改革、启蒙运动等重要事件,特别是它们所包含的资产阶级的基本政治诉求。文艺复兴是人类社会第一次思想解放运动。其思想核心是对人的发现和对自我的肯定,人文主义者以科学反对神权至上,以人性反对禁欲主义,以理性反对蒙昧主义。应理解人文主义不是单纯的文化复古思潮,而是当时西欧政治变化在思想领域的反映。在文艺复兴从意大利向英国、德意志和法国传播时,宗教改革运动也开始兴起。宗教改革实际上是反对天主教会的反封建的社会政治运动,适应了资本主义发展的需要。它冲击了天主教对人们的思想束缚,打击了天主教会的势力。18世纪的启蒙运动推动了对科学、理性和社会进步的信仰,在思想上冲击了封建专制制度和天主教会。

二是这些事件和早期的资产阶级革命及资本主义制度确立之间的关系。在近代西方政治思想理念的推动下,英国资产阶级革命拉开了近代西方国家政治革命的序幕,西方国家相继爆发了以改变政治体制为目的的革命或改革。有的国家是通过暴力冲突来完成的,有的国家是通过自上而下的改革来完成的。此后,以民主政治为基本特征的新型政治体制成为西方国家普遍的政治体制,自由、财产、权利等相关政治思想理念被西方人认为是神圣不可侵犯的。与此同时,也要让学生理解这种政治体制所具有的历史局限性。

【根据徐蓝、朱汉国:《普通高中历史课程标准(2017年版)解读》,北京:高等教育出版社,2018年版,第106~107页】

第8课　西欧的思想解放运动

第1讲　文艺复兴

★学习精要

文艺复兴是14—17世纪欧洲新兴资产阶级借助复兴希腊罗马古典文化所发起的资产阶级思想文化运动。文艺复兴发源于意大利,其代表人物有:"文学三杰"——但丁、彼特拉克、薄伽丘,从他们的作品里我们能感悟到人性的觉醒;"美术三杰"——达·芬奇、米开朗琪罗、拉斐尔,他们的绘画和雕塑开创了现实主义艺术的新时代。15世纪后期,文艺复兴扩展到欧洲其他国家,英国的莎士比亚是杰出代表,16世纪文艺复兴进入全盛时期。

文艺复兴以人文主义为旗帜。人文主义提倡人性,反对神性;提倡现世生活和享受,反对来世主义和禁欲主义;倡导个性解放和知识理性,反对愚昧思想。人文主义者们倡导用"人本"对抗"神本",强调人的地位和价值,肯定世俗生活的享受和乐趣,崇尚理性和科学,关注对人、社会与自然的研究。但是文艺复兴并不反对宗教,不否定宗教信仰,人文主义者们都是虔诚的基督教徒。

文艺复兴不只是西方古典文化的"再生",它在创造了光辉灿烂文化的同时,也集中体现了新兴资产阶级的思想文化诉求。这场思想解放运动一定程度上冲击了封建秩序,解放了长期被宗教戒律压抑和禁锢的人性,使人们开始更多地关注人本身和现世世界;同时适应了资本主义发展的需要,为近代自然科学和各种学术的发展消除了思想障碍。它推动了反封建斗争的高涨,为新航路的开辟及殖民扩张注入了精神活力,为资本主义制度的发展开辟了道路。但是,对人文主义的过分推崇,造成运动后期个人私欲的膨胀、泛滥和社会混乱,种种弊端在文艺复兴后期的意大利尤为明显。

★学术动态

学术观点:文艺复兴是"人的发现"

第一,文艺复兴肯定了人性的自主性,为近代科学的兴起消除了大量的宗教教条和思想教条。

第二,文艺复兴肯定了人性的能动性,从而肯定了人类通过理性的方式探究自然的能力。

第三,文艺复兴对人的自由的肯定,从根本上激发了近代艺术家和科学家探究自然的能力。文艺复兴对人性的新发现,有效地削弱了宗教对艺术创造和学术研究的束缚,极大地激发了近代艺术的兴起。

因此,欧洲文艺复兴是"人的发现",它不仅有力地激发了近代艺术的兴起,还为西方近代科学的兴起奠定了重要的基石。

【根据郝苑、孟建伟:《从"人的发现"到"世界的发现"——论文艺复兴对科学复兴的深刻影响》,《北京行政学院学报》2013年第4期】

★史学导读

1.文艺复兴为什么最先发生在意大利?

文艺复兴滥觞于意大利,这并非偶然,因为资本主义萌芽最早出现在意大利。但是也必须看到:意大利之成为文艺复兴的发源地,还有其他原因。首先,意大利虽然还不是一个统一的国家,战争频仍,纷争不已,但在经济上呈现一种特有的繁荣。一些城市共和国商业和手工业十分发达,有雄厚的财力。这就为文学、艺术的发展提供了一个非常有利的物质环境。其次,定居于这些富裕城市中的,有不少博学多识的学者,对古代罗马文化深感兴趣。这些城市共和国的统治者和豪商巨贾,对来自各方的诗人、学者、艺术家,竞相延纳,加以庇护。这就使许多才智之士获得多方面的帮助……同时,意大利有一个独特的文化环境,在这里留下了不少古代罗马的建筑遗址,足以引人抒发思古之幽情。……君士坦丁堡与意大利之间,使者、学者接触频繁,希腊语在意大利传播日广。意大利学者乔伐尼·奥里斯巴在1423年把238部希腊文手抄稿带回意大利。另一意大利人费列尔佛在君士坦丁堡从事七年的研究,收集了不少希腊文手抄稿,回意大利后又从事亚里士多德、普鲁塔克等著作的翻译。1453年土耳其人攻陷君士坦丁堡后,拜占庭学者西行讲学者络绎而至。对希腊古典著作及艺术的研究与鉴赏,在意大利更蔚然成风。

——摘自吴于廑、齐世荣:《世界史·近代史篇》(上卷),北京:高等教育出版社,2001年版,第21~22页

○ 导读提示

从材料中可以看出,意大利最先出现文艺复兴是由于资本主义萌芽的产生与发展,加上地理位置优越、政治环境相对宽松,由此意大利汇聚了大量人才、保留和传播了大量的古希腊罗马的文化典籍。

阅读材料时,应认识到:文艺复兴滥觞于意大利是多重因素综合作用的结果,如发达的商品经济、富裕的社会生活为文艺复兴提供了有利的物质环境;统治阶层、上流社会对文化的热爱;古罗马留下的无比厚重的历史积淀为文化的复兴提供了丰富的营养;与东罗马帝国之间频繁的文化交往及拜占庭帝国灭亡后文化的西移等。

通过阅读材料,可以深刻理解:经济基础决定上层建筑,资本主义萌芽的出现才是意大利文艺复兴产生的根本原因;意大利本土深厚的历史文化沉淀促进了文化的繁荣,这说明历史是不可割裂的;还要认识到文化的兴盛与活跃的交往密切相关。

2. 人文复兴初期"文学三杰"的人文风采如何体现?

封建的中世纪的终结和现代资本主义纪元的开端,是以一位大人物为标志的。这位人物就是意大利人但丁,他是中世纪的最后一位诗人,同时又是新时代的最初一位诗人。

——[德]马克思、恩格斯:《共产党宣言》,载《马克思恩格斯文集》(第二卷),北京:人民出版社,2009年版,第26页

> 美好的年,美好的月,美好的时辰,
> 美好的季节,美好的瞬间,美好的时光,
> 在这美丽的地方,在这宜人的村庄,
> 一和她的目光相遇,我只好束手就擒。
> 爱神的金箭射中了我的心房,
> 它深深地扎进了我的心里,
> 我尝到了这第一次爱情的滋味,
> 落进了痛苦却又甜蜜的情网。

一个动听的声音从我的心房

不停地呼唤着夫人的芳名,

又是叹息,又是眼泪,又是渴望;

我用最美好的感情把她颂扬,

只是为了她,不为任何别的人,

我写下了这样美好的诗章。

——摘自[意]彼特拉克:《歌集》,李兴国,王行人,译,广州:花城出版社,2000年版

在《十日谈》中有这样一则故事:一位父亲将儿子从小带至深山中隐修,以杜绝人欲横流的尘世生活的诱惑。儿子到了18岁,随父亲下山到佛罗伦萨,迎面碰上一群健康、美丽的少女。头一次见到女性的小伙子问父亲这是些什么东西,父亲要他赶快低下头去,说这是些名叫"绿鹅"的"祸水"。岂料一路上对任何事物都不感兴趣的儿子却偏偏爱上"绿鹅",恳求父亲让他带一只回去喂养。

——摘编自[意]薄伽丘:《十日谈》,王永年,译,北京:人民文学出版社,1994年版,第43页

○ **导读提示**

第一段材料强调了但丁在这个新旧时代更替进程中的重要地位——他是代表性人物。但丁的诗既受中世纪的影响,又体现新时代的诉求,是文艺复兴的开创性人物。他的代表作《神曲》歌咏自由、个人情感和求知精神,体现了人文主义的萌芽。第二段材料生动表达了诗人爱情觉醒中的真实内心感受,反映出作者蔑视中世纪道德,热爱生活、勇于追求爱情的人文主义立场。第三段材料选自有"人曲"之称的《十日谈》,父亲将女人形容为"祸水""绿鹅"是受到天主教会禁欲观念的影响,儿子在五光十色的世界里独独看中了"绿鹅"(女人),这说明了人的自然欲求无法压抑。

阅读材料时,应理解时代背景——文艺复兴的实质。它是14—17世纪欧洲新兴资产阶级借助复兴希腊、罗马古典文化所发起的资产阶级思想文化运动。同时,还应理解三则材料所体现出的人文主义精神。

第2讲　宗教改革

★学习精要

宗教改革是16—17世纪欧洲资产阶级在宗教外衣掩饰下，发动的一场反对罗马教会的社会政治运动。一般认为宗教改革始于1517年马丁·路德提出"九十五条论纲"，结束于1648年的《威斯特法利亚和约》（又译《威斯特法伦和约》，政治学者一般将该条约的签订视为民族国家的开始）。宗教改革是一场思想解放运动，更是一场社会政治运动。宗教改革家都是虔诚的基督徒，但他们用人文主义宗教观挑战以罗马教皇为首的宗教权威。

宗教改革最初出现在16世纪初的德意志，由马丁·路德领导发起，其改革的核心是反对天主教的"因行称义"，提出"因信称义"，经过不断斗争，路德派的合法地位得到确立，与天主教分庭抗礼。

德意志宗教改革推动了欧洲其他国家的宗教改革运动。著名的有加尔文改革，其核心主张是"先定论"（即"人在现世的成功与失败，就是得救与否的标志，就是选民与弃民的标志"），否定了教皇权威。他认为致富者即为上帝选民，从神学角度论证世俗生活和个人奋斗的必要性、合理性。加尔文派传播到了欧洲多国，对英国产生了重要影响。英国在亨利八世进行宗教改革后成立国教，不再听命罗马教皇，英国建立了政教合一的国家。

欧洲宗教改革打击了天主教会的神权统治，促进了思想解放；推进了欧洲民族国家的形成和文化教育事业的发展；为资产阶级勾画政治蓝图提供了思想武器；促进了欧洲资本主义的发展。

★学术动态

学术观点1：宗教改革运动的发生得益于文艺复兴

首先，文艺复兴中的人文主义者通过文学、艺术及其他形式对天主教会的腐败现象揭露得淋漓尽致，为马丁·路德等宗教改革家提供了攻击天主教会的炮弹。

其次，阿尔卑斯山以北的人文主义者研究了《圣经》的希腊文本，发掘出基督教的原始教义。这些原始教义，由于印刷术的发明和推广而迅速地在文化阶层中传播，结果人们发现当代天主教会对于基督教教义所做的解释及天主教会的整套组织制度及仪式,与《圣经》中的记载大相悖谬。这就为宗教改革派提供了反对天主教会及实行改革的有力根据。

因此,文艺复兴促进了思想解放,文艺复兴对原始经典的研究和传播刺激了宗教改革的发生。

【根据吴于廑、齐世荣:《世界史·近代史篇》(上卷),北京:高等教育出版社,2001年版,第44页】

学术观点2:宗教改革推动了西方近代教育的发展

首先,宗教改革提倡阅读《圣经》,这提高了大众的识字率,扩大了阅读面和知识水平,为知识和思想的传播创造了条件,使文化得到传播,也为近代西欧教育的普及化做出了贡献。

其次,宗教改革运动中提出的"因信称义"原则,不仅促进了思想自由和理性精神的发展,而且为"人人皆有权接受教育"奠定了理论基础。

最后,马丁·路德和加尔文所提出的关于强迫义务教育的主张,促进了西方各国国民教育体制的建立,为欧洲教育现代化提供了直接的历史基础。

所以,宗教改革所孕育的理性精神与民族主义,促进了西方教育从中世纪向近代的转变,成为推动西方教育现代化的原动力。

【根据[美]斯塔夫里阿诺斯:《全球通史——从史前史到21世纪》(下册),吴象婴,等译,北京:北京大学出版社,2006年版,第384页;李立国:《宗教改革与西方教育现代化的起源》,《清华大学教育研究》2003年第6期】

★ 史学导读

宗教改革有何历史意义?

整个16世纪几乎被宗教革命的浪潮所占据了。文艺复兴和宗教革命是先后交错的两篇"文章",在这以后,西欧社会面目真的改观了。文艺复兴是人性与理性的解放,宗教革命的冲击力则在于对社会性的愚昧发起了攻击。欧洲人几乎没有不是基督教徒的,所以席卷欧洲的宗教大分裂就涉及了每一个人,要他们做出选择。……从它的社会意义讲,则是以极大的震撼力松动了思想束缚,教廷神权一统天下的局面从此被打破。……宗教革命是"护神"的,要回归本源的基督教义,马丁·路德反对的是教廷包办教务,主张直接与上帝沟通,而不是通过炙手可热的各级神职人员。从这个意义上讲,也可以说,宗教分裂后的新教比旧教更忠于上帝和《圣经》。因此,从神本论的意义上看,宗教改革的发端是反对教权压迫,所以一开始便具有政治的和社会的革命意义。

——摘编自陈乐民:《欧洲文明的进程:对话欧洲》,北京:生活·读书·新知三联书店,2014年版,第158~159、161页

○ 导读提示

从材料可知:首先,宗教改革的影响很大,几乎影响到每一个欧洲人。宗教改革受到文艺复兴人文主义思潮的影响,使人获得了灵魂自救的自主权,并使得人文主义得到了进一步传播,形成了全社会的思想解放,为启蒙运动的到来做了准备。

其次,马丁·路德反对教廷包办教务,主张"因信称义"。宗教改革后,形成了不受罗马教宗控制的基督新派(路德派、加尔文派和英国国教等),新教大都简化了宗教仪式,否定罗马教廷的权威,适应了新兴资产阶级的需要。

最后,宗教改革打击了教会势力,剥夺了教会在新教各国的政治经济特权,加强了君主权力,促进了欧洲新兴民族国家的形成;新教成为早期资产阶级革命的旗帜,并对后来的资产阶级革命产生了重大影响。

通过阅读该段材料,可以深刻理解宗教改革的历史意义。宗教改革打击了天主教会的神权统治,促进了思想解放,为资产阶级勾画政治蓝图提供了思想武器。

第3讲 近代科学的兴起

★ 学习精要

16—17世纪,在文艺复兴广泛传播和宗教改革如火如荼进行的大时段里,欧洲自然科学研究取得重大突破,发生了近代早期的科学革命。文艺复兴、宗教改革、科学革命相互联系,共同促进了人们的思想解放,提高了人们对社会和自然界的认识。

波兰人哥白尼提出"日心说"是这场科学革命的开端;意大利科学家伽利略用实验的方法证实"日心说",开创了以实验事实为根据并具有严密逻辑体系的近代科学,为牛顿经典力学的创立奠定了基础;英国科学家牛顿发现了万有引力定律和牛顿力学定律,为近代物理学的发展奠定了基础。近代科学在光学、热学、解剖学等领域也取得了巨大成就。近代科学在欧洲的兴起,标志着欧洲在科学技术领域已走在了世界前列。

同时,近代科学的兴起和发展引发和促进了工业革命和社会变革。

近代科学的兴起提高了人们对自然界的认识能力和改革现实社会的能力,削弱了封建统治的精神支柱,促进了欧洲的思想解放运动,从一定意义上讲,它本身也是一场思想解放运动。

★学术动态

学术观点:特殊的时代环境是科学革命最先在西方产生的原因

第一,在西方,哲学家、科学家与匠人实现联合,互相促进,这大大促进了科学在西方世界的空前繁荣。文艺复兴、宗教改革的人文主义学术成就和有利的社会环境缩小了匠人和学者之间的鸿沟,改变了此前思想家与劳动者朝着分离方向发展的局面,引起了一个爆发性的联合,使知道实际知识与了解潜在原因结合,奠定了科学的基础。

第二,地理大发现和海外地区的开辟也促进了科学的发展。新的动植物、新的恒星甚至新的人类社会相继被发现,所有这些都向传统思想提出了挑战。

第三,欧洲的科学革命在很大程度上应归功于同时发生的经济革命。近代初期,经济上的进步导致技术上的进步,后者又转而促进了科学的发展和受到科学的促进。

综上,科学革命是西方时代环境造就的。

【根据[美]斯塔夫里阿诺斯:《全球通史:从史前史到21世纪》,吴象婴,等译,北京:北京大学出版社,2012年版,第480~482页】

★史学导读

从宋应星和牛顿的成就看17世纪中西方科技有什么不同点?

宋应星(1587—约1666年)青年时曾考取举人,后来连续六次赴京参加进士考试,均名落孙山。45岁以后,面对明末流民遍地的现实,宋应星不再追求科举功名,转而探求"致富"之术。他全面搜集整理传统农业、手工业技术,撰成《天工开物》一书,书名取"天工人其代之""开物成务"之义。正如宋应星在该书的序言中所说,"是书与科举功名毫无关系",当时士大夫对这部书不屑一顾。后来乾隆时编《四库全书》,不予收录,民间因此更不敢印行。这部书在19世纪传入欧洲后,被誉为"17世纪中国科技的百科全书",是我们今天探讨古代科技成就的重要文献。

——摘自潘吉星:《宋应星评传》,南京:南京大学出版社,1990年版牛顿(1643—1722年)自幼喜欢钻研科学。1687年,他的《自然哲学的数学原理》出版,阐述了其后被视作真理的物体运动三大定律。该书受到学术界的赞颂,很快销售一空。同年,牛顿被选为国会议员,后被封为爵士,成为英国皇家学会会长和法国皇家学会会员。当时他被公认为活着的最伟大的科学家,英国有学识的人都把牛顿"奉为他们的首领,承认他是他们的主帅和大师"。伏尔泰全面接受了牛顿的自然哲学,并与人合作发表一本关于牛顿力学体系的通俗著作。18世纪中期,牛顿的理论体系在欧洲各国得到广泛的认可,对整个欧洲和世界的科学与哲学发展产生了深远的影响。

——摘自[美]詹姆斯·格雷克:《牛顿传》,吴锋,译,北京:高等教育出版社,2004年版

○ **导读提示**

从材料看来,宋应星和牛顿处于同一时期的东西方,但是成长环境和时代特征大相径庭。

明朝实行八股取士,是一种典型的文化专制政策。宋应星花了大半生时间投身科举却名落孙山,到45岁时面对政治黑暗与民间疾苦放弃科举,致力于"全面搜集整理传统农业、手工业技术",花了整整20年的时间,写成了《天工开物》一书,这是一本具有总结性和实用性的巨著。但是由于统治者实行文化专制、士大夫们重视功名科举,这本巨著在国内没有得到应有的重视,相反传到国外后,受到高度评价。

牛顿所处的时代,欧洲受到文艺复兴、宗教改革的影响,科学革命已经到来,加上伽利略等科学家科学成果的奠基和牛顿自身的努力,44岁的牛顿已经出版了影响整个科学界的《自然哲学的数学原理》,阐述了物体运动三大定律,建立起一个完整的力学理论体系。该成果是在实验基础上的理性创造,在当时和后世影响巨大,促成了思想的解放,呼唤着理性主义时代(启蒙运动)的来临。

通过阅读两段材料,可以窥见出17世纪中西方科技的不同,中国重经验、重实用、重总结,西方重实验、重理论、重分析。17世纪(明清时期)中国的科技已经落后于西方了,而且差距将越来越大。

第4讲 启蒙运动

★学习精要

在欧洲,人们经过文艺复兴、宗教改革、科学革命的洗礼,思想进一步解放。17—18世纪,随着资本主义经济的不断发展,新兴资产阶级在思想领域反对封建统治与教会特权的斗争也深入展开,以法国为中心的欧洲启蒙运动由此拉开帷幕。启蒙(enlighten)的法文原意是明亮、照耀,启蒙运动(the Enlightenment)的含义是启迪和开导人民的反封建意识,给尚处于黑暗之中的人们带来光明与希望。启蒙思想家们提倡用理性而不是外界的权威来判断一切事物,只敬畏真实,尊重科学,不再信奉传统的偶像与教条,把批判锋芒直指封建专制制度及其宗教思想体系,为资产阶级革命准备了思想条件。

启蒙运动分三个阶段,第一阶段是17世纪在英国兴起,早期代表人物有霍布斯、洛克,他们都提出了社会契约的思想,洛克还提出了"分权"主张。

第二阶段是18世纪上半期在法国发展并达到高潮,孟德斯鸠受洛克的启发,提出了"三权分立"分立学说。伏尔泰是法国启蒙运动的领袖,他猛烈抨击教会,主张自由平等是天赋人权,伏尔泰和孟德斯鸠都推崇英国的君主立宪制。卢梭主张主权在民和直接民主制,他的激进思想对法国大革命影响最大。狄德罗宣传科学和理性,反对迷信和专制。狄德罗邀约卢梭等人历时21年编写出《百科全书》,他将伏尔泰、孟德斯鸠、卢梭等160多位法国最著名的思想家和科学家联合起来,形成了"百科全书派"。"百科全书派"影响很大,成为法国启蒙运动中心。

第三阶段深入扩展,启蒙运动在法国达到高潮后迅速波及欧洲各国,德国的康德是启蒙思想集大成者,对启蒙运动作了理论总结,最终确立了人类的主体地位;英国的亚当·斯密出版《国富论》,主张经济自由主义,被誉为"现代经济学之父"。18世纪后期启蒙运动开始向世界各地传播,最先在北美、接着在拉丁美洲扩展,稍后传到亚洲,19世纪末20世纪初传到中国。

总的说来,启蒙运动是一场伟大的思想解放运动,为欧美资产阶级革命和资本主义制度的建立做了思想上和理论上的准备,也推动了中国、日本等国为改造旧社会而斗争,更为人类社会创造了宝贵的精神财富。

★学术动态

学术观点1:近代欧洲科学革命与启蒙运动相辅相成、相互促进

首先,启蒙精神从科学中获取了大量的灵感:一是人类文化的权威不再是宗教宣扬的"信仰",而是科学揭示的"自然";二是将"人"作为人类研究的正当对象,以科学为典范,对人文社会学科进行彻底改造;三是以科学的理性论证和建构正当的社会制度。近代科学为启蒙运动提供了思想武器、理论方法和发展动力,有力地激发了启蒙精神的兴起与成长。

其次,科学也在启蒙精神的感召下不断走向成熟:一是启蒙精神推动了科学的社会化,增强了科学的公共性和科学知识的统一性;二是启蒙精神推动了科学建制的发展,组建了更稳固可靠的学术共同体,如国家科学院和各种非官方的学术学会;三是启蒙精神主张科学家应服务于社会,这增强了科学的社会效用,为科学赢得了更多的社会声望和支持。

综上所述,作为近代思想解放运动,欧洲科学革命与启蒙运动的关系是辩证统一的、相辅相成、相互促进的。

【根据郝苑、孟建伟:《科学与启蒙精神》,《中国人民大学学报》2013年第6期】

学术观点2:启蒙思想对法国大革命起到了推波助澜的作用

第一,理性被引进法国的初衷是用来重新审视宗教权威,但当时的法国社会人心激荡,危机四起,这使理性不可避免地越过了原初的解释范围,将矛头对准了人间的政治权威。

第二,不管启蒙思想家的思想是多么进步,他们都保留着特权,并具有一定的乐观主义倾向,因此在粉饰危机的同时,也麻痹了统治者对危机的警惕,反而更加深了危机。

第三,启蒙无神论催生了革命。启蒙哲学以无神论主张刺激和挑战宗教观念。客观上刺激了革命的爆发,而且使革命前期战果辉煌。

综上所述,启蒙思想不仅影响到革命的领导者,还在下层群众中得到传播,整合民众意识,为法国大革命的爆发做了思想上的准备。

【根据朱学勤:《道德理想国的覆灭——从卢梭到罗伯斯庇尔》,上海:上海三联书店,2003年版,第164~170页】

★ 史学导读

1.如何辩证地理解"理性主义"？

启蒙运动就是人类脱离自己所加之于自己的不成熟状态，不成熟状态就是不经别人的引导，就对运用自己的理智无能为力。当其原因不在于别人的引导，而在于不经别人的引导就缺乏勇气与决心去加以运用时，那么这种不成熟状态就是自己所加之于自己的了。……要有勇气运用你自己的理智！这就是启蒙运动的口号。

——摘自[德]康德：《历史理性批判文集》，何兆武，译，北京：商务印书馆，1996年版，第22页

现在我们知道，这个理性的王国不过是资产阶级的理想化的王国；永恒的正义在资产阶级的司法中得到实现；平等归结为法律面前的资产阶级的平等；被宣布为最主要的人权之一的是资产阶级的所有权；而理性的国家、卢梭的社会契约在实践中表现为，而且也只能表现为资产阶级的民主共和国。18世纪伟大的思想家们，也同他们的一切先驱者一样，没有能够超出他们自己的时代使他们受到的限制。

——摘自[德]恩格斯：《反杜林论》，载《马克思恩格斯文集》（第九卷），北京：人民出版社，2009年版，第3页

○ 导读提示

康德的观点体现了理性主义的核心就是"要有勇气运用你自己的理智"，自信勇敢地说明了身为个体的人要有独立思考的精神，不盲从、不迷信权威，在实事求是的基础上独立思考，自由表达自己的思想，这是人文主义的升华。它适应了资产阶级的利益诉求，号召人们用理性的力量去构建一个更符合理性和人性的社会；批判专制主义和宗教愚昧，号召消灭专制王权、贵族特权和等级制度；追求政治民主、权力平等和个人自由，体现出上升时期资产阶级的进步性。

恩格斯的观点指出了"理性王国"的时代局限性，带有浓厚的时代和阶级属性，在这种思潮指导下建立起来的"理性王国"本质上是资产阶级专政，平民大众是无法享受到真正的民主、平等和自由。

通过阅读两段材料，要认识到辩证地分析启蒙运动的核心思想——理性主义，一味地美化或丑化都不是真正的"理性"。

2.法国启蒙思想家对中国传统文化的态度及原因?

伏尔泰对儒家的德治推崇备至,认为中国是"世界上最明智、最文明的国家"。孟德斯鸠、狄德罗、卢梭则持否定态度,他们认为中国实行的是"东方专制主义""宗法专制主义"。到18世纪末,对中国的负面评价占了上风。

——摘编自任世江:《高中历史必修课程专题解析》,北京:北京师范大学出版社,2016年版,第394页

法国启蒙思想家的重要使命,是批判以基督教神学世界观为核心的传统文化,建立体现现代精神和现代意识的新文化。由于中国传统文化中不重神权的思辨哲学和伦理本位的道德意识,与强调理性的资本主义思想体系异曲同工,因而,启蒙思想家能够从中发现他们所需要的成分,并赋予它们革命的意义。特别是儒家无神论的哲学思想、德治主义的政治思想、融法律与道德为一体的伦理思想、重农轻商的经济思想,尤为启蒙思想家所瞩目,他们从中汲取了丰富的思想养料,锻造了他们进行反专制反神学斗争的锐利武器。但由于启蒙思想家对中国传统文化的推崇和向往,始终是以自己的国情或需要为出发点,表现出一种强烈的"为我所用"的实用主义取向,因而对中国文化褒贬不一。但不管是肯定还是否定,启蒙思想家都把中国文化中国精神视为与自身文明相异、魅力无穷的"他者",都把这个陌生相异的"他者"看作构建自家思想学说不可或缺的精神参照,用以抨击法国的专制统治,谋求建立"自由,平等,博爱"的资产阶级国家。

——摘自陈超:《对明清之交"东学西渐"的思考——兼论中国文化对法国启蒙思想的影响》,《东南学术》2011年第4期

○ **导读提示**

第一段材料指出了启蒙运动期间"中国热"的现象:伏尔泰高度赞扬中国传统文化,但其他启蒙学者都对中国传统文化持否定态度。第二段材料透过现象讲清楚了本质:中国传统文化对启蒙运动的影响及造成影响的原因。由于实用主义倾向导致了态度的不同,启蒙思想家利用中国儒家文化的"他山之石"来攻理性之"玉",借此提出自己的主张。启蒙思想家没有到过中国,他们对中国儒家文化的赞美或者否定都是来自传教士书中的记载,比较片面。

阅读材料时,应认识到:法国启蒙思想家所处的历史时代。他们对中国传统文化

的肯定或否定态度,取决于实用主义倾向——中国传统文化能否成为他们反专制反神学斗争的锐利武器。

通过阅读和理解两段材料,对提高自身历史理解和历史解释的学科素养是很有帮助的。同时,也可以深刻理解启蒙思想的时代背景和具体内容。

★ 荐读书目

[美]斯塔夫里阿诺斯:《全球通史:从史前史到21世纪》,吴象婴,等译,北京:北京大学出版社,2012年版

陈乐民:《欧洲文明的进程:对话欧洲》,北京:生活·读书·新知三联书店,2003年版

陈乐民:《欧洲文明十五讲》,北京:北京大学出版社,2004年版

吴于廑、齐世荣:《世界史·近代史篇》,北京:高等教育出版社,2011年版

第9课　资产阶级革命与资本主义制度的建立

第1讲　早期资产阶级革命

★学习精要

早期资产阶级革命是指17、18世纪欧美地区处于工场手工业阶段的一些国家发生的资产阶级革命。16世纪后期的尼德兰革命为其先声,17世纪的英国资产阶级革命,18世纪的美国独立战争和法国大革命则是其主要组成部分。这些革命的发生是本国资本主义经济发展与封建专制统治或殖民统治矛盾激化的必然结果,本质上是要解决资产阶级掌权的问题。资产阶级通过革命推翻了本国封建统治或外来殖民统治,为资本主义制度的确立创造了条件。因此,资产阶级革命的发生具有历史的必然性,是人类社会的进步;同时,由于各国国情不同,资产阶级革命又具有复杂性。

具体而言:

英国资产阶级革命主要是由于资本主义经济的发展受到斯图亚特王朝专制统治的严重束缚,由资产阶级和新贵族领导。1640年,资产阶级和新贵族以议会为阵地,向专制王权发起挑战。之后经历了两次内战、建立共和国、克伦威尔的独裁统治、斯图亚特王朝的复辟和光荣革命等过程,于1689年颁布《权利法案》,确立了议会主权,从立法权、司法权、税收权、军事权等方面限制了国王的权利。

美国独立战争主要是由于英属北美13块殖民地的经济发展受到了英国殖民统治的严重压制,以波士顿倾茶事件为导火线。1775年,"莱克星顿的枪声"是独立战争开始的标志,之后以华盛顿为领袖,北美人民组成了大陆军,发表了《独立宣言》,经历了曲折的过程,得到了法国等国的支持和援助,以萨拉托加大捷为转折点,逐步走向胜利。1781年北美英军投降,两年后,英国承认美国独立。

法国大革命主要是由于资本主义经济发展受到封建专制制度的严重阻碍,以1789年三级会议召开为导火线,以巴黎人民攻占巴士底狱为开端。资产阶级以《人权宣言》为号召,君主立宪派、吉伦特派和雅各宾派先后登上政治舞台,在巴黎人民的配合下,一次次将革命推向高潮。经历过热月政变、雾月政变,最终建立了拿破仑军事独裁统治。拿破仑统治时期,多次击退国内外反革命势力对法国革命的干涉,维护了法国大革命的成果;但也因拿破仑的对外扩张而导致了拿破仑帝国的覆灭。法国大革命的浪潮极大地冲击了欧洲封建王权的专制统治,使"自由""平等""博爱"的口号在欧洲大地上得到广泛传播。

★学术动态

学术观点1:妥协制宪是英国给世界提供的重要制宪原则

英国资产阶级革命经历了两次内战和克伦威尔的军事独裁,又走向了斯图亚特王朝复辟,这导致革命建国难以达成,反革命复辟又只是恢复旧的君主专制。最终英国议会中的两党相互妥协,通过光荣革命迎来了威廉和玛丽入主英国。

《权利法案》的出台,也是妥协原则发挥了作用。英国议会愿意保留并接受君主制的形式,而威廉和玛丽愿意接受《权利法案》作为继位的前提条件、接受立宪君主制,这就为英国的虚位君主制铺平了道路。

之后英国的内阁制形成、多次议会改革,都是不同政治势力妥协的结果。美国的共和制确立也是大州和小州、南方和北方、中央和地方等各方面的博弈和妥协的结果。法国的共和制则经历了君主派和共和派的长期斗争与最终妥协而得以确立。

所以说,英国光荣革命使得英国政治从激烈斗争走向了相互妥协,并最终建立起君主立宪制。妥协也成了近代以来英国乃至世界立宪政治的基本原则。

【根据高全喜:《英国宪制中的妥协原则——以英国宪制史中的"光荣革命"为例》,《苏州大学学报(哲学社会科学版)》2017年第4期】

学术观点2:美法革命具有相似性

首先,美国革命和法国大革命的巩固都以巨大的人员伤亡为代价。两国革命都是全球性帝国竞争的后果,背景是英法在北美的竞争即欧洲列强竞逐全球商业帝国以及扩展和保卫这一帝国。

其次,美法两国革命带来的变迁都有利于农业资本主义的出现,对被没收土地的出售都扩大了农场主占有土地的面积。美国是由西进运动引发的,法国则主要来自领主捐税和什一税等强制法权的废除。

最后,美法革命两国革命在观念上都受启蒙思想的影响,双方在普世主义理念、性别政治文化等方面都存在相似性,同时都造成了严重的政治和社会分裂。

所以,虽然两国国情不同,但两国革命却具有政治、经济和文化等多方面的相似性。

【根据[澳]彼得·迈克菲、黄艳红:《姐妹共和国?——比较视野下的美国革命和法国大革命》,《世界历史》2016年第4期】

★ 史学导读

1.如何准确理解《权利法案》颁布的意义?

僧俗两界贵族与下议员等……为确定和维护传统之权利与自由而宣告:

第一条 凡未经议会同意,以国王权威停止法律或停止法律实施之僭越权力,为非法权力。

第二条 近来以国王权威擅自废除法律或法律实施之僭越权力,为非法权力。

第三条 凡未经过议会准许,借口国王特权,为国王而征收,或供国王使用而征收金钱,超出议会准许之时限或方式者,皆为非法。

第六条 除经议会同意外,平时在本王国内征募或维持常备军,皆属违法。

第八条 议员之选举应是自由的。

第九条 议会内之演说自由、辩论或议事之自由,不应在议会以外之任何法院或任何地方,受到弹劾或讯问。

……

第十三条 为申雪一切诉冤,并为修正、加强与维护法律起见,议会应时常召开。

彼等并主张、要求与坚持上述各条为彼等无可置疑之权利与自由。

——摘自英国《权利法案》

17世纪前的两三个世纪里……权力的重心,时而偏向议会,时而偏向王权,但议会的基本权利并未因此受到破坏。……然而进入17世纪后,议会的传统权利开始面临危机。……鉴于政治传统屡遭破坏的历史,为防患于未然,议会于1689年通过《权利法案》,将作为惯例的种种传统权利和自由写入法律文件,使之得以巩固、强化……以消除对议会的干扰和破坏。

——摘编自张新宇:《从〈权利法案〉看英国革命》,《西华大学学报(哲学社会科学版)》2006年第6期

○ 导读提示

通过阅读第一则材料，我们从第一、二、三、六条可以得出国王立法权、司法权、征税权和军权受到了议会的限制；从第八、九、十三条则可以得出，议会的权力在其中得到了明确的体现。所以我们可以理解为，《权利法案》明确了议会的权力高于国王，国王的权力受到了议会的限制和约束。

通过阅读第二则材料我们可以得出，议会与国王权力的争夺，在革命之前一直存在，而光荣革命使得国王的权力来自议会，所以议会决定将早已存在的立宪传统以成文法的形式确立起来，以消除对议会的干扰和破坏。从这个意义上说，《权利法案》的另一个意义是明确划分了议会和国王的权力界限，使得双方此后避免再因权限模糊而发生严重的冲突，英国也因此获得了一个长期稳定的政治环境，为其经济发展提供了一个先决条件。

通过阅读两则材料，我们可以深入理解，《权利法案》颁布的意义不仅仅是明确了议会权力高于王权，还在于它将二者的权力界限用成文法的形式固定下来，以避免二者再发生冲突，从而保证了后来英国政局的长期稳定。

2.启蒙思想如何影响美国独立战争？

我们作为美利坚人……我反对以"父母之邦"或"祖国"这样的字眼专用于英格兰。……上帝安排英国与美利坚相距遥远，这也是强有力的和自然的证据，证明一方对另一方的统治不符合上天的意图。

——摘自[美]托马斯·潘恩：《常识》

我们认为这些真理是不言而喻的：人人生而平等，造物者赋予他们若干不可剥夺的权利，其中包括生命权、自由权和追求幸福的权利。……当任何形式的政府对这些目标具破坏性时，人们便有权利改变或废除它，以建立一个新的政府。

——摘自[美]《独立宣言》(1776年7月)

○ 导读提示

托马斯·潘恩是18世纪中期从英国移民到美国的，深受启蒙思想的影响，他在《常识》中的主张激发了北美殖民地人民的民族意识和建立独立国家的愿望和斗志。

《独立宣言》作为美国独立战争的纲领性文件，其中体现的天赋人权、社会契约、主权在民、永久革命权等启蒙思想主张，正式宣告了美国独立，并在其精神指引下，一步步走向战争的胜利。

通过阅读两段材料可知,正是欧洲的启蒙思想被传播到了英属北美殖民地,才促进了北美人民民族意识的进一步觉醒,并发表了《独立宣言》,将独立、自由、平等等观念进一步传播,为独立战争的胜利和美国共和政体的建立奠定了思想基础。这是英国殖民者所没有预想到的。

3. 法国大革命的地位和作用是怎样的?

这场革命(法国大革命)的效果就是摧毁若干世纪以来绝对统治欧洲大部分人民的、通常被称为封建制的那些政治制度,代之以更一致、更简单、以人人地位平等为基础的社会政治秩序。

——摘自[法]托克维尔:《旧制度与大革命》,冯棠,译,北京:商务印书馆,2017年版,第60页

○ 导读提示

这则材料充分肯定了法国大革命的积极作用,它极大地破坏了法国和欧洲大陆的封建旧制度,对推动欧洲资本主义发展发挥了重要作用,具有进步意义。

阅读材料时,应认识到:法国大革命最后并没有实现其设想的"以人人地位平等为基础的社会政治秩序",这也是作为资产阶级自身的局限性所决定的。托克维尔作为资产阶级史学家,其对资产阶级革命的认识也就带有局限性。

通过阅读这则材料,我们应该深入理解法国大革命,并对其进行历史的评价和辩证的分析。既看到其积极意义,也要看到其时代局限。

4. 拿破仑战争对近代欧洲大陆产生了怎样的影响?

从政治上来说,欧洲共性的加强表现在:第一,封建主义旧制度的基础遭到毁灭性的打击,贵族和僧侣的特权被废除,封建贡赋和徭役被取消;第二,建立了资产阶级议会民主制度,资产阶级……占有举足轻重的地位;第三,建立了强大的中央集权制度……各国国内的统一进程逐步加快;第四,确立了法律面前人人平等和个人自由等资产阶级民主原则。一言以蔽之,资本主义取代封建主义,资产阶级民主制度代替封建专制制度,成为欧洲大陆的时代潮流。

从经济方面来说,欧洲共性也有明显的加强:第一,行会等束缚资本主义发展的封建制度被取消,建立起以经济自由为基础的资本主义经济制度;第二……法国一整套资本主义的经济政策、措施和制度被推广到欧洲各地……;第三,由于拿破仑强制推行大陆封锁政策……欧洲大陆的工业革命开始了其不可逆转的进程。

在思想文化方面，欧洲原来就有较多的共性，经过法国大革命和拿破仑战争的洗礼，这方面的共性进一步增强了：首先，以理性主义为核心的启蒙思想成为欧洲的主流思想；其次，法国大革命中所形成的自由与平等观念得到广泛的传播，大革命的原则与理念深入人心；再次，法国文化当时在欧洲占有主导地位。

——摘自宛凤英：《拿破仑发动战争与近代欧洲一体化进程》，《史志学刊》2015年第2期

○ 导读提示

阅读材料时，应认识到：拿破仑战争对欧洲的政治影响是巨大的，它使得欧洲大陆出现了资产阶级民主制度代替封建专制制度的历史潮流。战争还传播了法国的资本主义经济政策，客观上促进了欧洲大陆工业革命的发展。拿破仑战争使得欧洲在思想文化方面有了更多的共性，战争传播了法国大革命的原则和理念，使得法国以理性主义为核心的启蒙思想影响遍及战争所及的地区。

通过阅读上述材料，可以深刻理解拿破仑战争客观上对欧洲大陆产生的积极影响。它促使法国为代表的资本主义政治、经济、思想文化得以广泛传播，使得欧洲大陆的近代化因素增强。欧洲大陆各方面共性的增强，对于欧洲的近代一体化无疑也具有推动作用。

第2讲　资产阶级代议制的确立

★学习精要

早期资产阶级革命取得胜利后，资产阶级掌握了国家政权，逐步确立起了资产阶级代议制。以选举和议会立法为主要特征的资产阶级代议制的不断确立，使启蒙运动的民主思想由理论付诸实践，从政治体制上对君主专制给予否定和替代。资本主义国家无论采取什么样的政治制度，都是资产阶级占据统治地位。资产阶级政治制度强调权力的分立和制衡，既有历史的进步性，也有其时代的和阶级的局限性。

具体而言：

君主立宪制是指资本主义国家以君主为国家元首，但其权力受到了宪法和议会不同程度的限制，是资产阶级和封建势力分享权力、互相妥协的产物，主要有议会制君主立宪制和二元制君主立宪制两种形式。英国的政体形式就是议会制君主立宪制，德国则属于二元制君主立宪制。

民主共和制是指资本主义国家权力机关的组成人员和国家元首由选举产生,并有一定的任期。因立法机关与行政机关关系的不同,这种制度又可分为议会共和制和总统共和制。民主共和制是资产阶级国家普遍采用的一种政体形式。美国属于总统共和制,法国则属于议会共和制。

★学术动态

学术观点1:君主制在英国革命后的存续具有必要性

首先,把君主送上断头台之后,构建一个新的适合英国现代政治运转机制的任务不是短期内可以实现的,保留君主有利于国内稳定,这是一种高超的政治技巧。

其次,由于虚君的存在,使英国的政治斗争出现了某种可以长期妥协的空间。对立的两党都是在王权的旗帜下展开活动的。在政治纷争没有结果、双方势均力敌的时候,英王的决定就起着一锤定音的作用,从而结束国家的动荡和混乱。

再次,英王作为国家和民族的象征,尽管平时只起到礼仪性的作用,但在国家面临困难的时刻(比如二战时),也会起到巨大的作用。

所以说,虚君体制是英国政治的一个创新,既有效地削弱了国王的权力,又限制了现有政治精英膨胀的野心,从而维持了一种微妙的平衡,使近代英国成为当时世界最开放、最遵守游戏规则的国家。

【根据陈晓律:《君权变化的政治含义——英国近代政治转型的观念基础》,《南京大学学报(哲学·人文科学·社会科学)》2018年第2期】

学术观点2:美国两党制的长盛不衰是必然的

美国建国初期即开启了"二元政治"实践。从建国之初到现在,尽管时代在变化,选民的立场也在不断地发生分化,两大政党也在政策立场上发生过换位,但是两大政党具有灵活应变能力,总能找到生存下去的机会,这是历史经验的选择。

制度设计是维系两党制长盛不衰的关键。宪法对总统候选人的资格规定、胜者全得、团体制、相对多数获胜等竞选规则和单一议员选区制等选举政策的规范化是导致两党制长期存在并盛行的制度因素。

所以说,美国的两党制长期存在和盛行不衰是其历史发展和制度设计的必然结果。

【根据王希:《两党制与美国总统选举的"无选择困境"》,《史学理论研究》2018年第2期】

学术观点3：英美法三国政体的表现形式不同与其历史文化相关

英国、美国、法国都是西方典型的民主制国家，但三国的政体设计却各有不同，分别成了议会制、总统制和"半总统制"的典型代表。

作为西方政治现代化的重要成果，三国政体又共同体现了西方政治思想中权力制衡的经典理论，只是碰到了不同国家的历史文化环境才表现出不同形式。英国人对政治权威的顺从态度和渐进主义风格使他们将贵族制与民主原则结合，美国人的移民社会文化则带来了以自治为基础的联邦制和总统制，而法国人持有天主教信仰的平等价值观则导致了总统制与议会制的结合。

所以说，由于三国不同的历史文化环境，英美法三国政体表现出了不同的形式，但本质上都体现了分权制衡的基本原则。

【根据康晓、谭君久：《英美法三国政体的异同及其文化成因比较》，《湖北社会科学》2008年第2期】

★史学导读

1.美国共和体制是让民主精英化还是让精英民主化？

在联邦政府的各个权力部门中，只有众议院是由人民直接选举的，参议员和总统这些关键性的职位，不仅任期较长，而且都采用间接选举，法官和其他官员则由任命产生，这样就不仅将人民从政府决策过程中排除出去，使统治完全成为精英的事务。……人民的间接选举，很难说仍是人民自己的选择。……这与民主的本义和民主的原初实践，完全是背道而驰的。

实际上，在民主政治"精英化"的同时，精英政治也实现了"民主化"。……人民主权原则成为统治权力的正当性的依据，出身、财富和才干作为统治者身份标志的意义，受到了广泛的质疑。……一个人之所以能成为众议员、参议员、法官乃至总统，不是由于他出身高贵，也不是因为他相当富有，甚至也不是基于其出众的禀赋和才干，而仅仅是因为"人民的选择"。它是人民选举的代表，在一定时期内按照人民的意愿，为了人民的福利而行使法律明确规定的权力。……以人民主权原则为核心的政治意识形态，加上自由而定期的选举、官员必须对人民有所交代等机制，对历史悠久的精英政治进行了改造，使之完成了"民主化"。

——摘自李剑鸣：《美国革命时期民主概念的演变》，《历史研究》2007年第1期

○ **导读提示**

阅读材料时,应认识到:在美国的间接民主实践中,代表制民主名义上使普通民众有了平等的参政机会,但政府权力实际上为"人民的代表"所控制,若以财富、教育和职业而论,无疑大多属于社会精英,并且是通过民众的选举而成为政治精英,这些都跟民主似乎背道而驰。

美国资产阶级革命中,君主制、贵族制和精英政治的意识都受到了致命的冲击,在人口众多、面积辽阔、公民成分复杂、价值观多样化的社会,用选举的规则、任职的期限等机制进行制约的前提下,人民主权的原则尽可能得以实践,恰恰说明精英民主化是适应当时形势的较好选择。

通过阅读该则材料,可以深入理解,美国的代表制民主是美国在当时的历史形势下因地制宜、因时而设的创新性设计,民主精英化是表象,精英民主化是实质,二者有机统一,都是为了更好地体现民主,让民主更有效、更高效。

2.英国议会改革的推动者是真的为了民主的发展吗?

1832年10月25日的《贫民卫报》指出:"提出改革法案的人,不是想推翻,甚至也不是为了改造贵族制,而是为了从中等阶级那儿获得一支准贵族增援军队以巩固自己的地位。……辉格和托利之间的唯一差别是——为了保护财产,辉格党愿意拿出一点虚幻的东西,而托利党则什么也不给。因为他们知道,即使大众是傻瓜,他们也不会因得到那点虚幻的东西而罢手的,相反,他们还要继续争取现实的好处。"

——摘自[英]E.P.汤普森:《英国工人阶级的形成》,钱承旦,译,南京:译林出版社,2013年版

从历史角度看,英国的议会选举制度改革形成了一个悖论:防止民主的举措却促进了民主的发展!1832—1918年的改革确实促进了民主的发展,但这不是英国决策者的意图。对于英国统治精英来说,改革的宗旨是保持贵族的统治权力和避免真正的民主,历次改革法案的设计充分暴露了这个"秘密"。

——摘编自刘成:《民主的悖论——英国议会选举制度改革》,《世界历史》2010年第2期

○ **导读提示**

第一段材料表明1832年英国议会改革的直接目的"不是想推翻,甚至也不是为了改造贵族制",而是为了巩固贵族的统治。第二段材料则进一步点明了英国议会改革

的实质是保持贵族的统治权力和避免真正的民主。

阅读材料时,应认识到:1832年英国议会改革方案制定者的初衷是为了巩固贵族制。他们认为改革稍微让渡一些权利,会更好地维护既得利益。而倡导改革者则不会满足于已有的斗争成果,会继续争取更多更大的权利。但议会改革的结果却促进民主制不断发展,这是统治精英事先没有预料到的。

通过阅读两则材料,可以深入理解,历史发展的趋势是不以人的意志为转移的。改革者的主观愿望与实施的客观效果存在不一致的可能,这就是历史的辩证法。英国的议会改革恰恰是由反对民主的既得利益者无意识推动的。

第3讲 资本主义的扩展

★学习精要

随着先进的资本主义国家的发展,19世纪一些相对落后的国家也采取革命或者改革的方式,逐步建立起资本主义制度,资本主义在全球范围内继续扩展。但是并非所有国家都可以做到这一点,从世界范围看,只有少数国家成功地走上资本主义发展道路并跻身先进的资本主义国家行列。19世纪,后起的资本主义大国主要有俄、德、意、日。19世纪中期的美国则面临着奴隶制的存废及国家分裂的问题,最终通过内战的方式成功解决。不同的国家走向资本主义道路的形式各异,但本质上都是扫除资本主义发展道路上的障碍,为工业资本主义发展开辟道路。近代资本主义的扩展是全球性的。资产阶级还通过殖民扩张,将亚非拉等落后国家和地区纳入它们主导的资本主义体系中。

具体而言:

俄国和日本是通过本国封建君主实行自上而下的改革,废除了封建制度,建立君主为代表的封建势力和资产阶级联合专政的国家,走上了资本主义发展道路。

美国由于南北两种经济制度的矛盾一直存在,林肯当选为总统则激化了矛盾,南方种植园主组成了联盟阴谋分裂国家。1860年,林肯上任后,领导了联邦政府反对南方分裂的战争,并一举废除了南方的奴隶制,扫除了资本主义发展道路上的障碍,促进了工业资本主义的进一步发展。

德意志和意大利则是在19世纪后半期主要通过王朝战争形式,运用灵活的外交手段,结束了国内分裂割据的局面,实现了国家的统一,建立起资本主义制度,为工业资本主义发展扫除了障碍。

★学术动态

学术观点1:俄国和日本在改革后,现代化发展速度存在明显差异

政治现代化是社会经济发展的重要保证,俄国和日本两国领导人对政治改革的不同立场、态度和政策,直接影响这两国经济发展的速度。

从经济改革的目标、政策措施来看,日本明显优于俄国,这也是两国在改革年代里资本主义经济发展速度差异的重要原因。

经济思想、价值观念以及发展教育的模式,是影响两国现代化步伐速度的潜在因素。

所以,俄国和日本半个世纪的改革实践表明:经济体制改革是政治体制改革的基础,而政治体制改革又是变革中经济持续发展的保证。二者只有同步发展,相互促进,现代化进程才会稳步向前推进。当然,一套完整的、能够指导国民积极参加政治活动和发展经济的意识形态亦是必不可少的。

【根据郭永胜、姚雅锐:《俄国农奴制改革和日本明治维新的历史启示》,《内蒙古师大学报(哲学社会科学版)》2001年第5期】

学术观点2:美国内战表明国家主权统一乃宪法第一要义

美国1787年宪法将奴隶制问题隐含于其中,而且宪法规定美国联邦的性质为联邦政府和州政府分享主权的双重主权制。这为南北战争埋下了祸根,奴隶制的存废和联邦主权与州权的关系成为争论焦点。

林肯当选为总统使得奴隶制存废的矛盾激化,南部七州退出联邦,林肯主张"联邦的存在先于宪法",南部退出是叛乱行为,并以维护联邦统一的名义召集军队,获得战时总统特权,对反叛者进行镇压。

为了不激怒边界州,让他们保留在联邦内,林肯宣战的目的不是为了解放奴隶,而是为了维护联邦的统一。所以,彻底废除奴隶制并不是《解放黑人奴隶宣言》的初衷,主观上它并没有改变内战的性质。但客观上《宣言》不仅扭转了战局,还使得内战具有了双重性质。

所以说,内战重塑了美国的宪政秩序。宪法第十三条修正案彻底废除了奴隶制,同时也建立起联邦主权的最高权威。联邦政府的权力在战争中得到扩张,公民也由此

建立了对联邦政府的忠诚。

【根据王睿恒:《国家主权统一乃是宪法的第一要义》,《北京日报》2016年8月29日】

学术观点3:俾斯麦的统一战略是充分尊重现实的明智选择

俾斯麦统一战略的根本目的是国家民族利益至上,民族主义是他政治思想的核心。逆取顺守是俾斯麦统一战略推进的基本路线。逆取指的是奉行"铁血政策",通过三次王朝战争,建立一个"统一的德意志";顺守指的是推行"大陆政策",维持欧洲均势与和平,进一步巩固德意志的统一。

俾斯麦统一战略的重点是法国和奥地利。他认为法国是头号劲敌,奥地利是关键环节。欧洲大陆均势是俾斯麦统一战略不可逾越的底线。它深知德国的实力远未达到可以挑战世界超级大国英国的地步,所以不能打破欧洲大陆均势局面,如此才能保证德国不断发展与和平崛起。

所以说,俾斯麦虽以"铁血宰相"著称于世,但他并不野蛮冒险,而是很有自知之明和自制力,其统一战略正是其对客观现实的尊重基础上做出的明智选择。

【根据何异方:《俾斯麦的统一战略》,《文史博览(理论)》2009年第4期】

★ 史学导读

1.怎样理解俄国农奴制改革法令?

改善农奴地位是先辈的遗命,也是天意托朕的使命。……蒙上帝恩宠,我亚历山大二世……一定不辱使命,誓将恩泽关爱惠及所有臣民。……先祖们已经采取了一些改善农民状况的措施……但是影响范围毕竟有限。

我相信,贵族地主们对皇帝是无限忠诚的,也相信你们会为国家的利益而准备随时牺牲自己的利益,所以我才决定进行这项改革。……我相信你们会主动地改变农民的地位,限制自己对农民的权利,并且能够克服改革过程中的各种困难。……改革之所以能够得以实行,就是依靠贵族们为谋求公众利益而牺牲自我的大无畏精神,我代表自己和人民感谢你们!

在适当的时候,农民将获得自由农村居民拥有的一切权利……农民可在履行了规定的义务后长期使用宅基地,并且使用法令规定数量的土地。

——摘自唐艳凤:《俄国农奴制改革法令解读》,《外国问题研究》2016年第4期

○ 导读提示

该则材料所反映的信息,既颂扬沙皇的功劳,也高度评价和赞扬地主的觉悟,呼吁他们主动配合改革,来缓和与保守地主的反抗情绪,为有效推行改革做好准备。同时还向农民描绘了废除农奴制后的美好生活,使农民对未来充满美好的向往,也对沙皇更加感恩戴德,从而寄希望于沙皇的改革。

阅读材料时,要紧扣当时俄国的历史背景:由于坚持封建专制和农奴制,俄国资本主义发展缓慢,克里米亚战争的失败导致农奴多次暴动。并且要考虑沙皇面临的两难境地:农民和革命民主主义者坚持主张走"自下而上"废除农奴制的道路,而贵族地主不甘心放弃既得利益。由此理解作为统治者的沙皇亚历山大二世最终选择有条件地废除农奴制是"两害相权取其轻"。

通过阅读该则材料,我们应该深入理解俄国农奴制改革时沙皇颁布的《二一九法令》,是昭示农奴制改革的官方文件,高于其他法律文件,也是在为改革宣传造势,这是其传递信息的策略性手段,形式上兼顾了各方利益,力求改革能顺利进行。

2.林肯对奴隶制的态度究竟是怎样的?

林肯1854年的一次演说中说:"奴隶制是建立在人性中的自私自利上面的,是与人热爱正义的天性相违背的。"

1862年8月22日,林肯在一封公开信中说:"我在这场斗争中最高目标是拯救联邦,而不是拯救或摧毁奴隶制。如果我无须解放任何一个奴隶便能拯救联邦,我愿意那样做;如果必须解放一部分奴隶便能拯救联邦,我愿意那样做;如果必须解放一部分奴隶而保留另一部分才能拯救联邦,我也愿意那样做。关于奴隶制度和有色各族,我无论做什么事,都是因为我相信,那样做有助于拯救联邦,而我克制着不做某种事,则是因为我不相信它会有助于拯救联邦。"

《解放黑人奴隶宣言》中写道:"1863年1月1日起,凡在当地人民尚在反抗合众国的任何一州之内,或一州的指明地区之内,为人占有而做奴隶的人们都应在那时及以后,永远获得自由;合众国行政部门,包括海陆军当局,将承认并保障这些人的自由。"

——摘自余志森:《林肯与〈解放黑人奴隶宣言〉——兼议林肯是否为废奴主义者》,《文汇报》2013年12月9日

○ 导读提示

阅读材料时,应认识到:林肯是反对奴隶制的,因为它与正义相违背。而林肯主张的核心是维护联邦政府的统一,他认为为了拯救联邦,可以改变自己对奴隶制的态度。当时的《解放黑人奴隶宣言》主张废除叛乱诸州的奴隶制,联邦政府将会保证这些地方的奴隶无条件获得人身自由,这也反映了林肯及联邦政府的态度。

通过阅读该则材料,应该深入理解林肯对待奴隶制的态度是由最初反对但不主张废除,到南北战争期间《解放黑人奴隶宣言》主张废除叛乱诸州的奴隶制,再到最后内战后全部废除了美国的奴隶制。这一态度的转变是服从和服务于联邦政府和国家统一的利益要求的。可以说,奴隶制的最终废除是美国内战的"副产品"。

★ 荐读书目

吴于廑、齐世荣:《世界史·近代史编》,北京:高等教育出版社,2011年版

刘新成、刘北成:《世界史·近代卷》,北京:高等教育出版社,2007年版

[美]斯塔夫里阿诺斯:《全球通史——1500年以前的世界》,吴象婴等,译,上海:上海社会科学院出版社,1999年版

刘绪贻、杨生茂:《美国通史》,北京:人民出版社,2005年版

钱承旦:《英国通史》,南京:江苏人民出版社,2016年版

王觉非:《近代英国史》,南京:南京大学出版社,1997年版

第五单元 工业革命与马克思主义的诞生

【单元学习精要】

一是理解工业革命对资本主义世界体系的形成及对人类社会生活的深远影响。工业革命的发生涉及政治、经济、科学技术等方面的前提条件。工业革命是大机器生产代替手工劳动、工厂代替手工工场的物质生产方式的革命,工业革命既是生产技术的全面变革,也导致生产关系发生了深刻变化。两次工业革命,也可以理解为工业革命的两个阶段。

二是了解马克思和恩格斯创立科学社会主义的时代背景和基本过程。资本主义经济的发展和无产阶级反对资产阶级的斗争为马克思主义的诞生创造了条件。资本主义社会的固有矛盾——生产社会化和生产资料私人占有之间的矛盾逐渐显露并日益尖锐,劳资矛盾空前激化。

三是了解马克思和恩格斯对科学社会主义的理论探讨、《共产党宣言》的基本内容。马克思主义的三大来源,即德国古典哲学、英国古典政治经济学和英法的空想社会主义。马克思和恩格斯建立的唯物史观、马克思提出的剩余价值学说对创立科学社会主义理论具有决定性意义。科学社会主义的创立也是同工人运动相结合的产物。《共产党宣言》的发表标志着马克思主义的诞生,同时也标志着国际共产主义运动的诞生。

四是了解马克思主义产生的世界意义。马克思主义的诞生是近代世界历史的重大事件。它是无产阶级的科学理论,为全世界无产阶级的解放提供了强大的思想武器。马克思主义诞生后,逐渐在国际工人运动和社会主义运动中占据主导地位,推动了无产阶级革命运动的开展。直到今天,马克思主义仍然是人类社会运动中的重要理论,并在实践中不断得到丰富和发展。

【根据徐蓝、朱汉国:《普通高中历史课程标准(2017年版)解读》,北京:高等教育出版社,2018年版,第107~109页】

第10课　影响世界的工业革命

第1讲　英国工业革命的历史背景

★学习精要

工业革命的发生涉及政治、经济、科学技术等方面的前提条件。

这些条件包括：君主立宪制度的确立为英国创造了长期稳定的政局，政府采取了一系列有利于工商业发展的措施；英国农业资本主义经济发展迅速，为工业革命提供了自由劳动力和充足的农产品；英国的海外殖民扩张和掠夺积累了大量财富，为工业革命提供了物质基础；国内外市场的迅速扩大要求手工业生产提供更多的产品，推动了熟练工匠的技术革新，为工业革命提供了技术基础；以牛顿等为代表的科学巨匠推动了自然科学的发展，为工业革命提供了知识基础。

★学术动态

学术观点1：价值追求、制度建设和社会结构变化推动英国的工业革命

资本主义的发展需要坚实的制度保障。"光荣革命"后，英国资产阶级代议制不断地完善和发展，资产阶级掌握了政权，为资本主义的发展争取到了广泛的社会资源，有利于资本主义的发展。

原有的土地贵族和农民阶级二元结构的打破，新航路的开辟引发的商业革命和价格革命，土地贵族和农场主衰落，商人和工场主发展壮大，劳动者队伍壮大，形成多元化的社会结构，给英国发展带来活力。

英国对外商业的发展催生出了中产阶级，中产阶级对自由的追求和对财富的追求紧紧结合在一起。坚持自由竞争的精神成为推动工业革命产生的动力。

总之，强大的制度保障为英国工业革命提供了足够的技术和市场空间，流动性的社会结构为资本主义发展提供的活力，自由的价值追求为资本主义发展提供了足够的精神支持。

【根据夏东平:《再论工业革命为什么首先发生于英国》,《中学历史教学参考》2019年第16期】

学术观点2:生态危机推动能源转换是工业革命在英国首先发生的原因之一

英国17世纪以来的生态环境趋于恶化,使得传统能源供应链断裂。生态危机和旧的、日渐衰竭的能源供给体系已成为瓶颈,严重地制约了英国的社会经济发展,能源替代势在必行。

至17世纪中叶,煤炭作为生活燃料才基本在英国的城镇普及。煤炭的应用解决了热能问题后,解决机械能即"动力"问题随之产生,蒸汽动力的逐渐普及、蒸汽机车的发明和铁路的兴建,使英国步入高速发展的快车道。

工业革命的进程表明,如果只有"工业生产技术上的革命",而没有能源革命或动力革命,英国就不会成为欧洲社会经济"发展的引擎""工业欧洲的老师"。

【根据邱建群:《生态危机与能源转换——英国首先发生工业革命原因之新解》,《辽宁大学学报(哲学社会科学版)》2010年第2期】

★ 史学导读

1.欧美专利制度发展的作用是什么?

为提高市场竞争力,英国1623年制定的《垄断法》中规定:"专利权授予最早的发明者;发明必须是新产品;专利权人有权在国内独占制造和使用发明的物品和方法;专利权16年;专利权人不能抬高物价以损害国家利益、破坏贸易。"

该法被公认为是世界上第一部正式完整的专利法。在英国影响下,欧美其他国家也相继颁布了专利法,有22个国家先后建立了专利制度。1883年,为解决知识产权的国际保护问题,欧美国家相互合作,协商达成了《保护工业产权巴黎公约》,成立保护工业产权(包括专利权)的国际专利局。由此开创了国际保护知识产权的先河。

——摘自熊英:《知识产权法原理与实践》,北京:知识产权出版社,2010年版

○ **导读提示**

根据材料可知:工业革命前的1623年,英国制定的《垄断法》对发明人及其专利权进行了规定保护。这部法律后来影响了欧美其他国家,他们相继建立起专利制度,而

且在1883年欧美国家协商形成了国际专利局。

阅读材料应认识到：以立法的方式对知识产权进行保护鼓励了人们发明创造的热情，推动了更多新技术的出现，由此推动了工业革命的不断发展。随着工业革命的扩展到欧美各国，推动专利制度在欧美国家的普遍建立。伴随世界各国联系越来越紧密，世界市场的形成，各国技术交流越来越多，知识产权保护就显得越来越迫切，所以又推动了国际知识专利权的国际保护合作，由此产生了国际专利局和国际专利法制度。

通过阅读该材料可以理解，专利法的出现推动了工业革命发展，工业革命的发展进一步推动了知识产权保护制度在世界各国的建立和世界各国知识产权保护制度的交流合作，可以看出二者之间相互联系，相互促进。知识产权制度的发展推动了整个人类文明的进步和发展。

2. 制度创新和组织创新与工业革命有什么关系？

圈地运动把分散的土地集中起来进行最大限度开发和利用，有利于在生产中采用新的生产技术和经营方式。以贵族为核心的大地主通过向地农出租土地的形式释放了大批自耕农，弥补了工业革命发展的劳动力缺口，为工业革命提供大量劳动力。专利制度的出现使英国国家创新体系逐渐具备对知识生产保护的功能。土地制度促进英国国家创新体系在土地、人力资源调配方面更加集中、高效，知识产权制度使英国国家创新体系具备促进知识生产、传播的功能。土地制度和专利制度成为第一次工业革命中英国的制度基因。

英国国家创新体系制度基因的不断嵌入使国家创新体系构成逐步完善，从政府的知识产权保护到大学的知识生产，再到产学研合作和知识资本化，国家创新体系的组成成分逐步丰富完善，各个构成之间的联系逐步加强，科学技术的重要性逐步显现。组织基因的不断创新使企业生产力和研发能力不断上升、企业管理逐步向科学和专业化发展，企业在组织基因的不断进化中逐渐成为国家创新体系的创新主体，国家创新体系的结构逐渐清晰稳定。国家创新体系在组织和制度基因持续加入的作用下不断演化发展为更加开放、动态、合作的创新体系。

——摘自柳卸林、葛爽、丁雪辰：《工业革命的兴替与国家创新体系的演化——从制度基因与组织基因的角度》，《科学学与科学技术管理》2019年第7期

○ 导读提示

从材料一中我们能发现圈地运动释放了大批自耕农,弥补了工业革命发展的劳动力缺口,专利制度的出现使英国国家创新体系逐渐具备对知识生产保护的功能。材料二从政府的知识产权保护到大学的知识生产,再到产学研合作和知识资本化,国家创新体系的组成成分逐步丰富完善。

阅读材料时,应认识到:土地制度的改变弥补了工业发展中劳动力不足问题,专利制度的出现推动了发明创新的高涨,国家创新体制进一步完善推动高能有效的管理。

由此可见,英国在实践中不断产生创新制度体系和高效的组织生产形式,在这些有效的制度基因和组织基因作用下,国家创新体系逐渐演化发展,促进国家经济发展,进而使英国引领了工业革命的发展,成为"世界工厂"。

第2讲　两次工业革命的进程

★学习精要

从18世纪60年代到20世纪初,主要的资本主义国家先后经历了两次工业革命。

第一次工业革命从棉纺织业开始。先后发明了飞梭、珍妮纺纱机、水力纺纱机、骡机、水力织布机等,机器的发展经历了由人力畜力,水力再到蒸汽动力的过程。机器的使用推动了新的生产组织形式——工厂的出现。第一次工业革命的主要标志是蒸汽机的发明,1782年,瓦特改良了蒸汽机,到1785年,改良蒸汽机开始在棉纺织工厂使用。动力的革新,催生了交通工具的革命。1807年,美国人富尔顿制成世界上第一艘蒸汽轮船,1814年,英国人史蒂芬孙发明蒸汽机车,人类从此进入到"铁路时代"。19世纪中期,英国的机器制造业实现了机械化,英国率先完成了第一次工业革命。

19世纪末20世纪初,随着资本主义制度的巩固,经济的发展,自然科学的重大突破并广泛用于生产,新的技术发明不断出现,人类出现第二次工业革命。

第二次工业革命主要成就有:电力技术的发明和广泛运用,内燃机的创制和应用,化学及石油工业的发展,传统工业部门的技术改造和新兴工业部门的出现,重工业成为工业的主导。

第二次工业革命与第一次工业革命相比有着显著特点:科学与技术紧密结合,几个资本主义国家同时进行,范围更广,美国和德国是第二次工业革命的中心。到20世纪初,主要资本主义国家都进行了工业革命。

★学术动态

学术观点:瓦特改良的蒸汽机是工业革命中最核心、最起主导的技术发明

第一,蒸汽机把热能转化为机械能,把家庭作坊和手工工场转变为机器大工厂。蒸汽机发明以后,不仅纺织业中的水力机被很快排挤,而且几乎所有工业部门中的水力机和畜力都被逐步排挤,蒸汽机成为主要的动力。

第二,蒸汽机促进了机器本身的发展,使机器制造业由手工业转变为机器大工业。由于蒸汽机发明和使用后,木制的机器不能承受蒸汽动力的震动和巨大的推力,因此改为铁制机器。这种机器不能再由手工业者的双手来制造了,必须由机器来制造,而用机器来制造机器是工业化的关键。

第三,在蒸汽机的推动下,纺织业、机械制造业、冶金采矿业、交通运输业、机械化农业也都发展起来了。

综上所述,瓦特发明的"复动式蒸汽机"是工业革命中最核心、最起主导的技术发明,是第一次工业革命的主要标志,也是生产技术的一次飞跃。

【根据张箭:《论蒸汽机在工业革命中的地位——兼与水力机比较》,《上海交通大学学报(哲学社会科学版)》2008年第3期】

★史学导读

第二次工业革命的显著特点是什么?

1870年以后,所有工业都受到科学的影响。例如,在冶金术方面。许多工艺方法(贝塞麦炼钢法、西门子-马丁炼钢法和吉尔克里斯特-托马斯炼钢法)给发明出来,使有可能从低品位的铁矿中大量地炼出高级钢。由于利用了电并发明了主要使用石油和汽油的内燃机,动力工业被彻底改革。大量生产的两种主要方法是在美国发展起来的。一种方法是制造标准的、可互换的零件,然后以最少量的手工劳动把这些零件装配成完整的单位……第二种方法出现于20世纪初,是设计出装配线……科学和大量生产的方法不仅影响了工业,也影响了农业。……将近19世纪末时,天然肥料让位于形式上更纯粹的、必需的无机物。……在美国,农业机械的发明得到了促进。取代马匹

的拖拉机一天能拉旋转式犁翻耕多达50英亩的土地。联合收割机能自动地收割庄稼、打谷脱粒……与这些新机械同样重要的是高粮仓、罐头食品制造厂、冷藏车、船和迅速的运输工具,它们导致一个不仅提供工业成品、也提供农业成品的世界市场。加拿大的小麦、澳大利亚的羊肉、阿根廷的牛肉和加利福尼亚的水果可在世界各地的市场中找到。

——[美]斯塔夫里阿诺斯:《全球通史——1500年以后的世界》,上海:上海社会科学院出版社,1992年版,第295页。

○ **导读提示**

通过材料可知:在第二次工业革命过程中,工业生产受科学技术的影响,冶金工业出现了新的工艺方法,利用电的发明研究出了内燃机,推动动力革命。工业生产出现标准零部件生产和装配流水生产。农业生产出现机械化生产方式,化肥在农业中的运用,农产品加工深入发展并销往世界市场。

阅读材料应认识到,第二次工业革命中,科学发展极大推动了技术的进步,包括工业生产的方式,过程,方法都有巨大变化,农业生产和农产品加工有了巨大进步。

通过阅读该材料我们可以得出:第二次工业革命中,最显著的特点:科学与技术紧密结合,推动各个领域跨越式的发展,世界市场最终形成。

第3讲 工业革命的影响

★ **学习精要**

工业革命极大地提高了生产力,人类的社会生产从手工时代进入到机器时代,推动了交通运输业的发展,农业生产的机械化程度也越来越高。工业革命改变了工业生产组织形式和管理方式,资本主义大工厂出现,随着经济的发展和竞争的加剧,产生了垄断组织。

工业革命引起社会经济结构变化,工业在国民经济的比重超过了农业。世界由农业文明进入工业文明。工业革命下社会阶级结构发生了重大变化,资产阶级和无产阶级成为社会两大阶级。工业革命还带了社会生活的变化,城市化进程加快,人们的思想观念和日常生活发生变化。

工业革命极大改变了世界的面貌,资本主义国家加紧殖民扩张,19世纪末20世纪初,资本主义世界体系最终形成。

工业革命的进行也带来一系列社会问题。比如:贫富分化、城市人口膨胀、住房拥挤、环境污染、犯罪率上升等弊端。

★ 学术动态

学术观点1:英国的工业化进程推动了城市化的发展

第一,工业化对英国城市化的首要推动作用,就是它的集聚效应导致的经济和人口不断集中,促进了英国城市化的发生。

第二,工业化的自身需求,使得英国工业与城市良性互动,实现发展。

第三,工业化带来的交通运输变革,整合了以城市为主体的英国社会经济系统。因为工业生产活动需要便捷和高效率的交通,所以工业化的发展直接带来了交通运输的变革;而交通运输状况在18世纪下半叶到19世纪的巨大变化,促使英国各地的社会经济联系更加紧密,加快城市发展并突出了城市的主体地位。

第四,工业化的关联效应。工业化资金推动城市其他产业发展。

由此可见,工业革命与工业化对英国城市化的发生、发展起到核心性的推动作用。

【根据赵煦:《英国城市化的核心动力:工业革命与工业化》,《兰州学刊》2008年第2期】

学术观点2:英国工业革命中的劳资关系逐渐由家长式调整为自由放任

1800—1825年,当劳资双方的对抗日益剧烈并危及社会稳定之时,政府则顺应工厂主的要求,对于劳资冲突采取强硬的高压政策:政府不仅动用治安巡警、军队来对付劳工反抗,而且通过议会立法等形式、以严厉的法庭审判等来惩治劳工,造成社会秩序的动荡不安。

不过,工业化之后的社会变化,使得家长制保护主义面临挑战。雇主越来越反对政府对劳资关系的干预,而主张通过市场途径来解决劳资纠纷,这最终促使政府的劳资政策发生转变,即从早期家长制干预转向逐步的自由放任。

1814年,英国议会通过了新的《学徒法令》,《工匠法令》被废除,《反结社法》也因遭到各方的激烈反对被废除。这标志着英国政府在劳资政策方面已经不再是直接的仲裁者,而是走上一条自由放任的道路。

【根据刘金源:《论19世纪初期英国政府的劳资政策》,《复旦学报(社会科学版)》2012年第2期】

★ 史学导读

1. 工业化、城市化与城市病之间的关系是什么？

在工业革命刺激下，英国的农业劳动生产率在欧洲占据首位，农业生产技术的改进和农产品产量的提高，满足了日益增长的城市人的需要，工业革命带动的第二、三产业的发展，为英国城市化提供了强有力的刺激因素。由于劳动力越来越多地从第一产业转向第二、三产业，使城市逐步产生了吸收大量劳动力的能力，交通运输方面的巨大变化，加强城市和城乡之间的联系，并使处于交通枢纽的城市和城镇能够迅速成长。

——摘自陈爱君：《第一次工业革命与英国城市化》，《上海青年管理干部学院学报》2005年第1期

在工业化迅速发展的情况下，大量人口进入城市，而相应的资源却没有相应地向城市集中，就必然出现城市基础设施不足和组织混乱，即城市病。城市居民大多是刚刚从农村出来的农民，农村那种散居所养成的习惯还没改变，如生活垃圾到处倾倒，污水随便泼洒，不少城市居民还保留着养猪的习惯，到处是猪圈，但当时大部分城市都没有良好的排水系统。

——摘自高德步：《英国工业革命时期的"城市病"及其初步治理》，《学术研究》2001年第1期

○ 导读提示

从材料一中我们能得到信息，英国农业的发展满足了城市人的需要，可以养活更多的城市人，工业革命带动二、三产业的发展，出现新兴的工业城市，交通运输发生了巨大变化，材料二中城市资源不集中，基础设计不足，组织混乱，城市生活环境差，没有良好的排水系统。

阅读两则材料我们应理解工业革命推动农业的发展，可以养活更多的城市人，大城市存在成为可能，制造业和服务业的发展推动了城市规模的扩大，交通运输的发展加强了城乡之间和城市之间的联系，进一步推动了城市的发展。但城市的配套设施跟不上城市发展的脚步，这就必然产生城市问题，材料二中的基础设施不完善，农村居住传统依然存在，垃圾污水处理不到位等，就是城市病的典型表现。

由此我们得出结论，工业化和城市化的快速发展，由于相应的配套设施和理想观念没有改变，必然会带来城市问题。

2.工业革命如何推动英国国家教育观念的改变?

工业革命诞生于初等教育的普及,又反过来从生产领域推广了初等教育的普及,这是一个"推动—抑制—推动"的交互过程。新生产工具的应用,解放了传统的生产模式,影响了人们的生活方式,进而影响民众对待"教育"的理念与方式。新式学校的出现,普通学校数量的增多和教学内容的变革,很多变化都是工业革命带来的。但是,又由于工业革命生产力提高导致的家庭消费观念变革,人们容易过分地因为消费而进行劳动投入,忽略教育对个人成长的重要性,容易导致文盲率的扩大和高等教育创新不足。

工业革命早期对教育的推动是一种自发自生的源生过程,知识普及的层次也尚属于常识和技术的范畴。文化知识普及对工业革命的推动是简单、直接的,反过来工业革命也促进文化知识的简单普及。但是,当工业革命进一步深化,需要更加高深的自然科学知识的时候,工业社会形成的消费观念对高深知识的产生却起到了阻碍作用。英国当时的教育模式是与社会发展相适应的,但初等教育的普及化却并不能创造和支持出更先进的生产力,这是从"勤勉革命"理论得到的具有相当解释力的看法。工业革命的技术创新并不复杂,人人能从变革中受益,教育的边际收益因此递减,民众的教育需求也因此逐渐减弱,唯有国家干预才能改变这种状况。最终,工业革命变革了英国的国家教育观念。

——摘自周详:《工业革命与英国教育的兴衰——基于"勤勉革命"的视角》,《高等工程教育研究》2013年第4期

○ **导读提示**

从材料中我们能得到的信息是工业革命从生产领域推广了初等教育的普及和新生产工具的应用,影响民众对待"教育"的理念与方式。工业革命早期对教育的推动是一种自发自生的源生过程,文化知识普及对工业革命的推动是简单、直接的,反过来工业革命也促进文化知识的简单普及。工业革命的技术创新并不复杂,民众的教育需求也因此逐渐减弱,唯有国家干预才能改变这种状况。

阅读材料时,应认识到:工业革命推动了英国初等教育的发展。工业革命早期教育的发展是自发自生的发展,因为工业革命的技术创新不复杂,人们对教育的需求减弱,教育要发展,就要求国家改变原来自由放任的教育观念,国家对教育应该实行指导。

通过阅读该则材料,可以深刻理解:工业革命的深入开展推动了英国国家教育观念由自由主义到国家干预的转变。

3.英国的议会如何在国家环境治理中起主导作用的?

如何解决这样一个企业生产越多环境污染越严重的难题,依靠企业自身的主动肯定是行不通的。在这样的情况下,英国人运用了法律的资源,这也是他们的文化传统,就是要在立法上来对企业的社会责任进行规定,使企业成为环境保护的主体,同时也使政府的干预有了法律上的依据。在英国,议会在环境治理方面起到了主导性的作用,也就是说,是议会的立法力量,而不是政府的行政力量在治理环境污染方面起到了决定性的作用。当然,议会的作用还不仅仅在于通过某些法律条文,更重要的是,议会能够敢于直面环境问题,倾听社会呼声。如议会为此组织了很多调查组,提出了一系列的议会调查报告,以便进行环境立法。因此,在环境治理等这些问题上,英国议会承担了相应的社会公共责任,并把解决这样的问题纳入到了法律的体制内来解决,这不能不说是英国对环境治理的经验和贡献。

还应该看到,议会对环境治理的立法行动也促使了政府观念的转变。本来政府因为时常受制于企业家的利益而无法有力和有效地进行环境治理,因为一旦要进行环境治理时,就会遭到企业家的反对。现在,当议会通过了一系列的法律之后,迫使政府必须要遵循法律,实施治理。这样,政府从指导思想上也就由原来被动的自由放任转变为在法律的前提下进行积极主动的干预,并建立起统一的管理机构和监督机制。

——摘编自李宏图:《英国工业革命时期的环境污染和治理》,《探索与争鸣》2009年第2期

○ **导读提示**

根据材料可知:面对严重的环境污染,依靠企业自身的主动肯定是行不通的。英国的文化传统,就是通过立法来对企业的社会责任进行规定。议会在环境治理方面起到了主导性的作用。议会组织调查组,倾听社会呼声,形成调查报告。议会对环境治理的立法行动也促使了政府观念的转变。迫使政府必须要遵循法律,实施治理。自由放任转变为在法律的前提下进行积极主动地干预,并建立起统一的管理机构和监督机制。

阅读材料时,应认识到:英国的议会通过立法促使企业承担起相应的社会责任。议会敢于直面环境问题,倾听社会呼声,并且针对性地进行立法。议会通过环境立法,推动政府依据法律积极主动干预环境治理,成立相关的环境治理机构。

通过阅读该则材料,可以得出:英国的议会在工业革命期间成为环境治理的主导者,它为英国的环境治理做出了巨大的贡献,而且为世界其他国家的环境治理提供了宝贵的经验。

★ 荐读书目

高德步:《英国的工业革命与工业化:制度变迁与劳动力转移》,北京:中国人民大学出版社,2006年版

[荷]皮尔·弗里斯:《从北京回望曼彻斯特:英国、工业革命和中国》,苗婧,译,杭州:浙江大学出版社,2009年版

韩启明:《建设美国:美国工业革命时期经济社会变迁及其启示》,北京:中国经济出版社,2004年版

马缨:《英国革命和英国妇女》,上海:上海社会科学院出版社,1993年版

第11课　马克思主义的诞生与传播

第1讲　早期工人运动与社会主义思想的萌发

★学习精要

随着资本主义政治制度的确立和海外殖民地的不断扩大，工业革命开始在英国出现。工业革命中机器生产逐渐取代手工劳动，社会财富日益增加的同时贫富差距却不断扩大，日益壮大的工人阶级依然生活悲惨。工人们住在贫民窟，连温饱问题都难以解决，每天还要在恶劣的工作环境中为资本家工作长达十五六个小时。广大工人为了改善境遇，同资本家展开斗争，工人运动逐渐兴起。

早期的工人运动主要表现为自发的破坏机器，手工工人认为机器是造成失业和贫困的根源。1825年第一次资本主义经济危机在英国出现。此后，周期性的经济危机进一步加剧了工人的贫困和社会的动荡。工人阶级的斗争进入自觉阶段。1831年、1834年，法国里昂工人为反对资本主义剥削和压迫先后两次发动武装起义。1836年，英国"伦敦工人协会"发起了要求普选权的请愿书，并以"人民宪章"名义正式公布，得到了全国的响应。1844年，德意志西里西亚纺织工人为提高工资而组织的示威游行被政府镇压，引发武装起义。这些斗争尽管都失败了，但它表明广大工人阶级已经觉醒，作为独立的政治力量开始登上历史舞台。觉醒的工人阶级迫切需要科学的理论指导工人运动。

在工人运动发展的过程中，一些有识之士开始对资本主义的种种弊端进行批判，空想社会主义思想出现。这种思想最早见于16世纪托马斯·莫尔的《乌托邦》，19世纪初期达到顶峰。空想社会主义的主要代表人有法国的圣西门、傅立叶和英国的欧文。他们在批判资本主义弊端的同时，提出了"废除私有制、消灭阶级"等美妙的设想。欧文还在美国进行了一个长达4年的"新和谐公社"的实践。由于他们没有看到无产阶级的革命力量，没有找到实现理想社会的正确有效途径，这些设想根本无法实现，因之被称为空想社会主义。

★学术动态

学术观点：英国通过议会立法逐步改善童工处境

童工问题是工业革命时期英国最为突出的社会问题，在很长时期内困扰着整个英国社会。工作时间长、生产纪律严酷以及缺乏安全保障的生产环境都成为工厂童工遭受身心损害的重要原因。

英国议会在各方力量的推动下进行了议会立法，以改善童工处境。1833年，阿尔托普提出的工厂法案在议会通过，该法令面向除丝绸和饰带业以外的所有纺织业，禁止工厂雇用9岁以下儿童，并将9到13岁童工的工作时间减少为每天8小时之内。1847年，由菲尔登提案的妇女及青年10小时工作法获得议会通过，并在1850年和1853年得到进一步立法加强。1860年的煤矿规范法令提高了安全标准并禁止雇用12岁以下的儿童。

议会立法对童工问题的关注并改善童工工作环境表明政府在解决社会问题上进入了由自由放任转向国家干预和治理的轨道。议会立法使工业革命时期的社会问题得到了一定的缓解，为英国完成工业化和向现代工业社会转型提供了保障。

【根据王文丰：《英国工业革命时期的议会立法与童工问题》，《东北师大学报（哲学社会科学版）》2016年第6期】

★史学导读

1.欧文对科学社会主义的贡献有哪些？

欧文认为劳动是创造财富的源泉，是一切价值的基础。通过在新拉纳克工厂的经营与计算，欧文发现了资本主义生产的秘密，并从政治经济学的角度对资本主义进行了批判，这在社会主义史上是第一次。

欧文认为工人劳动创造的产品价值比他们消费的价值要大得多。工人生产的剩余产品被资本家占有，变成了利润，这样的结果是不合理的，工人有权享有自己全部的劳动产品。在欧文设想的共产主义社会中，公社实行消费品按需分配的原则。由于物质产品的丰富，人们不会产生贪欲，这样便克服了18世纪空想社会主义中禁欲主义的倾向。欧文提出，在从现存社会向新社会的过渡时期，实行按劳分配的原则。

这是社会主义史上第一次将过渡时期和未来共产主义社会的分配形式区分开来，

对社会主义分配理论做出了重要贡献。

——摘自孟艳:《空想社会主义思想家对共产主义社会的向往——纪念〈乌托邦〉发表五百周年》,《科学社会主义》2016年第3期

○ 导读提示

从上述材料可知,欧文对科学社会主义的贡献主要有三个方面:第一,劳动创造财富,劳动是一切价值的基础。第二,发现了资本家占有工人剩余产品的秘密,并对这一不公平的现象进行了批判。第三,第一次将过渡时期的按劳分配和共产主义社会的按需分配这两种分配方式区分开来,对社会主义分配理论做出了重大贡献。

阅读材料时,应认识到:欧文认识到了劳动创造价值,看到了资本家占有工人剩余产品的秘密,这为马克思创立剩余价值学说提供了很有价值的思想材料。同时,他提出的过渡时期的按劳分配方式和共产主义的按需分配方式为社会主义分配理论做出了重大贡献。

通过阅读上面材料,可以深刻理解:欧文为马克思创立剩余价值学说提供了有价值的思想材料,为社会主义的分配理论做出了重大贡献。

2. 有关卢德运动的新认识是什么?

许多年来,我们对卢德运动(形成于18世纪后半期)的看法似乎已有定论。一般教科书把它视为工业无产者早期不成熟的表现,"自发、盲目、无组织的经济斗争"大概是一般人心目中的印象。

但历史上的真实的卢德运动,不是工厂工人的运动,而是手工工人抵制工业革命、争取自身生存的运动。它具有以下特点:

一、卢德运动不是工厂工人对工厂主的反抗,而是手工工人对机器的抵制。

二、卢德运动不是盲目的破坏,而是有目的的破坏,它有严格的组织和纪律。

三、卢德运动不仅具备经济斗争的特点,还带有浓厚的政治色彩。

卢德运动的参加者基本上是手工工人,而且主要是从事家庭手工业的外作工,这从现存的史料来看,是绝无疑问的。它只有放在手工工人抵制工业革命、争取自身生存的总体背景中加以考察,我们才能真正理解它。

——摘自钱乘旦:《卢德运动新探》,《南京社会科学》1991年第2期

○ 导读提示

从上述材料可知,卢德运动不是工业无产阶级或者工厂工人的运动,而是手工工

人的运动。它体现的是工业革命给手工工人生存带来了巨大的压力,从而引发手工工人有目的、有组织地破坏机器的运动。它不仅具备经济斗争的特点,还带有浓厚的政治色彩。

阅读材料时,应认识到:工业革命的进行使得贫富分化更加严重,手工工人的处境更加艰难。机器的使用给手工工人带来了巨大的压力,从而使得他们联合起来开展了破坏机器的运动。卢德运动既有经济目的,又有政治色彩。

通过阅读上面材料,可以深刻理解:卢德运动是手工工人联合起来抵制机器生产的运动,它具有经济目的和政治色彩双重性质。

第2讲 马克思主义的诞生

★学习精要

马克思主义是关于无产阶级和人类解放的学说,是无产阶级解放运动的理论,是无产阶级根本利益的科学表现。列宁在1913年《马克思主义的三个来源和三个组成部分》中指出:德国古典哲学、英国古典政治经济学和英法空想社会主义是马克思主义的三个思想来源。

德意志古典哲学的主要代表人物是黑格尔和费尔巴哈。黑格尔的主要贡献是辩证法,他认为矛盾是发展的内在根源,但辩证运动的主题不是客观存在的物质,陷入了唯心主义。费尔巴哈发展了唯物主义,但他的唯物主义仅限于解释自然现象。马克思、恩格斯批判地吸收了两位思想家思想的合理成分,建立了辩证唯物主义和历史唯物主义。

英国古典政治经济学的代表人物是亚当·斯密,代表作是1776年发表的《国富论》。其关于资本主义制度下财富生产和分配规律的探讨奠定了劳动价值论的基础。马克思、恩格斯在此基础上提出了剩余价值学说。

马克思和恩格斯还批判继承了英法空想社会主义的思想,创立了科学社会主义。

总的说来,马克思主义具有世界性的意义,因为它并没有抛弃资产阶级时代最宝贵的成就,相反地却吸取和改造了2000多年来人类思想和文化发展中一切有价值的东西。

随着工人运动的发展,工人阶级迫切需要科学理论的指导。在理论创建的同时,马克思、恩格斯积极向工人阶级传播他们的理论,指导无产阶级政党的组建工作。1847年底,在伦敦召开的共产主义者同盟第二次代表大会,马克思、恩格斯受大会委托起草同盟纲领,这就是1848年2月发表的《共产党宣言》。《共产党宣言》第一次较为完整系统地阐述了马克思主义的基本原理,阐明了社会发展的客观规律,标志着马克思主义的诞生。

马克思主义的诞生,是工业革命物质生产、工人运动和思想文化发展到一定水平的产物,也是马克思、恩格斯进行理论研究与实践探索的结果。

★学术动态

学术观点1:人类命运共同体是对《共产党宣言》思想的继承和发展

《共产党宣言》中所蕴含的关于经济、政治、文化等方面的全球化思想对人类命运共同体的当代实践和全球实践具有重要指导价值。

习近平总书记"人类命运共同体"理论主要围绕世界各国的政治、经济、文化以及生态四个方面的内容,希望建立合作共赢的新型国际关系。政治上强调对话、和平和安全;经济上强调合作共赢、共同繁荣;文化上强调交流互鉴、开放包容;生态上强调绿色低碳、美丽清洁。

《共产党宣言》中蕴含的全球化思想,对构建人类命运共同体起到了重要的促进作用。

【根据赵馨姝、李传兵:《〈共产党宣言〉的全球化思想与人类命运共同体》,《理论月刊》2018年第11期】

学术观点2:《资本论》包含着丰富的革命思想

《资本论》是围绕资本而展开的,它也可视为关于资本及资本主义的批判理论,它是马克思实践变革的理论结晶。

《资本论》通过对资本的批判性思考而完成了对资本主义世界的科学诠释,在解释世界的基础上践行着改变世界的理想与抱负。简单地说,马克思是通过"资本之思"而进行着"实践变革"的。面向资本主义本身,马克思运用历史批判掀起一场革资本主义之命的运动。一方面,马克思指出了资本主义的历史暂时性;另一方面,马克思论证了共产主义出场的历史必然性。

《资本论》是"探求人类未来发展路向的典范",马克思主义作为当代社会发展的指路明灯,既为我们提供了分析当下的方法和钥匙,又为我们指明了未来社会的方向与道路。

【根据付文军、胡岳岷:《资本之思、实践变革与自由王国——〈资本论〉的革命话语论析》,《西北大学学报(哲学社会科学版)》2019年第6期】

★ 史学导读

科学社会主义和空想社会主义是什么关系?

首先,科学社会主义和空想社会主义具有同一性的关系,它们都是社会主义的一种学说。空想社会主义给科学社会主义直接提供了很多富有启发意义的、有益的思想材料,两者之间具有很多的同一性。

其次,科学社会主义和空想社会主义又具有对立性的关系。科学社会主义之所以是"科学"的,是因为它建立在历史唯物主义和剩余价值学说基础之上的。而空想社会主义之所以是"空想"的,是因为它无法认识人类社会发展的规律,无法说明资本主义必然灭亡,也无法找到埋葬资本主义的力量。

科学社会主义和空想社会主义"既联系、又区别"的基本关系说明了,科学社会主义绝不能忘记空想社会主义曾经提供的源头活水。同时,科学社会主义在实践中又必须注意划清同空想社会主义的界限,坚持历史唯物主义认识路线。

——摘自许耀桐:《正确认识和评价空想社会主义——读〈科学社会主义概论〉的导论和第一章》,《科学社会主义》2011年第4期

○ **导读提示**

从上述材料可知,科学社会主义的产生离不开空想社会主义,空想社会主义给科学社会主义提供了很多有价值的思想材料。科学社会主义和空想社会主义既具有同一性的关系,又具有对立性的关系。

阅读材料时,应认识到:科学社会主义是马克思、恩格斯在科学分析资本主义和人类社会发展规律基础上创立的,是建立在历史唯物主义和剩余价值学说基础之上的。

通过阅读上面材料,可以深刻理解:科学社会主义是对空想社会主义的批判和发展。

第3讲　国际工人运动的发展

★学习精要

1864年9月，欧洲各个社会主义组织和工人组织的代表在英国伦敦举行国际性工人大会，宣告"国际工人协会"的成立（即"第一国际"）。马克思、恩格斯参与并领导了"第一国际"，使各国工人阶级的联合运动由自发的行为转变为自觉的、有组织的、有目的的行动，推动了马克思主义的传播和国际工人运动进入新阶段。

1870年，普法战争爆发，法国战败，法兰西第二帝国垮台。新成立的资产阶级临时政府对外妥协投降，与德国签订了割地赔款的条约；对内采取高压政策，秘密调集军队，准备解除巴黎人民的武装。3月18日，巴黎爆发工人革命，资产阶级临时政府逃往凡尔赛宫。3月28日，巴黎人民经过选举，建立了自己的政权——巴黎公社。

巴黎公社成立后，在政权建设、社会经济等方面采取了一系列的革命措施，这些措施丰富了马克思主义学说。但是由于巴黎公社没有没收整个资产阶级的财产，没有同外省的革命者取得联系，更没有发动广大的农民。5月28日，在资产阶级临时政府军队的疯狂进攻下，巴黎公社失败。

巴黎公社是无产阶级建立政权的第一次伟大尝试。其存在时间虽然短暂，却引起了马克思的极大关注。巴黎公社失败之后，马克思出版了《法兰西内战》一书，分析巴黎公社的发展过程和历史意义，总结巴黎公社的历史经验和教训。

巴黎公社失败后，争取民主革命的斗争继续进行。在无产阶级斗争的压力下，统治阶级做出一些让步。如法国1875年宪法就规定了成年男子享有普选权，西班牙和比利时则分别在1890年和1893年做出同样的规定。

19世纪末20世纪初，工人运动越出西欧与北美，发展到亚洲、非洲、大洋洲、拉丁美洲。工人运动的横向扩展使马克思主义在世界各国广泛传播。

★学术动态

学术观点：恩格斯晚年对马克思主义发展史的研究做出了开创性的贡献

恩格斯晚年通过对马克思思想过程和革命实践的研究，对马克思主义发展史的内在逻辑做出了开创性研究。

这种开创性研究，可以概括为三个方面：一是对马克思主义发展史的基本思想资源作了深湛研究;二是通过对马克思思想过程和革命实践的研究,对马克思主义发展史的内在逻辑作了深透研究;三是通过对各种反对和曲解马克思思想的观点和理论的批判,厘清了马克思主义发展史研究的理论旨向和学术规范,对马克思主义发展史的思想实质和时代意蕴作了深刻探索。

恩格斯晚年对马克思思想过程和革命实践结合问题的阐释中,拓展了马克思主义发展史研究的视野,也是恩格斯对马克思主义发展史的开创性的研究。

【根据顾海良:《思想过程和革命实践的结合:马克思主义发展史的内在逻辑——论恩格斯晚年对马克思主义发展史的开创性研究》,《学术界》2019年第4期】

★ 史学导读

1.第一国际与巴黎公社是什么关系?

1871年的巴黎公社不仅是法国革命传统的继承,而且它又是第一个国际工人阶级政党性质的国际组织——第一国际长期培育的产物。

第一国际制定的纲领和章程,为巴黎公社革命和政权的建立奠定纲领基础和组织基础。第一国际召开多次大会、通过相关决议,为巴黎公社革命和政权的建立奠定了政治基础和思想基础。第一国际为普法战争起草两次宣言,为巴黎公社革命和政权的建立奠定了战略基础和策略基础。第一国际提出废除常备军建立全民武装的思想,促进了巴黎国民自卫军的建立,为巴黎公社革命提供了重要的军事和武装思想。巴黎支部联合会作为第一国际思想的传播者,对巴黎公社革命发挥了重要的协助领导作用。

恩格斯1874年在给左尔格的信中更加明确、形象地指出:第一国际的第一个巨大成就是巴黎公社,"公社无疑是第一国际的精神产儿,尽管第一国际没有动一个手指去促使它诞生"。

——摘自黄帅:《第一国际与巴黎公社的诞生》,《求索》2017年第3期

○ **导读提示**

从上述材料可知,第一国际为巴黎公社奠定了纲领基础和组织基础;奠定了政治基础和思想基础;奠定了战略基础和策略基础;提供了军事和武装思想;发挥了重要的协助领导作用。恩格斯则认为"公社无疑是第一国际的精神产儿"。

阅读材料时,应认识到:第一国际在纲领和组织、政治和思想、战略和策略、军事和武装、协助领导五个方面为巴黎公社的诞生做了较为充分的准备。马克思和恩格斯对

巴黎公社给予了极大的关注,1871年5月底,巴黎公社失败,6月,马克思出版了《法兰西内战》,对巴黎公社的经验教训进行总结,给予巴黎公社高度评价。

通过阅读上面材料,可以深刻理解:马克思和恩格斯虽然并没有直接指导巴黎公社,但第一国际与巴黎公社有着密切的联系。

2.19世纪晚期德国工人运动与社会保险制度的建立有何关系?

德国在19世纪初开始了工业化,工人阶级力量日益壮大,1871年工人阶级人数约820万,占德意志人口的20%,1882年增至1135万,占人口的25%。工会和社会民主党鼓励工人加入行会互助组织。互助组织的规模迅速膨胀,并表现出极为强大的联合力量。

俾斯麦采取"胡萝卜加大棒"的两手策略巩固统治。一方面继续执行《非常法》,另一方面,俾斯麦计划将政府的力量介入当时存在的各种行会组织中。俾斯麦全面干预保险制度,计划由政府财政出资设立社会保险基金,将保险事业完全纳入国家经营和管理中,进而实现对工人阶级的全面控制。

可见,工人运动和行会组织的发展壮大所形成的利益格局,对德国政权形成了威胁,成为社会保险制度的直接推动力。

——摘自赵晓芳:《德国的利益集团与社会保险制度的起源》,《兰州学刊》2012年第8期

○ **导读提示**

从上述材料可知,随着工业革命的进行,德国的工人阶级队伍不断壮大。受工会和社会民主党的引导,越来越多的工人加入到了行会互助组织中,并且表现了强大的联合力量。为了实现对各种行会组织的管理,为了实现对工人阶级的全面控制,俾斯麦政府将保险事业纳入国家经营和管理之中。

阅读材料时,应认识到:各种工人行会力量的壮大,社会民主党影响力的不断扩大,对德国政权形成了威胁,迫使俾斯麦政府加快了社会保险制度的建立。

通过阅读上面材料,可以深刻理解:工人运动的不断发展是俾斯麦政府加快保险制度建设的直接推动力。

★ **荐读书目**

［德］马克思、恩格斯：《共产党宣言》，北京：人民出版社，1997年版

［德］马克思：《法兰西内战》，北京：人民出版社，1961年版

［美］罗兰·斯特龙伯格：《西方现代思想史》，刘北成，等译，北京：中央编译出版社，2005年版

［美］斯塔夫里阿诺斯：《全球通史》，吴象婴，等译，北京：北京大学出版社，2006年版

第六单元 世界殖民体系与亚非拉民族独立运动

【单元学习精要】

一是了解16—20世纪西方列强凭借先进的技术和强大的经济、军事实力进行殖民扩张,逐步将拉丁美洲、亚洲和非洲的大部分地区变为自己的殖民地和半殖民地的基本过程。到19世纪末20世纪初,以英、法、美、俄、日为代表的列强已经控制了世界上绝大多数土地和人口,资本主义世界殖民体系最终形成。

二是列强的入侵激起当地人民的强烈不满,19世纪末,亚非拉地区掀起了轰轰烈烈的反帝反封建的民族独立运动。尽管19世纪末20世纪初的亚非民族独立运动多以失败告终,但它们沉重打击了帝国主义和封建主义,为殖民地半殖民地民族资本主义经济的进一步发展和资本主义制度的确立创造了条件,为这些地区获得最终独立奠定了基础。

三是理解世界殖民体系的建立及殖民地半殖民地民族独立运动对世界历史发展的影响。资本主义世界殖民体系是资本主义世界体系的重要组成部分,它的形成标志着资本主义对世界统治的确立,出现了以欧洲为中心、东方从属西方的世界格局。与此同时,殖民掠夺和资本主义世界殖民体系的确立也进一步激化了西方列强之间争夺殖民地的矛盾,为世界和平埋下了隐患。殖民扩张给殖民地半殖民地造成了双重影响。一方面,西方列强的侵略给当地人民带来了深重的苦难。另一方面,殖民扩张客观上增强了世界各地之间的联系,使西方的生产技术、生产方式、资产阶级启蒙思想和资本主义制度在全球范围内得到广泛传播,冲击了殖民地半殖民地相对落后的社会经济体制,一定程度上推动了这些地区民族资本主义的发展和社会制度的转型。

【根据徐蓝、朱汉国:《普通高中历史课程标准(2017年版)解读》,北京:高等教育出版社,2018年版,第109~110页】

第12课　资本主义世界殖民体系的形成

第1讲　拉丁美洲的殖民地化

★学习精要

地理大发现以后,西班牙和葡萄牙都加强了对美洲的殖民。葡萄牙占据了巴西,西班牙逐步占据了除巴西以外的大部分南美洲、整个中美洲和部分北美洲的领土。西班牙和葡萄牙都是封建专制国家,他们在殖民地实行封建专制统治,两国都委派了总督管理殖民地,但管理方式有所不同。

西班牙在拉美设置四个总督区进行管理,总督集军事、行政、司法和财政权于一身,每个总督区互不联系,直接隶属于西班牙王室;经济方面西班牙殖民者在拉美推行农奴制,发展种植园经济并疯狂开采金银矿,同时实行垄断贸易;西班牙王室还通过宗教来控制人们的思想。教会从属于王权,在整个殖民体系中,它与行政、司法三足鼎立,教会不仅手握神权,还包括政治经济权力,他们除了管理教中事物,也涉及世俗问题。

葡萄牙在巴西先是实行分封制,把土地分封给葡萄牙贵族,受封者要对国王履行一定的财政和司法义务;后来又设立总督加强管理,总督享有行政权和征税权。

西班牙和葡萄牙的生产力发展水平有限,对市场需求不强,持续不断地从殖民地攫取大量金银财富,阻碍了拉美社会的独立发展。

★学术动态

学术观点:殖民地财富的掠夺对西班牙国力带来了双重影响

在殖民前期,西班牙帝国借着从殖民地源源不断掠夺的贵金属,弥补了自身资源的不足,大力发展国内经济,巩固政治统治,国力空前增强。它发展了海上力量——西班牙无敌舰队,提高了国际地位。

然而,西班牙在殖民地掠夺来的财富只是单纯用于王室的享乐消费,并没有正确用于资本主义发展,使得西班牙的生产和航运发展不能适应殖民地的需求,且西班牙未能垄断黑奴贸易,造成了西班牙过分依赖欧洲其他国家提供殖民地的商品和生产需求。

后来,随着西班牙国内对金属的饱和,金银大幅度贬值,引起了西班牙和欧洲的"价格革命",导致物价上涨,使西班牙逐渐走向衰落。

【根据项冶、黄昭凤:《15—18世纪西班牙美洲殖民统治的特点及影响》,《琼州学院学报》2014年第6期】

★ 史学导读

1. 欧洲殖民者在拉丁美洲是怎样从使用土著转变为使用黑奴劳动的?

西班牙殖民者最先使用监护征赋制来组织土著劳动力,由于西班牙地主大肆压榨劳动力,并克扣他们的生活必需品,监护征赋制激起了土著居民的强烈反抗。监护征赋制被逐渐废除后,西班牙地主又借助"劳力偿债制"为自己的庄园吸收新的劳动力,即地主预先贷款给土著居民使之成为债务人,债务人要用劳动来偿还债主的贷款。但是,由于工资过低,他们实际上根本无力偿清债务。于是,地主们就达到了将劳力束缚在庄园里的目的。

同西班牙人一样。葡萄牙殖民者最初也在土著中征召劳动力,但由于巴西土著居民的大量逃亡及传染病的迅速传播,使葡萄牙殖民者转向了另一种劳动力资源——非洲奴隶。

——摘自[美]杰里·本特利、[美]赫伯特·齐格勒:《新全球史:文明的传承与交流(1000—1800年)》,魏凤莲,译,北京:北京大学出版社,2011年版,第274~277页

○ 导读提示

殖民初期西班牙在拉美庄园的劳动力最主要来源是本地土著,先后通过监护征赋制和"劳力偿债制"来组织土著劳动力,但由于大肆压榨和克扣生活必需品激起了土著居民的强烈反抗,并演变为大规模的起义。

阅读材料时,应认识到:葡萄牙在巴西严重依赖蔗糖的生产和出口,葡萄牙贵族和企业家建立了甘蔗种植园,但并没有建立起有效管理机制来吸收劳动力,导致劳动力大量逃亡,加上传染病的迅速传播,使葡萄牙殖民者不得不依靠从非洲进口的黑奴。此后,黑奴劳动在拉丁美洲日益普遍。

通过阅读该则材料,可以深刻理解欧洲殖民者对拉丁美洲残酷无情的掠夺是导致

这一变化的根源,同时也充分体现了资本主义原始积累充满血腥暴力的一面。

2.美洲的白银是如何刺激全球贸易发展的?

大多数的美洲白银通过大西洋运往西班牙以及整个欧洲市场,欧洲商人用他们交换亚洲市场上的丝绸、香料和瓷器。一些白银被运到墨西哥西部海岸的阿卡普尔科,然后用"马尼拉大帆船"经太平洋运抵马尼拉,再以各种方式流入亚洲市场。不管这些白银朝哪个方向流通,跨越了哪个大洋,他们迅速在整个世界流散开来,有力地刺激了全球贸易的发展。

——摘自[美]杰里·本特利,[美]赫伯特·齐格勒《新全球史:文明的传承与交流(1000—1800年)》,魏凤莲,译,北京:北京大学出版社,2014年版,第274页

○ **导读提示**

该则材料叙述了大量美洲白银流入欧洲市场,促进欧洲与亚洲的商品交换;通过"马尼拉大帆船"贸易又使一部分白银流入亚洲市场促进了亚洲经济的发展;进而刺激了全球贸易的发展。

阅读材料时,应认识到:明朝时期随着"马尼拉大帆船"贸易而围绕中国形成的白银贸易网络,把中国和世界联系起来,应从全球视角审视该现象。

通过阅读该则材料,可以深入理解明朝时期随着"马尼拉大帆船"贸易而围绕中国形成的白银贸易网络,把中国和世界联系起来,对中国早期资本主义的发展起到了积极的推动作用,同时可帮助我们以全球史观的视角来审视类似的历史现象。

3.总督在西属拉美扮演了怎样的政治角色?

新西班牙区总督和秘鲁区总督,这些从西班牙派来的一流官员和军官,负责监督行政管理、法律法规程序、公共工程和国防的运行。为保证其忠心,西班牙王室对总督的挑选格外严格,他们必须是最深得西班牙王室信任的名门望族,同时他们还须持有西印度事务委员会的提名。

即便如此,那些受命的总督还要时刻受到国王派去的暗探和检审庭的监视。检审庭的重要官员也均由国王从宗主国的贵族中选派,在特殊时期,检审庭的权利甚至凌驾于总督之上,他们要经常向国王反映总督或都督在统治过程的得失情况,殖民主们在某种程度上,生活和工作没有一点自由可言。

——摘自项冶、黄昭凤:《15—18世纪西班牙美洲殖民统治的特点及影响》,《琼州学院学报》2014年第6期

○ **导读提示**

从材料可知,总督是经西班牙王室严格挑选,并深得信任的名门望族,为西班牙王室在拉美殖民地行使政治权力。但总督也还要受到国王派去的暗探和检审庭的监视,导致总督在生活和工作上的自由大打折扣,必须全力为西班牙王室服务。

阅读材料时,应着重理解总督的职能、产生方式及国王对其的监督。

通过阅读该则材料,可以深刻理解到:总督的设立充分体现西班牙在美洲实行的是封建专制统治,总督只是一个为专制中央政府服务的地方官员。

第2讲 英国在印度的殖民统治

★ **学习精要**

欧洲国家于16世纪起开始对印度殖民入侵,葡萄牙人先在达曼和第乌等地建立据点。随后,荷兰人、英国人、法国人等接踵而至。1600年,英国东印度公司成立,英国政府支持下的英属东印度公司在孟买和加尔各答等地建立了殖民据点,开始了对印度等亚洲国家的殖民活动。

起初,东印度公司在印度只是从事贸易方面的活动,随着工业革命的展开,公司势力逐渐扩张,并逐渐演变成为一个以武力为后盾,掠夺原料和市场,进行资本输出的政权机构。之后随着英国在印度的一系列战争,英国正式将印度设为皇家殖民地,印度于19世纪上半期彻底沦为英国的殖民地。

英国对印度的疯狂掠夺和剥削,给英国带来大量财富,大大促进了英国资本主义的发展。同时,印度一步步沦为英国的殖民地,印度古老文明的发展进程被迫中断,英国殖民者强行将西方文化和政治体制移植进入印度社会,造成了印度社会的分裂。

★ **学术动态**

学术观点1:东印度公司在印度殖民统治的地位被取代

对东印度公司在印度的腐败统治(收受贿赂,敲诈勒索;连年征战,债务累累;肆意掠夺,制造灾难等),英国国内早就有人进行了猛烈抨击。

东印度公司残暴的殖民统治成了旧的殖民制度堡垒,要杜绝这些腐败现象,必须改变原有的殖民政策,限制东印度公司的行动,由英国政府承担起对印度的统治,用英国的法律来惩治东印度公司的腐败行为。

随着英国工业革命的迅猛发展,英印贸易的地位越来越重要,因而英帝国的重心也转向了东方,加之印度殖民地日益严重的局势,迫使英国政府调整对印度政策,承担起对殖民地的管理。

【根据郭家宏:《论英国对印度殖民统治体制的形成及影响》,《史学集刊》2007年第2期】

学术观点2:英国在印度的殖民具有双重作用

英国在征服印度,改善对印度殖民统治,确立新的统治机制时,也破坏了印度原有的社会结构,给印度人民带来了深重的灾难。

英国在印度殖民地兴办教育,改革管理,修建公共工程,客观上促进了印度经济社会的发展。英国在印度所造成的种种进步实际上只不过是充当了历史不自觉的工具,实际上,英国在印度的殖民统治在破坏印度原有的社会经济结构的同时,也改变了印度历史发展的方向,铁路的铺设,水利的兴修,工厂的建立,使印度经济的发展有了质的变化。

因此,我们可以认为英国在印度的殖民统治既有破坏作用又有建设作用。

【根据郭家宏:《论英国对印度殖民统治体制的形成及影响》,《史学集刊》2007年第2期】

★ 史学导读

1.印度古老的手工业是如何衰落的?

1814年,印度对从英国进口的毛织品仅征2%的关税,对棉织品、丝织品仅征3.5%的关税。相反,英国对从印度进口的原棉征的税很轻微,但对印度的棉织品征的税却高达70%-80%。结果,在1814年到1844年这30年里,印度棉制品输入英国的数量从125万匹跌到6.3万匹,而英国棉制品输入印度的数量则从不到100万码增加到超过5300万码。

——摘自[美]斯塔夫里阿诺斯:《全球分裂——第三世界的历史进程》(上册),迟越,等译,北京:商务印书馆,2017年版,第208页

○ **导读提示**

从该则材料可知,棉纺织业是印度的传统手工业,英国对印度棉纺织品征收高额

关税,这对印度古老纺织手工业的打击是巨大的。

阅读材料时,应认识到:19世纪的英国在国际经济关系方面的官方信条是自由贸易。但这种自由贸易往往是单方面的,一旦印度的棉纺织品进口英国而损害了英国的毛纺织业,自由贸易理论就会被轻易地抛之脑后。正如印度纺织工业被摧毁,是由于英国在大声疾呼实行自由贸易却不允许印度对外自由贸易。

通过阅读该则材料,可以理解英国对印度的疯狂掠夺和剥削,给英国带来大量财富。同时,印度一步步沦为英国的殖民地。

2. 英国殖民者在印度推行教育同化政策意欲何为?

"英语比梵文和阿拉伯文更值得学习……单靠我们有限的人力和财力是不可能对广大人民进行教育的。现在,我们必须努力去造就一个阶级,他们可能成为我们和受我们统治的千百万人之间的桥梁。这个阶级的人在血缘和肤色上是印度人,但在情趣、观点、品行和才智上则是英国人。"麦考来(英国人,1835年印度教育委员会主任)的这一建议被采纳并被付诸实施,在以后的几十年里,它演变成为一种全国性的教育体制,包括大学、培养教师的学院和为广大群众开办的本地语小学。此外还发行了使用英语和各种现代印度语言的报纸。

这些发展对印度的知识界和政治气候产生了极其深远的影响。英语教育在印度人中产生了一个熟悉外国语言文化、在意识形态上倾向自由和理性的新阶层。

——摘自[美]斯塔夫里阿诺斯:《全球分裂——第三世界的历史进程》(上册),迟越,等译,北京:商务印书馆,2017年版,第202页

○ **导读提示**

从该则材料可知,英国人将他们的语言和文化输入印度,是为了训练一个能帮助他们治理印度的社会阶层。英国人将英语教育引入印度,为印度各地受过教育的新的社会上流人物提供了一个共同的语言和共同文化背景。麦考来作为英国人,出任印度教育委员会主任,并主张通过教育同化政策在印度人中产生一个熟悉外国语言文化、在意识形态上倾向自由和理性的新阶层。

阅读材料时,应认识到:透过历史现象发现历史事件的本质,即英国在印度的英语教育政策的实质是一种教育同化政策,目的是在印度人中产生了一个有利于其殖民统治的新阶层。

通过该则材料,可以深刻理解英国殖民者意欲利用教育同化政策推进在印度的殖民统治。

第3讲 西方列强对非洲的瓜分

★ 学习精要

虽然欧洲探险家从15世纪起就开始涉足非洲,但直到1875年以前,欧洲人在非洲的扩张都是非常有限的,欧洲殖民者只能占据一些小型海岸殖民地和武装据点。这一时期,奴隶贸易盛行给非洲社会带来了灾难性的破坏。

1875—1900年,欧洲和非洲的关系发生了急剧的变化,在不到四分之一世纪的时间里,英国、法国以及德国等欧洲国家纷纷制定瓜分非洲的殖民计划,使列强瓜分非洲的斗争更趋尖锐和复杂。这一时期,继英法占领埃及、突尼斯等北非地区之后,更多的欧洲国家大规模挺进中非、东非和西非。欧洲列强对非洲的瓜分实际上成为帝国主义全球争夺的一个重要部分,非洲被瓜分充分反映了帝国主义的矛盾冲突。

1884—1885年,在德国提议下召开了有英、法、比、德、葡、美、俄等15国参加的柏林会议,这是一次列强瓜分非洲的分赃会议,成为列强疯狂争夺非洲的新起点。柏林会议后,对非洲争夺最激烈的是英、法、德三国,到1914年,除埃塞俄比亚和利比里亚保持独立外,整个非洲已被列强瓜分完毕。

★ 学术动态

学术观点1:技术进步推动欧洲殖民者加速瓜分非洲

热带医学方面的进步,特别是用奎宁治疗疟疾,使欧洲人从一直遭受着的惊人死亡率中解脱出来。还有,加特林机枪和马克沁机枪的发明,使欧洲人和非洲人在军事上的力量均势,发生了不利于非洲人的决定性的转变。

随着转轮枪和机关枪的出现,几乎就像阿兹特克人和印加人曾被使用滑膛枪的西班牙人远远超过一样,非洲人也被欧洲人远远地甩在了后面。

工业革命期间生产的其他技术上的进步,包括内河轮船、铁路和电报,更加有利于对非洲大陆的渗透。

欧洲人拥有的这些不断增强的技术力量,激起了对利用它们来达到征服非洲的极大信心。

【根据[美]斯塔夫里阿诺斯:《全球分裂——第三世界的历史进程》(上册),迟越,等译,北京:商务印书馆,2017年版,第238页】

学术观点2:奴隶贸易的终结是多种因素的综合作用

18世纪晚期,美国独立和法国大革命点燃了废奴主义的希望。美国对"生命、自由和追求幸福"的呼声以及法国对"自由、平等、博爱"的呼吁表明存在一种自由和平等的普世价值。

18世纪和19世纪频繁的奴隶起义使奴隶制成为一种代价高昂的危险生意。一些释放的奴隶也投入到废奴运动中,撰写著作揭露奴隶制度的黑暗与残酷。

除了道德和政治因素外,经济力量也是促使奴隶制和奴隶贸易寿终正寝的因素。随着奴隶制利润的下降,欧洲人开始将其投资从奴隶和甘蔗转移到新兴的制造业上。投资者很快发现,工厂的雇佣劳动力比种植园的奴隶劳动力更廉价。从此,欧洲企业主眼中的非洲不再只是奴隶的来源地。

综上所述,奴隶贸易的终结是思想、政治、道德及经济等多种因素共同作用的结果。

【根据摘自[美]杰里·本特利、[美]赫伯特·齐格勒:《新全球史:文明的传承与交流(1000—1800年)》,魏凤莲,译,北京:北京大学出版社,2014年版,第318~319页】

★ 史学导读

1. 为什么非洲最晚被殖民?

到18世纪末为止,欧洲人直接侵占的地区是狭小的,仅占非洲大陆总面积的3%,主要分布在大西洋、印度洋的各个岛屿及其沿海地带,造成这种态势的原因有:当时欧洲殖民者的主要注意力在美洲和东、西印度群岛;炎热的气候和热带病的肆虐使欧洲殖民者望而却步;欧洲殖民者对非洲古国的早期侵略遭到了失败。

——摘自艾周昌、郑家馨:《非洲通史·近代卷》,上海:华东师范大学出版社,1995年版,第3~4页

○ 导读提示

从该则材料可知,非洲是一块古老的大陆,自然环境特殊,海岸平直,很少有海湾良港,西部的尼日尔河与刚果河河水湍急,不易进入;中部是凶险的热带雨林和沙漠地带。炎热的气候和热带病的肆虐,使欧洲殖民者对神秘的非洲望而却步。1870年以前欧洲殖民者的各项技术还不成熟完善,欧洲殖民者的主要注意力在美洲和东、西印度群岛。直到第二次工业革命以后,各项技术日益成熟与完善,加上非洲黄金和钻石的吸引力,欧洲殖民者迅速瓜分了非洲。

通过阅读该则材料,可以理解非洲最晚被欧洲殖民者瓜分的原因。

2.英法两国为什么要争夺苏伊士运河?

拿破仑远征埃及和开凿苏伊士运河的计划给英国国内带来巨大的震动,引起了英国对近东的关注。首先从苏伊士地峡的另一面来说,英国在亚丁及其他地方已经建立了殖民地,它想要独占红海直到印度洋,埃及恰恰占据了红海的大部分。

法国此举使英国在这一障碍前彻底被激怒,所以它对法国人开辟这条商路相当嫉妒。此外,由于英国工业和贸易的发展,好望角商路再也不会被看作是唯一的商路,英国自身也确实需要一条通往印度的捷径,并将这条捷径牢牢地控制在英国人的手中。

——摘自史丽婵:《英法争夺苏伊士运河控制权的地缘政治学分析(1854—1875)》,石家庄:河北师范大学硕士学位论文,2013年

○ 导读提示

从材料可知,首先,苏伊士运河对于英法两国都十分重要,它位于欧亚非三洲交汇处,连接地中海与红海,大大缩短了欧洲国家绕过好望角到亚洲的距离。其次,法国不甘心七年战争(1756—1763)的失败,决心恢复在东方的地位对英国进行报复。如果法国占领埃及并控制了苏伊士商路,将英国驱逐出印度,切断与东方的联系,这将使英国这个依赖对外贸易生存的国家不得不求和。最后,由于英国工业和贸易的发展,好望角商路再也不会被看作是唯一的商路,英国自身也确实需要一条通往印度的捷径。

通过阅读该则材料,可以深刻认识到:苏伊士运河对于英法两国的重要性不言而喻,必然引起两国的激烈争夺。

3.传教士对非洲文明的发展有何影响?

随同欧洲官员前来非洲的是基督教传教士。他们对非洲文化产生了深刻影响,因

为他们是有意识地企图改变非洲文化的第一批欧洲人。其他人在强迫本地人离开祖传的村庄去城市、矿山或欧洲人的农庄时,也对非洲文化起到了间接和附带的影响。但是传教士们到达时却是宣称,其目的就是要改变非洲人的生活方式,他们使用三种手段达到他们的目的:宗教、医药和教育。

——摘编自[美]斯塔夫里阿诺斯:《全球分裂——第三世界的历史进程》(上册),迟越,等译,北京:商务印书馆,2017年版,第245页

○ 导读提示

从该则材料可知,基督教传教士有意识地企图改变非洲文化,并宣称,其目的就是要改变非洲人的生活方式。传教士不仅带来了宗教,还带来了医药知识和设备,从而挽救了许多非洲人的生命,这种医疗工作又加强了基督教的吸引力。传播基督教教义最有效的途径是乡村学校网,在这些学校里不同年龄的儿童可以学习读书、写字、算数的基本知识并接受到宗教教育。

阅读材料时,应认识到:基督教传教士用三种手段——宗教、医药和教育,很大程度上推动了非洲文明的发展。

第4讲 世界殖民体系的形成及影响

★ 学习精要

19世纪末20世纪初,亚洲、非洲和拉丁美洲的大多数地区已经沦为欧美国家的殖民地和半殖民地,资本主义世界殖民体系最终形成。

世界殖民体系的形成为资本主义列强提供了广阔的市场、原料产地和投资场所,有利于促进资本主义发展,巩固资本主义统治。同时,资本主义列强之间为争夺霸权和殖民地,相互间的矛盾愈演愈烈,最终导致了第一次世界大战。

资本主义世界殖民体系的形成,对殖民地和半殖民地带来了深重灾难,但在客观上也促进了其资本主义发展。世界殖民体系的形成构成了资本主义世界体系的重要组成部分,在资本主义世界体系里,世界紧密地连成一体,西方列强特别是欧洲列强成为世界的中心,其他地区则处在从属地位。

★学术动态

学术观点1：世界殖民体系的形成分三个阶段

15—18世纪，欧洲人对美洲、非洲、亚洲进行政治控制和渗透，资本主义世界市场和殖民体系初见端倪。美洲大部分地区和非洲沿海地区以及东南亚边沿被纳入新生资本主义体系。

18世纪60年代—19世纪70年代，殖民列强通过扩大殖民地和商品市场等方式向西亚、东亚、南美等地区纵深扩张，到19世纪中后期，世界殖民体系初步形成。

19世纪70年代以后，工业革命进入新阶段，社会生产力进一步提高，西方列强通过瓜分全球的方式把非洲内陆以及亚洲内陆广大地区都纳入了资本主义世界体系。

伴随三次殖民高潮，西方国家的殖民主义活动把亚洲、非洲和拉丁美洲等地区纳入了资本主义世界体系。

【根据张红菊：《全球视野下的殖民主义研究：殖民主义与全球化——殖民主义与全球化进程及其消极影响》，《史学理论研究》2013年第4期】

学术观点2：殖民主义政策随着时代发展而不断调整

15世纪初—18世纪末，欧洲处于资本原始积累时期，这一时期的殖民政策具有野蛮和残酷的特点，武力征服、不等价交换、贩卖奴隶等超经济强制是殖民奴役的主要方式。

19世纪初—70年代，殖民帝国侵略的目的在于确保其商品市场和原料产地，殖民掠夺的主要形式也相应转变为商品输出。

19世纪70年代—20世纪40年代，殖民侵略的目的除了确保其商品市场和原料产地外，还要为本国的剩余资本寻找投资场所，因此，资本输出成了殖民剥削的主要特征。

第二次世界大战以后，西方国家利用经济优势对第三世界进行广泛的渗透扩张，已实现不带政治兼并的经济兼并。

【根据王助民等：《近现代西方殖民主义史（1415—1990）》，北京：中国档案出版社，1995年版】

学术观点3：资本输出有利于世界市场的扩大与完善

资本输出一方面深化了国际分工，推动生产的国际化，特别是对外直接投资，使资本主义国家的生产过程从国内向国际扩展,加强了各国对国际分工的依赖性,从而促进了资本主义国际分工体系的形成,为世界经济的最终形成奠定了基础。另一方面,也扩大了世界市场的内涵。

原来的世界市场主要是指世界商品市场,此时的世界市场不仅包括世界商品市场,而且包括国际资本市场。世界市场上两大国际流通领域——国际商品流通领域和国际资本流通领域的交织,使世界市场运行机制更加完善。

【根据关立新、王博、郑磊:《马克思"世界历史"理论与经济全球化指向》,北京:中央编译出版社,2013年版】

★ 史学导读

1.世界殖民体系究竟是一个怎样的体系?

在殖民体系下,主权是欧洲列强的特权,也是其对其他地区"落后民族"进行野蛮殖民掠夺、占领和侵略的借口和依据。居于金字塔之上的是拥有巨大暴力能力和殖民能力的欧洲列强,居于金字塔中间的则是较弱一等的欧洲国家以及拥有主权或半主权的亚洲和非洲国家,居于金字塔底层的则是完全丧失主权的亚非拉被征服、掠夺和占领的"落后民族"和"野蛮地区"。这一体系是少部分国家享有主权、大部分国家主权被剥夺的等级体系,也是大国通过武力掠夺、殖民而实现崛起的暴力体系。

——摘自韦宗友:《殖民体系、后殖民体系与大国崛起》,《国际展望》2013年第6期

○ **导读提示**

从该则材料可知,在殖民体系下,主权体现为欧洲列强的特权。凭借这一"主权",欧洲殖民者对其他地区"落后民族"进行野蛮的殖民掠夺、占领和侵略,使他们居于金字塔的顶端。而实力较弱的欧洲国家以及拥有主权或半主权的亚洲和非洲国家,居于金字塔的中间。居于金字塔底层的则是完全丧失主权的亚非拉被征服、掠夺和占领的落后民族与国家。

阅读材料时,应透过现象看到历史的本质,殖民体系这种侵略形成的"强权压制落后"的金字塔结构,使殖民体系实质上成为一种野蛮、暴力的压迫体系。

2.西方列强的资本输出是怎样束缚非洲国家经济的?

到1938年为止,西方列强在非洲的资本输出数额巨大……利用成立的矿业公司、

种植园公司和商业公司等垄断了非洲殖民地的采矿、农业、商业和交通运输业,控制其国民经济。……西方国家在非洲殖民地的资本输出,不是投资在有利于殖民地经济发展的部门,而是投资于供出口可获暴利的矿业和种植经济作物为主的农业上。

——摘自廖学盛:《世界历史十五讲》,北京:人民出版社,2006年版

○ **导读提示**

从该则材料可知,西方列强利用成立各种公司控制非洲国家的国民经济,并且西方国家在非洲殖民地的资本输出,主要投资于供出口可获暴利的矿业和种植经济作物为主的农业上,使非洲国家只能出口原料和初级农产品,进而使非洲国家长期处于低端生产水平。

阅读材料时,应认识到:由于西方国家在非洲殖民地的资本输出,不是投资在有利于殖民地经济发展的部门,从而使非洲国家的经济长期落后,严重束缚了非洲国家经济的独立发展。

通过阅读该则材料,可以深刻理解西方列强的资本输出是怎样束缚非洲国家经济的。

★ **荐读书目**

许倬云:《历史大动脉》,桂林:广西师范大学出版社,2009年版

齐世荣、钱乘旦、张宏毅:《15世纪以来世界九强兴衰史》,北京:人民出版社,2009年版

[美]杰里·本特利、[美]赫伯特·齐格勒:《新全球史:文明的传承与交流(1750至今)》,魏凤莲,译,北京:北京大学出版社,2007年版

[美]斯塔夫里阿诺斯:《全球分裂——第三世界的历史进程》,迟越,等译,北京:商务印书馆,1993年版

[美]斯塔夫里阿诺斯:《全球通史——从史前史到21世纪》,吴象婴,等译,北京:北京大学出版社,2011年版

第13课　亚非拉民族独立运动

第1讲　拉丁美洲的独立运动

★学习精要

15世纪末至16世纪中叶,拉丁美洲除巴西被葡萄牙占领、海地被法国占领外,其余绝大部分被西班牙占领。300年来,拉美人民反殖民斗争此起彼伏。18世纪中期以前,拉美人民的反抗还是零散的、单一的;18世纪后期,拉美爆发了一场具有近代意义的民族独立运动。独立运动以1790年海地革命为开端,到1826年基本形成了今日拉丁美洲的政治格局。

作为世界近代史上一次大规模的殖民地民族解放运动,拉美独立运动有其自身的特点:第一,这场革命席卷了整个拉丁美洲,并诞生了17个民族国家,规模庞大,成果丰硕。第二,革命的领导阶级大都是拉美地区的土生白人,他们也是独立后拉美各国的统治阶级。第三,这场革命属于资产阶级革命范畴,但在发动革命之前,各地区政治、经济和社会等条件并不十分成熟,作为外部因素的法国大革命影响巨大。因此,革命带有早产色彩。第四,在这场斗争中既有内部抗争,反种族压迫和反阶级压迫;又有外部抗争,即反殖民压迫,属于民族矛盾;民族矛盾是主要矛盾。

★学术动态

学术观点1:"拉美民族"的产生推动独立运动的爆发

在1600年前,土著印第安人占拉美殖民地总人口的95%。随着殖民征服和殖民开拓的不断深入,拉美殖民地的印第安人锐减,劳动力极度匮乏。于是,奴隶贸易开始盛行起来。与此同时,大量欧洲人陆续迁徙到拉美,从事殖民征服和殖民开发。

世界上不同种族人群在拉美地区不断地进行血缘交融与繁衍,使得它有"世界人种的大熔炉"之称。随着拉美殖民地人口构成和社会经济的发展变化,生活在拉美的人们逐渐与宗主国分离,形成了新的拉美民族。

根据学者的统计,1800年前后在西属美洲全部1690万居民中,从事殖民征服和殖民开发的只有15万人,事实上远远低于此数。从人口统计学来看,就是多数人推翻少数人的统治,爆发独立运动也就不可避免了。

【根据张家唐:《对拉美独立运动爆发原因的再思考》,《拉丁美洲研究》2013年第6期】

学术观点2:独立运动前夕拉丁美洲资本主义因素有了一定的发展

16世纪中叶,资本主义首先在美洲殖民地贵金属生产中萌芽。

到17世纪,美洲殖民地已逐步形成了自己的棉纺织业基地。到18世纪末,到处都可以看到棉、毛作原料的纺织作坊。除纺织品外,美洲殖民地还根据当地居民的需求,发展缝纫、金属加工、家具制造、皮革和造船等行业。

资本主义农业在殖民地统治时期亦逐步萌芽。17世纪以后,庄园主向王室提出"反对当局干预,有权在市场自由雇工"的请求被王室接受,农业中的资本主义生产关系有了一定的发展。

西班牙殖民地的商业曾受宗主国的严格控制。到18世纪50年代末,西班牙国王先后对本土和殖民地进行改革,1778年颁布"自由贸易法令",开放美洲殖民地港口,殖民地贸易随之迎来一个"黄金时代"。

【根据陆国俊:《论独立运动前夕拉丁美洲资本主义因素及其特点》,《世界历史》1997年第2期】

学术观点3:门罗主义是美国关于拉美政策的指导原则和扩张工具

1823年时任美国总统门罗宣告:"美洲是美洲人的美洲",这就是著名的"门罗宣言",是美国"门罗主义"的开端。

19世纪初的美国发表门罗宣言,是美国在实力不足的条件下维护自身利益的外交胜利。门罗主义反对欧洲列强对美洲殖民地的干涉和扩张,具有防御性,对拉美独立后的国家是一个很大的支持,具有一定的进步性。但在门罗主义提出之际,就潜伏着美国与欧洲列强争夺整个美洲控制权的斗争,而美国所标榜的"美洲是美洲人的美洲",内在含义就是"美洲是美国人的美洲",具有明显的侵略性。

门罗主义成为美国的拉美政策的指导原则和扩张工具,也是美国试图将欧洲势力逐出美洲的努力,为日后对拉美的扩张打下了基础。

【根据方恩升:《纵论美国外交政策:从孤立主义者到"国际警察"》,《南京政治学院学报》2006年第3期】

★ 史学导读

1. 拉美独立运动中有何具体维护民族民主权益的政策？

1813年秋，独立战争胜利进行之时，墨西哥召开了国民代表会议，发表《独立宣言》，宣告："墨西哥与西班牙断绝一切政治经济隶属关系，它是完全独立自主的共和国。"会议开幕之日，独立战争领袖莫洛雷斯提交了题为《民族意识》的纲领性文件，重要内容有：

1. 墨西哥应为独立自由的民主共和国，主权属于人民。政权分为立法、行政、司法三部分。

2. 没收西班牙殖民者、教会和土生白人大地主的土地与财产，并把土地分成小块，分配给农民，每人占有土地不得超过二里格。

3. 废除奴隶制，各种族一律平等。

4. 取消一切苛捐杂税（包括人头税和什一税）。

5. 保障私有财产和住宅不受侵犯。抑制贫富悬殊。奖励小土地所有者发展生产。

——摘自喻继如：《十九世纪初墨西哥独立战争》，《南昌大学学报（人文社会科学版）》1985年第2期

○ **导读提示**

以墨西哥独立战争为代表的拉美独立运动，在胜利之际召开国民代表会议，确定墨西哥资产阶级性质的国体和政体，发布了土地和财产的分配原则，明确了人民的基本权利。

阅读材料时，应认识到：在这一纲领性文件指导下制定的法令，一方面提出民族独立、建立共和国的要求，体现出这场民族革命的性质和主要目标；另一方面提出了反映劳动人民利益的政策，这在一定程度上将有利于减轻劳动人民的负担，从而发挥它的革命意义，而这又赋予墨西哥独立战争更深刻的民主内涵。这也意味着，独立后的墨西哥依然有多重艰巨的历史使命需要完成。

通过阅读材料，可以深刻理解在拉美人民追求民族独立、人民解放的迫切愿望，也可以深刻理解以墨西哥为代表的拉美人民仍面临继续进行民族民主革命的任务。

2. 独立之初的拉美各国是如何探索现代化道路的？

19世纪初的拉美独立革命发生在世界资产阶级大革命的时代。领导这场革命的

大多是留学海外、沐浴了欧风美雨的年轻土生白人,他们深受资产阶级大革命潮流的影响和鼓舞。在他们看来,只有努力仿效西欧、北美,才能把自己的国家建设成现代化国家。从一开始几乎所有拉美政治家和思想家都把仿效西欧、北美的宪法和政体建设看成是独立后的头等大事。他们认为,迈入现代社会的关键在于有没有一部好的宪法。一部好的宪法"可以为解决所有问题提供一副万应药方。"于是,被看作优秀典范的美国宪法、法国宪法和西班牙1812年宪法成为拉美各国普遍仿效对象。据估计,在独立后的150年中,拉美国家共草拟了180至190部宪法。就这样,在新解放了的美洲大陆,除巴西外,各国都确立了资产阶级民主制形式的共和国。

——摘编自林被甸:《拉丁美洲国家对现代化道路的探索》,《北京大学学报(哲学社会科学版)》1992年第6期

○ **导读提示**

拉美独立运动的领导者们深受西欧、北美影响,他们把仿效西欧、北美的宪法和政体建设看成是独立后的头等大事。除巴西外,拉美国家在独立后纷纷草拟宪法,确立了资产阶级民主共和政体。

阅读材料时,应认识到:独立之初的拉美对西欧、北美的效仿,推动了拉美国家普遍建立起资产阶级民主制形式的共和国,在形式上促进了拉美地区民族民主革命的进步。

通过阅读,我们可以深刻理解:拉美地区走向现代世界的变革,最早是在追求"欧化"的目标下,与独立革命运动同时起步的。这也意味着,独立后的拉美地区难以摆脱西欧殖民国家的影响,其独立之路充满的艰难险阻。

3.独立后的西属美洲为什么未建成统一的联邦国家?

西属美洲幅员辽阔,地理阻隔;重商主义和大庄园制度盛行,各地缺乏经济联系;宗主国的"纵向主义"统治造成各自为政的局面,种族文化的多样性和社会结构的复杂性带来人们心理上的隔阂等等。这些自然和历史的因素为西属美洲的分裂做了铺垫。"拉丁美洲作为一个整体诞生于世,但是由于殖民制度本身的畸形,拉丁美洲在诞生之前已经破碎了。"而独立战争却没能改善这种破碎的结构,使大陆凝聚在一起。

独立运动本身所呈现出来的一些局限性,如没有统一的组织和领导,各种分裂因素的暴露和膨胀,缺乏普遍认同的新权威,各国政权的软弱和军事化,财政上面临的重重困难,社会变革的失败,等等,加重了分裂局面,而来自外部的英美等国列强的觊觎

和干涉更是进一步破坏了西属美洲的团结。

正是上述历史的和现实的、内部和外部的多种因素的结合,最终致使西属美洲未能建成一个统一的联邦国家。当然,最根本的问题恐怕还在于当时西属美洲经济社会发展的落后性,没有形成一个统一的经济共同体。

——摘编自韩琦:《独立后的西属美洲缘何未建成统一的联邦国家?》,《历史教学问题》2006年第1期

○ 导读提示

尽管拉美地区存在着一致性,但由于其长久以来的地理、政治、经济、种族、社会差异性占据了主导地位,再加上现实、内部和外部的多种因素的结合,它无法形成一个统一体。

阅读材料时,应认识到:统一民族国家的形成和发展需要一个漫长的过程,受到多种因素的推动。拉美的民族解放之路并未随着战争结束而结束,独立后的拉美仍面临着各种问题。拉美各国虽同于一个大区域,但表现的差异性很大,这种差异性直接影响到了各国独立后的现代化进程。

通过阅读该则材料,可以深刻理解:拉美经济基础脆弱和落后,不仅是它无力支持拉美携手发展的主要原因,也是拉美各国独立后发展艰难的根源所在。

第2讲 亚洲的觉醒

★学习精要

20世纪初,一场革命风暴席卷亚洲。伊朗、土耳其、中国相继爆发了变革封建制度的革命;菲律宾掀起了民族解放战争(1896年开始);印度的独立运动发展成群众性反帝爱国运动。与此同时,越南、朝鲜、印尼的民族解放运动也在反帝反封建的旗帜下蓬勃发展。这一革命风潮,汇成亚洲资产阶级民族民主革命的洪流,列宁称之为"亚洲的觉醒"。

亚洲觉醒不仅指亚洲人民掀起反帝反封建斗争、资产阶级民族民主意识的觉醒,更是指亚洲资产阶级从改良走上革命,走上由资产阶级领导的、广大人民群众积极参加的反帝反封建的民族民主革命。

亚洲的民族解放运动颇具代表性。它不仅成为19世纪中叶以后亚非拉民族解放

运动的中心,而且亚洲出现的三次民族解放运动的高涨,充分表现了近代亚非拉民族解放运动发展的轨迹。从整体来看,近代亚洲民族解放运动是循序渐进的,一浪高过一浪,具有"螺旋形"特征。

★学术动态

学术观点1:1905—1908年是印度民族运动史的一个光辉转折点

1905—1908年,印度人民反英斗争是印度民族运动发展史上的一个质变,是一个重大的历史转折点。

首先,这次斗争目标已经不是争取局部改良,而是要摆脱英国统治,实现独立(或完全自治)。其次,参加这次斗争的已经不是局部地区的群众,而是广大工农群众和其他下层劳动群众奋起参加民族革命运动,这在印度历史上还是第一次。再次,斗争道路虽是以非暴力的消极抵抗为主,但这是大规模的群众性政治斗争,和以前资产阶级主要在会议厅和报刊上要求改良不可同日而语;这在探索印度民族解放斗争的道路上,起到了开拓性作用,从指导思想到具体斗争形式,都为未来的民族运动提供了宝贵经验。

它标志着印度民族的觉醒,开辟了实现民族民主革命的历史新时期。

【根据林承节:《1905—1908年民族运动高潮:印度民族运动史的一个光辉转折点》,《南亚研究》1988年第4期】

学术观点2:辛亥革命极大地鼓舞和推动了亚洲各国的民族解放运动

孙中山和中国革命党人积极支持和援助亚洲各国民族解放运动。

辛亥革命使正处于革命低潮的越南革命者深受鼓舞,1912年初,越南民族运动的领导人和一些革命者来到广州,把越南维新会改组为越南光复会,并确定政治纲领为"驱逐法贼,恢复越南,建立越南共和民国。"

韩国独立运动领袖得知武昌起义的消息后,从韩国来到上海,受到孙中山接见和上海革命党人的援助。这些韩国爱国志士在上海组织了爱国救亡团体同济社,开展抗日独立运动。辛亥革命还推动了印尼、缅甸、印度、菲律宾等亚洲国家的民族解放运动。

可见,辛亥革命对亚洲一些国家的民族民主革命产生了相当大的影响。

【根据王晓秋:《辛亥革命的世界意义》,《中共中央党校学报》2011年第6期】

★ 史学导读

1. 以提拉克为代表的国大党在20世纪初印度民族运动中起到什么作用？

国大党成立后，印度民族运动中的温和派醉心于议会参政斗争，而民族派的提拉克为恢复人民的民族自尊心、引导他们参加民族解放运动，开始大力地诉诸于印度的宗教传统。提拉克用对印度教经典的新的积极释义来号召群众，利用庆祝宗教节日对民众进行民族主义和爱国主义的教化，使民族主义派得以广泛接触民众。

提拉克的基于宗教信仰前提的社会政治理论，则为印度后来的民族运动奠定了重要的思想基础。他诉诸宗教的目的是要把印度的反帝斗争和民族传统联系起来，激发印度人民的爱国自豪感和行动的热情。在高昂的宗教民族主义精神的激发下，提拉克首先旗帜鲜明地提出了印度自治与独立的政治主张，并英勇热情地号召印度教徒和印度人民从中世纪的停滞和与世隔绝的状态中觉醒过来，积极参加社会生活和社会斗争，这在当时的民族主义斗争中有着重要的历史意义。

——摘编自欧东明：《近代印度的宗教民族主义——以提拉克和甘地为例》，《南亚研究季刊》2004年第1期

○ **导读提示**

国大党是印度资产阶级政党，但成立初的国大党温和派在民族运动中醉心于议会参政斗争；以提拉克为代表的国大党，通过宣传、发动和领导，推动对民众进行民族主义和爱国主义的教化，使民族主义派得以广泛接触民众。提拉克旗帜鲜明地提出了印度自治与独立的政治主张，并引导印度人民觉醒过来，积极参加社会生活和社会斗争。

阅读材料时，应认识到：印度国大党作为民族资产阶级政党，但存在不同派别，这代表着资产阶级内部不同派别的利益。而以提拉克为代表的国大党，在民族运动中具有明显的斗争性，这体现出一部分资产阶级民族意识的觉醒。

通过阅读该则材料，可以深刻理解民族资产阶级在印度民族解放运动中，所起到的领导民族革命运动和推动民族意识觉醒的作用。

2. 19世纪末20世纪初印度民族资本主义和工人阶级发展状况如何？

19世纪中叶以后，印度民族资本主义开始产生。印资以棉纺织业为主，1851年创办了第一家印度人的棉纺织厂，此后印资工业则不断发展。1879年共有89个棉纺织厂，其中绝大部分属印资，这些工厂共有工人4.3万人。由此可见，印度近代产业工人

产生于19世纪中后期,主要在铁路、矿山、纺织、海运、种植园等产业,其中一部分在英资产业的奴役之下,一部分则受印资的剥削。

19世纪末20世纪初,印度工人阶级随着英国资本输出的加剧和印度本国资本主义的发展,其工人阶级日渐扩大。据劳工调查委员会材料,1892年印度有大工厂956家,雇佣工人316816人。到1914年一战爆发时,印度有工厂3936个,日平均雇佣工人95万人,加上铁路、矿山工人、种植园工人,则有产业工人250万人。如果加上手工业工人,印度工人阶级队伍估计有近1000万人。

——摘自陈峰君:《述析印度工人阶级的发展特点与历史作用》,《南亚研究》1988年第2期

○ **导读提示**

19世纪中叶以后,印度民族资本主义开始产生。印度近代产业工人产生于19世纪中后期。19世纪末20世纪初,印度工人阶级随着英国资本输出的加剧和印度本国资本主义的发展,其工人阶级日渐扩大。到1914年一战爆发时,印度工人阶级队伍估计有近1000万人。

阅读材料时,应认识到:英国殖民扩张在客观上推动了印度民族资本主义的发展,也促进了民族资产阶级和无产阶级的壮大。这成为印度20世纪初民族意识觉醒的必备条件。

通过阅读该则材料,可以深刻理解19世纪末20世纪初印度民族资本主义和工人阶级都有了一定的发展。

3. 伊朗立宪革命前后,宗教学者阶层——乌莱玛产生了怎样的作用?

在革命初期,为反对君主专制、反对外来文明的侵袭,主张民主政治的革命主义者和希望通过革命恢复昔日权威的乌莱玛结成联盟,在推动革命的爆发与发展中起到重要作用。

随着革命的深入,立宪革命开始朝着的现代化方向发展,提倡现代教育、主张政教分离等,这与乌莱玛预期的目标并不一致,因此乌莱玛走上革命的对立面是不可避免的。而且在伊朗历史上,王权与教权之间有着千丝万缕的联系。面对伊朗民主党派世俗的、现代化政策,乌莱玛阶层认识到,王权的失落也意味着教权的不保。深谙此道的国王采取了离间政策,乌莱玛与民主党派的决裂成为必然。尽管温和的乌莱玛与民主党派在革命中保持了相当长时间的合作,但最终还是倒向了保皇派。更重要的是,20世纪初期是伊朗进行现代化变革的重要时期,立宪革命虽然为伊朗带来了宪法、三权分

立等具有现代理念的政治因素,但民主党派与乌莱玛的妥协,使得伊朗在20纪初期重塑政治体制的同时,再次确立了伊斯兰教什叶派在伊朗政治中不可或缺的重要地位,从而使得在伊朗未来的演变中,政治与宗教之间的关系成为其历史演变的重要线索。

——摘编自蒋真:《乌莱玛在伊朗立宪革命中的作用初探》,《史学集刊》2019年第2期

○ **导读提示**

在伊朗立宪革命初期,伊朗宗教学者阶层乌莱玛与立宪革命者结成联盟,推动革命的爆发与发展。随着革命的深入,乌莱玛与革命主义者分裂,最终转变为保皇派,走向革命的对立面。

阅读材料时,应认识到:伊朗立宪革命虽然受到西方思想影响,但也保持着伊朗宗教文化的独特性,这两种不同的文化因素体现了伊朗立宪革命的复杂性,它们共同影响着伊朗近现代历史变迁。

通过阅读该则材料,可以深刻理解:乌莱玛与立宪革命者在共同推动伊朗现代民族意识的觉醒和推动伊朗革命形势发展方面发挥了重大的作用,但由于乌莱玛阶层自身的特点和伊朗革命形势的进一步发展,乌莱玛的作用发生大转变,由立宪革命的支持者和推动者转变为反对者和阻碍者。这可以理解为20世纪初伊朗立宪革命的一大特点。

第3讲　非洲的抗争

★**学习精要**

19世纪70年代以后,帝国主义列强掀起瓜分非洲的狂潮,列强的侵略给非洲带来了空前的灾难。随着侵略的加深,资本主义大农场和近代工矿企业逐步建立,大城市渐渐兴起,这些客观上冲击着非洲古老的社会结构,将非洲卷入资本主义世界体系。

面对列强的侵略,殖民主义者同非洲人民的矛盾上升为主要矛盾,反帝反殖的斗争几乎遍及整个非洲。早在19世纪70年代初,就有阿尔及利亚反法民族大起义。80年代以后,反抗运动发展到最高潮,影响比较大的有阿散蒂、埃及、苏丹和埃塞俄比亚的反抗斗争。值得注意的是,少数国家出现了新兴资产阶级力量,并诞生了民族主义组织,他们领导了带有比较明确的民族民主要求的斗争,这些斗争是现代非洲民族民主革命的先声。

虽然这一时期非洲的大多数反抗都失败了。但是,追求民族民主的意识逐步深埋进非洲人民心中,新的阶级力量正在不断壮大,这意味着民族解放运动将以更新的面貌和力量出现在世界历史舞台上。

★学术动态

学术观点1:近代欧洲殖民侵略对非洲的政治经济影响

殖民主义的侵略使近代非洲的政治、经济社会结构发生了巨大变化。

政治上,传统土著政权被殖民政权所取代,传统的部落酋长制瓦解。

经济上,首先,土地私有的观念和行为逐步扩大,并在一些地区制度化、法律化。其次,在非洲逐步形成了殖民宗主国占有的土地制和殖民者私人占有的奴隶主种植园制、封建地主制、资本主义农场制和小农土地制。再次,单一经济制取代多种经济,同时兴起了近代化的采矿业和交通运输业及城市。

这些变化打破了非洲社会发展的正常进程,使之沿一条畸形道路发展。首先,非洲的社会发展丧失独立性;其次,破坏了非洲民族的团结,瓦解了非洲社会的内聚力;再次,阻碍了非洲生产力水平的提高,使社会经济朝着殖民经济的方向发展。

【根据李忠人:《殖民主义与近代非洲政治经济的演变——"殖民主义与非洲"研究之一》,《山西大学学报(哲学社会科学版)》1992年第4期】

学术观点2:非洲的民族解放运动是"徘徊型"的

近代非洲民族解放运动除大陆南北两端个别国家外,绝大多数地区的反殖民反帝国主义斗争长期停滞在较低的水平上。

部落酋长、封建王公领导的抵抗运动和下层人民的自发起义是近代非洲解放运动的主要内容和形式。即使到了19世纪末,非洲的个别国家(如埃及)出现了资产阶级民主运动,但也还没有突破资产阶级改良运动的局限。

非洲大部分地区的民族解放运动长期徘徊不前。因此,非洲的民族解放运动可以说是"徘徊型"的。

【根据薛源官:《试论近代亚非拉民族解放运动的几个问题》,《福建师范大学学报(哲学社会科学版)》1991年第2期】

学术观点3:1880—1914年埃塞俄比亚反抗意大利侵略战争胜利的原因

第一,埃塞俄比亚有强大的军事实力做后盾。1895年以前,埃国已拥有一支装备当时欧洲较为先进武器的军队;1895年埃意战争爆发后,埃国装备近代步枪的军队更是超过侵略军。

第二,以皇帝为核心的政治机制下,孟尼利克二世有着极大的号召力,在斗争中发挥着积极的领导作用和精神鼓舞作用。

第三,埃塞俄比亚人民笃信基督教,他们把上帝看成是国家命运主宰,这种信念大大加强了他们反抗一切欧洲蚕食和侵略的决心。

第四,孟尼利克二世充分利用帝国主义之间的矛盾,采取了"以夷制夷"的灵活外交策略。

最后一点,应该指出的是,埃塞俄比亚幸运地碰到了一个在资本主义体系中较弱的对手。

【根据管敬绪、方青:《试析1880—1914年埃塞俄比亚幸存的原因》,《史学月刊》1995年第1期】

★ 史学导读

1.埃及祖国党是如何成立并加入反英斗争的?

1849年,埃及统治者穆罕默德·阿里死后,英、法加强了对埃及的侵略活动。

1878年,埃及组成新内阁,多名英、法等欧洲人入阁,并拥有否决权,埃及人称之为"欧洲内阁"。"欧洲内阁"对埃及进行了肆意搜刮,并解除了2500名埃及军官的职务。"欧洲内阁"的反动政策激起了全国人民的强烈不满。

1879年,由陆军中校阿赫美德·阿拉比领导的埃及第一个民族主义组织"祖国党"宣告成立。参加者主要是资产阶级知识分子、爱国军官和青年学生等。祖国党提出了"埃及是埃及人的埃及"的口号,主张保卫民族独立,维护国家主权,实施宪政。1881年祖国党在议会选举中获胜。次年2月,成立了以祖国党人为主的政府,议会和政府采取了维护民族独立的政策,并通过修改宪法削弱英法的财政控制。

1882年7月,英国舰队炮击亚历山大港,悍然挑起侵埃战争。阿拉比领导军民进行英勇抵抗,宣布埃及"全民族与英国进行不可调和的战争"。

——摘自刘宗绪:《世界近代史》,北京:高等教育出版社,1986年版,第325页

○ **导读提示**

1849年后,英、法加强了对埃及的侵略活动。埃及政府被英法所操控,其反动政策激起了全国人民的强烈不满。1879年,由军官阿赫美德·阿拉比领导的埃及第一个民族主义组织"祖国党"宣告成立,主张保卫民族独立,维护国家主权,实施宪政。1881年,祖国党在议会选举中获胜,成立新政府。1882年,英国挑起侵埃战争,阿拉比领导军民进行英勇抵抗。

阅读材料时,应认识到:埃及人民的反抗是在英法侵略不断加深的背景之下进行的,埃及此次抗英斗争,借助了政党政治、议会斗争等手段,也有人民的参与,一定程度上说明埃及资产阶级的壮大,也说明埃及民族民主意识的增强。

通过阅读该则材料,可以深刻理解埃及人民是在民族危机不断加深的背景下,在资产阶级领导之下进行了反殖民斗争,这一斗争打击了帝国主义的侵略势力,促进了埃及民族独立思想的传播。

2.马赫迪起义是如何从反埃发展到反英的?

早在1820年,埃及统治者穆罕默德·阿里远征军的铁蹄就踏上了苏丹的国土。从此,这片土地便成为埃及统治者的世袭领地。自埃及入侵以来,苏丹人民的反抗从未间断过,1881年马赫迪领导的大起义就是其中之一。

1882年,英国借机侵略埃及,攻陷开罗。从此,埃及实际沦为英国的殖民地。随着英国在埃及殖民统治的建立,苏丹作为战略要地,遂成为英国进占的目标。因此,在埃及的英国人提出"必须着手解决苏丹问题",并派遣一批由英国军官指挥的远征军前往苏丹,镇压马赫迪起义。起义的斗争锋芒由此发生变化。

1884年,恩格斯称赞苏丹人民"做出了任何欧洲军队都不能做的事情""成功地抗击了英国人。"正因为马赫迪起义成功地抗击了英国殖民侵略者,才使起义具有了反殖反帝的伟大意义。

——摘自王彤:《从反埃到反英的马赫迪起义》,《世界历史》1983年第5期

○ **导读提示**

马赫迪大起义之前,苏丹长期被埃及占领,受到埃及统治者的压迫,起义之初的矛头也是埃及侵略者。随着埃及被英国占领和英国对苏丹的侵略,马赫迪起义的斗争对象转变为英国。起义斗争对象的变化,推动着起义性质的转变。

阅读材料时,应认识到:苏丹人民的反侵略斗争,由于侵略者的变化,斗争的性质

也随着变化。反英斗争带有反殖民反帝特征,是近代民族解放运动潮流的一部分。

通过阅读该则材料,可以深刻理解马赫迪起义从反埃及到反英国的基本经过,这一经过展现了苏丹人民追求民族解放的艰难历程,彰显了非洲人民不断发展的民族民主精神。

3.19世纪末20世纪初非洲民族解放有哪些斗争力量和斗争形式?

19世纪70年代到一战结束,在帝国主义瓜分非洲狂潮时期,由传统政权领导的抵抗运动仍然是反殖反帝斗争的主要形式。其中规模较大的有埃塞俄比亚的抗意卫国战争,1882—1885年阿散蒂王国进行的抗英战争。这些由统一的国家领导的反侵略战争,就其全民性、组织程度和形式以及武器装备而言,都达到了非洲近代反侵略战争的最高水平。

这一时期还出现了在宗教形式下发动的反殖运动。其中一种以伊斯兰教圣战的形式表现出来,如苏丹马赫迪起义(1881—1900年)。资产阶级民族运动也在这一时期兴起,但主要兴起于商品经济和资本主义相对比较发达的国家。如1879年,埃及成立的祖国党,领导了埃及的立宪运动和抗英战争。在北非、西非和南非,19世纪末20世纪初都出现了民族主义团体。这个时期从资产阶级知识分子中涌现了一批民族运动的新型领导者和组织者,出现了示威游行、请愿、罢工、罢课、罢市等新的斗争形式,提出了比较明确的政治纲领和斗争口号。

——摘自艾周昌、陆庭恩:《非洲通史》(近代卷),上海:华东师范大学出版社,1995年版

○ **导读提示**

19世纪末20世纪初,帝国主义掀起瓜分非洲的狂潮,殖民主义者同非洲人民的矛盾上升到主要地位,非洲人民反帝反殖的斗争几乎遍及整个非洲大陆。

阅读材料时,应认识到:民族解放斗争的新力量和新形式,非洲反帝反殖的民族解放斗争正从自发的旧式斗争走向新的有比较明确的民族民主要求的自觉斗争。这体现了非洲部分地区商品经济和资本主义的发展,资产阶级力量的壮大,现代民族民主意识的增强。

通过阅读该则材料,可以深刻理解19世纪末20世纪初非洲民族解放斗争的力量和形式总的来说有三类:一是由传统政权领导的抵抗运动,这仍然是反殖反帝斗争的主要形式;二是在宗教形式下发动的反殖运动,本质上是下层人民群众的起义;三是资

产阶级知识分子领导的民族民主运动,这是民族解放斗争的新力量和新形式。

★ 荐读书目

李春辉:《拉丁美洲史稿》(下册),北京:商务印书馆,1993年版

李明德:《简明拉丁美洲百科全书》,北京:中国社会科学出版社,2001年版

徐海山:《亚洲历史》,北京:线装书局,2006年版

林承节:《殖民统治时期的印度史》,北京:北京大学出版社,2004年版

艾周昌、陆庭恩:《非洲通史》(近代卷),上海:华东师范大学出版社,1995年版

刘宗绪:《世界近代史》,北京:高等教育出版社,2011年版

第七单元 世界大战、十月革命与国际秩序的演变

【单元学习精要】

一是了解20世纪上半叶发生的改变世界格局与国际秩序的两次世界大战。19世纪中后期，随着第二次工业革命和垄断组织的产生，欧美主要资本主义国家发展到帝国主义阶段，它们竞相奉行殖民扩张、建立庞大帝国的帝国主义政策。为了重新瓜分殖民地、争夺世界霸权，列强之间矛盾尖锐，逐渐形成了"三国同盟"和"三国协约"两大对立的军事集团。1914年8月，第一次世界大战爆发；1918年11月，战争以协约国的胜利告终。战争结束后，战胜国瓜分了战败国的所有海外殖民地，并对它们实行严厉的政治、经济、军事制裁，建立起受英、法控制的国际联盟，世界形成了英、法、美主导的"凡尔赛—华盛顿体系"，这是第一次世界大战后由战胜国建立的国际秩序。

二是了解在两次世界大战期间社会主义国家苏联的兴起与发展。在第一次世界大战期间，沙皇俄国社会危机严重，人民要求和平、土地、面包的呼声高涨。列宁领导的布尔什维克党审时度势，及时发动了十月革命并取得成功，建立起世界上第一个社会主义国家，将社会主义从理想变为现实，打破了资本主义一统天下的局面。在列宁和斯大林的领导下，苏维埃俄国及苏联进行了社会主义建设的探索和实践，取得重大成就。20世纪30年代，苏联的军事工业和重工业迅速发展，工业产值超越德、英、法等国，跃居世界第二位，为第二次世界大战的胜利和战后国际地位的提升奠定了基础。

三是了解两次世界大战之间亚非拉民族民主运动，理解这些运动对国际秩序演变的重要影响。第一次世界大战为亚非拉殖民地半殖民地地区的民族民主运动创造了条件。这些地区的民族资本主义有了较大发展，民族资产阶级和无产阶级的力量逐渐

壮大。在战争结束后，亚非拉地区掀起了民族民主运动的新高潮。在这一时期，不同地区的民族民主运动呈现出不同的特点，虽然它们大多未能取得最终胜利，但沉重打击了帝国主义和殖民主义，对第二次世界大战后的国际秩序产生了重要影响。

【根据徐蓝、朱汉国：《普通高中历史课程标准(2017年版)解读》，北京：高等教育出版社，2018年版，第111~113页】

第14课　第一次世界大战与战后国际秩序

第1讲　资本主义国家政治经济发展不平衡

★学习精要

第一次世界大战,是在19世纪末至20世纪初主要资本主义国家向帝国主义过渡,为重新瓜分世界和争夺世界霸权而爆发的一场世界性战争。这场惨烈的战争,是大国博弈之殇,是多种因素共同作用的结果。

第一,主要资本主义国家政治经济发展不平衡,这是第一次世界大战爆发的根源。在第二次工业革命的推动下,资本主义世界市场最终形成,世界各国间的联系更加紧密,但由于政治经济发展的不均衡,各主要资本主义国家在帝国主义过渡进程中产生了极大差异。19世纪后期,实力突飞猛进已追英、法的后起之秀德国、美国,渴望着与世界一流实力相称的世界强国地位,而此时世界殖民地和势力范围已瓜分待毕,这使美德十分不甘,于是要求重新划分殖民地和势力范围,但遭到英法等国的不满和强烈反对。出于自身利益的考虑,欧洲各大国间相互拉拢、相互排斥,力量不断分化组合,进而激化矛盾、引发战争。

第二,在俾斯麦的推动下,1879年德奥首先缔结条约,后趁机拉拢意大利,1882年三国同盟正式建立。面对三国同盟,受到严重威胁的法俄积极寻求合作以维护和扩大自己的利益,促成三国协约的建立。帝国主义两大军事集团的形成,为第一次世界大战的爆发准备了条件。

第三,极端泛滥的民族主义情绪,也使第一次世界大战蓄势待发,因为它把本民族利益置于其他民族利益之上,不惜牺牲其他民族利益;极端民族情绪,把狂热的青年人推向战争,制造了使本来就充满火药味的欧洲"火药桶"爆炸的萨拉热窝事件,第一次世界大战一触即发。

★学术动态

学术观点1：民族主义是引发第一次世界大战的关键因素

第一次世界大战是由民族主义激情和对抗所导致并维系的一场国家间的冲突，有证据表明民族主义是引发这场全球浩劫的关键因素。

在第一次世界大战爆发前，民族特征常常表现为民众对欧洲列强间所发生的周期性危机的回应，而政治家们正以此来争取本国民众对战争的支持。同时，种族又总是与民族主义结合在一起，绝大多数欧洲人认为已经被他们间接或直接统治的民族是低等种族。随着欧洲强国的海外殖民地被卷入战争，一场真正的全球大战随即展开。

民族主义导致政治家远离谈判，是战士继续作战的主要动力。正是种族主义意识形态和充满偏见的制度框架酿成了这场遍及欧亚的战争。

【根据[美]迈克尔·艾达斯、王申蛟：《种族主义与第一次世界大战》，《史学集刊》2016年第3期】

学术观点2：巴尔干地区成为欧洲"火药桶"并非偶然

巴尔干局势的变动对整个欧洲局势起到牵一发而动全身的作用，巴尔干地区汇集了各方矛盾，成为冲突的多发地带。

巴尔干半岛位于亚洲、欧洲和非洲三大洲的交界地带，是沟通三大洲的交通要冲，战略位置十分重要。其险要的地势、丰富的资源和特殊的战略位置，极大地吸引了大国眼球和引发列强的介入；巴尔干地区民族众多，不同的民族文化、宗教信仰和生活习惯导致巴尔干地区各民族之间摩擦不断；长期以来，巴尔干各族受土耳其的统治和奴役，特别是由于帝国主义的侵略和干涉，成了各种矛盾的集合点……主要矛盾是帝国主义之间的矛盾。

因此，巴尔干地区成为欧洲"火药桶"并非出于偶然，而是内部因素和外部因素共同作用的结果。

【根据代丽华：《19世纪末20世纪初的巴尔干地区形势——分析第一次世界大战的起源》，《科技信息（科学教研）》2008年第11期】

★ 史学导读

1.1914年横跨欧洲的大战的爆发的原因是什么？

在19世纪中叶的欧洲，重大的政治问题都是依靠武力加以解决的。……在1914年以前的那几年里，战争迟早要爆发的想法，可能使得一些国家里的某些政治家更决心去发动战争。不管怎样，民众对未来战争的预期，连同大规模的常备军，促成了这场1914年爆发的横跨欧洲的大战。不过，这场大战的出现也有其他的原因，包括国际同盟的连锁体系，德国想在世界事务中发挥更大作用的预期（这对英国早先形成的优势地位构成挑战，在法国则引起民族主义忧虑）以及在巴尔干半岛正如火如荼的种种冲突。

——摘自[美]R.R.帕尔默等：《现代世界史：1870年起》，何兆武，等译，北京：世界图书出版公司，2009年版，第567~568页

○ **导读提示**

上述的材料反映了欧洲有以武力解决重大政治问题的传统，也能体现大规模军备竞赛及民众预期对战争的促进作用。此外，同盟连锁体系与一些国家和地区的特殊地位对战争的爆发也产生重大影响。

阅读材料时，应认识到：第一次世界大战的爆发是多种因素共同作用的结果。这里不仅有武力解决冲突的传统和疯狂的军备竞赛；更有民众与政治家的狂热、帝国主义同盟体系的形成和地区冲突等。

通过阅读材料，可以深刻理解欧洲历史上战争频发是因为民族主义情绪的积累，政治家解决问题的惯性思维以及个别势力的推波助澜等；而深层分析材料还能窥见第二次世界大战爆发的部分端倪。

2.科学主义对第一次世界大战产生了怎样的影响？

19世纪后半期以后，科技不仅给人类提供了越来越多的生产手段，也为当时的交战各方都提供了杀伤力极大的新式先进武器，而且在这种极端的技术狂热中，交战各国的战术战略也变得极其嚣张。科学主义在第一次世界大战中的宗教性替代作用，加强了对人的心理、意识上的操纵控制，使人们彻底屈从于整体社会的需要，造就了一战爆发时所需的空前的"广泛性"和"全民性"。

——摘自余忠剑：《科学主义与第一次世界大战的爆发》，《理论月刊》2013年第7期

○ 导读提示

从材料中可知科技不仅为人类提供了生产性手段,同时也提供了杀伤力极大的新式武器,而且使战术战略变得极其嚣张,也加强了对人们心理、意识上的控制,直接影响了战争的进程和规模。

阅读材料时,应认识到:科学技术用于制造武器,不仅扩大战争规模,使战争变得残酷,更给人类带来巨大灾难;科技既使交战国调整战术,又鼓动人民战争情绪,加速了战争的进程。

通过学习,可以深刻理解科学技术是一把双刃剑,在带给人们便利的同时也会产生一些负面影响。学习中应清醒地认识科技对第一次世界的进程与规模产生重大影响,资本主义国家政治经济发展不平衡,才是其根源所在。

第2讲　第一次世界大战

★学习精要

列强的争夺和民族矛盾的加剧,点燃了欧洲"火药桶"——萨拉热窝事件成为第一次世界大战的导火线。在德国的支持下,奥匈帝国于1914年7月28日向塞尔维亚宣战,随后英法等国相继加入,第一次世界大战爆发。

随着参战国的不断增加,欧洲成为第一次世界大战的主战场,并形成了英法比与德国对抗的西线,俄国同德奥对抗的东线以及塞尔维亚与奥匈帝国对峙的南线,其中西线和东线是主要战线,而西线是决定性战场。

战争初期,德军根据战前计划,率先在西线向法国发动进攻,企图速战速决。但马恩河战役宣告德军速决战的计划破产,双方转入长期对峙的阵地战。1916年,被看作是决定性的一年,交战双方的争夺更加激烈,战斗空前惨烈:造成70多万人员伤亡的凡尔登战役,被称为"凡尔登绞肉机";新式武器坦克首次亮相,也让索姆河战役成为第一次世界大战中规模最大的战役,亦有"索姆河地狱"之称;而日德兰海战使英国牢牢控制着制海权,战略主动权转移到协约国一方。1917年,随着美、中等国相继投入战争,俄国因"二月革命"而退出,战争形势发生了巨大变化。

在战争最后阶段的1918年,同盟国集团开始瓦解,军事失利引发政治危机,内外交困的德国最终被迫接受苛刻条件、签署停战协定,第一次世界大战以同盟国的失败宣告结束。

★学术动态

学术观点1：凡尔登战役是第一次世界大战的转折点

1916年爆发的凡尔登战役，不仅是第一次世界大战的转折点，也是德意志帝国走向失败的起点。

凡尔登战役中，德法双方投入了近200万兵力，伤亡人数达100多万，使得此次战役被称为"凡尔登绞肉机"。此次战役，德国企图一举击败法国的战略目标遭受挫折，损失了巨大的人力和物力，又无法及时弥补。它标志着德国军事进攻的能力已从顶峰跌落，战争的主动权逐渐转到协约国手里。

法军反攻开始以后，逐次收复了凡尔登以东的大片土地，到1917年，德、奥阵营日益衰败，最终在1918年战败投降，第一次世界大战随即宣告结束。

事实证明了，凡尔登战役是第一次世界大战的转折点，它改变了第一次世界大战的走向。

【根据阿瑟：《改变一战走向的凡尔登战役》，《党课》2016年第16期】

学术观点2：战争的进程完全走向大国决策者的愿望和主观意志的反面

一战期间，英国首相承认"所有的欧洲国家都滑过沸腾的大锅的边缘而掉进了战争之中"，但大战的发展轨迹完全超出了各国政治家和军事家的预料。

大战爆发之初，各国的文官政府考虑的是如何及时应战，以避免削弱自己，坐大对手；军方则仍然设想通过一场拿破仑式的战争或普法战争等方式的战争，即靠一、两次大的战役便见分晓。然而由于时代的不同，他们抱着短期取胜的侥幸心理，却形成了长期阵地战的僵局；他们本以为是单纯的军事较量，却变成了倾注全部国力的长期消耗的总体战，从而动摇了欧洲文明的整个基础，为一个新世界的出现带来了曙光。

尽管第一次世界大战被称为'结束一切战争的战争'，成为欧洲和世界历史的转折点，但它的发展轨迹却与各国政治家与军事家的预料大相径庭甚至完全背离。

【根据徐蓝：《国际史视野下的第一次世界大战研究》，《光明日报（理论周刊·世界史）》2014年7月9日】

学术观点3：参加一战促使中国外交近代化起步

由于中国参战并以战胜国的身份参加巴黎和会，近代以来一直被排斥在国际社会之外、越来越被边缘化的局面开始改变。

就国际关系而言,列强之间的竞争和矛盾,为一些殖民地半殖民地国家运用国际法和国际条约开展外交提供了外部条件。就中国而言,一方面民国建立后,政治多元化,言路大开,各种政治力量、普通民众和社会团体积极参与外交事务,成为政府外交的推动和后盾。另一方面是一批接受过西方教育的新式职业外交官开始崭露头角,他们具有丰富的国际政治和外交知识,具有比较强烈的民族和民主意识,勇于并善于与西方列强打交道。崛起于巴黎和会和华盛顿会议的他们,不仅为国家收回若干利权,也促成了中国外交的进步。

因此,参加一战为中国外交一大转机,其深远影响是使中国开始逐渐融入国际社会,也使中国外交近代化由此起步。

【根据杨雨青:《中国参加"一战"问题之探究》,《学术界》2018年第9期】

★ 史学导读

1.第一次世界大战中美国奉行"中立"政策的原因是什么?

第一次世界大战发生的消息传到美国后,在美国人民中产生了极大的反响。人民普遍的反应是"我们要和平"。有些报刊指出:我们从来没有像今天这样对我们的先辈从欧洲移居此地的先见之明充满自心底的感激。在人民看来,这只是一场"欧洲人的战争",美国没有理由卷进去。美国1913年发生的经济危机已经使生活水平受到了一定的影响,现在政府应当迅速恢复经济,发展生产,提高生活水平,而不应将美国和人民拖入战争。

——摘自李娟:《浅析第一次世界大战中美国奉行"中立"政策的原因》,《天津职业院校联合学报》1999年第1期

○ 导读提示

材料反映的直接信息有:美国人民对第一次世界大战反应是"要和平",反映了对战争的厌恶;经济危机影响了美国人民的生活,政府应调整相关政策;美国人民认为"一战"是一场"欧洲人的战争"。

阅读材料时,应认识到:美国奉行"中立"政策是多方面考虑的,一是美国广大民众要和平,反对战争;二是深受美国传统政策的影响不愿插手欧洲的事务;三是地处美洲远离欧洲战场;四是美国政府忙于应对经济危机而无暇顾及。

通过对材料解读,可以深刻理解美国奉行"中立"政策的深刻根源在于国家利益,而国家利益深刻影响着国家的外交政策;后期由于保持中立的利益线被突破,于是只能通过参战去获取中立国不能获取的利益了。

2.20世纪初期中国海外劳工产生了怎样的历史影响?

1915年,中国拟派遣劳工,以代替士兵参加欧战。这既是权宜之计,也是出于战略考虑。同年夏天,法国政府意识到它的人力资源可能很快就将耗尽,因此立刻接受中国提议,于1915年底开始招募华工。1916年,丘吉尔指出英国应该雇佣华工,他说:"我在'中国人'这个词面前是不会退缩的,现在是我们最不应该顾及人们偏见的时候"。欧战期间,14万名华工前往欧洲。通过检视华工的工作和经历,我们可能对东西文明间的差异和融合取得新认识。1919年9月,从法国归来的华工在上海组织他们自己的工会,定期开会。华工奔赴欧洲为大战所作出的牺牲,帮助中国在战后和平会议取得一席之地。

——摘自徐国琦:《第一次世界大战与中国之大转变》,载《一战与中国:一战百年会议论文集》,北京:东方出版社,2015年版

○ **导读提示**

从材料中可以看出:通过华工,欧洲对东西文明间的差异有了新的认识;战后回国的华工成立了自己的组织;华工的奉献与牺牲对中国在战后和平会议取得一席之地发挥了重要的作用。

阅读材料时,应了解到:中国华工的作用与其辛苦付出是分不开的,不仅促进西方观念的转变,有利于不同文明的交流与融合;也通过他们的贡献使中国在"在战后和平会议取得一席之地",提高了中国的国际地位;而工会的成立在维护自身权益方面也发挥着重要作用。

通过分析材料,可以清楚知道中国海外劳工在20世纪初所发挥的重要影响;还应从中国华工在第一次世界大战中做出的牺牲,认识到中国为世界和平所做的努力,增强维护和世界平的意识。

3.推动了第一次世界大战的结束的因素有哪些?

1918年,欧洲各民族已经进入了历史上最具毁灭性、最残酷的战争的第四个年头。人们尽管做出种种牺牲,但还是看不到战争的尽头。厌战和失败主义情绪不仅在战壕

中出现,而且也在两大阵营的平民百姓当中出现。其中一个最惊人的表现是:1917年7月19日,德国国会以212票对126票通过了《和平决议》。同样在英国,前外交大臣写了一封公开信,预言若不采取某种方法结束冲突,西方文明将崩溃。美国参战和俄国革命还引进了一种立即产生世界性影响的新的思想意识。威尔逊的《十四点和平纲领》和列宁的革命口号就其影响而言是具有普遍意义的。第一次世界大战标志着曾在19世纪十分完全、十分反常地支配全球的欧洲的结束。到大战结束时,欧洲的控制已明显削弱,而且正在各地受到挑战。

——摘自[美]斯塔夫里阿诺斯:《全球通史:从史前史到21世纪》,吴象婴,等译,北京:北京大学出版社,2012年版,第652~653页

○ **导读提示**

材料反映了厌战和失败主义情绪在两大阵营中出现;《和平决议》的通过以及英国外交大臣的做法有利于缓解当时的紧张局势;美国参战和俄国革命引进的新思想意识对战争的结束同样具有普遍而深远的影响。

阅读材料时,应认识到:做出巨大牺牲的民众渴望和平,厌恶战争;出于国家利益和文明的考虑,政府和政治家的努力对于战争结束也起到了促进的作用;美国参战和俄国革命改变了战局,加速了一战的结束。

通过对材料的解读与分析,可以清晰地认识到第一次世界大战的结束与政府的政策和民众的态度密切相关。

第3讲 凡尔赛—华盛顿体系

★ **学习精要**

经过四年的厮杀,第一次世界大战最终在1918年尘埃落定。帝国主义国家先后召开了巴黎和会与华盛顿会议,激烈争吵之后,根据国家实力的变化在全球范围内建立了列强重新瓜分世界、维护战胜国利益、维持战后和平的国际关系新秩序,即凡尔赛—华盛顿体系。

首先,由英法美操纵的巴黎和会在凡尔赛宫召开,列强为了实现各自目的尔虞我诈、钩心斗角,矛盾重重。几经讨价还价,最终在1919年6月28日签署了《协约及参战各国对德和约》,即《凡尔赛条约》。该条约连同随后协约国同其他战败国相继签订的

一系列条约,共同构成了凡尔赛体系。列强通过这一体系终于建立了在欧洲、非洲和西亚的国际关系新秩序,但体系中存在的不可调和的矛盾,决定了从产生那一刻就必然会受到冲击和挑战。

由于凡尔赛体系只解决了欧洲、非洲和西亚战后秩序的问题,并没有解决列强在东亚和太平洋区的矛盾,所以1921年,美、英、日等帝国主义国家又在华盛顿召开了会议。华盛顿会议是巴黎和会的继续与发展,是承认美国在亚太地区优势的基础上,是在中国民族解放运动蓬勃发展的形势下,通过签订一系列条约修改和补充了凡尔赛条约中的不足,解决了巴黎和会上没有解决的一些问题,建立了对国际关系进行调整和对国际秩序重新安排的华盛顿体系。该体系也只是暂时调解了列强的矛盾,所以它所维护的和平也只能是短暂的。

凡尔赛—华盛顿体系并没有也不可能解决当时帝国主义国家间的冲突,加之本身矛盾重重且不断激化,为第二次世界大战的爆发埋下了隐患。尽管如此,该体系在暂时缓和了帝国主义国家间矛盾和维持战后短暂和平方面还是发挥了一定的积极作用。

★学术动态

学术观点1:凡尔赛体系不可能维护一战后的世界和平

列宁曾说:"靠凡尔赛和约来维持的整个国际体系、国际秩序是建立在火山口上的。"

第一次世界大战后,依凭战胜国新的力量对比精心设计的凡尔赛体系从诞生之日起,就面临着种种危机,存在着内生性的缺陷和无法消弭的张力。美苏两侧翼大国被排斥在该体系之外;对德国的苛刻惩罚一方面埋下了复仇心理,另一方面也增强了德国的地缘战略优势;少数民族问题和委任统治,引起体系内主导力量的边际效应;赔款、安全等问题引发利益分配不均导致体系内大国之间的罅隙。

正是由于凡尔赛体系相互交织的结构性缺陷,最终导致它未能维护一战后的世界和平。

【根据刘波:《凡尔赛体系未能维护一战后世界和平的原因探析》,《国际关系学院学报》2007年第6期】

学术观点2：凡尔赛—华盛顿体系的内在矛盾是新大战爆发的重要原因

凡尔赛—华盛顿体系是第一次世界大战后建立的世界性的"和平"体系，但其帝国主义掠夺性质又使它具有多种不可调和的矛盾，从而成为潜伏着战争危险的体系。

凡尔赛—华盛顿体系是第一次世界大战后帝国主义列强重新瓜分世界、推行霸权主义和强权政治的产物。各战胜国在缔结和约时一味地追求一己之私利，并没有改变世界的基本格局，最后反而因分赃不均激化了彼此间的矛盾，当新的大战爆发时各怀鬼胎，钩心斗角，致使第二次世界大战的战火越烧越旺。

因此，凡尔赛—华盛顿体系本身的争夺性与称霸性是第二次世界大战爆发的重要原因。

【根据赖凡：《从凡尔赛—华盛顿体系的内在矛盾看二战起源》，《长江师范学院学报》2008年第6期】

学术观点3：二战爆发标志着以国际联盟为代表的国际秩序破产

国际联盟是在一场帝国主义战争之后，为了维护战胜国的既得利益和它们所建立的"国际新秩序"，这在本质上带来了国际联盟与生俱来的缺陷和弱点。

由于《国际联盟盟约》在保持和平、维护集体安全、制止战争等决策机制方面存在巨大漏洞和严重问题；国际联盟权力极为有限；大国强权政治盛行，这一切使战胜国通过国际联盟所建立的战后国际秩序残缺不全，在保卫世界和平方面没有做出应有的贡献，反而在客观上助长了侵略。

所以，第一次世界大战后，战胜国通过国际联盟所建立的战后国际秩序是残缺不全的，这个国际秩序无法完成维护战后世界和平的宗旨与任务。第二次世界大战的爆发标志着一战后建立的国际秩序的彻底破产，国际联盟也名存实亡。

【根据徐蓝：《国际联盟与第一次世界大战后的国际秩序》，《中国社会科学》2015年第7期】

★ 史学导读

1.一战后美国关于国际秩序的主张是什么？

20世纪20年代，美国外交主要决策者认为，在国际关系中可以把法律问题与政治问题分开，并倡议召开国际会议以推动国际关系的法治化；他们认为一战的根源在于欧洲大国对原料和市场的争夺,而如果在一个有序的国际关系框架内可以分享原料和市场,实现繁荣避免战争;而实现经济繁荣的途径是把美国门户开放原则国际化,促进主要工业国在获取原料和开发欠发达地区等方面实现合作;至于裁军有助于世界的安全与稳定,因为军备竞赛不仅加剧了国家间的安全困境,也损害了各国经济和世界贸易,增加各国的财政负担,不利于经济繁荣,从而削弱和平的基础;可是欧洲经济的长期萧条可能会影响美欧之间贸易,拖累美国经济,并带来欧洲各国严重的社会动荡,因此促进欧洲的经济重建和政治稳定也就成为其对欧政策的核心目标。

——摘自王立新:《超越凡尔赛:美国共和党政府的国际秩序思想及其对欧洲稳定与安全的追求(1921—1929)》,《世界历史》2015年第1期

○ 导读提示

从材料中可以看出:美国倡导通过会议推动国际关系发展,并在一个有序框架内实现资源共享、避免战争;要实现经济繁荣就要把美国门户开放原则国际化,促进地区合作;而军备竞赛有损于世界贸易与地区稳定,进而影响了和平与发展,于是调整政策核心为欧洲政治经济的重建。

阅读材料时,应认识到:推动国际关系法治化;实现"门户开放"国际化,加强合作;实行裁军,重建欧洲政治经济秩序、稳定局势是战后美国对国际和欧洲秩序的主要设想和目标。

通过这则材料,可以深刻地认识美国在一战后对国际秩序的主张,我们既要看到它对新国际秩序形成的借鉴意义,也要看到它有利于美国扩张的本质。

2.如何评价国际联盟?

在避免未来的毁灭性冲突的过程中,巴黎的外交官们制造了国际联盟。这联盟是第一个永久性的国际安全组织,它的主要任务就是维持世界的和平。应美国总统伍德罗·威尔逊的要求,联盟盟约成为巴黎和平条约的一个组成部分,每一个签约国不得不接受这一世界组织。最初,这一联盟看起来是一个新时代的象征:44个创始国中有26个欧洲以外的国家,这意味着它凌驾于欧洲利益之上。

这一联盟的两个缺点使得它是无效的。首先,建立这个联盟的目的是通过仲裁解决国际争端,但是它没有实施决定的权力。其次,作为保卫全球和平的工具,它依赖于联合安全。联合安全的基本预设是这样一种概念,即任何一国对另一国的侵略都被认为是对其他国家的侵略,其他国家必须援助这一被侵略的国家,可以以不同

方式制止侵略，如外交压力、经济制裁，以及最终采取武力。然而，联合安全的基本前提——所有大国参加——却一直没有实现，原因是有一些大国不属于这个联盟。美国由于拒绝接受这一组织的观点而一直没有加入。德国认为国联是战胜国的俱乐部，日本将它看作是帝国主义的工具，因而与其他一些小国在1933年离开了联盟。由于侵略埃塞俄比亚而遭受国际联盟的惩罚，意大利于1937年退出。苏联将这一联盟看作是全球资本主义的工具，于1934年加入这一联盟，却在1940年（编者注：应为1939年）被驱逐了出去。尽管由于这一联盟在30年代无力阻止侵略而导致它在1940年的终结（1946年国联正式宣布解散），但是这个联盟建立了永久国际组织的模式，为后来的联合国做了示范。

——摘自[美]杰里·本特利、[美]赫伯特·齐格勒：《新全球史》，魏凤莲，译，北京：北京大学出版社，2007年版，第1026~1027页

○ **导读提示**

上述材料反映了，国际联盟（简称"国联"）是为了维护第一次世界大战后的国际秩序而建立，其"保卫和平"与"集体安全"的原则，客观上有利于世界局势稳定；国联建立的"永久国际组织的模式"，为联合国的成立提供了宝贵的经验。但是作为维护凡尔赛体系的工具，它不可避免地存在着致命的缺陷。

阅读材料时，应认识到国联在一定时期内和对联合国建立曾发挥过积极作用，在并未真正维护世界和平。一是国联实权为英法所操纵，成为维持霸权的工具。二是美国拒绝加入、苏联被开除、德国和日本的离开以及意大利的退出，使国联名存实亡。国联作为一个世界范围的国际政治组织，缺乏应有的掌控性、广泛性与普遍性，也不能真正代表各国爱好和平人民的利益，最终被迫解散。

通过这则材料，可以清楚认识到：国联作为战胜国分赃妥协的产物，它不仅未能调和矛盾反而导致新的矛盾出现，国际新秩序从一开始就潜伏着危机。面对德意日法西斯的肆虐，英法主导的国联无法对其实施有效的制裁和惩戒，反而采取绥靖政策，"二战"爆发。

3.凡尔赛—华盛顿体系解体的原因是什么？

凡尔赛—华盛顿体系是第一次世界大战结束后，帝国主义战胜国根据战后新的力量对比，经过斗争和妥协，建立的战后国际关系新体系。但分赃不均导致的帝国主义国家内部矛盾重重；美国愤然拒绝批准《凡尔赛和约》；苏联独处于体系之外；本应维护

这一体系的英法两国却没有发挥应有的作用(法国在强硬外交失败后,追随英国的外交政策;而英国却扶持和纵容德国),也都严重损害这一体系。而这一体系自建立起就存在的诸多弊端,更使这一体系脆弱不堪;加之1929—1933年的资本主义世界经济危机的重创;十月革命后,被压迫民族的独立和解放运动的蓬勃发展以及资本主义国家政治经济发展的不平衡等因素,最终它仅仅维持20年的相对和平就迅速解体了。

——摘自万楚蛟、高英彤:《凡尔赛—华盛顿体系的脆弱性:从体系建制角度分析其弊端》,《白城师范学院学报》2005年第4期

○ 导读提示

材料反映的信息主要有:分赃不均导致帝国主义间矛盾重重;美苏的缺席和自身弊端使体系脆弱不堪,影响大大削弱;经济危机和民族解放运也给凡尔赛—华盛顿体系以重创;各国政治经济发展的差异加速了该体系的瓦解。

阅读材料时,应认识到:在内外因素的共同作用下,凡尔赛—华盛顿体系历经短短20年就退出历史舞台。总结原因主要有三:其一,复杂的内部矛盾和严重的结构缺陷;其二,大国作用有限,削弱了其影响;其三,经济危机和民族解放运动加剧了体系的动荡。

通过对材料的分析,应深刻地认识到凡尔赛—华盛顿体系虽然在一定程度上缓和了国际紧张局势,但分赃、掠夺的本质注定了它必然快速崩溃的命运。当然这也促使人们反思,去为构建公正合理的国际新秩序而努力。

★ 荐读书目

[美]汉森·W.鲍德温:《第一次世界大战史纲》,陈月娥,译,北京:军事科学出版社,1991年版

[美]斯塔夫里阿诺斯:《全球通史:从史前史到21世纪》,吴象婴,等译,北京:北京大学出版社,2005年版

[美]R.R.帕尔默等:《现代世界史:1870年起》,何兆武,等译,北京:世界图书出版公司,2009年版

吴于廑、齐世荣:《世界史·现代编》(上册),北京:高等教育出版社,2004年版

[法]马克思·加罗:《欧洲的陨落:第一次世界大战简史》,闫文昌,等译,北京:民主与建设出版社,2017年版

高明振：《从分散到整体的世界史》（现代卷），长沙：湖南出版社，1990年版

［英］温斯顿·丘吉尔：《丘吉尔第一次世界大战回忆录》，吴良健，译，北京：北京时代华文书局，2017年版

［英］A.J.P.泰勒：《争夺欧洲霸权的斗争（1848—1918年）》，沈苏儒，译，北京：商务印书馆，1987年版

第15课　十月革命的胜利与苏联的社会主义实践

第1讲　列宁主义

★学习精要

列宁主义是帝国主义和无产阶级革命时代的马克思主义,是伟大革命导师列宁在领导俄国革命的实践中,把马克思主义和新时代无产阶级革命运动相结合的结果,形成的标志是1903年俄国社会民主工党第二次全国代表大会的召开。

列宁主义诞生的历史条件主要有:第一,第二次工业革命在世界范围的全面拓展。第二次工业革命使无产阶级世界革命在整体上具备了成熟的经济条件,使资本主义的政治、经济发展不平衡特征突出起来,从而为社会主义革命的成功提供了广阔的空间。第二,无产阶级革命作为直接实践的迫切问题提上了议事日程。在资本主义进入了帝国主义阶段后,各种矛盾日益尖锐化,而帝国主义疯狂的扩军备战使无产阶级革命提上了议事日程。第三,俄国成为帝国主义矛盾的集合点。俄国经济、政治的独特性和复杂性及其特殊的地理位置,使它成为帝国主义各种矛盾的集合点。

列宁主义是对马克思主义的继承、丰富和发展,继承和发展了马克思主义的无产阶级政党理论、马克思主义的民族殖民地理论和马克思主义的国家学说。

列宁还创造性地提出了全新的理论,主要包括:第一,创立了科学、系统的帝国主义理论。列宁阐明了帝国主义的垄断实质和根本特征,剖析了帝国主义的五大经济特征和基本矛盾。第二,创立了"一国胜利"的社会主义革命理论。列宁认为社会主义将首先在一个或几个国家中获得胜利,而其余的国家在一段时期内将仍然是资产阶级的或者资产阶级以前的国家。第三,提出了落后国家建设社会主义的理论构想。列宁提出了新经济政策理论以及落后国家建设社会主义的系统思想。

★ 学术动态

学术观点1：俄国工业对外资依赖程度高

1861年农奴制改革前就有大量外资涌入俄国，外资主要投入纺织部门。1877年，俄国政府规定进出口货物以黄金结算，关税提高近40%~50%，国外投资者对俄工业直接投资的兴趣倍增。1900年，俄国（重工业部门）50%的股份资本由外国人掌控。1900年，外资在采矿、机器制造和金属加工、化学工业、冶金工业中的具有绝对的优势。

一战前外资投入量增加。1914年，俄国52%的银行资本由7家外国银行子公司掌控，1916年俄国外资总投入量增加到22.5亿卢布，约占工业投资总额的三分之一。外国资本垄断南俄70%的冶金业、高加索地区60%的石油开采量和90%的电力企业。

【根据邓沛勇：《19世纪下半叶至20世纪俄国工业发展特征》，《俄罗斯研究》2017年第6期】

学术观点2：俄国早期工人运动深刻地影响了俄国社会发展

俄国工人在无数次的实践和思考中，逐渐认识到工人运动不仅是为了反对工人自身的被剥削而斗争，也是为了建立一个使对利润的追求真正服从于对所有民众的生计有所保障的新的制度而斗争。也正是看到工人阶级的力量，以列宁为代表的社会民主工党将政治宣传和政治领导视为面向工人的最重要任务。

1895—1904年的俄国早期工人运动是俄国工人逐渐走向联合、不断开展斗争并越来越全面而深刻地影响俄国社会的历史过程，俄国工人在其中开始经历由俄国现代化客体向主体的转变，他们不断地改变着俄国的经济进程和政治格局，也改变着自身的客观环境和主观认识，这些改变都推动着俄国社会走向现代化的深层次和新阶段。

【根据丁禹男：《俄国早期工人运动研究（1895—1904）》，长春：吉林大学博士学位论文，2018年】

★ 史学导读

俄国无产阶级肩负的革命任务是什么？

1861年，废除农奴制以后，资本主义经济得到迅速发展。20世纪初，俄国变成一个军事的封建的帝国主义国家，社会矛盾特别突出和尖锐。工人运动随无产阶级觉醒而迅速兴起。无产阶级与资产阶级之间，农民群众与封建地主阶级之间、资本主义与农奴制残余之间,人民大众与沙皇专制制度之间,各民族之间,特别是俄罗斯民族与非俄罗斯民族之间,俄国人民与西方帝国主义之间,矛盾重重,盘根错节。俄国成为帝国主义时代各种矛盾的集中点。

激烈尖锐的矛盾催动着革命的社会力量的成熟和革命运动的发展,声势浩大的工人运动与迫切要求消灭农奴制残余的农民运动,工人协会陆续成立,各种力量相互呼应,汇聚成用革命手段解决错综复杂矛盾的强大动力,俄国成了比其他任何一个国家都更加革命的国度。世界革命的中心由德国转移到了俄国。俄国有了革命深厚的阶级基础和实践基础。摧毁俄国这个不仅是欧洲的同时也是亚洲的反动势力的最强大的堡垒,成为俄国无产阶级肩负的直接革命任务。

——摘自梅荣政:《列宁主义及其划时代意义》,《马克思主义理论学科研究》2020年第1期

○ **导读提示**

根据材料可知,在俄国成为帝国主义的同时,也成为帝国主义时代各种矛盾的集中点,而随着革命的社会力量的成熟和革命运动的发展,俄国无产阶级承担了摧毁俄国的历史使命。

阅读材料时,应认识到:19世纪末20世纪初,俄国在第二次工业革命的影响下,迅速地进入帝国主义阶段,各种矛盾交织在一起,成为"帝国主义链条中最薄弱的一环";俄国无产阶级,在革命运动中不断发展和成熟。

通过阅读该则材料,可以深刻理解当时俄国各种矛盾交织,沙皇专制统治面临巨大的挑战,而俄国无产阶级在长期的革命中,力量不断壮大和成熟,具有了成为国际革命无产阶级先锋队的条件。

第2讲 俄国社会主义革命

★ **学习精要**

1917年11月7日(俄历10月),俄国在以列宁为代表的布尔什维克的领导下发动了十月革命,推翻了资产阶级临时政府的统治,从而在世界上建立了第一个社会主义国家。

十月革命是俄国历史上最深刻的一次社会革命,革命的胜利使俄国发生了翻天覆

地的变化,无产阶级建立了自己的政权,劳动人民开始实现"当家作主"的美好愿望。十月革命建立了人类历史上第一个无产阶级领导的国家,打破了资本主义一统天下的世界政治大格局,翻开了人类历史的新篇章,实现了社会主义从理想到现实的伟大飞跃,开辟了人类探索社会主义道路的新纪元,掀起了国际社会主义运动的新高潮。十月革命沉重打击了帝国主义对世界的统治,极大地鼓舞了殖民地半殖民地人民的解放斗争,改变了20世纪的世界格局。

★学术动态

学术观点1:布尔什维克党取得政权是历史发展的必然

二月革命后人数不占优势的布尔什维克却在十月革命后夺得了政权。原因何在呢?

首先,布尔什维克是俄国各种政治势力中最具组织性和战斗力的党派。布尔什维克奉行民主集中制原则,它的组织性和战斗力具有其他党派无可比拟的优势。

其次,布尔什维克的革命纲领浓缩了当时俄国社会各阶层的迫切需求。布尔什维克明确打出了自由、土地、面包、和平的旗帜,把当时俄国各个阶层普遍关注的几个焦点问题都写到了自己的旗帜之上。它把俄国最迫切、最尖锐的社会问题同社会主义革命联系在一起,向俄国社会提供了最具吸引力的解决方案,从而赢得了广大民众的信从。

再次,布尔什维克采取了正确的斗争策略。二月革命后,布尔什维克党在列宁的领导下,采取了积极务实的斗争策略,逐渐掌握了政治主动权。

【根据蒲国良:《布尔什维克与十月革命》,《当代世界与社会主义》2007年第4期】

学术观点2:十月革命的三个特点

从内容上看,十月革命是城市的社会主义革命和农村的民主革命相结合。十月革命在城市进行的是社会主义革命,在农村进行的是资产阶级民主革命。这两种革命的结合、交错,构成十月革命的全部内容。社会主义革命是主流,它推动了农村民主革命的兴起,并保证了民主革命的彻底胜利;而农村民主革命的开展也保证了城市革命的成功。

另外,布尔什维克根据形势的变化,既进行过和平的合法斗争,也进行过武装的非法斗争。前者为后者积聚了力量,瓦解了敌人,后者在关键时刻决定了革命的命运。

十月革命的第三个特点是迅速而容易地取得了胜利。原因主要有:第一是十月革命遇到的敌人是一个比较软弱和缺乏政治经验的阶级;第二是"沙皇君主制在政治上的非常落后使得群众的攻击力量异常强大";第三是领导革命的是以列宁为首的布尔什维克党;第四是当时的国际形势为俄国革命的胜利提供了一个大好时机。

【根据张培义:《试论十月革命的特点》,《齐鲁学刊》1982年第6期】

学术观点3:十月革命对20世纪世界历史产生重要影响

十月革命对20世纪具体的历史进程产生了重要导向作用,这在很大程度上改变了部分国家和地区的发展模式和发展路径,并因此而塑造了20世纪特殊的世界格局形态。

第一,开创社会主义现代化的苏联模式。布尔什维克党领导的苏维埃政权在制度建构上将自己与资本主义世界分离开来,开创了"建设社会主义国家"的实践。

第二,改变部分东方国家民族解放运动的路径和方向。促进了殖民地半殖民地人民的民族觉醒和革命意识,并为这些国家独立后的发展道路选择提供了苏联社会主义制度模式的样板。

第三,导致"两个世界"的冷战格局的形成。冷战格局的形成虽然是在二次世界大战后,但造就这种格局的制度性分裂和意识形态对抗则起始于20世纪初的十月革命。

【根据余伟民:《十月革命对20世纪世界历史的影响(二)》,《史林》2017年第3期】

★史学导读

1.十月革命对中国社会发展进程的有哪些影响?

第一,十月革命与中国新文化运动的发展。十月革命的爆发和所取得的胜利,首次把社会主义理论演绎成人们生活中的现实。它令深受帝国主义与封建主义压迫的中国人民看到了出路和光明前景。"十月革命一声炮响,给中国送来了马克思主义。"

第二,十月革命与中国共产党的成立。中国共产党的诞生与中国革命发展,首先得益于十月革命的影响。中国共产党是马克思列宁主义和中国工人运动相结合的产物。

第三,十月革命与中苏关系。彻底改变了中俄关系的性质。

第四,十月革命与中国特色社会主义。中国人民把自己进行的社会主义现代化建设事业,看作是十月革命所开创的社会主义事业的继续,是社会主义事业由理论到实践的具体新发展。

——摘编自栾景河:《十月革命对中国社会发展进程的影响》,《史学理论研究》2007年第4期

○ 导读提示

十月革命推动了新文化运动新的走向,推动了中国共产党的成立,带动了中俄关系的新发展,推动了中国走上社会主义道路。

阅读材料时,应认识到:十月革命给中国带来的影响是全方位的,从根本上影响了近代中国社会发展的进程,也深刻地影响了现代中国发展的走向。

通过阅读上述材料,可以深刻理解研究俄国历史、布尔什维克的历史对于认识和理解近现代中国历史的价值和意义。

2.十月革命对世界非殖民化运动有何影响?

"十月革命"对"一战"后世界非殖民化进程的影响非常深远。1920年,苏俄在巴库召开了东方各民族代表大会。这是新生的苏联(俄)力图对亚洲广大殖民地地区产生影响的一次重大行动。大会的最突出主题就是俄罗斯的工人阶级和东方的各民族共同反对帝国主义。苏维埃政府公布密约,放弃沙皇领土要求,将土耳其、波斯社会的主要矛盾即刻转化为和英国殖民主义的民族矛盾。"十月革命"极大地促进了土耳其境内被压迫民族的解放。受"十月革命"的激发,阿富汗爆发了抗英独立运动,印度次大陆也跟着骚动起来,"十月革命"的震荡还传播到了被列宁称为"先进的亚洲"的代表——中国。

——摘编自童小溪:《"十月革命"的重要遗产:世界非殖民化和西方福利国家化》,《思想战线》2011年第4期

○ 导读提示

材料表明"十月革命"对"一战"后世界非殖民化进程的影响非常深远。苏联(俄)对土耳其、阿富汗、印度、中国等反对帝国主义的独立运动都产生了重要影响。

阅读材料时,应认识到:列宁有关被压迫民族解放运动的理论学说,是和马克思主义关于工人没有祖国、共产党人支持一切反对现存社会制度和政治制度的革命思想一脉相承的。

通过阅读上述材料,可以深刻认识苏俄召开的东方各民族代表大会,是苏俄力图通过和东方各民族共同反对帝国主义,来扩大苏俄在受帝国主义奴役的亚洲地区的影响,继而推动了亚洲的民族解放运动,对世界格局产生了深远影响。

第3讲 战时共产主义政策和新经济政策

★学习精要

战时共产主义政策又称"军事共产主义",是苏俄在1918—1920年国内战争时期实行的一种特殊经济政策和经济管理体制。内战爆发后,苏俄的粮食、煤炭、石油和钢铁的主要产地陷入敌手,苏维埃国家处境十分困难。为了把仅有的人力物力集中起来用于战胜敌人,苏维埃政府实行一些临时性政策,这些政策后来统称为战时共产主义。战时共产主义政策是苏俄在战争逼迫的特定环境下采取的军事性的非常措施。它适应了战时需要,把全国有限的人力物力高度集中起来,保障了红军的军备等供应,为战胜国内外敌人提供了保证,使苏维埃政权经受住了考验,站住了脚跟。

"新经济政策"指的是苏俄在1921年3月开始实行的向社会主义过渡的经济政策。1920年底,俄国国内战争基本结束的情况下,战时共产主义政策不但没有收缩,却反而被加强,结果导致了严重的经济和政治危机。列宁经过充分考虑开始在苏俄实行新经济政策。新经济政策的一项重要内容是以征收粮食税代替余粮收集制,并且允许外资企业管理国家暂时无力经营的企业,恢复商品货币关系以达到调节生产的作用。这使小农经济占优势的苏俄找到了向社会主义过渡的又一道路。后来因斯大林上台而被逐步取消。

★学术动态

学术观点:列宁的商品货币思想使苏俄摆脱了危机

列宁开始实行国家资本主义,但是半年的实践后,列宁发现仅"退回到采用国家资本主义经营手段、经营方式和经营方法"还不够。

列宁认为社会主义的俄国只有调节商业、恢复流通、肯定商品货币关系,"才能着手解决极其迫切的经济需要问题",只有通过商业领域的发展,"才能保证大工业有恢复的可能"。通过国家资本主义的实施,商品的自由流通,人民的生产积极性大大提高。最终，政府甚至允许农业中出现一定数量的雇佣劳动生产方式，部分地放开了土地租赁，整顿和稳定了金融体系，并发行了新货币——卢布，并推出了一整套新的法律法规。

新经济政策的实施，列宁对商品货币关系的肯定，为苏维埃俄国赢得了一个喘息和恢复的机会，为在落后国家推进社会主义建设开辟了道路。

【根据刘玉高：《列宁社会主义商品货币关系思想研究》，武汉：华中师范大学博士论文，2016年】

★史学导读

1.战时共产主义政策是应急措施吗？

实行战时共产主义，是在当时严酷的战争条件下，不得不采取的应急措施和非常措施，它对于战胜困难，赢得战争，保卫年轻的苏维埃政权起了积极作用。但它并不是一项发展生产力的政策，它的意义仅在于，能在战争时期搜集到较多的粮食等物品，并进行平均分配。因为战时共产主义的这一实践，又正恰巧与某种固有的社会主义传统观念相吻合，于是许多人，包括列宁在内，都自觉不自觉地把它看作实现社会主义和共产主义的捷径。这样的想法后来被实践证明是错误的。

——摘编自周尚文、叶书宗、王斯德：《苏联兴亡史》，上海：上海人民出版社，1993年版，第58页

○ 导读提示

战时共产主义政策的实施主要取决于特殊的战争环境，战时的特殊时期结束后，就应当结束。只是由于该政策的一些做法和与某种固有的社会主义传统观念相吻合，才没有被立即废除。

阅读材料时，应认识到：战时共产主义政策的特征就是"战时"和"共产主义"，这既凸显了当时严峻的军事形势，又和固有的社会主义观点相似，进而加深对马克思主义的理解。

通过阅读上述材料，可以深刻地理解：紧张的外部环境和囿于对共产主义的认识不足，催生了战时共产主义政策，而对它的放弃表明了社会主义作为一个新生事物需要在实践中不断探索、在改革中不断完善。

2.苏俄新经济政策是如何产生的?

1921年春天苏维埃政权面临着严峻形势。当时,苏俄国民经济陷入了崩溃的境地,社会上对"军事共产主义"的不满情绪在增长,出现了一系列矛头指向俄共(布)的政治示威。

在当时的苏俄社会,虽然是由布尔什维克一党掌权,政府内没有其他政党的代表,但社会革命党、孟什维克也仍在社会上活动,并出版有自己的刊物。1920年12月召开全俄苏维埃第八次代表大会,社会革命党、孟什维克都有代表参加。

列宁善于根据形势的变化调整政策,放弃原来的幻想与打算。1921年2月8日列宁首次提出了新经济政策思想,提出了"满足非党农民关于用粮食税代替余粮征集制的愿望"。

——摘编自左凤荣:《从决策角度看苏联新经济政策的产生与夭折》,《科学社会主义》2001年第4期

○ **导读提示**

苏俄新经济政策的产生,既和苏维埃政权面临的严峻形势密切相关,又和社会革命党、孟什维克的作用紧密相连,还和列宁的务实、温和的政策思想密不可分。

阅读材料时,应认识到:新经济政策是以列宁为代表的布尔什维克党在特殊形势下科学决策的结果,是社会主义理论的重大发展,是对马克思主义哲学思想的灵活运用,有着极为重要的理论价值。

通过阅读上述材料,可以深刻理解新经济政策的产生是多方作用的结果。新经济政策是列宁根据俄国经济落后、生产力低下的国情,探索建设社会主义新道路、新方法的伟大实践。它是对传统社会主义理论的一次重大突破,创造性地发展了科学社会主义。

3.新经济政策对社会主义的有何重大贡献?

新经济政策告诉我们这样一个道理:落后国家向社会主义过渡,应该从客观事实出发。只有把科学社会主义的基本原理与本国的实际情况相结合,才能探索出一条适合本国国情的社会主义建设道路。

新经济政策还告诉我们这样一个道理:不能把社会主义与资本主义绝对地对立起来。社会主义作为资本主义的替代物,它要克服的是资本主义的弊病,而不排除资本主义一切有用的形式。我们可以利用资本主义的诸多手段来达到社会主义的目的。

新经济政策还告诉我们这样一个道理：无产阶级在一个经济文化落后的国家夺取政权后，不能立即全部消灭资本主义经济成分。

新经济政策与其说是一种退却的政策，倒不如说是一种回归的政策，即回归到正常的经济秩序中来的政策，回归到按客观经济规律办事的轨道上来的政策。如果从更深层面来讲，可以说是回归市场经济的政策。

——摘编自韩云川：《列宁社会主义探索的得与失》，《科学社会主义》2010年第4期

○ 导读提示

根据上述材料可知，新经济政策对落后国家向社会主义过渡指明了方向，指出了社会主义不能消灭资本主义，要大胆地吸收资本主义的优秀成果，在经济建设问题上要回归市场经济，要按客观经济规律办事。

阅读材料时，应认识到：新经济政策是列宁和布尔什维克对传统社会主义理论的巨大突破，是马克思主义在俄国的新发展。

通过阅读上述材料，可以深刻理解新经济政策对经济文化落后的国家如何向社会主义过渡指明了方向，结合中国改革开放的发展历程更能感知新经济政策对历史的深远影响。

第4讲 苏联的发展模式

★ 学习精要

苏联模式是苏联在20世纪30年代建立起来的社会主义政治经济体制。1936年，苏联通过了《苏维埃社会主义共和国宪法》，宣布苏联的社会主义已经基本建成，这标志着苏联模式即"斯大林模式"的确立。

苏联模式有以下特征：在所有制结构方面，实行单一的公有制，包括全民所有和集体所有两种形式，不允许其他经济成分存在；在经济结构上，优先发展重工业，忽视轻工业和农业的发展；在管理体制方面，实行管理权与经营权的统一，经济以部门管理，中央部门集宏观经济和微观经济的决策权于一身；在经济运行机制上，实行排斥价值规律的指令性计划经济。

苏联模式在特定的历史条件下促进了苏联经济社会快速发展，也为苏联军民夺取

反法西斯战争胜利发挥了重要作用。但由于不尊重经济规律等,随着时间推移,其弊端日益暴露,成为经济社会发展的严重体制障碍。

★学术动态

学术观点1:苏联农业集体化运动具有历史局限性

第一,苏联农业集体化运动不是完全以发展农业经济、保护农民的利益为出发点和归宿,而更主要的是以国家生存的需要为立足点。

第二,斯大林认为,又"大"又"纯"的生产资料公有制形式才是社会主义,而把非公有制成分都看成是社会主义的对立物,对其进行彻底改造。

第三,斯大林违背了列宁关于改造小农必须遵守自愿、示范、渐进的原则,强制推行农业集体化,结果导致苏联农民不接受,甚至抵制集体化运动。

第四,斯大林把优先发展重工业放在了过高的地位,忽视了国民经济按比例协调发展的基本要求。

【根据姜建斌、曹英伟:《苏联农业集体化运动的特点及其对中国农村合作经济发展的启示》,《科学社会主义》2009年第4期】

学术观点2:斯大林模式形成缘于特殊的时代背景

斯大林模式诞生于20世纪20年代中后期。那是一个波诡云谲的时代,国内社会危机四起,资本主义国家对红色苏联的战争曾呈现出一触即发的态势,战争的阴影笼罩着苏联全国。

国内开始出现复杂的社会危机。列宁逝世后,苏联党内的派别斗争突出,党的高层领导逐渐分裂,经济上的稳定状态也未能保持多久,1928年至1929年间,粮食收购危机引发出新的经济矛盾。

而国际风云变幻,战争阴影笼罩全国。资本主义国家企图进一步抑制甚至绞杀红色苏维埃政权。于是,苏联的一切社会生活都开始围绕战备的轴心运转,备战思维引出了一系列的战备行动,进而构成了一套战备体制。在党号召下,苏联人民投身于全民备战的行动中去,斯大林模式油然而生。

【根据沈宗武:《斯大林模式的是与非》,北京:中国社会科学院研究院博士论文,2002年】

★ 史学导读

1.苏联工业化道路创造了哪些成功经验?

第一,经济落后国家的执政党,必须选择适合自己国情的经济发展战略。事实证明,在社会主义条件下,争取一个较快的速度和较高的增长指标,是必要的,也是可能的。

第二,充分调动广大人民群众的积极性、主动性和创造性,是工业化胜利的重要源泉。苏联在工业化过程中,财力和物力都是不充裕的,但依靠党的坚强领导,通过计划管理,较好地调动了广大劳动群众的生产积极性。

第三,大力发展文化教育事业,开展文化革命和技术创新,是工业化取得成功的重要途径。社会主义工业化建设需要建设者具有高度的文化知识水平。

——摘自汤德森:《苏联国家工业化的伟大实践及其经验教训》,《湖北大学学报(哲学社会科学版)》2006年第3期

○ 导读提示

从材料分析可知,经济落后的社会主义国家在经济建设中必须要结合自己的国情,要充分调动人民群众的积极性、主动性和创造性,要大力发展文化教育事业。

阅读材料时,要回到马克思主义思想的原点,要辩证地分析苏联社会主义建设,要抓住苏联建设中值得学习和推广的经验,尤其是反映时代发展要求的内容。

通过阅读上述材料,可以深刻理解苏联工业化道路创造的成功经验对我国现代化建设的重要价值。

2.苏联社会主义经济建设有哪些教训?

从苏联的社会主义工业化过程,可以得到社会主义经济建设的经验教训及启示。第一,高度集中的行政管理,缺乏内在的刺激动力。在这一体制下,国家成为经济活动的主体,党领导并决定国家的经济政策。第二,单一的公有制,缺乏经济活力。与僵化的计划经济体制相配套的是实行粗放型的经济增长方式和难以避免的官僚主义管理,高积累低消费、重数量轻质量、重产值轻效益,既难保证生产的经济效益,也难保证其社会效益,从而造成资源的巨大浪费。第三,农轻重比例严重失调,严重影响了经济全面发展和社会稳定。由于过度强调"优先发展重工业",斯大林经济模式实际上成为一种农轻重比例严重失调的重工业模式和备战体制。

——摘自秦正为:《国家利益:斯大林社会主义工业化思想的内核》,《鲁东大学学报(哲学社会科学版)》2014年第6期

○ **导读提示**

从上述分析可知,苏联社会主义建设的问题主要是高度集中的行政管理体制、单一的公有制、三大产业比例失调所衍生出来的多方面问题。

阅读材料时,应认识到:苏联社会主义模式就是高度集中的经济政治体制,吸取苏联经济建设的教训可以避免其他国家走类似的弯路。

通过阅读上述材料,可以深刻理解苏联社会主义建设失败的教训就在于高度集中的经济政治体制造成的弊端,对这一弊端的反思能为中国的社会主义现代化建设提供有益的参考。

★ **荐读书目**

陆南泉等:《苏联真相——对101个重要问题的思考》,北京:新华出版社,2010年版

沈志华:《一个大国的崛起与崩溃——苏联历史专题研究(1917—1991)》,北京:社会科学文献出版社,2009年版

陈之骅、吴恩远、马龙闪:《苏联兴亡史》,北京:中国社会科学出版社,2016年版

沈志华:《新经济政策与苏联农业社会化道路》,北京:中国社会科学出版社,1994年版

周尚文、叶书宗、王斯德:《苏联兴亡史》,上海:上海人民出版社,1993年版

第16课　亚非拉民族民主运动的高涨

第1讲　亚洲民族民主运动风起云涌

★学习精要

一战削弱了帝国主义对世界的控制力量,十月革命的胜利又鼓舞了这些国家和人民的斗争,战后亚洲民族民主运动深入发展,除资产阶级外一些国家的无产阶级也开始成为社会变革的重要领导力量。在东亚,中国无产阶级登上政治舞台,中国共产党成为革命的主导力量,新民主主义革命兴起;在东南亚,印度尼西亚和越南人民展开了同殖民主义者残暴统治的斗争;在西亚,伊拉克、叙利亚和黎巴嫩等地爆发了反对英法占领的运动;在南亚,甘地和国大党发起的"非暴力不合作"运动冲击了英国在印度的殖民统治。

一战结束后,荷兰对印尼的残暴统治变本加厉。1920年,印尼共产党成立,并于1926年领导了印尼历史上最大规模的反荷兰殖民主义的武装起义,但遭到血腥镇压。起义失败后,印尼共产党的活动被迫转入地下。原来受印尼共产党影响的大批群众转向了苏加诺领导的印尼民族党,主张走温和路线的民族资产阶级掌握了独立运动的领导权。

在印度,"圣雄"甘地提出的以爱、真理和非暴力争取印度自治和独立的斗争别具特色,并逐渐得到了国大党和广大人民的认可,在二战爆发前共兴起三次斗争的高潮。

★学术动态

学术观点:苏加诺思想具有两面性

苏加诺是当代印尼和亚非民族解放运动史上一个有重要影响的人物。研究苏加诺一生的经历和思想,有助于我们加深对民族资产阶级本质和两面性的认识。

苏加诺从事抗荷斗争最终能取得成功与其对争取国家独立和民族解放的深刻认识是分不开的。为团结分散的民众,1927年组织成立印尼民族党,并亲自担任主席;为发动群众,常以雄辩的口才在群众大会上发表演讲,揭露殖民主义的罪恶;为建立广泛的抗荷统一战线,发起成立了包括共产党在内有十来个党派和团体参加的印尼民族政治联盟;接受了甘地的"不合作运动"的思想,反对荷兰统治并不向殖民者乞求独立。

但苏加诺以肤色作为区分民族斗争的标准显然是错误的。作为民族资产阶级的代表,接受阶级调和论,不能很好地解释和处理后来国内出现的阶级斗争现象。他试图通过走中间道路来实现民族资产阶级的政治、阶级思想,在印尼的具体历史条件下根本是不切实际的主观幻想。

【根据黄昆章:《试论苏加诺》,《东南亚研究》1980年第1期】

★ 史学导读

1. 一战后亚洲民族解放运动有何新的特点?

一战期间,由于帝国主义列强全力以赴进行战争,无暇他顾,不得不暂时放松对殖民地和附属国的控制与压制,使后者的民族工业有较快的发展。基于民族经济发展基础上的民族觉醒和民族意识有了进一步增强。从广度上看,民族解放运动不但席卷了更多的国家和地区,而且反抗烈度也增强了。从深度上说,一些国家和地区不但有无产阶级群众广泛参与,而且有无产阶级政党的直接领导,并与苏联为代表的世界社会主义运动有了呼应和配合,形成了一支冲击帝国主义殖民统治的巨大力量。但从整个力量对比态势而言,亚洲的民族主义仍处于战略上的守势。

——摘自程人乾:《论近代以来的世界民族主义》,《历史研究》1996年第1期

○ 导读提示

从材料看,一战以后的亚洲民族解放运动与19世纪中期"亚洲革命风暴"和19世纪末20世纪初的"亚洲的觉醒"相比,呈现出一些新的发展特点。这些变化的根源在于,一战期间亚洲一些国家民族工业得到了一定的发展,这为民族解放运动的新发展提供了经济基础和阶级力量。

阅读材料时,应认识到:两次世界大战期间的民族解放无论就其广度还是深度都远超以前,无产阶级成立政党并发动群众进行斗争,与世界社会主义运动相互配合,沉重打击了帝国主义的殖民体系。但由于力量对比问题,广大的亚洲国家要想获得普遍的独立,则需要等到第二次世界大战以后。

通过阅读该段材料,可以把握亚洲民族解放运动的一些本质问题,同时也预兆着

亚洲将在未来的国际关系格局中发挥重要的作用。

2.如何理解甘地的非暴力不合作思想？

　　愚见认为,与邪恶不合作正如与善良合作一样,都是一种责任。我尽力向我的同胞表明:暴力不合作只能增加邪恶,既然邪恶只能靠暴力来维持,就需要完全戒除暴力。非暴力的含义,就是指为了不与邪恶合作而自愿服刑受罚。

　　——摘自齐世荣:《世界通史资料选辑·现代部分》,北京:商务印书馆,2007年版,第86页

　　1920年,国大党通过甘地起草的新党章,其中第一条规定"印度国大党的目标是印度人民用一切合法的、和平的手段,以争取实现自治"。甘地对"自治"做了新的解释:如有可能,在英帝国内自治;如有必要,就脱离英帝国独立。

　　——摘自齐世荣:《世界通史资料选辑·现代部分》,北京:商务印书馆,2007版

○ **导读提示**

　　从材料看,甘地的核心思想主张仁爱、不杀生、素食、苦行等。甘地不仅把"非暴力"看作是"坚持真理"的形式,而且还身体力行,为了同英国殖民当局斗争曾进行过15次绝食斗争。

　　阅读材料时,应认识到:甘地对邪恶与暴力、善良与非暴力之间的关系进行了理性的思考,甘地的哲学思想既有印度文化传统的影响,也受到了英国渐进的社会改造思想的影响。第二段材料则要认识到:甘地的"非暴力"其实是一种斗争策略,而这个争取"自治"的目标,是受到国大党的支持和民众认可的。

　　通过阅读材料,如果将甘地及其思想放在整个印度争取民族独立的大环境下来看,则可以清晰认识到他是一个采取别样斗争方式的爱国的民族主义者。

3.亚洲民族民主运动对国际秩序带来了怎样的冲击？

　　第一次世界大战结束后,从表面上看,帝国主义列强仍然统治着世界,战胜国设计并建立的凡尔赛—华盛顿体系似乎将维持很长一段时间。但是,战后兴起了两股巨大的政治力量:一是社会主义国家苏联以及各国的无产阶级革命运动;二是殖民地、半殖民地国家的蓬勃开展的民族解放运动。这两股力量使帝国主义统治世界的政治格局再也无法维持下去了。20世纪30年代法西斯主义兴起后,这两股力量又成为反对其侵略的中坚。第一次世界大战后,人类的进步进程加快了,但这当然是帝国主义战争

发动者所预料不到的。

——摘自吴于廑、齐世荣:《世界史·现代史编》,北京:高等教育出版社,2011版

○ **导读提示**

从材料看,一战后亚洲国家的民族解放运动不仅改变了这些国家自身的运行轨迹,也对国际秩序和国家关系格局产生了重大的影响。

阅读材料时,应深刻把握20世纪二三十年代国际关系发展的特征。帝国主义试图通过凡尔赛—华盛顿体系维持对世界的控制,但受到两种力量的冲击,即无产阶级革命运动和民族解放运动。而凡尔赛—华盛顿体系内部的矛盾,使得德意日等国走上法西斯主义的道路,这使亚洲各国的民族解放运动又多了一重重要的历史使命——反对法西斯主义的扩张。

通过阅读该则材料,要深刻认识到民族解放运动对国际秩序的影响,要从人类历史发展的趋势,宏观上把握民族国家的历史发展进程。

第2讲　非洲独立意识的觉醒

★ **学习精要**

19世纪末欧洲列强几乎侵占了整个非洲。在帝国主义瓜分非洲的过程中,一直遭到了非洲人民的强烈反抗。第一次世界大战以后,非洲的民族解放运动开始萌芽和酝酿,而北非和东非的一些国家民族独立意识已经觉醒。

一战期间,埃及为英国的战争付出了巨大的代价,但民族资本主义获得了较快发展。战后,英国卷土重来,加强了对埃及的控制与剥削。埃及人民在资产阶级代表人物扎格鲁尔领导下的华夫脱党的号召下,同英国开展了长期的斗争,虽未完全成功,但还是取得了一些成果。

1921年,西班牙入侵摩洛哥的里夫山区,里夫人民在酋长阿卜杜拉·克里姆的领导下奋起抵抗并取得胜利。1923年,克里姆成立里夫共和国并进行改革。1926年,该共和国被法国和西班牙扼杀,但里夫人民的斗争坚持了近10年,为非洲人民的独立斗争树立了榜样。

20世纪30年代埃塞俄比亚国王海尔·塞拉西进行了君主立宪制的改革并初步改变了国家落后面貌。走上法西斯道路的意大利于1935年再次发动了对埃塞俄比亚的

侵略。埃塞俄比亚人民一直坚持游击战争,并于1941年在反法西斯同盟国军队配合下恢复独立。埃塞俄比亚人民的反意战争是世界反法西斯战争的重要组成部分。

★学术动态

学术观点1:埃及宪政实验失败是多种因素共同作用的结果

1923年4月,埃及颁布了有史以来的第一部宪法,此后扎格鲁尔又领导华夫脱进行了12年的护宪运动,但终以失败告终。

长期的专制传统、普遍的文盲状态、对民主程序缺乏了解及宪法本身的不完善,致使埃及宪政实验在不少方面偏离了正确的轨道,尤其是一个专制国王的存在,更对宪政失败负有直接责任。

英国殖民势力的存在是众多因素中最具灾难性的一种。它打破了埃及立宪制度的运行规则,使其无法形成健全的机制。英国驻军和英国人对埃及军队的控制使英国人成为凌驾于埃及议会之上的最高权力源泉,英国人曾多次直接干预埃及的民主进程。

20世纪20、30年代埃及连续遭遇三次经济危机,后来二战爆发也给其带来不小的冲击。作为一个没有民主传统的农业国家,反民主的宗教势力、宫廷势力和封建势力也十分强大,埃及宪政这棵幼苗终于未能在狂风暴雨中成长为参天大树。

【根据孟庆顺:《1923—1952年埃及的宪政实验》,《西亚非洲》1990年第4期】

学术观点2:摩洛哥里夫民族解放运动在性质上具有过渡性

1921年到1926年在长达五年之久的武装斗争中,里夫人民沉重地打击了西班牙和法国殖民者,创建了自己的民族国家——里夫共和国。里夫民族解放战争在非洲和世界现代史上占有非常重要的地位。

关于里夫民族解放战争的性质,目前看法不一致。以前苏联史学界认为,里夫解放运动还属于摩洛哥"封建的和宗法封建的上层份子所领导的农民运动",只有到30年代才进入到新阶段。至于在斗争中诞生的里夫共和国也只是具有"军事民主制"特点的部落军事联盟。当前史学界一般认为20年代的里夫起义是摩洛哥封建阶级和部落首领领导的旧式抵抗运动的尾声,同时也是资产阶级、民族知识分子领导的新型解放运动的开端。

里夫民族解放运动已经冲破部落宗法上层和封建贵族领导的抵抗运动的旧躯壳，但是还没有完全发育成为现代资产阶级民族主义运动的新躯体，而是具有从前者向后者过渡的性质。

【根据丁笃本:《里夫民族解放战争性质浅谈》,《史学月刊》1984年第2期】

★ 史学导读

1.非洲民族解放运动为什么会兴起?

殖民主义者在对非洲进行经济掠夺的同时也加强了对殖民地的政治控制。在帝国主义忙于战争的时候，主张民族自决的泛非运动开始兴起，它对非洲的民族解放运动和一些先进人物起到了启蒙作用。一战后，非洲工农运动不断开展，俄国十月革命的胜利也鼓舞了他们的斗争。非洲的工人开始为建立自己的组织而顽强斗争，同时不同种族的工人也日益团结。农民运动主要还是自发的，但在工人阶级的影响下，也开始摆脱对部落首长的依附，用宗教名义组织反抗斗争。非洲反殖斗争程度南北不一。埃及和北非国家掀起了民族独立的高潮，民族资产阶级登上政治舞台，并建立一批民族主义政党。撒哈拉以南的非洲地区多半是自发的群众运动，政治要求也比较模糊，民族解放运动处于萌芽状态。

——摘自顾学宏:《20世纪世界史》,北京:东方出版社,2004版

○ 导读提示

从材料看，非洲民族解放运动的兴起首先是帝国主义压榨的必然结果，同时也与非洲自身的发展密不可分。

阅读材料时，应注意这样几个关键因素:哪里有压迫哪里就有反抗，非洲人民的斗争是对列强侵略的正当反应;泛非运动唤醒了非洲人民;工农阶级开始进行阶级斗争，并逐渐成为斗争的主要参与力量，这是非洲解放运动兴起的最有利的条件;民族资产阶级通过组建政党，成为运动的主要领导力量;俄国十月革命也对非洲的民族解放运动起到了一定的推动作用。

通过阅读该则材料，要深刻理解这一时期的非洲民族解放运动开展的各种形式的斗争还是分散和有限的，这与非洲经济整体落后和发展不均衡有着重要的关系。

2.埃及工人阶级在华夫脱运动中发挥了怎样的作用?

在一战期间,埃及工人阶级的人数大增,1917年就已经达到了64万人。在俄国十月革命的鼓舞下,1918年埃及出现了第一批社会主义小组,1922年成立了埃及共产党。由于埃及的工人阶级在政治上还不成熟,运动的领导权还掌握在民族资产阶级政党华夫脱党手中。一战后华夫脱领导的以"和平与合作"来争取埃及的斗争遭到英国的血腥镇压。1919年3月埃及工人发动起义,迫使英国做出让步,承认埃及为独立主权国家。此后,埃及共产党又配合华夫脱党进行了一系列的改革,在反英斗争中也发展壮大了自己。但华夫脱党对于日益壮大的工人阶级十分恐惧,很快对工人运动进行镇压,迫害共产党人,埃及工人运动逐渐进入低潮。毫无疑问,埃及工人运动动摇了英国在埃及统治的根基,为以后的斗争奠定了坚实的基础。

——摘自李伟:《十月革命对埃及民族解放运动的影响》,《徐州师范学院学报》1982年第2期

○ 导读提示

从材料可以看出,伴随着经济的发展和英国殖民统治压迫的加强,埃及的工人阶级也登上政治舞台,动摇了英国在埃及统治的根基,为以后的斗争奠定了坚实的基础,在埃及民族解放运动中发挥了重要作用。

阅读材料时,应认识到:埃及的华夫脱运动之所以声势浩大,与工人阶级的配合是分不开的,这在一定程度上弥补了非暴力手段的不足。埃及的工人阶级在历史的关键时期一次次挽救危机,显示了其巨大的力量,说明人民才是社会变革的主导力量。在斗争的过程中,埃及的共产党发挥了极强的组织作用,说明无产阶级的斗争必须有一个领导核心。

通过阅读该则材料,首先要认识到埃及的工人阶级和共产党还不成熟时是其失败的根源,其次要通过华夫脱党的背叛来认识掌握革命领导权的重要性。

3.为什么落后的埃塞俄比亚能打败意大利法西斯?

当海尔·塞拉西的总动员令下达后,埃塞俄比亚全国人民都被动员起来。爱国知识分子积极宣传鼓动,青壮年积极参军,农民和牧民成为反侵略主力,妇女也投身救治伤员的工作。埃塞俄比亚人民利用国内复杂的地形,同意大利侵略者展开了游击战,让敌人苦不堪言。亚非很多国家的民众成立了如"保卫埃塞俄比亚委员会"等组织,甚至直接到埃塞俄比亚参战。共产国际发出了"打倒战争"的著名宣言,号召世界劳动人

民联合起来。意大利共产党也发动工人,举行了反战游行。1941年英国军队在东北非战场对意大利军队发动反攻,埃塞俄比亚人民积极配合,至1941年埃塞俄比亚人民最后取得了完全的胜利。

——摘编自陆庭恩:《试析三十年代埃塞俄比亚的抗意战争》,《西亚非洲》1985年第6期

○ 导读提示

从材料可以看出,落后的埃塞俄比亚能够打败强大的意大利法西斯看似偶然,其实必然。

阅读材料时,应认识到:埃塞俄比亚人民在这场战争中同仇敌忾、共赴国难,是战争能取得胜利最根本的原因。塞拉西皇帝的积极组织、战术得当,世界各国人民的支持都为战争胜利创造了条件。在共产国际的领导下,意大利也爆发了反对侵略的工人运动,这说明法西斯的侵略不得人心。

通过阅读该则材料,要深刻认识到人民的团结,是弱国能打败强国、正义能打败邪恶的关键因素。毛泽东同志说过:"历史上的运动不论是哪一种,无不是出于一些人的联合,较大的运动,必有较大的联合,最大的运动,必有最大的联合。"埃塞俄比亚的抗意战争和中国新民主主义革命的胜利一样,证实了这一论断是千真万确的。

第3讲 拉丁美洲的民主革命与改革

★ 学习精要

独立后的拉美国家在发展上面临着重重困难,最主要的原因是并未真正摆脱对帝国主义国家的依附地位,真正的民族独立和走上民主道路仍是这些国家人民的奋斗目标。两次世界大战期间,共产党在拉美国家普遍建立并积极参与和领导一系列的斗争。在众多的斗争中,以尼加拉瓜的反美斗争和墨西哥的改革最为典型。

尼加拉瓜在拉美独立运动中诞生,但随后美国和英国势力开始进入,使得国内形势极为复杂。1926年,尼加拉瓜爆发内战,侨居墨西哥的桑地诺回国组织游击队开展反美斗争。经过艰苦卓绝的斗争,终于迫使美军撤出尼加拉瓜,在拉美民族革命史上书写了浓墨重彩的一笔。

卡德纳斯改革是20世纪30年代发生在墨西哥的一场社会改革运动。1917年,墨

西哥颁布了一部比较民主和进步的宪法,但在实施过程中阻力巨大。1934年卡德纳斯当选为墨西哥总统后,为维护宪法做出了不懈的努力,并进行了一系列的社会改革。卡德纳斯改革的民主性,在同时代亚非拉民族民主运动是绝无仅有的,并对其他拉美国家产生了很大影响。

★学术动态

学术观点1:十月革命和共产国际推动了拉美共运的兴起

俄国十月革命的胜利和共产国际的建立推动了马克思主义与拉美的"对话",许多国家陆续建立了共产党。在工人阶级组织基础上建立的共产党一般影响较大,如阿根廷、巴西共产党就同本国独裁政权和外国资本进行了长期斗争;建立在知识分子等少数社会精英基础上的共产党则影响较小。

拉美国家的共产党从建立之日起,就经历了曲折的发展历程。随着拉美地区一战后民族民主运动的不断发展,各国的共产党在争取民族独立、人民民主以及反对专制等方面做出了突出的贡献。拉美共产党的斗争在国际共产主义运动史上留下了浓墨重彩的一笔。

【根据徐世澄:《十月革命后拉美共产主义运动的发展》,《唯实》2017年第5期】

学术观点2:一战后拉美民主进程与反美主义密切相关

美国从独立后一直视拉美地区为自己的"后院"。拉美独立后,美国迅速填补了欧洲国家的位置,不断加强对拉美地区的渗透。美国对拉美的侵略,激起了拉美人民的反抗,所以拉美一直存在反美主义的情绪。

欧洲帝国主义在一战中的自我毁灭使它们失去了在拉美的吸引力。相反,墨西哥革命和俄国革命却使很多拉美人看到了希望。同时,美国却开始了对拉美多国长达数十年的占领,致使反美主义进入一个新阶段。在农村,长期活跃着一批由民族主义者组成的游击队;在城市,出现了一些将美国驱逐出去的政治组织,知识分子则呼吁抵制美货或通过文学作品抗议美国。土著主义、桑地诺主义、共产主义和民众主义等反美思想和运动形式,使反美主义的群众基础扩大了。

【根据孙若彦:《论拉美的反美主义》,《世界经济与政治》2010年第9期】

★ 史学导读

1. 拉美在独立100多年后,为什么要继续进行民族民主革命?

独立后的拉丁美洲在近100年的时间里发展缓慢,远远落后于同处美洲的美国,有些国家甚至重新沦为半殖民地。

拉美独立战争没有改变旧的社会经济基础,特别是没有从根本上解决土地问题,大庄园之仍像一个枷锁套在拉美人民的脖子上。民族工业有所发展,但速度极其缓慢,使得拉美各国经济严重依赖于帝国主义。与经济基础相适应的是政治上盛行考迪罗体制,即军事独裁制度。拉美各国的军事独裁导致有些国家战争连年不断,经济持续衰退,民族独立丧失。在拉美独立后,美英等帝国主义国家竞相角逐,使得这一地区沦为列强的附庸。

——摘自洪征嗣:《拉美独立后至二十世纪初经济发展缓慢的原因》,《湖南师院学报(哲学社会科学版)》1984年第6期

○ **导读提示**

从材料看,独立后的拉美经济发展缓慢是有其特殊原因的,但最主要的是没有完成反帝反封建的任务,因此,在20世纪还需要进行民族民主革命。

阅读材料时,应认识到:经济上的大地产制既不利于经济的发展,也不利于国家的现代化;政治上的考迪罗体制(军事独裁),使得拉美各国在民主化的道路上举步维艰,还为列强干预创造了条件;在外界环境上,西班牙人走后美国等帝国主义国家又插手拉美,目的是将其变成附庸。

通过阅读该则材料,我们要深刻理解新航路开辟以来拉美的历史发展进程深受殖民主义和帝国主义的制约,还要学会从复杂的历史现象中去挖掘内在的深层原因,科学地把握历史发展趋势,由此可以判断二战后拉美国家发展道路仍然不会一帆风顺。

2. 桑地诺领导的抗美斗争有哪些特点?

1925年,尼加拉瓜各政治集团间爆发内战。1926年,美国武装进驻尼加拉瓜并支持保守党建立迪亚斯政府,引起许多地方起义。1927年5月,自由党领导的立宪政府同美国签订投降协定,其中参与起义的将军桑迪诺拒绝投降,在山区建立根据地,走上了抗美游击战争的道路。从1927年5月到1929年5月,是桑地诺抗美游击战争的第一阶段,它标志着桑地诺依靠工农、独立进行抗战的开始。桑地诺在军队中实行严格的

集中制和纪律,严惩一切违反纪律的行为,在军队内部保持平等关系,官兵之间互称兄弟;出版刊物加强对军队的历史教育,军队和人民的关系也相当密切。1929年,桑地诺为了获得军需品和国外的支持,在墨西哥从事外交活动。美国对尼加拉瓜的干涉,引起世界舆论的抗议。在美国占领区内,学生用罢课形式反对美国强迫他们学英语,农民用各种方式来支援和参加桑地诺军队,市民积极响应桑地诺号召拒绝参加美国主导的尼加拉瓜选举。1933年,美国撤出尼加拉瓜,美国在尼加拉瓜进行了6年侵略战争,动员了美国海军陆战队1.2万人以上,六七十架飞机和几十艘军舰,最终仍以失败而宣告结束。

——摘自[美]布拉德福德·伯恩斯:《在尼加拉瓜的战争》,北京:商务印书馆,1987年版

○ 导读提示

从材料可以看出,美国对尼加拉瓜的军事干预是桑地诺走上抗争道路的直接诱因,而依靠人民是其取得胜利的最重要原因。

阅读材料时,应认识到:桑地诺以捍卫民族主权为任务;在斗争道路上建立根据地,采用游击战;在斗争力量上尤其注重发动人民群众,并建立了一支纪律严明、关系平等、思想先进的军队;同时还注重利用外交手段。

通过阅读该则材料,我们要认识到桑地诺的成功不是偶然的,但桑地诺仅依靠自己的力量最终是很难完成民族民主革命的。还要通过美国一直以来不断插手、干涉拉美国家内政的行为认识到美国推行霸权主义的本质。

3. 墨西哥卡德纳斯为什么要持续改革?

1910年墨西哥爆发资产阶级革命,1917年制定了新宪法。但因美国干预等原因,国内冲突不断,军事政变频繁。1934年7月,拉萨罗·卡德纳斯当选总统,依照新宪法原则实行改革。他实施废除封建大地产法令,在6年任期中使将近100万农民无偿得到4500万美亩土地;1937年把外国垄断资本控制的铁路全部收归国有,1938年宣布把属于英、美、荷的17家石油公司收归国有;在国有化过程中,政府支持工人组织要求,签订了有利于工会的各种集体合同;1938年3月,改组以军事寡头为主体的执政党,容纳工会、农民和其他群众组织参加等等。卡德纳斯的民族民主思想及其实践,使墨西哥走上了一个相对稳定的发展时期。

——摘自吴于廑、齐世荣:《世界史·现代史编》,北京:高等教育出版社,2011版

○ 导读提示

从材料可以看出，墨西哥的民族独立之路和民主政治之路并不平坦，卡德纳斯总统不畏阻力的大刀阔斧的改革有利于捍卫民族主权，引领墨西哥走上现代化之路。

阅读材料时，应认识到：1917年墨西哥资产阶级宪法颁布以后，执行起来困难重重，遭到国内外敌对势力的激烈反对。要维护革命的成功，必须反对美国对墨西哥的侵略和控制，把矛头指向国内军事寡头政治和封建大地产制。由于依靠了广大工人农民的支持，并借鉴了苏联社会主义国家的一些做法，改革使墨西哥的发展走上了正轨。

通过阅读该则材料，可以深刻理解包括卡德纳斯改革在内的亚非拉民族民主运动，打击了帝国主义，动摇了世界殖民体系，成为影响战后世界秩序的重要因素。

★ 荐读书目

[印]甘地：《甘地自传》，徐翠荣，译，北京：西苑出版社，2016年版

[印]K.M.潘尼迦：《印度简史》，简宁，译，北京：新世界出版社，2014年版

[美]詹森·汤普森：《埃及史：从原始时代至当下》，郭子林，译，北京：商务印书馆，2012年版

何芳川、宁骚：《非洲通史》，上海：华东师范大学出版社，1995年版

林被甸：《拉丁美洲史》，北京：人民出版社，2010年版

彭树智：《第三世界的历史进程》，北京：中国青年出版社，1999年版

[美]斯塔夫里阿诺斯：《全球分裂：第三世界的历史进程》，吴象婴，等译，北京：北京大学出版社，2017年版

顾学宏：《20世纪世界史》，北京：东方出版社，1994年版

第17课 第二次世界大战与战后国际秩序的形成

第1讲 亚欧战争策源地的形成

★学习精要

第一次世界大战后,战胜国以强权政治原则建立的"凡尔赛—华盛顿"体系并没有解决帝国主义国家间的固有矛盾。一战后,意大利、德国、日本法西斯运动逐渐兴起。在1929—1933年的经济大危机的影响下,德、日继意大利之后也相继建立起了法西斯统治并走上了对外扩张的道路。至1936年,亚欧战争策源地形成。

具体而言:

一战后的意大利经济困难、政治动荡、阶级矛盾激化,加上战后又没有捞到什么好处,引发了激昂的民族主义情绪,最终导致意大利逐渐走上了法西斯道路。1922年,墨索里尼建立了法西斯政权,并逐渐开始了对外扩张。

1929年10月24日,一场资本主义经济大危机迅速由美国席卷整个资本主义世界。造成这场经济危机的根本原因是生产社会化和垄断资本主义私人占有之间的矛盾,还与社会贫富分化的加剧、生产过剩、股票投机、国际金融体系的脆弱等因素有关。这场大危机不仅激化了资本主义社会的各种矛盾,还激化了帝国主义与殖民地、半殖民地以及帝国主义国家之间的矛盾。在大危机的打击下,美国走上了"新政"的道路,而以德、日的法西斯势力则趁机建立起了法西斯统治,企图从战争中寻求出路。

1929年以后,德国纳粹党趁国内政治动乱的机会,加大宣传攻势,到1932年,纳粹党成为国会第一大党。1933年,希特勒上台,他通过一系列手段逐步建立了法西斯专政独裁统治,并开始扩军备战。1936年,与意大利结成轴心国集团,至此,欧洲战争策源地形成。法西斯德国随后吞并奥地利,并企图占领捷克斯洛伐克。

在军国主义传统的影响下,日本在大危机后推行国民经济军事化,法西斯化进程加快,对外加快了对中国的侵略,对内通过政变于1936年确立了军部法西斯势力的统治地位,并制定了《国策基准》,谋求在东亚和西太平洋地区的霸权。1936年,与德国签订《反共产国际协定》。至此,亚洲战争策源地形成。

面对德日意法西斯的侵略扩张,英法等资本主义国家为了自身利益,实行一种对侵略不加抵制、姑息纵容、退让屈服、以牺牲别国为代价、同侵略者勾结和妥协的政策,即绥靖政策。这不仅助长了法西斯国家的气焰,也加快了第二次世界大战的爆发。

★学术动态

学术观点1:帝国主义是法西斯国家发动二战的深厚根源

在帝国主义时代,整个世界经济融为一个经济机体而整个世界又被瓜分完毕,几个最富有的大国会对全世界的统治、控制与争夺。

当我们从帝国主义的视角来认识第二次世界大战的起源问题时,就会看到,对第二次世界大战的发动者——帝国主义国家的极端形式法西斯国家来说,这种争霸世界的帝国主义目的更为明显。墨索里尼对"最高统治权"的追求,希特勒以无限"生存空间"为依托的扩张野心,以及日本要征服亚洲最终争霸世界的目标,都是要用战争的手段与英、法、美等国进行全球争夺。

另一方面,帝国主义政治经济发展不平衡的规律,也是法西斯国家敢于向英法美等国挑战的原因之一。已有的统计数字表明,到1928年,德国的工业生产已位居世界第二。如果从1929—1938年各大国在世界制造业中所占份额的变化情况来看,德日所占份额也都在上升。正是由于德、日等法西斯国家的经济迅速增长,它们的政治野心也急剧膨胀。

可见,法西斯国家发动的战争在本质上仍然是帝国主义性质的,因而,帝国主义是法西斯国家发动二战的深厚根源。

【根据徐蓝:《试论第二次世界大战的起源——谨以此文纪念齐世荣先生逝世一周年》,《首都师范大学学报(社会科学版)》2016年第6期】

学术观点2:军备竞赛是加速二战爆发的重要因素

日本对东北的占领刺激了苏联在西伯利亚—中国东北—蒙古边境的军备扩张,从而进一步恶化了亚洲大陆局势。

在欧洲,德国挑战现状的行为引发了军备竞赛,德国进行军备扩张的行为先后激起了英国、法国、苏联和美国的连锁反应。英国、法国和美国以各自的方式,试图通过军备扩张对德国、意大利和日本形成威慑,避免其发动侵略性战争,同时迫使它们回到谈判桌前。

由于预料到无法在军备竞赛中占据上风,德国、意大利和日本先后做出决定,宁可冒险承受战争的不确定性,也不愿接受在军备竞赛中注定失败及其必然的政治后果。于是,他们率先发动了战争。

因此,军备竞赛很大程度上决定了战争的爆发时机及其蔓延,对二战的爆发发挥了重要作用。

【根据[英]约瑟夫·梅奥罗、年玥:《军备竞赛与第二次世界大战的来临》,《中国国际战略评论》2015年】

★ 史学导读

1. 第二次世界大战爆发的原因有哪些?

第二次世界大战是在世界分裂为两个体系的新形势下,在世界资本主义经济大危机沉重打击西方各国的情况下,由三个以法西斯主义为特征的最富有侵略性的帝国主义在欧亚非三洲分别偷偷摸摸地挑动的。这一特点不是偶然产生的,而是一次大战后特定的国际政治经济关系的产物。西方国家领导人在二次大战前对付法西斯侵略所采取的政策是绥靖政策。帝国主义争夺霸权和重分殖民地的斗争,是现代帝国主义战争的根源。从帝国主义侵略战争发展到世界大战,一般都需要相当时间的过程。由于西方国家的绥靖政策,战争的步伐大大加快。

——摘自罗荣渠:《通向全面战争之路——略论有关第二次世界大战起源的若干问题》,《世界历史》1979年第5期

○ 导读提示

从罗荣渠的观点中,可以得出:帝国主义的本质、法西斯主义、经济危机、不合理的国际政治体制以及绥靖政策都是影响二战爆发的原因,第二次世界大战的爆发的是战前世界经济、政治、军事等各种矛盾因素相互作用的结果。

阅读材料时,应认识到:帝国主义政治经济发展的不平衡是二战爆发的根源,法西斯是发动二战的罪魁祸首,经济危机和英法美等国错误的外交政策加速了二战的爆发。

通过阅读材料,可以深刻理解第二次世界大战之所以爆发,其根源和原因是多方

面、全方位的,是战前国际上各种因素综合作用的结果。

2.经济危机是如何促使德国法西斯运动的迅速发展的?

受经济危机影响,德国政局动荡、党派斗争激烈、政治上四分五裂,人民群众对魏玛共和国不满情绪日益高涨。同时,由于德国人认为经济危机是战胜国压迫的结果,这使得国内民族主义情绪激化。这些为纳粹党提供了鼓吹民族社会主义反动理论、欺骗群众和煽动群众的良机。经济危机导致了资产阶级民主制度危机,面对统治危机,兴登堡不得不任命纳粹党头目希特勒为总理,为法西斯的上台铺平了道路。危机使得德国无产阶级革命蓬勃发展,垄断资产阶级统治岌岌可危,这促使垄断资产阶级决心启用希特勒建立法西斯政权,通过对内镇压无产阶级革命,对外谋求发动侵略战争来摆脱危机、寻求出路。

——摘编自吴友法:《二三十年代经济危机与德国法西斯的兴起》,《武汉大学学报(社会科学版)》1988年第4期

○ **导读提示**

经济危机导致了德国国内政局动荡、人民对政府不满、国内无产阶级革命高涨,危机所导致的这些局面为德国法西斯运动提供了良机,德国法西斯势力借机通过欺骗、煽动等一系列手段最终获得了德国社会的广泛支持,法西斯运动迅猛发展并最终攫取政权,建立了法西斯专制独裁统治。

阅读材料时,应认识到:经济危机为德国法西斯的迅猛发展提供了良机,法西斯势力正是巧妙地利用了这一机会,才得以迅速发展,因此,可以说经济危机是法西斯运动迅猛发展的重要条件。同时,也应该认识到经济形势对政治和思想发展的巨大影响。

通过阅读该则材料,可以深刻理解经济危机使德国在政治思想领域发生了有利于法西斯的变化,促进了德国法西斯运动的迅速发展。

3.绥靖政策是如何加速二战爆发的?

日本侵略势力刚刚发动之初,英美等国没有针锋相对,予以反击,而是采取姑息绥靖态度,幻想用满足侵略者某种愿望的方法去平息事件,达成妥协,维持和平。然而事变一次又一次扩大却无情地证明,绥靖并没有换来和平。日本侵略势力正是看到了列强在"满洲问题"上不愿出面干涉的心理,利用西方对事变后果的妥协和默认,在武装侵略的道路上越走越远。

直到德国纳粹政权建立后,墨索里尼才趁英、法推行绥靖政策之机,借助于纵横捭阖的外交策略,先后以武力吞并埃塞俄比亚和阿尔巴尼亚,并通过武装干涉西班牙,占领巴利阿里群岛,为他称霸红海和地中海奠定初步基础。

张伯伦出任首相后,积极推行"地区安排",把西班牙、奥地利、捷克斯洛伐克一一牺牲给法西斯侵略者。世界危险地点的"局部化"似乎成功了,但世界大战在总体上却更加迫近了。1939年9月1日德国进攻波兰,9月3日英、法被迫宣战,第二次世界大战终于全面爆发。

——摘自齐世荣:《绥靖政策研究》,北京:首都师范大学出版社,1998年版,第109、348、384页

○ 导读提示

绥靖政策是英法美等西方大国面对法西斯国家的侵略扩张采取的一种妥协退让政策,正是由于英法美等西方大国的妥协纵容,让法西斯国家的侵略行为越来越无所顾忌,加之缺乏有力的制约,侵略的步伐不断加快,最终将英法美等西方大国也卷入战争之中。

阅读材料时,应认识到:绥靖政策对于二战的爆发起到的加速作用,不仅体现在绥靖政策纵容和助长了法西斯国家的侵略野心,也体现绥靖政策实际上削弱了英法美对抗法西斯的实力,这在一定程度上也加速了战争的爆发。

通过阅读该则材料,可以深刻理解绥靖政策加速二战爆发的重要原因,还要深刻认识到推行绥靖政策的国家都是基于自身狭隘的利益,最终自己也成了受害者。

第2讲 第二次世界大战的过程

★学习精要

从1931年日本制造九一八事变拉开第二次世界大战的序幕,到1945年9月2日日本正式签署无条件投降书,反法西斯战争胜利结束,这是一场持续近十四年的世界大战,先后有61个国家和地区、20亿以上的人口被卷入,作战区域面积2200万平方千米,是人类历史上规模最大的世界战争。

这次世界大战大致可以分为以下阶段:

二战的爆发阶段(1931年—1939年9月):在这一阶段,战争从局部战争逐渐发

展为世界战争。1931年日本发动九一八事变,拉开战争序幕,1937年发动七七事变,标志着二战在亚洲的爆发。1939年,德国闪击波兰,英法等国相继对德宣战,二战全面爆发。

二战的扩大阶段(1939年9月—1941年12月):在这一阶段,二战逐渐发展到全球阶段。重大事件有法国败降、不列颠之战、《德意日三国同盟条约》的签订、意英在东北非开战、苏德战争爆发、《大西洋宪章》的发表、太平洋战争爆发。

二战的转折阶段(1941年12月—1942年夏):在这一阶段,反法西斯同盟形成,阿拉曼战役、斯大林格勒战役、中途岛战役的胜利,分别成为非洲、欧洲和太平洋战场的转折点,胜利的天平开始向反法西斯同盟国倾斜。

二战的胜利阶段(1942年夏—1945年9月):在这一阶段,反法西斯同盟开始反攻并取得了战争的最后胜利。主要事件有:意大利投降、开罗会议、德黑兰会议、诺曼底登陆战役、雅尔塔会议、德国投降、波茨坦会议、盟军对日反攻及日本战败投降。

第二次世界大战的胜利是正义的胜利,是世界反法西斯国家团结协作的结果,也是世界反法西斯人民艰苦抗争的结果。

第二次世界大战也深刻地影响了人类历史。首先,在摧毁法西斯主义的同时,给人类造成前所未有的破坏和灾难;其次,极大改变了世界政治格局;再次,客观上推动了科学技术的迅速发展。

★学术动态

学术观点:反法西斯同盟的协同合作是反法西斯战争胜利的关键

反法西斯同盟使东西几大主战场——苏联战场、北非地中海战场、中国战场、太平洋战场,联成一气,形成对德、日、意法西斯的大包围圈。

反法西斯同盟建立了打败敌人的统一的军事战略与相互协调的军事行动。英国和美国一开始就建立了联合总参谋部,在太平洋战区建立了美英荷澳联合司令部。在中国战区建立了中国战区统帅部,管辖中国、泰国、越南、缅甸北部。苏联战区保持以斯大林为首的完全独立的军事指挥系统,但获得美、英的军事物资与装备的援助。同时,美国通过租借法案的方式为英、苏、中等国提供不断的援助,这些协调与合作为战争的胜利确立了基点。

在北非和欧洲,几个国家的合作首先击败了意大利;诺曼底登陆的成功、第二战场的开辟使得德国陷入致命的两线作战;中国对日军的巨大牵制、美国的强大反攻和苏联出兵中国东北加速了日本的溃败和投降。

由此可见,反法西斯同盟国家的合作是世界反法西斯战争胜利的关键所在。

【根据罗荣渠:《伟大而艰难的同盟——略论世界反法西斯战争取胜的重要历史经验》,《中共党史研究》1995年第4期】

★史学导读

1.如何看待太平洋战争的爆发对二次世界大战的影响?

一九四一年十二月七日,日本帝国主义偷袭珍珠港成功。十二月八日,美国、英国对日宣战。接着加拿大、澳大利亚、新西兰、南非、自由法国全国委员会、荷兰等国也对日宣战。十二月九至十日,中国对日、德、意宣战。十二月十一日德国和意大利对美国宣战,同一天,德、意、日三国缔结了共同对美英作战协定。于是形成了以苏、美、英、中等国为一方的同盟国和以法西斯德、意、日为首的轴心国之间的对立和战争。

——摘自冬岩:《太平洋战争与第二次世界大战的爆发——一个值得探讨的问题》,《外国问题研究》1982年第1期

日本偷袭珍珠港的成功,并没有能挽救它的最后失败。英美等国相继投入对日战争,促成国际反法西斯统一战线的扩大。而日本的战争对象毕竟是世界上的头等经济强国,一旦转入战争轨道,经济强国就会变成军事强国。在战争进行了一年之后,战局的发展出现了根本的转折。1943年2月,日军在瓜达康纳尔岛上的战败,结束了日本在军事上的优势,开始走上它最终失败的道路

——摘编自严钟奎:《太平洋战争的发生》,《历史教学》1982年第10期

○ **导读提示**

第一则材料说明由于太平洋战争的爆发,使这次战争具有了世界大战的规模。第二则材料说明太平洋战争不仅促进了反法西斯阵营的扩大,而且美国加入反法西斯阵营对日作战,加速了日本的最终失败。

阅读材料时,应认识到:太平洋战争的爆发不仅使第二次世界大战的规模发展到全球阶段,而且促使战争双方形成了两个对抗鲜明的阵线,使以前孤立的各个战场息息相通,尤其是美国的直接加入,增强了反法西斯阵营的实力,加速了法西斯的失败。

通过阅读上述材料,可以深刻理解太平洋战争的爆发对第二次世界大战的规模和

战争进程以及战争结果的影响。

2. 如何认识第二次世界大战的影响?

全世界军民死亡6000多万人,消耗军费13000亿美元,物资损失42700亿美元,精神创伤无法用数字计算。但是以反法西斯力量的胜利而告结束的第二次世界大战,挽救了人类文明,恢复了世界和平,推动了人类社会的进步。

第二次世界大战后,德、意沦为战败国,英、法降为二等国,美国成为世界第一经济和军事强国,并在政治上将西欧、日本、美洲置于自己的控制之下。苏联是战后唯一有力量能与美国抗衡的国家。在二战中,新的国际秩序结构也在孕育,开始形成维护国际和平与安全的新机制。战后,以美苏对峙的两极格局取代了以欧洲为中心的旧的国际政治格局。

第二次世界大战为一系列欧亚国家走上社会主义道路创造了条件,使得社会主义力量空前壮大。同时,在大战中殖民地和半殖民地人民受到锻炼,提高了觉悟,战后民族解放运动风起云涌。

迫切的军事需要使交战各国倾尽全力去发展相应的制胜武器,从而推动了科学技术的发展。

——摘自齐世荣:《世界史·现代卷》,北京:高等教育出版社,2006年版,第323~324页

○ **导读提示**

从材料来看,第一,第二次世界大战给人类历史带来了前所未有的破坏和灾难;第二,第二次世界大战也改变了国际政治格局,逐步确立起了战后美苏对峙的两极格局;第三,第二次世界大战还促进了社会主义力量的壮大、改变了国际政治力量的对比,推动了殖民地半殖民地的民族解放运动,促进了殖民体系的瓦解;第四,客观上促进了科学技术的发展;第五,战争的恐怖使世界人民深感和平的弥足珍贵,爱好和平的力量空前壮大,制约世界大战的能力也得到了极大的提高。

阅读材料时,应认识到:第二次世界大战在给人类社会带来空前破坏和灾难的同时,也在深刻地改变着国际政治格局、政治发展趋势、科学技术的发展以及人们的思想观念。

通过阅读该则材料,可以深刻理解第二次世界大战所产生的影响是广泛而深刻的,在带给人类社会灾难的同时,也在客观上推动着世界历史的发展进程。同时还要

认识到和平来之不易,牢固树立人类命运共同体意识。

第3讲　战后国际秩序的建立——雅尔塔体系

★学习精要

1941年《大西洋宪章》签署,拉开了建立战后国际新秩序的序幕,到1951年《对日条约》的签署,反法西斯同盟国通过多次会议形成了一系列影响战后世界秩序的公报、议定书、协定、声明、备忘录和条约,尤其是以《雅尔塔协定》为中心的关于战后世界安排的协议,逐步建立起了新的战后国际秩序体系——雅尔塔体系。

雅尔塔体系的主要内容包括:如何打败德日法西斯、如何处理战败国;重新绘制战后欧亚政治地图;建立联合国;对德意日殖民地和国联委任统治地实行托管,原则上承认民族独立权利等。

雅尔塔体系在注重倡导和维护和平,将不同社会制度国家的和平共处纳入国际体系的同时也带有大国妥协和大国强权的政治色彩,这深刻影响了国际政治格局的变化。

在雅尔塔体系下,一方面,联合国成为战后解决国际争端、维持世界和平与安全,加强国际合作,促进全球社会发展的最主要国际组织,其实行的安理会常任理事国"大国一致"原则使得联合国在和平解决争端、制裁侵略和缓和世界紧张局势方面发挥了重要作用。另一方面,由于欧洲的衰退和美苏的空前强大,加之美苏间国家利益和意识形态的对立,雅尔塔体系实际成为大国实力对比和互相妥协的产物,使得战后国际政治格局逐渐演化为美苏对峙的两极格局。

美苏两大集团冷战对峙与局部地区热战相交织,构成了雅尔塔体系下国际关系的基本形势,1989年的东欧剧变和1991年的苏联解体,标志着两极格局的瓦解,也象征着雅尔塔体系的基本瓦解。

★学术动态

学术观点1:雅尔塔体系维护了二战后世界的总体和平

第一,雅尔塔体系奠定了战后世界总体和平的基础。首先,雅尔塔体系巩固了反法西斯同盟,加速了法西斯的灭亡,为保卫和平、缔造和平铺平了道路;其次,主张铲除法西斯主义,促使德日意走上和平发展方向;再次,主张建立了维护世界和平与安全、促进国际合作的国际组织——联合国,在解决国际冲突、缓和世界紧张局势方面是有一定成效的。

第二,雅尔塔体系抑制了战后冷战的升级和新的世界大战的爆发。雅尔塔体系承认不同制度的国家的共处和合作,承认世界和平安全的重要性,这使得战后在美苏对峙和一些国际安全问题上中,美苏双方始终保持着某种程度的克制、妥协与合作。

综上,雅尔塔体系维护了二战后世界的总体和平。

【根据丁晋清:《雅尔塔体制与世界总体和平》,《广东党史》1997年第2期】

学术观点2:雅尔塔体系不同于凡尔赛—华盛顿体系

凡尔赛—华盛顿体系是在一战结束后的通过一个接一个的"和约"仓促建立起来的,根本没有经过认真的酝酿、讨论和分析。雅尔塔体系的建立从1941年便拉开了序幕,直到1951年才最终形成。历经多年,协调各方面的利益关系,表现得十分谨慎。

凡尔赛—华盛顿体系的核心内容是对德问题和协调各国在亚太地区的争夺。雅尔塔体系则将重点放在了如何维护战后世界和平与安全上,提倡不同社会制度国家间的共处与合作。

凡尔赛—华盛顿体系对战败国进行了苛刻的掠夺。雅尔塔体系对战败国的处置则是既要确保德国和日本不再对新的国际秩序构成威胁,又要避免强加在它们身上过多的重担。

凡尔赛—华盛顿体系实际上恶化了原有矛盾,为新的战争的爆发埋下了祸根。雅尔塔体系下虽然美苏两极冷战对峙,但却维护了世界总体的长期和平。

综上,雅尔塔体系在创立的过程、核心内容、对战败国的处理及对世界局势的影响等方面都与凡尔赛—华盛顿体系有不同之处。

【根据黄玉军:《凡尔赛—华盛顿体系与雅尔塔体系之比较》,《历史教学(上半月刊)》2013年第7期】

★ 史学导读

1.联合国从哪些方面维护着战后的世界和平?

联合国宗旨明确指出,"维护和平与安全;采取有效集体办法,制止侵略行为或其他和平之破坏;并以和平方法且依争议及国际法之原则,调整或解决足以破坏和平之国际争端或情势。"联合国安理会,调停了多次国际冲突,总体效果是好的。此外,联合国还通过国际维和等非武力方式较好地维护了世界和平。

联合国的宗旨之一是"促成国际合作,以解决国际问题,发展国际友好关系,以增强普遍和平。"联合国在推动发展中国家经济社会发展、救灾减灾、救助难民、保护环境、防治疾病、改善妇女儿童处境、增进全人类的人权和自由等诸方面做了大量有益的工作。同时,联合国也为发展中国家与发达国家间的交流提供便利,成为南北对话、解决纠纷、共谋发展的阵地。

联合国宪章规定,会员国不分大小强弱,均有在联合国发表见解的同等地位,均有派驻代表的机会。各国政要充分利用联合国大会发表政见,宣传本国对外政策,求得世界各国的理解和支持。同时,联大也是弱小国家争取和平、维护民族权利的申诉场所。

——摘自卞秀瑜:《雅尔塔格局与战后世界和平》,《理论界》2012年第11期

○ **导读提示**

联合国以维护世界和平与安全为宗旨,联合国安理会是维护世界和平的重要支柱,为维护战后世界和平做出了重大的直接贡献。联合国的维和行动也有利于缓和国际紧张局势。联合国以其经济、社会、文化、人权等方面的功能,为国际社会的全面发展做了大量卓有成效的工作,为世界和平奠定了广泛的经济社会基础。作为多边协调机构,为各国和人民增进了解、协调分歧、解决矛盾和加强合作做了大量工作,在更深、更广的层面上增进了世界和平事业的发展。

阅读材料时,应认识到:维护世界和平与安全是联合国的宗旨,安理会是维护世界和平与安全的重要机构,在协调国际冲突、维护世界和平方面发挥着重要作用。此外,联合国还通过促进国际社会的全面发展、增进国际交流与协作从更深层次上维护着世界和平。

通过阅读该则材料,可以深刻理解:联合国从多方面发挥着维护战后世界和平的作用,既有其宗旨的规定和相应机构的直接维护,也有其他功能对世界和平的间接维护。还要认识到联合国的创建是人类充分汲取了历史智慧的产物,体现了人类对和平的追求与热爱。

2.如何认识雅尔塔体系对战后国际关系的影响？

从雅尔塔体系的建立背景和内容来看，该体系同样具有大国强权政治的深深烙印。它建立在美苏战时军事实力均势的基础之上，是美英苏三大国出于对各自利益的现实考虑和对战后世界安排的长远打算，在进行了长期的讨价还价之后相互妥协的产物。当它们进行安排的时候，既不与当事国协商，也不考虑当事国的利益。雅尔塔体系运作的结果，也是它带给我们这个世界的最直接最有影响的后果，却是美苏冷战。持久的冷战不仅带来了政治上的绝对对立，而且使意识形态的差异变得竟然如水火一般的不能相容。对立的双方曾一度失去了一切对话的可能。

由于雅尔塔体系是建立在美苏相对平衡的基础之上，于是尽力避免冲突、和平共处便实际成为她们相互关系的行为准则，两种不同社会制度国家之间的和平共处原则正式纳入了国际关系体系。它还将昔日的战争策源地的法西斯国家转变为资产阶级民主国家，从而埋葬了发动世界大战的重要根源。同时，给被压迫民族的民族自决和国家独立以及被托管地区的独立与自治以一定支持。这些获得独立的民族国家还使世界力量对比发生了深刻的变化，在战后国际关系民主化方面扮演了重要角色。

——摘自徐蓝：《试论雅尔塔体系对战后国际关系的影响》，《历史教学》2002年第5期

○ **导读提示**

第一段材料反映雅尔塔体系对国际关系的消极影响，主要表现在大国妥协和大国强权损害了一些其他国家的利益；导致了美苏全面的冷战对峙，加剧了世界局势的紧张。第二则段材料反映雅尔塔体系对国际关系的积极影响，主要倡导和平共处；埋葬了法西斯主义；支持民族自决和民族国家独立，促进了民族解放；从长远来看，客观上推动了国际关系的民主化。

阅读材料时，应认识到：雅尔塔体系对战后国际关系的影响是双重的。虽然这一体系对国际关系有消极影响，但从历史发展进程来看，积极影响大于消极影响。

通过阅读该则材料，可以深刻理解雅尔塔体系，虽然具有大国强权政治的深深烙印，是冷战爆发的地缘政治基础，但是雅尔塔体系作为反法西斯正义战争的产物，也反映了二战后的世界现实，它将和平共处原则正式纳入了国际关系体系，推动了战后世界的和平、民主、独立与发展。

★ 荐读书目

朱贵生、王振德、张椿年:《第二次世界大战史》,北京:人民出版社,2005年版

[英]诺曼·斯通:《二战简史:黑暗时代》,美同,译,北京:中信出版社,2015年版

[英]李德·哈特:《第二次世界大战战史》,钮先钟,译,上海:上海人民出版社,2009年版

朱光庭:《法西斯新论》,重庆:重庆出版社,1991年版

齐世荣:《绥靖政策研究》,北京:首都师范大学出版社,1998年版

[美]沙希利·浦洛基:《雅尔塔:改变世界格局的八天》,林添贵,译,北京:中信出版社,2018年版

王绳祖:《国际关系史》,北京:世界知识出版社,1996年版

袁明:《国际关系史》,北京:北京大学出版社,2005年版

第八单元　20世纪下半叶世界的新变化

【单元学习精要】

一是认识第二次世界大战后资本主义、社会主义与第三世界国家发展中的成就与问题。第二次世界大战结束后，世界发生了新变化。资本主义国家加强了对经济的宏观调控，迅速恢复发展生产力，并通过建立福利国家制度等方式，缩小贫富差距，维持社会稳定。苏联和东欧社会主义国家开始改革尝试，但终因未能突破高度集中的政治经济体制的束缚而失败，引发东欧剧变、苏联解体，社会主义遭受重大挫折。20世纪40年代起，亚非拉殖民地半殖民地纷纷获得独立并不断发展壮大，发展中国家在国际事务中发挥着越来越重要的作用。

二是认识冷战的基本特征。第二次柏林危机和古巴导弹危机使冷战达到最高潮。美、苏双方在强硬对抗的同时，努力寻求妥协途径，避免危机升级冲突失控而引发战争。这两次危机以及初中已经学习过的第一次柏林危机的解决方式，凸显了冷战的基本特征，即冷战双方在进行激烈的军备竞赛特别是核武器竞赛的同时，又具有使美、苏两国之间始终避免兵戎相见的自我控制机制。总结冷战的基本特征，也可以更好地把握冷战的含义，并对第二次世界大战后世界在整体上维持了和平状态做出解释。

三是冷战与世界格局变化之间的相互影响。第二次世界大战结束后，美国和苏联是当时世界上最强大的国家，它们建立并主导了战后国际秩序。美、苏在世界范围内划分势力范围，建立了分别以它们为首的两大集团，形成了全面冷战对峙，两极格局逐渐形成。在冷战过程中，世界发生了深刻变化，西欧、日本、中国等地区和国家逐渐发展为重要的国际力量，发展中国家也在国际政治舞台上发挥着重要作用。这一切对两极格局造成冲击,世界多极化的趋势开始显现。苏联解体后,两极格局结束,美国成为世界上唯一的超级大国,但受到多种国际力量的制约。随着苏联解体、冷战结束,冷战中出现的世界多极化趋势继续发展。

【根据徐蓝、朱汉国:《普通高中历史课程标准(2017年版)解读》,北京:高等教育出版社,2018年版,第113~114页】

第18课 冷战与国际格局的演变

第1讲 冷战与两极格局

★学习精要

　　二战后期,为确保战后的世界和平,美苏等国构建了以美苏合作为特征的"雅尔塔体系"。随着战争的结束,美苏战时同盟存在的基础已不复存在,同盟内部矛盾日益突出。美苏在国家利益、社会制度和意识形态上的对立和冲突,导致双方最终从战时盟友变成了战后对手。

　　美苏之间虽然冲突不断,但是并没有爆发直接的战争。历史上把这种既非战争又非和平的长期对峙与竞争状态称之为"冷战"。史学家普遍认为,冷战之所以能够避免"热战"的爆发,主要是因为冷战存在着一种自我控制机制。它使得两个超级大国既激烈对立和冲突,又避免了直接战争的发生。

　　随着冷战的发展,美苏双方在政治、经济、地缘政治及军事等方面进行了全面的对峙。在政治上,"杜鲁门主义"与"共产党和工人党情报局"尖锐对立;在经济上,"马歇尔计划"与"经济互助委员会"针锋相对;在地缘政治上,"西德"与"东德"紧张对峙;在军事上,"北约"与"华约"剑拔弩张。

　　到20世纪50年代中期,随着冷战的全面展开,两极格局最终形成。但是以美国为首的西方阵营的实力始终强于苏联为首的社会主义阵营,有些国家始终独立于两大阵营之外,两极格局是不对称和不完整的。

★学术动态

学术观点1:冷战是在美苏之间敌对互动之中爆发的

　　第二次世界大战结束后的国际形势,为冷战的爆发提供了条件。反法西斯战争的胜利和世界和平的到来,使昔日世界反法西斯同盟的基础不复存在,同盟内部原有的矛盾也日益凸显出来。

而美苏两国国家战略之间的激烈碰撞,以及它们依据各自战略而制定的对外政策和行为的对立互动,则最终使冷战未能避免。美国在第二次世界大战后形成了全球扩张的总战略。但是这一总战略的实施,却在地缘政治、经济利益及意识形态等方面,全面与苏联的战略相遭遇。战后苏联形成了保障国家安全战略。这一战略使苏联决心充分利用手中所掌握的有限力量,通过局部扩张而使其权势超出了本国领土。

总之,在上述国际形势的大背景下,双方在许多重要问题上产生重大的分歧与对抗。于是,冷战就在美苏之间的不断的逐渐强硬的敌对互动之中爆发了。

【根据徐蓝:《试论冷战的爆发与两极格局的形成》,《首都师范大学学报(社会科学版)》2002年第2期】

学术观点2:斯大林的战后世界体系观与冷战起源有直接的联系

斯大林的战后世界体系观是他本人制定战后苏联内外政策的基础,因此它与战后的冷战起源有直接的联系。

斯大林认为二战后统一的无所不包的资本主义世界市场已瓦解,社会主义将从苏联一国走向数国,形成与资本主义对立的世界市场和阵营。在这一观念指导下,战后苏联的外交政策注重主动出击,扩展势力范围,但由于实力所限,其主动出击行动是有限度的。

然而美国错误地将此视为苏联向全球扩张共产主义,并因此而产生过分的反应和过激的行动。它用全面遏制的方法与苏联对抗,以致最终导致美苏之间长达40余年的全面冷战。

【根据叶江:《斯大林的战后世界体系观与冷战起源的关系》,《历史研究》1999年第4期】

学术观点3:意识形态的对峙加速了冷战的形成

美苏两国意识形态的对峙,在冷战形成过程中具有不可忽视的重要作用。

战后美苏为了扩大和巩固自己的阵营,极力利用各种方式推行自己的社会制度和价值观念,最终形成两大阵营的对立。美苏还利用意识形态谋取国家利益,一方面在周围建立意识形态相同的国家政权,作为缓冲地带;另一方面是把意识形态作为舆论的宣传工具。战后两国领导人对对方的认识,在很大程度上受各自意识形态的影响,都戴着有色眼镜看对方,把对方的每一个行动都认为是侵略和对自己的威胁,这必然加速冷战的形成。

综上所述,冷战形成时期,美苏对立的意识形态和社会制度确实起了很重要的作用。

【根据王春红:《浅析意识形态在冷战形成中的作用》,《山西高等学校社会科学学报》2004年第4期】

★ 史学导读

1. 美苏为何由战时盟友变为战后对手?

美国驻苏大使馆代办凯南向美国政府提交了8000字的"长电报"。电文中认为,克里姆林宫对世界事务的认知根源于苏联传统的不安全感。为了求得安全,他们从未考虑与对手达成妥协,而是要将对手置于死地。凯南还将苏联描绘为一个专制传统早已与意识形态强制相整合的国家,因而它认为外部世界是敌对的。美国必须把对付苏联放在美国对外政策的首位。

——摘自周建明:《美国国家安全战略的基本逻辑:遏制战略解析》,北京:社会科学出版社,2009年版,第15页

苏联驻美大使诺维科夫写了一篇名为《战后美国的外交政策》的报告。报告认为,战后美国争霸世界的动因是垄断资本的帝国主义扩张。美国利用第二次世界大战其竞争对手被削弱的时机,其资本已渗透到世界的许多国家,加强了在世界上的经济地位。美国正在从国外和国内两个方向,集中反动力量对苏联进行包围。美国已成为苏联的对手。美国正运用着资本和军事这两种武器妄图达到其称霸世界的目的。

——摘自刘子奎:《二十世纪东西方关系》,南昌:江西人民出版社,2012年版,第183~185页

○ 导读提示

从材料来看,美苏由战时盟友变为战后对手的原因主要体现在三个方面:国家利益的冲突;国际地位的变化;意识形态(社会制度)的对立。

阅读材料时,应认识到:从根本上来看,美苏的冷战对峙是国家利益的冲突。而美苏各自的强大国力使这种斗争更加尖锐。双方都把对方视为实现其国家利益的最大对手。此外,社会制度和意识形态的因素亦不可忽视。

通过阅读这两则材料,可以深刻理解美苏由战时盟友变为战后对手的原因。同

时,还应认识到早在"二战"结束伊始,冷战就已初露端倪,国际格局即将发生重大变化。

2."冷战"的第一责任者是谁?

在杜鲁门和他的助手看来,苏联被沙皇扩张传统所驱使,破坏了战时同盟协议。它要向美国和西方社会发动战争,破坏它们的社会稳定和固有的生活方式与价值观。他们认定,反对苏联扩张的斗争关系到自由制度的生死存亡。杜鲁门政府根据主观臆造的苏联威胁制定和推行外交政策,是冷战产生的主要原因。

——摘自刘金质:《冷战史》,北京:世界知识出版社,2003年版,前言第22页

传统的美国学派认为,冷战是由苏联引起的,苏联热衷于获得领土,尤其是征服东欧领土。如果苏联没有表现出这种倾向,美国将有可能退回到战前的孤立主义状态。美国采取遏制苏联扩张的政策是正确的。如果没有美国主动的遏制政策,苏联将继续在欧洲、中东和亚洲扩张。

——摘编自赵菊玲:《战后世界格局五十年》,《历史教学(高校版)》1995年第8期

○ 导读提示

从第一则材料中作者的观点来看,美苏冷战的第一责任者是美国。而传统的美国学派认为,冷战的第一责任者是苏联。

阅读材料时,应认识到:杜鲁门政府根据主观臆造的苏联威胁制定和推行外交政策,是冷战产生的主要原因,美国应是冷战的第一责任者;而传统的美国学派认为,冷战是由苏联引起的,苏联热衷于获得领土,尤其是征服东欧领土,美国采取遏制苏联扩张的政策是正确的,冷战的第一责任者是苏联。

通过阅读这两则材料,可以深刻理解冷战爆发的复杂背景。同时,还应认识到由于人们观察角度不同,因而对同一历史事物会有不同解释,所有的历史叙述在本质上都是对过去的解释。

3.美苏冷战的基本性质是什么?

美苏冷战对抗有四大基本性质。第一在于其地缘政治和地缘战略特征。可以说,整个冷战期间美苏两家都在不断评估世界各有关地区的战略价值和战略形势,它们的地缘政治就是按照世界地图来进行的超级大国权势斗争;第二在于其非常强烈的意识形态色彩,对立的意识形态既是美苏各自在竞争中运用的旗号,更是它们从事竞争和对抗的重要动因;第三是贯彻始终和不断翻新的美苏军备竞赛,军备竞赛特别是核军

备竞赛,构成了冷战的一个重要方面;最后是冷战的自我控制机制,它们使得美苏无论怎样对抗和争斗,都不至于在彼此间爆发热战。

——摘自时殷弘:《美苏冷战史:机理、特征和意义》,《南开学报(哲学社会科学版)》2005年第3期

○ 导读提示

从材料来看,美苏冷战对抗有四大基本性质。第一在于其地缘政治和地缘战略特征,第二在于其非常强烈的意识形态色彩,第三是贯彻始终和不断翻新的美苏军备竞赛,第四是冷战的自我控制机制。

阅读材料时,应认识到:冷战是在全球范围内进行的超级大国权势斗争;意识形态对抗几乎始终伴随着美苏关系;核军备竞赛,构成了冷战的一个重要方面;冷战的自我控制机制使得美苏无论怎样对抗和争斗,都不至于在彼此间爆发热战。

通过阅读该则材料,可以深刻理解冷战的基本性质。同时,还应认识到冷战对整个世界产生的深远影响。

第2讲 冷战的发展与多极力量的成长

★ **学习精要**

20世纪50年代中期以后,美苏都开始调整过于对抗的外交政策,东西方关系出现了从未有过的和解气氛。但伴随着第二次柏林危机及古巴导弹危机的爆发,东西方关系又重新紧张起来,冷战达到了高潮。虽然这两次危机都最终并未演化成"热战",但世界被推到了核战争的边缘。在这种恐怖的核平衡震慑之下,美苏双方都不得不有所克制,冷战进入了相对缓和期。

在这一阶段,美国的实力相对削弱,加之受朝鲜战争和越南战争的打击,美国在西方阵营"一家独大"的状态被打破。与之相对应的是,欧共体和日本的实力有所增强。他们不再甘于唯美国马首是瞻,开始谋求在国际舞台上发挥更大的作用。欧共体和日本的发展,表明以美国为首的西方阵营逐渐分化。

在这一时期,苏联开始对原有的机制体制进行改革,虽有过成就,但未能从根本上取得成功。20世纪70年代中期以后,苏联社会发展停滞,经济逐年下滑。加之苏联对其他社会主义国家实行的大国沙文主义政策,社会主义阵营最终走向了瓦解。而原来

社会主义阵营中的新中国奉行独立自主的外交政策,日益成为国际社会中不可忽视的独立政治力量。

二战后,一大批殖民地、半殖民地国家和地区摆脱了殖民枷锁,实现了民族独立。为了摆脱美苏控制和维护自身的独立发展,它们以不结盟运动、七十七集团等形式登上了国际政治舞台,对世界格局的影响力不断增强,成了美苏两大阵营之外的"第三世界"。

这一时期,世界格局发生了深刻变化。两极格局受到了有力冲击,多极化趋势开始出现。

★学术动态

学术观点1:冷战的自我调控机制维持了美苏之间"漫长的和平"时代

纵观美苏冷战最为严重的三次危机,美苏之间在长期的对抗中所形成的战争调控机制成功地避免了冷战升级为热战。

在第一次柏林危机时,双方希望通过谈判谋求问题的解决。最终,经过多轮角逐与谈判,危机解除。第二次柏林危机的和平解决也是美苏双方善于运用战争调节机制的有力证明。在这场危机中,美苏双方虽然都采取了咄咄逼人的态势,但都没有发起挑战对方忍耐极限的危险举动。双方也是尽量克制,使得这场严重的危机最终息事宁人。古巴导弹危机被视为美苏冷战期间最严重的一次对抗。双方领导人都采取了冷静的态度,保持密切联系,尽量避免危机升级。

冷战的自我调控机制使得两个超级大国能够彼此对抗和争斗而不兵戎相见,维持了美苏之间"漫长的和平"时代。

【根据李宝宝:《浅析战争调控机制在美苏冷战中的运用——以两次柏林危机与古巴导弹危机为例》,《赤峰学院学报(汉文哲学社会科学版)》2016年第1期】

学术观点2:20世纪70年代两极结构已经发生了较大松动

两极格局自形成之日就孕育着变动的因素,到20世纪70年代,非西方世界的民族主义运动的兴起、中国等社会主义国家的独立探索与实践等有力地冲击着两极格局,来自西方阵营内部的纷争与分化也极大地促进了某种"多极化"的发展势头。

其中,令人印象深刻的是美欧日力量对比的巨大变化及其相互关系的演变。当美国实力衰颓,陷入深重危机之际,西欧、日本成了美国强有力的竞争者。尤其是西欧,从战后初期至20世纪50年代后,西欧一度处于依附于美国的地位,但随着欧洲共同体的成立,西欧各国经济一体化发展迅猛,实力不断增强。进入20世纪70年代后,西欧更多地表现为欧洲"独立自主"倾向的增强。

一言以蔽之,到20世纪70年代,冷战早期的那种政治、经济、军事上全面僵化对峙的两极结构已经发生了较大松动。

【根据梁军:《"从未有过的年代"——基辛格"欧洲年"计划中的美英外交考察》,《历史研究》2015年第4期】

学术观点3:尼克松主义是美国外交战略的重大调整

根据尼克松主义,美国将以往的全球扩张的总态势进行了修改,主要体现在军事和外交两个方面。

在军事上,尼克松政府提出了"现实威慑战略"以摆脱由于军事伸展过度而导致的负担过重的困境。在战略核力量方面,提出以"充足"论取代原来的对苏优势论,确保美国的质量第一;在常规力量方面,提出以"一个半战争"的战略,把战略重点集中到对付苏联;在海外义务方面,推行与其盟国的分级负责制。

在外交上,尼克松政府在承认世界已经进入多极时代的前提下,推行均势政策,从而使美国的外交出现了一些重要变化:第一,逐步结束越南战争,在海外驻军方面加强"欧洲第一"的方针。第二,继续东西方的对话与接触,缓和与苏联的关系。第三,主动采取行动,打开与中华人民共和国关系的大门,并利用同中国接近来对付苏联。第四,调整对盟国的政策,通过强调西方联盟是"平等的伙伴关系"巩固美国的领导地位。第五,注重扩大美国在中东和平进程中的作用,以确保美国的经济、政治利益。

综上所述,尼克松主义是对美国以往的外交战略的重大调整。

【根据徐蓝:《从两极格局到多极化趋势的发展——20世纪70—90年代冷战态势的演变》,《浙江学刊》2005年第2期】

★ 史学导读

1.古巴导弹危机是如何影响美苏关系的?

古巴导弹危机是冷战史上重要的一幕,对于当时美苏两国的对外政策和双边关系的发展变化都产生了深刻和微妙的影响。通过这次直接的核对抗,美苏两国领导人深深体会到了这种对抗所包含的巨大的危险性,认识到在核战争中没有胜利者,因而双方都表现出寻求和解的愿望。危机过后,肯尼迪和赫鲁晓夫相互作出努力,缓和两国间的紧张关系,努力减少发生核冲突的可能性。美苏关系进入一个相对缓和的时期。

——摘自赵学功:《古巴导弹危机与20世纪60年代的美苏关系》,《史学月刊》2003年第10期

○ **导读提示**

从材料来看,古巴导弹危机的解决使美苏关系进入一个相对缓和的时期,冷战进入了相持阶段。

阅读材料时,应认识到:通过古巴导弹危机,美苏两国领导人深深体会到了核对抗所包含的巨大的危险性,认识到在核战争中没有胜利者,因而双方都表现出寻求和解的愿望。这次危机是冷战的一个重要转折点,此后美苏发生直接军事冲突的危险大大降低。

通过阅读该则材料,可以深刻理解古巴导弹危机对美苏关系的影响。同时,增强对冷战的自我控制机制的认识。

2. 毛泽东"三个世界"理论的主要内涵是什么?

三个世界理论的正式提出是在1974年2月22日,毛泽东在会见赞比亚总统卡翁达时说:"我看美国、苏联是第一世界……美国、苏联原子弹多,也比较富。第二世界,欧洲、日本、澳大利亚、加拿大,原子弹没有那么多,也没有那么富,但是比第三世界要富。咱们是第三世界,第三世界人口很多。亚洲除了日本,都是第三世界。整个非洲都是第三世界,拉丁美洲也是第三世界。"

2月25日,毛泽东又对阿尔及利亚领导人布迈丁说:"中国属于第三世界。因为政治、经济,各方面,中国不能跟富国、大国比,只能跟一些比较穷的国家在一起。"

——摘自彭远:《对毛泽东三个世界理论的再探讨》,《史学月刊》2017年第3期

○ **导读提示**

从毛泽东的谈话来看,美国、苏联是第一世界;美苏之外的发达国家是第二世界;亚非拉的发展中国家是第三世界。

阅读材料时,应认识到:美苏是两个超级大国,是"两极",属于实力最强的第一世界;欧洲大部分国家及日本属于发达国家,实力仅次于美苏,基本上属于美苏的盟国,

属于实力稍弱的第二世界;亚非拉的发展中国家实力最弱,他们以不结盟运动、七十七集团等形式联合起来发挥国际影响力,成了美苏两大阵营之外的"第三世界"。

通过阅读该则材料,可以深刻理解当时的世界格局及第三世界的兴起概况。同时还要认识到第三世界的兴起冲击了两极格局,表明了世界格局多极化的发展趋势。

第3讲 两极格局的瓦解

★学习精要

20世纪70年代末,苏联大肆扩张,在全球范围内与美国展开激烈争夺。面对苏联的攻势,美国开始对苏联采取强硬的"新冷战"政策。里根宣称"我们再也不能采取守势了""我们打算应战"。美国在社会形态、军事等领域持续对苏联施压。一方面,更加猛烈地对苏联实行"和平演变";另一方面,不惜巨资实行"战略防御计划"(又称"星球大战计划"),企图彻底拖垮苏联。

面对美国的"新冷战"政策,苏联一度予以坚决反击。但由于其经济发展日趋疲软,不得不在战略上实行收缩。戈尔巴乔夫上台后,对外宣扬"新思维",对西方世界妥协退让。而与此同时,以美国为首的西方国家进一步加速了对东欧社会主义国家的和平演变进程。

20世纪八九十年代之交,在西方的"攻势"之下,东欧发生了剧变。东欧各国相继抛弃了原有的社会主义制度,德国实现了统一,经济互助委员会及华沙条约组织解散。1991年底,苏联亦最终解体。

伴随着东欧剧变、苏联解体,两极格局最终崩溃,冷战亦随之结束。两极格局中出现的世界多极化趋势不可逆转。

★学术动态

学术观点1:苏联解体对当代世界影响重大

苏联解体对当代世界的重大影响如下:

苏联解体给原苏联周边国家带来了一个有利的地缘政治安全环境,世界进入了相对持久和平发展的大时代;苏联解体给世界带来了经济全球化加速发展的契机,终结了长达40年的东西方冷战;苏联解体给社会主义带来了历史性反思,世界社会主义者得到了不能再走苏联"老路"的警示;苏联解体给马克思主义发展提供了新的解读平台,促进了社会主义向着更健康的方向发展;苏联解体给原苏联民众带来了更多的权利享受,客观上提供了中国在世界经济舞台上逆势崛起的战略机遇。

综上所述,苏联解体带来了有利的地缘政治安全环境、加速了经济全球化发展、改变了世界格局、引发了社会主义历史性反思、客观上为中国和平发展提供了战略机遇,这五个重大影响迄今还在发挥作用。

【根据王子奇:《试论苏联解体对当代世界的重大影响》,《科学社会主义》2018年第1期】

学术观点2:冷战的结束并没有停止世界多极化的发展趋势

冷战的结束并没有停止在冷战过程中已经出现的世界多极化的发展趋势。

美国作为世界上唯一的超级大国,它认为由美国领导的国际关系体系的"单极阶段"终于到来了。

但是,继承了原苏联主要遗产的俄罗斯仍然是唯一拥有能够与美国相抗衡的核武器的国家。作为联合国的常任理事国,俄罗斯在世界事务中的作用仍然不可低估。与此同时,欧共体向欧盟的成功发展有力地表明了西欧仍然是国际政治中的一极重要力量。以中国、韩国和东盟成员国为代表的亚洲的崛起,同样显示出该地区除了日本以外的其他国家正在确立和发挥它们在世界事务中重要作用。占有联合国多数席位的第三世界国家作为一个整体对国际事务的影响也不容忽视。

因此,到冷战结束之时,世界多极化的发展趋势是一个不争的现实。

【根据徐蓝:《从两极格局到多极化趋势的发展——20世纪70—90年代冷战态势的演变》,《浙江学刊》2005年第2期】

学术观点3:中国的重大战略决策与冷战存在同步

美苏冷战既是中国革命胜利的独特的外部条件,也是中共建国时不得不面对的主要外部环境。中共中央选择"一边倒",客观上极大地加强了苏联阵营的力量。另一个同样重大的后果是导致了冷战向东亚地区的大规模蔓延。

20世纪60年代,中国国家安全战略的根本性转变,即从苏联的盟友转变为美国的战略合作者,同这个时期冷战体系的转型存在着直接的关联。

在20世纪70年代初开启的东西方缓和,是否以及如何影响了中国的现代化进程,目前还没有深入探讨的研究成果,不过从时间上看,的确有很多重合之处。

20世纪80年代中期,就在冷战开始进入终结的历史阶段,中国开启了退出冷战的进程。到1991年冷战因东欧剧变和苏联突然解体而宣告结束时,中国已经可以置身事外,比较超然地应付这个二战后最大的历史变局。

中国的重大战略决策与冷战存在同步,作为一种客观存在是如此之明显。

【根据牛军:《冷战时代的中国战略决策》,北京:世界知识出版社,2019年版,导论第4~7页】

★ 史学导读

1. 苏联瓦解与冷战有何关系?

苏联瓦解的原因中与美苏冷战相连的主要有:(1)沉重的军备竞赛负担、维持东欧势力范围的高昂经济代价以及在亚非拉三大洲广泛介入、干预和干涉的巨大成本,大大加剧了苏联的经济困难,并且因此助长了苏联国内各种社会矛盾和民族矛盾的尖锐化;(2)冷战环境和冷战思想的束缚严重损害了通过改革尝试纠正体制弊病的可能性,许多这样的弊病实际上甚至被苏联领导人当作为对付美国并与之竞争权势所必需的,或者说它们反而被当作苏联力量的源泉;(3)在冷战的间歇——"缓和"时期发展起来的美苏人员、信息文化交流,同苏联与其他西方国家的同类交流一起,缓慢但有力地影响了苏联社会。

——摘编自时殷弘:《美苏冷战史、机理、特征和意义》,《南开学报(哲学社会科学版)》2005年第3期

○ 导读提示

从材料来看,苏联瓦解与冷战的关系如下:冷战加剧了苏联的经济困难并助长了苏联国内各种矛盾的尖锐化;冷战环境和冷战思维的束缚损害了通过改革尝试纠正体制弊病的可能性;苏联与其他西方国家的交流缓慢但有力地影响了苏联社会。

阅读材料时,应认识到:苏联瓦解的原因很多,但冷战的影响无可回避。苏联的实力弱于美国,冷战对于苏联的影响更为突出,因此冷战对苏联的瓦解是存在直接关系的。

通过阅读该则材料,可以深刻理解苏联瓦解与冷战的关系。同时,还应认识到,在当今时代,我国要和平发展,应坚决避免"新冷战"的发生。

2. 冷战造成了怎样的(消极)影响与后果？

冷战所造成的影响与后果，至少有如下几个方面：

首先，冷战如同两次世界大战一样，同样是人类所蒙受的一场灾难，给人类的生命财产带来了巨大损失。其次，在政治上，由于冷战，无论是在苏联、东欧，还是在美国，都导致了一系列破坏民主与法制的行为。第三，在对外关系方面，无论美国还是苏联，为了争夺势力范围，肆意践踏国际法，屡屡干涉别国内政，甚至不惜大举用兵。第四，冷战在人们的心理、文化等方面，也投下了巨大的阴影。

综上所述，可以看出，冷战造成的影响及后果是广泛、严重而又深远的。

——摘自白建才：《试论冷战的后果与教训》，《历史教学(高校版)》1996年第9期

○ 导读提示

从材料来看，冷战造成的影响与后果主要是给人类的生命财产带来了巨大损失，导致了一系列破坏民主与法制的行为，肆意践踏国际法以及在人们的心理、文化等方面也投下了巨大的阴影。

阅读材料时，应认识到：冷战持续时间长达40余年，影响遍及全世界，对美苏两国乃至世界各国的发展都产生了重大影响，带来了严重后果。

通过阅读该则材料，可以深刻理解冷战造成的影响与后果。同时，还应认识到，在当今时代，我们要坚持和平共处五项原则，与世界人民共建"人类命运共同体"。

★ 荐读书目

[美]约翰·刘易斯·加迪斯：《冷战》，翟强、张静，译，北京：社会科学文献出版社，2013年版

刘金质：《冷战史》，北京：世界知识出版社，2003年版

李丹慧：《冷战国际史研究第1~27辑》，北京：世界知识出版社，2020年版

沈志华：《冷战启示录》，北京：世界知识出版社，2019年版

沈志华：《沈志华：冷战五书》，北京：九州出版社，2012年版

余伟民：《冷战是这样开始的：冷战起源专题研究》，上海：学林出版社，2015年版

徐蓝：《20世纪国际格局的演变与大国关系互动研究(一)、(二)》，北京：社会科学文献出版社，2015年版

牛军：《冷战时代的中国战略决策》，北京：世界知识出版社，2019年版

第19课　资本主义国家的新变化

第1讲　国家宏观调控与资本主义世界经济新体系的形成

★学习精要

20世纪前期社会主义的发展、两次世界大战以及30年代的经济大危机,打破了资本主义国家长期以来对自身的乐观自信,基于"国家不干预"的自由放任政策在危机面前基本失效,战后资本主义国家不得不相继引入计划因素,即在坚持市场经济为基础的前提下,强化国家干预,以寻求市场主导与政府干预的平衡。采取的主要手段包括扩大公共事业的财政支出、制定经济发展计划、利用经济杠杆等。上述措施使经济获得了较快的发展,西方国家由此进入了经济高速增长的"黄金时期"。

20世纪70年代,由于过度强化国家干预,导致市场失去活力,主要资本主义国家又相继出现了经济衰退和通货膨胀两症并发的"滞胀"现象。因此他们又重新强调市场机制,主张国家适度的干预。市场主导与政府干预再次平衡。经过改革和调整,基本确立了市场与国家干预相结合的混合机制,国家调控经济的能力大大加强。

除此之外,资本主义国家在国际协调方面也得到加强并形成了制度化。他们建立国际经济组织,采取市场干预行动等方式协调内部利益,维持国际经济秩序。

二战后资本主义国家不断寻求市场主导和政府干预之间的平衡,既强调市场机制,又主张国家适度调控与国际协调,保持经济社会发展。但是无论是资本主义内部的宏观调控,还是它们之间的国际协调,它们所触及的是统治的手段和方法,并没有触及资本主义的本质矛盾。

★学术动态

学术观点1:滞胀危机在美国的出现是一个复杂的问题,是历史合力共同作用的结果

就生产停滞来说,客观上的原因有以下几个方面,第一,资本主义国家发展不平衡的规律使西欧、日本的经济实力上升,美国逐渐丧失了战后20年独霸世界市场的优势。第二,战后时期技术革命所创造的新产品,生产量不断扩大,使市场逐渐达到饱和。第三,追求最大限度利润的规律使美国资本向世界扩张的同时,国内传统工业基础和竞争力却削弱了。

就通货膨胀来说,也有若干主客观原因。第一,虽然布雷顿森林体系奠定了美元作为世界货币的基础,但美国实行军事扩张政策,在世界各地驻军,庞大的军事开支使美元在全世界泛滥;第二,70年代两次石油危机的冲击使原油价格急剧上涨,导致整个物价上涨。第三,就国内政策来说,凯恩斯主义刺激社会总需求的政策对美国70年代的通货膨胀起了主要作用。

【根据陈宝森:《美国经济与政府政策:从罗斯福到里根》,北京:社会科学文献出版社,2014年版】

学术观点2:二战后不同阶段的国际经济协调呈现出不同的特点

第一,二战结束至20世纪70年代初,世界经济进入全面复苏时期,各种主要经济组织建立。这一时期的国际经济协调特点是协调形式以国际经济组织的规则性协调为主;协调体现了西方大国,特别是美国的意志。

第二,20世纪70年代初至80年代末,世界经济发生了巨大的变化,这一阶段国际协调的特点表现为G7(7国集团,后俄罗斯加入)开始在国际经济协调中发挥巨大作用;国际经济协调的领域进一步扩大,甚至不断向参与国的内部经济体制等渗透。

第三,20世纪90年代以来,经济全球化、区域集团化迅猛发展,新兴经济体群体性崛起,国际经济协调在深度和广度上进一步发展,它的特点表现为国际经济组织日益发挥作用,但其局限性日益明显:G7的协调效力趋衰,改革呼声不断加大;中国、印度等新兴经济体在国际经济协调中地位初步显现;中美高层经济协调成为国际经济协调的重要内容;G20有望取代G8。

用发展的眼光考察历史事物,有助于形成科学的历史认识。

【根据黎兵:《战后国际经济协调理论与实践评析》,《商业研究》2011年第12期】

★史学导读

1. 战后资本主义国家的计划调节有什么特点?

随着战后西方各国为摆脱经济发展周期对社会经济的影响,就是像西德这样的国家,也不能不重视国家宏观调节、政府预算计划、市场信息处理等一些能够影响经济的手段。……不过,这类市场经济体制下的计划是有限的,它的功能只是根据对经济发展趋势的预测和应该优先发展项目的安排,提出一些指导性的规划和设想……而不在意给经济发展指定多少刚性的指标,尤其是对于在社会经济成分中占大多数的私有制企业,更没有具有指令性的规定。

——摘编自项扬:《战后西方各国市场经济中的计划调节类型及其特点》,《历史教学问题》1992年第6期

○ **导读提示**

战后资本主义国家采取的经济发展计划与社会主义的计划经济有本质的区别:即目的和方式不同。资本主义国家的经济计划来源于市场,最终也反馈回市场,本质上依然是资本主义市场经济。

阅读材料时,应认识到:战后资本主义国家实行计划调节的原因是为了应对资本主义经济的周期性危机;没有绝对的指令作用和刚性指标;本质依然是资本主义市场经济。

通过阅读材料,可以深刻地认识到战后资本主义国家计划调节的特点,同时也能理解其与社会主义计划经济的本质区别。

2.战后资本主义国家宏观调控产生了什么影响?

国家垄断调节的内容和手段包括:(一)通过增加国家消费和国家投资,以及税收、补贴、货币、信用等财政金融政策措施,来促进国内市场和投资总额的扩大。(二)适应新的科技革命深入开展的需要,国家大力支持科学研究活动,1955—1978年,美国科研及发展经费增长66倍。(三)为保证社会资本再生产的社会条件,国家积极干预和发展公共教育社会保险及保健事务,推行所谓"福利国家"的社会改良主义政策。(四)不少国家推行资产阶级"计划化",制订并执行各种类型的经济计划(如法、日),以促进中、长期的经济增长。(五)采取多种措施支持本国垄断资本的对外经济扩张活动,提高本国商品的国际竞争能力。

现在简要地谈谈战后国家垄断资本主义的国际联合、国际协调与斗争加强的问题。欧洲经济共同体是国家垄断资本主义国际联合的突出典型。它是战后资本主义经济政治发展不平衡和帝国主义之间矛盾激化的产物,是在西欧国家资本和生产国际化趋势加强和国家垄断资本主义进一步发展的基础上组成并逐步扩大的。

——摘编自郭吴新:《国家垄断资本主义与西方经济的演变》,《武汉大学学报(社会科学版)》1988年第1期

○ **导读提示**

国家垄断资本的调节手段是多样的。它的调节包括对国内社会经济调节和对国际关系的调节。不同的调节内容会产生不同的影响,增加国家消费和国家投资等推动了经济的恢复和发展;国家大力支持科学研究活动,则促进了科技革命的推进;推行福利政策,完善了社会保障制度,使社会更加注重公平,同时也缓和了资本主义社会阶级矛盾;执行经济计划,一定程度上了有利于维护经济稳定发展;支持本国资本的对外扩张,则导致了资本在全球范围内的进一步流通,国际间的发展差距进一步拉大;而国家垄断调节国际市场,促进了资本主义国家的共同发展,但是资本主义国家内部竞争加剧,它们加强合作的同时也在不断地斗争。

阅读材料时,应认识到:国家垄断资本的调节总的来说有利于稳定战后国内国际社会经济秩序,但同时也要意识到资本主义国家的内部矛盾依然没有解决,资本主义的固有矛盾也没有根除。

通过阅读该则材料,可以深刻理解到:国家垄断资本的出现表明资本主义生产关系具有自我完善和自我调节的机制,资本主义制度还具有一定的生命力。

3. 如何理解关贸总协定的有限作用?

关贸总协定第四部分(1964年11月)是对发展中国家的最大慰藉,它确认了非互惠的关税和贸易优惠原则,在一定程度上改善了发展中国家在关贸总协定中无权无地位的状况。(1986年9月)关贸总协定发表的《乌拉圭回合协议评估报告》估计乌拉圭回合协议的全面实施将使全球每年收入增加510亿美元,其中美国年收入增加1220亿美元,欧盟增加1640亿美元,而广大发展中国家和经济转轨国家仅增加1160亿美元。

——摘自赵龙跃:《全面认识关贸总协定的作用及其缺陷》,《经济学动态》1996年第2期

1948—1951年,美国在关贸总协定机制下的对德政策实现了两个主要战略目标,一是利用关贸总协定机制推动和加速德国的分裂,二是竭力将德国西部纳入美国主导下的关总协定机制,借以加强美国领导下的冷战同盟体系。

——摘编自舒建中:《美国在关贸总协定机制下的对德政策(1948—1951)》,《西南大学学报(社会科学版)》2008年第1期

○ **导读提示**

关贸总协定在规范和稳定国际贸易秩序、降低关税、促进世界经济贸易发展方面

发挥了一定的作用,但其本身也存在很多缺陷。尽管在发展中国家的共同努力下,关贸总协定一定程度上给予发展中国家特殊待遇,但最终受益的却依然是发达国家。其原因在于关贸总协定成立以来,成为美国推行全球战略和冷战政策的有力工具之一。

阅读材料时,应认识到：两则材料表达的中心意思是——关贸总协定,一定程度上对发展中国家的经济有促进作用。在关贸总协定机制下最终获益是发达国家,而这背后的原因与美国等发达国家操纵关贸总协定有关。

通过阅读这两则材料,可以非常直观却深刻地理解关贸总协定的有限作用,同时也能理解其原因所在。

第2讲 科学技术的新发展

★学习精要

20世纪科学技术的新发展得益于科学理论的重大突破和两次世界大战的客观推动：20世纪相对论的提出、量子力学的发展,控制论、信息论、系统论这三论的问世为当代技术革命提供了理论支持；而两次世界大战客观上加速了技术的新发展,如原子能的利用和电子计算机的诞生都首先是因为战争需要。

二战后科学技术的新发展主要成就包括原子能的开发利用,电子计算机的发明和互联网的建立、空间技术和海洋技术的迅速发展,各种新材料如半导体的出现,生物工程的突破等。这些成就使得人们的生产、生活越来越自动化、智能化、信息化。20世纪50年代至70年代是新科技发展的高潮,到80年代迎来更大的势头发展。人类社会在经历了农耕、工业社会之后,进入信息社会。

新技术的发展,改变了人们的劳动方式,从而极大地提高了生产力,推动了国民经济产业结构和社会结构的根本性变革,改变了世界经济、人类生活方式。科技变革成为生产力发展中最核心的环节。但同时也带来了消极影响：严重的生态问题,发达国家和发展中国家经济差距不断拉大,青少年沉迷互联网等。

科学技术是第一生产力,但同时也是一把"双刃剑"。人类应当理性利用科技。

★学术动态

学术观点1：战后科技革新最早出现在美国有客观必然性

这主要表现在战后美国有以下优势：

物质基础雄厚：物质是科技腾飞的翅膀之一。战后初期，美国占有资本主义世界工业产量的2/3，黄金储备3/4。它是世界上第一个超级大国。

科技人才众多：人才是科技腾飞的另一个翅膀。二战中，仅德国和奥地利就有近2000名科学家移居美国，如相对论之父爱因斯坦等。

创新精神浓烈：由于美国没有经历封建主义，因此封建制度的影响和阻力小。加上外来移民移居美国，美国人民有一种生机勃勃的进取、求实精神，并且崇尚自由，勇于开拓，富有浓烈的创新精神。

除此之外，美国政府高度重视科技，采取积极措施，"发展教育，培养人才""筑巢引凤，引进人才""加速军事科技转为民用"等直接促使了技术革命的发生。

美国的成功是多方面因素共同作用的结果。

【根据彭献成：《试论第三次科技革命兴起于美国的原因》，《湖南师范大学社会科学学报》1993年第6期】

学术观点2：当代科学技术呈现新特点与新趋势

第一，学科林立与相互交叉。相对论和量子力学揭示了自然界微观与宇宙层次，导致众多学科的深入，使许多学科结构分化。而战后初期"三论"的出现，促进了学科的相互交叉和渗透。

第二，高新技术的群体化趋势。战后形成了多层次、紧密联系的、统一整体的高技术群，它以核能、电子计算机、宇航三大技术开头，随后又有一批批新技术汇入。这个群数量之多，门类之广是空前的。

第三，大科学时代的开始。美国科学家普赖斯提出从第二次世界大战起，已进入大科学时代。所谓大科学，是指以统一的方式把相关的科学事业组织起来加以科学管理的科学。

第四，科学—技术—生产转化的加速。如第三次技术革命的代表电子计算机从1946年正式问世，仅仅30年就经历了5代，每6年其运转速度就提高10倍，存储量增加20倍。

当代科学技术的新发展与新趋势带来了新的挑战和机遇。

【根据齐世荣:《世界史·当代卷》,北京:高等教育出版社,2010年版,第393~395页】

★ 史学导读

1.如何理解"科学技术是第一生产力"?

资产阶级在不到100年的时间中所创造的生产力,比过去一切世界所创造的全部生产力还要多、还要大。

——摘编自李慎明:《马克思主义国际问题基本原理》(下),北京:社会科学文献出版社,2008年版,第270页

美国60年代兴起的电子工业基地——"硅谷",位于旧金山以南的斯坦福大学附近,在这长48千米、宽16千米的谷地内,集中了1700多家电脑、半导体的生产厂家,占美国同类工厂产值的96%,其电路产品占世界产量的1/4。

——摘自齐世荣:《世界史·当代卷》,北京:高等教育出版社,2010年版,第409页

○ 导读提示

第一次科技革命是资产阶级主导的,创造的财富证明了科学技术对生产力的巨大推动作用。美国的"硅谷"奇迹,更把科技对生产力的推动作用展示得淋漓尽致。当今世界谁掌握科技,谁就掌握了经济的主动权。

阅读这两则材料时,应该注意到工业革命时期资产阶级创造出巨大的生产力,重要因素得益于以蒸汽机的发明、改良为代表的技术革新,而美国硅谷奇迹则是因为靠近斯坦福大学,大量人才涌入硅谷,科技成为硅谷经济的领头羊。

通过阅读这两则材料,可以深刻地理解科学技术是第一生产力的含义。更应该认识到科技的承载体是人才,进而领悟到科教兴国战略的重要性。

2.信息时代人类的生活方式发生了什么变化?

二战后科技发展加速了城市化进程。随着建筑艺术的进步,住房偏向高层发展,60年代起高层建筑风靡全球,同时城市郊区化趋势加强,越来越多的人喜欢住在郊区。家用电器也走进了千家万户。汽车、飞机、火车等交通工具的改善改变了世界的交通面貌,衣着和饮食也呈现出多样化趋势。

以发展智能产业为特征的新技术革命,要求进一步提高人的素质,推动了人的现代化:即思维方式、行为方式、生活方式和教育方式的现代化。新科学技术还导致了政

府办公和管理的自动化以及利用网络手段的"参与式民主"潮流的兴起。新技术革命还导致了武器的变化和军队体制的变化。

——摘自齐世荣:《世界史·当代卷》,北京:高等教育出版社,2010年版,第412~415页

○ 导读提示

信息时代人类社会发生了翻天覆地的变化,对人们生活方式的改变也是全方位的,这种变化和改变是空前的。

阅读材料时,应该注意到材料反映出的两个层面的改变:第一,是人类物质生活的方式的改变,第二是思维方式和行为方式的变化。

通过阅读材料,可以认识到当代技术革命对人类社会产生的巨大影响,同时还要辩证地看待科技革命对人类社会的影响。

第3讲 社会结构的新变化

★学习精要

20世纪科学技术的革新大大提升了生产力,生产力的发展又引发了生产关系(社会结构)的变革。二战后发达国家社会结构新变化主要体现在:

产业结构变化:科技的进步和生产力的发展使得公众生活水平不断提高,消费需求也多样化。非物质生产的第三产业(服务业、商业、交通运输、金融、文化教育等)迅速发展,成为国民经济增长最快的部分。其产值和就业人数及在产业结构中的比重也迅速上升,而第一、二产业就业人数和比重下降。

阶级结构变化:中间阶层包括中级行政人员、管理人员、技术工人、从事知识产业的人员等。他们一般没有生产资料,但有较高的经济收入和较为可观的资产。战后由于企业规模的扩大,生产过程科技含量增加和复杂化,以及产业结构的不断高级化,中间阶层数量不断增加,日益成为社会的主体。20世纪80年代,发达国家的中间阶层发展稳定。

总之,二战后社会结构发生了巨大的变化,这种变化是生产力的发展在资本主义国家生产关系上的反映。但是这种变化并不是本质的。

★ 学术动态

学术观点1：战后发达国家社会阶级结构出现多层次化

第一，在资产阶级内部，传统的集企业所有权与经营权于一身的家族资本家所占比重逐步降低，出现了脱离企业管理的食利阶层和高级管理人员阶层、垄断资产阶级和控制国家政权的大型垄断资产阶级、从事第三产业的中小企业的中等资本家阶层。

第二，在工人阶级内部，知识型工人阶级比重越来越高，体力劳动者不断减少，从事第三产业的工人阶级的比重越来越高。

第三，战后中层管理和技术人员加入中间阶层中，而且他们的比重越来越大。

战后发达国家阶级结构发生了变化，但是社会主要矛盾并没有变化，资产阶级和无产阶级之间关系由激烈对抗转化为既缓和又对抗。

【根据邱海平、王娟：《西方发达国家社会结构的新变化与政治经济学的创新》，《经济纵横》2017年第7期】

★ 史学导读

1. 如何理解战后资本主义国家社会结构的非本质变化？

据统计在发达国家，这个阶层（中间阶层）的人数约占总人口的50%—60%，生活在贫困线以下的贫困阶层约占15%—30%，上层阶层在人口中约15%—25%，其中最富有者占4%—6%。少数富豪利用新科技迅速致富，掌握了国家财富的绝大部分，更加剧了两极分化。

——摘自齐世荣：《世界史·当代卷》，北京：高等教育出版社，2010年版，第411页

中间层的球形主体一半是中产阶级（60%），另一半是劳工阶级（35%）……除中产阶级膨胀之外，手工业工人也并没有绝对减少。

——摘自郭树清：《战后资本主义的经济社会结构变化》，《经济社会体制比较》1992年第3期

○ 导读提示

战后资本主义国家社会结构发生的最大变化之一是"中间阶层"的增长。富豪利用新科技迅速致富，依然掌握着国家的主要财富。而新中间阶层中的劳动者和工人的财富增长有限，社会贫富差距依然巨大，劳工社会地位并没有多大提高，人数也没有下降。

阅读材料时,应认识到:战后资本主义国家经济发展带来了中间阶层的扩大,但资本主义生产关系的本质并没有发生变化,阶级矛盾依然存在,所以这种变化不是本质的。

通过阅读材料,可以深刻地理解战后资本主义国家社会主要矛盾没有改变,阶级矛盾由原来的激烈对抗转变为对抗与缓和并存的局面。

2．中间阶层的壮大产生了什么影响？

一种新的、更保守的中间阶层的形成,在一定程度上制约和淡化了中间阶层知识分子的革命热情……中间阶层与稳定的关系,颇似富裕与稳定的关系一样,是政治上的一支节制力量。

——摘自[美]塞缪尔·亨廷顿:《变化社会中的政治秩序》,王冠华,等译,上海:三联书店,1989年版,第251页

中间阶层作为一个消费阶层的含义在于:它除了维持必须的生活外,还拥有一些可以用来消费的这种或那种商品。

——摘自李俊奎:《战后西方社会利益结构的变迁及启示——以中间阶层为例》,《晋阳学刊》2003年第6期

○ 导读提示

中间阶层是西方社会走向稳定的结构因素。它缓和了高层与底层的冲突,代表了温和的、保守的意识形态;同时中间阶层构成了强大的消费群体,促进了经济的稳定发展。

阅读材料时,应认识到:中间阶层有利于政治的稳定;同时保证了内需,维持社会经济的稳定发展。

通过阅读材料,可以深刻地理解到中间阶层对于西方社会产生的影响。同时也可以认识到中间阶层对于社会稳定的重要作用。

第4讲 全面认识"福利国家"

★学习精要

二战后人民民主斗争不断,资本主义国家被迫改善公民的民主权利,纷纷建立"福利国家"。"福利国家"是指国家通过构建社会保障体系和加大社会服务开支来保障个人、家庭的经济安全和全体公民享受较好的公共福利。资本主义国家的福利制度是一种经济保障和社会安全制度。

战后主要资本主义国家逐渐建立包括医疗保健服务、养老、住房、失业保险、教育等在内的福利国家制度。这在缩小贫富差距、解决分配不均上起到了一定的积极作用,但也给国家财政造成了巨大的负担。20世纪70年代,滞胀危机爆发,主要资本主义国家财政不堪重负,不得不削减公共开支,缩小"福利国家"规模,以寻求社会效率与维护公平之间的平衡。

"福利国家"的建立是二战后资本主义国家干预经济的重要体现,是人民长期斗争的结果,福利制度的实行可以在一定程度上缓和社会矛盾,促进经济的发展。但它没有克服资本主义的基本矛盾,也没有触及导致不公平产生的资本主义生产资料私有制这一根源。因此社会运动依旧此起彼伏,不断掀起人民民主斗争的高潮,如受歧视的黑人和妇女为民主权利而斗争,学生反对越战等。

战后资本主义新变化,其实质是资本主义发展中的自我完善和调整,经济调节机制、分配方式的调整都只是资本主义国家在调整政治手段和方式。因此不可能从根本上解决制度弊端,也无法彻底解决分配不均的问题。

★学术动态

学术观点:福利国家是资本主义生产力发展到一定高度时的产物

西欧国家建立福利国家的历史渊源可以追溯到工业革命时期。当时资产阶级为缓和阶级矛盾,在加强剥削劳动人民的同时,也实施一些福利性的社会救济措施。

作为社会立法而正式建立社会保险制度,始于德国首相俾斯麦执政时期。他先后颁布了《疾病保险法》《工伤保险法》和《养老、残废、死亡保险法》。一般认为德国的这"三部曲"是现代"福利国家"制度的最早雏形。

20世纪,国家垄断资本主义的发展为资产阶级国家干预经济提供了物质前提。凯恩斯主义的诞生,为推行"福利国家"制度提供了理论基础。

二战后,国家垄断资本主义已成为西欧国家经济生活的支配力量。在国家干预经济推动下,西欧各国的社会福利制度广泛而全面地发展起来。至60年代,达到了高峰期,各国实施的社会福利项目范围广泛,名目繁多。

总之,从历史的眼光看,福利国家的建立是资本主义生产力发展到一定高度时的产物。

【根据刘颖:《西欧社会福利制度浅析》,《现代国际关系》1986年第4期】

★ 史学导读

1. 战后资本主义国家二次分配的局限性是什么？

福利国家的分配系统，就是对资源、产品和财富进行再次分配的体系。从理论上说，福利国家生产系统市场化的固有特征所导致的贫富差距持续拉大，可以通过分配系统的二次分配加以调节，但实际效果却不是很理想。

福利国家政府二次分配的加强无力扭转贫富差距的持续扩大。政府公共支出占GDP的比重，从20世纪70年代初起始终在增加，并且公共支出占GDP比重的增幅，大于GDP的增幅。然而，西方主要福利国家自20世纪80年代以来，前10%的人群收入占国民收入的比重在持续显著上升。此外，福利国家政府二次分配的加强无法满足民众日益增长的福利需求，阶层分化导致社会矛盾丛生，引发民粹风潮，如2012年伦敦骚乱事件和2018年法国"黄背心运动"。

——摘自冉昊：《福利国家贫富分化的原因与二次分配调节的局限性》，《教学与研究》2019年第12期

○ 导读提示

战后资本主义国家通过政府干预的手段来建立福利制度，以此来保证社会的公平，解决市场调节下收入分配不均的问题，但实际效果却不尽如人意。

通过材料可以看出，政府公共支出在GDP占比加大，是国家干预经济的具体体现，而实际效果中"前10%的人群收入占国民收入的比重在持续显著上升"，说明政府二次分配的加强无力扭转贫富差距持续扩大的现实，还会带来政府的财政问题。此外，贫富差距的扩大，政府的二次分配不能满足民众日益增长的福利需求，引发一系列社会问题。

通过阅读材料，可以深刻地认识到战后特别是70年代后资本主义国家二次分配的局限性。

2. 黑人运动对美国政治产生了什么影响？

美国学者文森特·哈丁据此指出："这些白人反对奴隶制的斗争，通常是建立在黑人争取自由的斗争基础上。黑人争取自由的斗争鼓舞了白人，并由此产生了早期的废奴主义者，使他们在早期的废奴斗争中不屈不挠，震撼着奴隶制的堡垒。"

大规模有组织的社会群众运动，即罢工、游行示威，最先有黑人领袖菲利普·伦道

夫从理论上阐述并加以实践。他称这种运动为非暴力斗争。1960年,由学生非暴力协调委员会发动的黑人权力运动,最终被残酷的镇压。但是,这一运动已把民主意识灌注到整个美国社会中,促使被压迫的美国人一齐起来战斗,从此美国的社会运动开展起来,成为美国政治的新潮流。

黑人斗争之所以能起到如此大的历史作用,是因为它要求的广泛民主对美国其他无权的社会集团有很大的吸引力。在黑人斗争中产生的有组织有策略的斗争纲领和经验,又使其他受压迫的人民得以借鉴、学习和利用。黑人斗争还为美国人民的斗争培养了领导人和组织者。

——摘编自李世安:《黑人运动与美国政治》,《中国社会科学院研究生院报》1995年第3期

○ **导读提示**

黑人为争取平等民权,不断地掀起轰轰烈烈的民权运动,对美国政治产生了巨大的影响。他们的斗争揭露了美国民主的虚伪,也启发了白人的民主思想。同时他们创造的非暴力民主运动模式则成为美国社会运动的主要方式之一,而其斗争经验和纲领则为美国其他受压迫者提供了借鉴。

阅读材料时,应认识到:黑人运动对美国政治的影响有三个方面:第一,思想上启发了白人和其他受压迫者的民主思想;第二,方式上开创了非暴力的大规模群众运动的斗争方式,是民主斗争的一大里程碑进步;第三,对其他社会运动提供了借鉴。

★ 荐读书目

[德]克劳斯·奥菲:《福利国家的矛盾》,郭忠华,等译,长春:吉林人民出版社,2006年版

[美]哈里·布雷弗曼:《劳动与垄断资本二十世纪中劳动的退化》,方生,等译,北京:商务印书馆,1979年版

[美]托马斯·库恩:《科学革命的结构》,金吾伦、胡新和,译,北京:北京大学出版社,2003年版

吴于廑、齐世荣:《世界史·当代卷》,北京:高等教育出版社,2011年版

钱乘旦:《世界现代化历程》,南京:江苏人民出版社,2015年版

第20课　社会主义国家的发展与变化

第1讲　战后初期的苏联建设

★学习精要

　　二战后,苏联在斯大林的领导下,社会主义建设取得举世瞩目的成就。经济上:1946年,开始实行第四个五年计划,重点恢复重工业领域,农业也渡过难关并有一定恢复,成为仅次于美国的世界第二经济大国。政治上:苏联帮助十几个国家走上社会主义道路,构建起强大的社会主义阵营。文化上:到1952年苏联在全国范围内已经基本普及七年义务教育,高等教育也得到了快速发展。科技上:1946年苏联第一座原子能反应堆建成并9成功爆炸第一颗原子弹,1953年成功爆炸第一颗氢弹。

　　苏联在取得巨大成就的同时,高度集中的经济政治体制(苏联模式)的弊端日益暴露。经济上:重工业过重、轻工业过轻、农业落后的不合理的经济结构,农民为工业化付出的代价过大。政治上:对斯大林的个人崇拜有增无减,社会主义民主和法制继续遭到破坏。文化上:在抵制西方思想渗透、反对资产阶级文化的斗争中,苏联在文艺界和学术界开展了广泛的批判运动,许多学术问题被当作政治问题进行批判,给科学文化事业的发展造成了巨大损害。

★学术动态

学术观点1:战后初期的苏联不可能对苏联模式进行调整

　　一定社会制度的实践形式一旦形成,它就具有拒斥制度创新的能力,必然会设法通过各种努力争取延续。而且,这种社会制度实践形式越是成熟,其拒斥制度创新的力量也越强大。

　　战后初期,对苏联模式进行变革是根本不可能的。其一,苏联社会急需医治战争创伤。既然苏联模式被事实证明为高效的发展模式,在急需战后重建时,人们根本没有理由弃之不用。其二,战争结束不久,"冷战"拉开了序幕,苏联再度面临"谁战胜谁"

的问题。为了尽快恢复国民经济,在战后新的条件下站稳脚跟,应对资本主义国家的遏制与挑战,需要继续实行苏联模式。其三,斯大林仍然在世,鉴于斯大林的无上权威,变革苏联模式就很难设想。

【根据陈之骅、沈宗武:《制度创新与苏联——斯大林模式的形成、实行和变革》,《俄罗斯中亚东欧研究》2003年第4期】

学术观点2:战时体制是战后苏联危机产生的重要根源

战后初年,苏联国内积累着一系列危机。这些危机并不是突如其来的,首先根植于战前,根植于30年代深层的历史土壤之中。

战后苏联的危机也产生于战时体制未得及时转轨,这愈发强化了高度集权的、强制命令的体制。这不仅是把战争年代前线和后方通行的一些军事命令的习惯和作风普遍带到了战后,而且主要是以决议和法律的形式,将强硬的战时计划经济体制、战时非常法令和战时专门法庭,或原封不不动地,或稍加变通地,或变本加厉地搬到了战后和平时期。

战后苏联还几乎一成不变地保留着战争时期极其严厉的劳动管理制度。根据1940年和1941年颁布的法规,职工擅离军事工业企业者判5至8年徒刑,职工旷工迟到也要被判刑。这些战时非常状态法规,事实上一直有效执行到1956年。

战后苏联的危机特别表现在农业方面。这里主要也是管理体制上的问题。战后进一步强化了集体农庄管理体制,缩小甚至取消了宅旁自留地,加重了对农民个人果园和畜产品的税收,以致出现了收入不敷抵税的情况。这造成了农民砍伐果树,杀猪屠羊,不愿饲养自留畜的局面。

【根据马闪龙:《战后苏联社会的改革思潮》,《东欧中亚研究》1996年第1期】

★史学导读

1.二战后,斯大林为何不思改革?

苏维埃政权在战争时期产生的凝聚力尚未消失,斯大林个人的威信因战争的胜利空前提高。如果斯大林能正确对待这个情况,利用这个有利条件,以战争胜利为契机进行改革,那么,苏联就会出现崭新的局面。但遗憾的是,斯大林不仅不思改革,而且继续强化战前的体制,其主要原因有:

第一，斯大林把战争的胜利归结为苏维埃社会制度的优越性，于是，苏联在战后排除了对高度集中的、指令性计划经济体制改革的可能性，丧失了改革时机，并且使体制更加僵化与凝固化。

第二，战后，斯大林个人崇拜大大发展，达到了神话的程度。(二战)的胜利，使得斯大林的个人崇拜比战前大大发展了，把斯大林神话了，把斯大林模式也神话了。

第三，从斯大林思想深处来看，他战后并没有离开战备的政策。战备经济必然要求经济体制的高度集中化，把物力、财力和人力集中用于军事部门。

第四，进一步控制农业，巩固与发展集体农庄制度，统制全国经济。

第五，由于斯大林对外部世界认识的错误并实行了错误政策，战后苏联走向"闭关锁国"的经济发展道路。在斯大林看来，苏联的经济体制模式是唯一合理的、是所有社会主义国家普遍适用的。

——摘编自陆南泉、黄宗良等：《苏联真相——对101个重要问题的思考》，北京：新华出版社，2010年版，第494~496页

○ **导读提示**

从上述材料可知，战后初期，苏联有改革的可能性，但是斯大林不仅不思改革，而且继续强化战前的体制。

阅读材料时，应认识到：斯大林战后不进行改革，与他的一系列错误认识有密切关系；当然也要认识到历史人物与所处时代的关系，斯大林的思维不可能突破当时历史的局限。

通过阅读材料，可以加深理解苏联20世纪50—80年代改革为何困难重重，难以取得根本性的突破。

第2讲　苏联的社会主义改革

★ **学习精要**

1953年，斯大林逝世后，赫鲁晓夫上台，面对苏联模式已经出现的弊端，赫鲁晓夫决心在苏联进行一场"彻底"的改革。1956年2月，从苏共二十大的秘密报告开始，从赫鲁晓夫到戈尔巴乔夫，苏联进行了长达30多年的改革。

赫鲁晓夫在政治上对斯大林个人崇拜进行批判，进行了大规模平反冤假错案活

动,但最后陷入个人崇拜。农业上,改变过分集中的农业管理体制,扩大集体农庄和国营农场的自主权,削减农业税,提高农副产品的收购价格,鼓励大规模开垦荒地和种植玉米。在工业管理体制改革上,扩大地方权力,但没有使企业在经济上获得独立自主的经济地位。赫鲁晓夫的改革冲击了高度集中的政治经济体制(苏联模式),打开了苏联社会主义改革的闸门,具有探索性和开创性,但未能从根本上打破高度集中的政治经济体制(苏联模式)。

勃列日涅夫前期对赫鲁晓夫的政策进行调整,将改革的重点放在工业上,推行"新经济体制",对高度集中的经济管理体制产生了一定冲击。国民经济在一定程度上获得发展,人民生活水平逐步提高。军事实力和综合国力增强,成为与美国匹敌的超级大国。70年代初开始,改革的步伐逐渐缓慢下来,经济发展呈现下降趋势,各种社会矛盾不断滋生和积聚,苏联进入相当长的"停滞"时期"。勃列日涅夫的改革也没有从根本上打破高度集中的政治经济体制(苏联模式)。

戈尔巴乔夫首先以经济领域为重心,制定"加速发展战略",试图以经济管理的方式代替行政命令来干预经济,由于困难重重,改革难以奏效,随后将改革重心转向政治领域。戈尔巴乔夫用"人道的、民主的社会主义"思想代替"科学社会主义",推行"民主化"和"公开性",纵容自由化思想,推行政治多元化,实行多党制。改革导致国家政局不稳,经济连年滑坡,思想领域极度混乱,社会陷入失控状态,民族分裂运动愈演愈烈。戈尔巴乔夫的改革背离了社会主义方向,导致苏联的解体。

★学术动态

学术观点1:苏联改革没有突破原有的模式

50年代中期,苏联领导人开始意识到苏联模式的某些弊病,着手进行经济改革,在从50年代中期到80年代中期的30年,苏联在经济理论上有所前进,开始强调物质利益原则和利润原则,开始重视商品货币关系的作用,在实践中也采取了一系列的改革措施,较大程度地改善了农业生产的状况,在国营企业推行"新经济体制",对过于集中的管理体制作了初步的调整,地方和企业的自主权有所扩大,等等。但是,总的来说,他们的改革还是在原有模式的框架之内进行的,基本上没有突破原有模式的框框,更谈不上形成新的发展模式。改革进展的缓慢,是苏联经济增长率趋于下降,以至于到70年代末经济发展趋于停滞的重要因素之一。

【根据王洛林:《苏联模式和经济改革》,《东欧中亚研究》1993年第3期】

学术观点2：勃列日涅夫时期是苏联走向衰亡关键性转折时期

在勃列日涅夫执政的18年中，"苏联积累了大量政治、经济和社会问题，导致国家政治生活和经济发展的全面停滞。从最近10多年来苏联和俄罗斯发表的许多材料来看，我们可以确定地说，勃列日涅夫年代是苏联走向衰亡的一个关键性的转折时期。""它为以后苏联的解体准备了条件。"就是说，勃列日涅夫时期是以停滞和聚集危机因素并走近衰亡为主要特征的。这就抓住了这一时期的本质，从而也就找到了它在苏联历史上的确切定位。改革处于停滞是决定勃列日涅夫时期上述历史地位的根本性原因。

【根据陆南泉：《苏联走近衰亡的勃列日涅夫时期》，《东欧中亚研究》2001年第6期】

★ 史学导读

1.如何评价赫鲁晓夫？

有关评论赫鲁晓夫的论著卷帙浩繁，众说纷纭，莫衷一是。但笔者认为，赫鲁晓夫顶住了巨大的压力勇敢地站出来破除斯大林个人迷信，成为苏联第一个改革者，使苏联历史上翻开了新的一页，活跃了气氛，振奋了人心，给苏联历史上留下了谁也不能抹杀的深深的印痕。苏联不少学者也指出，当时赫鲁晓夫的改革，是符合社会发展已经成熟的需要的，改革对当时官僚化的苏联引起了一场"地震"，在国内和国际关系方面都产生了"良好的变化"。

——摘自陆南泉：《如何评价赫鲁晓夫时期的改革》，《中国特色社会主义研究》2010年第2期

○ 导读提示

从上述材料可知，赫鲁晓夫的改革对苏联的改革有开创之功，符合当时苏联历史发展趋势。

阅读材料时，应认识到：(1)赫鲁晓夫开启了苏联的改革时代，给苏联历史上留下了谁也不能抹杀的深深的印痕。(2)从苏联之后历史发展来看，改革没有突破苏联模式。

通过阅读材料，可以加深对赫鲁晓夫改革的理解。赫鲁晓夫的改革冲击了苏联模式，打开了苏联社会主义改革的闸门，具有探索性和开创性，但未能从根本上打破苏联模式的框架。

2.怎么认识勃列日涅夫执政后期的"停滞"?

新旧矛盾和问题日积月累,到了勃列日涅夫执政的后期,苏联社会政治经济体制日趋僵化,在社会生活各个方面出现了深刻的危机:一是党政不分,管理机构膨胀,官僚主义和腐败现象恶性发展;二是经济效益差,国民经济技术水平落后,农业问题始终没有得到解决。苏联在钢、原料和燃料动力资源生产方面规模巨大,却由于浪费、无效利用而又欠缺。苏联粮食生产在世界名列前茅,但每年却要大量进口几百万吨谷物。三是长期不重视党的建设,信仰危机和道德危机滋长。原苏共中央报纸《工人论坛报》1991年冬在一篇文章中指出,早在1985年以前"苏共在很大程度上已丧失了与工人阶级的组织联系";四是推行霸权主义的对外政策,同美国搞军备竞赛,耗尽了大量的人力、财力。

——摘自杨晋川:《戈尔巴乔夫与苏联演变和解体》,北京:中共中央党校博士学位论文,1994年

○ **导读提示**

从上述材料可知,在勃列日涅夫执政的后期,苏联社会政治经济体制日趋僵化,在政治、经济、社会生活各个方面出现了深刻的危机。

阅读材料时,应认识到:在勃列日涅夫执政初期对赫鲁晓夫的政策进行调整,取得一定成效,但后期却严重不足,造成这种局面的原因与勃列日涅夫本人后期改革的不作为和倒退有关,同时也体现了苏联模式僵化危机的全面爆发。

通过阅读材料,对苏联当时社会有了进一步的认识,继续改革是必然之路,而要纠正长期遗留下来的问题十分艰难,改革之路任重道远。

第3讲 苏联解体

★ **学习精要**

苏联解体指20世纪90年代初苏联共产党失去执政地位,由15个加盟共和国组成的苏维埃社会主义共和国联盟瓦解的事件。1991年12月21日《阿拉木图宣言》的签署,标志着苏联完全解体。

苏联解体的原因主要有:高度集中的政治经济体制(苏联模式)的弊端长期没有得

到纠正,这是苏联解体的根本原因;长期以来的民族高压政策导致民族矛盾尖锐;戈尔巴乔夫的改革背离社会主义方向是直接原因;西方国家推行和平演变策略是外因。

苏联解体是社会主义发展中的重大挫折。但苏联解体只能看作是社会主义一种模式的失败,而绝不是整个社会主义制度的失败;社会主义制度的改革不可能一帆风顺,社会主义还处于初级阶段,需要在发展中自我完善。

苏联解体使世界政治格局发生变化,标志着二战以来两极格局的解体;世界格局进一步向多极化方向发展。

★学术动态

学术观点1:苏联解体是国内外各种矛盾综合的结果

苏联解体是国内外各种矛盾综合的结果。戈尔巴乔夫错误的路线方针政策和叶利钦的党内投机行为是造成苏联解体的直接原因;苏联高度集中的政治经济体制与联邦制国家结构矛盾和传统体制与社会生产力矛盾是根本原因;国家政治经济体制、民族关系和对外关系等方面积重难返的弊端是其深层次原因;而西方国家的和平演变和社会主义阵营的分裂(反苏战线)是外部因素。这四个层次中的根本原因和深层次原因是内在的和历史上长期发展的结果,直接原因只是加速了最终解体的结果,外部原因是这一最终结果的客观环境和压力,所有这些层面共同构成了解体这一最终结果。

【根据孙大为、杨增崟:《以史为鉴:苏联解体原因与启示的再思考》,《兰州学刊》2009年第3期】

学术观点2:苏联解体没有改变社会主义代替资本主义的历史发展规律

苏联解体后,世界社会主义运动一度处于低潮,西方资产阶级开始对社会主义思想及运动冷嘲热讽,美国政客布热津斯基高调断言"共产主义将不可逆转地在历史上衰亡",弗朗西斯·福山也鼓噪"历史终结"。但事实并非如此。苏联解体只是世界社会主义运动过程中的一次挫折,苏共亡党不会也不可能改变社会主义代替资本主义的历史规律。资产阶级的灭亡和无产阶级的胜利是同样不可避免的,这是由资本主义内在矛盾决定的,不以任何人的意志为转移。当然,当代资本主义的灭亡和向社会主义的过渡是一个长期过程,尤其是伴随生产力的发展,当代资本主义国家一方面加大了对社会主义国家的和平演变、分化、西化,另一方面也在体制内部做出了一系列改良,但改良不可能从根本上改变建立在私有制基础上的资本主义社会制度,也不可能从根源上解决资本主义的基本矛盾。

【根据林彦虎、冯颜利:《对苏联解体教训的再认识》,《红旗文稿》2016年第17期】

★ 史学导读

苏联解体是否具有必然性?

一种观点认为苏联解体是必然的,主要在于苏联模式的严重弊端不可改革,内在矛盾不可调和,苏联必然解体;也有学者认为,斯大林模式本身是反社会主义的,是违背科学社会主义原则的,苏联解体也成必然。

然而,大部分学者认为苏联并不必然解体。有学者认为苏联解体是内外因素促成的"革命形式",是国内外反对苏联的人想尽一切办法一步步摧毁的苏联。也有学者认为通过改革解决苏联体制的弊端,是可以避免苏联解体的,但可惜的是改革时机的延误以及领导人改革路线、方式方法的错误导致改革彻底失败,苏联亡党亡国。

——摘编自吴家庆、肖玉方:《国内学界苏联解体研究述评》,《湖南师范大学社会科学学报》2015年第5期

○ 导读提示

从以材料可知,目前学界对苏联解体是否具有必然性持两种截然不同的观点,且都有充分的理由。

阅读材料时,应认识到:认为苏联解体必然的,主要从苏联高度集中的经济政治体制的弊端入手;认为苏联并不必然解体的,更多地强调反苏联因素破坏的作用以及领导人在改革时机的不准确和领导人路线、方向的错误。

通过阅读材料,可以发现历史事件的分析可以从多个角度去思考,要学会辩证地分析问题,要学会具体问题具体分析。还要认识到改革是社会主义的内在要求,是社会制度的自我完善和发展。

第4讲　东欧的社会主义建设、改革和剧变

★学习精要

二战后初期,东欧各国在苏联的帮助下建立人民民主政权(南斯拉夫和保加利亚除外)。1947年冷战爆发,斯大林在政治、经济、军事上加强对东欧的干预和控制,将高度集中的苏联模式强行移植到东欧各国,其中南斯拉夫因独立自主地探索自治社会主义道路被开除出人民民主国家。50年代中期,斯大林逝世后,东欧形成一股反苏的改革潮流,把摆脱苏联高压、控制作为斗争目标之一,这些改革一定程度上促进了东欧各国对适合本国特色社会主义道路的探索,但这些改革皆因苏联的干涉而受到遏制,如1956年的波匈事件和1968年"布拉格之春"的夭折。80年代,东欧国家相继进行新一轮的改革探索,但收效不大,没能扭转各国经济发展的颓势。受戈尔巴乔夫"新思维"的影响,1989年波兰率先由社会主义制度变为资本主义制度,其他国家随之发生剧变,体制改革演变成了制度转轨。

东欧剧变的原因,一般认为有:长期受制于苏联,照搬苏联模式;各国党和政府忽视民主和法制,经济发展缓慢,政治经济危机严重;苏联戈尔巴乔夫"新思维"的影响,以及西方国家推行"和平演变"战略。

★学术动态

学术观点1:东欧社会主义发展过程是一部与苏联进行控制与反控制的斗争史

斯大林于1953年3月去世,这对东欧诸国来说是摆脱苏联模式的一个契机。首先显露出反对是民主德国。斯大林仅仅去世三个月,他们就借故发泄不满,并诉诸东柏林街头。事件虽然被平息,但苏联从中嗅到了来自东欧反控制力量的火药味。

东欧社会主义的整个发展过程就是一部控制与反控制的斗争史。莫斯科的每一次发难,看起来都取得了成效,使东欧平静下来,并继续按苏联模式前进。但是,苏联的高压政策,大大地伤害了苏联与东欧各国的民族感情。不能否认,苏联也曾在经济、技术等方面援助过东欧,但是,那些援助因民族感情的伤害而失去了光彩,以至于反对派利用人们对苏联控制的不满来大做文章,从而使人们要求进行社会主义改革的呼声,变成了摆脱苏联模式,取消社会主义的行动。各国从未放弃走不同于苏联模式社

会主义道路的努力,甚至有人为之"流血牺牲",但始终未获苏联"批准"。

【根据曹胜强:《东欧社会主义的兴衰与苏联的关系》,《东欧中亚研究》1996年第4期】

学术观点2:中国改革开放是对苏东改革的借鉴与扬弃

刚具有改革开放意愿的中国共产党最开始对苏联东欧的改革是比较欣赏的,以借鉴居多,但随着对双方改革情况了解的加深,便开始反思彼此改革的异同,以扬弃为主,最终走上一条富有中国特色的改革之路。具体影响有:

一是深化了对社会主义模式多样性的理解,一个是所有制的层面,对集体经济、私营经济以及个体经济的认识有突破。另一个是经济管理层面,对计划和市场关系的认识有了新的进展。二是推动了中国改革开放的进行。三是丰富了中国改革理论的思想资源。四是促进了有中国特色改革道路的形成。

中国在大力推行改革开放的同时,强调坚持四项基本原则,从易改的问题着手逐步推进。这样,中国的改革开放避免了改革僵局的出现,将发挥改革的活力和守护改革的"底线"统一起来,走出了一条中国特色社会主义道路。

【根据刘艳、王涛:《苏联东欧改革对中国改革开放初期的影响:基于改革开放前后中国高级领导干部对苏联东欧考察的分析》,《当代世界与社会主义》2015年第3期】

★史学导读

1.如何认识南斯拉夫的社会主义改革?

1945年成立联邦人民共和国后,由于英美等西方国家的公开压力、苏联自觉不自觉的隐蔽干涉、国内反革命势力的反抗和破坏以及南党对社会主义理论研究准备得不够等原因,南斯拉夫在建国后的经济恢复和巩固人民民主政权中,逐步形成了高度中央集权的体制。这种体制虽然恢复了国民经济,加快了国家工业化的步伐,但在实践中也暴露出来了不少弊端,这些弊端的存在和发展将预示着:即使没有外来的压力,南斯拉夫也必须进入调整和改革。1949年的苏南冲突和南斯拉夫被排除出社会主义阵营,使南共原来朦胧的独立探索本国社会主义建设道路的倾向变成了自觉的行动。至此在世界社会主义历史上,南斯拉夫首次向斯大林模式提出了挑战,首次向全世界的共产党人证明社会主义并不是只有一种模式,正式揭开了社会主义改革的序幕。

在60年代前,南斯拉夫主要集中在推行工人自治、调整农业政策和改善政治体制三个方面。工人自治强调工人阶级不仅要从资本家的雇佣劳动下解放自己,而且要从任何形式包括国家所有制的雇佣劳动下解放自己,实现"自由人联合体"。调整农业政策,如取消合作化方针、放弃苏联模式的农业集体化道路、废除农产品的义务和低价征购制度等。完善政治体制即根据"民主化、分散化和非官僚化"的原则,对高度中央集权的政治体制进行一定的改革。

南斯拉夫在世界政治的夹缝中,为了生存而被迫进行的这些改革,虽然开创了社会主义改革的先河,取得了一定的成效。但在特殊环境中所实施的改革却有着极强的针对性,受资本主义世界和社会主义阵营形势变化的影响,南斯拉夫在60年代初期便进入了缓慢的发展时期。

——摘自高新民:《论二十世纪社会主义的曲折发展》,北京:中共中央党校博士论文,1998年

○ 导读提示

从上述材料可知,在二战后特殊的国际国内环境影响下,南斯拉夫走出了一条自己的社会主义道路,冲击着苏联模式。

阅读材料时,应认识到:(1)南斯拉夫走上自治道路有西方资本主义压迫、苏联的干涉、自身体制问题等原因;(2)南斯拉夫改革开创了社会主义改革的先河,是对社会主义道路的一种全新探索,其探索精神值得肯定;(3)南斯拉夫社会主义改革一定程度上有合理性,但要理性分析,未必适合其他国家,从历史发展来看,南斯拉夫也没能摆脱解体的命运。

通过阅读材料,进一步理解进行社会主义改革模式的多样性,对中国而言,必须走一条符合中国国情的社会主义道路。

2.如何认识"布拉格之春"?

"布拉格之春"指1967年到1968年捷克斯洛伐克进行的政治体制改革和经济体制改革。

在经济上,一方面要建立计划经济与市场经济相结合的一种新型经济体制,增强市场的自主权;另一方面则是要增强企业的自主权,让工人们获得更多管理企业的权力。在政治上强调民主化,要求党政分家,人民有权利对党进行质疑和批评,议会要真正行使决定权,建立独立的司法体系。社会改革上在科学、教育以及文化等方面实行自治,取消书报检查令,人们获得言论自由,可以对社会主义建设过程中所出现的问题

公开讨论和批评。

这一系列的改革举措得到了捷克斯洛伐克人民群众的鼎力支持,1948年8月,苏联等华约五国出兵暴力镇压了"布拉格之春"。之后捷洛斯克伐克的改革仅限于对传统体制的修补,未有大的进展。

——摘自李佳怡:《东欧社会主义的历史与理论》,哈尔滨:黑龙江大学博士学位论文,2017年

○ 导读提示

从上述材料可知,捷克斯洛伐克在20世纪60年代进行了全面的反苏联模式的改革,这是一条与苏联模式完全不同的社会主义道路,因苏联的武力镇压而夭折。

阅读材料时,应认识到:东欧的社会主义发展,各国虽然国情不同,但因为苏联的干预,不同程度地走上了苏联式的道路,探索过程中都试图走出一条自己的道路,而苏联的霸权主义阻碍了他们的探索。

通过阅读材料,发现社会主义发展道路的艰难曲折,而在改革开放已取得伟大成就的中国,仍要继续深化改革开放。

★ 荐读书目

[俄]亚历山大·雅科夫列夫:《雾霭:俄罗斯百年忧思录》,述弢,译,北京:社会科学文献出版社,2013年版

[俄]戈尔巴乔夫:《戈尔巴乔夫回忆录》,述弢,译,北京:社会科学文献出版社,2003年版

沈志华:《一个大国的崛起与崩溃》,北京:社会科学文献出版社,2009年版

中共中央党校国际共运研究所:《苏联东欧风云录》,北京:中共中央党校出版社,1990年版

杨华:《东欧剧变纪实》,北京:世界知识出版社,1990年版

第21课 世界殖民体系的瓦解与新兴国家的发展

第1讲 世界殖民体系的崩溃

★学习精要

世界反法西斯战争的胜利,削弱了帝国主义势力,为战后民族解放运动提供了有利的时机。二战后的民族解放运动,覆盖了亚洲、非洲和拉丁美洲。

在亚洲,印度人民在国大党领袖甘地、尼赫鲁和穆斯林联盟领袖真纳等人的领导下,积极争取民族独立。1947年,印度和巴基斯坦成为独立的自治领。自治领在政治上拥戴英王为国家元首,享有内政自主权。20世纪50年代,印度和巴基斯坦都成为共和国。同时,印度尼西亚、老挝、菲律宾、缅甸、西南、柬埔寨、马来西亚、新加坡也纷纷独立。帝国主义在亚洲的殖民体系崩溃。

在非洲,埃及中下层军官发动武装起义废除国王,1953年成立埃及共和国。1956年,埃及总统纳赛尔宣布收回苏伊士运河主权,英军撤离运河区。阿尔及利亚成立民族解放阵线,迫使法国戴高乐政府调整殖民政策,1962年阿尔及利亚独立。1960年有17个非洲国家独立,这一年被称为"非洲年"。到20世纪60年代末,非洲的独立国家已达41个,约占非洲总面积的84%,总人口的88%,帝国主义在非洲的殖民体系崩溃。

在拉丁美洲,1952年以卡斯特罗为首的古巴革命力量,推翻了美国扶植的傀儡政权。1961年,卡斯特罗宣布,古巴是社会主义国家。1999年,巴拿马人民从美国手中收回了巴拿马运河的全部主权。从1945—1991年,全世界先后有90多个国家摆脱殖民统治获得独立,世界殖民体系逐渐走向崩溃。

★学术动态

学术观点1:二战加速了英国殖民体系崩溃

二战使英国综合实力的严重削弱。这是英帝国殖民体系瓦解的根本原因。

经济方面,战争严重削弱了英国的经济实力,使英国由债权国变成债务国,财政出现严重困难,直接动摇了殖民体系的控制地位。

军事方面,战争使英国丧失了军事上的优势,不列颠统治海洋的时代一去不复返。

政治方面,战争大大降低了英国在国际政治舞台上的地位,美国成为名副其实的世界霸主,而英国在国际事务中扮演美国小伙伴的角色。

此外,战争本身给英国殖民体系本身带来直接或者间接的破坏。

【根据陈艳云、程有炳:《二次大战与英帝国殖民体系的崩溃》,《历史教学》1995年第6期】

学术观点2:战后非洲民族解放运动独具特色

非洲民族独立运动是由非洲各国资产阶级民族主义者领导,体现了非洲民族资产阶级的领导权。

非洲民族独立运动具有广泛的群众基础。非洲广泛的社会阶级和阶层包括部落酋长和封建国王,都积极投入反帝反殖斗争的行列,组成了全民族的反帝统一阵线。

非洲民族独立运动具有全非规模。各国人民的斗争彼此呼应和互相支持,把整个非洲大陆的独立和解放,作为他们共同的奋斗目标。非洲国家在反帝反殖斗争中互相团结和互相支持,这对推动非洲民族独立运动的迅速发展和全面高涨起了重要的作用。

【根据胡有荨:《二次大战后蓬勃发展的非洲民族独立运动》,《西亚非洲》1980年第3期】

学术观点3:争取经济独立是拉美民族解放运动的重大目标

二战后,虽然拉美各国政治经济发展不平衡,有些国家还存在半封建半殖民地社会的痕迹,但是这一地区基本上进入不发达的资本主义社会,因此民族解放运动的重点是争取经济独立。

第二次世界大战后,拉美民族解放运动更加深入的发展。虽然帝国主义、霸权主义对这个地区的政治干涉和军事入侵还没有完全停止,但大多数国家争取民族独立,实现国家自主的目标,在政治上基本完成,经济上却远未达到。西方发达资本主义国家正在通过各种手段继续剥削拉美各国人民,阻碍拉美国家的经济变革和自主发展。因此拉美国家进入不发达资本主义以后,民族解放运动的斗争重点,从争取政治独立转向实现经济独立。这一转变标志着拉美民族解放运动进入到一个新的发展阶段。

拉美只有实现经济独立,才能巩固政治独立,自立于世界之林。

【根据李在芹:《争取经济独立是拉美民族解放运动重大目标》,《拉丁美洲丛刊》1984年第2期】

★ 史学导读

1.战后殖民体系瓦解的原因是什么?

第二次世界大战之后,不可阻挡的革命浪潮席卷诸殖民帝国,极其迅速地结束了欧洲的统治。……由于数百万殖民地居民在盟国和日本的军队和劳改营中的服役,这种世界范围的殖民地觉醒得到了进一步的促进。……如同第一次世界大战期间一样,老百姓还受到了盟国关于自由和民族自决的宣传的影响。

——摘编自[美]斯塔夫里阿诺斯:《全球通史:从史前史到21世纪》(第7版修订版),吴象婴,等译,北京:北京大学出版社,2006年版,第459页

○ 导读提示

二战后的革命浪潮结束了欧洲的殖民统治,这革命浪潮指亚非拉的民族解放运动,民族解放运动推动了世界殖民体系的瓦解。

阅读材料可知:长期以来殖民地人民遭到殖民国家的剥削,二战结束了世界反法西斯战争,殖民国家实力遭到极大削弱,这为殖民体系的瓦解创造了条件,同时推动了世界范围的殖民地觉醒。战后殖民地的经济逐渐恢复,殖民地的力量得到发展,殖民地人民深受自由和民族自决等思想的影响,民族解放运动空前高涨。

通过阅读材料,从殖民国家和殖民地两个维度,可以加深对世界殖民体系瓦解原因的理解:殖民国家实力的削弱和殖民地国家力量的增强是世界殖民体系瓦解的两大主要原因。

2.印度独立遗留什么社会问题?

1947年7月,蒙巴顿公布了《印度独立法案》,即"蒙巴顿方案",主要内容为:(1)印度分为印度教徒的印度斯坦国家和伊斯兰教徒的巴基斯坦国家;(2)各土邦有权选择加入哪个自治领,抑或两者都不加入,保持原来与英国的关系……(3)印巴两个自治领的划分主要根据英属印度居民的宗教信仰……。从《蒙巴顿方案》公布至1951年,约有720万伊斯兰教徒成群结队迁往巴基斯坦;在巴基斯坦的约890万印度教徒也携儿带

女迁往印度……加之《蒙巴顿方案》没有明确划分印巴边界,东西巴基斯坦(注:东巴基斯坦于1971年独立为孟加拉国)相隔1600千米,而恒河和印度河流经印、巴两国,这又造成印巴边界纠纷问题和河水争端问题。

"特别是克什米尔土邦的归属问题,更造成了印、巴的严重对立。该土邦包括查谟和克什米尔两部分,位于印、巴、中国和阿富汗之间,是战略要地,面积21万平方千米,人口500万,其中77%是穆斯林,20%是印度教徒。《蒙巴顿方案》规定穆斯林占多数的地区归巴基斯坦,但又规定克什米尔可自由选择归属。印度利用印度教徒在该地上层所占的优势,控制其议会通过决议,宣布归属印度,遭到巴基斯坦坚决反对……1953年,印、巴总理发表联合公报,主张通过公正无私的公民投票解决争端。但后来印方又反对公民投票,加之外部势力的插手,致使克什米尔争端长期不得解决,而且愈来愈复杂化。"

——摘编自徐蓝:《世界近现代史1500—2007》,北京:高等教育出版社,2012年版

○ **导读提示**

独立后的印度发展面临很多困难。在印度和巴基斯坦之间,存在着边界纠纷、水资源争夺、克什米尔归属争端、宗教矛盾等,这些社会问题,都与独立前英国颁布的《蒙巴顿方案》有密切关系。

阅读材料时,应认识到:印度独立遗留的社会问题,主要是边界争端,宗教矛盾,尤其是克什米尔争端制约着印度的发展。这些矛盾出现的原因,一方面是由于《蒙巴顿方案》的具体内容,它是英国对即将独立的印度实行"分而治之"的政策;《蒙巴顿方案》故意在印巴独立问题上留下边界纠纷和克什米尔问题,以便从中渔利;另一方面,印度历史上也存在宗教分歧和矛盾。

通过材料补充的《蒙巴顿方案》的具体内容,深化对印度独立运动的理解和认知,进而可得出认识:"蒙巴顿方案"是印度人民长期斗争的结果,加速了印度独立的步伐,因而具有积极意义。但它是英国殖民当局颁布的、带有殖民主义烙印的印度独立方案,造成了印度的分裂,并且为印巴的长期冲突埋下了边界、种族和宗教冲突的种子,产生了消极的影响。

第2讲 发展中国家的经济建设

★学习精要

发展中国家又称"第三世界",指原来的殖民地半殖民地国家取得独立后,建立的拥有完整主权的新兴民族国家。由于长期的殖民主义统治,第三世界国家的经济极为落后。因此,广大第三世界国家赢得民族独立后,面临的首要任务即是发展经济,实现国家工业化。

在亚洲,20世纪60—80年代,新加坡、韩国等亚洲国家抓住西方发达国家进行产业结构调整的机会,利用本国丰富的劳动力资源,吸引外国资本发展劳动密集型产业,实现了经济高速增长,成为新兴工业化国家。沙特阿拉伯、科威特等海湾产油国,也出现了石油繁荣和经济起飞的景象。

独立后的非洲,经济一度发展较快。1960年到1975年,非洲工业生产总值大约增长了一倍,20世纪70年代中期以后经济发展陷入了困境,经过调整,在20世纪90年代中期经济又开始增长。

在拉丁美洲,各国大力发展民族工业,积极促进国家之间的经济合作,巴西、墨西哥、阿根廷等国家基本实现了工业化,大多数拉美国家属于中等收入国家。

★学术动态

学术观点1:亚洲"四小龙"的发展战略呈现明显阶段性特征

所谓"四小龙"是指亚洲的中国香港特区、中国台湾省、新加坡和韩国等新兴工业化地区和国家。战后这些地区经济发展迅速,产业结构发生明显变化,因此被誉为亚洲"四小龙"。"四小龙"的发展战略有明显的阶段性。

在战后经济发展的早期,以本国或本地区生产的工业制成品取代从外国进口的产品,以满足国内市场的需求,促进民族经济的发展逐步实现工业化。

进入80年代,进行战略调整:一是科技升级和工业结构高级化;二是经济结构多元化;三是经济的国际化和自由化。这一阶段的战略可称为"国际化、自由化、科技化战略"。

【根据肖日新:《亚洲"四小龙"发展外向型经济的基本经验》,《东北亚论坛》1997年第2期】

学术观点2：二战后拉美经济发展成效显著

二战后拉丁美洲逐步改变原有的畸形经济结构,经济发展成效显著,成为世界经济发展较快的地区之一。

第一,经济结构发生了显著变化,经济增长速度较快。经济结构的最大的变化是拉丁美洲由一个农业大陆变成了一个农业和工业地区。

第二,工矿业的发展更引人瞩目,工业产值增加迅速,涌现出了一些诸如巴西、阿根廷、墨西哥等"新兴工业化"国家,这些国家已拥有冶金、机器制造、电机工程、汽车和化学工业等许多新兴工业。

第三,军事工业成了拉丁美洲的新兴工业之一。特别是巴西,阿根廷已经建立起比较完整的军事工业体系。

第四,外贸扩大,商品结构也发生了较大变化。80年代以来,对外贸易有了新的变化,由逆差转为大量顺差。

【根据阎玉贞、朱书林:《战后拉丁美洲的经济发展》,《现代国际关系》1986年第3期】

★ 史学导读

1.战后亚洲经济发展的特点是什么?

二战后,亚洲经济得到发展。20世纪60年代的日本是资本主义世界发展速度最快的国家;70年代新加坡、韩国是世界经济发展最快的地区,是"70年代的奇迹";70年代末的中国,实行改革开放,经济开始迅速发展;80年代,沙特阿拉伯由"骆驼加帐篷"的农牧业国家发展为"喷气机加计算机"的石油富国;印度在科学技术方面取得了令人瞩目的成就。

——摘编自陈建军:《亚洲经济发展导论》,上海:上海人民出版社,2006年版

○ **导读提示**

二战后,亚洲各国抓住机遇,吸引外资,实现了经济高速增长,成为战后经济发展的新增长点。

阅读该则材料可知,二战后亚洲经济发展的特点:一是经济发展速度快,从二战后初期到七八十年代,经济成就令人瞩目;二是各国经济发展各具特点,日本是资本主义发展速度最快的国家,新加坡、韩国是经济增长最大的地区,中国发展迅速,沙特阿拉

伯以石油带动经济发展,印度科技成就显著;三是各国发展不平衡。日本、新加坡、韩国在20世纪六七十年代发展最为迅速;中国在70年代末实行改革开放之后,才实现了经济腾飞;80年代,沙特等其他地区发展较快。

阅读材料可以深化对战后亚洲经济发展状况的理解,总结其特点,探究战后发展中国家取得巨大成就背后的深层原因,例如抓住西方发达国家进行产业结构调整的机会,利用本国丰富的劳动力资源吸引外国资本,发展劳动密集型产业推动经济发展。

2.第三世界国家发展对国际组织和世界局势产生什么影响?

从(20世纪)40年代后期到70年代中期,大约30年时间,在亚非拉形成了一个新的民族独立国家体系。……(20世纪)60年代联合国接纳的43个新会员国全都是第三世界国家;在70年代接纳的33个新会员国中除了"两个"德国以外也都是第三世界国家。

——摘自吴于廑、齐世荣:《世界史·现代史编》(上下卷),北京:高等教育出版社,2011年版

○ **导读提示**

这则材料反映了二战后发展中国家的数量逐渐增加,力量不断壮大。战后,大批第三世界国家加入联合国形成新的力量,对世界产生重大影响。

阅读该则材料,可知:战后在亚非拉形成了一个新的民族独立国家体系,这个新的民族独立国家体系即新兴的第三世界国家。联合国全面接纳第三世界国家的加入,使得联合国日益成为发展中国家反对殖民主义的舞台。这改变了原来联合国由美国单独控制的局面,美国对联合国的操纵逐步失效,越来越多的国家在联合国拥有话语权。第三世界兴起,形成一种新的世界力量,有力冲击了两极格局,在国际舞台发挥重要作用。

通过阅读该则材料,可以深刻理解发展中国家的力量壮大对世界格局所产生地影响。

第3讲 发展中国家面临的挑战

★ **学习精要**

发展中国家取得较大成就,但也面临巨大的挑战。各地区面临不同的发展挑战。亚洲一些国家过分依赖国际资本和国际市场,承受风险的能力较差。拉丁美洲各国过

于依赖出口贸易和外资,欠下巨额外债,影响了发展。非洲发展极不平衡,人民生活贫困。

发展中国家还面临着共同的挑战即不平等的国际经济旧秩序。发达国家利用自身资源优势操纵国际市场,压低农产品和原料价格,抬高工业品价格,损害广大发展中国家的利益。此外殖民主义侵略遗留下来的边界和民族的矛盾,造成了一些地区冲突和政局动荡。发展中国家的自身也存在政策失误,造成了人口增长过快、社会两极分化、贪污腐败等问题。发展中国家要真正克服障碍获得发展仍然任重道远。

★学术动态

学术观点1:第三世界国家应在自主的基础上加强与世界的联系

如何面对全球化的挑战和机遇,逐步缩小第三世界与西方的差距,是第三世界各国关注的头等大事。

首先,充实第三世界环状格局的各环带实力,立足本国,走自我发展的道路。

其次,加强第三世界各环带之间的联系,积极开展横向交流,深化南南合作,铸就经济区域化和集团化支柱。在全球化和市场竞争日益激烈的今天,第三世界选择加强本地区经济合作有着特别重要的意义。

此外,广泛开展南北对话,加强纵向沟通,营造第三世界环状格局的宽松氛围,以便在参与全球竞争中争取主动。为有效维护自身利益,第三世界国家要避害趋利,通过南北对话对现存不合理的国际政治经济旧秩序进行有理、有利、有节的斗争。

【根据朱新光:《自主,还是依附?——对全球化与第三世界"边缘化"的思考》,《当代世界》2002年第11期】

学术观点2:战后初期西方国家的投资与非洲经济发展关系密切

一方面,非洲各国利用外资在基础设施、采矿业、加工业和进口替代工业等方面,加大对这些部门的资金投入,使得这些部门得到很快的壮大,从根本上促进了非洲经济的发展。

另一方面,西方国家通过大量投资等手段,控制了非洲国家的经济部门。如美国控制了扎伊尔和南非的铀,西南非的锌、铅、铜,乌干达的铜、镍的开采。特别是对利比里亚的控制更为严重,正如杜波依斯在其学术专著《非洲》中写道:"美国在利比里亚购置港口和机场,占有那里的铁矿和橡胶种植园,从而使利比里亚几乎处于殖民地的地位。而西方国家却从中获得巨额的经济利益。在这里我们只举一例就可说明:1960年,英国私人对加纳的直接投资为0.115亿美元,而获得的利润就达0.213亿美元。"因此,西方的投资又加大了对非洲的剥削。

【根据李安华:《战后初期西方国家的投资与非洲的经济发展》,《四川大学学报(哲学社会科学版)》2000年第6期】

学术观点3:塑造国际新秩序,需要构建"共同体"

新的国际秩序观与旧的国际秩序观存在根本差异。在处于大发展、大变革和大调整的世界时,新的国际秩序是需要从国家间关系存在的矛盾根源上去全面平衡地解决问题。通过大国积极示范和引导、新兴国家与广大发展中国家平等参与的方式进行全球综合治理,推广以包容、宽容、双赢、平等、多边协商等为基本原则的国际规则,保证各国的安全利益与发展权利,维持持久和平与普遍安全。这种路径不是通过传统的霸权压制、同盟优势、地缘均势来维持一种局部、偏安式的和平秩序。

塑造更加公正合理的国际新秩序,其动力和稳定器是各国奉行开放的市场与公平的规则、融入经济全球化、尊崇自由化便利化的多边贸易与投资制度。

从这个意义上说,构建人类命运共同体需要对现有体制机制加以变革,使其更好适应新秩序的要求。国内发展是基础与核心,国际合作是方向。

【根据《塑造国际新秩序,需要构建"共同体"——刘鸣研究员在第十届上海"全球问题"青年论坛上的演讲》,《解放日报》2018年10月9日】

★ 史学导读

1.新兴独立国家面临哪些问题?

1945年到1970年间,70多个新国家从帝国崩溃中诞生。1947年,英国承认它的印度次大陆殖民地独立。不过,独立最终导致两个对立国家的出现,即印度教的印度和穆斯林的巴基斯坦,在随后几十年,它们之间爆发了三次重大战争。尼日利亚等国家的国界,是由19世纪帝国主义列强而不是根据当地居民的习惯和传统划定。对于新独立的民族国家而言,这些边界通常很不合理。1967到1970年间,尼日利亚陷入内战。在许多前殖民地,帝国主义的强制性统治似乎被市场微妙的强制所取代,许多新独立的国家发现,它们自己在高度商业化的资本主义世界市场挣扎(机会渺茫),因为主要的工业化国家似乎掌控一切。以往的殖民政府很少花心思平衡地发展殖民地经济,往往忽略至关重要的基础设施,包括教育和医疗卫生。对许多新独立的国家而言,寻找专家、资本、市场以及快速而均衡的工业化所需要的政策,是一项巨大挑战。

——摘自[美]大卫·克里斯蒂安等:《大历史》,刘耀辉,译,北京:北京联合出版公司,2016年版,第393页

○ 导读提示

新兴独立国家在赢得独立、经济得到一定程度的发展下,仍然存在很多问题,面临巨大挑战。

阅读该则材料时可知:"许多新独立的国家发现,它们自己在高度商业化的资本主义世界市场挣扎(机会渺茫),因为主要的工业化国家似乎掌控一切"。新兴独立国家的国家经济受制于西方工业化强国,使得新兴国家的经济发展艰难。"往往忽略至关重要的基础设施""寻找专家、资本、市场以及快速而均衡的工业化所需要的政策,是一项巨大挑战"体现了这些国家的基础设施落后,缺乏工业化持续发展的条件和政策支持。总结新兴独立国家存在的问题:国内政局动荡;边界争端;国家经济受制于工业化强国;基础设施落后。

通过阅读该则材料,可以深刻理解发展中国家面临巨大的挑战。帝国主义对殖民地长期掠夺、新兴独立国家自身民族宗教等因素的影响和公正合理的国际政治经济新秩序尚未建立等是导致新兴独立国家面临挑战的原因。因此,建立国际经济新秩序是新兴发展中国家的迫切要求。

2.国际经济新秩序的基本主张是什么?

……我们一致决心紧急地为建立一种新的国际经济秩序而努力,这种秩序将建立在所有国家的公正、主权平等,互相依靠,共同利益和合作的基础上,而不问它们的经济和社会制度如何,这种秩序将纠正不平等和现存的非正义,并且使发达国家与发展中国家之间日益扩大的鸿沟有可能消除、并保证目前一代和将来世世代代在和平和正义中稳步地加速经济和社会发展。

——1974年联合国大会第六届特别会议通过的,由"七十七国集团"起草的《建立新的国际经济秩序的宣言》[联合国大会第3201(S-VI)号决议1974年5月1日]

○ **导读提示**

从材料中可知,第三世界面临发展的巨大挑战,认识到建立在不平等基础上的国际经济旧秩序是他们落后的根源,为此迫切要求建立新的国际经济秩序。

阅读材料时,应认识到:新的经济秩序将建立在所有国家的公正、主权平等、互相依靠、共同利益和合作的基础上;新的经济秩序将建立在不同经济和社会制度的基础上;新的经济秩序将纠正过去的不平等和现存的非正义;新的经济秩序将缩小发达国家与发展中国家的差异,保证现在和将来的世界在和平与正义中稳步地加速经济和社会发展。

通过阅读该则材料可以更深刻理解建立新的国际经济秩序的原因和重要意义。

★ **荐读书目**

畅征、陈峰君:《第三世界的变革》,北京:中国人民大学出版社,1997年版

高岱、郑家馨:《殖民主义史》(总论卷),北京:北京大学出版社,2003年版

彭树智、黄倩云:《第三世界的历史进程》,北京:中国青年出版社,1999年版

哈全安:《中东史》,上海:上海社会科学院出版社,2019年版

第九单元　当代世界发展的特点与主要趋势

【单元学习精要】

　　一是冷战后世界发展的新特点。在政治上，近代以来以欧洲为中心或以美、苏为两极的国际格局不复存在，冷战中已经出现的世界多极化趋势继续发展。苏联解体之后，美国成为世界上唯一的超级大国，但苏联解体后继承其主要遗产的俄罗斯仍然拥有可以和美国相抗衡的军事力量。西欧、日本、中国等地区和国家的经济实力、政治实力和国际地位继续上升，它们和"二十国集团"中的其他新兴市场国家和发展中国家一道，成为在两极格局瓦解后，影响世界格局走向的重要力量。在经济上，冷战结束后，世界各国经济依存度进一步提高，世界各地的经济联系更加紧密，经济全球化出现新高潮。社会信息化在21世纪深入发展，主要以数字化、网络化、智能化为特征。信息技术创新日新月异，以信息技术为代表的新一轮科技革命方兴未艾，互联网日益成为创新驱动发展的先导力量。这一切甚至被称为"第四次工业革命"。在文化上，多元文化百花齐放。冷战后，文化多样化作为人类社会的基本特征之一，更加明显地表现出来，成为人类文明进步的重要推动力量。

　　二是全球性问题的出现和人类社会面临的机遇与挑战。在世界多极化、经济全球化、社会信息化、文化多样化深入发展的形势下，和平与发展仍然是时代的主题。人类面临着前所未有的发展机遇，同时也存在着威胁人类生存的重大问题。这些问题构成了对人类社会可持续发展的巨大挑战。

　　三是理解和平、发展、合作、共赢成为时代潮流，牢固树立构建人类命运共同体意识。中国倡导人类命运共同体理念，并以实施共建"一带一路"倡议、发起创办亚洲基础设施投资银行等实际行动来实践这一理念,正是顺应并引领了当今世界和平、发展、合作、共赢的时代潮流和历史发展大势。

【根据徐蓝、朱汉国:《普通高中历史课程标准(2017年版)解读》,北京:高等教育出版社,2018年版,第115~116页】

第22课　世界多极化与经济全球化

第1讲　世界多极化发展趋势

★学习精要

世界多极化是指一定时期内对国际关系有重要影响的国家和国家集团相互作用,而朝着形成多极格局发展的一种趋势。世界走向多极化,是当今国际形势的一个突出特点。

多极化趋势是世界力量重组和利益重新分配的过程。早在20世纪50年代到70年代,伴随欧共体形成、日本经济崛起、不结盟运动兴起和中国振兴,多极化趋势就已经开始出现。冷战结束以来,世界各种力量分化组合,"一超多强"局面形成,多极化趋势进一步加强。21世纪初,新兴市场国家和发展中国家群体性崛起,国际力量对比趋于平衡,但一超多强局面还将长期存在。

虽然美国极力构建单极世界、谋取世界霸权,但日本、欧盟、俄罗斯、中国等力量中心的制约,使世界逐渐形成合作、竞争、制衡的基本态势。这种国际关系有利于遏止霸权主义和强权政治,有利于推动建立公正合理的国际政治经济新秩序,也有利于广大发展中国家抓住机遇、加快发展。

历史和现实两个方面说明,生产力的发展是决定多极化趋势和"一超多强"发展态势的重要因素;多极化趋势不可逆转,但其发展是一个长期的、复杂的进程。

★学术动态

学术观点1:世界多极化趋势存在四个维度

世界多极化是当今世界的重要发展趋势,可以从经济、政治、文化和制度四个维度加以分析。

世界经济的去中心化、扁平化和经济全球化重心转向亚洲是世界多极化的重要反映。政治上,面对新兴经济体整体性崛起,西方大国一方面寻求与新兴力量改善关系,另一方面加强了对新兴大国的分化和防范。发展模式和文化上,中、印、俄等新兴国家稳定快速发展,其发展模式和文化模式对世界影响不断增强。制度上,全球治理新机制和经济政治区域化为多极化提供了制度保障。

政治力量变化是多极化趋势的主要方面。但是只有从经济、政治、文化和制度四个维度全面客观地分析当今世界,才能真正把握世界多极化趋势。

【根据吕有志、刘杰:《世界多极化趋势的四个维度》,《思想理论教育导刊》2011年第7期】

学术观点2:美国单极思维与多极化诉求的博弈具有长期性

美国旨在称霸全球大力强化单极思维的行径,与世界主要力量对多极化的强烈诉求,形成了巨大反差。

美国的单极思维既是实力膨胀的结果,又具有长期、广泛的民众思想基础,导致美国单极思维的顽固性。但冷战后时代,美国强化单极思维面临的障碍除了与伊斯兰文明的冲突、与以德法为代表的"老欧洲"国家的矛盾外,更深层次因素是转型大国如中、俄等均不是"美国化"的结果,对美国的单极思维构成了严重挑战。

出于国家利益和实力比对考虑,单极与多极的博弈会在规避对抗升级的情况下长期存在。

【根据程伟:《美国单极思维与世界多极化诉求之博弈》,北京:商务印书馆,2012年版】

学术观点3:毛泽东国际战略思想的变化是多极化趋势的反映

从发展中国家和中国的立场、处境和发展需求出发,毛泽东在不同时期提出的几个重要战略理论,都蕴含着关于世界多极化的丰富内涵。

二战后,美苏两分天下。1946年毛泽东提出"中间地带"理论,指出美苏之间的"中间地带"包含了欧亚非许多资本主义国家和一大批殖民地、半殖民地国家。这些力量中心尚未成熟,但正在积聚力量,并将发挥重要作用。

60年代,中苏关系破裂,以法国为代表的西方国家同美国的矛盾趋于表面化,"中间地带"力量壮大。据此1963年毛泽东提出世界存在亚非拉和欧洲"两个中间地带"的论断,突出了中间地带力量的多元性质。

进入70年代,中美关系缓和,资本主义世界经济三足鼎立,苏东矛盾日趋尖锐,两极体系向多极化转变的趋势已经不可逆转。毛泽东提出"三个世界"的理论,即美苏为第一世界;亚非拉和其他地区的发展中国家为第三世界;处于两者之间的发达国家为第二世界。从国际战略的高度,反映了多极化下的力量对比。

毛泽东从"中间地带"理论到"两个中间地带"理论,再到"三个世界"的战略划分,反映了世界格局日趋多极化的客观趋势。

【根据石斌:《毛泽东关于世界多极化的思想及其战略意义》,《中共党史研究》2003年第3期】

★ 史学导读

1.世界政治多极化趋势对世界发展有哪些影响?

大国关系呈现出一种错综复杂的多面性。为什么这么说呢? 在传统上,美国和西方国家是铁板一块,中俄占了一块,包括印度是一块,现在四种关系已经开始互相渗透和融合。比如美国盟国关系松动,欧洲战略和独立意识上升,日本寻求和中国、俄罗斯发展关系。中日有可能进入新时代,印度寻求更加平衡的大国关系,特别是"印太战略"上表现非常突出。这样大国关系就突破了传统的界定,显示出既有矛盾分歧又有协作合作的多面性。未来中美战略博弈中,这些国家很难做到一边倒和选边站。

——摘自中国社会科学院:《国际形势黄皮书:全球政治与安全报告(2020)》,北京:社会科学文献出版社,2020年版

○ 导读提示

大国关系相互渗透,突破了传统的界定,具有重大影响力的几大力量中心很难维持原来的一边倒或者选边站,几者之间既有矛盾分歧又有协同发展的多面性,影响着时代变迁。

阅读材料时,应认识到:多极化趋势下国家关系的融合变动,顺应了世界和平与发展的时代主题,有利于抑制和削弱霸权主义强权政治,有利于推动建立公正合理的国际政治经济新秩序,为各国发展尤其是发展中国家的发展提供了机遇。

通过阅读材料,可以深刻理解当今世界国际力量对比朝着趋于均衡的方向发展,更能体现国际社会对公平正义与合作共赢的追求。

2.中国倡导的世界多极化的内涵是什么?

提到多极化,人们就认为是现有世界大国追求共同主宰世界的一种要求,这不符

合中国对外战略的基本理念。中国倡导的世界多极化,其内涵……与其他西方国家的多极化不同,而"应该将它视为一种崭新的追求,一种有别于强权政治时代的追求,一种谋求社会制度和意识形态之多样化的国际关系格局,一幅生动和丰富多彩的世界政治局面"。

——摘自梁凯音:《21世纪的世界与中国》,北京:中国商务出版社,2005版,第52页

○ 导读提示

世界大国追求共同主宰世界的要求不符合中国对外战略的基本理念。中国追求的世界多极化是一种有别于强权政治,谋求多元、平等的国际格局。

阅读材料时,应认识到:中国倡导的世界多极化内涵是建立平等、民主的国际关系。在这种关系下,社会制度和意识形态应是多样化的,所有国家都有平等参与国际事务的权利。

通过阅读材料,并理解材料背后深刻的含义,可以了解中国在推动多极化进程,建立国际新秩序,追求人类命运共同体方面做出的努力。

第2讲　经济全球化与区域集团化

★学习精要

经济全球化与区域经济集团化是当今世界经济发展的两大趋势。

经济全球化是世界经济和科技发展的产物,是指在一定共同规则下,生产要素在世界范围内跨国界自由流动,主要表现为生产国际化、资本和科技全球化、贸易自由化。全球化有利于资源和生产要素在全球的合理配置,也使世界经济蕴藏着巨大的风险。目前经济全球化中急需解决的问题是建立公平合理的经济新秩序,重视维护发展中国家的经济主权,以保证竞争的公平性和有效性。

经济区域集团化通常表现为同一区域的国家或地区,建立本地区经济一体化组织,实现生产要素在成员国之间的无障碍流动。影响力较大的经济区域集团组织包括:欧盟、亚太经合组织、东南亚联盟、北美自由贸易区。

经济全球化与区域集团化既相互矛盾又相互促进。一方面,区域集团的排他性,阻碍了全球经济的发展交流。另一方面,每个区域集团都在集团内实行贸易投资自由化、一体化政策,从而推动了经济全球化。区域集团化实际上是经济全球化的必要环节和重要过渡。

★ 学术动态

学术观点1:发达国家开始成为反全球化的推动力量

近代以来,资本主义发达国家主导的以国际贸易扩张为主要形式的全球化不断发展。二战后,发达国家积极营建有关贸易和投资的世界性规则和国际组织,成为全球化的主导者和受益者。

然而2008年金融危机引发全球经济危机,部分发达国家反全球化力量由民间变为政府牵头,英国脱欧、美国退出TPP、意大利极端民族主义抬头等,都说明一些发达国家开始成为反对全球化的推动力量。

英美等发达国家由提倡经济全球化转变为反经济全球化,一定程度会影响世界经济格局的变动,但经济全球化大趋势不会根本逆转。

【根据姜少敏:《经济全球化、反全球化与逆全球化力量的博弈:过程、现状与趋势》,《教学与研究》2019年第11期】

学术观点2:经济全球化与世界多极化的互相促进

全球化促进了世界经济交流和区域经济联合,使霸权受到挑战,促进了多极化。全球化中出现的问题,加剧了南北差距,又影响了世界多极化的发展。

出于利益诉求,世界主要力量中心,是经济全球化的主要推动者。发展中国家随着实力增强和利益拓展也主动要求融入世界,推动了经济全球化的发展。

全球化与多极化的关系中,相互促进是主要方面,制约则是次要方面。保持地区和全球安全、扩大共同利益是全球化和多极化的共同追求。

【根据黄仁佳:《试论经济全球化与世界多极化的关系》,《理论观察》2008年第5期】

学术观点3:"一带一路"推进全球化转型

全球金融危机以来,全球化转型的迹象日渐清晰。中国推进"一带一路"的努力,使全球化重心逐渐由欧美转向亚太,性质由资本主义利润至上转向公正平等、合作共赢,结构上将引起一大批欠发达国家地区从边缘、外围走向全球化舞台的中央。

随着"一带一路"建设的推进,中国对全球化的优化重构、对区域化的带动引领,预示着全球化的结构正在发生变化。中国正在成为引领全球化和区域化的主要力量。

【根据李丹:《"一带一路"重构经济全球化与区域化动力》,《福建论坛(人文社会科学版)》2018年第3期】

★ 史学导读

1.全球化下发展中国家面临的问题有哪些?

当前经济全球化的一个严酷现实是:受益者永远是那些享有特权并主宰世界经济的发达国家,而广大发展中国家尤其是最不发达国家却被甩到世界经济的边缘,贫困不断加深,与发达国家的经济差距在加大……许多发展中国家债务负担不断增加,自然灾害不断,加重了经济发展的困难;人口增长过快,甚至超过粮食的增长速度;食品缺乏,贫困化问题严重,出现生存危机;生态环境度恶化;政局动荡、社会不稳定。

——摘编自王慧媞、韩玉贵:《当代世界政治经济概论》,济南:山东大学出版社,2001年版,第117、119页

○ **导读提示**

一方面,发达国家是经济全球化的主导者和受益者,发展中国家在经济全球化进程中处于不利地位。另一方面,发展中国家资金匮乏、技术落后,又引发了政治、社会、自然等诸方面危机。

阅读材料时,应认识到:由于国际经济旧秩序、西方国家经济封锁与制裁、发展中国家经济基础薄弱等因素,导致发展中国家面临着南北差距、南南差距、债务负担、粮食危机、生态恶化、政局动荡等问题。

通过阅读该则材料,可以深刻理解全球化下建立国际新秩序,对广大发展中国家的重大意义。

2.为什么说"世界需要中国,中国需要世界"?

世界已经成为你中有我、我中有你的地球村,各国经济社会发展日益相互联系、相互影响,推进互联互通、加快融合发展。

今天,中国已经成为世界第二大经济体、第一大工业国、第一大货物贸易国、第一大外汇储备国。……中国人民生活从短缺走向充裕、从贫困走向小康,现行联合国标准下的7亿多贫困人口成功脱贫,占同期全球减贫人口总数70%以上。中国连续多年对世界经济增长贡献率超过30%,成为世界经济增长的主要稳定器和动力源。

——摘自习近平在博鳌亚洲论坛2018年年会开幕式上的主旨演讲,新华网,2018年4月10日

○ 导读提示

中国在全球化浪潮中扮演了重要角色,世界发展又进一步拉动了中国发展。

阅读材料时,应认识到:改革开放后,中国逐渐跻身世界第二大经济体,成为世界经济增长的主要稳定器和动力源。"一带一路"的推进建设,为欧亚大陆共同发展注入了强劲动力。

十一届三中全会后,中国实施改革开放战略,借鉴学习世界先进经验,促进经济迅速发展。2001年,中国加入世界贸易组织,标志着中国全面融入世界经济,有利于进一步完善社会主义市场经济体制,推动中华民族的伟大复兴。

通过阅读该则材料,要深刻理解:当今世界"你中有我、我中有你",任何一个国家都不可脱离世界独立发展,世界需要中国,中国需要世界,是一个双赢的选择。

3.英国脱欧对欧洲一体化的影响?

英国脱欧是欧洲一体化进程中遭遇的一次重大变故,将对英国、欧洲产生深远影响。它暴露了欧洲治理机构的弊端以及成员国之间在重大问题上难以弥合的分歧,是欧洲一体化进程中前所未有的危机。英国一直作为欧盟范围内重要的平衡器存在,其脱欧鼓舞了欧盟范围内的疑欧势力和极端力量,它们要求关闭边境、控制移民数量,并通过直接民主还权于民,推动欧盟重回主权国家秩序。但纵观欧洲一体化的发展历史,正是一次次危机推动着欧洲一体化向更高的目标迈进。

——摘自杨毅:《英国脱欧对欧洲一体化的三维挑战》,《理论视野》2016年第8期

○ 导读提示

英国脱欧暴露了欧洲治理机构的弊端以及成员国在重大问题上的分歧,是欧洲一体化进程中的重大变故,反过来又激励欧盟改革化新。

阅读材料时,应认识到:英国脱欧严重削弱了欧洲联合的基础,暴露了欧盟的体制性缺陷,是欧洲一体化进程中的重大挑战。欧盟内部力量失衡,加剧了欧盟发展方向之争,重挫欧盟在国际格局中的影响力。客观上使欧盟国家反思欧洲一体化,有助于推动欧洲联合的深入发展。

通过阅读该则材料,可以深刻理解经济全球化和区域集团化的发展并不是一帆风顺,但是面对危机与挑战时,必然会迎来新的发展。

第3讲 社会信息化和文化多样化

★学习精要

社会信息化,是指发展以计算机为主的智能化工具为代表的新生产力,建立有组织的信息网络体系,促进信息交流和知识共享,提高经济增长质量,推动经济社会向高效、优质发展转型的历史进程。社会信息化带给人们便利的生活,也带来种种弊端,信息泄露、网络暴力等问题使个人隐私、生命财产安全受到威胁。

文明多样性是人类的基本特征。尊重文化多样性,以文明交流互鉴超越文明隔阂冲突,是推动人类文明进步和世界和平的重要动力。文化的民族性和文化的世界性相辅相成,应该树立"越是民族的,就越是世界的"正确文化观。

社会信息化和经济全球化为文明交流提供了途径和手段,但也使文化多样性面临挑战。只有保持和而不同,才能增强文化自信,促进人类文明协调多元发展。

★学术动态

学术观点1:社会信息化已渗透到社会发展的各个方面

在计算机的广泛普及下,个体的创造潜能获得了从未有过的激发;虚拟社会的出现改变了社会结构;政治信息公开化,促使政务透明化和政治问题预期效果最大化;信息化武器和作战方式,改变了各国的军事举措和战争思维;信息产业、电子商务对世界经济影响的广度和深度不断加大;信息化为现代化教育、文化和科技创新提供了更加便捷的途径。

以计算机信息处理为基础的新型生产力和生产方式,推动了社会信息化,进而导致人类社会向更高阶段的智能化变迁。

【根据王旭东:《论社会信息化的影响与冲击——从当代历史进程到世界史研究》,《世界历史》2007年第5期】

学术观点2:经济全球化、世界多极化与文化多样化既相联系又相制约

伴随经济全球化,文化成为国家软实力的重要标志,各国大力保护民族文化,推动了文化多样性的发展。另一方面,全球性经济互动必然加大民族文化间的互鉴,各民族文化共性增加,对世界文化的多样性提出挑战。

随着世界多极化的发展,一些奉行霸权主义的国家,借助文化渗透,推行强权政

治。因此,保护和发展作为民族精神根基的民族文化,是粉碎霸权文化、促进世界多极化的重要方式。

经济、政治和文化是社会生活的三个基本领域,三者相互联系、相互制约。其中,经济是基础,文化是经济和政治的反映。

【根据黄向明:《经济全球化 世界多极化 文化多样化》,《中学政治教学参考》2006年第12期】

★ 史学导读

1.科技创新如何推动人类社会发展?

表1 四次工业革命概况

	第一次工业革命	第二次工业革命	第三次工业革命	第四次工业革命
时间	始于18世纪中叶	始于19世纪中叶	始于20世纪70年代初	始于21世纪初
本质	机械化	电气化	信息化	智能化
核心技术	蒸汽机	电力技术和各种电器制造技术	ICT技术	人工智能、大数据、高速通信技术(5G)、物联网、云计算、量子计算
主要驱动源	煤炭	电力	信息	数据
主导国	英国	美国、英国、苏联	美国、日本、欧洲、苏联	美国、中国
生产模式的重组	从农业为主的产业转向工业制造业为主,机械生产替代了手工劳动	以电力为主要动力的大规模、批量化的工业生产	工业日益自动化,信息经济兴起,全球互联网兴起	数字经济迅速发展,经济体系数字化、自动化、智能化,出现了智能对于人类就业的大规模替代

——摘自鄢一龙:《第四次工业革命与超级智能时代》,《中央社会主义学院学报》2019年第5期

○ **导读提示**

第一次工业革命使机械化代替手工,人类进入蒸汽时代。第二次工业革命以电力为主要动力的大规模、批量化的工业生产,使人类进入电气时代。第三次工业革命广泛运用电子信息技术,工业生产过程日益走向了自动化。第四次工业革命,信息科技智能化将推动智能型社会的形成。

阅读材料时,应认识到:从18世纪开始至今,工业革命经历了四个发展阶段,每一阶段的技术创新都促使生产模式、生活方式、社会结构等发生重大变化,推动人类社会经历了机械化—电气化—信息化—智能化的纵深发展。

通过阅读该则材料,可以深刻理解科技是第一生产力,以及科教兴国战略的前瞻性和必要性。

2.如何正确处理文化多元化和文化趋同化的关系?

面对世界文化与经济、政治的相互影响、激荡和冲突,美国学者亨廷顿提出了文明冲突论,认为世界上的许多冲突是由不同的文明所造成的,强势文化必然战胜弱势文化。实质上,不同文明冲突的背后是经济利益的争夺,亨廷顿理论是一种强权理论,是一种文化霸权主义。中国学者费孝通先生提出了"文化自觉"的理论,倡导正确认识自己的文化,正确处理与不同文化之间的关系,进而提出了著名的"美美四句":"各美其美,美人之美,美美与共,天下大同。"这是处理不同文化之间关系所应秉持的正确态度,也是对文化趋同化与"文明冲突论"的纠偏。不同民族、不同地域的文化应当互相尊重,互相交流,既保持自己的文化传统,又学习其他文化的长处,共同发展,共同繁荣。

——摘自王能宪:《纠偏文化趋同》,《人民日报》2012年12月13日

○ **导读提示**

亨廷顿文化冲突论关注的是文化的多样化和斗争性,强势文化必然战胜弱势文化。费孝通文化和谐论,则是承认文明多元化下的文化学习交流与共同发展。

阅读材料时,应认识到:文化冲突论和文化和谐论都承认了文化的多元化,但是文化冲突论认为强势文化必然战胜弱势文化,这是一种文化霸权主义,不符合人类文化多样性的客观规律。而文化和谐论的"美美四句",首先承认世界文化多样性,进而尊重和保护不同国家和民族的文化,并通过文化的交流学习,达到和而不同、共同繁荣的目的。

通过阅读该则材料,可以深刻理解文化多样和文化趋同不是截然对立的,文化自觉应该是在文化互动、文化对话中走向"美美与共"。

★ 荐读书目

[日]浜田和幸:《没有超级大国的世界?》,庞婷婷、陈雪,译,重庆:重庆出版社,2009年版

[美]亨利·基辛格:《世界秩序》,胡利平、林华、曹爱菊,译,北京:中信出版社,2015年版

孙建社、石斌:《从"中间地带"到"世界多极化":中国三代领导人的国际战略思想》,北京:人民出版社,2003年版

[美]托马斯·弗里德曼:《世界是平的》,何帆、肖莹莹、郝正非,译,长沙:湖南科学技术出版社,2006年版

王战、成素梅:《信息文明时代的社会转型》,上海:上海人民出版社,2019年版

[美]泰勒·考恩《创造性破坏:全球化与文化多样性》,王志毅,译,上海:上海人民出版社,2007年版

第23课　和平发展合作共赢的时代潮流

第1讲　和平与发展的时代主题

★学习精要

时代主题是社会历史所呈现的不可抗拒的发展和运行的趋势。随着政治多极化和经济全球化发展,各国相互联系日益加强,国际力量对比更趋平衡,和平与发展大势不可逆转,成为时代主题。

和平与发展二者是相辅相成的,和平是发展的前提,发展是和平的保障。和平是指世界的总体和平,发展是指世界的繁荣与发展。人类进入21世纪,文明的多样性逐渐成为人类共识,各国之间的相互依存日益紧密,和平与发展成为各国追求的目标。

世界长期和平带来各方面的巨大发展,使各国都竭力维护世界和平。国际组织的相继成立和积极协调是世界长期处于和平与发展中的重要因素,特别是联合国在世界舞台上的作用尤为突出,在控制局部战争、解决地区冲突中发挥着不可替代的作用。

★学术动态

学术观点1:和平与发展成为时代主题是世界政治经济发展的必然产物

第二次世界大战对世界的主要矛盾及其发展产生了重要影响。主要资本主义国家之间虽然矛盾冲突从未间断,但由于种种因素制约,却从未诉诸战争,保持了相当长的和平时期;第三世界的崛起极大地改变了战后国际关系,成为维护世界和平、促进世界发展的主要力量;帝国主义和社会主义国家之间的对抗虽然从未停止,但相互间保持了一种动态的平衡状态。都使得维护世界和平有了可能。

二战使整个世界经济和国际关系孕育大变动的新的趋势,这些趋势主要包括:经济发展成为不同类型、不同发展程度国家共同面临的首要问题,对稳定的国际环境的迫切要求日益突出;在国际政治生活中,出现了不同意识形态与不同社会制度国家之间和平共处的局面;世界范围内的和平运动有了广泛的发展;核武器的出现改变了传统的安全观与战争观。使得和平与发展的可能性与必要性日益明确与突出。

在这种背景下,邓小平同志对国际形势进行了冷静观察与科学分析,做出了新的战略判断,1984年5月,邓小平同志进一步明确指出:"现在世界上真正大的问题,带全球性的战略问题,一个是和平问题,一个是经济问题或者说是发展问题。"和平与发展的时代观反映了战后国际关系和世界经济的新变化、新特点。

【根据李青:《对和平与发展时代主题的再思考》,《甘肃社会科学》2002年第3期】

学术观点2:和平与发展的时代趋势不可逆转

当前国际安全面临的不稳定性不确定性更加突出,世界并不太平。地区热点和争议问题依然存在。部分国家之间的领土和海洋权益争端、民族宗教矛盾等问题仍然存在,地区安全热点问题时起时伏。霸权主义、强权政治、单边主义时有抬头,地区冲突和局部战争持续不断,国际安全体系和秩序受到冲击。

世界经济和战略重心继续向亚太地区转移,亚太地区成为大国博弈的焦点,给地区安全带来不确定性。亚太各国命运共同体意识加强,通过对话协商处理分歧和争端成为主要政策取向,均衡稳定、开放包容的亚洲特色安全架构不断发展,推动本地区成为全球格局中的稳定板块。

世界多极化、经济全球化、社会信息化、文化多样化深入发展,促和平、求稳定、谋发展已成为国际社会的普遍诉求,和平力量的上升远远超过战争因素的增长,和平、发展、合作、共赢的时代潮流不可逆转。

【根据国务院新闻办公室:《新时代的中国国防》白皮书(2019年7月24日)】

★ 史学导读

1.为什么说发展问题是时代主题中的核心问题?

1984年5月,邓小平在会见巴西总统菲格雷多时,初步提出和平问题与南北问题是世界上比较突出的两个问题。直到1985年3月,他对这一问题的阐述上升到了理论阶段,并做了高度精辟的概括:"现在世界上真正大的问题,带全球性的战略问题,一个是和平问题,一个是经济问题或者说发展问题。和平问题是东西问题,发展问题是南北问题。概括起来,就是东西南北四个字。南北问题是核心问题。"

——摘自《邓小平文选》(第三卷),北京:人民出版社,1993年版

○ 导读提示

和平与发展是世界各国人民的根本利益所在,二者是一个不可分割的辩证统一体,发展离不开和平,和平是发展的前提与保障;和平也离不开发展,发展是和平的根本目的,也就是说和平归根结底是为了发展。

阅读材料时,应认识到:世界上大多数第三世界国家急需摆脱贫困落后的境地,而发达国家在经济发展的浪潮中,也非常重视发展本国经济,由于发达国家和大多数发展中国家的地理位置,邓小平形象地称二者之间的关系为南北关系,南北只有建立平等合作的关系,加强合作,才能解决发展问题,这样才能消除和平隐患,邓小平指出,和平与发展是当代世界的两大问题。

通过阅读,可以深刻认识到,人类只有实现政治经济文化的均衡持续发展,才能更加有效地维护和平的局面。

2.中国在构建和平世界中的作用是什么?

中国以坚定不移地走和平发展道路的方式,积极推进着和谐世界建设的伟大征程。中国遵循和平发展的道路,既通过维护世界和平发展自己,又通过自己的发展促进世界和平,推动建设和谐世界。中国坚决摒弃历史上大国通过对外扩张、掠夺和剥削而崛起的模式,而主要依靠中国人民自己的力量和本国的资源实现发展,同时积极开展与世界各国的互利合作。以合作谋和平,以合作促发展,以合作解争端,以合作求和谐。

——摘自卞秀瑜:《战后世界和平与构建和谐世界》,《黑河学刊》2010年第11期

○ 导读提示

中国为二战的胜利做出了巨大牺牲和努力,赢得了政治大国的地位,并得以在联合国的筹建和运行中发挥重要作用。新中国自成立以来一直奉行和平外交政策,并不断使其丰富和发展,先后提出并遵循"和平共处五项原则"思想、"和平与发展"思想、"和谐世界"战略理念,以自己的实际行动为维护战后世界和平做出了巨大贡献。

阅读材料时,应认识到:中国在世界上率先提出上述思想和战略理念不是偶然的,是基于国内外形势发展和变化,是对新中国"和平外交"政策做出的调整与发展。构建和平安全和谐的世界,不仅与在国内建设和谐社会的目标相衔接,而且在国际上与《联合国宪章》等国际约法的基本精神相一致,已被大多数国家认同和接受。这对于推动国际关系进一步走向缓和与稳定,推动世界的发展具有极其重要的意义。

通过阅读该则材料,使我们深刻体会到:中国不仅是构建和平世界战略理念的首倡者,更是构建和平世界的主要践行者和维护者。

第2讲　人类发展面临的问题

★学习精要

随着全球化的进程加快,世界发展存在着许多不稳定性、不确定性,新的矛盾和冲突不断产生,人类社会面临着新的机遇和挑战,这种世界性、全球性的问题不是哪一个国家能够独自应对的,也没有哪一个国家能够退回到自我封闭的孤岛、置身事外,需要各国携手解决。

具体表现为:在发展方面,"逆全球化"现象出现(如美国的贸易保护和英国的脱欧公投)、世界经济增长的动力不足、新兴市场国家和发展中国家发展困难、南北差距拉大、贫富分化日益严重等。在安全方面,地区热点和冲突、难民潮、霸权主义和强权政治等,以及核扩散、恐怖主义、生态环境恶化的持续蔓延等都是人类面临的共同问题。

人类的共同难题需要人类携手解决,这已成为世界共识。二战后成立的各种国际组织都为治理全球继续发挥着积极作用,面对新问题而成立的新国际组织正采取更有效的措施应对世界难题,如应对气候变化的《巴黎协定》及实施细则的通过等,都是世界各国共同努力的结果。

★学术动态

学术观点1:当今人类共同面临的安全问题是世界格局变化过程的产物

20世纪90年代世界格局发生剧变,国际安全格局及表现形式也发生了重大变化,一些非传统的安全威胁大量闯入人们的视野,环境恶化、毒品走私、恐怖主义、传染性疾病、有组织犯罪等,越来越成为影响国际安全的重要因素,也构成了对国家安全与稳定的重大威胁。

随着冷战的结束和全球化进程的不断推进,越来越多的新问题被纳入了安全的范畴,特别是两极格局下掩盖和抑制的民族、宗教、领土和边界冲突不断爆发,国内冲突和战争导致的难民问题、种族屠杀、人道主义干预等问题也已成为破坏国际安全的重要因素。

这些问题相互交织、互相渗透,使国际安全局势更加复杂多变,国家安全在新形势下呈现出多元化、全球化的特征,是世界走向多极化和全球化的过程中的产物。

【根据李学保:《全球化进程中的国际安全合作:理论争鸣与实践探索》,武汉:华中师范大学博士学位论文,2006年】

学术观点2:人类面临的共同问题需要人类共同行动解决

随着世界政治经济的发展,世界面临的不确定性突出,人类面临许多共同挑战。

为了克服和解决这些挑战,更好地生存与发展,人类就必然需要采取一些共同行动,仅靠一个村社或者民族或者国家的力量,是远远不够的,需要整个世界、整个人类共同筹划、一致行动,才能奏效。所以,中国适时提出构建人类命运共同体的理念,就是倡议人类共同行动,以合作共赢的模式,建设持久和平、普遍安全、共同繁荣、开放包容、清洁美丽的世界。

【根据牟成文:《关于人类命运共同体的思考》,《湖南省社会主义学院学报》2017年第6期】

★ 史学导读

影响世界和平的不利因素有主要哪些?

冷战结束后,美国作为世界上唯一的超级大国,在暂时失去制衡的情况下,自恃经济、军事、科技力量的强大,趾高气扬,不可一世,称霸野心急剧膨胀。为适应新的国际形势,美国以"参与和扩展战略"来积极推行其霸权主义。美国是以安全、经济、人权为其外交支柱,大搞军事霸权、经济霸权和政治霸权,以实现其"领导整个世界"的霸权目标,确保21世纪仍然是"美国的世纪"。

——摘自刘长欣:《影响世界和平的有利因素和不利因素》,《石油大学学报(社会科学版)》2001年第3期

○ 导读提示

美国凭借其强大的经济、军事和科技力量,在世界范围里推行霸权主义和强权政治,成为影响世界和平的最大、最主要的不利因素。由此而引发的各种世界矛盾与冲突是世界局势动荡和战争的根源,严重威胁着世界和平与发展。

阅读材料时,应认识到:冷战结束后,国际形势的总体缓和,曾一度推进国际军控

与裁军取得进展,但随着美国霸权主义的进一步发展,国际军控与裁军形势恶化。军备研制失控、军备裁减停滞、武器交易盛行都使国际军控雪上加霜。历史遗留的领土、边界争端与民族、宗教矛盾等是引发地区冲突、局部战争的直接因素,某些大国为了霸权目的和利益背后插手,或从中作梗或火上浇油,使事态扩大矛盾冲突更加错综复杂。国际恐怖主义盛行也严重影响世界人民生命财产安全。

通过阅读本材料,使我们深刻体会到:和平问题关系着整个人类的命运和前途,我们要更加珍惜在当今来之不易的生活,与世界各国人民一起,发展和壮大世界和平力量,建立公正、合理的国际政治新秩序。

第3讲 在合作共赢中促进全球共同发展

★学习精要

面对全球性问题和危机,二战后,世界主要国家就已着手全球治理,但旧的问题还没解决,新的矛盾不断产生,改革原有的治理机制,已成为国际社会共同关心的问题。提出构建人类命运共同体的倡议,是中国对"中国特色社会主义发展道路"的高度自信,并将自己的发展惠及世界,倡导以"在合作共赢中促进全球共同发展"的"中国方案"进行全球治理。

具体而言:二战后,以美国为主导建立的主要国际组织,随着世界多极化、经济全球化的发展,难以适应新的形势和各国的共同需求,治理效果极其有限,根本无法解决全球性问题,因此,一些新的国际治理组织应运而生。如全球层面的"二十国集团";地区层面的"上海合作组织""金砖国家"及"新开发银行"等,自成立后成为维护新兴市场国家和发展中国家共同利益的平台。

构建人类命运共同体,是中国凭着对国内外形势的把握与判断,以中国的历史经验和治国智慧,为解决人类面临共同问题而提出的"中国方案"。随着2013年"一带一路"的合作倡议、2014年"丝路基金"的设立、2015年中国倡议设立的"亚投行",为中国和相关国家的发展提供了新的动力和平台。实践证明,中国倡导的"在合作共赢中促进全球共同发展"的"中国方案"正在惠及世界。

★学术动态

学术观点1:人类命运共同体思想体现着中华"和"文化的理念

中华儒家文化的大同思想所追求的是天下大同的理想社会,以天下为公、和谐万邦、天下大同为价值共识,目的是实现人类社会利益的共享。习近平总书记指出:"中国人民崇尚'己所不欲,勿施于人'。中国不认同'国强必霸论',中国人的血脉中没有称王称霸、穷兵黩武的基因。"反映了中华传统"和"文化的理念价值。

人类命运共同体思想以相互依存、和平发展为基础,以利益共享、合作共赢为支柱,目的是推动人类社会的持续和平发展,是对中华"和"文化理念的传承和创新,反映了中国真诚期望通过人类命运共同体的构建来维护世界和平,集中表达了中国致力于打造和平发展、和平崛起的"和"文化模式。

所以,说人类命运共同体思想体现着中华"和"文化的理念,是有历史渊源的,二者在内涵与外延上,乃至价值观的认同上,都是相通的。

【根据张静、马超:《习近平人类命运共同体思想对中华"和"文化的继承与创新》,《长白学刊》2018年第1期】

学术观点2:"一带一路"倡议是构建人类命运共同体的重要实践平台

2013年,中国政府提出的"一带一路"倡议,顺应了全球治理体系变革的内在要求,彰显了同舟共济、权责共担的命运共同体意识,成为探索全球治理模式的新平台。

"一带一路"自实施以来,为世界提供了大量物质性公共产品。截至2018年6月,中国与共建国家货物贸易累计超过5万亿美元,中国已经成为25个共建国家最大的贸易伙伴。中国企业在共建国家建设境外经贸合作区共82个,累计投资289亿美元,入区企业近4000家,上缴东道国税费累计20.1亿美元,为当地创造24.4万个就业岗位。中国加快与共建国家建设自贸区,已与13个共建国家签署或升级了5个自贸协定。立足周边、覆盖"一带一路"、面向全球的高标准自由贸易网络已现雏形。很多"边缘"国家由此融入全球发展,从而提高各国可持续发展能力,实现各国公平普惠发展。

由此可见,"一带一路"顺应了时代要求和各国加快发展的愿望,为世界提供了一个包容性巨大、具有深厚历史渊源和人文基础的发展平台,把快速发展的中国经济同共建国家的利益结合起来,成为构建人类命运共同体的重要实践平台。

【根据钧声:《构建人类命运共同体的重要实践平台》,《解放军报》2018年10月4日】

★ 史学导读

1. 人类命运共同体的价值观是什么?

世界格局正处于一个加速演变的历史进程之中。和平、发展、进步的阳光,足以穿透战争、贫困、落后的阴霾。……和平、发展、公平、正义、民主、自由是全人类的共同价值观,也是联合国的崇高目标。目标还远没有完成,我们还得努力。当今世界,各国相互依存、休戚与共。我们必须继承和发扬《联合国宪章》的宗旨和原则,构建以合作共赢为核心的新型国际关系,构建人类命运共同体。

——摘自习近平:《携手构建合作共赢新伙伴,同心打造人类命运共同体》(2015年9月28日在第70届联合国大会一般性辩论的重要讲话)

○ 导读提示

全球化和多元化大趋势中,世界各国文化多元且相互交织,在交流中融合,并逐渐形成了许多价值观上的共识,包括和平、发展、公平、正义、民主、自由等在内的人类文明延续过程中所沉淀下来的公共性价值观,成为当今国际社会共同追求的主要价值观。

阅读材料时,应认识到:习近平总书记将"和平、发展、公平、正义、民主、自由"作为全人类共同追求的价值观,正是基于人类历史发展的共通性、共生性关系,以及当今世界社会的现实而提出来,这既是中国立足国内国际实际的经验总结,也是对当代人类文明基本价值观的高度概括,是站在马克思主义的立场上对人类文明价值观的理论升华,也是人类命运共同体思想能够提出的价值基础。

通过材料,我们深刻认识到:"和平、发展、公平、正义、民主、自由"作为人类命运共同体的价值观,为构建人类命运共同体提供了原则和方向。

2. 如何认识"人类命运共同体"思想和"中国梦"的关系?

"人类命运共同体"思想是从实现中华民族的伟大复兴出发,是为了解决国内国际出现的一系列生产、供需、市场等问题而提出的,是为了统筹国内的发展进而统筹国际的发展而提出的,这与实现"中国梦"是息息相关,密不可分的,"人类命运共同体"思想是为"中国梦"和为促进世界繁荣发展而服务的。在建设"人类命运共同体"时,最关键的是要形成全球的共同体意识,如何让我们的思想能够更好地为世界人民所接受,不仅仅是要以一种包容的胸怀来看待这个问题,更重要的是要寻求思想中的"融通点",

寻求不同民族、不同国家、不同区域之间精神的结合点。

——摘编自刘斐斐、黎海波:《论"人类命运共同体"与"中国梦"的融合》,《边疆经济与文化》2018年第5期

○ **导读提示**

中国梦,就是实现国家富强、民主、文明、和谐,人民富裕、自由、博爱、幸福,世界平等、互利、共赢、共享,这与"人类命运共同体"思想是一致的。因此,实现中国梦就是构建"人类命运共同体"的一部分。

阅读材料时,应认识到:"人类命运共同体"思想是为了实现"中国梦"而服务的,主张既关注中国自我利益的实现又兼顾他国合理关切,达到世界共赢,利于推动和加速"中国梦"的实现。

通过材料,我们深刻认识到:"人类命运共同体"思想和"中国梦"是相互支撑、不断融合的,互相依存、共同进步的,只有将二者有机地结合,才能推动二者共同实现。

3. 为什么说"人类命运共同体"思想是中国共产党几代领导人国际战略思想的结晶?

习近平的人类命运共同体思想绝不是凭空出现的,它是在继承和发展了党的几代领导人的国际战略思想的基础上形成和发展起来的。……是在党的几代领导人提出的对世界大趋势的科学分析与理性判断的理论基础之上,把马列主义基本原理与当代中国的国情紧密结合起来,积极探索,大胆实践,为构建国际政治经济秩序、缔造全人类的命运共同体做出了崭新的阐释。

——摘编自邵发军:《习近平"人类命运共同体"思想及其当代价值研究》,《社会主义研究》2017年第4期

○ **导读提示**

新中国成立以来,中国共产党适时提出了应对世界变化、发展国家、振兴民族的国际战略思想。毛泽东时代的"和平共处"和"三个世界"思想、邓小平"和平与发展是当今世界的两大主题"的科学论断、江泽民代表的第三代领导集体提出的建立国际政治经济新秩序的设想、胡锦涛"和谐世界"的理念,这些战略思想都继承和发展了实事求是的精神,既是对当时世界形势的准确判断,又为中国的发展提供了理论依据。

阅读材料时,应认识到:习近平把马列主义基本原理与当代中国的国情紧密结合

起来,在继承和发展了党的几代领导人的国际战略思想的基础上,提出了人类命运共同体思想。

通过材料,我们深刻认识到:习近平的'人类命运共同体'思想绝不是凭空想象出来的,是以习近平同志为核心的中国共产党人,总结了党的革命和建设的经验和智慧,积极探索,大胆实践,在取得了令人瞩目的成绩基础上构建起来的,是中国共产党几代领导人国际战略思想的结晶。

★ 荐读书目

邓小平:《邓小平文选》第三卷,北京:人民出版社,1993年版

习近平:《习近平谈治国理政》,北京:外文出版社,2014年版

后记

《中外历史纲要:学习精要与史学导读》是由重庆市"智慧·情怀"历史课程创新基地组织编写的,由重庆巴蜀中学正高级教师周刘波担任主编,全国各地一线历史学科名师参与编写,20余名正高级教师、特级教师参与审读。具体情况如下:

上篇:第1课周刘波编写、赵剑锋审读;第2课甘义岚编写、肖岚审读;第3课张波编写、邓晓鹏审读;第4课廖春耕编写、姜嘉红审读;第5课黄童超编写、孙伟萍审读;第6课屈丙之编写、李恩泉审读;第7课程昱编写、庞友海审读;第8课龚小易编写、蔡敏慧审读;第9课张娟编写、毛经文审读;第10课刘延广编写、肖岚审读;第11课向文斌编写、肖岚审读;第12课张悦编写、周泉审读;第13课徐斌编写、肖岚审读;第14课廖光平编写,张波、肖岚审读;第15课黄蓉、王云峰编写,刘相审读;第16课袁堂程编写、杨书田审读;第17课冉磊编写、张文英审读;第18课蒋经纬编写、张丽琴审读;第19课吴键编写、李进审读;第20课汪雪编写、姜嘉红审读;第21课姜嘉红编写、何成刚审读;第22课秦方红编写、林桂平审读;第23课黄伟编写、程昱审读;第24课龚育佳编写、胡军哲审读;第25课吴广训编写、肖岚审读;第26课刘小芳编写、明道华审读;第27课周恒宇编写、谭方亮审读;第28课周恒宇编写、余朝元审读;第29课祝炳利编写、肖岚审读。

下篇:第1课谭伟弘编写、姜嘉红审读;第2课黄蓉编写,张波、姜嘉红审读;第3课张媛媛编写、姜嘉红审读;第4课包鹏灿编写、程昱审读;第5课罗建波编写,张波、肖岚审读;第6课于德沐编写、肖岚审读;第7课周敏编写、张波审读;第8课赵成梁编写,黄开红、姜嘉红审读;第9课尹爱华编写、肖岚审读;第10课周劲松编写、赵成梁审读;第11课洪俭良编写、姜嘉红审读;第12课芦恩丹编写、姜嘉红审读;第13课欧阳磊编写、肖岚审读;第14课季长征编写、程昱审读;第15课黄彬编写、肖岚审读;第16课刘情敏编写、姜嘉红审读;第17课李信编写、赵成梁审读;第18课柳凡编写、郭玉军审读;第19课陈洁琼编写、姜嘉红审读;第20课黄彬编写、肖岚审读;第21课李光编写、肖岚审读;第22课蒋小云编写、钟磊审读;第23课刘宏法编写、姜嘉红审读。

  编写过程中,有关专家对本书的修改和完善给予了悉心指导,提出了很多宝贵的意见和建议。编写团队也参考了大量学术文献及相关研究成果。在此,向各位专家表示诚挚感谢。

  真诚希望广大师生等本书读者提出宝贵意见,我们将集思广益,不断修订,使本书趋于完善。